O DICIONÁRIO DE MITOLOGIA

O DICIONÁRIO DE MITOLOGIA
UM A-Z DE TEMAS, LENDAS E HERÓIS

J. A. Coleman

The Dictionary of Mythology - An A-Z of themes, legends and heroes
Copyright © Arcturus Holdings Limited

Os direitos desta edição pertencem à
Pé da Letra Editora
Rua Coimbra, 255 - Jd. Colibri - Cotia, SP, Brasil
Tel.(11) 3733-0404
vendas@editorapedaletra.com.br / www.editorapedaletra.com.br

Esse livro foi elaborado e produzido pelo

Sr. ARANDA ESTÚDIO
☎ (11) 93020-0036

Tradução Monica Fleisher Alves
Design e diagramação Adriana Oshiro
Revisão Larissa Bernardi e Paula Santana
Coordenação Fabiano Flaminio

Impresso no Brasil, 2021

Dados Internacionais de Catalogação na Publicação (CIP)
Câmara Brasileira do Livro, SP, Brasil
Angélica Ilacqua - CRB-8/7057

Coleman, J. A.

O dicionário de mitologia - um A-Z de temas, lendas e heróis / J.A. Coleman ; tradução de Monica Fleisher Alves. -- Brasil : Pé da Letra, 2021.
544 p. : il.

ISBN: 978-65-5888-126-1.

Título original: The Dictionary of Mythology - An A-Z of themes, legends and heroes

1. Mitologia - Dicionários I. Título. II. Alves, Monica Fleisher

21-0466   CDD-398.203

Índices para catálogo sistemático:
1. Mitologia – Dicionários

Créditos de fotos: iStock: 7 / Wellcome Library, Londres: 8 / Wikimedia Commons: 9

Agradecimentos

Agradecemos a George Davison pela verificação exaustiva da edição original e pela contribuição de uma introdução a esta edição resumida. O nosso obrigado também à Immanion Press pela permissão para reproduzir o material de *Carlos Magno – Homem e Mito*.

O editor gostaria de agradecer a Betsy Hosegood, Caroline Curtis, John Davidson e Emily Robertson pela ajuda na revisão de provas.

Todos os direitos reservados. Nenhuma parte desta publicação pode ser reproduzida, armazenada num sistema de recuperação, ou transmitida, de qualquer forma ou por qualquer meio, eletrônico, mecânico, fotocopiador, de gravação ou outro, sem autorização prévia por escrito, de acordo com as disposições da Lei 9.610/98. Qualquer pessoa ou pessoas que pratiquem qualquer ato não autorizado em relação a esta publicação podem ser responsáveis por processos criminais e reclamações cíveis por danos. Esta editora empenhou-se em contatar os responsáveis pelos direitos autorais de todas as imagens e de outros materiais utilizados neste livro. Se, porventura, for constatada a omissão involuntária ou equívocos na identificação de algum deles, dispomo-nos a efetuar, futuramente, as correções em edições futuras.

Sumário

Introdução	7
A	11
B	62
C	87
D	135
E	160
F	182
G	200
H	230
I	256
J	272
K	279
L	300
M	319
N	354
O	372
P	391
Q	429
R	433
S	446
T	474
U	510
V	516
W	526
X	530
Y	532
Z	540

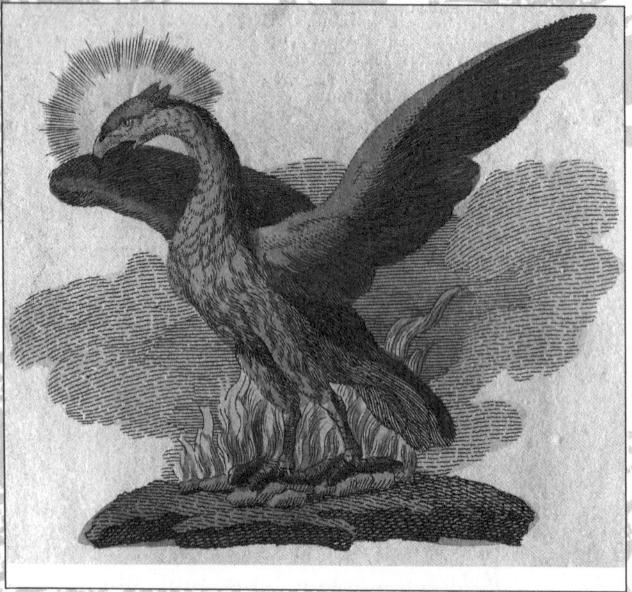

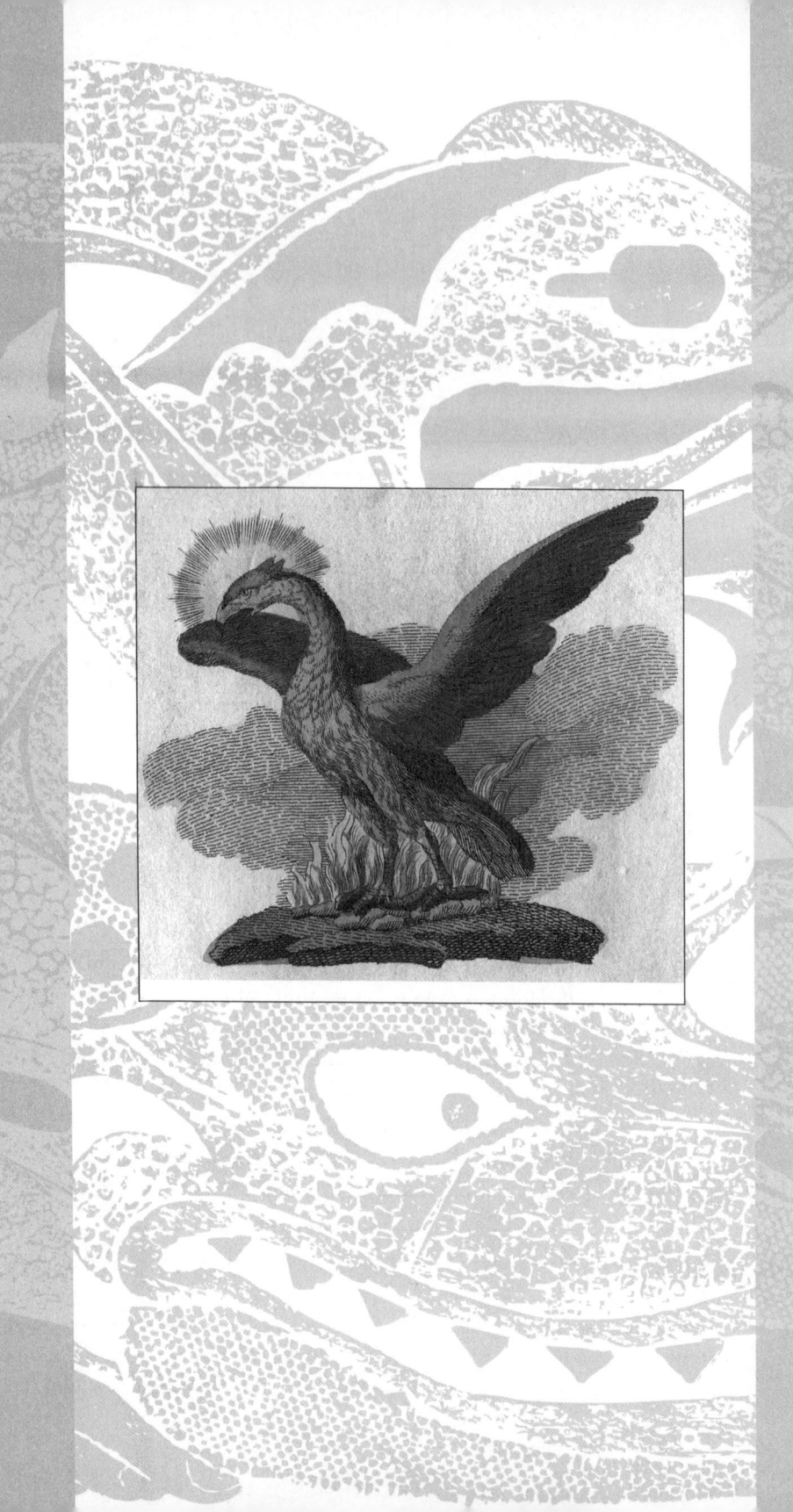

INTRODUÇÃO

Quem fez o mundo, o Sol, a Lua e as estrelas? De onde vieram as pessoas e para onde vão ao morrer? Para onde vai o Sol à noite, ou durante um eclipse, ou no inverno? O que causa o trovão, e por que acontecem os terremotos e inundações? Essas são perguntas que as pessoas se fazem desde tempos imemoriais, e os mitos são as histórias que foram contadas em resposta a essas questões.

É claro que diferentes povos e culturas ao redor do mundo encontraram respostas diferentes para perguntas como essas e, consequentemente, desenvolveram mitologias diferentes, mas, como se verá na leitura dos mitos incluídos neste livro, muitas das respostas sugeridas por povos e culturas totalmente distintas podem ter semelhanças. Essa é uma das características mais fascinantes da mitologia.

Este *Dicionário de Mitologia* é um resumo do monumental trabalho de J.A. Coleman, *O Dicionário de Mitologia: um A-Z de Temas, Lendas e Heróis*. Como o próprio Coleman explicou na introdução a esse livro, ele teve uma ampla visão do que poderia ou deveria ser incluído em um dicionário de mitologia. Parafraseando suas observações, podemos afirmar que, embora os estudiosos dividam histórias da imaginação em categorias como mitos, lendas, contos de fadas e folclore, pode-se muito bem argumentar que, dado que as histórias podem estar relacionadas a

Introdução

A deusa grega da lua, Selene, em uma carruagem voadora puxada por dois cavalos brancos.

seres postulados como deuses e demônios; a personagens imaginários, como Ali Babá; a personagens históricos reais, como Carlos Magno, e a personagens como o rei Artur, que existem em algum lugar entre a história e a ficção, é difícil ver como todos eles poderiam ser encaixados em classes distintas. Além disso, a fronteira entre "mito" e "religião" está longe de ser clara, se é que tal fronteira poderia, de fato, ser estabelecida; o que é um mito interessante para uma pessoa pode ser uma questão de fé religiosa profunda para outra. Coleman, portanto, adotou o que ele chamou de visão "descontraída" do que é a mitologia, e esse resumo do seu livro adota uma posição igualmente ampla.

Resumir um livro implica, inevitavelmente, em fazer escolhas: o que manter, o que reduzir e, por fim, o que cortar. *O Dicionário Original da Mitologia* dá a seus leitores uma cobertura bastante ampla das mitologias mundiais, das mais famosas às pouco conhecidas. Tal abrangência de cobertura se reflete nesta versão. Mas, para assegurar que o que restou após o resumo não fosse simplesmente uma massa não estruturada de entradas não relacionadas, decidiu-se por concentrar, em certa medida, em temas recorrentes na mitologia mundial e em histórias relacionadas com certos personagens e acontecimentos. Aqui, o leitor vai encontrar, por exemplo, várias histórias sobre a criação do universo, as primeiras pessoas e o grande Dilúvio que destruiu o mundo, além de histórias sobre a Guerra de Troia, os Argonautas, o rei Artur e os Cavaleiros da Távola Redonda, e personagens dos contos árabes *As Mil e Uma Noites*.

Deuses e deusas, monstros, demônios, trapaceiros e heróis da cultura podem ser encontrados nestas páginas. E foi dada preferência a entradas mais longas que contavam uma história, em oposição a entradas curtas que simplesmente diziam "X: um deus de Y" (embora existam algumas que foram consideradas como sendo de interesse suficiente para serem incluídas, por mais curtas que sejam).

Nestas páginas, o leitor vai encontrar não apenas deuses e deusas do amor, da guerra e da morte, dos mares, florestas e montanhas, dos ventos e do clima, mas também da fabricação de cerveja e da intoxicação, de porcos, tatuagens e nabos, até mesmo uma deusa dos esgotos; um deus-lagarto, um deus-tubarão, um deus-lula e muitos outros. Quem está familiarizado com o conto *O Senhor dos Anéis*, de J.R.R. Tolkien, vai reconhecer nomes como Balin, Dvalin e Gandalfr. Aqueles que gostam das aventuras de Asterix, o Gaulês, vão encontrar aqui informações sobre o rei Toutatis (Teutates), a quem muitos gauleses xingaram. E o leitor que se interessa por geografia pode se surpreender ao saber como se formaram a Sicília, o Sri Lanka, a Islândia e as ilhas Órcades.

Grande parte da mitologia não está diretamente ligada a seres humanos, mas "toda uma vida humana está lá". Foram as pessoas que fizeram perguntas e as pessoas encontraram as respostas. É isso que torna o estudo da mitologia tão fascinante, tão provocante e tão importante (mas, também, muito divertido!).

George Davidson
Edimburgo

O Encantamento de Merlin, de Edward Burne-Jones, descreve uma cena da lenda arturiana, quando Nimue, a Senhora do Lago, ilude o feiticeiro em uma moita de espinhos.

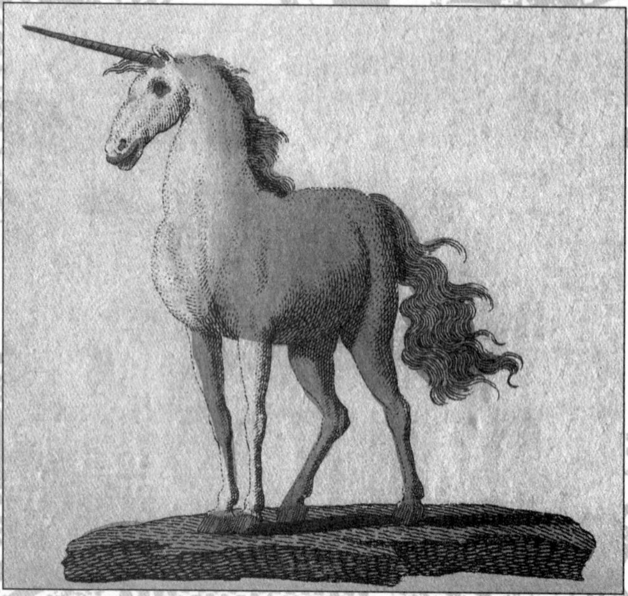

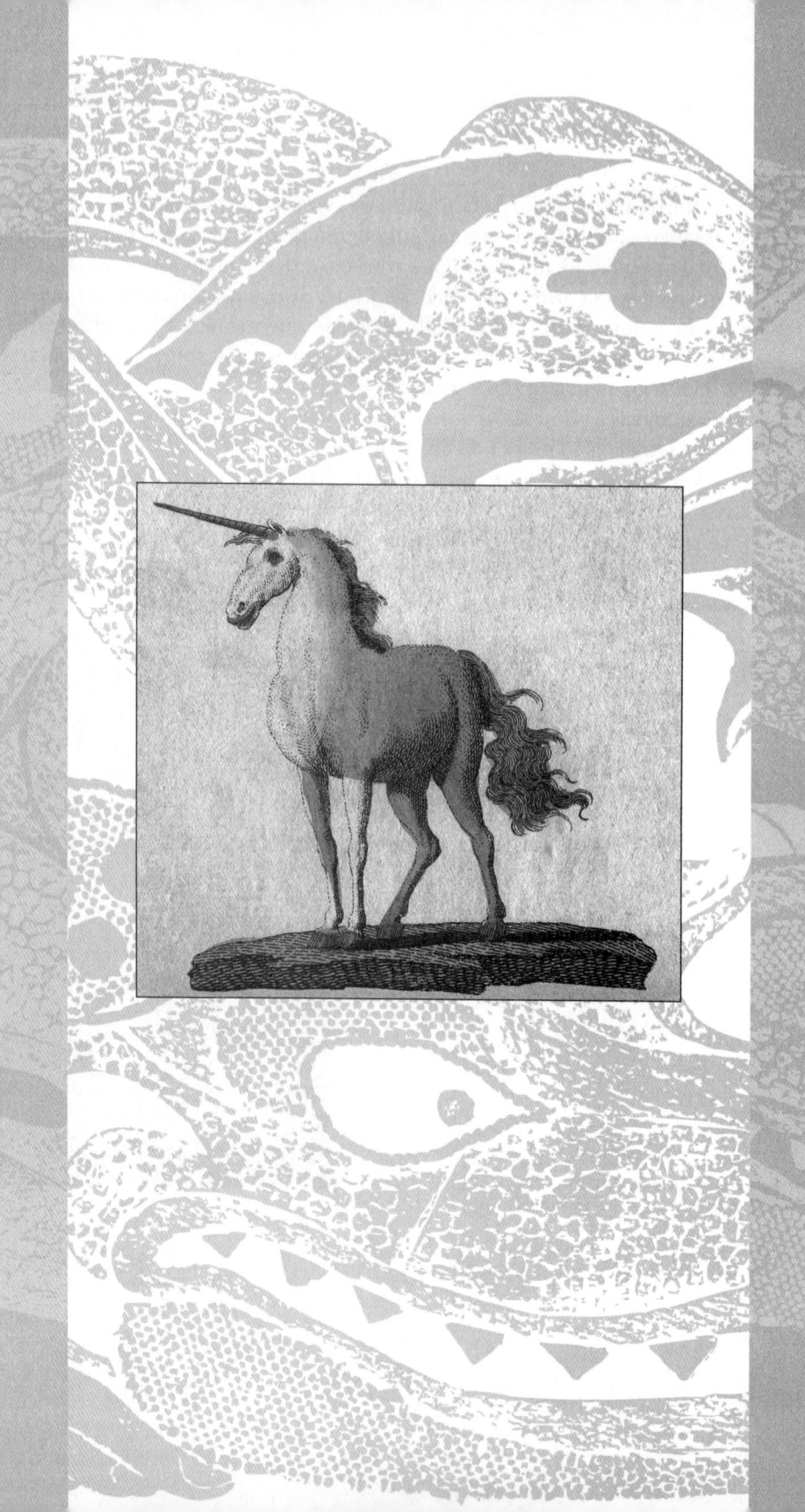

A

A *Centro-americana*
Uma divindade maia de identidade incerta, chamada de Deus A (*veja deuses alfabéticos*), possivelmente Ah Puch, o deus da morte. Essa divindade é representada por uma coluna exposta e feições similares a uma caveira, que usa um cachecol na cabeça e um par de ossos cruzados.

A-mi-t'o-fo *Chinesa*
= *Japonesa* Amida
O nome budista para ***Amitabha***.

A-mong *Birmanesa*
Progenitor de Karen. A-mong e Lan Yein desceram do céu carregando um tambor dado a eles por Sek-ya, o deus das armas sobrenaturais, e fundaram uma tribo. O tambor era uma das armas mágicas de Sek-ya, que, quando soou, expulsou o inimigo.

A-shih-to *ver* **Asita**

A'as *Mesopotâmica*
Deus da sabedoria hurrita, o guardião das tábuas do destino.

Aalu *Egípcia*
também Aaru
O paraíso de Osíris, a Oeste. Para chegar a esta terra, a alma devia passar por muitos portais (15 ou 21), cada um deles guardado por demônios.

aart *Egípcia*
Um símbolo de Rá. Ao ser banhado em um lago sagrado, tornou-se o deus crocodilo, Sebek.

ab *Egípcia*
O coração simbólico, distinto do coração corpóreo hati, julgado na morte.

Ababinili *Norte-americana*
também Sentado Acima, Grande-Fogo-Santo
O deus supremo da tribo chickasaw; um deus do sol e deus do fogo, considerado o criador de todas as coisas vivas.

Abaddon *Hebreia*
O demônio; o rei dos escorpiões; o anjo que domina os condenados. Às vezes, esse nome é usado para o próprio inferno e não para seu governante.

Abaia *Ilhas do Pacífico*
Um peixe mágico. Abaia ficou indignado quando uma mulher o pescou no lago em que ele vivia e provocou um dilúvio.

Abakan Khan *Siberiana*
Deus da chuva, o chefe do Rio Abakan.

Abassi *Africana*
Deus criador e deus do céu do povo efik. Hesitante, permitiu que seus dois filhos descessem à Terra, mas impôs condições para que não se acasalassem nem se dedicassem à agricultura, e retornassem aos céus para fazer suas refeições. Inevitavelmente, acabaram se acasalando e logo a Terra ficou toda povoada. Abassi deu a essas pessoas o dom da discussão e instituiu a morte para que, desde então, as pessoas discutissem e matassem umas às outras.

Abassylar *Siberiana*
Um demônio tido como devorador das almas dos mortos.

abatawa *Africana*
também abativa
Uma fada. Esses seres são considerados tão pequenos que podem andar sob o gramado. Há quem diga que dormem em formigueiros e disparam flechas envenenadas contra seus inimigos.

abawinae *Norte-americana*
É um fantasma no folclore da tribo tubatulabal, da Califórnia. Essa entidade é a alma de uma pessoa morta que aparece em forma de ser humano.

Abdala Terra *Árabe*
Personagem da história *As Mil e Uma Noites* que, um dia, visitou Abdala Mar e matou um monstro marinho apenas gritando.

Abdero *Grega*
Escudeiro do herói Hércules, a quem ajudou em seu oitavo trabalho, mas foi comido pelas éguas de Diomedes.

abelha
As abelhas estão presentes em várias mitologias:
(1) Na tradição cristã, a abelha representa o Cristo ressuscitado.
(2) No Egito, dizem que as abelhas são as lágrimas derramadas por Rá.
(3) A tradição europeia diz que plantas e animais sofrerão se as abelhas forem usadas como permuta e algumas chegam até a convidar abelhas para o funeral de seu falecido proprietário.
(4) Os alemães veem as abelhas como um símbolo do Sol.
(5) Na Grécia, a sacerdotisa de Delfos assumiu a forma de uma abelha.
(6) Às vezes, o deus hindu Krishna é visto como uma abelha pairando sobre a cabeça de Vishnu.

Aberewa *Africana*
Uma mulher fundamental no folclore dos akans. Quando ela triturou o milho em seu pilão, o socador bateu no céu e irritou o deus Nyame, que logo se afastou. Aberewa recolheu vários pilões e os empilhou, tentando chegar a Nyame. Mas, a pilha não era tão grande e, quando ela persuadiu uma criança para tirar o pilão que estava embaixo para colocá-lo no topo, veio tudo abaixo. (*Ver também* **Abuk**.)

Abhirati *Budista*
O paraíso oriental.

Abigor *Europeia*
Um demônio tido como necromante; um dos 72 Espíritos de Salomão. Ele é representado como um soldado a cavalo armado com uma lança.

abiku *Africana*
No reino de Daomé (hoje Benin), o espírito nascido com cada criança. O abiku tenta levar a criança para sua

casa na floresta. Para impedir que isso aconteça, alguns pais acorrentam os filhos, enquanto outros desfiguram o rosto da criança para que o espírito a rejeite ou não a reconheça. Dizem que esses espíritos não gostam de sinos, por isso, alguns pais fixam sinos na criança que abriga um abiku ou esfregam pimenta em cortes na pele da criança na esperança de que a dor afaste o espírito. Há relatos em que esses demônios comem crianças.

Ablash *Irlandesa*
Nome irlandês para Avalon *(veja também* ***Emain Ablash****)*.

Abóbora *veja* **Deohako**

Abokas *Ilhas do Pacífico*
O lar dos mortos no folclore das Novas Hébridas (ilhas que hoje formam Vanuatu).

Abou Hassan *Persa*
Um rico mercador em uma das histórias de *As Mil e Uma Noites, O Adormecido Acordado*. Ele foi transportado, misteriosamente, para a cama do califa e tratado como se fosse o próprio califa.

Abuda *Budista*
No Japão, os oito infernos gelados *(veja também* **To-Kwatsu***)*.

Abuk *Africana*
Uma mulher primitiva dos dinka. Ela e Garang, seu marido, viviam em uma pequena panela com um grão de milho por dia, mas cresceram quando a panela foi aberta. Ao atingir o céu, ela irritou o deus Deng enquanto triturava o milho com seu pilão e ele tornou o trabalho da mulher mais difícil do que nunca *(veja também* **Aberewa***)*.

abutre
(1) Uma ave necrófaga. Dizem que essa ave dá à luz crias vivas em vez de pôr ovos, mas há quem diga que ela pode, mergulhando o bico em comida ou bebida, dizer se foi envenenada. Dizia-se que cheiros doces, romãs e mirra matavam o abutre.
(2) Na mitologia egípcia, o emblema de Ísis e Mat; também chamado de galinha do faraó.
(3) Na mitologia grega, o abutre é a ave dos deuses Apolo e Ares.
Essa ave também era sagrada para Hércules, que tinha matado o abutre que atacou o fígado de Prometeu.
(4) Para os romanos, era a ave de Marte.

Abyla *veja* **Calpe**

Aca Laurência *Romana*
Deusa-mãe etrusca, considerada por alguns a mãe dos Lares (deuses das famílias) e do herói Hércules. Em alguns relatos, ela era a prostituta que foi vencida por Hércules em um jogo de dados, em outros, ela se tornou rica e se casou com um homem chamado Tarutius. E há quem diga que ela era esposa do pastor Fáustolo, e adotou os gêmeos Rômulo e Remo.

Acacitli *Centro-americana*
Líder dos astecas quando eles deixaram Aztlan, sua terra natal.

Acala *Budista*
Um deus protetor, senhor dos três mundos. Ele é responsável pela parte nordeste do mundo. É sempre retratado com quatro faces e oito braços, um pé no peito da deusa Parvati e o outro na cabeça do deus Maheshvara.

Acasto *Grega*
Rei de Iolcos, ele foi um dos Argonautas e participou da caçada ao javali calidônio. Após o retorno do *Argo* a Iolcos, a feiticeira Medeia induziu as filhas de

Pélias, pai de Acasto, a matá-lo (Pélias). Por esse crime, Acasto, o novo rei, baniu Medeia e Jasão (o líder dos Argonautas). Sua mulher, Astidameia (também conhecida como Hipólito), acusou falsamente Peleu, que foi ao tribunal para ser julgado por estupro. Acasto abandonou o convidado, desarmado, no Monte Pelion, esperando que animais selvagens o matassem. Peleu foi salvo pelo centauro Quíron e atacou Iolcos com um bando de ex-argonautas, matando Astidameia e, dizem alguns, Acasto.

Accolon de Gália　　　　　*Britânica*
Um cavaleiro traiçoeiro, amante de Morgana le Fay. Quando o rei Artur matou um dos amantes de Morgana, ela roubou a espada Excalibur e a entregou a Accolon, outro amante. Ele estava caçando com Artur e Urien, marido de Morgana, quando um barco chegou à beira de um lago. Eles embarcaram e foram enfeitiçados por Morgana. Urien foi levado de volta para casa, mas Artur, enganado por ela, lutou com Accolon, que deveria matar o rei. Enquanto isso, Morgana planejava matar Urien para se casar com Accolon e governar como rainha ao seu lado. Mas, embora tenha sido ferido gravemente, Artur, com a ajuda da magia da Dama do Lago, recuperou a Excalibur e matou Accolon.

Acéfalos　　　　　*Grega*
Diz-se de uma raça sem cabeça que vive na Líbia. Há quem diga que esses seres tinham o rosto no peito.

Ach-chazu　　　　　*Mesopotâmica*
também Ahhazu
Um monstro causador de morte e doenças.

Achates　　　　　*Grega*
Armeiro e fiel amigo de Eneias, o herói troiano. Dizem que ele matou Protesilau, o primeiro grego a desembarcar quando os gregos invadiram Troia. Achates acompanhou Eneias em suas andanças após a queda de Troia.

Acheflour　　　　　*Britânica*
Em alguns relatos, ela é irmã do rei Artur e mãe de Percival, um cavaleiro da corte do rei Artur. Ela criou Percival quando ele perdeu o pai (há várias sugestões sobre quem era esse personagem), em uma floresta isolada, esperando impedi-lo de realizar suas atividades na cavalaria. Quando acreditou que Percival tinha morrido, ela ficou louca. Percival a encontrou morando na floresta e a levou para casa.

Acteon　　　　　*Grega*
Um caçador que foi transformado em cervo pela deusa Ártemis, que o pegou observando-a enquanto tomava banho. Em outras versões da história, ele se aproximou da deusa usando a pele de um cervo ou ela jogou uma pele de cabra sobre ele. Ele foi destroçado por seus próprios cães.

Há ainda outras versões que dão conta de que ele sofreu esse destino por se vangloriar de ter sido um caçador maior que a própria Ártemis ou por ter sido um concorrente de Zeus pelo amor de Sêmele, uma princesa de Tebas.

Actl　　　　　*Centro-americana*
Um deus da tatuagem.

Adad　　　　　*Mesopotâmica*
Um deus da tempestade na Babilônia, uma forma do deus Marduk. Em alguns dos antigos relatos, Adad foi criado a partir do Caos. Depois de usurpar o poder de seu pai, ele desafiou Mot, o deus da morte, que o convidou para o mundo inferior. Lá, ele comeu a comida dos mortos e morreu. Foi então resgatado pela deusa Anat, que arrastou

Mot do mundo inferior e o cortou, trazendo Adad à vida.

Ele é representado como uma figura que usa um cocar com chifres e uma túnica decorada com estrelas. E pode também ser mostrado segurando raios.

Adad-Ea *Mesopotâmica*
= *Grega* Caronte
O barqueiro no submundo da Babilônia.

Adaheli *Sul-americana*
O sol personificado. Alguns povos caribenhos dizem que, no princípio, Adaheli desceu do céu, acasalou-se com o caimão e formou as primeiras tribos.

Adaro *Ilhas do Pacífico*
Um espírito do mar. Esses seres são vistos como meio homem, meio peixe, cavalgando trombas d'água e arco-íris. Dizem que nas Ilhas Salomão atiram em pessoas com peixes voadores. Em algumas versões, a alma tem duas partes – a aunga (boa), que morre, e a adaro (má), que permanece como um fantasma.

Adeyn y Corph *Galesa*
Ave legendária que se imaginava prever a morte.

Adham-Algal *Mesopotâmica*
Purgatório, onde os ímpios são submetidos à tortura.

Adiri *Índias Orientais*
A terra papua dos mortos; também nome do governante dos mortos. Originalmente, era o lar sombrio de Adiri, líder dos mortos, e sua filha, Dirivo. Quando ela se casou com Sido, o primeiro homem a morrer, Adiri se tornou um lugar mais alegre (*veja mais sobre isso em* **Sido**).

Adityas *Hindu*
Um grupo de deuses primitivos, apresentados de várias formas, como uma tríade (Aryaman, Mitra e Varuna), um grupo de seis (com Anisa, Bhaga e Daksha) ou oito. Posteriormente, o número foi aumentado para doze (os guardiões dos meses do ano), acrescentando Dhatri, Indra, Ravi, Savitri, Surya e Yama. Algumas listas incluem Aditya, Marttanda, Varuna, Vishnu e Vivasvat.

Adlet *Inuíte*
O Povo Cão, na sabedoria dos inuítes. Diz-se que esses seres são descendentes de um cão vermelho e de uma mulher inuíte. Cinco de seus dez descendentes eram cães que se tornaram os antepassados das raças brancas; os outros cinco eram monstros que deram à luz monstros ainda maiores, os Adlet.

Adliparmiut *Inuíte*
O nível inferior de Adlivun (*veja abaixo*). As pessoas autorizadas a penetrar neste nível gozam do privilégio de poder continuar caçando, mas devem suportar grandes extremos de clima ao fazê-lo.

Adlivun *Inuíte*
Lar dos mortos perversos. Este submundo é governado por Sedna e seu pai Anguta. Os assassinos são mantidos para sempre neste lugar sombrio, mas alguns podem avançar para o nível inferior, Adliparmiut.

Os que ficam no Adlivun, os tupilak, às vezes retornam como espíritos portadores de doenças.

Admete *Grega*
Filha do rei Euristeu, de Argos.

Em seu nono trabalho, Hércules foi obrigado a conseguir o cinto de Hipólita, a rainha das amazonas, como presente para Admete.

Admeto *Grega*
Rei de Feras, foi um dos Argonautas e participou da caçada ao javali calidônio. Quando o deus Apolo matou o Ciclope,

Zeus ordenou que ele servisse como escravo de Admeto por um ano. Com a ajuda de Apolo, Admeto ganhou a mão de Alcestis, filha do rei Pélias, de Iolcos, ao conduzir a carruagem puxada por um javali e um leão. Ele esqueceu de fazer um sacrifício a Ártemis quando se casou, e a deusa encheu sua cama com cobras. Ártemis prometeu que ele escaparia da morte se um de seus parentes se oferecesse para morrer em seu lugar. Alcestis se envenenou para salvá-lo, mas foi resgatada do Tártaro por Hércules, que lutou com Thanatos ("Morte"), ou pela misericórdia de Perséfone, a rainha do mundo inferior.

Adno-artina *Australiana*
Um lagarto primitivo, que lutou e matou o cão ancestral Marindi, durante o Tempo do Sonho.

Adônis *Grega*
= *Babilônica* Tammuz; *Etrusca* Atunis; *Frígia* Attis

Deus do renascimento, da vegetação etc.; filho de Mirra com seu próprio pai, Cíniras. A mulher do rei aborreceu a deusa Afrodite ao dizer que Mirra era mais bela que a deusa, que fez com que Mirra se apaixonasse pelo pai, que dormia com ela quando estava bêbado. Dessa união nasceu Adônis, que foi salvo da espada de Cíniras por Afrodite, que colocou o menino em uma caixa e o entregou a Perséfone (rainha do mundo inferior) para criá-lo. Há quem diga que Mirra foi transformada em murta e que o bebê foi libertado do tronco da árvore, ao ser aberto pelas presas de um javali.

Quando Afrodite o quis de volta, Perséfone não quis entregá-lo e Zeus precisou intervir para resolver o problema. Ela foi julgada pela Musa Calíope, que decretou que Adônis passasse cada metade do ano com uma das duas mulheres. Segundo algumas versões, ele deveria passar quatro meses com cada uma e o resto do ano sozinho. Há histórias que dizem que ele se casou com Afrodite e tiveram dois filhos.

Adônis foi morto por Ares, o deus da guerra, sob a forma de um javali, quando caçava com Afrodite, e a flor vermelha da anêmona cresceu onde o sangue do jovem manchou a terra. Alternativamente, seu sangue transformou-se em rosas vermelhas e as lágrimas de Afrodite viraram anêmonas.

Depois de sua morte, Afrodite pediu a Zeus que permitisse que Adônis passasse metade do ano com ela e a outra metade no mundo inferior. Às vezes, ele é retratado carregando uma lira.

Adônis, flor *Grega*
A rosa, a anêmona ou o olho de faisão. Dizem que a rosa, originalmente, era uma flor branca, que foi manchada com o sangue de Afrodite que se arranhou em um espinho quando foi ajudar Adônis, que agonizava. Sobre a anêmona, há quem diga que surgiu do sangue de Adônis ou das lágrimas de Afrodite. E o olho do faisão, assim como a anêmona, teria brotado do sangue de Adônis.

adoração de árvores
Em Creta, as árvores eram consideradas divindades.

Na Grécia, algumas árvores e bosques são tidos como sagrados, dedicados a uma divindade particular.

Árvores eram o domínio das dríades e algumas árvores individuais eram a casa das hamadríades que morreram quando sua árvore foi cortada ou morreu.

(*Veja também* **plantas sagradas**.)

Adroa *Africana*
O deus criador e o deus do céu dos lugbara, um povo de Uganda e da República Democrática do Congo.

Adroanzi *Africana*
Os filhos de Adroa e deuses da natureza. Tinham o hábito de seguir os seres humanos e matar os que olhassem para eles. Há relatos que os descrevem como tendo a forma de cobras-d'água que afogavam e comiam os humanos.

Aegir *Nórdica*
= *Anglo-Saxã* Eager
Deus das profundezas do mar. Ele foi um dos primeiros deuses da trindade com seus irmãos Kari e Loki, destruiu navios e os arrastou para o fundo do mar.

aes sidhe *Irlandesa*
Povo das colinas; fadas. Este nome se aplica ao povo da deusa Danu após sua derrota para os milesianos.

Aesir *Nórdica*
também Deuses Anciãos
As doze divindades celestes do panteão nórdico. Viviam em guerra com os deuses do grupo rival, os Vanir, mas acabaram fazendo as pazes e trocaram reféns. Há algumas versões que dizem que eles vieram depois dos Vanir.

Em um momento ou outro, os seguintes (entre outros) foram considerados pertencentes aos Aesir: Balder, Bragi, Forseti, Frey, Frigg, Heimdall, Hermod, Hoder, Hoenir, Iduna, Loki, Mimir, Odin, Thor, Tyr e Uller.

Afanc *Galesa*
Na lenda arturiana, um anão ou monstro que vive em um lago. Ele matava os filhos do Rei do Sofrimento todos os dias (embora fossem trazidos à vida todas as noites, quando banhados por suas esposas). Afanc morava em uma caverna e ficava escondido atrás de um pilar, usando sua lança envenenada para matar quem entrasse. Segundo alguns relatos, Peredur, um dos Cavaleiros da Távola Redonda, protegido por uma pedra mágica dada a ele pela Imperatriz de Constantinopla, viu onde era o esconderijo e matou Afanc, cortando-lhe a cabeça.

Em uma história alternativa, foi ele o causador do Dilúvio e morreu ao ser arrastado de sua toca subaquática pelos bois do deus Hu Gardarn, depois de ser acalentado no seio de uma donzela.

Afrikete *Africana*
Deusa do mar de Fon. Ela era considerada trapaceira e mexeriqueira.

afrit[1] *Árabe*
Um demônio do mal, um tipo de espírito. Esses seres, às vezes sob a forma humana, podem até se casar com os mortais. Diz-se que vivem no chão, de onde podem surgir como nuvens de fumaça. Podem surgir em diferentes tamanhos, de gigantes a seres em miniatura, pequenos o suficiente para entrar em uma garrafa, mas eles insistem em dizer que são muito fortes, capazes de decolar e voar com uma cidade inteira, voando à velocidade da luz em suas asas de morcego.

afrit[2] *Egípcia*
Um espírito que se manifestou no turbilhão e poderia ser chamado por Set.

Afrodite *Grega*
= *Babilônica* Ishtar; *Canaanita* Anat; *Fenícia* Astarte; *Frígia* Cybele; *Romana* Vênus; *Suméria* Inanna

Deusa da beleza e do amor, um dos deuses olímpicos; protetora das prostitutas; esposa do deus Hefesto. Há versões contraditórias sobre seu nascimento. Em uma delas, Afrodite era filha do deus Zeus e da ninfa Dione; em outra ela nasceu da espuma onde o falo do deus Urano foi jogado no mar por seu filho Cronos, que o cortou. Outras histórias achavam que ela cresceu dentro de uma concha de berbigão ou a viam como uma das deusas do destino. Foi ela quem deu as três maçãs de ouro a Hipomene, permitindo que ele ganhasse a corrida contra Atalanta.

Ela salvou o argonauta Butes do mar quando ele foi seduzido pelo canto das sereias e pulou do Argo, e fez dele seu amante. Aparentemente, ela teve muitos outros amantes e um grande número de filhos, entre os quais: Eneias, com Anquises; Eros, com Ares, Hermes ou Zeus; Hermafrodito, com Hermes; Príapo, com Dioniso, Hermes, Pã ou Zeus. Em um desses casos, ela foi pega na cama com Ares, o deus da guerra, por Hefesto, que os prendeu em uma fina rede de metal para que todos pudessem ver. Ela teve também um caso com o troiano Anquises e protegeu seu filho Eneias durante a Guerra de Troia. E se apaixonou ainda por Adônis, o deus da vegetação e do renascimento, e suas lágrimas, quando ele foi morto por um javali, transformaram-se em anêmonas.

Na festa do casamento de Peleu e Tétis, ela competiu com Athena e Hera pelo pomo de ouro, jogado por Éris, a deusa da discórdia. E venceu depois de subornar Páris, o príncipe de Troia, que tinha sido convidado para ser o juiz em troca da aproximação com Helena, a mulher mais bela do mundo. Como resultado, Afrodite apoiou os troianos contra os gregos durante a Guerra de Troia. Em algumas versões, ela aparece como uma divindade andrógina barbada, uma combinação de Hermes e Afrodite (hermafrodita).

Suas aves eram a pomba, o pardal e o cisne; sua árvore era a murta e seu símbolo, uma concha.

Sua carruagem era puxada por oito unicórnios.

Agamenon *Grega*

Rei de Micenas (ou Argos); marido de Clitemnestra; pai de Crisótemis, Electra, Ifigênia e Orestes com Clitemnestra, e de gêmeos, com Cassandra.

Ainda criança, foi salvo com o irmão Menelau, quando seu pai, Atreu, foi morto pelo sobrinho Egisto, e fugiu para Esparta. Mais tarde, ajudado por Tíndalo, rei de Esparta, recuperou o trono do pai.

Ele matou Tântalo, rei de Pisa, e se casou com sua viúva Clitemnestra.

Quando as forças gregas se reuniram para invadir Troia para recuperar a bela Helena, ventos adversos os mantiveram na costa. Para pacificar os deuses, Agamenon sacrificou sua filha Ifigênia, garantindo assim ventos favoráveis para a viagem.

Na luta em Troia, recebeu a menina Criseida como prêmio e se recusou a libertá-la quando o pai veio suplicar por ela. O pai era sacerdote de Apolo e o deus interveio na disputa, trazendo doenças para as forças gregas. Para evitar maiores problemas, Agamenon soltou a moça, mas, em compensação, exigiu a garota Briseida, que fora dada a Aquiles, ao que Aquiles jurou vingança e se recusou a continuar lutando.

Quando Troia caiu, Agamenon voltou a Micenas com Cassandra, que lhe deu dois gêmeos, e descobriu que a esposa, Clitemnestra, tinha se tornado amante de Egisto enquanto ele estava fora. Os dois planejaram a morte de Agamenon e o mataram junto com Cassandra e os gêmeos.

Agares *Europeia*
Um demônio, duque do inferno, um dos 72 Espíritos de Salomão. Dizem que ensinava idiomas e é retratado como um humano montado em um crocodilo.

Agas Xenas Xena *Norte-americana*
No folclore dos chinookan, a divindade da estrela da noite.

Agassou *Africana*
O deus pantera do povo fon.

Agbon *Africana*
A palmeira. No folclore iorubá, esse foi o primeiro ser vivo a ser criado pelo deus Olorun.

Age *Africana*
Um deus do deserto de Fon, deus dos animais.

Agente da Água *veja* **Shui-kuan**
Agente da Terra *veja* **Ti-kuan**
Agente do Inferno *veja* **T'ien-kuan**

Agiel *Hebreia*
Uma das sete inteligências, regente do planeta Saturno.

Agitação do Oceano *Hindu*
também Agitação do Mar de Leite
A fabricação da amrita.

Os deuses e demônios enrolaram a Serpente Mundial, Ananta ou Vasuki, ao redor do Monte Mandara e, puxando cada ponta durante 1.000 anos, provocaram a Agitação do Oceano. Essa operação trouxe à tona quatorze coisas que haviam sido perdidas pelas primeiras tribos védicas no Dilúvio. Foram elas:
Airavata, o elefante do deus Indra;
Amrita, o líquido dos deuses;
Chandra (Soma), o deus da lua;
Dhanus, o arco mágico;
Dhanvantari, o deus da medicina;
Kaustubha, o rubi do deus Vishnu;
Lakshmi, a deusa da beleza;
Parijata, a árvore do conhecimento;
Rambha, uma ninfa;
Sankha, a concha sagrada;
Surabhi, a vaca da abundância;
Uccaihsravas, o cavalo mágico;
Varuni (Sura), a deusa do vinho;
Visha, veneno.

Em outros relatos, um par de brincos, dado por Indra a sua mãe Adita, foi recuperado; Kamadhenu (uma vaca sagrada) é citada no lugar de Surabhi; as Apsarases (ninfas) emergiram; a joia Chinta-mani (uma alternativa a Kaustubha, talvez) foi produzida.

Aglaia *Grega*
Uma das três Graças – esplendorosa; filha de Zeus e da deusa Eurínome; esposa do deus Hefesto, segundo alguns relatos.

Agloolik *Inuíte*
O espírito que vive sob o gelo e ajuda o caçador na sua busca por uma presa.

Agnar *Nórdica*
Filho do rei Hrauding; filho adotivo da deusa Frigga. Ele e o irmão, Geirrod, foram lançados em uma ilha e abrigados pelo deus Odin, que vivia no local disfarçado de velho. Quando os dois finalmente conseguiram voltar para casa, Geirrod abandonou Agnar em seu barco.

Tempos depois, Geirrod chegou ao trono e, quando Odin visitou a corte, disfarçado para testar sua hospitalidade, ele amarrou o deus a uma estaca entre duas tochas. Em oito dias de provação, Odin não recebeu comida ou bebida, exceto um gole de cerveja trazido por Agnar. Quando Odin se revelou como deus, Geirrod tropeçou e se empalou em sua espada. Agnar então foi elevado ao trono pelo grato Odin.

Agni *Hindu*
O deus do fogo. Ele é representado com duas ou três cabeças, sete línguas e quatro mãos (ou sete braços) e, às vezes, com a cabeça de uma cabra, carregando uma lança em chamas.

Alguns relatos dizem que ele nasceu do lótus ou foi aceso na madeira pelo sábio Brighu. Outros contam que ele comeu os pais (os dois pedaços de madeira) ao nascer. Diz-se que ele aparece quando dois pedaços de madeira são esfregados.

Ele é um dos oito Dikpalas, o guardião da parte sudeste do mundo ao lado de seu elefante, Pundarika, e monta uma cabra ou uma carruagem puxada por papagaios ou cavalos vermelhos.

Em uma ocasião em que estava muito cansado, seu apetite voraz o levou a consumir a floresta Khandava. Algumas versões mostram que ele não nasceu com todo esse apetite, e sim que foi punido por uma maldição de Brighu depois de ter dito a um demônio que Brighu havia roubado Puloma, a esposa do demônio. Alguns acreditam que a referência a esse enorme apetite é uma metáfora para a tendência incendiária de Agni.

Em alguns relatos, ele é venerado como Trita (raio) e Surya (sol); as três formas são denominadas Tryambaka.

Agramante *Europeia*

Nas lendas de Carlos Magno, um rei da África. Seu pai tinha morrido em uma batalha com Carlos Magno e ele planejou invadir a França para se vingar. Em seu leito de morte, o rei dos garamantes avisou que a aventura só seria bem-sucedida com a ajuda do cavaleiro Rogério, e que ele só seria libertado das garras do pai adotivo, o mago Atlantes, com o anel mágico da feiticeira Angélica, que deixava o usuário invisível.

Durante suas batalhas na França, ele soube que a capital, Biserta, tinha sido sitiada por abissínios liderados por Astolfo e perdeu suas forças. Na viagem de volta, conheceu Gradasso, rei dos sarracenos, que havia deixado a França para regressar ao seu país e se ofereceu para ajudar Agramante. Os dois, ao lado do sarraceno Sobrino, desafiaram os três paladinos de Carlos Magno – Florismart, Oliver e Rolando – a lutar para resolver suas divergências, Agramante morreu nessa luta.

Agras *Finlandesa*

Um deus dos gêmeos; também um deus nabo.

Agrasandhari *Hindu*

O livro do julgamento: o registro das ações de um indivíduo. Este livro, que registra toda a vida na Terra, é mantido por Chitragupta, o escrivão dos mortos, no reino de Yama, dirigente de um dos tribunais do mundo inferior.

Agravain *Britânica*

Um Cavaleiro da Távola Redonda. Ele e seu irmão Mordred começaram a provar que Lancelot e Guinevere estavam tendo um caso e, quando o rei Artur estava longe de Camelot, eles pegaram os amantes juntos. Na luta que se seguiu, Lancelot feriu Mordred e matou não só Agravain, mas todos os outros cavaleiros que tinham ajudado.

Outras fontes dizem que ele foi morto por Lancelot quando ele resgatou Guinevere (*veja mais em* **Guinevere**).

Água do Riso *veja* **Minnehaha**

águia

(1) Na tradição babilônica, a águia era um demônio. Quando ele comeu os descendentes da Mãe Serpente, o deus do sol Samas o condenou à morte. A Mãe Serpente se escondeu dentro de um boi abatido e matou a águia quando ela veio se alimentar da carcaça. Uma águia de duas cabeças foi considerada um atributo de Nergal.

(2) Na mitologia grega, a águia era sagrada para Zeus desde que trouxe néctar para alimentar o deus recém-nascido que estava escondido de Cronos.
(3) A tradição hindu identifica a águia com Garuda e Gayatri.
(4) Os japoneses veem a águia representando Uye Minu, um aspecto de Buda.
(5) A mitologia nórdica tem a águia como a guardiã de Asgard. O próprio deus Odin se disfarçou de águia muitas vezes. A águia sentada na árvore do mundo, Yggdrasil, representava luz e sabedoria. A águia Egder, geradora de tempestades, aparecerá em Ragnarok.
(6) Algumas tribos da América do Norte dizem que esta ave, que elas chamavam de Mestre das Alturas, representa o Grande Espírito do Pássaro do Trovão.
(7) A tradição persa considera a águia uma forma de deus da tempestade e um emblema do grande império persa.
Acreditava-se que as penas dessa grande ave levavam as orações da tribo até o céu.
(8) Os romanos viam a ave como um aspecto de Júpiter.
(9) Os sumérios diziam que a águia trazia as crianças ao mundo e levavam embora as almas dos mortos. Ela aparecia com a ave da tormenta, Zu.

Águia Cadente (literalmente) *Mexicana*
Um gigante na tradição asteca. Ele era um dos quatro gigantes que seguravam o céu no princípio do Quinto Sol. Ele era considerado um símbolo do poder divino sobre a terra. (*Veja* ***Flores Espinhosas***.)

Águia Gigante *Siberiana*
= *Norte-americana* Pássaro-trovão
Um deus do trovão considerado causador de um trovão ao bater as asas e de relâmpagos ao piscar os olhos.

Águia Prey God *Norte-americana*
Uma das seis divindades guardiãs da casa de Poshaiyangkyo, o primeiro homem. Ela é responsável pelos céus.

Agunua *Ilhas do Pacífico*
Um deus criador de serpentes, das Ilhas Salomão; chefe dos figona (espíritos).
Ele criou uma mulher e eles tiveram uma filha. Quando a mulher envelheceu, ela desapareceu, voltando depois de trocar de pele. A filha então a rejeitou, o que fez com que ela retomasse a pele velha. Isso fez com que os humanos não pudessem mais renovar sua juventude, descamando suas peles e cultivando uma nova, como fazem as cobras.

Ah Bolom Tzacab *Centro-americana*
Deus maia da fertilidade. Alguns o identificam como o deus K.

Ah Ciliz *Centro-americana*
O deus maia dos eclipses. Acredita-se que ele tenha engolido o Sol quando ele desapareceu durante um eclipse.

Ah Cuxtal *Centro-americana*
O deus maia da natalidade.

Ah Kin *Centro-americana*
O deus maia do sol. Toda noite ele era levado de volta pelo mundo inferior pelo deus local, Sucunyum, pronto para começar sua viagem pelo céu no dia seguinte. Ele era considerado a fonte de cura para as doenças. É representado como tendo um terceiro olho quadrado, e dentes limados com a forma da letra T.

Ah Kumix Uinicob *Centro-americana*
Os deuses maias da água. Essas pequenas divindades assumem os deveres dos colegas maiores, Ah Patnar Uinicob, quando há menos trabalho a ser feito na época seca do ano.

Ah Patnar Uinicob *Centro-americana*
Os deuses maias da água. Essas quatro divindades são descritas como gigantes

derramando água de jarros para nutrir a Terra. Elas causam a chuva ao bater nas nuvens com machados de pedra. Na estação seca, suas tarefas são assumidas pelos colegas menores, Ah Kumix Uinicob.

Ah Puch *Centro-americana*
= *asteca* Mictlantecuhtli
O deus maia da morte, o demônio chefe. É descrito como um cadáver em decomposição ou como um esqueleto que usa sinos.

Ahalya *Hindu*
A primeira mulher; esposa do sábio Gotama. Ela foi seduzida pelo deus Indra, e Gotama amaldiçoou Indra com a perda de seus testículos. Ahalya foi forçada a mentir nas cinzas durante séculos, vivendo apenas no ar, até ser resgatada por Rama, a sétima encarnação do deus Vishnu.

Ahat *Egípcia*
Uma vaca cósmica que agiu como enfermeira do deus Sol.

Ahau Kin *Sul-americana*
também Senhor do Rosto do Sol.
Um deus maia do sol. Depois do pôr do sol, ele se torna rei do mundo inferior, o deus onça-pintada.

Ahayuta achi *Norte-americana*
também Irmãos da Guerra, Gêmeos da Guerra.
Deuses gêmeos da guerra dos zuni; filhos do Sol com a deusa Água Gotejante. Em algumas versões, esses gêmeos são considerados meninos travessos, desobedecendo sempre à avó, a Mulher Aranha, metendo-se em brigas, das quais saem sempre triunfantes.

Como heróis da cultura, credita-se a eles a construção de montanhas, a escavação de desfiladeiros e a introdução da irrigação.

Ahhazu *veja* **Ach-chazu**

Ahmed *Árabe*
Um príncipe na história *As Mil e Uma Noites*. Ele tinha uma tenda que podia abrigar um exército inteiro, mas que podia ser dobrada e guardada no bolso. E tinha também uma maçã capaz de curar doenças.

Ahnfrau *Germânica*
O espírito de uma nobre que avisa seus descendentes da aproximação da morte.

Ahriman *Persa*
também Angra Mainya
O princípio do mal no Zoroastrismo, o deus das trevas. Em alguns relatos ele e Ahura Mazda são os filhos gêmeos de Zurvan, o Tempo. Ele foi concebido como um sapo preto e vivia em constante oposição a Ahura Mazda, criando cinzas onde o irmão tinha feito fogo, veneno onde o irmão tinha criado a cura, e assim por diante.

Dizem que ele afundou uma flecha no centro da Terra e criou um inferno.

Essa divindade matou o boi primitivo e introduziu doenças e todos os outros males da humanidade e, em algumas histórias, provocou uma inundação. Ele será derrotado na batalha final e confinado para todo o sempre no inferno.

Ahsonnutli *Norte-americana*
também Homem Turquesa
Deus supremo dos índios navajo; marido da Mulher Turquesa (*veja* **Estanatlehi**). Ele é considerado uma divindade hermafrodita, que colocou homens nos quatro cantos da Terra para auxiliar os céus.

(*Veja também* **Homem Turquesa**)

Ahti *Finlandesa*
também Ahto
Um antigo deus das águas. Este oceano primitivo precedeu a criação, mas

acasalou-se com Ilmatar, deusa do ar, quando ela caiu dos céus, para produzir inúmeras criaturas.

Ahura Mazda *Persa*
também Auramazda, Ohrmazd, Spenta Mainya, Senhor Sábio

Deus da luz e deus criador; o princípio do bem no Zoroastrismo; pai de Haoma, Mithra, Zoroastro e outros. Em alguns relatos, ele e Ahriman são os filhos gêmeos de Zurvan, o Tempo.

Ele criou um touro que, quando escapou de sua caverna, foi encontrado e morto por Mithra. As gotas de sangue formavam seres vivos onde tocavam a Terra. Ele ordenou que seu filho Atar acorrentasse o dragão Azhi Dahaka em uma montanha para impedir que ele perseguisse a humanidade.

É retratado como uma figura venerável e barbuda, quase sempre dentro de um círculo, segurando um anel e com uma das mãos erguida em sinal de bênção. Às vezes, ele é apresentado com chamas à sua volta e usando um manto do céu.

Ahurani *Persa*
No Zoroastrismo, a deusa da água, deusa da fertilidade, da saúde e da prosperidade.

Aichleach *Irlandesa*
Um dos cinco filhos do guerreiro Uigreann, que matou Finn mac Cool depois que ele matou seu pai. Em uma das versões, ele matou Finn quando os Fianna (*veja* **Fianna**) fizeram uma rebelião. Em outro relato, todos os cinco filhos o jogaram simultaneamente para que pudessem compartilhar a morte de Finn.

Aidne *Irlandesa*
Um milesiano (*veja* **Milesianos**) tido como o criador do fogo, esfregando as mãos.

Aikiren *Norte-americana*
também Falcão-Peregrino

O espírito guardião da tribo karok, do nordeste da Califórnia. Dizem que ele vive no topo do Pão de Açúcar.

Ele encontrou duas donzelas chorando a perda de seus amantes e as reuniu durante um ano. Passado esse tempo, elas tiveram que voltar para a sua tribo, mas, antes, lhes foi dado o segredo de ressuscitar os mortos, esfregando carne de salmão em seus lábios.

Ailleann *Irlandesa*
Uma mulher do Outro Mundo. Diziam que ela aparecia de tempos em tempos como um cervo. Segundo alguns relatos, ela se casou com o rei Artur quando o levou junto com seus homens para o Outro Mundo.

Aillen *Irlandesa*
Uma criatura do Outro Mundo. Todo ano ele emergia de sua caverna e, colocando as tropas para dormir com sua música, incendiava o palácio do rei em Tara com seu hálito ardente. O guerreiro Finn mac Cool o matou e cortou sua cabeça. Em alguns relatos, ele é Amergin (um filho de Milesius), e não Finn, que é o herói da história.

Aim *Europeia*
Um demônio, um dos 72 Espíritos de Salomão. Ele é representado com três cabeças – uma de um homem, uma de um gato e uma de uma cobra – cavalgando uma cobra.

Aimon Kondi *Sul-americana*
O deus criador do povo Arawak. Dizem que, depois de incendiar o mundo, inundou-o.

Ain Shams *Egípcia*
Um poço. Diz-se que o Sol nasceu e se renovou depois de se banhar nesse poço.

Aine *Irlandesa*
Deusa do sol, deusa do amor e da fertilidade. Em algumas histórias, ela

é comparada a Morrigan, a deusa da guerra. Em outras, é a deusa da lua de Munster, estuprada por Ailill Olom que, dizem, ela matou. Mas há quem diga que Ailill a matou, enfiando uma lança em seu peito quando ela arrancou-lhe as orelhas.

Alguns relatos a equipararam com Ana, a versão generosa da deusa Dana, enquanto em algumas histórias ela é a deusa-fada em Limerick. Às vezes, era vista em forma de sereia, tomando banho em um lago, mas em outras versões aparecia como uma alma penada que vivia em um palácio no interior de uma colina onde tecia raios de sol em tecidos de ouro. Dizem também que ela se apaixonou por Manannan, deus do mar, e seu irmão a entregou em troca da esposa de Manannan, Uchdealb.

Ainge *Irlandesa*
Filha de Dagda, deus da vida e da morte. Dizem que as florestas da Irlanda foram criadas a partir de um feixe de galhos que ela tinha apanhado e que foi roubado por Gaible, filho de Nuada, o líder dos Danaans, que os espalhou ao vento.

Airavata *Hindu*
também Airabata, Airavana
O elefante branco do deus Indra. Esse animal foi a décima primeira coisa criada na Agitação do Oceano.

Alguns dizem que ele foi criado por Vishvakarma, o deus dos artesãos, a partir de aparas do Sol. Outros acreditam que ele foi criado pelo deus Brahma. Esse animal às vezes aparece com várias cabeças e quatro presas.

airbedruad *Irlandesa*
Uma sebe mágica impenetrável. Dizia-se que os druidas podiam conjurar essa sebe em volta dos exércitos inimigos.

aitvaras *Báltica*
= *Estoniana* ai; *Finlandesa* ajata
Um espírito doméstico lituano. Esse espírito foi descrito de forma variada, como um galo ou como um dragão voador com a cabeça de cobra e a cauda em chamas.

Tal ave pode ser obtida dando uma alma ao Diabo em troca, ou pode ser criada a partir de um ovo posto por um galo com sete anos de idade. Alimentado por omeletes, o galo pode aumentar a riqueza do dono roubando comida e dinheiro.

Aizen-myoo *Japonesa*
Um deus xintoísta (mais tarde budista), a personificação do amor. Ele aparece sentado, com dois, quatro ou seis braços e, às vezes, duas cabeças. Geralmente ele usa uma máscara de leão na cabeça e carrega um raio de cinco pontas.

Ajagava *Hindu*
A gravata do deus Shiva.

Ajax[1] *Grega*
também Ajax, o Grande
Um herói guerreiro, o rei dos salaminianos.

Durante a Guerra de Troia, atacou Teuthrania (em Mísia), matou o rei Teuthras e capturou Tecmessa, sua filha. Ele também matou Glauco em batalha. Quando Aquiles morreu em Troia, os chefes tiveram que decidir se Ajax ou Odisseu deveria ficar com as maravilhosas armas feitas pelo deus Hefesto para Aquiles.

Quando a escolha recaiu sobre Odisseu, Ajax decidiu matar Agamenon e Menelau, já que achava que eles tinham influenciado a decisão contra ele, mas Athena interveio para atingi-lo com uma loucura temporária, motivando-o a matar os rebanhos gregos, achando que fossem soldados. Quando voltou a si e percebeu o que tinha feito, ele se matou com a espada que lhe foi dada por Hector, príncipe de Troia, quando eles travaram um duelo inacabado. Dizem que um jacinto brotou onde seu sangue manchou o chão (*veja também* **Hyacinthus**).

Em outras versões, Odisseu matou Ajax ou o príncipe troiano Páris o matou com uma flecha, ou os troianos o prenderam e o enterraram vivo.

Ajax²　　　　　　　　　　*Grega*
também Ajax, o Menor

Um guerreiro grego. No outono de Troia, ele violentou Cassandra (princesa e profetisa troiana) que tinha se refugiado no templo de Atena. Por esse sacrilégio, os deuses provocaram uma tempestade para dispersar a frota grega que voltava para casa, e Ajax se afogou.

Outros dizem que Ajax foi morto por um raio lançado por Poseidon, o deus do mar, quando ele se vangloriava achando que escaparia do mar apesar dos deuses.

Aje　　　　　　　　　　*Africana*
Deusa iorubá da riqueza. Diz-se que ela aparece em forma de uma galinha.

Aji-Shiki-Taka-Hiko-Ne　　*Japonesa*
Rei xintoísta da chuva ou rei do trovão. Quando criança, fazia tanto barulho que foi posto em um barco que navegaria para sempre ao redor das ilhas japonesas.

Ajysyt　　　　　　　　　*Siberiana*
A deusa-mãe dos yakuts. Ela traz a alma do céu no nascimento de um bebê e registra cada uma no Livro de Ouro do Destino.

Akaf　　　　　　　　　　*Africana*
O rei do Kordofan, no Sudão. O costume era que cada rei fosse morto em um momento decretado pelos sacerdotes que liam as estrelas. Akaf propôs levar o contador de histórias Far-li-mas e sua própria irmã, Sali, com ele quando chegasse a sua hora. Sali induziu Far-li-mas a recitar histórias tão maravilhosas que os padres se esqueceram das estrelas e nenhuma data foi marcada para a morte do rei (*veja também* **As Mil e Uma Noites**).

Akakanet　　　　　　*Sul-americana*
Uma divindade vegetal da tribo dos araucanos, ou mapuches. Essa divindade, que vive nas Plêiades, fornece flores e frutos para uso da tribo.

Alguns relatos dizem que ele é o lado bondoso de Guecubu, um espírito do mal, mas outros dizem que são irmãos.

Akongo　　　　　　　　*Africana*
Um deus criador do povo ngombe. Ele descobriu que o povo que criou era tão barulhento, que o deixou e foi morar no céu.

Outros dizem que, no começo, todos viviam no céu, mas Akongo enviou os humanos para a Terra para se livrar deles.

Ala　　　　　　　　　　*Africana*
Deusa da Terra e deusa da fertilidade de Ibo; deusa do mundo inferior.

Alan　　　　　　　　　*Britânica*
também Alain le Gros

Em certas versões da história do Graal, ele era filho de Pellimore e pai de Percival e assumiu o cargo de guardião do Santo Graal depois de José. Alguns relatos dizem que ele é o rei dos pescadores.

Alasnam　　　　　　　　*Árabe*
O dono de oito preciosas estátuas em *As Mil e Uma Noites*. Ele preencheu o nono pedestal, que estava vazio, com sua esposa, a mais bela mulher do país. Ele também tinha um espelho mágico capaz de dizer se uma donzela era fiel.

Alberish *Germânica*
Nas histórias do nibelungos, ele é o rei dos anões. Em uma história, ele era o pai de Ornit, rei dos lombardos, e lhe deu um elmo mágico e a espada Rosen. Ele ajudou Ornit, quando cercou a fortaleza de Muntabure.

Na versão wagneriana da história, ele rouba o Ouro do Reno das donzelas do Reno e seu irmão, Mime, faz dele o Capacete da Invisibilidade e o Anel do Poder. Em alguns relatos, ele foi o pai de Hagen com a rainha Krimhild (*veja também* **Andvari**).

Albion *Grega*
Rei dos gigantes; governante da Grã-Bretanha; filho do deus do mar Poseidon.

Ele liderou um ataque aos deuses, escalando uma pilha de pedras que chegava ao céu. Hércules veio auxiliar os deuses e matou muitos gigantes. Em uma das versões, Albion, que tinha sobrevivido, planejou matar Hércules e o esperou em uma emboscada nos Pirineus. Hércules o atacou pelas costas e o matou.

Em outra, ele e seus irmãos foram à Gália e lutaram contra Hércules. Quando tentaram roubar o gado de Gerião, que Hércules tinha trazido do décimo trabalho, todos os gigantes foram mortos.

alchera *Australiana*
também Alcheringa, O Tempo do Sonho, o Sonhador

O período em que os ancestrais dos aborígenes se levantaram do chão para moldar a terra e, cantando, criar a humanidade. Quando terminaram seu trabalho, voltaram a dormir sob a terra. Alchera é o termo geralmente usado na Austrália central; mais ao norte, na Terra de Arnhem, as tribos se referem a esse período como *bamum* e aos ancestrais desse período como *Wongar*; a oeste e ao sul, o nome para o Tempo do sonho é tjukui.

Aldeia dos Cães Perversos (literalmente) *Budista*
Um lugar na jornada da alma. Aqui os bons são autorizados a passar enquanto os maus são despedaçados por cães.

Alderley Edge *Britânica*
Um lugar em Cheshire, na Inglaterra, onde o rei Artur e seus cavaleiros costumavam dormir. Outros locais sugeridos são Cadbury, Craigy-y-Dinas, Monte Etna, Ogof Lanciau Eryri, Ogo's Dinas, o Castelo de Richmond e Sewingshields.

Ale de Goibhniu *Irlandesa*
Uma bebida que confere imortalidade a quem a ingere.

Alecto *Grega*
"Implacável"
Uma das três Fúrias ou Erínias.

Alfheim *Norueguês*
também Liosalfheim, Reino da Névoa
A casa dos elfos bons. Dizem que essas terras estão situadas entre o céu e a Terra. Também é considerado o lar do deus Frey (*veja também* **Liosalfheim, Svartalfheim**).

Algon *Norte-americana*
Um caçador da tribo chippewa. Ele encontrou um anel das fadas no campo e viu doze donzelas descerem do céu em um cesto e dançarem ao redor do anel. Ele tentou muitas vezes capturar a donzela mais nova, sem sucesso, e acabou se transformando em um rato. Quando ela tentou matá-lo, ele voltou à forma normal e a levou embora. Eles se casaram e tiveram um filho. Anos depois, ela fez outro cesto de vime e, com a criança, voltou para sua casa no céu.

Quando cresceu, o menino pediu para ver o pai e eles voltaram à Terra dentro do cesto. Algon voltou com eles para o céu, levando partes de todos os animais e aves. Cada um deles pegou um dos fragmentos e se transformou no animal ou na ave cuja parte escolheu. Algon, a esposa e o filho se tornaram falcões.

Ali Babá *Árabe*
Herói da história *As Mil e Uma Noites*. Ele descobriu a senha ("sésamo" ou "simsim") para entrar na caverna dos ladrões e roubou o tesouro. Sua escrava, Morgana, matou os ladrões quando eles se esconderam em grandes potes, derramando óleo fervente sobre eles, e depois matou seu líder. Como recompensa, Ali deu a ela sua liberdade e permitiu que se casasse com seu filho ou seu sobrinho.

Aliduke *Britânica*
Um Cavaleiro da Távola Redonda. Ele foi um dos muitos homens capturados e aprisionados pelo gigante Turkin (ou Tarquin), que odiava todos os cavaleiros do rei Artur, até ser resgatado por Lancelot.

aligátor
(1) Na Bolívia, os guaranis imaginam um barqueiro do mundo inferior, parecido com o grego Caronte, na forma de um jacaré.
(2) Na América Central, algumas tribos reverenciam uma divindade representada com o corpo de um homem e a cabeça de um jacaré.
(3) Algumas tribos indonésias contam como um rato trapaceiro induziu o jacaré a alinhar o nariz de sua família à cauda e os utilizou como ponte para atravessar um pântano.
(4) Em uma história japonesa, um macaco é colocado no lugar do rato da história indonésia.
(5) Uma história norte-americana conta como o coelho atraiu o jacaré para um campo e ateou fogo ao gramado; isso explica a pele escamosa do bicho. A história de andar nas costas do jacaré para cruzar um pântano aparece mais uma vez nos estados do sul e, nesse caso, o último jacaré da fila mordeu a cauda do coelho.
Dizem que o nariz amassado do jacaré é o resultado de um golpe durante um jogo de bola com os pássaros.
(6) Nas ilhas do Pacífico, os dentes do jacaré são usados como amuletos para proteger quem o está usando de doenças e das bruxas.

All-seer *veja* **Odin**
All-spirit *veja* **Maheo**
Alladin *Árabe*
O dono de uma lâmpada mágica em *As Mil e Uma Noites*. Aladdin podia evocar um gênio que obedeceria às suas ordens quando ele esfregasse a lâmpada. Com a ajuda do gênio, ele ganhou a mão de uma linda princesa, Badr al-Budur. Tempos depois, matou um mágico que tentou tirar a lâmpada dele e, com a morte de seu sogro, tornou-se imperador da China.

Allocer *Europeia*
Um demônio, um duque do inferno; um dos 72 Espíritos de Salomão.

alma
A ideia de uma alma aparece em várias religiões e mitologias e imagina-se que resida no sangue, no cérebro, nos intestinos ou em órgãos como o coração, o fígado ou os rins.
(1) Nas sociedades africanas, um homem tem quatro almas; mulheres e crianças, apenas três. Uma dessas almas pode deixar o corpo durante o sono.

(2) Nas Índias Orientais, os papuanos dizem que a alma (sovai) sobrevive à morte.
(3) Os chineses consideram dois tipos de alma: o *hun* e o *po*. Todo mundo tem três *hun* (a alma espiritual) e sete *po* (o espírito que mantém o corpo).
(4) No Egito, dizia-se que havia duas almas; o *ba* que podia deixar o corpo e assumir qualquer forma, geralmente a de um pássaro, e o *ka*, que vive após a morte.
(5) A tradição hebraica primitiva fala de três partes da alma, que compreendem o *neshemah*, o *refesh* e o *ruach*.
(6) Diz-se que a alma malaia (*sumangat*) deixa o corpo durante uma doença.
(7) Algumas tribos norte-americanas também acreditam em duas almas – uma pequena, no coração, que, na morte, vai para o oeste e pode renascer quatro vezes, e uma grande alma. Essa última foi dada pelo herói Wisaka, enquanto a pequena alma é o dom da divindade suprema. Outras tribos acreditam que a alma tem uma existência separada como estrela. E há também as que acreditam que alguns animais têm almas que finalmente deixam o corpo depois de terem sido mortos quatro vezes.
(8) Na Sibéria, os buriats dizem que em cada pessoa há três almas; uma morre, outra se torna um fantasma e a terceira renasce.
(9) Na América do Sul, alguns equiparam a alma com o reflexo no espelho ou na água, ou com a sombra de alguém; outros dizem que a pessoa tem muitas almas situadas em várias partes do corpo. Alguns dizem que só existem duas almas, uma gentil e a outra violenta. A alma nem sempre é considerada imortal.
(10) Nas Índias Ocidentais, o zombie haitiano é o corpo de alguém cuja alma foi levada por um feiticeiro que a utiliza para controlar o zombie.

Alma do Espelho *veja* **Yayoi**

Altjira *Australiana*
também Altjirra
Deus criador e deus do céu dos aborígines. Ele foi uma das divindades primitivas do Tempo dos Sonhos, mas, quando os outros retornaram a seu sono subterrâneo, ele subiu ao ponto mais alto do céu. Ele é representado com pés de um emu.

Alulim *Mesopotâmica*
Uma divindade suméria, o primeiro homem. Dizem que ele desceu do céu e governou a Terra por 28 mil (ou 67.200) anos.

Aluluei *Ilhas do Pacífico*
Um deus da navegação. Quando seus irmãos o mataram, o pai o trouxe de volta à vida. As estrelas são vistas como seus muitos milhares de olhos.

Alvis(s) *veja* **Sábio**

Alvor *Nórdica*
Uma raça de pessoas pequenas: uma forma de elfo. Dizem que essas pessoas dançam à noite nos campos.

Ama-Tsu-Kami *Japonesa*
Deuses celestiais, em oposição a Kuni-Tsi-Kami.

Ama-Tsu-Mara *Japonesa*
O deus ferreiro xintoísta. Ele fez o espelho que era usado para persuadir Amaterasu a sair da caverna dela. O molde para o espelho foi feito por Ishi-Kore-Dome.
Ele é descrito como tendo apenas um olho.

Amaimon *Europeia*
Um diabo medieval, governante da parte oriental do inferno. Um dos demônios cardeais, um dos 72 Espíritos de Salomão.

Amaka *Siberiana*
Um dos dois aspectos do ser supremo do povo evenk. Nesse aspecto, o criador cuida dos interesses dos seres humanos; no outro aspecto, como Ekseri, ele é o guardião dos animais e das florestas.

Amaterasu *Japonesa*
Uma deusa do sol do Xintoísmo; filha do deus Izanagi e da deusa Izanami. Dizem que ela foi produzida a partir do olho (direito ou esquerdo, dependendo da história que é lida) de Izanagi quando ele lavou o rosto.

Quando ela nasceu, seus pais a mandaram subir a Escada do Céu para assumir seu lugar como deusa do sol.

O deus Susanowa a desafiou para uma disputa na tentativa de tomar seu poder no reino dos céus. Depois de mastigar a espada dele, Amaterasu cuspiu três divindades femininas, e ele engoliu seu colar de cinco fios e cuspiu cinco divindades masculinas. Ele então reivindicou seu reino e aborreceu Amaterasu de tal forma que ela se fechou na caverna Ama-no-iwato e a escuridão desceu sobre a Terra até que os Oitenta Deuses Miríades a convenceram a emergir quando eles inventaram o espelho, Kagami, para ela e fizeram Uzume (a deusa da dança e da alegria) dançar para que todos rissem.

Seu pássaro sagrado é o Yatagarasu (corvo do sol).

Amazonas *Grega*
Mulheres guerreiras, filhas do deus Ares e da deusa Ártemis, dizem alguns.

Segundo alguns relatos, sua mãe era a deusa Afrodite ou Otrere, rainha das amazonas. Elas vieram da Ásia Menor ou da Cítia e passaram a quebrar braços e pernas de todos os bebês do sexo masculino para que se tornassem subservientes. Elas cortaram um seio para facilitar o uso de um arco ou de uma lança. Havia três tribos, cada uma com sua própria cidade e governada por uma das três rainhas.

Diz-se que elas matavam e comiam quem pousasse em suas costas. Durante uma batalha, foram derrotadas por Teseu, que liderava os atenienses. Na tradição arturiana, apareciam como uma raça subordinada ao rei Lúcio. Em uma história, foram envolvidas por Gawain em uma batalha e dizem que Crop-eared Dog matou a rainha.

Na tradição árabe, cada uma tinha um homem, um seio feminino ou um seio no centro. Há quem diga que homens e mulheres viviam em lados opostos do rio na África Ocidental e só se encontravam na estação seca, quando era possível atravessar o rio. Outros dizem que as mulheres viviam sem homens, e que concebiam depois de se banhar em uma determinada piscina. Talvez habitada por um espírito que se acasalava com elas.

Ambrosia *Grega*
O alimento dos deuses que conferia juventude eterna; óleo usado para unção e cura.

Ambuscias *Europeia*
Um demônio, duque do inferno; um dos 72 Espíritos de Salomão.

Ame-no-iha-kina *Japonesa*
O trono de Deus.

Ame-no-Toko-Tachi-no-kami *Japonesa*
Uma divindade feminina primitiva; o princípio feminino.

Ame-no-Uzume-no-mikato *veja* **Uzume**

Ame-no-wo-ha-bari *Japonesa*
A espada mágica do deus Izanagi. Izanagi usou esta arma para decapitar seu filho, o deus do fogo Kazu-Tsuchi.

Amen *Egípcia*
também Amon, Ammon
= *Grega* Zeus; *Romana* Júpiter
Deus criador supremo, deus da fertilidade e da vida. Deus de Tebas; um dos três Senhores do Destino (junto com Khnum e Ptah). Alguns dizem que ele nasceu da voz do deus Thoth.

Como um deus das águas primitivas, ele representava, ao lado da deusa Amaunet, a incognoscibilidade das águas.

Segundo um relato, ele gerou Athor e Kneph, os pais do deus Osíris e da deusa Ísis.

Sua ave é o ganso e ele é descrito de várias maneiras: como um homem com cabeça humana ou de sapo, carneiro ou serpente, ou como um macaco ou um leão e, às vezes, usando um gorro com duas penas altas.

Amenhotep *Egípcia*
O deus da cura. Originalmente era um faraó mortal, mais tarde foi deificado.

Ament *Egípcia*
Uma deusa-mãe com cabeça de serpente ou de gato; esposa de Amen.
Originalmente, era uma deusa líbia. Em Tebas, ela é Mut.

Amenti *veja* **Filhos de Hórus**

Amfortas *Britânica*
também Guardião do Graal, Rei do Graal, Pelles, Rei Pescador, Rei Pecador

Na versão wagneriana da história do Graal, ele assumiu a guarda do Santo Graal quando seu pai, Frimutel, ficou muito fraco. Confiando no poder da Lança Sagrada, ele se dispôs a destruir Klingsor, o mago do mal que tinha construído um jardim de prazeres para seduzir os cavaleiros que procuravam ser admitidos no Templo do Graal, mas ele mesmo foi persuadido a perder a lança para Klingsor, que o feriu com ela. Nada curaria a ferida, a não ser o toque dessa lança, e ele sofreu com muita dor durante anos até Parsifal recuperar a lança e curá-lo.

Uma versão alternativa diz que, esquecendo seus votos de pureza, ele olhou lascivamente para uma donzela, quando a lança sagrada o feriu por vontade própria. Outros relatos dizem que ele se feriu em uma luta justa.

Ele aparece como tio de Peredur no Castelo das Maravilhas e lhe mostra o Graal e a Lança Sagrada.

Amida *Budista*
também Amida Butsu, Amitayas, Buda da Luz Infinita
= *Chinesa* A-mi-t'o-fo; *Hindu* Shiva; *Hindu* Amitabha

A versão japonesa de Amitabha. Ele é o Buda supremo da seita Shin, revelado no budismo da Terra Pura, e ensinou que alguém poderia atingir o Nirvana pela fé como uma alternativa à meditação.

Amina *Árabe*
Um espírito do mal em *As Mil e Uma Noites*. Ela tratou muito mal suas três irmãs, levando-as em coleiras, como se fossem cachorros.

Amitabha *Budista*
= *Chinesa* A-mi-t'o-fo; *Hindu* Shiva; *Japonesa* Amida

Um bodisatva indiano, "deus da luz infinita"; o primeiro (ou quarto) dos cinco Dhyanibuddhas.

Ele gerou o deus da misericórdia Avalokiteshvara a partir de um raio de luz emitido por seu olho direito.

Ele governava a Terra Pura Ocidental, Sukhavati, é reverenciado no budismo da Terra Pura, onde é equiparado aos Shakyamuni japoneses (*veja também* **Amitayas**).

Amitayas *Budista*
O Buda da Luz Infinita; um nome de Buda como "Buda eterno". Em alguns

relatos, essa divindade é o mesmo que Amitabha.

Amma *Africana*
Deus supremo do povo dogon, do Mali.

O primeiro ovo que ele criou tinha duas gemas: de uma veio o malvado deus Ogo e sua irmã Yasigi; a outra produziu os gêmeos conhecidos como os Nummo.

Ele criou o sol e a lua cozinhando em uma panela de barro com faixas de cobre para o sol e de latão para a lua, e fez pessoas brancas a partir da luz da lua e pessoas negras a partir da luz do sol.

Alguns dizem que ele se casou com a deusa da Terra para produzir Ogo, o chacal, o primeiro dos animais.

Mas há relatos de que Amma foi o primeiro ovo e dele saíram os Nummo que criaram a Terra e tudo o que há nela.

Amon^1 *Grega*
também Ammon
A versão grega e romana do deus egípcio Amen.

Amon^2 *Europeia*
Uma versão demonizada do deus Amon, um dos 72 Espíritos de Salomão.

Em algumas versões, este ser é considerado um lobo com cauda de serpente, enquanto em versões anteriores ele aparece com a cabeça de uma coruja.

Amon-Rá *Egípcia*
Uma fusão de Amon com o deus sol Rá; deus de Tebas. Ele é descrito como tendo a cabeça de uma serpente.

Amor *veja* **Cupido**

Amori *Ilhas do Pacífico*
Um canguru fêmea, na tradição da Nova Guiné.

Dizem que ela teve um filho humano, Sisinjori, depois de engolir o esperma que encontrou no local em que o primeiro casal humano se uniu.

Amotken *Norte-americana*
O deus criador do povo salish. Ele criou cinco deusas a partir de fios de cabelo de sua própria cabeça e providenciou para que elas governassem em sucessão. A era atual é dominada pela deusa do mal.

Ele é retratado como um velho sábio, vivendo sozinho.

Amphitrite *Grega*
Uma deusa do mar, uma das Nereidas; esposa de Poseidon.

Ela fugiu dos avanços de Poseidon, mas Delphinus, rei dos golfinhos, a cortejou em nome do deus do mar e ela concordou que se casassem.

Com ciúmes pelo interesse do marido na encantadora Scylla, transformou-a em um monstro feio, colocando ervas na água em que ela tomou banho.

Ela é representada com uma coroa de algas marinhas em uma carruagem de conchas de pérolas feita por cavalos marinhos e golfinhos.

amrita *Hindu*
A bebida dos deuses; a água da vida.

A bebida que conferia imortalidade foi feita originalmente pelos deuses e demônios que enrolaram a serpente mundial, Vasuki, ao redor do Monte Mandara e a giraram, "agitando assim o oceano". Amrita foi a primeira das quatorze coisas que emergiram das águas.

Amrita-khumba *Hindu*
O vidrinho que continha a amrita original que surgiu na Agitação do Oceano.

Amy *Europeia*
Um demônio no inferno, um dos 72 Espíritos de Salomão. Este ser pode aparecer como uma mulher bonita e é considerada uma professora de astrologia.

An¹ *Egípcia*
Um nome para Osíris como um deus do sol.
An² *Mesopotâmica*
= *Babilônica* Anu
Deus criador sumério, deus do céu.
Ele foi morto e esfolado pelo deus Marduk.
É descrito geralmente como um touro.

Ana *Irlandesa*
Uma deusa da guerra. Ela era um dos elementos de uma trindade de nomes (Ana, Badb e Macha) conhecida como a Trindade do Destino e considerada um aspecto da deusa da guerra Morrigan ou Nemain.

Anahita *Persa*
Deusa água, deusa da fertilidade e deusa do amanhecer; uma das Yazatas.

Ela purificou as águas primitivas originais. Suas escravas do templo agiam como prostitutas religiosas.

Em alguns relatos, ela era considerada uma deusa da guerra que dirigia uma carruagem puxada por quatro cavalos brancos.

Ela é retratada como uma mulher alta e bonita, usando uma capa bordada com fios de ouro e ornamentada com peles de lontras.

Ela é identificada com o planeta Vênus.

Anansi *Africana*
também Anancy, o Senhor Aranha;
= *Ashanti* Kwaku Ananse; *Hauçá* Gizo;
Caribenha Annency, Nansi, Ti Malice
Um deus trapaceiro dos iorubás.

Originalmente, era um deus criador, mas se transformou em uma aranha quando um rei o chutou por ter matado seu enorme carneiro que tinha comido as plantações de Anansi. Outros dizem que ele foi derrotado por um camaleão em um concurso de mudança de forma e desceu à Terra em uma corda. Agora, ele aparece tanto como aranha quanto como homem.

Ele implorou a Deus uma única espiga de milho, prometendo dar a ele uma centena de escravos. Ao fingir que a espiga tinha sido roubada, enganou um chefe para lhe dar uma cesta cheia de espigas para mantê-lo calado. Trocou as espigas por uma galinha, a galinha por algumas ovelhas e as ovelhas por um cadáver. Fingindo que este era um filho de Deus que tinha sido morto pelos filhos de um chefe, convenceu o chefe a lhe dar cem jovens, que ele apresentou a Deus como escravos.

Para provar que ele era tão esperto quanto o próprio Deus, capturou o sol, a lua e a escuridão em uma bolsa. Quando produziu o sol do saco, algumas pessoas ficaram cegas.

Em certa ocasião, ele ficou preso a uma boneca de borracha, em uma outra um antílope o livrou de um incêndio, colocando-o em segurança. Para retribuir essa gentileza, ele teceu uma teia em volta do filhote do antílope, escondendo-o de caçadores.

Quando pediu aos deuses do céu que lhe vendessem algumas histórias, foi informado de que o preço seria uma fada, um marimbondo, um leopardo e uma píton. Os deuses ficaram tão impressionados ao ver que Anansi tinha produzido todos os itens que lhe deram todas as suas histórias, que eles chamaram de *Anansesem*.

Em outra história, ele tinha uma panela que vivia cheia de comida, mas seus filhos a quebraram e ele os puniu com um chicote. Curiosas, as crianças examinaram o chicote que começou a bater nelas sem parar.

Em outra ocasião, ficou se vangloriando por poder montar um tigre, mas o rei perguntou ao tigre, que disse que isso era mentira e tentou fazer Anansi se retratar diante do rei. Fingindo estar doente, a aranha induziu o tigre a carregá-lo nas costas – e, é claro, ele precisava de rédeas, uma sela e um chicote. Quando viu a aranha cavalgando no tigre, o rei o recebeu em seu palácio.

Ananta *Hindu*
também Serpente Mundial
= *Budista* Muchalinda

Uma serpente com 1.000 (ou sete) cabeças; rei das nagas (cobras).

É o governante de Patala e vive no palácio Mani-Mandapa. Dizem que o mundo repousa sobre suas cabeças. O mundo é destruído no final de um período pelo sopro ardente de Ananta, e Vishnu dorme nas cobras enroladas, flutuando nas águas, nos intervalos entre os ciclos cósmicos.

Ele ou Vasuki (outro naga) era usado como uma corda, enrolado no Monte Mandara e puxado pelos deuses e demônios para causar a Agitação do Oceano.

Ambos, Ananta e Vasuki, tentaram envenenar a amrita que emergiu na Agitação do Oceano, mas o deus Shiva sugou todo o veneno da cobra e a segurou na garganta para salvar a vida dos outros deuses.

Anat *Canaanita*
também Rainha do Céu;
= *Babilônica* Ishtar; *Frígia* Cybele;
Suméria Inanna

Uma deusa dos céus, da fertilidade, das montanhas, das fontes e da guerra; irmã e esposa de Baal ou Anu.

Pelo maravilhoso arco, ela ofereceu imortalidade ao príncipe Aqhat, que rejeitou a oferta. Ela então mandou o soldado Yatpan matá-lo. Como resultado, as trevas dominaram a Terra e as plantas e animais começaram a morrer. Com a ajuda do deus El, Anat resgatou Aqhat do mundo inferior e devolveu o arco a seu legítimo dono e, assim, as coisas voltaram ao normal.

Quando seu filho (ou, segundo alguns relatos, seu marido) Baal morreu, ela foi ao mundo inferior pleitear sua libertação. Mot, o deus da morte, não aceitou. Ela então o matou e o moeu sob uma pedra de moinho.

Costuma ser retratada com uma lança e um escudo.

(*Veja também* **Ashtoreth, Astarte**.)

Anaulikutais'x *Norte-americana*
Uma deusa do rio do povo Bella Coola ou Nuxalk, da Colúmbia Britânica. Ela vive na caverna Nuskesiu'tsta e controla o movimento do salmão.

Ancis *Romana*
O escudo do deus Marte. Quando os romanos rezaram ao deus Marte para que os aliviasse de uma praga, ele não só ficou agradecido como deixou cair do céu um escudo que, dizia-se, sempre protegeria a cidade. O rei, Numa Pompílio, fez uma cópia e depois pendurou os doze no templo de Marte para confundir quem quisesse roubar o original. Os escudos eram guardados por padres conhecidos como sálios.

andorinha
(1) Uma ave sagrada para a deusa Afrodite.

Na tradição grega, dizia-se que as crianças que morriam podiam revisitar suas casas sob a forma de andorinhas.

> (2) Na tradição muçulmana, a ave sagrada que, diz-se, faz uma peregrinação anual a Meca.
> (3) Na Roma Antiga, uma ave sagrada para os penates.

Andras *Europeia*
Um demônio, o marquês do inferno, um dos 72 Espíritos de Salomão. Ele é retratado como um anjo alado com cabeça de ave, cavalgando um lobo negro e portando uma espada.

Andrealphus *Europeia*
Um demônio, o marquês do inferno, um dos 72 Espíritos de Salomão. Ele é retratado como um pavão com poderes para ensinar matemática e transformar os homens em aves.

Andrômaca *Grega*
A esposa de Heitor, príncipe de Troia; mãe de Astíanax com Heitor. Na queda de Troia, ela foi capturada pelos gregos e dada como prêmio a Pirro, o filho de Aquiles, que a abandonou depois de ter três filhos com ela. Mais tarde, ela se casou com Heleno, o profeta troiano, e lhe deu um filho.

Andromalius *Europeia*
Um demônio, um dos 72 Espíritos de Salomão. Ele aparece como um homem segurando uma cobra e tem o poder de expor ladrões e recuperar o que roubaram.

Andrômeda *Grega*
Quando sua mãe, Cassiopeia, se gabava de que a filha era mais bonita que qualquer Nereida, Andrômeda foi acorrentada a uma pedra no mar, em sacrifício a um monstro marinho enviado pelo deus do mar, Poseidon. Ela foi resgatada por Perseu e se casou com ele. Após sua morte, ela foi colocada no céu pela deusa Atena.

Andvari *Nórdica*
= *Germânica* Alberich
Rei dos anões. Ele era um anão que vivia em um palácio cheio de pedras preciosas e tinha, além de um tesouro incrível, um anel mágico, um cinto mágico que podia aumentar sua força e uma espada maravilhosa.

Em países diferentes, ele tinha nomes diferentes. Como Alberich, ele era dono de um boné vermelho; Tarnkappe, que permitia que ele aparecesse à luz do dia sem ser transformado em pedra.

Em uma visita à Terra com os deuses Odin e Hoenir, Loki, o deus da trapaça e da travessura, matou Otter, filho de Hreidmar, um rei dos anões, e exigiu que Andvari entregasse seus tesouros para satisfazer um pedido de compensação em ouro feito por Hreidmar e garantir a libertação de Odin e Hoenir, que tinham sido presos junto com Loki pelo assassinato. Andvari entregou o ouro e o capacete da invisibilidade, mas, quando Loki também pegou o anel mágico, Andvaranaut, ele amaldiçoou o tesouro.

Em alguns relatos, Andvari é comparado a Oberon, rei das fadas. Ele é descrito como um peixe ou alguém que tem a forma de peixe.

(*Veja também* **Alberich**).

Anel do Gigante, O *Britânica*
Uma estrutura megalítica na Irlanda. Dizia-se que essa estrutura foi transportada para a Grã-Bretanha pelo feiticeiro Merlin e reerguida como Stonehenge. Alternativamente, Merlin transformou-se em um redemoinho para sugar as pedras do chão do Monte Killauras, onde estavam, para que os trabalhadores do rei Uther pudessem levá-las para Avebury.

Angra Mainya *veja* **Ahriman**

Angus Og
Irlandesa

Deus do amor e da beleza; filho do líder irlandês, o Dagda. Ele foi criado pelo irmão Midir e, quando chegou à idade adulta, viveu no palácio de Bruigh depois de expulsar seu pai, Elcmar ou, como dizem, o Dagda como rei dos danaans. Ele raptou Etain, esposa Midir.

Dizia-se que quatro cisnes pairavam sobre sua cabeça e que ele tinha um cavalo enorme e um vaca marrom dada a ele pelo deus Manannan.

Ele ajudou Dermot, um dos Fianna, na batalha, fazendo com que cada soldado inimigo aparecesse à semelhança de Dermot, para que todos fossem mortos por seus companheiros. Quando Dermot foi morto por um javali, Angus manteve seu corpo no palácio e, soprando vida ao cadáver, podia conversar com Dermot sempre que quisesse.

Uma outra história diz que ele suspirava pelo amor de uma garota até seus pais descobrirem que se tratava de Caer Ibormeith, filha do rei Connaught, que vivia como um cisne em um lago junto com outros 150 cisnes. Ele foi capaz de identificá-la e a levou para o palácio para morarem juntos. Mas há versões que dizem que Angus se transformou em um cisne.

Anguta
Inuíte

Criador da terra, do mar e do céu; pai da deusa do mar, Sedna.

Dizem que esta deidade vivia em Adlivun.

Quando Sedna caiu ou foi jogada ao mar, agarrou-se ao barco, mas ele cortou alguns de seus dedos para que ela afundasse. Faltavam-lhe alguns dedos também e ele só tinha um olho.

animais

Muitos animais (e aves) aparecem na mitologia mundial, muitas vezes como suporte para o mundo.

(1) Os chineses dizem que o mundo é carregado no casco de uma tartaruga. Os animais que governam os meses e as horas são o rato, o boi, o tigre a lebre, o dragão, a serpente, o cavalo, a cabra, o macaco, o galo, o cachorro e o javali.

(2) A versão europeia dos animais que apoiam o sol trás o carneiro, o touro, o caranguejo, o leão, o escorpião, o centauro e o peixe. Na Grécia, faziam parte da lista: gato, cachorro, cobra, caranguejo, burro, leão, cabra, boi, falcão, macaco, íbis e crocodilo.

(3) Na tradição hindu, o deus Vishnu aparece como a tartaruga Kurma, em sua segunda encarnação, enquanto a tartaruga Chukwa carrega nas costas o elefante Mahapadma que, por sua vez, apoia a Terra.

(4) Os japoneses dizem que a tartaruga carrega nas costas a Montanha Cósmica.

(5) Os animais que apoiam o sol na tradição da Mongólia são o rato, a vaca, o tigre, a lebre, o dragão, a cobra, o cavalo, a ovelha, o macaco, o galo, o cachorro e a porca.

(6) Na América do Norte, muitas tribos dizem que o mundo é apoiado em uma tartaruga – ou em quatro desses animais.

(*Veja também **animais sagrados**.*)

animais sagrados

Muitos animais são sagrados para uma determinada divindade, raça ou país. Alguns deles são:

abelha	Egito
antílope	Set
asno	Dioniso, Set

besouro	Egito
bezerro	Héstia, Ísis
bode	Afrodite, Dioniso, Vênus
cabrito	Dioniso
carneiro	Dioniso, Zeus
carpa	Japão
cavalo	Ares, Helius
cervo	Diana, Jurojin
chacal	Anúbis, Set
cobra	Wadjet
coelho	Kaltesh
corça	Hércules
cordeiro	Helius, Juno
crocodilo	Egito, Sebek, Set
doninha	Egito
dragão	Dioniso
elefante	Budismo
gato	Egito, Pasht
gazela	Astarte
grifo	Apolo, Atena
hipopótamo	Set
javali	Hera, Syria
leão	Dioniso, Vulcano
leopardo	Daomé, Dioniso, Osíris
lince	Dioniso
lobo	Apolo, Ares
macaco	Índia, Dioniso, Júpiter
morcego	aborígenes australianos
musaranho	Wadjet
ovelha	Nyx
oxirrinco	Hathor
pantera	Dioniso, Polinésia
peixe	Atargatis
porco	Angus Og, Grécia
serpente	Asclépio, Dayaks, Dioniso, Minerva, Suméria
símio	Índia
tartaruga	Afrodite, Hércules, Hermes
tigre	Dioniso
touro	Dioniso, Egito, Helius, Netuno, Shiva, Zeus
urso	Thor
vaca	Hera, Hinduísmo
vespa	Wadjet
zebu	Ásia, Hinduísmo

(*Veja também* **animais**.)

Ankalamman *Hindu*
Deusa guardiã do Tamil; um aspecto da deusa Kali.

ankh *Egípcia*
Um símbolo da vida usado pelos deuses e personagens da realeza; um dos três símbolos (os outros eram *tet* e *was*) carregados pelo deus criador Ptah.

Annency *Caribenha*
também Nansi, Ti Malice

O nome dado a Anansi nas Índias Ocidentais. Em muitos contos, ele engana o personagem conhecido como (Tio) Bouki.

Annowre *Britânica*
Uma feiticeira. Certa vez ela prendeu o rei Artur e, quando ele rejeitou seus avanços, ela o teria matado, mas foi uma intervenção oportuna de Lancelot que matou a bruxa.

Antigo Aranha *veja* Areop-Enap

Antigo Homem Velho *veja* Lmukamtch

Antígona[1] *Grega*
Quando seu pai cego, Édipo, era um pária vagando pela Terra, foi Antígona que o guiou.

Após a batalha em Tebas, onde seus irmãos Etéocles e Polinices morreram, Creonte, que havia tomado Tebas, ordenou que o corpo de Polinices não fosse enterrado. Foi a própria Antígona que o enterrou sob uma tempestade de areia, mas acabou sendo condenada por desobedecer ao decreto de Creonte, que ordenou que seu filho Hémon a enterrasse viva no túmulo do irmão.

Em vez disso, Hémon casou-se com ela em segredo e ela lhe deu um filho. Tempos depois, Creonte reconheceu o garoto e mandou que o filho o matasse. Hémon, então, matou a si mesmo e matou Antígona também.

Há histórias que dizem que ela foi enterrada viva ou selada em uma caverna onde se enforcou.

Antígona² *Grega*
Esposa de Peleu, rei da Ftia. Quando Peleu chegou ao tribunal do pai dela em Ftia para ser purificado do assassinato de seu meio-irmão Phocus, eles se casaram. Mas, acidentalmente, ele matou o pai de Antígona e foi a Iolcos para ser purificado pelo rei Acasto. Ele partiu na expedição dos Argonautas e depois voltou para Iolcos. A esposa do rei mandou uma mensagem a Antígona dizendo que Peleu estava prestes a se casar com Sterope, sua filha, e Antígona se enforcou.

Anu *Mesopotâmica*
= *Suméria* An
O supremo deus hurriano. Ele usurpou o trono de Alalu, o rei do céu, mas foi castrado por seu filho (de Anu) Kumarbi, que assumiu o trono do pai.

Anúbis *Egípcia*
= *Grega* Hermes
O deus do embalsamamento e dos mortos com cabeça de cachorro ou de chacal. Ele pesava os corações dos mortos no Salão do Juízo Final.

Néftis, a deusa da morte, não teve filhos com o deus da tempestade Set. Ela então persuadiu o deus Osíris a ser pai de Anúbis. Para manter a criança a salvo de Set, ela o escondeu em juncos, onde ele foi encontrado e criado por Ísis.

Ele é representado como um cachorro preto ou um chacal deitado, ou como um humano com cabeça de chacal.

Ao Ch'in *Chinesa*
também Kuang-li
O Rei Dragão do Sul.

Ao Jun *Chinesa*
também Kuang-jun
O Rei Dragão do Oeste.

Ao Kuang *Chinesa*
também Kuang-te, Lung Wang ("rei dragão")
O Rei Dragão do Leste, o chefe dos quatro reis Dragões.

Ele agia como o deus da água, responsável pela chuva, e aparecia sob a forma de todos os tipos de animais e aves.

Ao Shun *Chinesa*
também Kuang-she
O Rei Dragão do Norte.

Aoife *Irlandesa*
A segunda mulher do deus do mar, Lir. Casou-se com ele após a morte da primeira esposa, irmã dela, Aobh, e transformou os quatro enteados em cisnes, condenados a passar três períodos de 300 anos cada um em um lago, a passagem entre a Irlanda e a Escócia e o Atlântico. Lir os transformou novamente, mas já tinham ficado velhos e enrugados. Por sua maldade, Aoife foi transformada em demônio por Bodb Dearg, um rei de Munster.

Aparentados *veja* **Deuses Afins**

Apauk-kyit-hok *Birmanesa*
Um homem que era a causa da morte. Nos tempos em que o homem era imortal, ele já tinha vivido nove vidas e sido rejuvenescido. Um dia, ele se escondeu e os outros membros da tribo acharam que tinha morrido e o conduziram em uma cerimônia fúnebre. Quando descobriu a decepção do velho, o deus do sol ficou com raiva e acabou permitindo que ele morresse.

Apaya *Budista*
Os quatro mundos inferiores: o mundo animal, o mundo dos demônios, o mundo dos fantasmas e o mundo dos infernos.

Ápis *Egípcia*

Um deus touro: o touro sagrado, filho da deusa Ísis, concebida por um raio ou um raio de sol. Em Mênfis, ele era adorado na forma de um touro, um animal que dizia ser o deus Osíris ou o deus Ptah na sua morte. O touro era sacrificado aos 25 anos de idade sendo substituído por um novo touro. Era necessário ter determinadas marcas: um triângulo branco na testa, a forma de uma águia nas costas e um caroço com a forma de um escaravelho sob a língua. Ele é retratado como um touro negro com asas, carregando um disco solar e a serpente Uraeus entre os chifres.

Apolo *Grega*

Um dos deuses olímpicos; deus rato e deus do arco e flecha, beleza, portas, embarque, luz, medicina, música, poesia, profecia, locais públicos, estradas, pastores, verdade e lobos; no panteão romano, o deus da luz e do sol, filho de Zeus com Leto, filha do titã Ceos e sua irmã; filho do deus ferreiro Hefesto com Atena, dizem alguns; irmão gêmeo de Ártemis. Ele nasceu na Ilha de Delos e foi criado por Themis. Ainda criança, ele matou a serpente Python em Delfos.

Ele amava o jovem Jacinto e, sofrendo com sua morte, causada por um disco lançado pelo deus Apolo, mas deliberadamente desviado pelo vento oeste, fez a flor do Jacinto brotar onde o sangue do rapaz manchou a terra.

Ele também amou a princesa troiana Cassandra e deu a ela o poder da profecia mas, tendo seu amor rejeitado, ele decretou que nunca se deveria acreditar em suas profecias.

De modo semelhante, ele concedeu a Sibila de Cumas o poder da profecia e tantos anos de vida quantos grãos de areia ela segurasse, mas reteve o dom da juventude quando ela repeliu seus avanços, para que envelhecesse, murchasse e pedisse para morrer.

Outro amante, o jovem caçador Cyparissus, morreu de tristeza quando matou acidentalmente o veado de estimação do deus e ele foi transformado por Apolo em um cipreste.

Ele se apaixonou pela ninfa Daphne, que fugiu de sua aproximação. Antes que ele pudesse alcançá-la, o deus do Rio Peneus, pai dela a transformou em um loureiro, que se tornou a árvore sagrada para Apolo.

Ele também ficou apaixonado por Corônis e a seduziu. Quando sua ave, um corvo, disse que ela estava tendo um caso com Ischus, Apolo a matou, mas resgatou o filho que estava por nascer, Esculápio, que se tornou o rei da cura. E transformou o corvo, que até então era branco, em uma ave negra.

Em algumas histórias, ele foi pai de Asclépio com Arsinoe, e não com Corônis e, em outras a ave negra é uma gralha.

Ele teve muitos outros relacionamentos. Ele transformou um de seus filhos, Cicno, em um cisne.

Quando Zeus matou Asclépio por tentar ressuscitar Hipólito, Apolo vingou sua morte matando os ciclopes Arges, Brontes e Estéropes. Por isso, ele foi punido por Zeus, que o condenou a servi-lo como escravo. Em algumas versões, ele serviu ao rei Laomedonte, ajudando o deus Poseidon a construir as muralhas de Troia; em outras, o rei Admeto, da Tessália. Dizem até que ele serviu aos dois reis em castigos separados.

Ele e sua irmã, Ártemis, mataram os quatorze filhos de Níobe, por desprezo à deusa.

Ele se envolveu em um concurso musical com Pã e, quando Midas deu a vitória a Pã, Apolo premiou Midas com orelhas de burro. Em um concurso semelhante com o sátiro Marsyas, Apolo ganhou e esfolou vivo seu adversário. Sua música o ajudou quando ele e Poseidon construíram os muros de Troia, já que ele conseguiu encantar as pedras tocando sua lira.

Ele transformou a serpente lemniana em pedra e, quando Órion mostrou sinais de ter desenhos em Ártemis, Apolo foi conversar com a Mãe Terra e conseguiu fazer com que Órion fosse levado por um grande escorpião, mas o colocou com sua lira no céu quando ele morreu.

No cerco a Troia, ele ajudou os troianos contra os gregos e guiou a flecha que matou Aquiles.

A ele são creditadas as invenções do alaúde e da cítara e lhe foi dada a lira pelo deus Hermes.

Ele costuma ser retratado com um arco e flechas e a companhia de leões.

Sua carruagem era puxada por grifos. Seu animal era o golfinho e seu pássaro, uma gralha (ou corvo).

Appiades *Romana*
Cinco deusas da paz, representadas nas costas de um cavalo. Eram Concórdia, Minerva, Pax, Vênus e Vesta.

Aqueronte *Grega*
Um dos rios do Hades. Por ajudar os
 Titãs em sua guerra contra os deuses, Aqueronte, filho da deusa Deméter, foi condenado ao mundo inferior por Zeus, sendo transformado em um rio. Esse era o rio da desventura, sobre o qual Caronte transportou as almas dos mortos. A palavra, às vezes, se refere ao próprio mundo inferior.

Aquiles *Grega*
Herói grego, filho do rei Peleu, de Ftia, e Tétis, uma ninfa do mar. Quando ele nasceu, a mãe o mergulhou no Rio Styx para torná-lo invulnerável, segurando-o pelo calcanhar. Essa parte do corpo dele não entrou na água e, consequentemente, permaneceu desprotegida. Outra versão diz que Tétis segurou o filho pelo calcanhar em um incêndio, mas Peleu o arrancou dali a tempo de salvá-lo, evitando que o fogo o consumisse.

Como outros gregos famosos, foi aluno do centauro Quíron e de Fênix. Tétis o enviou à corte do rei Licomedes, de Siros onde, vestido como menina, ele esperava escapar do serviço militar em Troia. Odisseu, disfarçado de vendedor, viu quando Aquiles escolheu armas, em vez de bugigangas, entre os produtos que ele oferecia, e persuadiu o jovem a se juntar à expedição para resgatar Helena dos troianos.

Ele lutou em Troia, liderando seu grupo de mirmidões, mas se desentendeu com o rei Agamenon por causa de uma garota, Briseis, que lhe foi dada como prêmio, e se recusou a continuar lutando. Quando os gregos estavam beirando a derrota, Pátroclo, melhor amigo de Aquiles, vestiu a armadura do herói e liderou um novo ataque, mas morreu em um combate com Hector (um príncipe troiano), que levou a armadura. Impulsionado pela morte do amigo, Aquiles vestiu uma nova armadura feita para ele pelo deus Hefesto e liderou os gregos em novo ataque às forças de Troia. Ele conheceu e matou Heitor, arrastando o corpo amarrado a seu carro pelo campo de batalhas.

Quando o príncipe etíope Mêmnon interveio com seu exército ao lado dos troianos, Aquiles também o enfrentou e o matou em um combate, levando os defensores de volta aos portões da cidade. Depois matou Pentesileia, uma rainha amazona que lutava ao lado dos troianos, e Térsites, um soldado grego que zombou dele. Numa luta próxima ao portão, Aquiles foi atingido por uma flecha disparada por Páris (irmão de Heitor), flecha essa que atingiu seu calcanhar, a única parte vulnerável de seu corpo, e ele acabou morrendo.

Outro relato diz que Polixena, entregue a Aquiles como prêmio, o persuadiu a revelar o segredo de sua vulnerabilidade e ela contou o que descobriu ao irmão Páris, que apunhalou Aquiles no calcanhar, durante seu casamento com Polixena. Dizem também que ele se casou com Helena (de Troia) ou com a feiticeira Medeia, no Hades.

arak *Cambojana*
Um espírito guardião. Esse espírito, muitas vezes o de um ancestral, vive na casa ou em uma árvore próxima, para que possa cuidar da família. Se alguém da família adoece, o xamã que atende o paciente pode fazer com que o arak se materialize e ajude na cura que envolve exorcizar o espírito maligno que está causando a doença.

Aranha¹ *Africana*
Um deus trapaceiro do povo Temne, de Serra Leoa. Este ser também é visto como uma sábia divindade.

Aranha² *Norte-americana*
Um espírito criador feminino. Algumas tribos afirmam que a aranha teceu fenômenos terrestres (incluindo plantas, animais e a raça humana), a teia do destino e o alfabeto.

Arawn *Galesa*
= *Britânica* Herne
Deus do submundo, Annwfn.
Certa vez, ele estava caçando quando Pwyll, o rei de Dyfed, afugentou seus cães e atiçou a própria matilha contra o cervo que Arawn vinha perseguindo. Para recompensá-lo, Pwyll tomou o lugar de Arawn como rei do submundo por um ano, enquanto Arawn governava Dyfed no lugar de Pwyll.
O rei Artur invadiu seu reino para se apoderar de seu caldeirão mágico.
(*Veja também* **Augusel**.)

Arcas *Grega*
Filho de Calisto com Zeus; marido de Erato.
Segundo alguns relatos, Arcas atirou em um urso que, na verdade, era sua mãe. Calisto e Hera transformaram tanto Calisto quanto Arcas em ursos, e Zeus os colocou no céu como, respectivamente, as constelações da Ursa Maior e da Ursa Menor (ou, como dizem alguns, a estrela Arcturus).
Uma outra versão diz que seu avô, Lycaon (pai de Calisto), matou Arcas e serviu sua carne ao deus Zeus, que restaurou Arcas e transformou Lycaon em lobo. Uma história similar é contada sobre Nyctimus, filho de Lycaon.

arco-íris
O arco-íris está presente nos mitos de muitas culturas, com muitas interpretações diferentes.
(1) Uma história africana diz que, se alguém cortar um arco-íris ao meio, uma metade vai para o céu enquanto a outra desce à Terra, fazendo um buraco que leva ao paraíso do mundo inferior.
(2) Os cristãos comparam as sete cores aos sete dons do Espírito Santo:

sabedoria, compreensão, conselho, fortaleza, conhecimento, piedade e temor ao Senhor.

(3) Na tradição inuíte, o arco-íris é um arco empunhado pelo deus trovão.

(4) A crença geral na Europa é que há um pote de ouro na extremidade do arco-íris, tesouro que foi colocado lá por um anjo e que só pode ser reivindicado por um homem nu.

Na Grã-Bretanha, fala-se do arco-íris como uma serpente com cabeça de touro.

Outros dizem que qualquer pessoa que passe sob um arco-íris mudará de sexo.

(5) Na tradição hebraica, o arco-íris simboliza o pacto de Deus com Israel, o renascimento etc.

(6) Na Irlanda, o arco-íris é visto como o estilingue de Lugh.

(7) No Japão, é uma ponte, aquela em que Izanagi e Izanami estavam quando mergulharam a lança nas águas primordiais para criar a terra.

(8) Na Malásia, as pessoas evitam os locais onde o arco-íris toca a terra, acreditando que eles não sãos saudáveis, mas também acreditam, como muitos outros, que há um tesouro lá.

(9) Os mongóis consideram o arco do arco-íris como o arco de um grande herói, a partir do qual ele dispara flechas de raios.

(10) Na mitologia nórdica, o arco-íris é a ponte Bifrost, que liga Niflheim a Asgard. A ponte é guardada pelo gigante Heimdall e será destruída pelos passos dos gigantes que a atravessam em Ragnarok.

(11) Algumas tribos norte-americanas alegam que, se alguém apontar para o arco-íris com o dedo indicador, esse dedo vai inchar. Outras tribos o consideram o caminho para a terra dos mortos. E há as que acham que o arco-íris causa a seca porque impede que a chuva caia; que é um meio de transporte para o povo das nuvens (Shiwanna) ou uma ponte para o outro mundo; que é um sinal de má sorte ou um xamã que se pinta com as cores do arco-íris.

(12) Na Pérsia, a posição do arco-íris no céu é significativa em termos de futuro e a intensidade das cores também desempenha um papel: o vermelho indicando guerra; o verde, a riqueza; e o amarelo, a morte. É considerado o arco do herói Rustem ou a espada de Ali, o genro do profeta Muhammad.

(13) Os romanos veem o arco-íris como um símbolo das bênçãos de Juno.

(14) Na Sibéria, algumas tribos têm o arco-íris como a bainha do casaco de Deus, enquanto outras dizem que é a língua do sol ou o arco do deus dos trovões.

(15) Na América do Sul, os aruaques dizem que o arco-íris sobre a terra traz o mal, mas, sobre o mar, é benéfico. Outra história diz que o arco-íris é uma serpente que, quando pequena, foi capturada por uma jovem e mantida como animal de estimação que escapou e cresceu até ficar enorme, engolindo pessoas enquanto viajava por todo o país. Mas ela foi morta por um bando de pássaros e foi para o céu.

Areop-Enap *Ilhas do Pacífico*
também Velha Aranha

Uma aranha primitiva, divindade criadora da Ilha de Nauru.

Ela foi engolida por um molusco enorme, mas, ajudada por uma lagarta, Rigi, e um marisco, abriu a concha para fazer a Terra. O topo da concha tornou-se o céu; a lagarta, o sol; e o marisco, a lua. E fez também homens de pedras para apoiar o céu.

Alguns dizem que o suor da lagarta formou os oceanos, mas ela se afogou nas águas e foi colocada no céu como a Via Láctea.

Areop-It-Eonin *Ilhas do Pacífico*
Uma aranha jovem. Ela nasceu no casco de uma tartaruga, Dabage, e trouxe o presente do fogo para a humanidade.

Ares *Grega*
= *Romana* Marte

Deus da guerra, um dos deuses olímpicos, filho de Zeus e Hera; irmão de Hefesto. Ele foi pego na cama com Afrodite, pelo marido dela, Hefesto, que prendeu os dois em uma fina rede de metal.

Quando sua filha, Alcipe, foi violentada e levada por Halirroto (um deus da água), ele os perseguiu e matou o sequestrador. Ele foi julgado por assassinato e absolvido.

Os jovens gigantes, Efialtes e Oto, foram presos por Ares em um pote de bronze, onde eles ficaram por mais de um ano, até serem liberados pelo deus Hermes.

Na Guerra de Troia, ele estava ao lado dos troianos, mas foi ferido por Diomedes, rei de Argos. Em outra ocasião, foi Hércules que o feriu em uma briga. Sob a forma de um javali, ele matou o deus Adônis.

Seu animal era o cachorro; sua ave, um abutre; e seu símbolo, uma lança.

Aretusa *Grega*
A deusa das fontes; uma das Nereidas. Ela era uma caçadora. Quando tomava banho em um rio depois de uma perseguição, o deus do rio, Alfeu, tentou seduzi-la e a perseguiu depois que ela fugiu. Para salvá-la, Ártemis a transformou em uma fonte, que corre sob o mar da Grécia até a Sicília. Alfeu a encontrou após uma longa busca e eles se reuniram. Suas águas fluem juntas para formar um riacho.

Em uma versão da história Deméter e Coré (Perséfone), era de Aretusa a voz que, no burburinho do riacho, dizia a Deméter onde sua filha poderia ser encontrada. Ela tinha visto Coré no submundo enquanto passava a caminho da Sicília (uma versão alternativa é contada sobre outra ninfa, Cyane).

Argo *Grega*
O navio de Jasão e dos Argonautas. Esse navio de 50 remos (ou 54 para alguns) foi construído por Argos para Jasão e seus homens para sua busca pelo Velo de Ouro. A proa, feita de um dos carvalhos falantes do bosque de Dodona e fornecida pela deusa Atena, atuou como um oráculo na viagem. Após a viagem, o navio encalhou em Corinto, onde, anos depois, a proa apodrecida caiu sobre o velho Jasão e o matou. O resto do casco foi colocado no céu pelo deus Poseidon.

Argonautas *Grega*
também Minyans

A tripulação do navio Argo que navegou com Jasão para recuperar o Velo de Ouro. Jasão tinha se comprometido a trazer de volta a Iolcos o fantasma de Frixo, um antigo príncipe da Beócia, e o velo de ouro no qual Frixo tinha fugido de Iolcos para escapar da morte arquitetada por sua madrasta. Reunindo uma tripulação de todas as partes da Grécia, Jasão partiu para a Cólquida, onde o velo estava pendurado em uma árvore e guardado por uma serpente ou um dragão que nunca dormiu.

Em Lemnos, a tripulação gerou muitos filhos nas mulheres, que tinham matado todos os homens da ilha exceto o rei, Toas.

A viagem prosseguiu e eles acabaram por desembarcar em Arcton, na Ilha do Urso, onde foram entretidos pelo rei. Um grupo de gigantes de seis braços, os Gegenes, atacou o navio, mas Hércules, que tinha ficado de guarda, matou todos eles. Após deixar a ilha, o navio foi levado de volta pelos ventos adversos e eles chegaram a Arcton à noite, onde, ao desembarcar, foram confundidos com piratas. O rei Cízico foi morto durante a batalha que se seguiu.

Quando pararam em Mísia, Hylas, que estava agindo como escudeiro para Hércules, foi a terra para encontrar água. Mas ele não voltou. Hércules e Polifemo o procuraram, mas não o encontraram – ele tinha sido levado por ninfas para uma gruta subaquática. Como eles demoraram, o Argo, pronto para zarpar, seguiu sem eles. Hércules então retomou seus trabalhos, que ele tinha interrompido para se juntar à expedição.

Em Bébricos, o rei Âmico, um lutador que enfrentava (e vencia) todos os estrangeiros, desafiou os Argonautas. Pólux, vencedor das lutas nos jogos olímpicos, aceitou o desafio e matou Âmico após uma tremenda luta.

Voltando ao mar, os argonautas chegaram a Salmidesso, onde encontraram o rei Fineu atormentado pelas harpias, e os irmãos alados Cálais e Zetes os expulsaram.

Depois de escapar das rochas Simplégades, eles desembarcaram na cidade de Mariandina, onde Ídmon foi morto por um javali e Tífis ficou doente e morreu. O grande Anceu assumiu o papel de navegador.

Eles recrutaram os irmãos Deileonte, Autólico e Flógio em Sínope, mas foram atacados por pássaros de bronze – as aves do Lago Estínfalo, que tinham escapado no sexto Trabalho de Hércules – quando Oileu foi ferido. Mais tarde, pegaram quatro náufragos: Argos, Citíssoro, Melas e Frontis, filhos de Frixo e sua esposa Calcíope.

Na Cólquida, Jasão pediu ao rei Aietes para entregar o velo e ele concordou desde que Jasão pudesse subjugar seus touros que expeliam fogo pela boca e os usasse para arar o campo de Ares e depois semear os dentes de dragão que Cadmo tinha matado. A pedido de Afrodite, Eros, o deus do amor, fez com que a filha de Aietes, a feiticeira Medeia, se apaixonasse por Jasão e ela lhe deu uma loção que o protegia do sopro abrasador dos touros, para que pudesse cumprir a tarefa. Quando homens armados surgiram do solo, ele provocou uma luta que se seguiu até que não houvesse sobreviventes. Aietes renegou seu compromisso e ameaçou matar os Argonautas. Medeia então levou Jasão e alguns de seus homens ao local onde o velo era guardado pelo dragão imortal e fez com que ele dormisse enquanto Jasão pegava o velo. Eles voltaram correndo para o Argo, escapando dos navios da frota colquiana com alguns feridos e um homem – Iphitus – morto.

Na entrada do Danúbio, os navios colquianos alcançaram o Argo. A partir daí, há vários relatos diferentes. Em uma das versões, Medeia matou seu meio-irmão Ápsirto, atirando pedaços de seu corpo para atrasar os perseguidores que paravam para coletá-los para sepultar em uma praia. Em outra, Ápsirto estava em um dos navios e concordou em fazer uma trégua com Jasão na qual Medeia deveria se encarregar temporariamente de uma sacerdotisa e o rei dos Brygians decidiria se ela e o velo ficariam com Jasão ou retornariam à Cólquida. Medeia entretanto levou Ápsirto a acreditar que Jasão a tinha raptado e o induziu a desembarcar, onde Jasão o matou em uma emboscada. Sem seu líder, os navios colquianos eram facilmente derrotados e os Argonautas escapavam, passando em segurança entre o monstro de Scylla e o redemoinho de Caríbdis.

Jasão e Medeia foram perdoados pela feiticeira Circe pelo assassinato de Ápsirto e depois se casaram.

Na etapa final de sua viagem de volta, o *Argo* foi atingido por um forte vento no litoral da Líbia, e uma onda enorme levou o navio quilômetros adentro, para o interior, deixando-o num ponto alto e seco no deserto. Eles conseguiram arrastar o navio para o lago Tritônis, mas não acharam uma saída para o mar. Nesse período, Canthus foi morto pelo pastor Capharus quando tentava roubar parte de seu rebanho, e Mopsus morreu picado por uma cobra. Por fim, o próprio Tritão arrastou o navio por terra até o Mediterrâneo e eles se dirigiram a Creta, onde o sentinela de bronze, Talos, os atacou com pedras. Medeia o acalmou com uma corrente de ar que o fez adormecer e depois puxou o pino de seu tornozelo, permitindo que o fluido vital fosse drenado de sua única veia, matando-o. Uma história alternativa diz que ela rezou para Hades, que fez com que Talos roçasse o tornozelo em uma pedra, com o mesmo resultado fatal.

Voltando a Iolcos, Jasão descobriu que seus pais, Esão e Alcimede, tinham se matado para escapar da morte nas mãos de Pélias, que havia matado seu filho Promachus. Para vingar essas mortes, Medeia fez com que as filhas de Pélias acreditassem que ela tinha poderes divinos, e depois ordenou que matassem e o cortassem em pedaços. Alceste não recusou, mas Evadne e Anfínome concordaram. Um sinal da tocha no telhado trouxe os argonautas do esconderijo e eles tomaram Iolcos sem oposição. Jasão entregou o trono a Acasto, filho de Pélias, que tinha sido um dos argonautas, e prontamente mandou Evadne e Anfínome para Arcádia.

Outros dizem que Jasão foi banido pelos moradores de Iolcos que ficaram horrorizados com a morte de Pélias.

De Iolcos, Jasão navegou para Orcômeno, onde colocou o Velo de Ouro no templo de Zeus, e depois para Corinto, onde finalmente ele atracou o Argo. Medeia então reivindicou com sucesso o trono de Corinto que, por direito, pertencia a seu pai e, com Jasão como rei, governou por dez anos. Quando descobriu que ela tinha envenenado o soberano anterior, Corinto, decidiu se divorciar para se casar com Glauce – em algumas histórias, Creusa – filha do rei Creonte, de Tebas. Medeia pôs um fim a essa situação, matando com fogo não só Glauce e seu pai, mas todos os convidados, exceto Jasão, embora digam que ele também morreu nas chamas. Ao deixar Medeia, Jasão quebrou uma promessa feita em nome dos deuses, de nunca abandoná-la e, depois, se tornou um pária.

No fim da vida, sentado junto aos restos do Argo, morreu quando a proa ou, segundo alguns relatos, o poste da popa caiu sobre ele. Mas há uma versão que diz que Jasão tirou a própria vida.

Argus[1] *Grega*
também Argos
O construtor do Argo.

Argus[2] *Grega*
também Argos
Um vigia gigante com cem olhos. Em alguns relatos, ele tinha apenas três olhos (um deles na parte de trás da cabeça) ou quatro, e outros falam até em mil olhos.

Quando Zeus o transformou em uma novilha, ela foi entregue para ser guardada por Argos. Ele foi morto pelo deus Hermes, que o libertou sob as ordens de Zeus. Seus olhos foram colocados por Hera na cauda do pavão.

Ariadne *Grega*
Deusa menor da vegetação; filha do rei Minos de Creta.

Ao ver Teseu, que acabara de chegar a Creta como um dos sete jovens que seria sacrificado para o Minotauro, ela se apaixonou e lhe deu um novelo de barbante mágico, que lhe permitiu escapar do Labirinto depois que ele matou o Minotauro. Ariadne deixou Creta com ele, mas ele a deixou em Naxos, deliberadamente ou, segundo algumas histórias, inadvertidamente. Lá, foi encontrada pelo deus Dioniso, que se casou com ela e foi pai de seus filhos.

Outras versões dizem que Teseu a matou em Naxos ou que ela morreu durante o parto.

Quando ela morreu, Dioniso jogou para o céu a coroa que ela usava no seu casamento e lá ela se tornou a constelação Corona. Mais tarde, ela foi recuperada por Zeus que a entregou a Dioniso.

Aribadale *Britânica*
A portadora do Santo Graal depois da rainha Repanse, mãe de Preste João.

Arimaspos *Grega*
Cavaleiros de um olho só; Citas. Diz-se que esses habitantes do norte viviam uma guerra permanente com os grifos que guardavam um riacho que fluía com ouro.

Arjuna *Hindu*
Herói guerreiro de Mahabharata.

Estava noivo de Draupadi. Mas, quando o pai dela acreditou que Arjuna tinha morrido, organizou um torneio de arco e flecha entre os outros pretendentes à mão da filha. O concurso, e a mão de Draupadi, foi vencido por um eremita que se revelou ser Arjuna, que só estava escondido.

Na batalha entre os Kauravas e os Pandavas (dos quais Arjuna era um), o deus Shiva atuou como cocheiro de Arjuna.

Em uma história, ele foi acidentalmente morto pelo próprio filho, Babhru-Vahana, mas foi trazido de volta à vida com a joia mágica dada a Babhru-Vahana por sua madrasta Ulupi.

Em algumas histórias, ele é descrito como a encarnação dos deuses Indra ou Vishnu.

Armageddon *Persa*
= *Nórdica* Ragnarok
A batalha final. Nessa luta, Ahura Mazda derrotará Ahriman, o mundo voltará a viver em paz e todas as pessoas falarão a mesma língua outra vez. A versão cristã da história postula o mesmo triunfo da virtude sobre o mal.

Arqueiro Celestial *veja* I^2

arqueiro, deus
Um deus armado com arco e flechas, como o grego Eros ou o romano Cupido; e também Apolo.

Ártemis *Grega*
também Senhora dos Animais, Deusa dos Ursos
= *Romana* Diana
Uma deusa virgem, ligada à fertilidade, à caça, à lua, à juventude; uma das deusas

olímpicas; filha de Zeus com Letó (filha do titã Céos e sua irmã Phoebe); irmã gêmea de Apolo.

Quando criança, perseguiu e capturou quatro cervos com chifres de ouro e os amarrou à sua carruagem. Um quinto animal escapou e apareceu em histórias posteriores como A Corça Cerineia.

Ela poderia ser Selene (uma deusa da lua) no céu, a deusa Hécate no submundo e Ártemis, a caçadora, na Terra, onde carregava um arco de prata feito pelos Ciclopes.

Durante a batalha dos gigantes com os deuses, ela matou o gigante Gration. Como Selene, ela se apaixonou pelo pastor Endimião, mas, como deusa virgem, não pôde ceder à sua paixão e se contentou em escondê-lo em uma caverna no Monte Latmos, onde ela, sozinha, poderia visitá-lo todas as noites e beijar seus lábios eternamente adormecidos.

Ela transformou Acteon em um cervo quando percebeu que ele a observava durante o banho, mas há uma versão que diz que Acteon estava vestido com a pele de um cervo quando se aproximou da deusa. E uma outra em que Acteon é destroçado pelos próprios cães.

Ela transformou Calisto em uma ursa quando a ninfa foi seduzida por Zeus e vingou a morte de Ameinias (que se suicidou quando foi rejeitado por Narciso), fazendo Narciso se apaixonar pelo próprio reflexo.

A mando de Letó, ela matou as sete filhas de Níobe, e Apolo matou os sete filhos, porque Níobe se vangloriara de ser maior que Letó e deveria ser adorada em seu lugar.

Ela atirou e matou Órion na crença equivocada de que ele tinha violentado sua sacerdotisa, Opis, ou por ciúmes de Éos, deusa do amanhecer, que também estava apaixonada por ele, ou atirando em um alvo flutuante no mar que ela não sabia ser a cabeça de Orion.

Diz-se que ela era capaz de assumir a forma de qualquer animal ou árvore e que, em certa ocasião, assumiu a forma de um peixe para escapar das atenções indesejadas de Alfeu.

Segundo alguns relatos, ela era a mãe das amazonas com o deus da guerra, Ares. Em algumas versões ela é vista com três cabeças, como Hécate.

Seu animal era o cervo e sua árvore, o cipreste.

Ártemis Tauria era Ártemis como a deusa a quem foram sacrificados todos os marinheiros lançados em terra em Táuris. Ela resgatou Ifigênia, que estava prestes a ser sacrificada pelo rei Agamenon, e a levou para Táuris, onde se tornou uma sacerdotisa de Afrodite e seguiu os mesmos ritos de sacrificar estranhos.

Artos *Britânica*
também o Urso

Um deus britânico do céu. Ele voltava ocasionalmente à Terra sob a forma humana para se ligar a mulheres mortais. Em uma dessas visitas ele se encarnou como rei Artur.

> **Artur**
> Diversos lugares e objetos são, por tradição, associados ao rei Artur:
> **Caverna de Artur**
> Uma caverna na Ilha de Anglesey. Dizem que o rei tinha escondido parte do seu tesouro, guardado por um monstro, nessa caverna, durante sua guerra contra a Irlanda.
> **O Forno de Artur**
> Um pequeno templo romano próximo a Falkirk, na Escócia, que dizem ter sido usado pelo rei Artur.

> **Coetan Arthur**
> Um monumento no País de Gales que inclui uma pedra que, dizem, foi atirada pelo rei Artur; bem similar ao conjunto de menires em Anglesey.
> **Pedra de Artur**
> (1) Um megálito do País de Gales, que supostamente apareceu quando o rei Artur, a caminho da Batalha de Camlan, achou uma pedra na bota e a jogou fora. Há quem diga que a figura fantasmagórica do rei emerge sob esta pedra quando a lua está cheia.
> (2) Uma rocha em Hertfordshire que se supõe ser a pedra de onde o jovem Artur tirou a espada que estabeleceu seu direito ao trono. Outros dizem que ela marca o local da sepultura de um rei – que alguns dizem ser o próprio rei Artur.
> **A Mesa de Artur**
> (1) Uma rocha do País de Gales que apresenta depressões que, dizem, representam os 24 cavaleiros da corte do rei Artur.
> (2) Uma tumba no País de Gales.
> **Colina de Artur**
> Uma fortificação em Durham que, como a Caverna de Artur, é considerada um dos tesouros do rei, guardada neste caso pelos fantasmas de alguns de seus cavaleiros.

Artur[1] *Britânica*

Rei da Grã-Bretanha; filho de Uther Pendragon e Igraine; em alguns relatos, o marido de Guinevere.

A ancestralidade tanto de Artur quanto de Igraine é mostrada de várias maneiras pelos autores mais antigos, mas a versão mais comum diz que Uther se aproximou de Igraine, esposa da Gorlois, o duque da Cornualha, com a forma de Gorlois graças à magia de Merlin, e foi pai do bebê Artur (e, em algumas histórias, de uma filha, Anna) com ela. Outra versão diz que o bebê foi trazido pelo mar e encontrado por Merlin e Bleys. Alguns dizem que Artur passou sua infância com Heitor, seu pai adotivo e pai de Kay (que mais tarde se tornou um Cavaleiro da Távola Redonda), sem saber quem era o seu verdadeiro pai; e há uma versão de que ele foi criado pelo mago Merlin.

Na assembleia que decidiria sobre o sucessor de Uther Pendragon, sua façanha de puxar a espada da pedra (em algumas versões, uma bigorna) em que foi colocada, o marcou como futuro rei da Grã-Bretanha. Essa espada, que alguns dizem ser Excalibur, tinha sido colocada no lugar por Merlin e, quando mais tarde se quebrou em combate, Merlin prometeu uma espada melhor. Artur se tornou rei aos 15 anos de idade, mas os barões se aproveitaram da morte de Uther e da juventude de Artur para dividir o reino entre si. Quando ficou mais velho, Artur tentou subjugar os barões, mas não tinha a força necessária. Ele enviou Ulfius e Brastias ao continente, onde eles se alistaram com a ajuda do rei Bors, da Gália, e do rei Ban, de Benwick (Bayonne), que trouxeram um exército de 10 mil homens para reforçar os 20 mil de Artur. Juntos, eles derrotaram os 50 mil homens do norte na sangrenta Batalha de Bedgrayne. Ele se tornou um grande guerreiro, matando supostamente 470 (ou 960) saxões na Batalha de Monte Badon. Ele levou seu exército para ajudar o rei Leodegrance de Cameliard contra o rei Royns e se apaixonou por Guinevere, filha de Leodegrance. Ele matou o gigante Retho em uma luta individual no Monte

Snowdon. Retho tinha costurado em suas capas as barbas de todos os homens que tinha matado; Artur usou a barba de Retho para fazer sua própria capa.

Em uma disputa com Pellimore, rei das ilhas, Artur foi derrotado e sua vida foi salva pela intervenção de Merlin, que deixou Pellimore.

Nesse encontro, a espada de Artur se quebrou e foi aí que, segundo algumas histórias, Merlin a substituiu pelo Excalibur. Eles remavam no meio do lago onde uma mão, segurando a espada Excalibur, emergiu da água. Enquanto usasse a bainha, Artur nunca poderia perder sangue, por mais que estivesse ferido. Dizia-se que a própria espada era capaz de feitos notáveis.

Tendo derrotado os saxões, escoceses e pictos, ele conquistou a Irlanda, a Islândia, a Noruega e a Dinamarca. Quando o imperador romano exigiu impostos, ele liderou um exército na Bretanha. Foi quando ele matou o gigante do Monte St Michel que tinha levado Helena, filha de seu amigo Hoel, rei da Bretanha. Ele então marchou sobre Roma, derrotou seu exército e matou seu líder, Lucius. Segundo alguns relatos, ele voltou à Grã-Bretanha e os romanos não mais o perturbaram; em outras versões, ele próprio conquistou Roma, matando Frollo (um governante romano da Gália) em uma luta e forçando Leo a abdicar e sendo ele mesmo coroado como imperador. Ele deixou Kay no comando de Anjou, e Bedivere no comando da Normandia.

Ele desenterrou a cabeça de Bran (*veja* **Bran**[1]), confiando em sua própria capacidade de proteger o reino, e não na crença supersticiosa no poder de um rei morto há muito tempo. Dizem que ele também desenterrou a cabeça de Adão perto de Jerusalém.

Uma vez ele fez uma viagem para Annwn, o submundo, para buscar um caldeirão mágico.

Em outra ocasião, ele foi preso pela feiticeira Annowre e só a intervenção oportuna de Lancelot o salvou da morte nas mãos dela. Alguns relatos espanhóis dizem que ele foi capturado pelo rei de Constantinopla, que o libertou quando Urganda, irmã de Artur, interveio.

Merlin disse ao rei que um nascido no primeiro dia de maio causaria sua morte. Artur então ordenou que todas as crianças nascidas naquele dia fossem colocadas em um barco e lançadas à deriva. Uma tempestade atingiu e destruiu o barco, o único sobrevivente foi Mordred, filho de Artur com a própria irmã, Morgause.

Ele se casou com Guinevere, que amava Lancelot e foi infiel ao marido, embora mais tarde tenham se reconciliado. A festa de seu casamento foi interrompida por um veado branco que foi perseguido por uma cadela branca e um bando de cães negros. Um de seus cavaleiros agarrou a cadela e cavalgou com ela. Uma senhora entrou e reclamou que ele havia roubado sua cadela e um cavaleiro então arrastou a mulher para longe. Artur mandou Gawain procurar o veado, Torre para achar o cavaleiro que tinha pego a cadela e Pellimore para encontrar a mulher e o cavaleiro que a tinha levado.

Uma vez, quando estava caçando com Urien e Accolan, eles viram um navio entrando em um lago e foram até lá. Ao se aproximarem, foram enfeitiçados por Morgana, a Fada: Urien se viu outra vez com sua mulher, Accolan na beira de um profundo vazio e Artur na prisão. Ao lutar com Accolan, ele foi enganado, achando que estava usando a Excalibur que tinha sido roubada por Morgana e dada a Accolan, como parte de seu plano para destruir Artur, matar Urien e se casar com Accolan, que assumiria o controle do trono do rei. Depois de muita luta, Artur derrubou Accolan, recuperou sua espada e perdoou o oponente, que morreu dias depois, por conta de feridas.

Logo que voltou a Camelot, recebeu a visita de uma donzela que chegou com um manto cheio de joias, um presente de Morgana para Artur. Seguindo o conselho de Nimue, Artur exigiu que a moça o experimentasse. Ela o fez, apesar de relutar, e caiu morta, ficando enrugada até virar cinzas. Enquanto o rei se recuperava dos ferimentos, Morgana tentou mais uma vez roubar a Excalibur, mas fugiu levando apenas a bainha mágica, que ela jogou em um lago. Artur e o companheiro Outlake a perseguiram. Depois de conseguir escapar, ela transformou a si mesma e a seus homens em pedras até que os perseguidores desistissem de seu intento.

Artur ajudou seu primo Culhwch a cumprir as 39 condições estabelecidas pelo gigante Ysbaddaden antes de permitir que sua filha Olwen se casasse com Culhwch. Durante essa missão, Artur matou pessoalmente a Bruxa Negra com sua faca Carnwennan.

Em outra ocasião, Melwas, o rei da Terra do Verão, raptou Guinevere, mas Artur invadiu o país e forçou o rei a libertá-la.

Quando Agravain e Mordred contaram ao rei o caso de sua esposa com Lancelot, ele disse que só acreditaria nessa história quando pudessem apresentar provas. Mordred pegou os amantes juntos em seu quarto e disse ao rei que condenou Guinevere, ordenando que Gawain cumprisse a execução. Gawain recusou, mas seus irmãos mais novos, Gaheris e Gareth, obedeceram. Lancelot matou os dois e resgatou a rainha, levando-a para o castelo Joyous Gard. Artur criou um exército para assaltar o castelo, e a batalha que se seguiu só terminou quando o Papa interveio ordenando que Guinevere fosse devolvida ao marido. Lancelot voltou para sua casa na Bretanha, levando muitos dos seus seguidores, mas o exército de Artur, com 60 mil homens, invadiu a França e sitiou Bayonne, onde Lancelot tinha sua corte. O rei teria aceitado uma trégua com Lancelot, mas Gawain, que odiava Lancelot por ter matado seus dois irmãos quando resgatava Guinevere, pressionou Artur para continuar a guerra. As notícias de que Mordred, que tinha ficado no comando do país durante a ausência do rei, usurpara o trono, fizeram Artur interromper o noivado e apressar o retorno à Grã-Bretanha. Depois de várias batalhas e milhares de mortos de cada lado, Artur enfrentou Mordred em uma luta individual durante a Batalha de Camlan e o matou, embora ele mesmo tenha ficado gravemente ferido. Lucan e Bedivere o levaram para um capela próxima, mas Lucan morreu logo depois, devido aos ferimentos. O rei ordenou que Bedivere jogasse a Excalibur no lago, o que ele só fez depois de desobedecer duas vezes às ordens reais. Uma mão emergiu da água para carregar a espada para o fundo do lago. Bedivere então levou Artur até as margens do lago e o colocou em um barco que o aguardava para levá-lo até Avalon. O rei navegou acompanhado pela Fada Morgana, pela Rainha de Northgales, pela Rainha da Terra do Lixo e, em algumas histórias, Nimue, a Dama do Lago. Alguns dizem que ele ainda vive, renovando sua juventude em visitas ao Santo Graal; outros afirmam que ele está dormindo na montanha Yr Wyddfa (Snowdon) ou em uma caverna (vários locais são sugeridos) aguardando que o chamem quando a Grã-Bretanha precisar dele. Um dólmen em Trebuerden, na Bretanha, também é considerado o túmulo do rei. Outros afirmam que ele foi transformado em alguma ave, talvez um corvo. Dizem que sua alma está em um castelo de vidro ou, segundo algumas histórias, encarnada em uma gralha, um papagaio-do-mar ou em um corvo.

Na versão galesa, Artur foi morto por flechas em Snowdon enquanto perseguia as forças que tinha derrotado na Batalha de Tregalen. Diz-se que quem o matou foi Eda Elyn Mawr.

Na tradição continental, Artur foi para o país das fadas após sua morte. Quando Oberon, rei das fadas, entregou o reino a Huon, Artur, que esperava receber o trono, não concordou. Oberon ameaçou transformá-lo em um lobisomem e Artur aceitou. Outras histórias dizem que Artur estava apaixonado por Gloriana, filha de Oberon.

Em alguns relatos, Artur é equiparado a Carlos Magno.

(*Veja também* **Artos**).

Artur[2] *Irlandesa*

Filho de Artur[1], também um rei da Grã-Bretanha. Ele foi para a Irlanda em busca de aventura, levando 28 guerreiros. Eles roubaram os cães do líder irlandês Finn mac Cool, Bran e Sceolan, e os levaram para a Escócia. Um grupo de guerreiros, os Fianna, liderados por Goll mac Morna, os surpreendeu no acampamento à noite e matou os 28 homens, levando Artur como prisioneiro. Ele se tornou um leal seguidor de Finn.

Árvore da Vida

Uma árvore que aparece em muitas mitologias, geralmente de uma espécie não determinada, e com várias funções, mas sempre reverenciada.

(1) Na África, Kilembe, a mágica Árvore da Vida, foi trazida pelo herói Sudikambambi quando ele nasceu.

(2) Na América Central, os nahua chamam o agave, do qual eles fazem pulque, por esse nome. Os mexicanos o chamam de Tonacaquahu.

(3) Na tradição cristã, era uma árvore que cresceu no Éden. As lendas arturianas dizem que, ao colher o fruto dessa árvore, Eva quebrou um pequeno ramo que, depois que ela e Adão foram expulsos do Éden, ela plantou. Do ramo cresceu uma árvore, toda branca, cujas mudas produziam árvores brancas. Quando Abel foi concebido, ela se tornou verde, mas ficou vermelha quando Caim foi morto.

A esposa de Salomão mandou que ele construísse um navio que duraria centenas de anos para transmitir a Galahad sua ancestralidade. O navio tinha uma cama com colunas brancas, verdes e vermelhas, cortadas de árvores propagadas das originais, e sobre essa cama Salomão colocou sua própria espada, herdada de seu pai, Davi, que mais tarde se tornou a Espada de Strange Girdles.

(4) Nas Índias Orientais, os dayaks dizem que é uma árvore que liga o céu e a terra.
(5) A Árvore da Vida hindu, conhecida como Jambu, e crescendo no Monte Meru, é considerada o eixo da terra e fonte do soma.
(6) A versão irlandesa da Árvore da Vida é chamada Crann Bethadh.
(7) Na tradição mesopotâmica, ela é o símbolo de Ishtar e Tammuz.
(8) Na Sibéria, a Árvore da Vida iacuta é conhecida como Zambu e diz-se que ela cresce no paraíso. Há um dragão vivendo na base dessa árvore, e a deusa Kybai-Khotun a utiliza como sua casa. Dizem que dois rios emergem da base dessa árvore.
(9) A versão tibetana é conhecida como Zampu, que cresce na montanha sagrada Himavan.
(10) Na Índias Ocidentais, a Árvore da Vida haitiana é chamada de Grand Bois.

Árvore de Mundo *veja* Yggdrasil

Asclépio   *Grega*

= *Egípcia* Imhotep; *Romana* Esculápio
Um deus da cura; um dos Argonautas; dizem que filho de Apolo.

Apolo seduziu a ninfa Corônis, mas ela preferia um amante mortal. Por isso Apolo a matou, mas salvou seu filho que ainda não tinha nascido e o deu ao centauro Quíron para ser criado. Em alguns relatos, o menino foi abandonado no monte Myrtium, encontrado pelo pastor Aristhamas, que a chamava de Aiglaer, e amamentado por cabras.

Ele tentou trazer Hipólito (em certas versões, Glauco) de volta à vida, mas Zeus o matou com um raio. Alguns dizem que, quando Apolo matou os ciclopes que fizeram os raios para Zeus, o deus se acalmou e devolveu Asclépio à vida.

Alguns dizem que ele foi capaz de trazer os mortos de volta à vida usando o sangue do lado direito da Medusa morta por Hércules; o sangue do lado esquerdo dela matava aqueles em que era administrado.

Seu animal é a serpente e ele aparece nos céus como Ophiuchus.

Asfódelos, Campos *veja* Tártaro

Asgard   *Nórdica*

= *Grega* Olympia
Cidade dos deuses em Godheim; lar dos deuses; o céu de Aesir; o local de Valhala.

Em alguns relatos, Asgard compreendia doze regiões separadas, cada uma governada por um dos deuses principais, os Aesir.

Ash *veja* Ask

Ash-pate *veja* Assipatle

Asherah[1]   *Canaanita*

Uma deusa-mãe canaanita e deusa do mar, mãe dos deuses; a esposa do deus supremo El.

Em alguns relatos, ela é Anat, como "Dama do Mar". Em outros, há uma distinção entre Asherah, uma deusa-mãe ugarítica, que era mãe e esposa de Baal, e Asherah, uma deusa-mãe canaanita.

Asherah[2]   *Hebreia*

plural Asherim
Uma imagem de madeira da deusa Anat.

Ashtaroth[1]   *Europeia*

Nas histórias de Carlos Magno, um espírito invocado pelo mago Malagigi para trazer os paladinos Ricciardetto e Rinaldo para o Passo de Roncesvalles. Ele e seu servo, Foul-mouth, montaram os cavalos dos dois paladinos, que estavam no Egito, e voaram com suas montarias para a Espanha, colocando-os no meio da Batalha de Roncesvalles.

Ashtaroth[2] *Europeia*
Um dos 72 Espíritos de Salomão.

Ashtoreth *Mesopotâmica*
= *Babilônica* Ishtar; *Egípcia* Hathor; *Grega* Astarte; *Fenícia* Astarte
Uma deusa semita do amor. Em alguns relatos, ela é retratada como uma deusa com chifres.

Asita *Budista*
= *Chinesa* A-shih-to
Um dos Dezoito Arhats; segundo alguns relatos, considerado como uma encarnação do Buda Maitreya.

Ele é representado com sobrancelhas longas, sentado sobre uma pedra e apertando um joelho.

Ask *Nórdica*
também Ash, Askr
O primeiro homem, feito por Odin a partir de um freixo. Marido de Embla.

Asklepios *veja* **Asclépio**

Asmodeus *Hebreia*
Um espírito do mal, o espírito da luxúria ou da vingança; um dos 72 Espíritos de Salomão; líder dos shedim, uma tribo de demônios com garras.

Segundo alguns relatos, originalmente ele foi um príncipe dos serafins que caíram do céu.

Dizia-se que ele sabia onde encontrar o shamir, um verme com poderes de quebrar pedras.

Esse demônio assume a forma de um ser com três cabeças (touro, homem e carneiro), montado em um dragão. Diz-se que ele ensinava aritmética e artes mágicas às pessoas.

Ele foi vencido pelo arcanjo Rafael.

Na magia negra, como um dos Mestres das Revelações, ele vigia os teatros.

Assento Perigoso *Britânica*
Um lugar na Távola Redonda reservado para o cavaleiro digno da busca do Graal. O único cavaleiro a ocupar esse assento sem problemas foi Galahad, que tinha matado Brumart antes e, segundo alguns, rachou-se quando Percival se sentou, mas depois foi consertado por Percival.

Assipattle *Escocesa*
também Ash-pate
O sétimo filho de um sétimo filho; um sonhador que cumpriu sua promessa de grandes feitos. Quando o *Stoorworm* (um monstro aquático venenoso) estava devastando o país, ele saiu em seu pequeno barco para enfrentá-lo. Quando o monstro o engoliu, Assipattle abriu seu fígado e empurrou um punhado de turfas em brasa, que tinha trazido consigo.
O animal regurgitou Assipattle, seus dentes caíram e se transformaram nas ilhas Orkney, e seu corpo morto formou a Islândia. Por sua bravura, Assipattle recebeu a mão da princesa, Gemdelovely.

Astarte *Fenícia*
também Grande Mãe; Rainha do Céu;
= *Babilônica* Ishtar; *Canaanita* Asherah; *Grega* Afrodite; *Frígia* Cybele; *Suméria* Inanna
Deusa fenícia da fertilidade; deusa dos pastores; esposa e mãe de Baal.

Ela foi adotada pelos egípcios como a filha dos deuses Ptah ou Rá e se tornou companheira de Set, o deus das trevas e das tempestades. Nesse papel, ela é retratada nua sobre um cavalo.

Às vezes ela é descrita como uma vaca ou como uma mulher com a cabeça de uma vaca.

Astolat *Britânica*
também Shalott
A pátria de Elaine, a Branca (*veja* ***Elaine***[3]). Nas histórias arturianas, essa cidade foi identificada com Guildford.

Asura *Hindu*
Um demônio; um titã. Originalmente divindades supremas, os Asuras foram

mais tarde espíritos demoníacos opondo-se aos deuses menores (os Suras) e vivendo no Monte Sumeru em quatro cidades. Em alguns relatos, eles vivem em uma casa suntuosa, Patala.

Em alguns relatos, eles nasceram da virilha do deus criador Brahma, enquanto outros dizem que eles eram filhos do sábio Kasyapa. Alternativamente, os Asuras eram tribos indígenas primitivas que foram vencidas pelos arianos invasores, considerados em algumas versões como gigantes que lutaram contra deuses.

Ataensic *Norte-americana*
também Mulher do Céu; Atahensic;
= *Seneca* Eagentci

Uma deusa do céu e deusa da Terra; a primeira mulher na tradição dos iroqueses.

Dizem que ela caiu do céu e seu corpo foi usado pelos filhos gêmeos Hahgwehdaetgah e Hahgwehdiyu para construir o mundo.

Segundo alguns relatos, os gêmeos eram filhos da filha de Ataensic, Breath of Wind, e era seu o corpo que eles usaram para construir o mundo.

Uma outra história diz que, quando ela estava doente, seu pai desenterrou uma árvore. Um jovem, irritado com a perda da árvore, empurrou-a pelo buraco que tinha sido cavado e ela caiu na Terra. Sua queda foi interrompida por aves, que formaram uma espécie de rede para salvá-la. Algumas aves mergulharam nas águas primitivas e trouxeram lama que, rebocada no casco de uma tartaruga, formou uma terra seca na qual Ataensic poderia viver. Ela produziu uma filha chamada Breath of Wind que, mais tarde teve filhos gêmeos conhecidos como Djuskaha e Othagwenda.

Ataintjina *Australiana*
Deus aborígene criador da chuva. Dizem que ele faz chover ao jogar um jovem ao mar, onde ele é engolido por uma serpente enorme. Dois dias depois, o homem é vomitado e, carregando algumas escamas da serpente, sobe ao céu, onde fica de cabeça para baixo e seu cabelo forma a chuva. As escamas são jogadas na Terra como raios e trovões. Então, Ataintjina se junta ao homem no céu, como um arco-íris. A chuva para e, depois de um período de seca, Ataintjina recomeça o ciclo.

Atalanta *Grega*
Abandonada pelos pais Íaso e Clímene ao nascer, Atalanta foi criada por uma ursa e cresceu como uma donzela muito rápida. Dizem que ela navegou com os Argonautas, a única mulher da tripulação. Ela participou da caça ao javali calidônio e atirou e matou os centauros Hileo e Reco quando eles tentaram violentá-la. Ela feriu o javali para que o argonauta Meléagro pudesse se aproximar e matá-lo. Meléagro insistiu para que a pele do javali fosse dada a ela, um gesto que lhe trouxe muitos problemas.

Ela só se casaria com o homem que pudesse vencê-la em uma corrida, matando todos os que tentassem e falhassem. Hipomene finalmente a vence, deixando cair no caminho as maçãs de ouro, que Afrodite lhe dera, o que fez com que Atalanta se atrasasse por ter parado para pegá-las.

Ela e o marido foram transformados por Zeus em leões ou leopardos por profanarem seu templo fazendo sexo nele ou, em algumas versões, por Afrodite, por não terem agradecido à deusa.

Atamalqualiztli *Centro-americana*
Uma festa asteca em honra aos deuses. Durante a cerimônia, realizada a cada oito anos, todas as pessoas se vestiam como animais ou pássaros e imitavam suas maneiras. No final da cerimônia, todos pulavam em um lago cheio de cobras e sapos e tentavam capturá-los com a boca, comendo-os vivos, se bem-sucedidos.

Atargatis *Síria*
Uma deusa-mãe e deusa da vegetação. Ela nasceu sob a forma de um ovo que flutuava no Rio Eufrates e foi jogado para a terra por um peixe.

Em uma das histórias, ela caiu no mar e foi transformada em um peixe e sua filha Semíramis, em uma pomba.

Como Atargatis Derketo, ela era uma deusa peixe, metade peixe, metade mulher.

Em alguns relatos, ela é equiparada a Anat.

Ate[1] *Grega*
Deusa do mal; filha de Ares ou Zeus.

Em alguns relatos, ela é Éris, deusa da discórdia. Em outros, a filha de Ares e Éris (*veja também Éris*).

Ate[2] *Mesopotâmica*
também Grande Mãe
Uma deusa criadora.

Atena *Grega*
também Palas Atena;
= *Egípcia* Ísis; *Romana* Minerva
Uma deusa virgem da agricultura, cidades, artesanato, guerra e sabedoria; um dos deuses olímpicos; filha de Zeus, o gigante Pallas, o deus ferreiro Hefesto ou o deus do mar, Poseidon; mãe de Apolo com Hefesto, dizem alguns.

Zeus havia seduzido a ninfa Metis e a engoliu junto com o filho que ainda não tinha nascido. Quando mais tarde, desenvolveu uma dor de cabeça e Hefesto - ou, em algumas versões, Prometeu - abriu-lhe o crânio com um machado e saiu Atena, totalmente desenvolvida e armada.

Outra versão diz que ela era filha de Poseidon, nascida no lago Tritônis, na Líbia, ou do gigante Pallas, que ela matou quando ele tentou violentá-la.

Ela se tornou patrona de Atenas depois de vencer uma competição com Poseidon. Enquanto ele produzia apenas água salgada (ou o cavalo), ela criou a oliveira, uma árvore mais útil.

Durante a batalha dos gigantes com os deuses, ela lutou ao lado de divindades masculinas e matou os gigantes Encélados e Pallas.

Foi ela quem deu a Perseu o escudo brilhante que ele usou quando matou a Medusa.

Quando Páris deu a maçã de ouro a Afrodite no casamento de Peleu e Tétis, Atena e Hera, as competidoras derrotadas, se tornaram suas inimigas e apoiaram os gregos contra os troianos durante a Guerra de Troia.

Dizem que ela inventou a flauta, o freio e várias ferramentas, e também que sua própria flauta, que mais tarde foi comprada pelo sátiro Marsyas, tocava sozinha.

Quando o tebano Tirésias a viu tomando banho, ela o atingiu, cegando-o, mas lhe deu como compensação a visão interior.

Atena é representada usando um capacete e carregando um escudo e uma lança. Suas aves eram o galo e a coruja, sua árvore, a oliveira, e seu animal, uma serpente.

Athrwys *Britânica*
Um rei de Glenvissig (atualmente Gwent). Segundo alguns relatos, ele é equiparado ao rei Artur.

Átila *Nórdica*
também Etzel
Rei dos Hunos no século V. Em *A Canção dos Nibelungos*, é chamado de Etzel. Ele cobiçava os tesouros dos Nibelungos e planejava matá-los para conseguir o que queria. Ele então mandou seu servo Knefrud convidá-los para uma visita à sua corte. Apesar do aviso da esposa de Átila, Gudrun e outros, o rei Gunnar aceitou, mas tomou o cuidado de enterrar o ouro no leito do Reno, onde era guardado pelas três donzelas do Reno. Átila armou uma emboscada em seu palácio e matou todos eles, exceto Gunnar e o irmão de Gudrun, Hogni, que, tendo matado Knefrud e outros, foram capturados e torturados. Átila mostrou a Gunnar o coração cortado do irmão, mas ele continuou se recusando a revelar o esconderijo do ouro, mesmo quando foi jogado em um ninho de cobras, onde foi picado até a morte.

No banquete após a batalha, Gudrun matou os filhos pequenos e serviu seus corações e o sangue a Átila e seus convidados. Em seguida, matou o marido com uma espada. Em outra versão, Gudrun incendiou o palácio e tudo o que havia nele, inclusive ela.

Atl *Centro-americana*
O deus criador dos astecas. Ele representa a quarta das cinco idades do mundo, cada uma com 105.456 anos de duração. Ao final desse período, veio o Dilúvio e todos os irmãos foram transformados em peixes.

Atlântida *Europeia*
Um suposto continente perdido ou uma ilha. Em algumas versões, diz-se que os refugiados da Atlântida, que teriam desaparecido no fundo do mar quando os deuses ficaram alarmados com o comportamento degenerado dos habitantes da ilha, estabeleceram-se na Espanha. Diz-se também que ela ficava a oeste da entrada do Mediterrâneo. Outros sugerem locais na América do Sul e no Oceano Pacífico. Há quem afirme que essa ilha era, originalmente, o reino do titã Atlas, outros, que era o lar de Igraine, mãe de Artur e Merlin.

Atlântidas *veja* **Hespérides**

Atlas *Grega*
Um titã, líder dos titãs em sua guerra com os deuses. Quando eles perderam, Atlas foi condenado por Zeus a carregar, para sempre, o céu (em alguns relatos, o mundo) nos ombros.

Ele ajudou Hércules a conseguir as maçãs de ouro do jardim de Hera em seu quarto trabalho.

Ele foi transformado em pedra quando Perseu exibiu a cabeça decapitada de Medusa, depois que Atlas recusou-lhe hospitalidade em seu voo de volta do ataque às Górgonas.

Alguns relatos têm Atlas como o governante da Atlântida.

Ator *Grega*
Um dos Argonautas. Várias genealogias são sugeridas para este herói grego. Talvez seja filho do deus do mar, Poseidon.

Atrahasis *Mesopotâmica*
= *Suméria* Ziusudra; *Síria* Utnapishtim
Um rei de Shurupak, o babilônio Noah. Alertado por Enki, ele sobreviveu ao Dilúvio enviado pelo deus Enlil em seu navio Preservador da Vida, salvando também a esposa, os animais, plantas e sementes.

Foi-lhe concedida a imortalidade pelo deus do mar, Ea ou por Enlil.

Alguns relatos se referem a duas pessoas com esse nome – uma, o sobrevivente da inundação suméria, e a outra dizem ser pai de Utnapishtim, o sobrevivente da versão babilônica.

Atreu *Grega*
Rei de Micenas; filho de Pélope e de Hipodâmia; pai de Agamenon, Menelau e Plístene.
Atreu se envolveu em uma disputa com seu irmão Tiestes pelo trono de Micenas. Ele escondeu o velo de ouro de um cordeiro feito por Pã ou Hermes, que foi reconhecido como símbolo do direito ao trono. Atreu foi enganado pelo irmão e matou o próprio filho, Plístene. Sua segunda esposa, Aérope, estava obcecada pelo cunhado e deu a ele o cordeiro. Tiestes assumiu o trono, mas abdicou pouco depois, quando Zeus reverteu os movimentos do Sol como um aviso. Atreu assumiu como rei e baniu Tiestes. Quando descobriu a traição da esposa, convidou seu irmão a voltar para Micenas, matou e cozinhou pedaços dos sobrinhos e serviu ao irmão em uma refeição.
Depois de executar Aérope, casou-se com Pelópia, sem perceber que ela era filha de seu irmão, que a violentou, deixando-a com um filho. A criança, Egisto, foi abandonada, mas resgatada por pastores, amamentada por uma cabra e depois recuperada por Atreu, que acreditava que o garoto fosse seu filho. Quando Egisto fez sete anos, Atreu ordenou que ele matasse Tiestes que estava preso, mas Tiestes desarmou o menino e, reconhecendo a espada que ele segurava, descobriu que o garoto era seu próprio filho. Tiestes então reverteu a ordem e, desta vez, não houve erro; Egisto matou Atreu e Tiestes assumiu o controle de Micenas.

Átropos *Grega*
Uma das três Moiras (Destinos), aquela que corta o fio da vida.

Atse Estsan e Atse Hastin *Norte-americana*
Na tradição dos navajo, a primeira mulher e o primeiro homem, criados pelos deuses a partir de dois grãos de milho. Quando o casal ensinou aos seres rudimentares da época como formar comunidades, Tieholtsodi, o monstro da água, provocou uma enchente e afogou essas criaturas. Os dois humanos escaparam por um buraco no céu feito por um falcão e vieram para o quinto mundo. Aqui eles criaram o mundo atual e, quando ele foi concluído, ambos desapareceram. Os cinco pares de gêmeos que eles tiveram se acasalaram com os Kisani para povoar a Terra.

Attis *Frígia*
= *Grega* Adônis; *Suméria* Tammuz
O deus frígio dos pastores e da vegetação. Em algumas histórias, ele é filho de Cybele; em outras, seu amante. Em outra versão ele é o filho (ou a metade masculina) da divindade hermafrodita Agdistis, cujo sangue, quando ele foi castrado, produziu uma árvore da qual uma menina, Nana, pegou uma fruta. Quando deixou a fruta cair no colo, ela ficou grávida de Attis. O menino foi abandonado e criado por uma cabra. Quando cresceu, Cybele (ou, em alguns relatos, Agdistis) apaixonou-se por ele e, quando ele a abandonou pela ninfa Sagaritis, a deusa o deixou louco, de modo que ele se castrou e morreu, mas voltou à vida e se uniu a Cybele outra vez. Segundo alguns relatos, ela transformou Attis em um pinheiro.
Alguns dizem que Attis teve um filho com a deusa Cybele e seu pai, Meion, rei da Frígia, matou Attis e o bebê. Cybele trouxe Attis à vida. Em outra versão, Agdistis interrompeu as celebrações do casamento de Attis e Sagaritis, o

que resultou na castração de Attis e na morte da noiva por autoflagelo.

Alguns dizem que a castração não foi autoinfligida, e sim resultado do ataque de um javali selvagem.

Ele foi associado ao planeta Júpiter.

Atum *Egípcia*
Rei dos deuses, um deus do Sol primitivo.

Ele era um filho do deus da água, Nun, ou um deus autocriado, que trouxe luz ao universo primitivo e, como Iusau, um ser bissexual, criou os filhos Shu e Tefnut. Outros dizem que ele apareceu do caos primitivo como uma serpente criada por quatro sapos e quatro serpentes que existiam nas águas primordiais. Mais tarde, ele foi equiparado ao deus Ra, como Ra-Atum (ou Atum-Rá) e descrito como um touro preto, Mnevis, ou como uma cobra.

Auberon *veja* **Oberon**

Áugias *Grega*
Rei da Élida; em algumas versões, o filho do deus do mar, Poseidon.

Ele tinha enormes rebanhos de ovelha e gado que, sendo imunes a doenças, multiplicavam-se excessivamente. Foram seus estábulos que Hércules limpou em seu Quinto Trabalho. Ele tinha concordado em pagar a Hércules um décimo do valor de seus rebanhos, mas renegou sua promessa e foi morto por Hércules, que voltou mais tarde para exigir sua vingança.

Augusel *Britânica*
também Arawn
Um rei da Escócia.

Quando derrotou os saxões, o rei Artur devolveu a Augusel as terras que os invasores lhe haviam tirado. Augusel lutou com Artur em suas expedições contra os romanos no continente, mas depois foi morto por Mordred.

Em alguns relatos, ele é visto como a forma mortal do deus do submundo, Arawn.

August Fêmea, August Macho *veja* **Izanami, Izanagi**

aunga *Ilhas do Pacífico*
Os ilhéus dizem que a alma está em duas partes, a aunga (boa), que morre, e o adaro (mau), que permanece sob a forma de um fantasma.

Aunt Nancy
Nome de Anansi em partes das Américas do Norte e do Sul e das Índias Ocidentais.

Auramazda *veja* **Ahura Mazda**

Aurelius Ambrosius *Britânica*
= *Galesa* Emrys
Um rei da Grã-Bretanha. Quando seu irmão, o rei Constans, foi morto pelos soldados de Vortigern, príncipe de Gwent, ele e seu irmão Uther fugiram para a corte do rei Budício, da Bretanha, para escapar de Vortigern, mas voltaram depois para matá-lo, queimando-o em seu castelo. Em outra versão, eles reapareceram quando os dragões foram enterrados no Monte Erith pelo deus do rio e pelo rei Lud, da Grã-Bretanha, e soltos quando Vortigern descobriu a caverna onde eles estavam enterrados. Eles voaram para a França, retornando em forma humana à frente de um exército para recuperar o reino. Eles incendiaram a torre que Vortigern tinha construído no Monte Erith, e ele foi morto. Rowena, mulher de Vortigern, vingou a morte do marido quando deu ao servo Ambion um frasco com veneno que ele administrou, dizendo ser a cura para a doença de Aurelius. Outras histórias contam que o filho de Vortigern, Paschent, que tinha

fugido para Hibérnia, voltou com um exército fornecido pelo chefe Gilloman, que estava com raiva porque Merlin tinha roubado as pedras do Anel dos Gigantes. Enquanto Uther lutava com Paschent, o soldado saxão Eopa apresentou-se a Aurelius, que estava acamado, e o envenenou.

Em alguns relatos, Aurelius é equiparado ao rei Artur.

Aurora Boreal
As Luzes do Norte aparecem no folclore de várias culturas.
Báltica
(1) Nos contos estonianos, as luzes acontecem por causa da luz refletida pelas armadilhas suntuosas dos trenós e pelos cavalos que os atraem.
(2) A tradição finlandesa atribui as luzes às almas dos mortos.
(3) Para os lapões, as luzes estão ligadas aos espíritos dos mortos em guerra ou assassinados.
Grega e Romana
Nos tempos clássicos, as luzes geralmente eram consideradas fenômenos naturais, mas alguns diziam que eram prenúncio de algum evento fatídico.
Nórdica
Diziam se tratar da luz do Sol refletida a partir dos escudos das Valquírias.
Norte-americana
(1) Os inuítes dizem que as luzes são as danças dos mortos.
(2) Na tradição dos iroqueses, o espírito supremo engravidou a donzela Awenhai, mas chegou a acreditar que ela fora seduzida pelo Dragão do Fogo, ou Aurora Boreal, assim, ele empurrou os três pelo buraco do céu que apareceu quando arrancou a árvore Onodja.

(3) Os kwakiutl também acham que as luzes são os espíritos dos mortos, mas acrescentam que podem ter presságios de morte na família do morto.
(4) Na tradição dos makah, as luzes são o fogo de uma raça pequena no céu cozinhando sua carne.
(4) Os mandan dizem que as luzes ocorrem quando os curandeiros fervem os inimigos em grandes potes.
(5) Para os tlingit as luzes são os espíritos dos mortos brincando no céu.
Siberiana
(1) Os ostyak dizem que as luzes são fogos acesos pelo deus dos peixes, Teman'gryem, para guiar os viajantes.
(2) Os chukchi veem essa área dos céus como o lar dos que morreram violentamente.

Austri *Nórdica*
Um dos quatro anões que sustentam o céu (leste). (*Veja também* **Nordri, Sudri, Westri**).

Autólico[1] *Grega*
também Autolykos
Filho do deus Hermes e Quíone. Um ladrão que podia transformar a forma dos animais que roubava. Ele roubou o gado de Sísifo que, por vingança, seduziu sua filha Anticleia.

Autólico[2] *Grega*
também Autolykos
Um seguidor de Hércules. Ele e seus irmãos Deileonte e Flógio ajudaram Hércules em seu Nono Trabalho. Mais tarde, juntou-se aos Argonautas.

Avalokiteshvara *Budista*
= *Chinesa* Kuan Yin; *Hindu* Vishnu; *Japonesa* Kwannon; *Tibetana* Chen-re-zi
Deus da misericórdia; filho de Amitabha. Ele é considerado um bodhisattva (bodisatva) que reencarna em cada novo Dalai Lama.

No esquema tibetano das coisas, ele é o deus nacional supremo e pode assumir qualquer forma, como uma nuvem, uma figura com mil braços e onze cabeças, e vários animais. Para ajudar nas suas obras de caridade, foram-lhe dadas mil mãos. Ele fez um macaco que se uniu a uma ogra dando origem a uma raça de peludos. Eles se acasalaram com os macacos das florestas e, quando Avalokiteshvara lhes deu comida, eles perderam os pelos e as caudas e se tornaram seres humanos.

Ele adiou a própria libertação do ciclo de morte e renascimento para ajudar os outros a alcançar o esclarecimento. Tendo trazido a libertação para todos, partiu para voltar ao paraíso, mas, quando olhou para trás e viu que as pessoas tinham retomado suas antigas maneiras pecaminosas, ele se partiu em um milhão de pedaços, de onde surgiu a versão das onze cabeças e dos mil braços. A deusa Tara nasceu das lágrimas que derramou.

Ele é considerado uma manifestação de Amitabha que o gerou a partir de um feixe de luz emitido por seu próprio olho.

Como Padmapani, ele criou o mundo e Brahma, Indra, Lakshmi e Sarasvati, de várias partes do próprio corpo.

Ele é retratado como um jovem bonito com uma flor de lótus na mão esquerda. Posteriormente, foi identificado com a deusa chinesa da misericórdia, Kuan Yin.

Em alguns relatos, é identificado com o deus Shiva; em outros, ele ocupa um dos dois tronos do céu de Amitabha (Mahasthama ocupa o outro).

Avalon[1] *Britânica*
também Ilha das Maçãs, Ilha das Almas Abençoadas; = *Irlandesa* Ablach, *Emain* Ablach; *Galesa* Ynys Avallach

O mundo espiritual; um paraíso terrestre. Era o lar de Morgana le Fay e o local da forja, operada pelas fadas, na qual foi feita a Excalibur.

Quando morreu, o rei Artur foi colocado em um barco e levado para Avalon onde, dizem, ele foi curado de suas feridas e sobrevive até hoje, aguardando um chamado futuro para salvar a Grã-Bretanha.

Outra história faz desta uma ilha no extremo oeste, escondida dos olhos por uma parede de fumaça, onde os gigantes guardavam as maçãs de ouro que tinham roubado dos deuses. Alguns dizem que foi governada por Morgana le Fay, líder de nove rainhas das fadas.

Avalon[2] *Europeia*
Nas lendas relativas a Carlos Magno, a ilha que foi o lar da feiticeira Morgana le Fay.

Na história de Ogier, o dinamarquês, ele foi transportado para Avalon, onde ainda dorme. Alguns relatos dizem que tanto Oberon, o rei das fadas, quanto Ogier mantinham seus tribunais em Avalon.

Avelãs do Conhecimento (literalmente) *Irlandesa*
O fruto da aveleira. Nove avelãs caíram no rio (ou no Poço de Segais, que se tornou o Rio Boyne) e foram comidas pelo salmão Fintan, que adquiriu grande sabedoria. Essa sabedoria passou para Finn mac Cool quando ele chupou seu polegar ao cozinhar o salmão.

Aventuras dos Filhos de Eochaid Mugmedon *Irlandesa*
A história das façanhas de Niall, um rei irlandês e seus meios-irmãos. A história fala do encontro de Niall com uma bruxa, a Dama Repugnante. Niall e seus quatro meios-irmãos estavam caçando e precisavam de água para cozinhar. Fergus foi a um poço próximo e se

deparou com uma mulher extremamente feia que exigia um beijo em troca da água. Fergus e os outros, exceto Niall, recusaram a oferta. Niall não apenas a beijou, como dormiu com ela, que voltou a ser a linda mulher que sempre fora – Flaitheas, a personificação da soberania irlandesa. Ela então decretou que Niall e seus descendentes deveriam ser reis da Irlanda para sempre.

Avernus *Romana*
também Lago Avernus
Inferno, ou a entrada para ele.

aves
Aves de várias formas estão presentes em muitas mitologias:
(1) Na Austrália, os aborígenes veem as aves como seus deuses originais.
(2) Os budistas dizem que Garuda, metade homem, metade águia, é o transporte dos deuses.
(3) Lendas celtas consideram as aves como as almas dos mortos.
(4) Em Papua Nova Guiné, os ilhéus da Nova Bretanha dizem que uma ave e uma pedra, filhos do sol e da lua, se tornaram os progenitores da raça humana, já que a ave se transformou em uma mulher e a pedra em um homem.
(5) Os finlandeses, como os celtas, consideram as aves como as almas dos mortos.
(6) Na Pérsia, aves são vistas como transmissoras da sabedoria.
(7) Nas Ilhas do Pacífico, as aves são citadas nas histórias em que aparecem como mensageiras dos deuses, como divindades que põem seus ovos onde surgem ilhas e são enviadas para localizar terra seca após o Dilúvio.
(8) Na Sibéria, o deus trovão pode ser uma ave, e um corvo é enviado para avaliar o tamanho do mundo em expansão. Eles também falam do bucu, uma ave tida como ajudante do xamã quando ele viaja pelo mundo.
(9) Os sumérios dizem que os mortos no mundo inferior assumem a forma de aves.
(10) Uma história universal fala de uma ave sentada na árvore da vida próxima a uma lagoa onde vive um monstro (um peixe, serpente, dragão ou sapo) que retém as águas. Essa ave luta frequentemente com o monstro para libertar as águas.

Aves do lago Estínfalo *Grega*
Aves que comiam carne humana. Elas enchiam os pântanos da Estinfália e foram dispersas ou mortas por Hércules em seu sexto trabalho. As que escaparam foram para a Ilha de Aretius onde, mais tarde, perseguiram os Argonautas. Elas foram descritas como sendo parte grou, parte águia, parte cegonha, e tendo penas como flechas.

aves sagradas
Muitas aves são sagradas para uma determinada divindade, raça ou país. Alguns deles são:

abutre	Apolo, Ares, Hércules, Ísis
águia	Júpiter
albatroz	Anu
alvéola	Izanagi, Izanami
andorinha	Afrodite, Ísis
avestruz	Zoroastrismo
carriça	Triptólemo
cegonha	Hera, Suécia
cisne	Afrodite, Brahma, Vênus
codorna	Apolo
coruja	Asclépio, Atena, Minerva
corvo	Asclépio, Apolo, Cronos, Odin, Saturno
corvo de três pernas	Amaterasu
cuco	Juno

falcão	Egito
galinha-d'angola	Ísis
galo	Ahura Mazda, Amaterasu, Apolo, Atena, Helius, Hermes, Mercúrio, Mithra, Nyx, Tammuz
ganso	Apolo, Brahma, Dioniso, Egito, Eros, Epona, Hera, Hermes, Hórus, Íris, Juno, Kaltesh, Kwannon, Marte, Ops, Osíris, Seb, Thoth, Vishnu
garça	Arawn, Ártemis, Atena, China, Hermes, Kwannon, Lares, Manannan, Perseu, Shou Shen, Thoth
gavião	Apolo, Egito, Hera
gralha	Apolo, Asclépio, Amaterasu, Cronos, Odin, Saturno, Yama
martim-pescador	Tétis
pardal	Afrodite, Vênus
pavão	Brahma, China, Hera, Juno, Lakshmi, Sarasvasti,
perdiz	Ártemis
peru	Astecas, Maias
pica-pau	Ares
pomba	Afrodite, Astarte, Ataragatis, Vênus
rolinha	Afrodite, Deméter

avestruz
(1) A ave é considerada pelos árabes o cruzamento entre uma ave e um camelo, sendo capaz de se tornar um gênio
(2) Na mitologia mesopotâmica, uma representação de Tiamat.
(3) O avestruz é uma ave sagrada no zoroastrismo.

Avô *Sul-americana*
Um herói cultural no Brasil. Ele foi encarregado de cuidar de algumas crianças enquanto seus pais estavam caçando e as levou para o céu subindo em uma árvore alta e ordenando que as formigas a derrubassem. Quando as crianças tentaram escapar, as cordas que usavam eram muito curtas e elas caíram no chão, deixando o Grande Pai no céu.
   Ele deu tabaco e mais mulheres para a tribo. Originalmente havia apenas uma mulher, mas o Grande Pai a cortou em pedaços quando os homens estavam fora, de modo que, quando voltaram da caça, cada um encontrou uma mulher em sua oca.

Avó *Norte-americana*
Um ser sobrenatural. Ela encontrou um coágulo de sangue em seu caminho e o cobriu com um copo. Ali se desenvolveu um bebê que ela criou como Menino Órfão.

Avó Terra *Norte-americana*
também Unci
Um espírito criador dos sioux.

Awabi *veja* **Grande Awabi**

Axo-Mama *Sul-americana*
A deusa peruana da colheita da batata.

Azure Dragon *veja* **Ch'ing Lung**

B

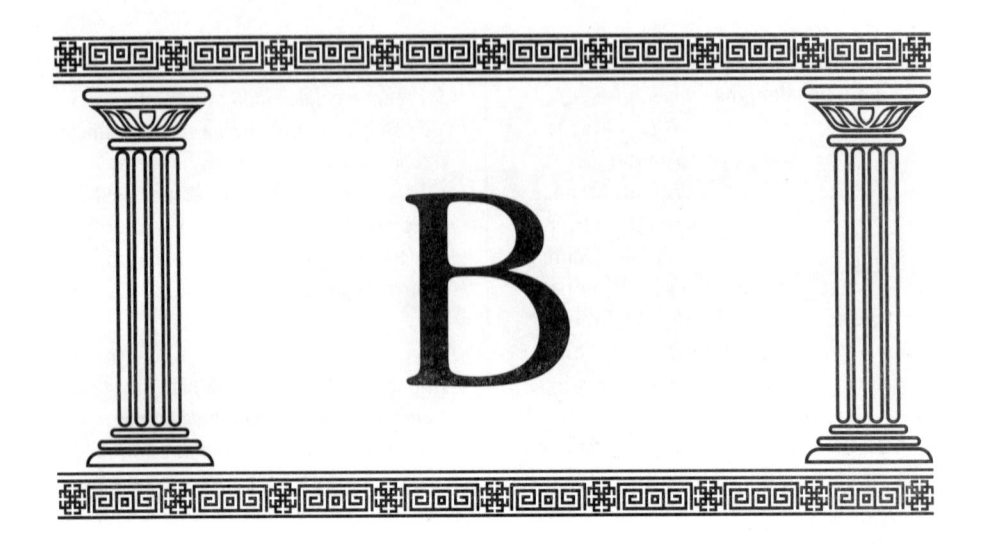

B *Centro-americana*
Uma divindade maia de identidade incerta, mencionada como Deus B (*ver* ***deuses alfabéticos***); talvez Chac, o deus da chuva. Essa divindade é retratada com o nariz um pouco parecido com o de uma anta. Ele pode andar sobre a água e empunha uma tocha em chamas. Em vez de Chac, alguns acreditam que ele representa Kukulcan ou Quetzalcoatl.

Ba[1] *Egípcia*
Um deus representado sob a forma de um faraó.

ba[2] *Egípcia*
A alma, um dos cinco elementos que formam a pessoa completa. O ba é descrito como uma ave com cabeça humana que voa entre esta vida e a vida após a morte.

A representação do ba sob a forma de ave com cabeça humana é conhecida como ave ba.

Ba-Toye *Africana*
Um espírito hauçá que causa incêndios destrutivos.

Baal[1] *Canaanita*
= *Egípcia* Set; *Grega* Cronos; *Fenícia* Melkarth; *Suméria* Adad, Enlil
Um deus da fertilidade, deus das tempestades; filho do deus supremo El; irmão gêmeo de Mot, o deus da morte; marido e irmão de Anat, deusa da fertilidade.

Ele enfrentou o deus do mar, Yam, em uma batalha pelo controle da Terra e matou a serpente Lotan. Ele viveu em um imenso palácio chamado Sapan, que tinha um buraco no chão pelo qual ele regava a Terra. Quando ele morreu, Anat lutou e matou Mot, deus do mundo inferior, e o moeu sob uma pedra de moinho. Baal depois foi trazido de volta à vida e ao trono.

Ele, às vezes, é retratado como um guerreiro usando um capacete com chifres e em pé sobre um teto de ondas.

Em alguns relatos, ele é equiparado a Moloch (página 342).

Baal² *Europeia*
Um demônio, duque do inferno; um dos 72 Espíritos de Salomão.

Baal-Dagon *veja* **Dagan²**

Baalzebub *veja* **Beelzebub**

Baatsi *Africana*
O primeiro homem na tradição dos Efe. Para agradar sua esposa, ele escolheu o fruto proibido do tahu, e Deus o castigou decretando que todas as gerações futuras deveriam morrer.

Baba-Yaga *Russa*
Uma ogra ou uma bruxa; uma deusa da morte. Ela tinha os dentes e os seios de pedra e diziam que roubava crianças, transformando-as primeiro em pedra só de olhar para elas, e depois de devolvê-las ao normal, ela as cozinhava e comia. Ela se movia em um almofariz usando o pilão como um poste propulsor. Sua casa era uma cabana que tinha as pernas de uma galinha sobre as quais, dizem, ela se movia, e a cerca era feitas de ossos.

Na versão tcheca, esses seres tinham o rosto de mulher, o corpo de um porco e as pernas de um cavalo. Eles viviam em cavernas e arrancavam os olhos de qualquer ser humano que pegavam.

Babe *Norte-americana*
Um boi enorme, o companheiro de Paul Bunyan, herói lenhador de um mito americano moderno.

Era branco ao nascer, mas ficou azul em um determinado inverno quando a neve caiu azul.

Babe podia comer fardos de feno, até os arames que os amarravam, e dizem que gostava muito de bolos quentes. Ele era tão pesado que seus cascos afundaram em rochas sólidas, formando lagos em suas pegadas. Ele tinha a reputação de ter puxado um rio (ou uma estrada) em linha reta, escavado a enseada de Puget Sound, arrastando uma geleira e retirado poços de petróleo do chão.

Babe provocou a própria morte ao engolir uma fornada de bolos quentes – incluindo o fogão. Algumas pessoas dizem que as Colinas Negras foram empilhadas sobre seu túmulo.

Bacab *Centro-americana*
Um deus da chuva; filho do deus do sol Itzamna e da deusa da lua Ix Chel.

Ele morreu ao nascer e ressuscitou três dias depois no céu, onde se tornou o deus da chuva.

Bacabs *Centro-americana*
= *Asteca Tlalocs*
Quatro divindades maias gigantes, filhas do deus do sol Itzamna e da deusa da lua Ix Chel.

Esses quatro irmãos apoiaram o mundo, um em cada quina, e controlaram os ventos.

Bachué *Sul-americana*
Deusa mãe e deusa da fertilidade do povo chibcha. Ela emergiu do Lago Iguague como uma cobra, teve um filho, acasalou-se com ele para produzir a raça humana e depois ambos retomaram a forma de cobra e voltaram para o lago.

Baco *Romana*
Um nome para Dioniso no panteão romano.

Em uma história, Baco permitiu que seus leões atacassem uma donzela simplesmente porque se chateou por ela não ter lhe oferecido o culto ao qual ele achava que tinha direito. Mas se arrependeu imediatamente e transformou a moça em puro cristal. Ele então derramou vinho sobre o cristal, que assumiu a cor do vinho e se tornou o que hoje conhecemos como ametista.

Badb *Irlandesa*
Uma deusa da guerra; um aspecto da deusa Morrigan ou Nemain.

Ela era um dos nomes da tríade (Ana, Badb e Macha), conhecida como a Trindade do Destino e considerada aspecto de Morrigan. A lista, às vezes, é Badb, Macha, Nemain. Badb aparecia com frequência sob a forma de uma gralha ou um corvo.

Badge *Norte-americana*
Um herói do povo shoshone. Ele salvou Dove e seus filhos atraindo o monstro Dzoavits para um buraco no chão e depois fechou a entrada com uma rocha.

Badr al-Budur *Árabe*
Na história *As Mil e Uma Noites*, a filha do sultão ou uma princesa chinesa, a mulher de Aladdin.

Bagadjimbiri *Australiana*
Deuses criadores dos aborígenes.

Estes dois irmãos saíram da terra em forma de dingos, acasalaram um cogumelo venenoso com um fungo para produzir seres humanos e deram o dom da reprodução às primeiras pessoas. Os irmãos se tornaram gigantes tão altos quanto o céu, mas morreram em uma disputa com o homem-gato, Ngariman, e sua tribo. A deusa da terra, Dilga, afogou os assassinos com uma inundação com leite de seus peitos, trazendo os dois irmãos à vida ao mesmo tempo. Quando eles finalmente morreram, transformaram-se em serpentes de água.

Bagdemagus *Britânica*
Um Cavaleiro da Távola Redonda.

Ele se ressentiu quando Torre, um cavaleiro mais jovem, foi eleito para a Távola Redonda. Preterido, ele se afastou de Camelot em busca de aventura. Ele encontrou Merlin preso em uma pedra por Nimue, a Dama do Lago, mas não pôde ajudá-lo.

Quando seu filho Meleagant raptou Guinevere, ele interveio para livrá-la de um estupro.

Mais tarde, ele foi nomeado Cavaleiro da Távola Redonda e partiu de Camelot com os outros cavaleiros na Busca ao Graal. Ele encontrou um escudo branco ao lado de um altar numa capela e o levou, embora tivesse um aviso de que ele estava destinado ao Príncipe Verdadeiro, um epíteto para Galahad. Ele foi desafiado por um cavaleiro de armadura branca e descobriu que não podia levantar o escudo para se defender. Ele estava sem cavalo e gravemente ferido na coxa. Ele então teve que desistir da missão e voltar a Camelot com Owain, que cuidou dele. Tempos depois, foi assassinado por Gawain.

Bahloo *Australiana*
também Baloo
Um deus da lua.

Bahloo originalmente era Mulandi, um homem feliz que, quando morreu, foi levado para o céu por Bayme e se tornou a lua. Ele era responsável por gerar meninas.

bahr geist *Germânica*
Um espírito. Uma fada.
(*Veja também* **bargaist**.)

Bahram Yasht *Persa*
Uma fabulosa ave do fogo. Suas penas foram usadas para repelir demônios, e Zoroastro roçou seu corpo com ele e se tornou invulnerável.

Baime *Australiana*
Um deus do céu dos aborígenes. Alguns dizem que o céu é suportado por grandes cristais que descansam sobre os ombros de Baime. Normalmente, Baime está dormindo. Certo dia, quando

acordou, ele se virou e, ao fazê-lo, provocou o dilúvio. Dizem que, quando ele acordar, vai destruir o mundo.

Bajanai *Siberiana*
Um espírito da floresta yakut. Com frequência, ele faz os viajantes se perderem e, às vezes, aparece sob a forma de um animal.

bajang *Malaia*
Um espírito do mal que pode ser evocado quando os devidos encantamentos são recitados sobre o local onde uma criança nascida morta for enterrada. Se o bajang miar, outra criança morrerá.

Alguns dizem que o bajang assume a forma de uma doninha, e pode ser mantido como uma espécie de animal de estimação da família, alimentado com leite e ovos, que pode ser enviado para trazer doenças e desastre a outros.

baka *Caribenha*
Na tradição vodu haitiana, um zumbi transformado em animal.

bakemono *Japonesa*
Espíritos malignos com cabelos longos e sem pés.

Baku *Japonesa*
também Devorador de Sonhos
Um ser sobrenatural, visto como um cavalo com cara de leão e pés de tigre. Em algumas versões, ele tem uma tromba como os elefantes. Diz-se que ele poderia ser invocado para comer os sonhos ruins, evitando assim a má sorte para o sonhador.

Balam *Europeia*
Um demônio, um dos 72 Espíritos de Salomão.

Diz-se que este ser é um humano com duas cabeças de animal e pode prever o futuro.

Em algumas versões, ele é descrito como um touro ou como um homem nu cavalgando um urso e carregando um falcão.

Balam Agab *Centro-americana*
também Tigre da Noite
Na tradição maia, um dos primeiros quatro homens; irmão de Balam Quitze, Iqi Balam e Mahucutah.

Ele e seus irmãos foram criados a partir da farinha de milho e um caldo pela deusa criadora Xmucan. Outros relatos dizem que os deuses criadores foram Tepeu e Gucumatz. Cada um tinha seu próprio espírito guardião. Os deuses criaram uma mulher para cada um dos irmãos e eles tiveram filhos que se tornaram ancestrais das tribos quando seus pais retornaram ao seu lar original no paraíso.

Balam Bacham *Malaia*
A ponte que liga este mundo a Belet, o lar dos mortos.

Balam Quitze *Centro-americana*
também Tigre com Sorriso Doce
Na tradição maia, um dos primeiros quatro homens; irmão de Balam Agab, Iqi Balam e Mahucutah (*veja também* **Balam Agab**).

Balan *Britânica*
Um Cavaleiro da Távola Redonda.

Sem apoio do rei Artur, Balan e seu irmão Balin foram ao castelo Terribil, que foi sitiado por Royns, rei do Norte do País de Gales, na esperança de matar Royns e recuperar o prestígio com o rei. Eles capturaram Royns e o entregaram aos guardas em Camelot e depois ajudaram o rei em suas batalhas com Nero, irmão de Royns.

Em uma aventura posterior, Balan foi escolhido pela senhora do castelo para defender uma ilha próxima contra todos os que chegavam. Um deles acabou sendo seu irmão Balin. Eles lutaram até a morte. Só no final, quando levantaram suas viseiras, perceberam que haviam cumprido a profecia de que a segunda espada adquirida por Balin seria usada para matar seu melhor amigo.

Balder *Nórdica*
Deus do dia, da luz, das lágrimas; filho do deus criador Odin e da deusa Frigga; irmão de Hermod, Hoder e Thor.

Balder era o mais amado de todos os deuses e, quando sonhava com algum perigo que o ameaçava, sua mãe fazia um juramento de que nunca lhe fariam mal. Mas ela tinha esquecido o visco.

Loki, o deus da maldade, sempre disposto a causar problemas, convenceu o cego Hoder a jogar um ramo de azevinho em seu irmão, matando-o. Nanna, mulher de Balder, morreu de desgosto, e seus corpos foram colocados lado a lado em sua pira funerária. Odin inclinou-se sobre o cadáver do filho e sussurrou ao seu ouvido "renascimento", lembrando a Balder que ele iria renascer em um novo mundo depois do Ragnarok, a grande batalha final.

Outras versões dizem que Balder foi morto pela espada mágica, Mistilteinn, aos travar um duelo com Hoder pelos favores de Nanna.

Hermod cavalgou até Niflheim para pedir a libertação de Balder, e Hela, deusa do mundo inferior, o faria retornar se o mundo todo tivesse chorado por ele, mas uma giganta, Thok, que alguns dizem que era Loki disfarçado, se recusou a derramar uma lágrima por ele, e ele foi mantido no mundo inferior. Ele entregou a Hermod o anel de Odin, Draupnir, que tinha sido colocado em sua pira funerária, para que ele o devolvesse a Odin.

Uma história alternativa fez Balder uma pessoa agressiva e Hermod, o virtuoso.

Bale Fe'e *Ilhas do Pacífico*
Um palácio submerso, lar de Fe'e, o deus da guerra de Samoa.

baleia
(1) A mitologia árabe diz que a baleia carrega o mundo nas costas.
(2) Na tradição judaico-cristã, Jonas foi salvo de um naufrágio quando foi engolido por uma baleia que o vomitou, em segurança, em terra, após três dias.
(3) No Japão, a baleia era uma espécie protegida, uma das quais teria salvado um imperador naufragado.
(4) Na mitologia nórdica, esses animais eram usados frequentemente por bruxas e foram creditados com poderes mágicos.
(5) A tradição eslava diz que quatro desses animais seguram o mundo.
(6) Em Taiwan, diz-se que a baleia introduziu o painço na ilha.

Bali *Hindu*
O deus-demônio, rei de Sutala, parte do mundo inferior; um dos Daityas (gigantes).

Ele ganhou tanto poder que seria capaz de expulsar o deus Indra. O deus Vishnu, como seu quinto avatar, o anão Vamana, pediu ao rei três passos na terra. Ele então cresceu tanto que cobriu o mundo com dois passos, deixando para Bali só o mundo inferior, Patala.

Balin[1] *Britânica*
Um Cavaleiro da Távola Redonda; irmão de Balan.

Balin matou um primo em um duelo justo e foi preso injustamente.

Ele foi o único cavaleiro na corte do rei Artur que conseguiu puxar a espada que foi trazida por uma donzela de Lyle, a Dama de Avalon. A espada tinha pertencido a seu amante, e a Dama de Lyle lançou um feitiço sobre ela. A donzela, Colombe, avisou que ele a usaria para matar o melhor amigo, mas ele a manteve e se tornou o Cavaleiro das Duas Espadas.

Ele então foi acusado pela Senhora do Lago de matar seu irmão e a reconheceu como a bruxa que havia provocado a morte de sua mãe e cortou sua cabeça com a espada. Banido da corte, ele enviou a cabeça da bruxa a seus parentes e partiu em busca de aventura. Ele foi dominado por Launceor, que pretendia vingar a morte da Senhora do Lago e adquirir a espada mágica, mas Balin o matou em uma luta. Colombe chegou ao local e se matou ao cair sobre a espada do amante.

Em seguida, ele conheceu seu irmão, Balan e os dois planejaram ir ao castelo Terribil para matar o rei Royns, do norte do País de Gales, que estava sitiando o castelo, esperando recuperar o prestígio com o rei Artur. Eles emboscaram Royns e o levaram como prisioneiro para Camelot, entregando-o aos guardas.

Os dois irmãos ajudaram Artur nas batalhas que se seguiram, com Nero, irmão de Royns, e com o rei Lot, de Lothian (na Escócia) e Orkney. Quando Haeleus foi morto por Garlon, o cavaleiro invisível, Balin acompanhou a mulher do cavaleiro morto em sua missão. Ela foi atacada por um grupo de homens quando chegou ao castelo, mas Balin os expulsou. Eles disseram estar precisando do sangue de uma virgem para salvar a vida da dama do castelo, e a moça lhes deu um pouco de sangue, mas não conseguiu curar a mulher doente.

Balin participou de um torneio organizado pelo rei Pelham e, quando desafiado pelo irmão do rei Garlan, cortou-lhe a cabeça. Pelham então atacou Balin com um machado de guerra e quebrou a espada. À procura de uma nova arma, Balin chegou a uma sala onde jazia o corpo perfeitamente preservado de um velho e uma lança estranha. Ele agarrou a lança e matou ou feriu Pelham e, pouco depois, o castelo foi destruído, matando quase todos os que estavam lá dentro.

Merlin disse a Balin que o corpo era de José de Arimateia e a lança foi a usada pelo centurião Longinus para furar o corpo de Cristo na cruz. Essa lança e o Santo Graal tinham sido trazidas à Grã-Bretanha por José de Arimateia, um ancestral de Pelham.

Sua viagem o levou então a um castelo onde ele se divertiu de forma excessiva até que a dama do castelo disse que ele deveria duelar com o cavaleiro que guardava a ilha vizinha. Balin foi para a ilha de barco e lutou com o cavaleiro de armadura vermelha, que cavalgou para desafiá-lo. Eles lutaram de forma tão violenta que um feriu o outro gravemente e ambos morreram. Pouco antes do último suspiro, Balin descobriu que o cavaleiro de armadura vermelha era o próprio irmão, Balan. A profecia da espada se cumpria.

Balin[2] *Hindu*

Diz-se que ele nasceu do cabelo de seu meio-irmão Sugriva.

Ele desafiou o demônio Ravana para uma disputa e o amarrou pelos longos cabelos, desfilando pelo país para mostrar o demônio preso.

Desafiou também o meio-irmão pelo trono e usou seu poder mágico de reduzir a força do oponente apenas olhando para ele. Rama, a sétima encarnação do deus Vishnu, estava ajudando Sugriva e ele foi ficando mais forte à medida que Sugriva ia enfraquecendo até que, finalmente, ele deixou o esconderijo e matou Balin.

Bálios *Grega*
Um cavalo dado por Poseidon ou Zeus a Peleu. Este animal, filho de Zéfiro e Podarge, foi mais tarde o cavalo da biga de Aquiles em Troia.

Baliu *Ilhas do Pacífico*
Um deus que controla a duração da vida humana.

Balkis *Árabe*
também Balqis, Bilqis
A rainha de Sheba.

Os abissínios afirmam que Balkis se casou com o rei Salomão e eles tiveram um filho, Menelik, de quem descende a família real.

Na versão bíblica, Balkis visitou Salomão e foi embora ao descobrir que sua famosa sabedoria não era tão grande quanto anunciava.

Na tradição muçulmana, ela se submeteu a Salomão e se converteu à sua religião. Diz-se que ela escondeu uma adaga em seu véu e a usou para matar Salomão, tornando-se a rainha de Sheba.

Baloo *Australiana*
também Bahloo
O deus da lua aborígene em Nova Gales do Sul.

Os homens eram imortais, mas, quando dois deles se recusaram a carregar os cães de Baloo (ou cobras) pelo rio, ele tirou a imortalidade do homem.

Balor *Irlandesa*
Fomoire, deus de um olho só do mundo inferior; avô de Lugh.

Ele perdeu um olho por causa do veneno administrado pelos druidas quando viu seus rituais secretos. O olho restante tinha o poder de matar com um simples olhar. Diz-se que eram necessários quatro homens para levantar sua pálpebra.

Em alguns relatos, ele tinha um olho no meio da testa. Esse olho tinha sete pálpebras e o calor dele aumentava progressivamente à medida que cada pálpebra era levantada; até, finalmente, incendiar o campo. Em outros, ele poderia transformar animais ou homens em pedra.

Uma profecia dizia que Balor seria morto pelo neto, que trancaria sua filha Ethlinn na torre Tur Bhalair para que ela não pudesse ser tocada por homem algum. Cian ganhou acesso a ela disfarçando-se de mulher para seduzi-la. O filho desta união, Lugh, foi jogado ao mar por ordem de Balor, mas foi resgatado pelo deus do mar, Manannan.

Uma vez ele roubou a vaca mágica, Glas Gabnach, de Gobhniu, que a recuperou por subterfúgio. Alguns dizem que Balor invadiu a Irlanda para recuperar a vaca e uma segunda Batalha de Moytyra se seguiu. Lugh matou Balor com sua lança ou com a pedra mágica, Tathlum, lançada de sua tipoia nos olhos do avô.

Balqis *veja* **Balkis**

Bamapana *Australiana*
Um herói trapaceiro aborígene que adora causar problemas.

Bamum *Australiana*
O nome do Tempo do Sonho (ou alchera) usado em Arnhem Land, no Território do Norte.

Ban *Britânica*
Rei de Benwick (na Grã-Bretanha); irmão de Bors; marido de Elaine; pai de Lancelot.

Ele e seu irmão trouxeram um exército para a Grã-Bretanha para ajudar o rei Artur em suas batalhas com os barões rebeldes.

Em um relato, ele deixou seu castelo nas mãos de seu mordomo e saiu da Grã-Bretanha para buscar a ajuda do rei Artur em suas batalhas com Claudas, rei da Terra do Deserto, levando sua esposa e o bebê Lancelot. Ele morreu de desgosto quando o mordomo entregou o castelo sem lutar. Seu irmão Bors morreu de tristeza quando soube da morte de Ban.

bandicoot *Australiana*
Os aborígenes dizem que o bandicoot era o dono do fogo até ser roubado pelo falcão ou pelo pombo.

banshee *Irlandesa*
Espírito chorão que anuncia desgraças; uma fada feminina. As banshees raramente são vistas, mas dizem que se parecem com mulheres velhas com longos cabelos brancos.

Barbatos *Europeia*
Um demônio, um dos 72 Espíritos de Salomão. Ele é descrito como líder de um bando de caçadores e pode prever o futuro.

barbegazi *Europeia*
Espíritos das montanhas dos Alpes. Eles dormem durante o verão mas surgem no inverno para ajudar os alpinistas.

barco solar *Egípcia*
O barco no qual o deus-Sol Rá, ou um faraó morto, viajava pelo mundo inferior.

Há um consenso de que existiam dois desses barcos, um usado durante o dia e outro à noite, mas não há consonância em relação à forma como eram chamados. Alguns dizem que durante o dia o barco era Manjet, outros que era Meseket (Mesektet, Mesenktet, Me'enzet) ou Semketet, e que o barco noturno era Meseket ou Semketet.

bargaist *Britânica*
Um duende maléfico em forma de cachorro ou urso. Esse animal espectral, que faz um barulho enquanto anda, é considerado incapaz de atravessar a água e também um presságio de morte no norte da Inglaterra.
(*Veja também* **gytrash**.)

Barinthus *Britânica*
Um deus do mar. Ele foi o timoneiro do barco que levou o rei Artur para Avalon.

Baris *Mesopotâmica*
O lugar onde, de acordo com a história da Babilônia, a Arca parou quando o Dilúvio passou.

Barong *Ilhas do Pacífico*
Um rei leão, um espírito do bem que se opõe à bruxa Rangda.

Barrete Vermelho *Escocesa*
também Capuz Vermelho
Um duende malévolo do castelo. Dizem que seu boné é tingido com sangue humano.

basilisco *Europeia*
Um monstro fantástico, parte cocatriz, parte dragão, que poderia matar com os olhos ou com a respiração. Em alguns relatos, o basilisco é equiparado à cocatriz; outros se referem a ele como o rei das serpentes.

Alguns dizem que ele foi chocado de um ovo posto por um galo e um ovo incubado por um sapo.

Ele é descrito como tendo cerca de 30 centímetros de comprimento com uma marca branca ou uma cruz dourada na cabeça e o rabo na boca.

Bast *Egípcia*
também Bastet, Bubastis, Pasht, Ubastet, Ubasti;
= *Grega* Ártemis
Deusa da fertilidade com cabeça de gato ou de leão e deusa do fogo; esposa do deus Rá.

Em algumas versões, ela é filha de Rá; em outras, ela se funde com a deusa Sakhmet, com cabeça de leão, ou com Ísis.

Há relatos de que ela é Bubastis, depois da cidade que foi o centro de sua influência; em outros, Bubastis era seu filho.

Em sua forma cabeça de gato, ela era conhecida como Pasht.

Batalha de Camlan *Britânica*

A batalha entre o rei Artur e o cavaleiro Mordred, que Merlin tinha profetizado mataria Artur.

Nesta batalha que, dizem, teria sido travada em Slaughterbridge, em Bodmin Moor, em 580, Artur matou Mordred, atravessando-o com sua lança, mas o moribundo infligiu um golpe fatal ao rei com sua espada. Apenas Artur, Bedivere e Lucan sobreviveram à batalha (em outro relatos, os nomes são diferentes). O rei moribundo foi levado para Avalon, e Lucan morreu devido aos ferimentos.

Batalha de Roncesvalles *Europeia*

Nas lendas de Carlos Magno, a batalha (em 778) entre os francos e os mouros.

A retaguarda do exército de Carlos Magno, que deixou a Espanha após uma expedição para punir o rei Marsílio, que tinha invadido a França anteriormente, foi emboscada no desfiladeiro de Roncesvalles. Rolando, no comando da força, lutou desesperadamente contra a disparidade avassaladora, e até o último momento recusou-se a pedir ajuda fazendo soar seu olifante. A força principal, chefiada por Carlos Magno, chegou tarde demais para salvar Rolando e seu pequeno grupo, mas o sol interrompeu sua jornada através dos céus permitindo que os francos vingassem seus companheiros, derrotando os mouros.

Em uma versão alternativa, Carlos Magno tinha exigido um tributo anual de Marcílio como preço pela retirada da Espanha, e a força comandada por Rolando foi enviada para recolher esse tributo só para ser emboscada por três exércitos ao deixar a Espanha.

Cerca de 100 mil mouros e 20 mil francos morreram na batalha resultante da traição de Gano (Conde de Mayence e um dos paladinos de Carlos Magno) que, por inveja de Rolando, traiu o imperador a Marcílio.

Batalha de Tailltinn *Irlandesa*

Na lenda irlandesa, uma batalha entre os milesianos e os danaans. Diz-se que os três e rainhas dos danaans morreram nesta batalha que resultou na derrota dos danaans.

Batalha de Tregalen *Britânica*

Um local no País de Gales tido como o cenário onde o rei Artur lutou sua última batalha. Nessa versão galesa da morte do rei, ele foi atingido por flechas enquanto perseguia seu inimigo derrotado.

Batalhas de Moytura *Irlandesa*

As batalhas nas quais os danaans ganharam supremacia na Irlanda, vencendo o Fir Bolg e o Fomoire.

A primeira batalha aconteceu quando os danaans chegaram à Irlanda e derrotaram o Fir Bolg; a segunda, quando um exército de Fomoire atacou os danaans e foi derrotado.

Batara Guru *Malaia*

Um deus do céu e deus criador; um nome para Indra ou Shiva em Java, na Malásia etc.

Em Sumatra, ele é o deus criador cuja filha, Boru Deak, mergulhou nas águas primordiais. Seu pai enviou um pássaro com um pouco de terra para formar o solo e depois um herói que derrotou a serpente do mundo inferior, Naga Pahoda. Esse herói se casou com Boru Deak e eles produziram o primeiro mortal.

Na Ilha de Celebes, ele é visto como o filho do Guru ri Seleng que se casou com seu primo, Nyilitimo, e eles se tornaram os ancestrais das tribos.

Batara Kala *Ilhas do Pacífico*
Um deus criador e deus do mundo inferior, na tradição de Bali. Dizia-se que ele governava em conjunto com a deusa Setesuyara.

Bathym *Europeia*
Um demônio, um dos 72 Espíritos de Salomão. Ele é representado como um homem com cauda de serpente montando um cavalo. Dizem que ele é sábio no conhecimento das ervas.

Bato *Japonesa*
também Bato Kwannon
Um nome de Kwannon como "cabeça de cavalo" e guardião de cavalos. A referência não é para a cabeça da deusa, mas para a cabeça do cavalo colocada em sua tiara.

Baú de Davy Jones, O *Europeia*
O mar considerado túmulo dos marinheiros afogados.

Baucis *Grega*
Esposa de Filêmon. Ela e o marido foram os únicos a mostrar hospitalidade aos deuses Zeus e Hermes quando eles viajaram como pobres andarilhos. Enquanto seus vizinhos nada hospitaleiros morreram em uma enchente, eles foram recompensados por terem transformado seu casebre em uma magnífica habitação, que eles mantiveram como templo para os deuses. Na velhice, eles ainda estavam juntos e os deuses os transformaram em um limoeiro e em um carvalho, ambos crescendo de um tronco.

Baxbakualanuchsiwae *Norte-americana*
também Mãe Canibal
Na tradição das tribos do nordeste, um espírito guardião.

A Aurora Boreal e a Via Láctea eram vistas como a fumaça da fogueira desta divindade no Ártico. Ele era considerado um canibal, descrito de várias maneiras como macho ou fêmea.

(*Veja também* **Tsonqua**.)

bDud *Tibetana*
Demônios residentes na floresta. Estes seres, armados com machados, foram precursores primitivos da raça humana. Em seguida, veio Srin.

Bean *veja* **Deohako**

bebês aquáticos *Norte-americana*
Espíritos que vivem em fontes de água, como riachos, lagos etc. Esses seres, encontrados na tradição de diversas tribos indígenas, são pequenos, mas não necessariamente jovens.

Eles podem aparecer disfarçados como um velho que puxa a linha de um pescador ou uma mulher idosa que surge na margem de um riacho ao anoitecer.

Bebo *Irlandesa*
Rainha das fadas. Ela e o marido caíram em um pote de mingau ao irem para Ulster, onde foram capturados pelo rei Fergus mac Leda. Bebo teve um caso com o rei, que a libertou. Mas Lubdan, o marido, só ficou livre depois que deu seus sapatos mágicos a Fergus.

Bedawang *Ilhas do Pacífico*
Uma tartaruga cósmica. Esse animal, que carrega a Terra no casco, foi criado pela serpente Antabonga. Sobre as costas da tartaruga há duas cobras e um pedra negra que cobre o mundo inferior.

Bedd Arthur *Britânica*
Um local onde se supõe estar o túmulo do rei Artur em Dyfed, País de Gales.

Beddgelert *Galesa*
Um vilarejo no País de Gales, local do túmulo do cão de caça Gelert (*veja a história em* **Gelert**).

Bedivere *Britânica*
Um cavaleiro da Távola Redonda com uma mão só; um assistente pessoal do rei Artur.

Na história de Culhwch e Olwen, ele foi um dos homens do grupo de Artur que ajudou Culhwch em sua busca.

Quando o rei invadiu e conquistou grande parte do Continente, ele ajudou o rei em sua luta contra o gigante do Monte Saint Michel e, quando Artur voltou à Grã-Bretanha, Bedivere ficou no comando da Normandia.

Ele e Lucan ajudaram o rei ferido a se abrigar em uma capela após a batalha final com Mordred. Lucan morreu logo depois devido aos ferimentos ocorridos na luta, e Artur instruiu Bedivere a jogar Excalibur no lago. Bedivere cobiçou a espada e duas vezes disse ao rei que tinha cumprido a missão quando, de fato, ele havia escondido a espada sob uma árvore. Mas ele acabou obedecendo às ordens do rei e jogou a espada no lago, onde uma mão saiu da água e pegou a espada na superfície. Ele então carregou o rei nas costas até a beira do lago, onde um barco esperava para levar Artur para Avalon.

Bedivere vagou por algum tempo e finalmente chegou ao convento onde vivia o Bispo da Cantuária e lá, na capela, viu o túmulo do rei. Ele desistiu de todas as perseguições de sua cavalaria e passou o resto da vida como um ermitão.

Em alguns relatos, ele foi feito Duque de Neústria e morreu na campanha do rei Artur contra Roma.

Bedreddin Hassan *Árabe*
Um príncipe que, em *As Mil e Uma Noites*, foi capturado e se tornou um cozinheiro.

Beelzebul *Canaanita*
Um deus filisteu. Esse nome foi adulterado para se tornar Belzebu, que significa Deus de Dunghill e, portanto, Senhor das Moscas.

Befana *Europeia*
também A Bruxa, A Velha
Um espírito benevolente na Itália. Dizia-se que ela estava ocupada demais para acompanhar os Reis Magos quando eles foram para Belém para ver Jesus e, depois, se perdeu quando tentou encontrar seu próprio caminho até lá. Todo ano, ela procura o Menino Jesus em vão, mas deixa presentes em cada casa que visita.

Uma versão alternativa diz que ela estava muito ocupada para divertir os Magos que estavam a caminho de Jerusalém, mas que o faria quando eles voltassem. No caso, eles foram para casa por um caminho diferente e ela sentiu falta dos três. Ela olha por eles todos os anos na Noite de Reis, mas nunca os encontra.

Begdu San *Chinesa*
Uma cadeia de montanhas. Diz-se que elas foram formadas a partir dos excrementos de um gigante que, tendo bebido água do mar e comido terra porque já devorara todo o resto, ficou doente.

Bego Tanutanu *Ilhas do Pacífico*
Um espírito criador melanésio, o caçula de dois irmãos. O outro era preguiçoso e deixou para Bego a tarefa de formar a paisagem e fazer todas as plantas. O Dilúvio foi causado quando sua esposa soltou o mar que ela havia prendido anteriormente.

Begochiddy *Norte-americana*
O grande deus do povo navajo.

Bel-Marduk *veja* **Marduk**

Bela Donzela de Astolat
veja **fada Elaine³**
Um diminuto ser sobrenatural. Alguns dizem que esses seres imortais são os filhos de Adam e sua primeira mulher Lilith.

Belerofonte *Grega*
Um príncipe de Corinto; filho de Glauco, rei de Corinto, ou do deus do mar, Poseidon.

Seu nome original era Hipponous e ele passou a se chamar Belerofonte depois de matar o nobre Bellerus, de Corinto, em um acidente. Outros dizem que foi seu próprio irmão, Deliades, que foi morto. Ele fugiu para Tirinto, onde o rei Proetus o purificou do assassinato; Anteia, a esposa do rei, acusou-o de tentativa de estupro quando ele rejeitou as investidas dela. Nem Proetus nem seu sogro Iobates, a quem Belerofonte foi enviado, desejavam matar um convidado, então Iobates pediu a Belerofonte para destruir a Quimera, esperando que ele morresse na tentativa.

O adivinho Poliido o aconselhou a capturar Pégaso, o cavalo alado, para a missão, e Atena lhe deu uma rédea de ouro, que tornou isso possível.

Cavalgando em Pégaso, ele partiu para cima do monstro, matando-o ao atirar suas flechas para dentro dele ou, em outra versão, forçando o chumbo que, ao entrar em sua boca, derreteu em seu hálito quente, sufocando-o até a morte.

Iobates o mandou lutar contra o Solymi e depois contra as Amazonas e mais uma vez ele saiu vencedor. Iobates então permitiu que ele se casasse com sua filha, Filonoé.

Em alguns relatos, ele se vingou em Anteia, levando-a para um passeio em Pégaso e empurrando-a quando já estavam a grande altitude.

Insensatamente, ele tentou cavalgar até o Olimpo, mas foi lançado ou porque o cavalo não estava preparado para tanto esforço, ou porque o deus Zeus mandou uma mosca para picar Pégaso. Em qualquer um dos casos, ele caiu em um arbusto de espinhos e ficou cego ou aleijado, terminando seus dias vagando na Terra.

Beleth *Europeia*
Um rei demônio; um dos 72 Espíritos de Salomão. Ele é representado sobre um cavalo pálido cercado por músicos.

Beli *Nórdica*
Um Gigante Gelado; deus das tempestades.

Quando sua irmã Gerda se casou com o deus Frey, Beli tentou matá-lo. Frey tinha dado sua espada a outra pessoa e usou um chifre de cervo (ou seu punho) para se defender e matar Beli.

Em alguns relatos, ele raptou Freya, esperando forçá-la a se casar com um de seus três filhos, mas ela recusou todos eles.

Belial *Europeia*
Um demônio de sodomia, arrogância ou trapaça; um anjo caído; um dos 72 Espíritos de Salomão.

O nome também é usado para se referir ao mundo inferior, She'ol, ou ao demônio.

Na magia negra, ele é visto como um embaixador na Turquia.

Bellengerus le Beuse *Britânica*
Um Cavaleiro da Távola Redonda; conde de Laundes; filho de Alisander e Alice le Beale Pellerin.

Em alguns relatos, ele matou Andred, um cavaleiro da corte do rei Mark, da

Cornualha, e foi morto por Mark. Alguns dizem que ele matou tanto Mark quanto Andred.

Belleus *Britânica*
Um Cavaleiro da Távola Redonda. Ele encontrou Lancelot dormindo em sua cama e o confundiu com seu amante. Lancelot reagiu violentamente e feriu seu indesejável amante.

Uma versão diferente diz que Lancelot estava dormindo com a esposa de Belleus, que desafiou Lancelot para um duelo.

Bellona[1] *Romana*
Uma deusa da guerra italiana; filha, irmã ou esposa do deus da guerra, Marte. Ela dirigiu a carruagem de Marte.

Bellona[2] *Romana*
Uma deusa da guerra; irmã de Marte, o deus da guerra. Essa divindade, originalmente Ma, a deusa da guerra da Anatólia, foi trazida do Leste para Roma. Seus sacerdotes de capa preta se automutilaram e depois beberam o próprio sangue. As festas dedicadas a ela aconteciam originalmente no dia 3 de junho, mas acabaram sendo fundidas com as da Bellona italiana em 24 de março.

Belzebu[1] *Canaanita*
também Baalzebub, Deus de Dunghill, Senhor das Moscas.
Uma deidade filisteia, a personificação do mal. (*Veja também* **Beelzebul**.)

Belzebu[2] *Europeia*
Um demônio do orgulho e falsos deuses. Na magia negra, ele é um dos Grandes Dignitários, chefe do Império Infernal.

Benevolentes, As *veja* **Eumênides**

Benten *Japonesa*
Uma deusa do mar, deusa da música, da fala e da prosperidade; uma das sete divindades xintoístas da boa sorte conhecidas como Shichi Fukujin.

Em uma história, ela desceu à Terra e se casou com um rei dragão, persuadindo-o a desistir de seu perverso costume de comer crianças pequenas.

Uma outra história conta como ela ajudou o jovem poeta Baishu, que havia encontrado um poema escrito por uma donzela e se apaixonou por ela sem tê-la conhecido. Ele rezou para Benten, que arranjou para que ele conhecesse a moça. Mais tarde, descobriu-se que a tal moça era, de fato, a alma da donzela que ele conheceu no templo e com quem se casou.

Em algumas de suas estátuas ela aparece com cobras, enquanto outras a mostram com oito braços, seis dos quais são erguidos com as mãos segurando vários objetos, como um arco e flecha, e os outros dois braços estão dobrados em oração.

Às vezes, ela é representada tocando um tipo de flauta conhecida como biwa.

Beowulf *Nórdica*
Ele e seu amigo Breca, totalmente vestidos com armaduras, cruzaram o mar, nadando da Dinamarca para Geatland.

Quando o monstro Grendel fez ataques a Heorot, o palácio do rei dinamarquês Hrodgar, Beowulf se ofereceu voluntariamente para tentar matar o monstro. Ele tinha comido seu parceiro, Hondscio, e como era invulnerável às armas, Beowulf o atacou com as próprias mãos e prendeu o monstro. Incapaz de se livrar das garras de Beowulf, Grendel se afastou, deixando um dos braços para trás, morrendo depois devido ao ferimento. A mãe de Grendel matou o conselheiro de Hrodgar, Aeschere, e, quando ela surgiu para vingar a morte do filho, Beowulf mergulhou no lago com a espada Hruting, que se mostrou inútil contra ela. Ele então pegou uma espada enorme que o monstro havia conquistado anteriormente e usou-a para cortar a cabeça dela e também a de Grendel.

Depois desse triunfo, Beowulf foi muito bem recompensado com, entre outras coisas, o colar Brisingamen, que diz-se ser o colar da deusa Freya. Em algumas versões, ele se tornou rei da Dinamarca; em outras, ele voltou para Geatland, onde adquiriu terras e estabeleceu o próprio reino. Quando seu tio Hygelac, rei de Geatland, foi morto, Beowulf criou o filho do rei para ser o próximo governante, mas, quando ele também foi morto, o próprio Beowulf assumiu o trono.

Na velhice, ele matou um dragão, Firedrake, que vivia sob um túmulo, guardando um tesouro, e que estava devastando o campo. Ao liquidar o dragão, ele foi mortalmente ferido. Mas, antes de morrer, deu sua armadura e suas armas ao jovem Wiglaf, o mais fiel dos guerreiros que esteve com ele na luta com o dragão.

Bergelmir *Nórdica*
Um gigante, progenitor da raça dos Gigantes Gelados. Ele e sua mulher foram os únicos a sobreviver à corrente de sangue do corpo do gigante Ymir quando ele foi morto pelo deus Odin e seus irmãos, e eles viveram para dar início a uma nova raça de gigantes.

Berggeist *Germânica*
Um espírito da montanha.

Berith *Europeia*
Um demônio da alquimia; um duque do inferno; um dos 72 Espíritos de Salomão. Ele é descrito como um cavalo vermelho e, dizem, prediz o futuro.

besouro
Um inseto presente em várias mitologias:
(1) Os egípcios acreditavam que não havia fêmea da espécie e que a reprodução ocorreu quando um besouro macho rolou uma bola de esterco de boi, de leste a oeste, e a enterrou por vinte e oito dias. No vigésimo nono dia, o besouro empurrou a bola de esterco para a água e surgiu um novo inseto.
(2) Os finlandeses consideram os besouros como as almas dos mortos e eles são consultados por moças que querem conhecer suas possibilidades de casamento.
(3) Na tradição hebraica, os besouros se reproduzem enquanto andam para trás em direção ao oeste.
(4) Na América do Norte, os hopi levavam os besouros para a batalha, dizendo que eram espíritos úteis que poderiam cobrir os rastros de seu proprietário. Os zuni dão um besouro como antídoto a quem foi atingido por um raio. Eles também dizem que o trapaceiro Coyote enterrou um besouro em uma terra neutra que ele marcou entre as tribos e quem cultivasse essa terra ficaria cego – como um besouro.

Besouro[1] *Sul-americana*
Um espírito criador do povo Chaco. Primeiro, ele criou o mundo, e depois usou os poucos grãos que sobraram para fazer os primeiros humanos.

Besouro[2] *veja* **Ishits**

Besouro d'água *veja* **Dayunsi**

besouro sagrado *Egípcia*
O escaravelho.

Besta Ladradora *Britânica*
Um monstro em forma de leopardo/leão/serpente, descendente do Diabo e de uma donzela mortal. Dizia-se

que ele tinha uma sede insaciável e que o barulho da barriga desse animal misterioso parecia um bando de cães ladrando. Tanto Palamedes, o cavaleiro sarraceno, quanto Pellinore, o Cavaleiro da Távola Redonda, o caçaram.

Besta Tifoniana *Egípcia*
Um monstro, retratado com um focinho comprido, orelhas quadradas e a cauda em tufo. Ele era o símbolo do deus Set.

Beth Gelert *veja* **Beddgelert**

Bhima *Hindu*
Um príncipe guerreiro, herói da epopeia hindu, *Mahabharata*; irmão de Arjuna.

Em uma viagem para encontrar o lótus mágico, que restaura a saúde e o vigor, ele conheceu o deus macaco, e com ele aprendeu a história do universo. Ele matou os yakshas (demônios) que guardavam o lótus e beberam as águas curativas do lago.

Em um relato, ele matou um inimigo, Purochana, incendiando sua casa, porque soube que Purochana planejava incendiar o palácio dos Pandavas (Bhima e Arjuna eram dois dos cinco irmãos Pandavas), e também matou os demônios Hidimba e Vaka e muitos outros.

Dois homens, Jayadratha e Litchaka, tentaram violentar Draupadi (mulher dos Pandavas) e Bhima deu uma surra em ambos, fazendo o primeiro trabalhar como escravo dos Pandavas. Mais tarde, Bhima salvou Draupadi da morte na fogueira.

No *Mahabharata*, ele foi envenenado e atirado em um rio pelo primo, Duryodhana, um dos irmãos Kaurava (seus inimigos), mas as cobras d'água o reanimaram e lhe deram uma tremenda força física, que ele usou efetivamente na batalha com os Kauravas. Um dos Kauravas que ele matou foi Duhsasana,

e ele bebeu o sangue do morto. No episódio final, Duryodhana, o único Kaurava a sobreviver, duelou com Bhima e foi derrotado.

Durante a luta, Bhima usou um golpe desleal que partiu a coxa do adversário. Depois disso, ele passou a ser chamado de Jihmayodhin, o lutador injusto.

Bhima e todos os Pandavas, exceto Yudhishthira, morreram na jornada ao Monte Meru.

bhumi *Budista*
Qualquer membro de um grupo de doze divindades que representa os estágios espirituais pelos quais um bodhisattva tem que passar.

bicho papão[1] *Escocesa*
Um duende que assombra os rios.

bicho papão[2] *Francesa*
Um espírito maligno ou um monstro horrível.

Bifrons *Europeia*
Um demônio, um dos 72 Espíritos de Salomão. Esse demônio assume a forma de um monstro que pode se transformar sob comando. Diz-se que ele transmite conhecimentos de ervas mágicas e de astrologia.

Bifrost *Nórdica*
A ponte do arco-íris que vai de Asgard a Midgard.

Essa ponte, feita de ar, fogo e água era guardada por Heimdall, deus da madrugada, cujo palácio, Himinbiorg, foi construído no topo da ponte. Thor não estava autorizado a usar a ponte – seu andar era pesado demais para uma construção tão frágil. Ela foi destruída pelas forças de Muspelheim, em Ragnarok, a batalha final.

Biggarroo *Australiana*
Na tradição dos aborígenes, uma enorme serpente, um ser do bem em contraste com o malvado Goonnear.

Bilqis *veja* **Balkis**

Bilwis *Germânica*
também Bilmesschneider
Um espírito do mal que, diz-se, devasta as colheitas com uma foice presa ao dedão do seu pé.

Bindinoor *Australiana*
Quando ele foi ferido, seu pai, Walleyneup, embora deus supremo, não conseguiu curá-lo e ele morreu. Como resultado, seu pai decretou que a humanidade deveria perder sua imortalidade.

Bisagit *Índias Orientais*
Um deus da varíola em Bornéu. Ele deu a Kinharingan o solo a partir do qual o deus criador fez a Terra.

Alguns dizem que ele impôs a condição de ter metade das pessoas criadas por Kinharingan, um objetivo que ele atinge a cada 40 anos, causando uma epidemia de varíola.

Bishamon *Japonesa*
Um deus xintoísta da guerra e da prosperidade. Uma das sete divindades xintoístas da boa sorte, o Shichi Fukujin.

Ele é retratado com uma armadura completa e uma lança na mão.

Black One *veja* **Kali**

Blamor de Ganis *Britânica*
Um Cavaleiro da Távola Redonda; duque de Limousin; filho de Lancelot, dizem alguns.

Ele e o irmão Bleoberis acusaram o rei Anguish de matar um parente. Tristão retribuiu a gentileza do rei assumindo sua defesa e derrotando Blamor em um duelo, mas poupou sua vida e eles se tornaram amigos.

Após a morte de Artur, ele se juntou a Lancelot, Bedivere e outros cavaleiros em um convento. Quando Lancelot morreu, Blamor e Bleoberis partiram para a Terra Santa e lutaram contra os turcos.

Blatant Beast *Britânica*
Um monstro diabólico, descendente de Cérbero, o cão que guarda os portões do Hades, e o monstro Quimera, ou um outro monstro, Équidna.

Este animal de cem línguas foi caçado por Pelleas e capturado por Calidore, que o levou para a terra das fadas. Mais tarde escapou.

Bleoberis de Ganis *Britânica*
Um Cavaleiro da Távola Redonda; duque de Poitiers; filho de Lancelot, dizem alguns.

Ele e o irmão Blamor acusaram o rei Anguish de matar um parente.

(*Veja* **Blamor de Ganis**.)

Blood Clot *Norte-americana*
Um herói da cultura ute. Ele foi criado por um velho caçador que tinha encontrado o coágulo de sangue de onde o rapaz saiu. Ele cresceu rapidamente e matou animais cada vez maiores à medida que crescia, até que matou um búfalo. Ele então deixou o pai adotivo e foi para outra aldeia onde se casou com uma filha do chefe.

Um dia, ele pegou uma flecha emprestada com o chefe e chamou uma grande tempestade. Quando o vento abrandou, um búfalo morto foi encontrado do lado de fora de cada tenda da aldeia. Mas a vida na aldeia terminou quando sua mulher pronunciou a palavra proibida "bezerro" – Blood Clot (Coágulo de Sangue) então se transformou no búfalo que ele realmente era.

Blue Jay *Norte-americana*
Um herói cultural e um deus trapaceiro na tradição do povo mohawk; o pássaro que afugentou o demônio Tawiskaron e também separou os gêmeos siameses nascidos de Agas Xenas Xena e sua esposa.

Os índios chinook dizem que Blue Jay exumou o corpo da filha de um chefe e a levou para a terra do Povo Sobrenatural, onde ela voltou à vida e se casou com Blue Jay. Quando o pai dela pediu o cabelo de Blue Jay como compensação, ele se transformou em um pássaro e voou. Sua esposa morreu pela segunda vez e a irmã dele, Ioi, foi reclamada pelos mortos. Ao encontrar Ioi, ela estava cercada por pilhas de ossos que se tornaram seres humanos outra vez. Blue Jay os fez voltar a ser ossos e os misturou para que todos tivessem partes incompatíveis na próxima vez que se materializassem.

Em outra versão, Ioi lhe deu cinco baldes de água para apagar o fogo na pradaria. Ele se queimou com gravidade e morreu.

Outra história diz que, quando estava na terra do Povo Sobrenatural, ele aceitou um desafio para um torneio de mergulho e ganhou usando o truque de subir várias vezes para respirar sob um tapete de caniços, enquanto o oponente tentava superá-lo com apenas um pulmão cheio. Em outra disputa, escalou um pináculo de gelo, enganou novamente e ganhou, usando suas asas para voar, mas, quando um concurso de captura de baleias foi organizado, Blue Jay caiu no mar e se afogou.

Bne-aleim *veja* **Ischin**
Boa Deusa *veja* **Bona Dea**
Boa Gente
também Bons Vizinhos, Pessoinhas
(*Veja também* **Faylinn**.)

Bobbi-bobbi *Australiana*
Uma serpente dos aborígenes. Diz-se que ele criou o bumerangue a partir de uma de suas costelas.

bodach *Escocesa*
Um duende. Este espírito maligno assume a forma de um velho que assusta as crianças à noite e rouba as desobedientes.

bodach glas *Escocesa*
Uma forma de duende, o "Espectro Cinzento", que causa a morte de qualquer humano que por acaso o veja.

Bodb Dearg *Irlandesa*
'Red Bodb'
Um danaan, rei de Munster; filho do Dagda e de Boann, a deusa do Rio Boyne, dizem alguns. Outros acreditam que ele era irmão de Boann e do Dagda.

Ele se tornou líder do Danaans quando o Dagda se demitiu depois da derrota dos Milesianos. Midir (um irmão ou filho do Dagda) se opôs a este acordo e alistou os Fianna para lutar ao seu lado contra o novo líder. Bodb Dearg tinha três filhas adotivas, Alva, Aobh e Aoife. Aobh se casou com Lir, o deus do mar, e deu a ele quatro filhos, mas morreu no parto. Ele então se casou com Aoife, que transformou os enteados em cisnes. (*Veja também* **Filhos de Lir**.) Quando Bodb Dearg soube disso, transformou Aoife em um demônio voador. Alguns dizem que ele era pai de Alva, Aobh e Aoife, e não seu pai adotivo.

bode
(1) Na mitologia grega, o animal de Dioniso.
(2) Na mitologia mesopotâmica, o animal de Marduk e Ningirsu.
(3) Na mitologia nórdica, o animal de Thor.

bogey *Britânica*
também bogy, bogle
Um duende.

boggard *Britânica*
também boggart, boggle, buggane
Um duende maligno ou um fantasma.

Bohinavlle *Báltica*
também Prego do Norte
= *Finlandesa* Boahje-naste
O nome usado na Letônia para a Estrela do Norte. Essa estrela é vista como o suporte em volta do qual os céus giram.

bokwus *Norte-americana*
Na tradição das tribos nativas americanas do noroeste, um espírito da floresta que empurra os pescadores desavisados para o rio.

bolla *Balcânica*
Um demônio albanês em forma de serpente. Esses demônios abrem seus olhos uma vez por ano e então comem todos os humanos que veem.

Bona Dea *Romana*
também Boa Deusa
= *Frígia* Cybele
Uma obscura deusa virgem adorada apenas por mulheres e associada a serpentes. Em alguns relatos, ela é identificada com as deusas Fauna, Maia ou Ops. Seu festival era realizado em dezembro.

---

borboleta
(1) Na região báltica, uma borboleta cinzenta é tida como a alma de uma pessoa morta ou de uma que dorme.
(2) Na China, a borboleta (hu tieh) representa a felicidade conjugal e a longevidade.
(3) Nas Índias Orientais, a alma de uma pessoa dormindo é mantida por uma borboleta.
(4) Os japoneses dizem que as borboletas carregam as almas humanas, e são representadas como pequeninas fadas.
(5) No México, a borboleta é vista como a alma de uma pessoa morta.
(6) Na América do Norte, a tradição algonquina considera a borboleta como a criadora do vento sul.
(7) A tradição escocesa tem a borboleta no papel de deus do fogo (Teine-de).
(8) Na Sibéria, diz-se que as bruxas podem assumir a forma de uma borboleta.

---

boroka *Ilhas do Pacífico*
Na tradição das Filipinas, uma bruxa alada com quatro pernas que comia crianças.

Borre *Britânica*
Um Cavaleiro da Távola Redonda; um filho do rei Artur com Lyonors, filha de Earl Sanam.

Bors[1] *Britânica*
também Bors de Ganis, Bors de Gannes, Bors de Gaunes
Rei da Gália. Ele e seu irmão Ban levaram um exército para a Grã-Bretanha para ajudar o rei Artur em sua luta com os barões rebeldes. Ele morreu de desgosto quando soube da morte do irmão.

Bors[2] *Britânica*
também Bohort, Bors de Ganis, Bors de Gannes, Bors de Gaunes
Um Cavaleiro da Távola Redonda; filho de Bors[1] e Evaine; sobrinho de Lancelot.
Ele, ao lado do irmão Lionel e Lancelot, foi criado pela Senhora do Lago. Ele derrotou Lord Bromel que, tendo sido rejeitado por Elaine – que amava Lancelot –, estava procurando Lancelot para desafiá-lo para uma luta. No Castelo de Corbin (Castelo Carbonek), ele passou uma noite de estranha aventura. Uma lança espectral perfurou seu ombro e flechas voando na escuridão lhe causaram ainda mais ferimentos. Bors lutou e matou um leão e viu como um leopardo enfrentou um dragão que cuspiu centenas de dragõezinhos que reduziram o mais

velho a pedaços. Um velho cantava sobre a jornada de José de Arimateia à Grã-Bretanha. Uma espada de prata pendurada sobre sua cabeça o cegou com seu brilho e uma voz desencarnada disse a ele para partir. No dia seguinte, ele cavalgou até Camelot e contou a Lancelot o que tinha acontecido. (Uma história similar é contada sobre Gawain e Lancelot.) Mais tarde, quando Lancelot enlouqueceu e desapareceu de Camelot, Bors saiu com Ector e Lionel para procurá-lo. Ele se juntou a outros cavaleiros na busca ao Santo Graal e chegou a uma torre onde a proprietária, uma linda donzela, filha do rei Amor, implorou para que ele a ajudasse a lutar contra o gigante Priadan. Ele resistiu a todas as tentativas de sedução por parte da moça e derrotou o gigante na manhã seguinte quando chegou. Ele então encontrou dois homens espancando seu irmão, Lionel, e uma jovem sendo atacada por um anão. Quando ele conseguiu salvá-la e se libertou de seus abraços, Lionel já estava morto. Os parentes da jovem o levaram a um castelo e o trataram regiamente mas, depois de resistir a novas tentativas de seduzi-lo, a torre e todos os seus ocupantes desapareceram. No dia seguinte, no Castelo Tubele, ele encontrou seu irmão vivo e, com muita raiva de ter sido abandonado por Bors, o desafiou para um combate. Ele foi salvo da morte nas mãos de seu irmão pela intervenção de Colgrevaunce e, depois, tanto Lionel quanto Colgrevaunce foram mortos atingidos por um raio. Ambos se tornaram fantasmas evocados pelas forças do mal.

Outras versões dizem que Leonel matou Colgrevaunce e teria matado Bors também, mas foi atingido por um raio. Bors chegou então a uma abadia na costa onde uma voz lhe disse para ir para o mar. Ele embarcou em um navio coberto com samito branco que partiu imediatamente em velocidade. A bordo, ele conheceu Percival e os dois se juntaram a Galahad. Eles encontraram um navio abandonado e subiram a bordo. Ali viram uma espada maravilhosa que Galahad pegou antes de voltarem ao seu próprio navio que os levou para o Castelo de Carteloise, onde havia uma mulher doente, que só poderia ser curada pelo sangue de uma virgem. A irmã de Percival, Dindrane, doou o sangue, mas acabou morrendo. Atendendo a um pedido dela, Percival colocou o corpo morto em um barco e o jogou à deriva. Bors cavalgou com Galahad e Percival até o Castelo de Carbonek, lar do rei Maimed, onde eles tiveram uma visão do Santo Graal. Eles levaram o Graal e a Lança Sagrada de navio até Sarras, onde encontraram o barco com o corpo da irmã de Percival e o enterraram. Os três foram presos pelo rei Estorause, mas ele os libertou e pediu perdão quando estava morrendo. Galahad tornou-se rei, mas morreu cerca de um ano depois, e o Graal e a Lança desapareceram para sempre. Percival entrou em um convento e Bors ficou ao lado do amigo até que ele também morreu, mais ou menos um ano depois de Galahad. Depois de enterrar Percival ao lado da irmã e de Galahad, Bors voltou a Camelot, onde a história de suas aventuras foi transmitida a Lancelot e Artur, que ordenaram que tudo fosse gravado para a posteridade.

Depois da morte de Artur, Bors se juntou a Lancelot, Bedivere e outros cavaleiros no convento. Quando Lancelot morreu, ele foi morar na Terra Santa e lutou contra os turcos.

Bosherston *Britânica*
Uma aldeia no País de Gales. Diz-se que o lago existente nela é aquele de onde surgiu a Excalibur e do qual o rei Artur foi levado em sua viagem final para Avalon.

Botas de Sete Léguas *Britânica*
Botas feitas pelo mago Merlin, que permitiam a quem as usava percorrer cerca de trinta quilômetros a cada passo.

Botis *Europeia*
Um demônio, duque ou presidente do inferno. Um dos 72 Espíritos de Salomão. Este ser pode aparecer como um serpente repugnante ou como um ser humano com chifres.

Botoque *Sul-americana*
Um herói da cultura do povo kayapó. Ele foi adotado por uma onça que lhe ensinou as habilidades da caça, mas ele matou a mulher da onça e roubou o fogo, o arco e a flecha, que deu a seu povo.

Bragi *Nórdica*
Deus da poesia e da música; filho de Odin e Gunlod, a filha do gigante Suttung; marido de Iduna (deusa da juventude).

Gunlod estava guardando os três recipientes com o sangue de Kvasir em uma caverna no meio de uma montanha. Odin foi até lá com a ajuda do gigante Baugi, tio de Gunlod, que fez um buraco por onde Odin, sob a forma de uma cobra, escorregou. Odin então retomou sua forma divina e ficou com Gunlog por vários dias, concebendo Bragi.

Ao nascer, os anões deram a Bragi uma harpa de ouro e o colocaram em um barco que o levou para fora da escuridão subterrânea, onde ele começou a cantar e a tocar a harpa. Ao desembarcar, ele andou pela floresta e conheceu Iduna, com quem se casou. Depois, partiram para Valhala, onde se tornou o deus da poesia e da música. Ele recebe heróis caídos em Valhala e é retratado com longos cabelos brancos e barba, carregando sua harpa.

Bragi, Maçãs de *Nórdica*
Frutas que têm o poder de curar doenças. Diz-se que assim que essas maçãs mágicas eram comidas aparecia uma outra no lugar.

Brahma *Hindu*
Um deus criador com quatro cabeças, o Brâman personificado. Brahma, Shiva e Vishnu formam o grupo de deuses conhecido como Trimúrti.

Em algumas histórias, ele nasceu do umbigo de Vishnu; em outras, ele dormiu em um lótus flutuando nas águas primitivas até acordar e criar o universo, enquanto outras histórias dizem que ele se autocriou a partir das águas primitivas ou do deus criador Hiranyagarbha. No *Ramayana*, ele é um javali que ergueu a Terra em suas presas, mas há quem diga que ele se acasalou, sob a forma de um cervo, com a deusa Rohita como uma corça para produzir todos os animais.

Diz-se que Brahma nasceu com uma cabeça só, mas as outras cresceram para que ele pudesse contemplar a beleza de sua mulher, Saravasti por inteiro. Alguns dizem que Saravasti nasceu do corpo de Brahma e se acasalou com ele para produzir o primeiro homem, Manu. Uma história alternativa credita a ele uma filha, Satarupa, com a qual ele teve um relacionamento incestuoso e fez crescer as quatro cabeças para poder admirá-la. Algumas versões dizem que ele tinha cinco cabeças, uma das quais foi cortada por Shiva quando ele foi desrespeitoso. E um versão diferente afirma que Brahma se dividiu em dois, o masculino Purusha e o feminino Satarupa.

Em algumas histórias, sua consorte é Vach, embora digam que ela era a filha com quem ele incestuosamente gerou a raça humana. Outros dizem ainda que sua consorte era Gayatri.

Alguns dizem que Brahma viverá por 1.000 anos divinos no final dos quais ele morrerá e o universo desaparecerá. Após um período de 100 anos divinos, Brahma reaparecerá e um novo universo será criado. Nesse sistema, um ano divino equivale a 3.110.400 milhões de anos humanos.

Ele é retratado com quatro mãos, segurando uma tigela com esmolas, um cetro, um arco e o Rig Veda. Seu transporte é o cisne ou o ganso (hamsa).

Brahma-yuga *veja* **krita-yuga**

Brahmavati *Budista*
Mãe do futuro Buda, Maitreya, que nascerá do lado direito do Brahmavati após uma gravidez de dez meses.

Brahmayus *Budista*
Marido de Brahmavati; pai de Maitreya, dizem alguns.

Brâman *Hindu*
A essência primordial; o absoluto; unidade cósmica; alma do universo; a força criativa ativa.

Bran[1] *Britânica*
também Bran of Gower, Brandegore
Um deus gigante; rei da Grã-Bretanha.

Quando Bran concordou que sua irmã Branwen se casasse com Matholwch, rei da Irlanda, Efnisien, seu meio-irmão louco, mutilou os cavalos do rei. Bran então deu a Matholwch o Caldeirão do Renascimento, um caldeirão mágico capaz de reviver os mortos. Mais tarde, sua irmã foi obrigada a trabalhar como escrava e lhe enviou uma mensagem por um estorninho, o que fez com que Bran invadisse a Irlanda, andando pelo mar irlandês enquanto seu exército foi de navio. O rei irlandês abdicou, sem lutar, em favor de seu filho Gwern. Quando Efnisien matou Gwern, empurrando-o para o fogo, os combates eclodiram novamente e todos morreram, exceto cinco mulheres irlandesas grávidas e sete britânicos. O próprio Bran foi ferido e morreu logo depois. Branwen morreu de tristeza por sua perda. Sua cabeça foi arrancada, como ele havia instruído, e foi levada de volta à Grã-Bretanha para ser enterrada muitos anos depois no Monte Branco (a Torre de Londres) para proteger o reino. Antes de ser enterrada, a cabeça comia e falava como sempre fazia quando Bran estava vivo.

Durante o tempo em que Bran ficou ausente da Grã-Bretanha, o país foi conquistado por Caswallawn (Cassivellaunus).

Anos depois, o rei Artur, dizendo que o reino deveria depender dele para sua defesa e não de alguma relíquia sepultada, desenterrou a cabeça de Bran.

Bran[2] *Irlandesa*
também Brandan
Um herói viajante. Ele escolheu um galho de flor de maçã e o levou para casa, onde uma mulher misteriosa lhe contou sobre uma ilha maravilhosa que havia do outro lado do mar. Ela então pegou o ramo e desapareceu. Bran a seguiu com três barcos, cada um com nove homens. Manannan, o deus do mar, confirmou a história da Ilha Emain Ablach, e eles remaram para lá. Na Ilha da Alegria, um dos tripulantes ficou para trás enquanto Bran e os outros foram para a Ilha das Mulheres, onde

ficaram por cerca de um ano. Saudoso de casa, Neachtan, um dos tripulantes, voltou para a Irlanda. Mas, quando ele pulou em terra, imediatamente se desfez em pó – eles tinham estado longe por séculos e ninguém reconhecia Bran ou seus homens, que se puseram no mar novamente e nunca mais se ouviu falar deles.

Bran[3] *Irlandesa*
O cão de caça do herói irlandês Finn mac Cool.

A irmã de Finn (ou, em outros relatos, sua cunhada ou tia) era Uirne e ela era casada com Iollann, rei de Leinster. Quando ela engravidou, a ciumenta amante de Iollann, uma druida, lançou um feitiço sobre Uirne, transformando-a em uma cadela. O resultado foi que seus filhos, Sceolan e Bran, nasceram como cães de caça.

Em outros relatos, Uirne voltou à sua forma anterior por Lugaid Lagha, com quem ela se casou, e os filhotes nasceram para eles ao mesmo tempo que trigêmeos humanos. Quando o deus Angus Og disse que os cães de caça jamais poderiam matar um de seus porcos, Finn colocou os dois cães para trabalhar e eles mataram todo o rebanho de cem animais, incluindo um javali negro.

Em algumas versões, originalmente, Bran era propriedade de um gigante que roubava crianças. Quando Finn matou o gigante e resgatou as crianças, ele também levou a cadela do gigante e seus dois cachorros. Finn ficou com um malhado, Bran, e o outro, chamado Sceolan, foi deixado com o pai de algumas crianças roubadas, que tinha pedido ajuda a Finn. Certa ocasião, tanto Bran quanto Sceolan foram roubados por Artur, um filho do rei britânico, Artur, que tinha vindo para a Irlanda com vinte e oito guerreiros em busca de aventura. Nove guerreiros Fianna os seguiram até a Escócia e mataram todos eles, fazendo Artur prisioneiro e recuperando os cães de caça.

Finn atingiu Bran, acidentalmente, com uma correia. O cão ficou tão perturbado com o tratamento que fugiu e se afogou em um lago. Outras histórias dizem que o próprio Finn matou o cão de caça para salvar um cervo que ele tinha atropelado.

Brandan *veja* **Bran**[2]
Brandegore *veja* **Bran**[1]
Brecha de Rolando *Europeia*
Uma grande fenda nos Pireneus que, dizem, foi feita pelo paladino Rolando quando ele atingiu a montanha com sua espada, Durandal.

Brer Fox (João Honesto) *Norte-americana*
Um trapaceiro em muitas histórias das tribos nativas americanas. Os apache dizem que ele roubou o fogo dos vaga-lumes e o deu às tribos.

Brer Rabbit (Coelho Quincas) *Norte-americana*
Um trapaceiro do folclore americano. Diz-se que este ser deriva da trapaceira Lebre, africana, trazida para a América pelos escravos.

Brighu *Hindu*
Um sábio; um dos Sete Rishis, dizem alguns; filho de Brahma ou Manu.

Ele raptou Puloma, a mulher de um demônio, e teve um filho com ela, Chyavana, e, quando Agni, o deus do fogo, disse ao demônio quem era o sequestrador, Brighu amaldiçoou o deus com um apetite insaciável.

Em uma tentativa de verificar qual das três maiores deidades era mais digna de veneração, Brighu visitou cada uma de uma vez e não teve muito respeito por todas elas. Brahma apenas o repreendeu, Shiva o teria queimado até às cinzas, mas ele se salvou com um desprezível pedido de desculpas e Vishnu, a quem ele chutou para acordá-lo, apenas perguntou se o sábio havia machucado o pé e o massageou. Como resultado, Brighu aconselhou as pessoas a adorar Vishnu.

Quando perdeu a calma ao ser excluído de um sacrifício, Shiva atacou muitos dos presentes, incluindo Brighu, que teve sua barba arrancada.

Em alguns relatos, credita-se a ele a descoberta do fogo.

Brigit *Irlandesa*
Deusa do gado, da fertilidade, do fogo, da cura, da poesia e dos ferreiros. Em alguns relatos, ela era a esposa do deus conhecido como Dagda, em outros, sua filha; outros dizem que ela era a esposa de Turenn, o deus da noite, e mãe de seus três filhos.

Alguns dizem que ela era dona de dois bois, Fea e Feimhean, e de um javali, Treithirne.

Em algumas versões, havia três Brigits, deusas irmãs, que outros consideravam uma pessoa só. Em outros relatos, ela era a deusa Dana.

Briseis *Grega*
Uma donzela troiana que foi capturada no cerco a Troia e entregue como prêmio a Aquiles. Agamenon tinha recebido a menina Criseis, mas foi persuadido a libertá-la, exigindo Briseis em seu lugar. Isso precipitou a disputa entre esses dois heróis gregos e a retirada de Aquiles.

brollachan *Escocesa*
Um espírito maligno. Diziam que esses seres tinham apenas boca e olhos e assumiam a forma de tudo em que descansavam. Eles eram considerados filhos dos fuaths (espíritos malévolos).

brownie *Escocesa*
Uma fada doméstica ou duende. Esses seres benevolentes se apegam a uma casa e ajudam com as tarefas domésticas. Eles não devem ser recompensados; se forem, podem se ofender e se tornar boggards, duendes malévolos.

Brunilda *Nórdica*
também Brunilde, Brunhilda
Chefe das Valquírias, também conhecida como "Estimuladora da vitória". Ela era filha de Odin ou de um rei mortal, Budlim, e foi criada para ser uma Valquíria.

Ela recebeu ordens de Odin para garantir que o caçador – alguns dizem ser Hialmgunnar – que raptou a amante de Siegmund vencesse o duelo com Siegmund, mas ela desobedeceu às ordens e Odin precisou intervir. Ele a puniu, colocando-a em um sono longo e profundo em um castelo cercado de fogo que só o mais corajoso dos heróis tentaria romper. Alguns dizem que ela foi muito castigada por rejeitar os avanços amorosos de Odin.

Sigurd atravessou as chamas para resgatá-la, mas depois a deixou. Em algumas versões, ela se casou com Sigurd e eles tiveram uma filha, Aslaug, mas a história mais comum diz que Sigurd a deixou depois de algum tempo para sair em busca de aventuras. Ele se tornou amigo de Gunnar, rei dos Nibelungos, que queria Brunilda como esposa, mas não conseguiu enfrentar o muro de chamas. Sigurd, desta vez disfarçado de Gunnar, atravessou as chamas outra vez e cortejou Brunilda para Gunnar.

Quando se casou com Gunnar, percebeu como tinha sido enganada e ficou muito desgostosa. Ela brigou com a esposa de Sigurd, Gudrun, irmã de Gunnar, e tentou convencer o marido a matar Sigurd. Ele se recusou, mas seu irmão mais novo, Guttorn, apunhalou Sigurd pelas costas e o matou. Brunilda, que ainda amava Sigurd, morreu com ele. Em algumas versões, ela se apunhalou e foi queimada na mesma pira que Sigurd; em outras, ela montou seu cavalo, passou pelas chamas e se imolou. Enquanto entrava nas chamas da pira funerária, ela jogou o Anel do Poder no Reno. As filhas do Reno se levantaram para reivindicá-lo e uma onda enorme varreu Brunilda e a pira funerária para o esquecimento.

No poema *A Canção dos Nibelungos*, Brunilda é a rainha da Islândia que só se casaria com o homem que a derrotasse em uma prova de força. Ela fora prometida a Siegfried, mas ele colocou o Capacete da Invisibilidade e a venceu em um duelo. Gunnar alegou que era ele o vitorioso invisível e se casou com ela. Ao mesmo tempo, Siegfried se casou com a irmã de Gunnar, Cremilda, e mais tarde o jovem casal visitou Gunnar e Brunilda em sua corte onde as duas mulheres tiveram uma briga séria. Hagen planejou vingar-se do insulto a Brunilda e induziu Gunnar a pedir a ajuda de Siegfried para repelir uma suposta invasão. Hagen tirou proveito da visita de Siegfried para matá-lo.

Brutus *Celta/Romana*
Líder de um grupo de troianos; rei da Grã-Bretanha, bisneto de Eneias. Foi profetizado que ele mataria os pais e estabeleceria um grande reino. Sua mãe morreu após um trabalho de parto de três dias quando ele nasceu. Ao completar quinze anos, Brutus matou o pai, Silvius, em um acidente de caça e foi exilado para a Grécia.

Lá, ele conduziu os cavalos troianos do rei Pandrasus em uma revolta, capturando o rei que lhe deu a mão de sua filha, Imogen, além de navios e suprimentos para que os troianos pudessem ir para o oeste. Ele então levou os troianos para a Gália, onde conheceram Corineus, filho de Hércules, líder dos descendentes dos troianos que ali foram conduzidos por Antenor após a queda de Troia. Alguns de seus homens ficaram na Gália, mas Brutus e Corineus levaram os outros para o norte da Grã-Bretanha, onde conquistaram a raça nativa de gigantes, capturando Gog e Magog, e Brutus se tornou rei da Grã-Bretanha.

Bruxa, A; Velha, A *veja* **Befana**
Bubastis *veja* **Bast**
bucentauro *Grega*
Um humano com cabeça de touro como o Minotauro.
Buda da Luz Infinita *veja* **Amida**
Bue *Ilhas do Pacífico*
Um herói dos habitantes das Ilhas Gilbert. Nascido quando o sol engravidou uma mulher, ele atacou seu pai para obter o conhecimento que transmitiu aos humanos, como construir barcos, casas etc.
Buer *Europeia*
Um demônio, sábio na arte da medicina; um dos 72 Espíritos de Salomão. Este ser é representado com o corpo de um leão sobre cinco pernas e pés de cabras. Outros dizem que se parece com uma estrela-do-mar.
búfalo[1] *Índias Orientais*
Os dayaks consideram este animal seu ancestral.
Búfalo[2] *Norte-americana*
Na tradição das tribos nativas americanas, uma raça de pessoas com chifres.

Ao darem um nó em uma árvore de algodão, essas pessoas libertaram os humanos que viviam sob a árvore e os caçaram como animais, matando-os e comendo sua carne. O primeiro a surgir, Cut-Nose, conseguiu escapar e voltou em segurança para a árvore.

Outro jovem que escapou se casou com a Mulher Búfalo, pertencente à raça dos búfalos. Eles fizeram arcos e flechas e os deixaram junto à árvore de modo que, quando o povo Búfalo em seguida bateu na árvore, os humanos emergiram e, pegando as armas, mataram seus perseguidores, que depois se transformaram em verdadeiros búfalos.

Os filhos da Mulher Búfalo e seu marido se tornaram os antepassados de arikara.

buggane *Britânica*

Um espírito aquático Manx. Diz-se que este ser aparece como um cavalo ou como um bezerro. (*Veja também* **boggard**.)

Bull-by-himself *Norte-americana*

Um herói da cultura dos Pés Negros. Ele fez amizade com alguns castores, quatro dos quais se transformaram em humanos e lhe ensinaram os segredos do plantio e da colheita do tabaco.

Bune *Europeia*

Um demônio, um duque do inferno; um dos 72 Espíritos de Salomão. Diz-se que este ser tinha três cabeças: de cachorro, de grifo e de homem.

bungisngis *Ilhas do Pacífico*

Um monstro das Filipinas que assume a forma de força descomunal, que tem um lábio superior muito grande e carrega uma clava. Ele também come seres humanos.

Bunyan, Paul *Norte-americana*

Um lenhador gigante. Dizem que este herói lendário criou o Grand Canyon com seu machado. Seu companheiro inseparável era Babe, o boi azul.

bunyip *Australiana*

Um monstro do pântano devorador de homens: a fonte do mal na sabedoria aborígene.

Burkhan *Siberiana*

também Burkhan-Bakshi

Uma divindade suprema. Ele ordenou a construção de um navio para salvar todas as espécies (exceto o mamute) do Dilúvio iminente. Quando o demônio Shiktur, sob a forma de um rato, tentou roer a madeira do navio, Burkhan criou o gato para assustar o rato.

Busca do Graal *Britânica*

A procura pelo Santo Graal pelos Cavaleiros da Távola Redonda. A busca só terminou quando Galahad e seus companheiros, Bors e Percival, levaram o Santo Graal e a Lança Sagrada para o seu legítimo lar na Terra Santa.

Butes *Grega*

Um dos Argonautas; filho de Pandião, Poseidon ou Téleon com Zeuxipe; irmão de Filomena e Procne.

Ele foi o único a pular no mar quando ouviu a música das Sereias, mas foi resgatado por Afrodite, que fez dele seu amante.

Buttercat *Sueca*

= *Finlandesa* Para; *Lapônica* Smieragatto

Um espírito em forma de gato que traz manteiga, creme e leite para seu dono.

bwbach *Galesa*

plural bwbachod

Um espírito doméstico ou um duende.

Diz-se que esses seres atacam abstêmios.

bwci *Galesa*

plural bwciod

Um inseto; um fantasma.

Bwlch-y-Saethu *Galesa*

Uma passagem em Snowdonia, no País de Gales. De acordo com as histórias galesas, foi nesse lugar que o rei Artur foi morto após a Batalha de Tregalen.

Bylebog *Eslava*

Um deus do sol, a força do bem que se opõe a Chernobog, o deus da morte.

C

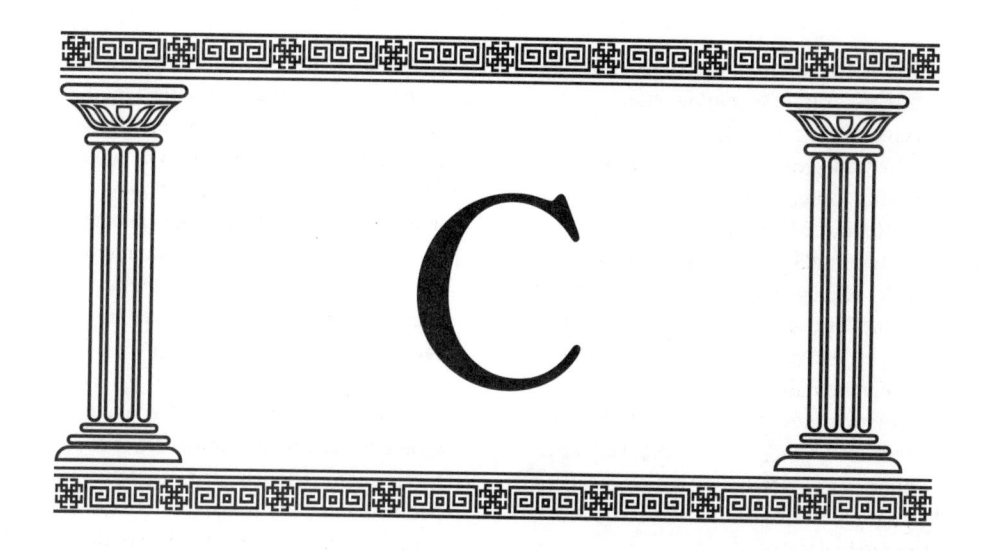

C *Centro-americana*
Uma divindade maia de identidade incerta, chamado de Deus C (*veja **deuses alfabéticos***); talvez Ed (um dos Bacabs) ou Kukulcan. Em alguns casos, essa divindade é retratada com uma auréola de raios e alguns sinais planetários, levando alguns a identificá-lo como um deus da estrela Polar.

Caacrinolaas *Europeia*
Um demônio, um dos 72 Espíritos de Salomão. É visualizado como um cão alado e diz-se que ele ensina ciências, torna invisíveis os humanos e incita homicídios.

Cabeça Voadora *Norte-americana*
Um monstro, na tradição dos iroqueses. Esse monstro em forma de cabeça, com asas enormes e garras afiadas, matou a comeu todos os animais, inclusive os domesticados pela tribos. Quando viu uma índia engolir algumas castanhas quentes, pensou em fazer o mesmo, mas engoliu pedras incandescentes e morreu.

Cabeças de Cachorro *Báltica*
Na tradição estoniana, uma raça de seres metade homem, metade cachorro. Dizia-se que esses seres eram parecidos com homens de um lado e com cachorros do outro, ou como um homem com cabeça de cachorro e um olho central. Eles matavam e comiam os humanos.

cabeças falantes
Um tema frequente na mitologia é o da cabeça que continua a falar depois de ter sido separada de seu corpo.
(1) Na história arturiana de Gawain e o Cavaleiro Verde, a cabeça do Cavaleiro Verde falou e desafiou Gawain para uma revanche depois que Gawain o cortou em um concurso de decapitação.
(2) O conto de fadas alemão, *A Pastorinha dos Gansos*, menciona o cavalo, Falada, que continuou a conversar com a menina através de sua cabeça decapitada pregada sobre um portão.

(3) Os gregos dizem que a cabeça cortada de Orfeu flutuava pelo rio ainda cantando.
(4) Na tradição irlandesa, a cabeça do gigante Bran, rei da Grã-Bretanha, continuou a falar por muitos anos até ser enterrada, e a cabeça de Conary Mor, o Grande Rei da Irlanda, falou com Mac Cecht para agradecer ao copo de água que ele lhe trouxe.
(5) Na mitologia nórdica, Odin preservou a cabeça do gigante Mimir e frequentemente a consultava, enquanto outra versão diz que ele trouxe a cabeça do rei, Minos, de Creta e a usava como um oráculo.
(6) A tribo norte-americana Natchez tem a história do irmão mais velho e do irmão mais novo, na qual a cabeça do mais novo irrita o primeiro.
(7) Montinig, o deus filipino, continuou a falar depois de ser decapitado, zombando de seus atacantes.

Caça às Bruxas *Britânica*
Uma versão da Caça Selvagem. Dizem que esta foi vista sobre Dartmoor, no sul da Inglaterra, e era liderada pelo Caçador da Meia-noite acompanhado por sua matilha de Cães do Inferno. (*Veja também* **Cães do Inferno**.)

Caçada de Herodes
veja **Caçada Selvagem**

Caçada de Woden
veja **Caçada Selvagem**

Caçada Selvagem *Europeia*
também Caçada de Herodes, Caçada de Woden
Um grupo barulhento de fantasmas que cavalga pelo céu, acompanhado por um bando de cães.

Uma explicação das origens da Caçada Selvagem envolve o padre da Cornualha, Dando, que era um forte caçador. Encontrando todos os cantis de seu grupo vazios, ele disse que "iria para o inferno beber alguma coisa", e o Diabo, disfarçado de caçador, lhe deu um copo cheio, mas depois colocou Dando na frente dele em seu cavalo, que galopou com os dois. Quando atravessavam um riacho, a água começou a arder em chamas e o cavalo, os cavaleiros e os cães desapareceram para sempre.

Qualquer pessoa que veja a Caça Selvagem corre o risco de sofrer algum ferimento ou até mesmo morrer, mas tais resultados podem ser evitados pedindo ajuda aos cavaleiros.

Aqueles que zombavam dos espíritos poderiam ser levados para longe; os que se juntassem ao alarido poderiam ser recompensados com a perna de um cavalo jogada do céu que, milagrosamente, se transformaria em ouro no dia seguinte. O Caçador pressentiria a chegada de uma tempestade, uma praga, o início de uma guerra ou algum infortúnio semelhante. Em algumas ocasiões, um cão negro seria deixado para trás pela caça e isso só poderia ser exorcizado com a fabricação de cerveja em casca de ovo. Alguns dizem que a caça foi liderada pelo rei Artur, outros que ele estava perseguindo o criminoso Tregeagle. (*Veja também* **Cães Esplêndidos, Cães de Caça de Gabriel, Cães do Inferno**.)

Caçador da Meia-noite
veja **Caça às Bruxas**

Caçador de Monstros
veja **Nayenezgani**

cachorro
Este animal aparece em muitas mitologias, algumas das quais estão mencionadas abaixo:

(1) Uma história aborígene australiana diz como o cachorro Marindi lutou contra um lagarto primitivo e foi morto. Diz-se que o sangue do cão deixou as rochas vermelhas.
(2) Na América Central, diz-se que o cachorro maia Pek controla os raios.
(3) A tradição chinesa diz que que o imenso cão celestial, T'ien Kou, sob a forma de uma estrela cadente, está sempre tentando engolir o sol.
(4) No Egito, o cachorro era sagrado para Anúbis, e o cão funerário, Khenti Amentiu, era o rei do mundo inferior.
(5) Os inuítes falam de um cachorro místico, com oito patas, chamado Quiquern.
(6) Na tradição europeia, os franceses contam a história do cão de Aubry, um animal chamado Dragão, que perseguiu e matou o homem que havia assassinado seu dono.

Os cães que aparecem nas histórias de *Reynard, a Raposa*, se chamam Courtoys, Roonel e Wackerloo.

Os cães de caça de Gabriel aparecem com vários nomes diferentes em toda a Europa e são descritos como um bando de cães espectrais correndo pelo céu liderados por qualquer uma das muitas figuras famosas, como o rei Artur ou Carlos Magno, por exemplo. Frequentemente referem-se a eles como a Caçada Selvagem.

Isolda ganhou o cãozinho Petitcrieu de seu amado Tristão. Ele também tinha os cachorros Houdain e Leon.

Na Ilha de Man, diz-se que o castelo de Peel é assombrado pelo fantasmagórico Mauthe Doog.

Os Sete Dorminhocos, que dormiram em uma caverna por 200 anos, foram protegidos pelo cão Kratim (ou Katmir).

(7) Na mitologia grega, o cachorro era sagrado para os deuses Ares e Hermes. Outro, Lélape, era da deusa Europa, mas, mais tarde, foi passado a Céfalo, em seu casamento com Prócris. Dizia-se que ele apanhava qualquer coisa que perseguisse, mas encontrou seu par na Raposa de Têumesso, capaz de superar qualquer outro animal. Zeus resolveu o dilema transformando os dois animais em pedra.

O caçador Acteon tinha uma grande matilha de cães que o destroçou quando ele viu a deusa Ártemis se banhando.

Gerião, o gigante de corpo duplo morto por Hércules, teve dois cães, Gargittos e Orthrus, que guardavam seu grande rebanho.

No Hades, havia um cão chamado Laon e o cão de três cabeças, Cérbero, que guardavam a entrada.

Um fazendeiro ateniense, Icarius, tinha um cachorro chamado Maera que originalmente foi uma mulher, Hécuba, que tinha se transformado em uma cabra. Quando Icarius foi morto pelos pastores, Maera levou sua filha Erigone, uma deusa da colheita, para o túmulo.

Odisseu tinha um cachorro chamado Argos que esperou vinte anos pela volta de seu dono e, ao reconhecê-lo, morreu.

O gigante caçador, Orion, tinha vários cães, incluindo Archophonus, Ptoophagos e Sirius.

(8) Na tradição hindu, o deus da chuva, Indra, tinha uma cachorra chamado Sharama, que ele mesmo criou para encontrar as vacas que tinham sido roubadas. Quando a cadela foi subornada com leite pelos ladrões, ela relatou o fracasso e Indra foi forçado a realizar a busca pessoalmente.

No mundo inferior, dois cães de quatro olhos, Sabala e Syama, guardavam Kalichi, o palácio do deus Yama e cercavam as almas dos mortos para julgamento.

(9) Nas histórias irlandesas, o guerreiro Celtchair tinha um cachorro chamado Daolchu; Cuchulainn tinha Luath; Dermot O'Dyna, amante de Grania, era dono do cão Mac an Choill; Finn mac Cool tinha Adhnuall, Bran e Sceolan; Lugh, o deus sol, tinha um cachorro chamado Fail Innis que transformava água em vinho, pegava qualquer animal que perseguisse e vencia todos as lutas que travava; Mac Da Tho, rei de Leinster, tinha um cachorro famoso chamado Ossar e dois outros reis estavam em guerra para decidir quem ficaria com o animal; Mail Fothartaig, um herói de Leinster, tinha Daitlenn e Doilin.

Celtchair matou um cão feroz chamado Rato Marrom, que estava devastando o campo, ao colocar a mão na garganta do animal e arrancar-lhe o coração.

(10) No Japão, falam de Shippeitaro, um cão que esperava em uma jaula pelo monstro-gato que exigia anualmente o sacrifício de uma donzela, que ele comia, e segurava o monstro enquanto um cavaleiro o matava com sua espada.

(11) Na mitologia nórdica, o herói Frithiof tinha um cachorro chamado Bran e a deusa Hel tinha dois cães, Garm e Gurme, que guardavam o reino dela no mundo inferior.

(12) O trapaceiro Coyote, que aparece em várias histórias dos nativos americanos, tinha um cachorro chamado Rattlesnake.

(13) Nas ilhas do Pacífico, eles consideravam o cão Kimat como o controlador do raio e diziam que o monstro Ku assumia a forma de um cão enorme, mas podia assumir a forma de um homem se quisesse. Ele se transformou em um belo príncipe quando se apaixonou por uma donzela, mas, quando foi rejeitado pelo pai dela, retornou à forma canina e matou e comeu vários parentes do homem.

(14) Histórias escocesas se referem a um cachorro espectral, Cu Sith, que diziam ser verde e tão grande quanto um boi.

(15) Histórias galesas falam que dois cães, Aethlem e Aned, estavam envolvidos na caça de um javali enorme, Twrch Trwyth, e o perseguiram no mar. Um outro cão, Drudwyn, foi o líder da matilha que era composta em grande parte pelos descendentes de mais um cão, Gast Rymhi.

O rei das fadas, Gwynn ap Nudd, era o dono de cachorro chamado Dormath.

Llewellyn deixou o cão Gelert vigiando seu bebê e, quando voltou, não viu a criança e o cão estava cheio de sangue. Ele então matou o cão achando que o animal tinha matado a criança. Logo depois, encontrou-a viva ao lado do corpo de um lobo que Gelert tinha matado para proteger o menino.

Cadbury *Britânica*
Um local em Somerset, Inglaterra, onde, dizem, o rei Artur e seus homens dormiam. Alguns sugerem que era o lugar de Camelot.
Para outros locais sugeridos, *veja* ***Alderley Edge***.

Cadeira do Esquecimento *Grega*
Uma cadeira no mundo inferior. As almas recém-chegadas ao mundo inferior sentavam nessa cadeira para esquecer tudo sobre sua existência anterior. Teseu e Pirítoo ficaram presos na cadeira e,

embora Hércules tenha conseguido resgatar Teseu, Pirítoo foi condenado para sempre.

Cadmo *Grega*
também Kadmos

Um deus do sol e rei de Tebas. Dizia-se que ele havia fundado Tebas e introduzido o alfabeto.

Quando sua irmã, Europa, foi raptada por Zeus na forma de um touro, Cadmo passou algum tempo procurando por ela, mas desistiu, a conselho do Oráculo de Delfos, e construiu uma cidade, Tebas, no local onde a vaca que o orientaram a seguir parou para descansar.

Ele matou a serpente guardiã da nascente de Cristália e semeou os dentes dela para produzir uma safra de homens que lutaram entre si até que apenas cinco, os "homens semeados", sobreviveram e se tornaram servos de Cadmo, ajudando-o a construir a cidade de Tebas. Ele foi condenado por Atena a servir como escravo do deus da guerra, Ares, por oito anos por ter matado a serpente.

Anos mais tarde, ele conquistou a Ilíria e foi pai de um menino a quem deu o nome de Ilírio. Dizem que sua filha Agave lhe deu o trono, depois que ela matou o marido, o rei Licoterses.

No final de sua vida, Ares o transformou em uma serpente negra e o mandou para as Ilhas Afortunadas junto a esposam Harmonia, que também foi transformada.

Cador *Britânica*

Rei da Cornualha e Cavaleiro da Távola Redonda. Seu dever era vestir e armar o rei Artur antes das batalhas.

Ele salvou seu amigo Caradoc, que estava morrendo devido aos efeitos provocados por uma cobra sugadora de sangue presa ao braço dele pelo mago Eliaures, colocando sua irmã em um barril de leite e Caradoc em um barril de vinagre. Isso induziu a cobra a tentar ir de um barril para o outro, dando a Cador a chance de matá-la com sua espada.

caduceu *Romana*

O nome latino para o bastão do deus Mercúrio (Hermes). O símbolo sob a forma de um bastão com asas e serpentes entrelaçadas tem o poder da reconciliação. Originalmente, as serpentes eram fitas brancas.

O bastão foi dado a Hermes pelo deus Apolo em troca da lira de sete cordas que o jovem tinha feito a partir da carapaça de uma tartaruga.

Outras versões do mito fazem uma distinção entre o caduceu usado como cajado do arauto e o bastão com asas e serpentes.

Cães de Caça de Gabriel *Britânica*

A versão inglesa dos Cães do Inferno. Algumas versões dizem que eles eram gansos, tarambolas ou cisnes ou, alternativamente, as almas dos que morreram jovens e não batizados. Eles percorrem o céu ruidosamente à procura de almas. (*Veja também* **Caça Selvagem**.)

Cães de Dando *Britânica*

Uma versão da Caçada Selvagem. Esse fenômeno consiste em uma matilha de cães de caça que, segundo dizem, aparece em noites tempestuosas no sudoeste da Inglaterra, onde são conduzidos pelos pântanos pelo próprio Diabo.

Cães de Fogo *Coreana*

Animais que vivem em Gamag Nara, um dos céus, uma terra de quase escuridão. O rei desse reino envia os Cães de Fogo para capturar o sol ou a lua, para que ele possa ter luz em seu país. Eles sempre falham, mas, quando mordem o sol ou a lua, provocam um eclipse.

Cães do Inferno *Galesa*
Uma matilha de cães brancos com orelhas vermelhas, os cães de caça de Arawn, vindo do mundo inferior, caçando um cervo.

Cães Negros *Inglês*
também Cães do Inferno
Os espíritos de crianças não batizadas sob a forma de cães sem cabeça. (*Veja também* **Caça às Bruxas**.)

Caim *Europeia*
Um demônio, um dos 72 Espíritos de Salomão. Esse demônio, que aparece sob a forma de uma ave, pode ensinar qualquer língua, até mesmo a dos pássaros.

Calçada do Gigante, A *Britânica*
Uma formação natural de colunas de basalto que correm em direção ao mar a partir da costa nordeste da Irlanda. Dizia-se que essa "calçada" foi construída por gigantes para formar uma estrada de travessia para a Escócia. Outros dizem que ela foi construída por Finn mac Cool.

Calíope *Grega*
também Kalliope
Uma das nove Musas, a Musa da poesia épica; filha de Zeus e Mnemósine; mãe de Orfeu.
Ela julgou a disputa entre Afrodite e Perséfone pelos favores de Adônis, alocando casa terço de cada ano (*veja mais em* **Adônis**).

Calisto *Grega*
Uma ninfa.
O deus Zeus, tendo seduzido Calisto, transformou-a em um urso para enganar sua mulher, Hera, que, ciumenta como sempre, mandou que os cães de caça de Ártemis, a deusa caçadora, caçassem o urso. Outra versão diz que a própria Hera transformou Calisto em um urso.

Zeus a colocou nos céus como a Ursa Maior e seu filho, Arcas, como a Ursa Menor. Alguns dizem que ela foi morta por Arcas.

Calpe *Grega*
Uma das Colunas (ou Pilares) de Hércules, atualmente Rochedo de Gibraltar.
Em alguns relatos, este rochedo e Abyla, do lado oposto, eram originalmente uma montanha só. Hércules a dividiu em duas partes e as colocou no local onde estão hoje.

Cama Aventureira, A *Britânica*
também A Cama Perigosa
Uma cama no castelo Carbonek. Certos relatos dizem que Galahad dormiu nela e foi ferido por uma lança ardente, mas há outros que dizem foi nela que Lancelot passou uma noite desconfortável (*veja também* **Cama Maravilhosa**).

Cama Maravilhosa *Britânica*
Uma cama maravilhosa. Em uma das aventuras de Gawain, ele foi ao castelo para resgatar alguns prisioneiros e achou uma cama que se movia por vontade própria. Quando ele sentou sobre ela, a cama começou a dar voltas no quarto, ricocheteando nas paredes. (*Veja também* **Cama Aventureira**.)

Cama Perigosa, A
veja **Cama Aventureira, A**

Camaleão *Africana*
O animal que descobriu a humanidade.
Camaleão encontrou um homem e uma mulher em sua rede de pesca e, não reconhecendo essas novas espécies, mostrou-as ao deus Mukungu, que decretou que deveriam ser autorizados a viver e ser colocados na terra. As pessoas, naquela época imortais, se multiplicaram e os deuses, que então viviam na terra, retiraram-se para os céus, deixando com Camaleão uma mensagem para o povo

– eles morreriam, mas voltariam a viver. Eles deram ao lagarto uma mensagem diferente – os homens morreriam e não retornariam. O lagarto chegou primeiro com sua mensagem e, assim, as pessoas se tornaram mortais.

Camaralzaman *Persa*
Um príncipe de *As Mil e Uma Noites* na história *As Aventuras do Príncipe Camaralzaman e a Princesa Badoura*. Na história, nem Camaralzaman nem Badoura, filha do rei da China, queriam se casar até serem apresentados um ao outro por gênios.

Caminho das Aves *Báltica*
Na tradição lituana, o nome da Via Láctea, ao longo da qual os mortos viajam a Dausos, o reino da morte.

Caminho de Bil
veja **Caminho de Irmin**

Caminho de Irmin *Nórdica*
também Caminho de Bil
A Via Láctea. (*Veja também* **Bifrost**.)

Camisa de Néssus *Grega*
A veste enviada a Hércules por Dejanira.
Essa camisa, impregnada com o sangue envenenado do centauro Néssus, matou Hércules quando ele a vestiu.

Campo da Verdade *Grega*
O lar dos três juízes, Éaco, Minos e Radamanto, no mundo inferior.

Campo de Asfódelos *Grega*
Uma parte do mundo inferior onde as almas esperavam enquanto seu destino era determinado.

Campo de Ofertas Celestiais *Egípcia*
Uma parte do mundo inferior onde as ações dos mortos eram pesadas.

Canção dos Nibelungos, A *Germânica*
= *Nórdica* Thidrek Saga
Um poema épico do século XIII dos Eddas (poemas e prosa épicos nórdicos), a base do ciclo de óperas de Wagner.

Câncer *Grega*
Um caranguejo enorme. Quando Hércules lutou com a Hidra, Hera enviou essa criatura para ajudar o monstro. Ela mordeu os calcanhares de Hércules e pagou com a vida. O caranguejo foi mandado para os céus como a constelação de Câncer.

cão de caça marinho *Europeia*
Um monstro marinho, parte cachorro, parte peixe.

Caônia *veja* **Dodona**

Capacete da Invisibilidade[1] *Grega*
também Elmo de Hades
Um capacete pertencente a Hades. Esse capacete foi usado por Perseu quando ele matou a Górgona Medusa.
Em algumas versões, esse protetor de cabeça era um capuz feito de pele de cachorro que Perseu recebeu das Greias.

Capacete da Invisibilidade[2] *Nórdica*
também Capacete do Medo, Elmo Mágico
Um capacete mágico feito pelo anão, Mime; parte do tesouro entregue à força por Andvari, rei dos anões, ao deus Loki, para resgatar a si mesmo, Odin e Hoenir, que foram mantidos em cativeiro por Hreidmar, também um rei dos anões, pela morte de seu filho Otaro por Loki. Ele foi capturado por Fafnir, outro filho de Hreidmar, que o usou para se transformar em dragão.

Capacete de Hades
veja **Capacete da Invisibilidade**[1]

Capricórnio *Grega*
Um bode. Alguns dizem que Amalthea, a cabra que amamentou Zeus quando criança, foi colocada no céu como a constelação de Capricórnio. Outros dizem que Capricórnio era o deus Pã.

Caradoc Briefbras *Britânica*
Um Cavaleiro da Távola Redonda.
Ele nunca soube quem era seu pai até que foi à corte do rei Artur para ser

cavaleiro. Lá, um cavaleiro desconhecido desafiou o grupo para uma contenda de decapitação que só Caradoc aceitaria. Ele decapitou o estranho que recolocou sua cabeça e partiu. Um ano depois, no encontro de volta, o estranho poupou Caradoc e revelou que era seu pai, Eliaures.

Posteriormente, uma bruxa persuadiu Eliaures, que era mago, a fazer com que uma cobra se prendesse ao braço de Caradoc e sugasse seu sangue. Cador salvou a vida de seu amigo colocando sua irmã, Guimer, em um barril de leite e Caradoc em um barril de vinagre. Isso induziu a cobra a ir de um barril para o outro, dando a Cador a chance de matá-la com sua espada. Caradoc, mais tarde, casou-se com Guimer.

Caríbdis *Grega*
Uma ninfa do mar; filha de Poseidon e Gaia.

Ela era um monstro que vivia sob uma rocha, a "engolidora do mar", um turbilhão situado em frente à rocha de Scylla, que engolia e regurgitava o mar três vezes por dia.

Dizem que originalmente ela era uma donzela que foi jogada no mar por Zeus para roubar Hércules.

Caronte *Grega*
O barqueiro do Hades. Ele transporta o morto sobre o Rio Aqueronte (e/ou o Estige) para o Hades, mas levará apenas aqueles que estiverem com um óbolo nos lábios. Os que estiverem sem terão que esperar 100 anos, mas serão transportadas gratuitamente.

Carpideiras *veja* **Plêiades**

Carrefour *Caribenha*
também Maît'(re) Carrefour
Um deus da noite haitiano. Ele age à noite para abrir o portão que permite que os espíritos se apossem dos humanos.

Carregador da Terra *Norte-americana*
Na tradição dos seneca, a tartaruga que carrega o mundo nas costas.

Carregador do Sol *veja* **Tsenahale**

carriça *Nórdica*
Nas histórias nórdicas, a carriça era vista como a rainha das aves. Esse título foi dado à ave que pudesse voar o mais próximo do Sol. No concurso, a águia voou mais alto que qualquer outro pássaro, mas perdeu para a carriça que, astuciosamente, tinha montado nas costas da águia.

Em outra história, uma sereia que atraiu homens para a morte no mar e escapou da morte simplesmente se transformando em uma carriça. A ave voltava todo ano, era morta, mas no ano seguinte lá estava ela.

carruagem
Um veículo de duas rodas para transporte pessoal, geralmente puxada por cavalos, presente em várias mitologias como o transporte dos deuses.

Nas histórias gregas e romanas, as carruagens dos deuses eram puxadas por vários animais e aves:
Amphitrite – golfinhos e cavalos-marinhos
Afrodite – pombos, pardais ou cisnes
Apolo – cavalos
Ares – cavalos ou lobos
Ártemis – cervos
Atena – corujas
Ceres – serpentes
Cronos – elefantes
Cibele – leões
Deméter – serpentes
Dioniso – leopardos, linces ou tigres
Hélios – cavalos
Hefesto – cães

Hera – pavões
Hermes – lagartos, carneiros
   ou cegonhas
Medeia – dragões
Oceano – baleias
Pã – bodes
Plutão – cavalos
Poseidon – golfinhos
   ou cavalos-marinhos
Zeus – águias
Na mitologia nórdica, a carruagem de Frey era puxada por javalis, a de Freya por galos e a de Thor por bodes.

carvalho
(1) Na tradição celta, esta árvore era venerada pelos druidas.
(2) Na Grécia, era sagrada para Zeus; na Mesopotâmia, para Baal e na mitologia nórdica, para Thor.
(3) O carvalho era a árvore sagrada na tradição hebraica.
(4) Algumas tribos norte-americanas também consideram o carvalho sagrado.

Casa das Lanças *Centro-americana*
Parte do mundo inferior maia, Xibalba. Hunapu e Ixbalanqué passaram a noite aqui e exigiu-se que eles produzissem quatro vasos de flores, se lhes fosse permitido sobreviver. Eles fizeram isso com a ajuda de formigas depois de subjugar os demônios na sala.

Casa das Trevas *Centro-americana*
Parte do mundo inferior maia, Xibalba. Os heróis da cultura Hunhunapu e Vucub Hanapu passaram a noite aqui quando eles visitaram Xibalba e foram mortos. Hunapu e Ixbalanqué, que vieram para vingar suas mortes, também passaram uma noite aqui. Deram-lhes tochas e lhes disseram que seriam mortos se as tochas apagassem. Eles sobreviveram pintando chamas vermelhas para substituir o verdadeiro uns.

Casa do Frio *Centro-americana*
Parte do mundo inferior maia, Xibalba. Hunapu e Ixbalanqué passaram a noite aqui e conseguiram sobreviver.

Casa dos Morcegos *Centro-americana*
Parte do mundo inferior maia, Xibalba. Hunapu, deus da caça, e seu irmão Ixbalanqué passaram a noite aqui e a cabeça de Hunapu foi cortada por Camazotz, o deus morcego. (*Sobre isso e as entradas seguintes, veja* **Hunapu**.)

Casa dos Tigres *Centro-americana*
Parte do mundo inferior maia, Xibalba. Hunapu e Ixbalanqué passaram a noite aqui e conseguiram sobreviver atirando ossos aos animais ferozes que apareceram.

Cassandra *Grega*
Uma princesa de Troia, uma profetisa; filha do rei Príamo e sua esposa Hécuba.
   Ela havia recebido do deus Apolo o dom da profecia, mas, quando ela rejeitou seu amor, Apolo decretou que suas profecias nunca seriam acreditadas, mesmo quando verdadeiras.
   Outra história diz que a ambos, ela e seu irmão gêmeo Heleno, foram dados poderes proféticos ao serem lambidos nas orelhas por serpentes quando eram crianças.
   Ela aconselhou os troianos a não levarem o cavalo de madeira deixado pelos gregos na cidade, mas, como de costume, ela foi ignorada.
   Na queda de Troia, ela foi estuprada por Ájax, o Menor, no altar do Templo de Atena. E foi entregue a Agamenon como prêmio de guerra e lhe deu dois filhos, Pélops e Teledamus. Ela voltou à Grécia com Agamenon e lá predisse o derramamento de sangue e mais uma vez foi ignorada. Ela foi morta por

Clitemnestra e seu amante Egisto, junto com Agamenon e os filhos. Após sua morte, ela foi deificada.

Cassiopeia *Grega*
Uma deusa da noite; rainha da Etiópia; esposa de Cefeu; mãe de Andrômeda.

Ela se vangloriava de que a filha Andrômeda era mais bonita que qualquer deusa e foi punida por uma serpente marinha que devorou seu povo. Andrômeda foi oferecida em sacrifício, acorrentada a uma rocha no mar. E foi resgatada pelo herói Perseu que estava voltando com a cabeça cortada da Medusa e ele transformou Cassiopeia e Cefeu em pedra ao exibi-la. Ela e o marido foram colocados nos céus pelo deus do mar, Poseidon.

Castelo Carbonek *Britânica*
também Castelo do Graal

O lar do rei Pelles. Esse castelo, tido como invisível aos pecadores, foi construído por Josephus (filho de José de Arimateia) e Evelake (rei de Sarras) quando eles voltaram à Grã-Bretanha trazendo o Santo Graal que, então, foi abrigado no castelo.

Em algumas histórias Carbonek ficava na França; em outras, o castelo ficava na Inglaterra, mas se chamava Corbin ou Corby.

Foi aqui que Lancelot recebeu uma visão do Santo Graal, mas foi atingido e ficou inconsciente por vários dias.

Castelo da Luz *veja* **Palácio da Luz**

Castelo das Maravilhas *Galesa*
O lar do tio de Peredur. Foi aqui que Peredur viu o Santo Graal. É o equivalente à Fortaleza das Maravilhas na história de Percival.

Castelo de Richmond *Britânica*
Um castelo em Yorkshire, sob o qual, diz-se que o rei Artur e seus homens se encontram enterrados. Dizem que um homem chamado Thompson viu os cavaleiros adormecidos e que começaram a acordar quando ele tentou tirar da bainha uma espada que estava sobre uma mesa.

Para outros locais sugeridos, veja **Alderley Edge**.

Castelo do Graal
veja **Castelo Carbonek**

Castelo Eden *Britânica*
Um vilarejo no Condado de Durham, na Inglaterra. Diz-se que este foi, outrora, o local de uma das residências do rei Artur e mais tarde foi assombrado por seus cavaleiros sob a forma de galinhas.

Castelo Greenan *Britânica*
Um local na Escócia às vezes sugerido como o lugar de Camelot.

Castelo Terrível *Britânica*
Um castelo sombrio na tradição arturiana, sitiado pelo rei Royns, do norte do País de Gales. Em outros relatos, este foi o castelo onde Uther sitiou Gorlois quando ele invadiu a Cornualha para seduzir Igraine.

Castor[1] *Grega*
Patrono dos bardos e marinheiros; filho de Leda com Zeus ou Tyndareus; irmão de Helena e Polideuces (Pólux). Zeus visitou Leda na forma de um cisne e há várias versões da ascendência de seus filhos, dos quais Castor foi um e o gêmeo de Polideuces.

Castor foi um membro do grupo de caça do javali calidônio, viajou com os Argonautas e ensinou esgrima e táticas a Hércules.

Quando sua irmã Helena foi raptada por Pirítoo, rei dos lápitas, e Teseu, ele e seu irmão criaram um exército para invadir Aphidna onde ela foi mantida e a resgatou.

Em uma disputa por gado roubado, ou como resultado do rapto de Febe e Hilaeira, as noivas de Idas e Linceu, por Castor e seu irmão, ele estava esperando no oco de uma árvore quando foi morto por uma lança atirada por Idas. Após sua morte, ele e Polideuces passaram períodos alternados no Olimpo e no Hades, para que pudessem estar sempre juntos.

Ele foi deificado por Zeus e colocado nos céus com Polideuces, como Gêmeos (Gemini), Castor e Pólux.

Castor² *Norte-americana*
Um espírito que trouxe luz à Terra.

A Terra originalmente era escura porque Snoqalm, o deus da lua das tribos do noroeste, mantinha o sol em uma caixa. Quando a aranha teceu uma corda que uniu a Terra e o céu, o Castor subiu e roubou o sol que ele então colocou nos céus para iluminar a Terra.

Castor² *Norte-americana*
Na tradição dos algonquinos, um dos quatro animais que sobreviveram ao Dilúvio. Depois disso, ele, Vison e Lontra morreram na tentativa de encontrar terra a partir do qual Manabush poderia recriar o mundo (*veja mais em Manabush*) e quem obteve sucesso foi o Rato-almiscarado.

Cavaleiro da Carroça, Cavaleiro da Carruagem *veja* **Lancelot**
Cavaleiro Desejado *veja* **Galahad**
Cavaleiro do Cisne *veja* **Lohengrin**
Cavaleiro do Leão *veja* **Owain¹**
Cavaleiro Perfeito *veja* **Galahad**
Cavaleiro Verde *Britânica*
Um cavaleiro desconhecido. Ele chegou a Camelot sem ser anunciado, durante um Natal, vestido de verde, montado em um cavalo verde e desafiou os cavaleiros do rei Artur para um concurso de decapitação. Gawain aceitou o desafio e cortou a cabeça do intruso. O Cavaleiro Verde simplesmente o substituiu e cavalgou, renovando o desafio para um ano depois na Capela Verde. No caminho para esse encontro, Gawain foi distraído por Bercilak (que era o Cavaleiro Verde), cuja esposa tentou em vão seduzir Gawain duas vezes. Ele aceitou, no entanto, uma faixa verde da mulher. Na capela, o machado foi balançado três vezes – duas vezes refletindo a resistência de Gawain à tentação, ele parou perto de seu pescoço; o terceiro golpe causou apenas um ferimento leve, refletindo a faixa que ele aceitou. O homem que empunhava o machado revelou ser Bercilak, e o episódio todo foi um dos planos destrutivos da feiticeira Morgana.

Cavaleiro Vermelho *veja* **Gawain**
Cavaleiros da Batalha *Britânica*
Três famosos guerreiros da corte do rei Artur, Cador, Lancelot e Owain.

Cavaleiros da Távola Redonda *Britânica*
Os cavaleiros escolhidos da corte do rei Artur.

A Távola Redonda tinha lugar para 150 cavaleiros e 100 foram enviados por Leodegrance com a mesa como dote de Guinevere no seu casamento com Artur. Merlin, autorizado a procurar mais 50 cavaleiros, encontrou apenas 28 aptos à tarefa. Anualmente, cada cavaleiro fazia um juramento no qual prometia lutar apenas em causas justas, e não para ganho pessoal; proteger e respeitar as mulheres; e só usar a força quando necessário; a nunca cometer assassinatos ou traições e conceder misericórdia quando fosse solicitado.

Entre esses cavaleiros, os mais honrados foram Galahad, Gareth, Gawain, Kay, Lamerock, Lancelot, Mark, Mordred, Palamedes, Percival, Torre e Tristão. Outros incluídos foram Accolon, Bleoberis,

Bedivere, Bors, Dornar, Ector, Gaheris, Galahaut, Lionel, Marhaus, Owain, Pelleas, Pellimore, Sagramore e Vanoc.

cavalo
O cavalo figura em muitas mitologias.
(1) Na mitologia árabe, dizia-se que uma raça de cavalos verdes, Farasi Bahari, vivia no Oceano Índico e os cavalos criados a partir desses garanhões com éguas normais podiam correr para sempre porque não tinham pulmões e, portanto, nunca lhes faltava ar.
(2) Dizia-se que a égua babilônica Silili foi a progenitora de todos os cavalos do mundo.
(3) Em algumas histórias britânicas, o espírito de um cavalo, que assombra áreas pantanosas, é chamado de gytrash.
(4) No Egito, um cavalo que vive no mar, Sabgarifiya, era equivalente ao cavalo árabe Farasi Bahari.
(5) Na Malásia, os Farasul Bahri eram equivalentes aos árabes Farasi Bahari.
(6) Na Tailândia, o mítico rei Sison tinha um cavalo voador, Tipaka, que podia transportar seu cavaleiro instantaneamente para qualquer lugar do mundo.
(7) A tradição budista diz que o cavalo de Buda era chamado de Kantaka, e o de Avalokiteshvara, o deus da misericórdia, de Balaha.
(8) Na tradição hindu, o cavalo foi a sétima coisa a surgir da Agitação do Oceano.
O deus do sol Surya usava o cavalo Rohita para puxar sua carruagem.
(9) Na mitologia grega, um cavalo famoso, Pégaso, brotou do sangue da Górgona Medusa, morta por Perseu e, mais tarde, foi usado por Belerofonte quando ele atacou e matou o monstro chamado Quimera. Os cavalos de Aquiles eram chamados de Balios e Xanthos. O cavalo de Alexandre, o Grande, era Bucéfalo.

(10) Na mitologia nórdica, o cavalo de Odin, Sleipmir, tinha oito pernas.
(11) O rei Artur tinham corcéis que se chamavam Dun Stallion, Lamri, Passelande e Spumador.
(12) Nas histórias carolíngias, o cavalo de Carlos Magno era chamado de Blanchard, o de Oliver era Ferrant d'Espagne, e os nomes dos cavalos de Rolando/Orlando eram Brigliadoro e Veillantif/Vegliantino.
(13) Nas histórias sérvias, o herói Momtchilo tinha um cavalo voador chamado Yaboutchilo.
(14) Outras histórias europeias incluem os cavalos Brazen de Cambuscan, que tinha um alfinete em uma orelha, que lhe permitia aceitar instruções do cavaleiro, como para onde ele queria ir; Clavileno, um cavalo de madeira, controlado por um espigão saliente na cabeça que, da mesma forma, poderia levar o cavaleiro aonde ele desejasse ir; e Rocinante, o cavalo alquebrado de Dom Quixote.
Diz-se que deusa Epona, como sua contraparte Rhiannon, cavalgava uma Égua Branca.

Caverswall *Britânica*
Um castelo em Staffordshire, um dos lugares onde, dizem, ficava a corte do rei Artur.

cegonha
(1) Ave sagrada na Suécia.
(2) Na mitologia grega, uma ave sagrada para Hera.

Centzon Totochtin *Centro-americana*
"Quatrocentos Coelhos"
Um grupo dos deuses astecas da intoxicação. Os deuses da intoxicação

eram adorados como coelhos, cujo número indicava o grau de embriaguez. O estado de total embriaguez era representado por quatrocentos coelhos. Eles foram retratados com rostos pintados de vermelho e preto, usando o yaca-metztli, um ornamento de nariz em forma de lua crescente e brincos longos, e carregando um escudo.

Cérbero — *Grega*

O cão guardião dos portões do Hades.

Esse monstro, que tinha três cabeças (leão, lince e porco) e cauda de dragão, babava a saliva pelas mandíbulas e onde ela caía, crescia o acônito, uma planta venenosa. Histórias anteriores lhe dão até cinquenta ou cem cabeças.

Os mortos receberam um bolo de mel para dar a Cérbero quando chegaram aos portões do Hades para garantir que pudessem entrar sem ser molestados.

Hércules capturou o monstro e o levou de volta a Micenas como seu Décimo Segundo e último Trabalho. Mais tarde foi devolvido ao Hades.

cereja
(1) Na mitologia grega, a árvore de Apolo.
(2) No Japão, acredita-se que a cerejeira tem um espírito individual.

Ceres — *Romana*

= *Grega* Deméter

Deusa da agricultura e do milho; filha de Saturno e Ops; uma consorte de Júpiter; mãe de Prosérpina.

cervo[1]
(1) Alguns budistas acreditam que o Buda nasceu sob a forma de um cervo.
(2) Na China, o cervo é um símbolo da longevidade e diz-se que é o único animal que pode achar o fungo que confere imortalidade. Ele se torna azul aos 1.000 anos de idade, branco aos 1.500 e preto aos 2.000. Qualquer pessoa que comer a carne desse animal viverá até a mesma idade.
(3) Os gregos consideram o cervo sagrado para Afrodite, Apolo, Ártemis, Atena e Hércules.
(4) Na tradição irlandesa, Oisin, filho de Finn mac Cool e rei da Terra da Juventude, nasceu da mulher mortal Saba que, então, estava sob a forma de um cervo, e ele mesmo teria sido um cervo se ela o tivesse lambido ao nascer, como uma cerva faria.
(5) No Japão, o cervo é associado a Jurojin, o deus da longevidade.
(6) No México, o cervo marrom representa o deus do norte e a seca, e o cervo branco, o deus do oriente e a chuva.

cervo[2]
(1) Na Grécia, o cervo era visto como o animal de Diana.
(2) O japonês vê o cervo como o animal de Jurojin.
(3) Na tradição mesopotâmica, o cervo era o símbolo da fertilidade.
(4) Na mitologia nórdica, quatro cervos – Dain, Dvalin, Duneyr e Durathor – pastavam sob os galhos da árvore do mundo, Yggdrasil.
(5) Nas histórias galesas, o cervo-vermelho de Redynvre é um dos animais consultados por Culhwch na questão sobre a mão de Olwen.

Cervo Kachina Cloud — *Norte-americana*

Um deus com chifres dos hopi.

céu
A maioria das culturas contempla alguma forma de céu.

Africana
Os bambaras consideram que o céu foi criado pelo deus da água Faro e é dividido em sete partes:
1. Kaba Noro, o lar de Faro
2. Kaba dye, o lar das almas dos mortos
3. Kaba fii, o lar dos espíritos
4. A sala da contabilização de Faro
5. Céu Vermelho, a sala de julgamento
6. Sleep Heaven, a loja de segredos
7. O depósito de chuva de Faro

Australiana
O paraíso dos aborígenes é chamado de wathi-whati. A estrada que leva até lá se bifurca: o caminho à direita é limpo e convidativo, mas é o lar dos maus espíritos, enquanto que o caminho à esquerda, embora sujo, é o reino dos bons espíritos.

Budista
O lugar onde Buda e os bodhisattvas esperam é conhecido como o paraíso Tushita (Maya) e tem treze camadas. A mais alta delas é conhecida como Paranirmita-Vasavarten.

No budismo mahayana, um paraíso para aqueles a caminho do esclarecimento, conhecido como a Terra Pura (Jodo) e equiparado ao Nirvana do budismo hinayana.

O céu reservado aos budas do passado é conhecido como Kshetra, o céu de Amitabha é conhecido como Sukhavati e um futuro céu é chamado de Grdhakuta.

No Camboja, diz-se que há 26 paraísos, o mais dos quais é conhecido como Nirpean.

Centro-americana
Os astecas concebiam três céus dos quais Tlalocan, casa do deus da chuva Tlaloc, era o mais baixo; Tlillan-Tlallapan era o do meio e Tonatiuhican, o lar do deus do sol Tonatiuh, o mais alto. Outras histórias dizem que lá havia treze céus, o mais alto dos quais foi chamado de Zivena Vitzcatl. Na crença posterior, o céu era como uma escada com vários degraus: no superior vivia o deus Ometeotl. Outros degraus, em ordem decrescente, foram ocupados por crianças inocentes, tempestades, noite e dia, estrelas cadentes, aves e Vênus, o sol e os 400 filhos beligerantes da deusa Coatlicue, a Via Láctea, a lua.

Egípcia
O paraíso de Osíris, Aalu, fica longe, a oeste, e só podia ser alcançado viajando no barco de Rá depois de ser julgado por Osíris no mundo inferior.

Eslava
O paraíso dos eslavos ocidentais é conhecido como Rai, o dos eslavos orientais, como Svarog.

Hindu
Cada deus tem seu próprio céu e Brahma vive no céu mais alto, Brahmaloka, a quase 353 mil metros acima da terra.

O céu governado por Vishnu é chamado de Vaikuntha; o de Indra é Svarga; o de Krishna é Go-loka; o de Shiva é Kailasa; o da deusa Shanti é chamado de Shanti-Niketa e o paraíso para os mortos não-cremados é conhecido como Terra dos Pitris.

Ilhas do Pacífico
Burotu, o paraíso fidjiano, é considerado uma terra de alegria perpétua, onde o bem pode descansar.

O paraíso havaiano é Paliuli.

O paraíso polinésio é multicamadas, sendo os reinos mais altos Putahi-nui-o-Rahua. O décimo céu é Rangi-Tuarea.

Irlandesa
Os irlandeses visualizam um paraíso terrestre na forma da ilha, Emain Ablach, o Paraíso Ocidental.

> **Mesopotâmica**
> O céu era visto como um parque de diversões dos deuses e era chamado de Anduruna ou, na lenda suméria, Eridu.
> **Nórdica**
> O céu para o qual são conduzidos os guerreiros mortos é conhecido como Valhala.
> **Norte-americana**
> As tribos indígenas nativas acreditam na Feliz Área de Caça onde a caça é abundante.
> **Persa**
> O céu é uma região de quatro cantos conhecida como Varena.
> **Taoísta**
> O paraíso insular onde todos os habitantes são imortais é chamado de Ying-chou. Diz-se que há 108 reinos no paraíso, um dos quais, chamado P'eng-lai, é o lar dos Oito Imortais.
> Alternativamente, diz-se que são 36 céus, dos quais o mais alto é o Ta-lo.
> O céu imperial é conhecido como Huang-t'ien.
> **Xintoísta**
> O céu é a Terra Eterna, Taka-no-Hara, lar dos deuses, para a qual o mikado pode subir ao morrer e a terra paradisíaca dos espíritos é Tokoyo-no-kuni.

Céu Pai *veja* **Pai Céu¹**

Ch'ang-sheng-t'u Ti *Chinesa*
também Deus do Lugar da Vida Longa
Um deus do lar, responsável pelo registro de nascimentos e mortes da família.

ch'ao ching *Chinesa*
Dragões semelhantes a leões.

ch'ao feng *Chinesa*
Um dragão que amava o perigo.

ch'i-lin *Chinesa*
também kylin;
= *Japonesa* kirin; *Tibetana* Serou
Um monstro, parte cervo, parte raposo, com um único chifre; um dos Quatro Animais Auspiciosos; chefe dos animais peludos; governante do oeste e do outono.
Este animal era o símbolo de Kaoyao, juiz do mundo inferior. Dizia-se que ele surgiu do Rio Amarelo no nascimento de Confúcio, mas ele nunca mais foi visto desde que a humanidade se tornou corrupta. Diz-se que ele exibe cinco cores (preto, azul, vermelho, branco e amarelo) e tem uma voz que soa como sinos de campanário. Em alguns relatos, ele tem o corpo escamoso e dois chifres curvados para trás e pode viver até mil anos.
Em outros relatos, como um cavalo-dragão, ele é descrito como um espírito de água que pode andar sobre a água. Outros o veem como um tigre branco. O macho é ch'i, e a fêmea, lin.

Ch'in-shih Huang Ti *veja* **Huang Ti**

Ch'ing Lung *Chinesa*
também Dragão Azul
Um dos Quatro Animais Auspiciosos, cabeça dos animais escamosos. Guardião do leste, controlador da chuva da primavera.

Chac *Centro-americana*
= *Asteca* Tlaloc
O deus maia da fertilidade e da chuva, retratado com grandes presas curvas e o nariz de uma anta.
Chac, às vezes, se manifesta como um dos Bacabs, os quatro deuses que sustentam o mundo, um em cada quadrante.
Em versões posteriores, havia muitos Chacs, deuses da chuva, abaixo do próprio Chac. Mais tarde, estes foram rebaixados a homenzinhos barbados, vivendo no sexto céu, que se dizia que provocavam estrelas cadentes quando jogavam fora suas pontas de cigarro. Diziam também que eles faziam chover quando cavalgavam pelos céus respingando água.

Chacoppe *Norte-americana*
também Pena Branca
Um gigante assassino sioux. Sua tribo havia sido morta por seis gigantes e ele estava destino a ser pena Branca, o vingador. O Homem de Madeira (um ser com cabeça humana, mas corpo de madeira esculpida) deu a ele um cachimbo, cuja fumaça transformava em pombos, uma videira invisível e uma pena branca. Ele disputou uma corrida contra cinco dos gigantes em dias consecutivos e venceu ao derrotar o oponente com a videira, matando-o como o perdedor. O sexto gigante assumiu a forma de uma donzela para enganar Chacopee e o transformou em um cachorro pegando a pena branca e usando-a em seu cabelo. Quando o gigante se casou com a filha de um chefe, sua irmã levou o cachorro. Em uma reunião de sua tribo para decidir quem era o verdadeiro dono da pena branca, Chacopee, sozinho, podia produzir bandos de pombos quando fumava o cachimbo, provando assim o seu direito. Ele então retomou sua forma humana enquanto o gigante, transformado em um cão, foi morto.

Chalmecaciuatl *Centro-americana*
Um paraíso para crianças mortas. Uma árvore que crescia nesse lugar fornecia leite para alimentar os habitantes.
Em alguns relatos, era a casa de Tlaloc, chamada de Tlalocan.

Chamer *Centro-americana*
O deus maia da morte. Ele é retratado como um esqueleto de veste branca com uma foice.

Chamiabak *Centro-americana*
Na tradição maia, um dos governantes de Xibalba, o mundo inferior.

Chamiaholom *Centro-americana*
Na tradição maia, um dos governantes de Xibalba, o mundo inferior.

Chamos *Mesopotâmica*
Um deus da guerra moabita e deus do trovão. Ele é mencionado várias vezes na Bíblia.

Chang Kuo-lao (Zhang Guolao) *Chinesa*
Um asceta itinerante dos séculos VII a VIII, um dos Oito Imortais.
Dizia-se que ele tinha o poder de se tornar invisível e, montado ao contrário, viajar no lombo de uma mula, que ele dobrava e colocava no bolso e depois, aspergindo água, a restaurava à forma normal.
Ele foi chamado à corte do imperador, mas caiu morto no caminho só para ser trazido de volta à vida.
Quando sua identidade como morcego branco foi revelada por um homem chamado Fa-shan, este último caiu morto, mas voltou à vida quando Chang Kuo-lao respingou água em seu corpo.

Chang Tao-ling (Zhang Daoling) *Chinesa*
Um imortal taoísta, fundador de uma forma mágica do taoísmo; um deus da vida após a morte. Diz-se que ele se tornou imortal conquistando cinco animais venenosos (centopeia, escorpião, cobra, aranha e sapo) e bebendo o elixir que ele produziu com o veneno deles quando já tinha mais de 60 anos e subiu ao céu com 123 anos de idade.
Ele fez cobranças exageradas para aconselhar as pessoas a curar doenças enquanto imersas em um lago e ficou conhecido como o Ladrão de Arroz.
Dizia-se que ele podia se dividir em partes de modo a estar presente em vários locais ao mesmo tempo. Em uma ocasião, ele esticou os braços por cerca de nove metros para resgatar um discípulo preso na borda de um penhasco.

Dizia-se também que ele controlava todos os demônios e espíritos taoístas e tinha uma espada que podia matar demônios a milhares de quilômetros de distância.
Ele é retratado cavalgando um tigre.

Chantico[1] *Centro-americana*
Uma deusa asteca do braseiro e dos vulcões.

Chantico[2] *Sul-americana*
Uma deusa inca do lar. Dizia-se que ela era feita de ouro e usava uma coroa de cactos venenosos.

Chaob *Centro-americana*
Os quatro deuses maias do vento. Um deus controla os ventos de cada um dos pontos cardeais e diz-se que eles eventualmente provocam tempestades que destruirão o mundo.

Charun *Romana*
= *Grega* Caronte
Um deus da morte etrusco. Dizia-se que ele acompanhava Marte ao campo de batalhas e concluía a morte dos agonizantes com um golpe de seu martelo.

Cheeroonar *Australiana*
Um monstro com o corpo de um homem e a cabeça de um cachorro.
Este ser, que tinha braços tão longos que eles arrastavam no chão enquanto ele andava, caçou e matou humanos por comida, acompanhando sua esposa e uma matilhas de seis cachorros enormes. Todos foram mortos por homens da tribo que ele atacou quando eles procuravam a ajuda dos Irmãos Winjarning.

Chemosit *veja* **Urso Nandi**

Chernobog *Eslava*
A força do mal em oposição a Belobog.

Chi Kung *Chinesa*
Um monge do século XII; um dos Dezoito Lohan.

Ele era um tanto excêntrico e também conhecido como o Curandeiro Louco, usando magia para curar doenças etc.

Chicchan *Centro-americana*
Deuses maias da chuva. Essas quatro divindades, concebidas como répteis gigantes, vivem em lagos profundos, uma em cada ponto cardeal. Elas formam nuvens a partir das quais outros deuses provocam a chuva.

Chicomoztoc *Centro-americana*
também Lugar das Sete Cavernas
O refúgio de onde o povo asteca surgiu.

Chicunamictlan *Centro-americana*
A última das nove regiões do mundo inferior asteca, Mictlan.
Alguns dizem que a alma precisa passar quatro anos nas outras regiões do Mictlan antes de chegar a este lugar de descanso final.

Chicunauhapan *Centro-americana*
Um dos nove rios do mundo inferior asteca, Mictlan.
Quando um homem morria, seu cachorro era morto e enterrado com ele. Dizia-se que esse animal levava a alma de seu dono pelos rios do mundo inferior.

Chifre em Pé *Norte-americana*
Um médico cheyenne. Quando sua tribo estava morrendo de fome em consequência da seca, Chifre em Pé ordenou que a esposa do chefe o acompanhasse e eles partiram para buscar ajuda. Depois de muitos dias, eles chegaram às montanhas e entraram em uma caverna onde, durante quatro dias, o deus criador Maheo e o Grande Trovão Estrondoso lhes deram instruções sobre a arte da dança na medicina. Quando o casal voltou para a tribo, os homens construíram um alojamento para os remédios e dançaram em volta como

Chifre em Pé os instruiu. Logo vieram as chuvas e os búfalos voltaram.

Childe Rowland *veja* **Rolando**[1]

Chin Lung *Chinesa*
também Dragão Dourado
Um dos Quatro Reis Dragões.

Chinigchinich *Norte-americana*
Uma divindade suprema das tribos da Califórnia. Ele criou o primeiro homem, Ouiot.

No funeral de Ouiot, o trapaceiro Coyote arrancou um pedaço do corpo e fugiu. Parte da pele caiu no chão e ali Chinigchinich apareceu para os médicos e lhes deu poderes sobrenaturais para o benefício dos homens que ele então criou a partir do barro. Esses seres substituíram a raça anterior criada por Ouiot, todos eles transformados por Chinigchinich em animais, aves e plantas.

Chu Pa-chieh *Chinesa*
também Pig Fairy, Pigsy
Um deus parecido com um porco. Ele controlava o movimento na Via Láctea, que era considerada um rio, mas foi banido para a terra como um porco quando aborreceu o Imperador de Jade depois de ficar bêbado.

Tornou-se devoto de Buda quando conheceu a deusa Kuan Yin e foi à Índia com Hsüan Tsang, quando ele fez uma longa para trazer as escrituras budistas para a China.

Chuan Hsü *Chinesa*
Um dos Cinco Imperadores.
O mundo estava em um estado caótico quando ele assumiu o trono como o segundo dos Cinco Imperadores e se propôs a corrigir as coisas, dando a seu filho Chung autoridade sobre o reino celestial, e a seu outro filho, Li, autoridade sobre os mortais.

Em alguns relatos, ele é equiparado a Shun, o quinto imperador, enquanto em outros Chung e Li são seus netos.

Chukwa *Hindu*
A tartaruga carregando o elefante Mahapadma, que carrega a terra.

Cibele *Frígia*
também Grande Mãe
= *Grega* Deméter, Reia; *Romana* Bona Dea, Ceres, Magna Mater, Ops; *Suméria* Inanna; *Síria* Kubaba

Uma deusa mãe Frígia e deusa da terra.

Originalmente, dizia-se que ela era hermafrodita (Agdistis), um ser nascido da terra onde caiu o esperma de Zeus. Os deuses castraram esse ser que se tornou a deusa Cibele, enquanto o membro cortado cresceu até se tornar uma amendoeira, cujo fruto impregnou a deusa mãe Nana para gerar Attis. O menino foi abandonado, mas pastores o salvaram e ele cresceu e se tornou amante de Cibele. Quando Attis se apaixonou por uma ninfa, Sagaritis, Cibele o enlouqueceu para que eles mesmo se castrasse e morresse. Os gregos dizem que ela foi estuprada por Zeus e deu à luz Agdistis.

Em outra versão, Cibele era filha de Meion (ou Maeon), rei da Frígia, e Dindyme, abandonada e amamentada por leopardos. Nessa versão, Meion matou Attis e o bebê que ele tinha tido com Cibele, mas Cibele trouxe Attis de volta à vida.

Seu culto foi trazido de volta à Grécia pelos homens que voltaram da Guerra de Troia e, mais tarde, foi adotado pelos romanos que instituíram um festival em sua honra, no qual se realizou a autocastração. Ritos posteriores incluíram o banho de sangue dos animais sacrificados, o taurobolium. Diz-se que ela teve que interferir quando Eneias foi atacado por Turnos e o impediu de incendiar a frota troiana, fazendo com que os navios se transformassem em ninfas.

Ciclopes *Grega*
Uma raça de gigantes de um olho só, descendentes de Urano e Gaia ou de Poseidon e Anfitrite.

Os ciclopes se rebelaram contra Urano e foram banidos para o Tártaro, mas foram libertados por Cronos quando ele depôs Urano. Cronos os trancou no Tártaro mais uma vez, mas Zeus os libertou para ajudá-lo em sua batalha com os deuses mais velhos.

Eles deram a Zeus sua arma favorita, o raio; a Hades o capacete da invisibilidade; e a Poseidon o tridente; e fizeram um arco de prata para Ártemis. Outros grupos de Ciclopes construíram as muralhas de Tirinto e Micenas.

Os três primeiros ciclopes, Arges, Brontes e Steropes, foram mortos por Apolo para vingar a morte de Asclépio, e seus espíritos habitam o Etna.

Cicno *Grega*
Filho do deus da guerra Ares, Cicno desafiava todos os que chegavam para um duelo de carruagens, cortando as cabeças dos perdedores e usando os crânios para construir um templo para Ares. Quando desafiou Hércules, foi derrotado e morto.

Cihuacoatl *Centro-americana*
também Mulher Serpente
Uma deusa mãe asteca, deusa do parto.

Ela é representada como uma mulher cobra e, às vezes, dividia-se em outras divindades, como Coatlicue, Ilamatecuhtli, Itzpapalotl, Temazcalteci e Tonantzin.

Em alguns aspectos, ela era um ser malévolo, pregando a desgraça, mas, em um papel mais benéfico, credita-se a ela a invenção da enxada.

Ela é retratada com o rosto metade vermelho, metade preto, e usando um adorno emplumado na cabeça.

Cihuacoatl-Quilaztli *Centro-americana*
Uma deusa criadora asteca que fez seres humanos com ossos moídos e misturados com o sangue dos deuses.

Cihuateteo *Centro-americana*
também Mulher Honrada
Na tradição asteca, espíritos de mulheres que morriam no parto. Diz-se que esses espíritos vivem em Tamoanchan (parte do mundo inferior) e, em alguns relatos, eram equiparados a Tzitzimime (espíritos estelares malévolos).

Diz-se também que eles podem aparecer sob a forma de mulheres ou de águias.

Eles eram retratados com faces brancas com sobrancelhas douradas e os braços embranquecidos com um pó chamado tisatl.

Cimeries *Europeia*
Um demônio, um marquês do inferno; um dos 72 Espíritos de Salomão. Ele é retratado sobre um cavalo preto e diz-se que ensina literatura.

Cin-am-ev *Norte-americana*
Um herói da cultura da tribo Ute; um lobo malandro.

Cinco Imperadores *Chinesa*
Deuses criadores. São eles: Chuan Hsü, Huang Ti, K'u, Shun e Yao e eles, com os Três soberanos, criaram o universo.

Cinco Irmãs *Norte-americana*
Seres primordiais na tradição das tribos da Colúmbia Britânica. Essas irmãs do deus criador, o Velho, foram criadas a partir de pelos tirados da barba dele. Três delas se tornaram a terra, o mar e o céu, e as outras, progenitoras da raça humana.

Cinco Montanhas Sagradas
veja **Wu Yüeh**

Cinco Sóis *Centro-americana*
Na mitologia asteca, os intervalos no desenvolvimento do mundo.

O primeiro período, que durou 676 anos, foi governado por Tezcatlipoca que foi substituído por Quetzalcoatl, que comandou o Segundo Sol. O Terceiro Sol foi o período do domínio de Tlaloc, que terminou quando a Terra foi destruída pelo fogo. O quarto período, governado por Chalchihuitlicue, encerrado com um dilúvio mundial. O Sol atual, o Quinto, comandado por Nanautzin, terminará quando o mundo for destruído por terremotos. (*Veja também* ***Primeiro Sol, Segundo Sol, Terceiro Sol, Quarto Sol, Quinto Sol.***)

Cinturão de Hipólita *Grega*
Uma cinturão dada a Hipólita por seu pai, o deus da guerra Ares. Esse cinto foi capturado por Hércules em seu nono Trabalho.

Circe *Grega*
Uma deusa ou uma feiticeira.

Circe matou o marido e foi exilada na Ilha Eana. Ela se apaixonou pelo pescador Glauco, mas ele preferiu a ninfa Sila. Circe então transformou Sila em um monstro.

Ela transformava todos os homens que se aproximavam em animais e alguns tripulantes do navio de Odisseu viraram porcos, mas ela se apaixonou pelo próprio Odisseu e fez com que os outros homens voltassem à sua forma. Dizem que ela teve seus três filhos com Odisseu, embora a ascendência do filho Latino tenha sido disputada.

Quando Picus rejeitou seu amor, ela o transformou em um pica-pau.

Ela purificou Jasão e Medeia da morte de Apsyrtus.

cisne
(1) Na mitologia grega, o cisne é sagrado para Apolo, cuja alma, dizia-se, morava nele.

O próprio Zeus assumiu a forma de um cisne para seduzir Leda.

(2) Na história alemã de *Lohengrin, o Cavaleiro do Cisne*, o herói viajou em um barco puxado por cisnes e, ao resgatar Elsa, fez com que seu irmão, Godfrey, que havia sido transformado em um cisne, voltasse à sua forma.

Em uma outra história do Cavaleiro do Cisne, os seis filhos de Oriant e Beatrix foram transformados em cisnes. A sétima criança, o menino Elias, escapou e apareceu mais tarde como o Cavaleiro do Cisne para resgatar sua mãe da fogueira e, naquele momento, as outras seis crianças recuperaram sua forma humana.

(3) Na tradição Hindu, a ave é sagrada para Brahma e é considerada a ave que põe o ovo cósmico.

(4) Na lenda irlandesa *Os Filhos de Lir*, seus três filhos e uma filha foram transformados em cisnes pela segunda esposa de Lir e forçados a passar três períodos, de 300 anos cada um, nessa forma.

(5) As lendas nórdicas têm as Valquírias aparecendo sob a forma de cisnes e, em outra história, três cisnes-donzelas voaram para a Terra para tomar banho e não puderam voltar ao céu quando Slagfinn e seus dois irmãos se apoderaram das asas que as meninas tinham deixado na margem enquanto se banhavam.

(6) Na crença sérvia, as vilas (espíritos aquáticos) às vezes aparecem como cisnes.

cisne-donzela *Nórdica*
Uma valquíria; uma garota que podia se transformar em um cisne.

Cizin *Centro-americana*
Um deus maia da morte. Diz-se que queimava as almas dos mortos em Metnal, o lar dos mortos, e, em alguns relatos, é equiparado a Ah Puch.
Ele é retratado como um esqueleto pintado de preto e amarelo.

Clear Sky *Norte-americana*
Ela brigou com a segunda esposa de Kulshan, seu marido, e partiu para montar sua própria casa bem ao sul. Mais tarde, ela foi transformada no que hoje é conhecido como Monte Rainier.

Clio *Grega*
Uma das nove Musas, a Musa da poesia heroica e da história.
Quando ela riu de Afrodite por amar o mortal Adônis, a deusa a fez se apaixonar por Pierus e dar à luz Jacinto.

Clitemnestra *Grega*
Uma deusa do amanhecer; esposa do rei Agamenon, mãe de Crisótemis, Electra, Ifigênia e Orestes. Em algumas versões, ela é filha de Leda e Zeus que, sob a forma de um cisne, seduziu Leda.
Originalmente ela era esposa de Tântalo, rei de Pisa, mas, quando Agamenon o derrotou, ele tomou posse de sua esposa Clitemnestra.
Enquanto Agamenon estava fora de Troia, ela foi seduzida por Egisto, que buscava se vingar de Agamenon pelo assassinato de seu irmão, Tântalo. Quando Agamenon voltou, trazendo com ele a princesa de Troia, Cassandra, e os gêmeos que ela havia lhe dado, os dois amantes mataram todos eles. Agamenon ficou preso no banho, onde Egisto o atacou com uma espada e Clitemnestra lhe cortou a cabeça com um machado. Mais tarde, quando Orestes voltou para vingar a morte de seu pai, ele matou Egisto e cortou a cabeça de Clitemnestra.
Outra versão desta história diz que Clitemnestra matou Agamenon para vingar a morte da filha deles, Ifigênia, que foi sacrificada pelo pai para garantir ventos favoráveis em sua viagem para atacar Troia.

Cloacina *Romana*
Deusa dos esgotos; um nome para Vênus como "purificadora".

Closed Man *Norte-americana*
O primeiro homem na tradição dos pawnee.
Ele recebeu fardos sagrados com todas as variedades de grãos.

Clotho *Grega*
Uma das três Moiras (Destinos), a que segurava o fuso e tecia o fio da vida.

Cloud-carrier *Norte-americana*
Um jovem algonquino que foi levado aos céus por Nemissa e se casou com ela. Apesar dos prazeres da terra do povo das estrelas, ele desejou muito voltar para o seu povo e foi autorizado com a condição de que não se casasse com ninguém de sua espécie. Ele logo se esqueceu da promessa e se casou com uma donzela terrestre, mas ela morreu poucos dias depois. Quando se casou novamente, ele desapareceu da terra, chamado por Nemissa, e nunca mais voltou.

Coatlicue *Centro-americana*
também Manto de Serpente, Saia de Serpente
A deusa da terra asteca, deusa da lua, deusa mãe, serpente da terra.
Ela foi fecundada com uma bola de penugens ou penas que caíram em seu colo e seu 400 (ou 4 mil) filhos planejaram matá-la para prevenir o nascimento, mas seu irmão Huitzilopochtli (Quetzalcoatl, em algumas

versões), nasceu totalmente armado e matou várias das crianças rebeldes.

Outra versão conta que uma viúva, La, ficou grávida da mesma maneira e foi salva por seu filho, Huitzilopochtli.

Coatlicue é representada como uma divindade terrível, com cobras ao redor de sua cintura, corações humanos formando colares e com garras nas mãos e nos pés, que come os corpos dos mortos.

cobra

Este réptil aparece em várias mitologias, frequentemente com o nome de serpente.

(1) Na tradição africana, a cobra geralmente é representada com a cauda na boca como um símbolo da eternidade. (*Veja também* **ouroboros**.)

(2) Nas Índias Orientais dizem que a menstruação da mulher é produzida por uma cobra no interior do corpo dela e que os bebês são gerados no corpo da cobra.

Os Dayaks acreditam que seus ancestrais estão reencarnados como cobras e, por isso, recusam-se a matá-las.

Em Sumatra, Naga Pahoda aparece como uma serpente nas águas primordiais.

Algumas tribos acreditam que, se uma cobra entra em uma casa, a pessoa que a vê será a primeira a morrer.

(3) Na tradição Hindu, a cobra (naja) é um animal sagrado. Diz-se que ela assume várias formas e é descrita como tendo um umbigo na testa. Alguns dizem que as najas podem se acasalar com os humanos.

(4) Na tradição muçulmana, um espírito maligno, sob a forma de uma cobra, vive dentro do corpo de uma mulher.

(5) As histórias nórdicas incluem as cobras Ofrir e Svafnir, que roíam continuamente os galhos da árvore do mundo, Yggdrasil.

(6) Na América do Norte, o espírito da cobra navajo estava envolvido em um plano com Urso, Sapo e Tartaruga para capturar duas donzelas de uma aldeia subaquática, mas o plano deu errado e as duas moças morreram. Sapo e Tartaruga tiveram sorte de escapar com vida, mas Urso e Cobra se deram melhor. O par capturou duas garotas que foram dominadas pela fumaça dos cachimbos dos raptores que fizeram Cobra e Urso aparecerem como dois belos guerreiros com quem elas se acasalaram. Uma da garotas, Glipsa, escapou quando Cobra voltou à sua forma anterior, mas ele a encontrou mais tarde e, mais uma vez, como jovem, a cortejou. Ele ensinou muitas coisas à moça, inclusive o canto da cura – Hozoni –, e finalmente permitiu que ela retornasse ao seu povo.

(7) Na Suméria, a cobra era considerada um animal sagrado. Dizem que ela adquiriu a capacidade de mudar de pele quando engoliu a planta da imortalidade que roubou de Gilgamesh, o rei-herói.

cobra da neve *Norte-americana*

Uma cobra fantástica. Essa cobra venenosa, de olhos rosa, tem o corpo branco e, por isso, é praticamente invisível para os inimigos quando há neve no chão.

coco macaque *Caribenha*

Um bastão que anda sozinho. No Haiti, eles dizem que o bastão pode ser mandado sozinho para realizar tarefas por conta própria e também pode ser usado para atacar inimigos. Quem é atingido por ele morre logo.

codorna
Esta pequena ave de caça aparece na mitologia de várias culturas.

(1) Na China, diz-se que o símbolo do pássaro vermelho usado pelos astrólogos se baseia na codorna, ave associada à fênix. Simboliza a coragem.

(2) Na histórias gregas, uma donzela, Asteria, assumiu a forma de uma codorna para escapar das investidas amorosas de Zeus, Letó foi transformada em codorna por Hera, e Zeus adotou a forma de uma codorna quando se uniu a Letó.

Acreditava-se que essa ave era imune aos efeitos de veneno e há quem diga que durante a migração, as aves, às vezes, pousavam nos navios em alto-mar para descansar, e eram tantas que os navios afundavam com o peso.

Essa ave é considerada sagrada para Apolo.

(3) Os hindus veem a codorna como o prenúncio da primavera. Ela é comida por um lobo no início do inverno, mas é reavivada pelos Aswins (mensageiros do amanhecer) na primavera.

(4) Na Rússia, a codorna é considerada a encarnação do sol.

Coel   *Britânica*
também (Velho) Rei Cole
Um duque de Colchester e um rei da Grã-Bretanha. Dizia-se que ele derrubou o rei Asclepiodoto e morreu um mês depois. Para alguns, ele era um ancestral do rei Artur.

Coelho [1]   *Norte-americana*
O animal que trouxe fogo para o povo hitchiti, da Geórgia, nos Estados Unidos.

O fogo já foi exclusivo do Povo do Céu, mas o Coelho achava que seu povo também deveria tê-lo. No Festival do Milho Verde, quando a fogueira foi acesa na praça, ele molhou o topo de sua cabeça com óleo puro e, enquanto dançava ao redor da fogueira, baixou a cabeça o suficiente para que o fogo chegasse ao cabelo. Ele então fugiu, abrigando-se no oco de uma árvore quando o Povo do Céu enviou chuva em um esforço em vão para apagar o fogo.

Coelho[2] *veja* **Cottontail, Grande Lebre, Lebre**

Coetan Arthur   *Britânica*
Um túmulo do País de Gales onde, dizem, o rei Artur está enterrado.

Colunas de Hércules   *Grega*
Rochas colocadas por Hércules na entrada do Mediterrâneo quando estava indo capturar os bois de Gerião; atualmente, Gibraltar e Ceuta.

Uma versão diz que o mundo tinha a forma de um pires com uma parede rochosa ao redor para impedir a entrada do Oceano, o rio circundante. Gerião escalou a parede e nadou até seu refúgio na ilha, e Hércules, procurando por ele em seu décimo Trabalho, passou por uma fenda no muro e navegou. Os lados expostos da fenda são as Colunas de Hércules no Estreito de Gibraltar.

Comedor de Sonhos *veja* **Baku**

Companheiros da Noite *Centro-americana*
Nove divindades astecas, cada uma responsável por uma hora da noite.

Companheiros do Dia   *Centro-americana*
Treze divindades astecas, cada uma responsável por uma hora do dia.

Con   *Sul-americana*
Um deus criador inca sem ossos; filho do deus sol Inti.

Ele podia erguer montanhas e criou uma raça de pessoas que o incomodavam tanto que ele transformou suas terras férteis em deserto. Ele foi substituído pelo irmão Pachacamac que transformou seu povo em macacos.

Concórdia *Romana*
Uma deusa do acordo cívico, uma das cinco Appiades.

Conde dos Ventos *veja* **Feng Po**

coral
Esta substância é muitas vezes descrita como tendo o poder de proteger de danos quem a usa e, se esculpida em forma de serpente, protegerá também contra mordidas venenosas. Entre outras crenças, estão as seguintes:
(1) Na China, dizem que os corais conferem longevidade ao usuário.
(2) Os egípcios espalhavam corais sobre os campos para garantir boas colheitas.
(3) Os gauleses usavam os corais como talismãs para proteger seus guerreiros.
(4) Na Grécia, diziam que o coral tinha sido formado a partir do sangue da Górgona Medusa.
(5) Na Índia, o coral é usado para proteger os mortos dos maus espíritos.
(6) Os italianos dizem que o coral é eficaz na luta contra o mau-olhado.
(7) Os russos dão braceletes de coral aos recém-nascidos como uma forma de proteção.

Corça Cerineia *Grega*
Uma corça com a cabeça dourada. Esse animal, com chifres de ouro e pés de bronze, foi o único que escapou quando Ártemis prendeu outros quatro para puxar sua carruagem. Ele foi capturado por Hércules em seu Terceiro Trabalho.

cordeiro
O cordeiro figura em muitas mitologias.
(1) Na Babilônia, o cordeiro era sacrificado no Ano Novo para expiar os pecados.
(2) Na tradição celta, o cordeiro é a personificação de Beleno, o Gaulês, deus da luz e das lavouras.
(3) No Egito, o cordeiro simboliza a alma e os deuses Amon-Rá, Geb, Min, Osíris e Shu.
(4) Na história grega do Velo de Ouro, o cordeiro, Chrysomallon, salvou Phrixus e sua irmã Helle da morte, levando-os para a Cólquida.
  Em outros contextos, os cordeiros são sagrados para Dioniso e Zeus.
  Em Creta, o cordeiro foi deificado como o deus do ano minguante.
(5) Os hebreus consideram o cordeiro um símbolo de sacrifício.
(6) Na tradição hindu, o cordeiro é um nome genérico para deus e um atributo de Agni.
(7) Na tradição muçulmana, o cordeiro era um dos dez animais permitidos no céu.
(8) Na Pérsia, o cordeiro simbolizava virilidade e foi o emblema do império.
(9) Para os romanos, o cordeiro com um chifre voltado para a frente e o outro para trás representava as duas faces do deus Jano.

cordeirinho *Romana*
O animal da deusa Juno.

Coré *Grega*
também Perséfone, a Donzela, a Senhora;
= *Romana* Prosérpina
Uma deusa da vegetação que se tornou rainha do mundo inferior.
  A história habitual é a de que Coré era filha de Zeus e sua irmã Deméter. Em algumas histórias, Perséfone (Coré)

é filha de Zeus e Reia, ambos como serpentes. Zeus então se relacionou com Coré e eles tiveram Dioniso, o deus da vegetação e do vinho. Em outras histórias, ela é filha de Zeus com a ninfa Styx; e há versões em que Styx e esposa de Hades. E em outra, ela é resultado do encontro de Poseidon e Deméter, ambos como cavalos.

Coré foi raptada e levada por Hades para o mundo inferior. Deméter soube onde sua filha desaparecida poderia ser encontrada pelo burburinho da ninfa Aretusa que, sob a forma de riacho, tinha passado pelo mundo inferior a caminho da Sicília e tinha visto Coré ao lado de Hades.

Quando Deméter arruinou a terra para assegurar a libertação da filha, Zeus ordenou que ela fosse devolvida, desde que não tivesse comido nada da comida dos mortos. Coré disse que não tinha comido nada, mas Ascalafus, um jardineiro do Hades, disse que a tinha visto comer as sementes de uma romã. Ela foi condenada a passar um quarto (ou metade, segundo algumas versões) de cada ano com Hades, como Perséfone.

Como Perséfone, foi encarregada de cuidar do menino Dioniso quando Hera o refez depois de ele ter sido despedaçado pelos Titãs, e ela criou o menino Adônis, que foi colocado sob seus cuidados por Afrodite, e fez dele seu amante.

Ele é retratada, como Perséfone, segurando uma tocha e uma romã.

Corno da Abundância *veja* **cornucópia**

Corno da Fidelidade *Britânica*

Um chifre enviado pela feiticeira Morgana para o rei Artur. Esse recipiente detectava mulheres que tinham sido infiéis a seus maridos quando descobriram que não podiam beber nele.

cornucópia *Grega*

também Corno da Abundância

Um chifre sempre cheio de comida e bebida.

Ou o chifre da cabra Amaltheia, que alimentou o bebê Zeus, ou o chifre quebrado por Hércules na cabeça do deus do Rio Aqueloo que tinha levado a forma de um touro para lutar com Hércules pela mão de Dejanira, que se tornou a segunda esposa de Hércules.

coroa

Coroas, o símbolo dos soberanos, feitas de várias coisas, aparecem em muitas mitologias. Coroas associadas a determinadas pessoas ou divindades incluem:

algodão e narcisos	as Moiras
amora e oliva	Mercúrio
cipreste	Tânatos
espigas de trigo	Deméter
estrelas	Thor, Urano
figos	Melpômene, Pã
flor de marmelo	Juno
flores	Flora
folhas de álamo	Fauno
folhas de carvalho	Hécate, Júpiter/Zeus
folhas de palmeira	as Musas
folhas de videira	Bona Dea, Baco/Dioniso
funcho	Fauno
hera	Baco/Dioniso, Talia
lírios	Juno
louro	Apolo, Calíope, Clio, Melpômene
murta e rosas	Érato
nenúfares	Fauno
olivas	Atena, Zeus

papoulas	Hércules
pérolas	Polínia
raios	Apolo
ramos de pinheiro	Cibele, Pã
uvas	Baco/Dioniso

corrigan *Francesa*
também Korrigan
Uma fada na Bretanha que, diziam, roubava crianças. Em algumas versões, as corrigans eram tidas como ex-druidas, mas também podiam ser descritas como anões, com cerca de 60 centímetros de altura e, quando queriam, podiam assumir a forma de um cavalo ou de uma cabra.

Elas se vestiam com véus brancos e seu hálito era considerado fatal para os seres humanos.

corte invisível *Escocesa*
Espíritos do mal ou fadas.

coruja
Uma ave tradicionalmente considerada sábia.
(1) Para os budistas, a coruja é mensageira de Yama o deus dos mortos.
(2) Na América Central, os astecas se referem à coruja como Tlacolotl e a consideram uma ave do mau agouro.
(3) Na tradição cristã, a coruja é um atributo tanto de Cristo quanto de Satanás.
(4) No Egito, a coruja era considerada um símbolo da morte.
(5) Na Grécia, a coruja era considerada sagrada para Atena e Deméter.
(6) Na tradição hindu, a coruja (Shakra) era considerada um atributo de Yama e sagrada para Indra.
(7) Os japoneses consideram a coruja a tipificação da ingratidão filial, como uma forma do monge Fukuro e como um deus dos vilarejos.
(8) Os malaios veem as corujas como fantasmas.
(9) Na América do Norte, os algonquinos consideram a coruja um servo do Senhor dos Mortos.
(10) Na tradição persa, a coruja, Asho-Zushta, poderia afastar os demônios recitando passagens do livro sagrado, o Avesta.

Coruja de Vidro *veja* **Tyll Eulenspiegel**

Corvo[1] *Norte-americana*
também Grande Avô
Deus criador e deus trapaceiro do povo Haida; servo do supremo deus dos céus, Sha-Lana. Ele fez com que a Terra se erguesse do oceano primitivo, ou após o Dilúvio, batendo suas asas. Ele fez humanos a partir de conchas e roubou o fogo dos céus para que pudessem usar. Alguns dizem que ele fez homens a partir de modelos entalhados em madeira e as mulheres a partir do barro.

Em uma história, ele era neto de um pescador e convenceu o velho a deixá-lo brincar com a lua, que ele guardava em dez caixas, colocadas umas dentro das outras. Quando o Corvo a recebeu, ele a jogou em sua atual posição no céu.

Outra versão deste conto diz que o Corvo se transformou em uma folha que foi engolida pela filha de um chefe. A moça engravidou, e o Corvo renasceu com a pele negra e os olhos flamejantes. Para que ele parasse de chorar, o chefe lhe deu um saco de estrelas, que a criança jogou no céu e finalmente lhe foi dada uma caixa em que o chefe guardava a luz. O Corvo então retomou sua forma anterior e voou, colocando a luz no céu sob a forma do sol.

O Corvo também é Yetl, um espírito criador do povo Tlingit, e um deus da luz. Ele foi criado, com Heron, pela divindade Nascakiyetl ou, dizem alguns, nasceu da filha dessa divindade quando, a conselho de Heron, ela engoliu uma pedra. Outros dizem que ele era o filho de Kitkaositiyika.

Na tradição tlingit, o primeiro ato do Corvo foi roubar as estrelas e os planetas de Nascakiyetl, que os guardava em uma caixa. Posteriormente, ele fez os ventos e as tribos, roubou a água de Petrel para irrigar a terra estéril e fez com que as marés subissem e descessem. Ele então deu o fogo ao povo e, liberando o sol da caixa, colocou-o no céu. Tendo introduzido as artes da pesca e da caça e sustentado a Terra com a perna de um castor, ele voltou de onde veio.

Corvo²　　　　　*Norte-americana*
Os algonquinos dizem que a ave originalmente era branca. Era o único ser que sabia o paradeiro de Chibiabos, que foi capturado pelas Panteras Subaquáticas (monstros aquáticos), e Manabozho, o irmão do homem desaparecido, segurou a ave sobre o fogo para fazê-la dizer a verdade e o resultado foi que, depois, suas penas ficaram negras.

corvo³
Esta ave aparece nas mitologias de várias culturas.
(1) Na tradição arturiana, os corvos são aves de Owain, e as aves que lutaram com guerreiros na história do sonho de Rhonabwy eram corvos. Em algumas versões, diz-se que a alma do rei Artur reside nesta ave, mas outras dizem que é na gralha ou no papagaio-do-mar.

Há uma crença popular de que a Grã-Bretanha nunca será invadida enquanto os corvos continuarem habitando a Torre de Londres.
(2) Na China, diz-se que um corvo de três pernas vive na lua.
(3) Para os gregos, o corvo era um mensageiro dos deuses Esculápio, Apolo e Cronos e da deusa Atena, e dizia-se que originalmente ele era branco ou prata, mas Apolo o tornou preto quando recebeu a notícia de que a ninfa Coronis o traía.
(4) Nas histórias hindus, o corvo é a encarnação de Brahma.
(5) Na tradição irlandesa, a deusa da guerra, Morrigan, frequentemente aparecia sob a forma de um corvo.
(6) Os japoneses veem o corvo como um mensageiro da deusa Amaterasu.
(7) A mitologia nórdica tem os corvos Hugin e Munin como as aves de Odin, que lhe traziam notícias do mundo exterior.

corvo⁴
(1) Na tradição dos aborígenes australianos, esta ave demonstrou a melhor maneira de morrer, rolando os olhos e caindo de costas.

Em uma história, o herói da cultura Wagu tornou-se um corvo.
(2) As histórias britânicas sobre Branwen, uma giganta e deusa do amor, dizem que ela poderia aparecer sob a forma de um corvo.
(3) Na China, diz-se que o corvo de três pernas vive no sol e, às vezes, vem à Terra para buscar ervas.

Um corvo de asa branca é considerado um mau presságio.
(4) Na Grécia, o corvo é considerado a ave do deus Apolo e da deusa Atena. Originalmente, ele era branco, mas Apolo o transformou para ser portador

de más notícias. Em algumas versões, quem tem essa função é a gralha.

(5) N tradição hindu considera o corvo um mensageiro da morte.

(6) Na mitologia irlandesa, dizia-se que a deusa da guerra, Morrigan, aparecia sob a forma de um corvo.

(7) No Japão, o corvo (chamado karaso) é considerado um mensageiro dos deuses.

(8) Na Malásia, o corvo é considerado a alma de um tigre.

(9) Na América do Norte, esta ave aparece em muitas lendas das tribos nativas.

(*Veja também* **aves sagradas**.)

Corvo Gigante *veja* **Gigante**

corvo-noturno *Europeia*
Uma ave identificada de forma variada como um abetouro, uma garça, um bacurau ou uma coruja. Na Dinamarca, diz-se que a ave é a encarnação de alguém que foi assassinado ou cometeu suicídio e foi enterrado em uma encruzilhada de estradas em uma cova da qual se liberta movendo apenas um grão de terra por ano.

Alguns dizem que esta ave voa na frente da Caçada Selvagem.

Costela de Pedra *Norte-americana*
Um herói das tribos do noroeste, filho da Mulher Vulcão. Ele arrancou a pele de um alabote que uma águia deixou cair na costa e, com essa pele, ele assumiu a forma do peixe e nadou para o sul, em direção às vozes que pediam socorro. Ele encontrou uma tribo faminta e as ajudou a coletar mexilhões para comerem. Quando a monstruosa baleia Qagwaai destruiu algumas das canoas da tribo, matando os ocupantes, Costela de Pedra a atraiu à superfície e, quando ela perseguiu sua canoa, de boca aberta, Costela de Pedra pulou dentro dela e a matou, atirando dentro do corpo. Ele então arrancou a pele do monstro e, com ela, tornou-se uma baleia. Outro monstro prendeu Costela de Pedra, mas ele conseguiu escapar, reassumindo a forma de alabote. Quando finalmente voltou para casa, ele tirou a pele do peixe e pendurou-a para secar. Uma águia desceu e levou a pele embora. Depois disso, Costela de Pedra permaneceu em sua forma humana normal, mas passou a ser conhecido como Costela de Cristal.

Cottontail *Norte-americana*
Um deus das tribos da Grande Bacia de Nevada. Equivale ao Coelho ou à Grande Lebre em outros mitos tribais. Dizia-se que ele roubava o sol para trazer luz ao seu povo.

Coyote *Norte-americana*
Um deus trapaceiro e mensageiro dos deuses.

Algumas tribos dizem que ele foi criado a partir de uma bruma. Ele ajudou o deus criador Kodo-yanpe a tornar o mundo adequado para os humanos a partir de imagens de madeira. Mais tarde, os dois criadores discutiram e lutaram por muito tempo antes do Coyote finalmente ganhar.

Para punir um gigante que tinha comido crianças, Coyote o enganou para que acreditasse que poderia quebrar uma perna e depois repará-la. O gigante concordou que Coyote fizesse o mesmo truque na perna dele. Coyote então esmagou a perna do gigante com uma pedra, deixando-o indefeso.

No funeral de Ouiot, o primeiro humano, ele arrancou um pedaço da carne do morto e fugiu. Depois disso ficou conhecido como Eno (o ladrão).

Certa vez, ele deu seu cobertor para a rocha mágica, Iya, mas a pegou de volta quando começou a sentir frio. A pedra o perseguiu, derrubou-o e o achatou, rolando por cima dele.

Outra história conta como ele foi ao Mundo dos Espíritos resgata sua irmã que havia morrido. Lá, ele matou o sapo que segurava a lanterna da lua e vestiu-se com a pele do animal. Então, apagou a lâmpada e capturou todos os espíritos que conseguiu, colocando-os em um saco. Mas o peso foi tanto que ele os soltou, e assim a morte ainda persiste.

Outro relato conta que Coyote se casou com uma mulher que tinha dentes na vagina, com os quais ela matou muitos amantes. Ele quebrou esses dentes com um cinzel de metal e se salvou. O pai dela tentou matar o genro várias vezes, mas não obteve sucesso. Coyote esculpiu uma baleia de madeira e jogou-a na água quando estava com o sogro em uma canoa. A imagem se transformou em uma baleia assassina que arrancou o pai da moça da canoa e o comeu.

Sua habilidade de mutação é ilustrada em uma história na qual, para se salvar depois de cair em um rio, ele se transformou em uma tábua que foi levada rio abaixo até uma represa onde uma mulher a recuperou para usá-la na cozinha. Ela se assustou quando o salmão que colocou na tábua desapareceu repentinamente, comido pelo Coyote, e jogou a tábua em uma fogueira. Coyote então se transformou em um bebê que a mulher salvou e criou como se fosse seu. Quando cresceu, ele quebrou a represa para permitir que o salmão subisse o rio até a casa de seu próprio povo, mas levou uma praga de insetos que jogou sobre eles quando abriu quatro caixas no celeiro da mulher, coisa que ela tinha pedido para que nunca tocasse.

Outro relato diz que, quando ele estava faminto, Woodtick lhe trouxe um pouco de carne de cervo. Eles foram morar juntos e ela o manteve bem abastecido de carne, chamando o cervo até sua tenda onde ela furou as orelhas de dois e deixou os outros voltar para a natureza. Coyote achou que ele mesmo poderia fazer isso, então matou (alguns dizem que expulsou) Woodtick. Quando tentou fazer o mesmo que ela, Coyote falhou e toda a carne se transformou em cervos que fugiram para que ele ficasse com fome outra vez.

Seu próprio filho foi morto por uma picada de cobra, mas não voltou à vida, como se esperava, ao ser colocado em um lago. Alguns dizem que Coyote se matou para poder vagar livremente como um espírito.

Os navajo e muitas outras tribos afirmam que eles surgiram do excremento do Coyote enquanto outras tribos descendem da união do Coyote com um piolho.

Coyote e Texugo conheceram os navajo durante sua ascensão do mundo inferior. Ele pegou dois dos filhos do monstro Tlieholtsodi, que causou uma enchente que forçou os navajo a abandonar o mundo em que viviam na época e subir para o mundo superior por um buraco feito pelo Texugo.

(*Veja também* **Sedit**.)

Craig-y-Dinas　　　　　　*Britânica*
Um local no País de Gales onde há uma caverna que, para alguns, é onde estão o rei Artur e seus cavaleiros.

Para outros locais sugeridos, *veja* ***Alderley Edge***.

Crepúsculo dos Deuses
veja Götterdämmerung

Creso *Grega*
Um rei da Lídia. Dizia-se que esse rei era o mais rico de todos os homens. Ao morrer, ele foi salvo de sua pira funerária e levado para a terra de Hiperbórea (ou para a Pérsia) por Apolo.

Créssida *veja* **Criseis**

criação
Cada cultura tem sua própria versão da criação do universo, algumas delas até mais de uma:
Africana
(1) No princípio, tudo era quente e brilhante. O criador colocou o morcego no comando da escuridão, mas permitiu que ele escapasse. A Terra era ligada ao céu, em algumas histórias, por uma árvore, em outras, por uma teia de aranha.
(2) O povo abulayia, do Quênia, diz que o deus criador Wele fez o primeiro céu e o apoiou em postes. Quando fez o sol e a lua, os dois lutaram até Wele os separar em dia e noite. Depois ele criou características da atmosfera e então a terra, e aí os humanos e os animais. Tudo isso foi feito em seis dias.
(3) Os bakongo dizem que Nzambi criou o primeiro homem e a primeira mulher, cujos filhos eram mortais porque não obedeceram às suas instruções para não enterrar os mortos. Em outra versão, ele criou um ser andrógino, Mahungu, em forma de árvore e com duas cabeças. Quando Mahungu tentou abraçar uma árvore chamada Muti Mpungu, Mahungu foi dividido em homem, Lumbu, e mulher, Muzita.
(4) Os bakuba dizem que só havia água, e ela era governada pelo Gigante Branco, Mbombo. Do seu estômago, ele criou o sol, a lua e as estrelas e, mais tarde, homens e mulheres e todas as outras coisas do mundo.
(5) Os bambara dizem que o princípio da criação, Pemba, veio à terra como uma semente e se tornou uma árvore de onde surgiu um ser feminino com o qual ele se acasalou para criar todas as outras coisas da terra.
(6) Os bushmen dizem que o mundo foi criado por um deus em forma de louva-a-deus.
(7) Os dogon dizem que o deus Amma fez o sol e a lua a partir de potes de barro presos com arame, os negros com a luz do sol e os brancos com a da lua. Ele fez a Terra a partir do barro e a fertilizou primeiro para produzir dois seres humanos chamados Nummo, e mais uma vez para fazer todas as outras coisas.
(8) O povo fon, da África Ocidental, diz que a divindade andrógina Mawu-Lisa criou o mundo a partir do caos primordial e depois fez as plantas, os animais e a humanidade com barro e água. No segundo dia, o mundo se tornou um lar apropriado para o homem, a quem foi dado o poder da compreensão, e seus sentidos físicos surgiram no terceiro dia. No quarto e último dia da criação foi dado ao homem o conhecimento das habilidades de que ele precisava para avançar.
  Outra versão diz que Nana Buluku, a deusa primordial, criou a terra e se retirou, deixando o mundo para seus filhos, Mawu e Lisa.
  Em alguns relatos, a primeira coisa criada foi uma píton, Dan Ayido Hwedo, e, com seus excrementos, Mawu fez as montanhas.

(9) Os kono, de Serra Leoa, falam de um deus criador, Alatatangana, sobre as águas primordiais, e um outro, Sa, vivendo nas águas. O primeiro fez a terra firme e fugiu com a filha de Sam produzindo sete crianças negras e sete brancas, ancestrais das raças humanas.

(10) Os mande dizem que Deus criou as sementes e as plantou nos cantos do mundo. Delas vieram o deus criador Pemba e Faro, seu gêmeo, que tornou um peixe, parte do qual se transformou em árvores e o restante produziu um novo Faro, que desceu do céu em um navio com outros oito. Faro fez o Níger, do seu próprio corpo, contendo sementes para as futuras gerações.

(11) Os nandi dizem que o deus Asis criou primeiro a ordem mundial, Kiet, e depois o céu e a terra, alguns dos quais ele levou para fazer o homem e a mulher.

(12) Os swahili dizem que um deus que se autocriou primeiro fez a luz e depois usou essa luz para fazer as almas. Depois ele fez o céu, o Canopy ou Arishi; o trono Kurusi sobre o qual ele se senta no julgamento; o Luah, a tábua em que todos os eventos são registrados pelo anjo Kalamu; a trombeta do Último Dia; o paraíso; o inferno; e, abaixo do trono, a Árvore (lótus) do Fim, em que cada folha tem registrada uma vida individual que termina quando a folha cai. Então ele fez o sol, a lua, as estrelas e a Terra, juntamente com todas as coisas que há nela. Um grande galo no céu anuncia cada novo dia. A Terra em si tem a forma de um disco e está apoiada nos quatro chifres de um touro ou de uma vaca que está de pé nas costas de um peixe que nada num oceano insondável.

(13) Os iorubá dizem que, no princípio, Olorun governava o céu e seu irmão Olokun, as águas primitivas. Olorun enviou seu filho, Obatala, para colocar uma enorme esfera no mar e, quando esta invadiu as várias porções de terra, ele enviou sua filha Oduduwa para semear.

Outra versão diz que a Terra foi criada por Orishanla ou Olorun que salpicou terra no terreno pantanoso e uma galinha e um pombo a espalharam para formar terra seca.

(14) Os zulu dizem que o Grande apareceu da terra com a lua e o sol, que ele colocou no céu, e depois criou não só o povo negro, mas o branco também. Ele enviou Unwaba, o camaleão, para dizer à humanidade que ela nunca morreria, e mais tarde mandou Intulo, o lagarto, para dizer o oposto. O lagarto foi mais rápido que o camaleão e entregou a mensagem primeiro, e assim, hoje, todas as raças são mortais.

Australiana

As histórias dos aborígenes começam com o Tempo do Sonho, a *alchera*, um período com duração indeterminada, quando a Terra já existia, mas ainda era despovoada e não estava formada. Vários seres – alguns humanos, alguns espíritos – dormiam dentro ou debaixo da terra nessa época e mais tarde acordaram, desempenharam suas funções preestabelecidas e retornaram de onde tinham vindo. As histórias variam de tribo para tribo, mas comumente sustenta-se que esses seres ancestrais criaram os homens cantando e, quando voltaram às origens, deixaram para trás traços musicais que formam um meio de comunicação entre os aborígenes.

(1) Um desses seres foi o homem-canguru Minawara, que apareceu com seu irmão

Multutu quando as águas primordiais baixaram e juntos criaram todas as coisas vivas.

(2) Um outro par de seres, os homens-lagartos, conhecidos como wati-kutjara, acordaram para criar rochas, plantas e animais. Estranhamente, a história sugere que os humanos já existiam porque encontraram o espírito da lua, Kidilli, perseguindo um grupo de mulheres. Eles mataram Kidilli, que se tornou a lua. As mulheres tornaram-se as Plêiades, e os gêmeos, wati-kutjara, a constelação de Gêmeos.

(3) Dois outros seres, os bagadjimbiri, ergueram-se da terra sob a forma de dingos e se acasalaram com um cogumelo para produzir os primeiros humanos. Os irmãos foram mortos pelo homem-gato, Ngariman, mas foram restaurados pela deusa Dilga. Quando finalmente morreram, eles se tornaram cobras d'água.

(4) Uma história diferente conta que a mulher Imberombera se acasalou com Wuraka. Imediatamente ela deu à luz a todas as coisas vivas e seu consorte deu nomes a elas.

(5) Alguns dizem que a terra foi moldada pelos espíritos da chuva, os wandjina, que mais tarde provocaram o Dilúvio.

(6) Uma história tem três seres, conhecidos como djanggawuls, chegando da ilha dos mortos e criando vida vegetal e moldando a terra com bastões mágicos conhecidos como rangga.

(7) No sudeste do país, falam de Ngurunderi, um espírito criador, que pegou um grande bacalhau, naquela época um animal terrestre. Ele o cortou em pedaços, deu nomes a eles e os atirou no mar, onde eles se tornaram os primeiros peixes.

(8) Na tradição das ilhas Bathurst e Melville, ao norte da Austrália, a heroína ancestral cega, Mudungkala, emergiu da terra com três crianças que se tornaram os antepassados dos ilhéus.

Basca
Uma enorme serpente de sete cabeças se moveu sob a Terra, jogando os Pirineus para cima. Depois, abriu suas mandíbulas para derramar o fogo que purificou o mundo e de onde saiu o povo basco.

Budista
Os autores e o mecanismo da criação não são abordados, mas a estrutura do universo é dada como consistindo de várias regiões distintas, cada uma ocupada por uma classe diferente de ser ou de existência. Em ordem ascendente, são eles: Kama Loka (desejos), Rupa Loka (forma material) e Arupa Loka (espírito). Os tibetanos consideram uma outra camada ocupada pelos Dhyanibuddhas, cujo ponto mais alto é a casa de Adi Buda. Nirmanarati, a casa dos deuses da criação; Paranirmita-Vasavarti, a casa de Mara; Trayastrinska, a casa de Indra; e Tushita, a casa dos bodhisattvas, são quatro das seis partes de Kama Loka; as outras partes são ocupadas pelos guardiões dos quatro pontos cardeais e pelo reino de Yama, o reino dos mortos. Abaixo desses estão os reinos dos humanos, os Asuras, os animais e os fantasmas e, no nível mais baixo de todos, vários infernos.

Cambojana
(1) No princípio, havia um vazio de onde surgiu a joia sagrada, Prah Keo, da qual surgiu a Terra, Prah Thorni, e tudo o que há nela. O homem foi criado a partir da terra e a mulher a partir da sombra do homem.

(2) Um versão alternativa diz que tudo começou a partir do estado original não formado, não criado, conhecido como Prah Prohm. Existem três mundos em forma de disco, cada um com mais de 16 milhões de quilômetros de diâmetro e cercado por montanhas extremamente altas.

Caribenha

O povo taino diz que o espírito supremo, Yaya, criou o mundo, que passou por cinco eras. Na primeira, Yaya matou seu filho e colocou seus ossos no chão. Mas o chão foi quebrado, as águas o inundaram e se tornaram os oceanos. Na fase seguinte, os homens foram criados, e Guahayana levou seu povo de uma caverna para o mundo superior. Na terceira etapa, as mulheres foram criadas e, como resultado, a quarta era, época em que as ilhas foram povoadas, tornou-se possível. A cultura original foi destruída na era final com a chegada do homem branco.

Centro-americana

(1) Um monstro com muitas bocas nadou nas águas primordiais. Os deuses dividiram o monstro em duas partes, fazendo o céu e a terra. A terra era sustentada por quatro crocodilos nadando nas águas primordiais. Uma escada levava do centro para o céu, e outra para o inferno. O deus supremo ficava no degrau superior da escada para o céu. A escada inferior era o caminho para o renascimento, antes do qual os mortais comuns permaneciam no paraíso do deus da chuva Tlaloc. Para os iniciados, havia um céu mais alto e um ainda mais alto, a Casa do Sol, para os plenamente iluminados, que eram recompensados com vida eterna e felicidade.

O céu era apoiado sobre quatro pilares. O Sol surgiu primeiro da Terra, depois do Ar, do Fogo e da Água e, em sua quinta e atual forma, dos quatro elementos combinados.

(2) Na tradição maia, os primeiros humanos foram criados pelos deuses Gucumatz e Tepeu (ou Hurakan) a partir do barro, mas deixaram a desejar. Então, os deuses os destruíram e esculpiram uma nova raça na madeira. Esses seres foram atacados por suas próprias ferramentas ou por uma bando de aves enormes e se transformaram em macacos. Em seguida, uma raça de gigantes, liderada por Vucub-Caquix, foi derrota pelos deuses gêmeos Hanapu e Ixbalanqué, até que finalmente a raça atual evoluiu a partir do milho plantado por animais ou, em algumas versões, os deuses usaram caldo e milho moído para criar quatro irmãos: Balam Agab, Balam Quitzé, Iqi Balam e Mahucutah, junto com suas esposas. Após muitas viagens, quando presenciaram o nascer do sol, trazendo luz para as trevas da terra, os irmãos desapareceram para sempre.

Outra história maia diz que o deus criador Month foi criado primeiro. Ele então criou céus e terra e todas as coisas vivas durante dezenove dias, usando o vigésimo dia como um dia de descanso para se recuperar de seu trabalho.

(3) A versão guatemalteca da história da criação maia diz que os deuses Gucumatz e Tepeu fizeram recuar as águas primordiais para permitir que a terra seca aparecesse e depois fizeram os animais e o homem a partir do solo úmido.

(4) O relato mixteca diz que dois seres surgiram quando a terra emergiu das águas primitivas: o deus-cervo, Puma-Serpente, e sua contraparte feminina, a deusa-cervo, Jaguar-Cobra. Eles colocaram um machado de cobre

na beirada para o céu descansar e construíram um palácio onde viveram por centenas de anos e tiveram dois filhos Serpente dos Nove Ventos e Caverna dos Nove Ventos, a quem deram o poder de se transformarem em qualquer ave ou animal ou ficar invisíveis. Os quatro se tornaram os progenitores da raça humana. Muita gente morreu num dilúvio e, depois disso, o deus criador formou o céu e a terra e uma nova raça de humanos.

(5) Os zapotecas dizem que o deus criador Cozaana criou o mundo e todos os animais, enquanto os peixes e seres humanos foram criados por um outro deus, Huichaana.

Chinesa

(1) O universo foi criado por oito governantes – os Cinco Imperadores e os Três Soberanos.

(2) O caos produziu o mundo quando perfurado por um raio.

(3) O caos, um ovo cósmico, se dividiu para formar yin e yang, Terra e Céu. No meio estava o primeiro homem, Pan-ku, que cresceu por 1.800 anos, empurrando o céu para longe da Terra. Todas as características físicas da Terra e do céu foram feitas a partir de seu corpo quando ele morreu. A Via Láctea, um rio celestial desaguando no Mar do Leste em que flutuavam as paradisíacas ilhas de P'englai.

Pilares sustentavam o céu, mas ele foram quebrados por Chuan Hsü para evitar confusão entre deuses e homens. Seu neto Chung então governou o céu, e o outro neto, Li, a Terra. O sol passava pelo oco de uma amoreira, no leste, para uma árvore jo no oeste, dez vezes por dia em uma carruagem puxada por dragões. Nove desses sóis foram derrubados do céu pelo arqueiro I.

(4) No princípio, havia apenas Wu-wu, o vazio, mas isso mudou para Wu Chi, sem limites, quando Tao chegou ao local. Hun T'un, o caos, evoluiu, dando origem ao T'ai Chi, o Grande Polo, que gerou o T'ai I, a Grande Mudança. Isso teve duas etapas, T'ai Ch'u, o Grande Primeiro, quando surgiu Hsing (forma), e T'ai Shih, o Grande Começo, quando Ch'i (sopro) apareceu. Juntos, esses dois atributos formaram T'ai Shu, o Grande Primordial, que tinha substância (Chih).

(5) Um versão moderna diz que o universo foi criado por Pan-ku. Uma história diz que ele saiu de um ovo e empurrou as duas metades para formar a terra e o céu. Seu olho esquerdo tornou-se o sol, o direito, a lua. Alguns dizem que ele fez homens a partir do barro; outros, que se desenvolveram a partir de pulgas em seu corpo. O esforço levou 18 mil anos e ele morreu depois de trabalhar tanto. Partes de seu corpo formaram cadeias de montanhas. Em uma outra história, Pan-ku, um anão, entalhou o universo na sua forma atual por 18 mil anos, crescendo cerca de dois metros a cada dia, enquanto ele trabalhava.

Índias Orientais

(1) Os dayak dizem que o mundo estava na boca da cobra d'água. Gold Mountain e Jewel Mountain se enfrentaram para produzir todas as coisas que compõem o mundo. Nos primeiros tempos, vieram o céu e as rochas, depois o solo, as colinas e, por fim, a Árvore da Vida.

Outra história dayak diz que uma aranha baixou um fio do céu e teceu uma teia à qual fixou coisas como o solo e as árvores, que caíram do céu e fizeram a Terra. Mas tarde, dois espíritos desceram do céu para dar início à raça humana. Eles esculpiram um tear e uma espada de madeira e esses objetos produziram duas cabeças humanas que criaram seres sucessivamente mais completos até existirem seres próprios sob a forma de Amei Ami e Burung Une, deuses da agricultura. Eles tiveram filhos que se tornaram os ancestrais das tribos e Amei Ami fez várias aves e animais a partir das casca da árvore.

(2) O povo Elema, da Nova Guiné, diz que no princípio havia apenas o oceano primordial no qual uma enorme tartaruga nadava sem parar. Finalmente, precisando descansar, ela tirou lama do fundo do mar e formou a terra seca. Ali, pôs ovos, dos quais surgiram as primeiras pessoas e todas as plantas e animais.

(3) Os iban dizem que os criadores primordiais foram Ara e Irik. Eles voaram sob a forma de pássaros sobre as águas primitivas, das quais tiraram dois ovos e, deles, fizeram o mundo. Depois fizeram homens a partir do solo e lhes deram vida.

(4) Em Sumatra, um deus primordial acasalou-se com a cósmica galinha azul Manuk Manuk, que pôs três ovos, dois quais vieram três deuses que respectivamente fizeram a terra, os céus e o mundo inferior.

Egípcia
(1) O universo consistia apenas do oceano primordial, Nun, a partir do qual se ergueu uma montanha fértil. O primitivo deus do sol, Atum, trouxe luz ao mundo, separando a Terra do céu, que era sustentado por um pilar em cada um dos quatro cantos da Terra. Nun criou um filho, Shu, e uma filha, Tefnut. Esta ficou perdida por algum tempo e, quando ele a encontrou, as lágrimas de alegria do deus se transformaram nos primeiros homens. Shu e Tefnut geraram Geb e Nut, que conceberam Ísis, Osíris, Néftis e Set.

(2) Alternativamente, o mundo foi criado a partir de um ovo posto por Geb, como um ganso, ou por Thoth sob a forma de um íbis ou de uma flor de lótus.

(3) Os pares Amon e Amaunet, Huh e Hauhet, Kuk e Kakuet, Nan e Naunet, nadando nas águas primitivas, produziram um ovo a partir do qual nasceu a luz. Pares alternativos de divindades foram Heru e Hehut, Kekui e Kekuit, e Qeh e Qerhit, criados por Thoth.

(4) Um lótus apareceu, flutuando nas águas primitivas, e se abriu para revelar o sol que criou o mundo.

(5) Thoth, um divindade autocriada, falou e suas palavras se tornaram coisas vivas.

(6) Khnum, o deus oleiro, fez o universo a partir da lama retirada do Nilo e moldou os humanos a partir do mesmo material em seu torno. Em outras versões, Ptah foi o criador, concebeu todas as coisas simplesmente pronunciando seus nomes.

Finlandesa
Uma águia voando sobre as águas primitivas, em busca de um lugar para nidificar, pousou no joelho do mago adormecido, Vainamoinen, construiu seu ninho e pôs um ovo. Quando o mago se mexeu, o ovo caiu do ninho e quebrou. A casca tornou-se o céu e a terra, e o conteúdo do ovo, os corpos celestiais.

Outros relatos dizem que a ave era um marreco e os ovos foram postos no joelho de Ilmatar, a mãe de Vainamoinen.

Grega
Em geral, os gregos acreditavam que o mundo existia antes dos deuses que foram criados a partir da união de suas partes.

(1) O caos deu origem à deusa Euronime, que produziu a serpente Ofíon em conjunção com o Vento do Norte. A união de Ofíon com Euronime produziu o ovo universal a partir do qual todo o resto eclodiu.
(2) Na versão de Homero, todos os seres vivos surgiram da união de Oceano com Tétis e, na versão ófica, a união da deusa de três cabeças Noite com o vento produzido pelo ovo cósmico do qual nasceu Eros, que criou o céu e os corpos celestiais. Noite continuou reinando até a vinda de Urano.
(3) Em outra história, a Terra surgiu do caos e trouxe Urano, que, então, fertilizou a Terra para produzir as plantas e os animais do mundo. A Terra também produziu os Hecatônquiros, gigantes de cem mãos, Briareu, Coto e Giges, os Ciclopes de um olho só, e Arges, Brontes e Sterope, os titãs originais.
(4) Há ainda uma outra versão que diz que do vazio do caos surgiram Êrebo (escuridão), Gaia (Terra) e Nix (noite). A união de Êrebo e Nix gerou Hemera (dia), Éter (ar) e muitas das forças que controlam a vida humana, como o destino, a sorte etc. Gaia teve um filho, Urano, com quem ela de casou para gerar os deuses primitivos como Cronos, os Titãs e os Ciclopes. Cronos castrou seu pai, usurpou seu trono e deu início à segunda dinastia divina.

Uma variação desta história tem Éter e Hemera gerando um filho, Eros, que ajudou na criação de Gaia e Pontus e depois criou todas as plantas e animais, soprando vida nos primeiros humanos moldados do barro por Epimeteu e Prometeu.

Hindu
(1) A primeira versão védica diz que Varuna foi o criador de todas as coisas, Prithivi (terra) e Dyaus (céu) geraram Indra, que lutou contra as divindades e assumiu como deus supremo, reorganizando o universo. Havia três céus: o de Indra, para os deuses maiores; o de Varuna, para os deuses menores e o de Yama, para os menos virtuosos. O espírito universal era conhecido como Brahma.
(2) No Rig Veda, um ser primordial, Purusha, foi desmembrado pelos outros deuses que então construíram o universo com as partes de seu corpo.
(3) O universo é oval e tem 21 zonas. As primeiras seis, a partir do topo, são os reinos celestiais; a terra vem depois e os sete mundos inferiores, onde vivem as nagas e, abaixo deles, os sete infernos. No início de cada kalpa, Vishnu dorme nas espirais da cobra cósmica, Ananta. Brahma emerge do lótus que cresce do umbigo de Vishnu e cria o universo. Vishnu acorda para governar um kalpa e depois dorme novamente e o universo se funde ao seu corpo.
(4) Tendo dormido em uma flor de lótus flutuando nas águas primitivas, Brahma acordou e criou o universo. Ele cometeu alguns erros que resultaram em rakshas e yakshas demoníacos. Há um ciclo de vida, morte e renascimento governado por Vishnu, que preserva a vida, Shiva que a destrói, e Brahma, o criador. O ciclo da vida do universo leva 100 anos na vida de Brahma, dos quais cada dia (um kalpa) dura 4.320 milhões de anos. Ao final de cada ciclo, o universo é destruído pela seca, depois pela inundação, e por fim pelo fogo. Os homens que o merecem são liberados do ciclo do renascimento. A cada recriação do universo, aparece um lótus de ouro com mil pétalas flutuando sobre as águas primordiais.

Dessa flor, nasce Brahma para criar o mundo novamente.

(5) Na Malásia, dizem que Bahua Gura (Shiva) governou o oceano primordial no qual se encontrava a serpente Naga Pahoda. A filha do deus pulou nas águas e ele atirou um pouco de pó do qual ela fez terra. Ele também mandou um herói com um bloco pesado que colocou nas costas da serpente, fazendo com que ela se retorcesse, distorcendo a terra em montanhas e vales. Os deuses e o herói se tornaram ancestrais da raça humana.

Japonesa

O ovo primordial, formado pelo princípio masculino In e o princípio feminino Yo, se separou para formar os céus e a terra e então surgiram os Seres Celestiais e o deus Kuni-toto-tachi, de quem descendem Izanagi e Izanami. Outros dizem que a primeira divindade a emergir do caos primordial foi Nushi; ele foi seguido por quatro outros deuses e, depois de sete gerações, por Izanagi e Izanami. Eles mergulharam uma lança no oceano primordial e gotas dessa lança formaram as ilhas para as quais Izanagi e Izanami desceram da Ponte Flutuante. A primeira ilha foi chamada Onogoro. Izanami deu vida a mares e rios, árvores e plantas, e forças físicas como o vento. Uma dessas forças, o deus do fogo, queimou sua mãe até a morte. Seu pai lhe cortou a cabeça e surgiram mais 16 deuses, oito cada um a partir do sangue e do corpo. Izanagi desceu para o mundo inferior para buscar sua esposa, mas falhou. Para purificar-se, ele se banhou em um rio, criando deuses do bem e do mal e depois, no mar, criou os deuses marinhos. Amaterasu foi criado a partir de um olho, Tsuki-yomi do outro, e Susanowa de seu nariz.

Quando Amaterasu comeu a espada quebrada de Susanowa, ela expirou mais três deusas e ele, comendo o colar dela, expirou mais cinco deuses. Esses oito se tornaram os ancestrais da família real.

Jainista

Os jainistas negam o conceito de criação, sustentando que o universo sempre existiu.

Coreana

O mundo foi criado por Miruk, que separou o céu e a terra, apoiando os céus em um pilar de cobre em cada canto. Tendo feito o sol, a lua e as estrelas e, colocando-os nos céus, ele começou a melhorar a terra. Com a ajuda de um rato, ele fez fogo, e depois os seres humanos. Segurando uma bandeja de prata em uma das mãos e uma de ouro na outra, ele rezou e as bandejas se encheram de insetos que então se transformaram em humanos, os homens na bandeja de ouro e as mulheres na de prata. Eles se tornaram os ancestrais da raça. Quando o malvado Sokka apareceu, eles travaram muitas batalhas, e Miruk finalmente se desencantou com a propagação do mal no mundo e o deixou à sua própria sorte.

Mesopotâmica

(1) A versão acadiana diz que Abzu e a mãe Tiamat, as forças primordiais, criaram os deuses dos céus e terra, Lahmu e Lahamu. O filho deles, Ea, e gerou Marduk. Na luta entre as forças primordiais e os deuses, Marduk massacrou Tiamat e Kingu, líder de suas forças, e apreendeu as Tábuas do Destino. Ele fez a terra e o céu a partir do corpo de Tiamat, e o homem a partir do sangue de Kingu misturado com barro.

(2) Uma versão babilônica começa com as águas primitivas habitadas por monstros hediondos e governadas por Thalath. Belus cortou Thalath ao meio para fazer

a terra e o céu e depois cortou a cabeça de Kingu, usando o sangue, misturado com terra, para fazer o sol, a lua, os planetas e a humanidade.
(3) Outra versão babilônica começa com dois deuses, Abzu e Tiamat, que geraram todos os outros deuses até Belus, que criou o mundo.
(4) Na versão suméria, Nammu, as águas primordiais, criou An e Ki, céu e terra.

Neozelandesa
(1) Na mitologia dos maori, dia, noite e espaço evoluíram do vazio primordial, Te Kore, incorporando seres masculinos e femininos sem forma. Estes produziram Rangi e Papa, céu e terra. Tane-Mahuta desceu do mais alto dos dez céus depois de criar o espaço entre céu e terra, separando à força Rangi e Papa, e trouxe todo o conhecimento em três cestas. Ele gerou todas as características naturais da terra e fez um ser de areia com o qual concebeu os primeiros humanos.
(2) Um ovo cósmico foi jogado nas águas primordiais por um pássaro que as sobrevoava e do ovo surgiu a humanidade, os animais e uma canoa.

Nórdica
No princípio, havia um vasto abismo, conhecido como Ginnungagap, entre Niflheim, terra de brumas e escuridão, ao norte, e Muspelheim, a terra do fogo, ao sul. No centro de Niflheim, uma torrente furiosa, Hvergelmir, abasteceu os doze rios (Elivagar) que corriam para o abismo e os congelou, condensando as brumas que se elevavam de Muspelheim para formar as donzelas e os gigantes de gelo. Os deuses Odin e seus irmãos Ve e Vili mataram o primeiro gigante gelado, Ymir, e construíram o mundo com suas partes. Eles usaram seu corpo para a terra, o sangue para os mares, o crânio para o céu, ossos para montanhas, cabelo para vegetação, o cérebro para as nuvens e ergueram um muro ao redor de Midgard, o lar da humanidade, com suas sobrancelhas. As faíscas de Muspelheim se tornaram estrelas e planetas. O céu foi sustentado por quatro anões, Nordri, Sudri, Austri e Westri, e todo o universo foi apoiado no grande freixo Yggdrasil. Odin e seus irmãos formaram um homem e uma mulher de troncos, ou de árvores, e deram vida a eles.

Norte-americana
(1) O povo achomawi, da Califórnia, diz que o mundo foi criado por um deus que surgiu de uma nuvem e foi auxiliado por Coyote.
(2) Os acoma, do Novo México, dizem que duas irmãs, Ia'tik e Nao-tsiti, nasceram sob a terra. Elas foram orientadas pelo espírito Tstitinako e emergiram na luz do sol para começar seu trabalho de criar plantas, animais e deuses, usando os cestos de materiais básicos que lhes foram dados por seu mentor. Nao-tsiti foi fecundada pelo arco-íris e um dos gêmeos resultantes dessa união se relacionou com Ia'tik para se tornarem os progenitores da tribo.
(3) De acordo com os algonquinos, as boas coisas da terra foram feitas por Gluskap, e as más, por seu irmão Malsun. A terra-mãe desceu por um buraco no céu carregando uma árvore que tinha solo mágico em volta de suas raízes e caiu em um lago. Parte do solo foi salva por Toad e ela cresceu para formar primeiro uma ilha e depois toda a terra. As tartarugas recolheram os relâmpagos e fizeram o sol e a lua. As estrelas foram formadas pelos animais que atravessaram a ponte do arco-íris para o céu.

Em outra história, o deus Michabo seguiu alguns animais até um lago que transbordou, inundando a terra. Depois que um corvo e uma lontra falharam, o rato-almiscarado encontrou terra a partir da qual o deus recriou terreno sólido. Ele então se acasalou com o rato-almiscarado dando início à raça humana.

(4) Os arapaho dizem que Kici Manitou reuniram todas as aves e animais das águas primordiais. A tartaruga disse a ele onde encontrar terra e as aves trouxeram algumas porções em seus bicos. O deus então secou a lama com seu cachimbo sagrado, fazendo assim o mundo.

(5) Os arikara dizem que os humanos saíram do chão. Primeiro, veio uma raça de gigantes, nascidos de aranhas, que morreram em uma enchente; depois, uma raça que brotou de grãos de milho plantado pelos animais.

(6) Algumas tribos californianas dizem que o céu se acasalou com a terra para produzir rochas e pedras, em seguida árvores e grama, depois animais e, finalmente, Ouiot, o primeiro ser.

Outras versões dizem que o todo-poderoso Nocuma fez a terra como uma bola, deixando-a estável com a rocha negra chamada Tosaut. Quando esta foi quebrada pelos peixes, expôs uma grande bexiga, que se abriu, derramando o sal que tornou os mares salgados. Nocuma então utilizou o solo para fazer o primeiro homem, Ejoni, e a primeira mulher, Ae.

Outras tribos dizem que o trapaceiro Coyote e Kodo-yanpe caíram dos céus sobre as águas primordiais em uma canoa. Coyote então espalhou areia no mar e criou a terra seca.

(7) Na versão cherokee, existiam animais no céu, que já estava superlotado. Eles então enviaram o besouro d'água para procurar outro lugar. Na época, o mundo todo estava coberto de água, mas o besouro levantou a lama do fundo e a espalhou para formar uma terra enorme que o espírito *Someone Powerful* pendurou com cordas de couro em cada canto. Um abutre foi enviado para testar a extensão da lama, e o bater de suas asas empilhou um pouco da lama nas montanhas. Quando a terra ficou suficientemente seca, os animais desceram de suas casas no céu. Eles puxaram o sol para baixo para que tivessem luz e depois descobriram que tinham que empurrá-lo um pouco para trás porque estava quente demais. Então, *Someone Powerful* criou plantas e árvores e, por último, homens e mulheres. Um dia, diz-se, as cordas vão se partir e a terra voltará a cair no oceano

(8) Os cree dizem que os castores inundaram a terra, mas o trapaceiro deus Coyote e Lobo cobriram a superfície das águas com musgo e criaram um novo mundo.

(9) Na tradição dos esquimós, diz-se que a terra caiu do céu, mas não havia luz até o sol e a lua se acasalarem. A menina (sol) saiu correndo levando uma tocha que foi ficando mais brilhante à medida que ela alcançava o céu enquanto a tocha do homem ficou progressivamente mais fraca, terminando como a lua.

(10) Os hopi dizem que as duas deusas, a Huruing Wuhti, uma no leste, outra no oeste, sobreviveram ao dilúvio e fizeram a humanidade secar a lama quando as águas baixaram.

(11) Os iroqueses dizem que o mundo foi criado por Hahgwehdiyu a partir do corpo morto de sua mãe, a deusa do céu Ataensic.

(12) Os maidu sustentam que o mundo foi feito por Wonomi que também criou a humanidade.

(13) Os muskhogean dizem que a montanha Nunne Chaha se ergueu das águas primordiais e o deus Esaugetuh Emissee moldou homens de barro e construiu um muro enorme sobre o qual ele os colocou para secar.

(14) Os navajo dizem que os quatro deuses, Black Body, Blue Body, White Body e Yellow Body *(literalmente Corpo Preto, Corpo Azul, Corpo Branco e Corpo Amarelo)* colocaram duas espigas de milho entre mantas de pele de cervo e o povo mirage andou em círculos ao seu redor. As espigas foram transformadas no primeiro par de humanos.

Outra versão diz que o primeiro homem, Atse Hastin, a primeira mulher, Atse Estsan, e Coyote viveram sucessivamente em quatro ou cinco mundos, o último dos quais foi destruído por um dilúvio. Eles se encontraram em uma ilha que cresceu quando as águas baixaram. Eles então criaram o céu e a terra e tudo o que há nela e, quando ficou completa, eles desapareceram. A filha do primeiro homem e da primeira mulher, conhecida como Estanatlehi, produziu a partir da farinha de milho um homem e uma mulher, os fundadores das oito tribos.

(15) Os omaha dizem que todos os seres vivos foram criadas pelo poder do pensamento do espírito de Wakonda e desceram à terra depois de, primeiro, vasculharem os céus em busca de um lar adequado. Naquela época, a terra era coberta pelo oceano primordial, mas Wakonda fez com que terra seca se formasse para que os seres ali se instalassem.

(16) Os osage dizem que seus ancestrais viveram no céu e foram enviados para a terra só para encontrá-la coberta com água. O alce chamou os ventos que sopraram até grande parte da água se evaporar e ele então rolou na lama, de modo que os pelos de seu corpo ficaram presos na lama. Desses pelos brotaram todas as plantas da terra.

(17) Os pawnee dizem que Atius-Tirawa criou o mundo. Primeiro, lembrava uma tigela com estrelas segurando-o no espaço e protegendo-as. Ele então fez com que o sol se acasalasse com a lua e a estrela da manhã se acasalasse com a estrela da noite. Os filhos dessas uniões foram os progenitores da raça humana. Coyote pegou o saco com as estrelas e as derrubou, formando a Via Láctea.

(18) Os pomo dizem que Marumda e seu irmão Kuksu criaram o mundo e tentaram, sem sucesso, destruí-lo primeiro com inundações e depois com fogo, tendo que ser resgatados de sua própria criação por Ragno.

(19) Os salish dizem que o céu, a terra e o mundo inferior, criados por Amotken, eram apoiados em um imenso poste central. Os primeiros humanos ele fez a partir de cinco fios de cabelo de sua própria cabeça.

(20) Os sia, do Novo México, dizem que, no princípio, uma aranha fez sua teia e o deus Sus'sistinnako a utilizou como um instrumento, tocando uma melodia enquanto cantava. Nesse momento, os homens apareceram e povoaram a terra.

(21) Os sioux dizem que o primeiro mundo foi destruído pelo fogo e o segundo pela enchente. O espírito criador então desceu e flutuou sobre as águas, trazendo seu cachimbo e uma bolsa. Da bolsa, ele tirou uma ave e pediu que ela

trouxesse lama. A ave, depois a lontra, e então o castor, todos falharam na tarefa, mas a tartaruga foi bem-sucedida. O criador usou a lama para criar terra seca e deixou que todos os animais saíssem de sua bolsa para ase espalharem sobre a terra. Tendo feito humanos de barro colorido, o criador descansou para se preparar para a criação de um quarto mundo em algum momento futuro.

Outra história diz que os ancestrais dos sioux viveram no mundo inferior e atingiram a superfície escalando as raízes de uma videira.

(22) Segundo os snohomish, o deus Dohkwibuhch fez o céu tão baixo que as pessoas batiam a cabeça nele até que, com um esforço concentrado, eles usaram longas varas para empurrá-lo para sua posição atual. Algumas pessoas que acidentalmente foram levadas para o céu foram transformadas na constelação da Ursa Maior.

(23) Os washoe dizem que, no princípio, havia um grande agitação que incendiou o mundo. O calor era tão intenso que as chamas, que chegavam ao céu, derretiam as próprias estrelas que, depois, caíam na terra. O fogo só foi extinto quando o dilúvio chegou. Os homens que tentaram escapar da enchente construindo uma alta torre foram transformados em pedra.

(24) Na tradição dos yakima, o mundo originalmente era coberto de água. Whee-me-me-ow-ah, cansado de viver sozinho no céu, tirou lama do fundo do oceano e fez terras e montanhas. Depois fez todas as plantas e animais e, finalmente, usando mais lama, criou um homem e uma mulher.

(25) Na tradição dos zuni, a espuma verde deixada para trás pelo recuo das águas tornou-se terra e céu, e os ancestrais da tribo emergiram da caverna onde tinham procurado refúgio. Em outra versão, os homens nasceram em uma caverna que logo ficou muito cheia até que o primeiro homem, Poshaiyangkyo, intercedeu junto ao sol e garantiu sua libertação.

Ilhas do Pacífico

(1) Nas Ilhas Gilbert, dizem que Nareau fez, a partir da areia, Na Atibu e Nei Teukez, que tiveram muitos descendentes, incluindo Nareau, o Segundo. Ele matou Na Atibu e usou seu corpo para construir o mundo, usando seu olho direito para o sol e o esquerdo para a lua, dividindo o cérebro em pedaços para as estrelas e usando sua carne para as ilhas e seus ossos para as árvores. Quando isso foi feito, a árvore cresceu da espinha dorsal do morto Na Atibu, de onde cresceram os humanos.

(2) No Havaí, dizem que a mãe-terra Papa deu à luz uma cabaça e seu marido Wakea a usou para fazer o mundo. A cobertura externa se tornou o céu; da polpa, fez os corpos celestiais; da carne, a terra e o mar; com o suco fornecendo a chuva.

Uma outra versão diz que Tangaroa criou o mundo quando, sob a forma de um pássaro, pôs um ovo que, depois de flutuar nas águas primordiais, se quebrou formando a terra e o céu.

(3) Os polinésios dizem que Tangaroa viveu na escuridão eterna, Po, e de lá ele jogou pedras que tornaram as ilhas. Nelas ele plantou uma videira da qual nasceu a raça humana.

Uma outra história diz que o deus criador, Lo, separou a massa primordial em terra, mar e céu e então criou o sol, as luas e as estrelas.

(4) Em Samoa, dizem que os deuses do céu, Ilu e Mamoa, se fundiram para formar o céu e o deus do mar, Tagaloa, criou as rochas para sustentá-la. Depois, fizeram as crianças Po e Ao e esses dois se acasalaram e geraram Rangima e Rangiuri. Tagaloa fez com que a rocha Papa Taoto se levantasse do fundo do mar para que seu filho, Tuli, um pássaro, fizesse o ninho. Duas larvas surgiram, cresceram e se tornaram os primeiros humanos.

(5) Para os taitianos, Ta'aroa, um ser autocriado, saiu do ovo cósmico e usou a casca para fazer a terra e o céu. E então ele criou tudo o que existe. Outros dizem que ele criou o mundo dentro da casca de um mexilhão enquanto uma outra versão diz que ele usou o próprio corpo para construir o universo. Alguns afirmam que ele puxou as ilhas do fundo do oceano com linha e um gancho.

Persa
(1) O Monte Alborz cresceu até atingir o céu e a ponte Chinvat ligava o topo ao céu. Um portão levava da base até o inferno. O centro da terra era Khwanirath e havia seis Keshvars (seções) ao seu redor ligadas pelo boi celestial, Srishok. O deus do vento, Vayu, fez o oceano à volta do Monte Alborz a partir da chuva formada pelo deus da chuva, Tishtrya, que, na forma de um cavalo branco, lutou contra Apoasha, o demônio da seca. A deusa Anahita purificou as águas e o deus do fogo, Atar, lutou com o monstro destruidor Azhi Dahak. A árvore Gaokerena, a "White Hom" ou Haoma, forneceu o fruto da imortalidade.

(2) A versão zoroastriana propõe uma fase anterior na qual Ormazd e Ahriman foram separados por um vazio enorme. Ahriman se retirou para o inferno, deixando Ormazd governar por 3 mil anos, depois dos quais ele ataca e destrói o mundo. Essa alternância é repetida três vezes antes do final definitivo.

Siberiana
(1) Os samoiedos dizem que o deus Num mandou aves para investigar as águas primordiais e fez a terra a partir do barro que uma das aves trouxe de volta no bico.

(2) Na versão tártara, o deus Ulgan baniu o espírito do mal, Erlik, para a terra dos mortos. Esse espírito viveu em terra sob as águas primitivas e, quando trouxe um pedaço dela até a superfície, Ulgan fez com que ela flutuasse na água e crescesse para formar todo um continente. Em algumas versões, o disco da terra é sustentado por três peixes que, em movimento, provocam terremotos. Ulgan também criou os homens e foi para o céu derrubar seus espíritos.

(3) Os voguls dizem que os animais e peixes foram mandados do céu para baixo pelo deus do céu Numitorem.

(4) De acordo com os yakuts, o universo sempre existiu com uma árvore enorme no centro, cujos galhos abrigam sete céus. A terra foi criada por Yryn-ai-tojon, o deus supremo, de forma semelhante à atribuída a Ulgan pelos tártaros (*veja acima*).

Sul-americana
(1) A versão aruaque diz que Makonaima criou o mundo e deixou seu filho Sigu encarregado dos animais. Sigu cortou uma árvore mágica e plantou suas sementes por toda a terra até que a água que emergiu do tronco da árvore inundou a terra. Sigu e muitos animais escaparam, escondidos em uma caverna.

(2) O povo barasana diz que o mundo foi criado por Romi Kumu, uma mulher xamã. Ela preparou uma chapa de barro

e fez três montanhas sobre as quais descansou. Quando ela acendeu o fogo sob a chapa, a estrutura desmoronou, empurrando a terra para baixo para se tornar o mundo inferior, enquanto outras chapas se tornaram terra e céu. Então, ela abriu a Porta da Água, inundando a terra e todos os objetos inanimados se transformaram em animais. Alguns sobreviveram fazendo uma canoa que parou no topo de uma montanha.
(3) Os chaco afirmam que o mundo e os primeiros humanos foram feitos por um besouro.
(4) Os chamacoco dizem que originalmente os homens viviam no mundo inferior. Dois deles subiram por uma corda até a superfície, mas um cão roeu a corda e os outros tiveram que escalar uma árvore que chegou ao céu, de onde caíram na terra.

Uma outra história chamacoco diz que os homens viviam dentro do oco de uma árvore enorme até que um deles dividiu essa árvore para que eles pudessem sair.
(5) Os chibcha dizem que a primeira coisa a existir foi a luz. Ela foi trazida à terra em uma urna chamada Chiminagaga (embora alguns digam que esse era o nome da divindade que enviou a luz) e distribuída pelas aves. A deusa Chia foi transformada na lua (ou uma coruja, sustentam alguns) como punição por provocar um dilúvio ao qual poucos humanos sobreviveram.
(6) Na tradição dos mbaya, há muitas versões de como o homem veio à terra: emergindo de uma caverna em algum lugar do norte; saindo do chão quando foram libertados por um cachorro; eclodindo de ovos postos no topo de uma montanha.

(7) Na versão dos matado, havia animais na terra e mulheres no céu. Algumas delas desceram à terra em uma corda e não conseguiram voltar quando uma ave bicou a corda. Elas então permaneceram na terra, acasalando-se com os animais para formar as tribos.
(8) Os tereno dizem que os homens viviam em uma fenda profunda até serem descobertos e soltos por dois seres sobrenaturais que se depararam com eles quando estavam caçando.

Criador da Terra[1] *Norte-americana*
Um deus criador da tribo pima. Ele criou o mundo que, mais tarde, foi destruído pelo dilúvio enviado por pela Grande Águia, sua inimiga.

Criador da Terra[2] *Norte-americana*
A divindade suprema dos winnebago. Ele criou cinco (ou oito) grandes espíritos, cada um responsável por um aspecto particular da vida, que livraram a terra de gigantes e maus espíritos. Seu maior opositor foi o espírito maligno Herecgunina.

Criador da Terra[3] *veja* **Pachacamac**

Criança da Água *Norte-americana*
Um herói da cultura das tribos apache e navajo; filho da Mulher Mutante; irmão do Matador de Monstros. Ele e seu irmão matavam monstros e todos os inimigos da humanidade. Ele era capaz de se aproximar dos monstros o suficiente para poder matá-los, usando um manto da invisibilidade que lhe foi dado por Lizard. Um dos monstros que ele matou era um gigante, um ser enorme coberto com quatro camadas de pedra.

Criseis *Grega*
também Créssida
Filha de Crises, um sacerdote de Apolo.
Ao ser capturada em Troia, ela foi entregue como prêmio ao rei Agamenon.

O pai suplicou por sua libertação, mas Agamenon se recusou a soltá-la até que uma praga desceu sobre o exército grego. Ele então exigiu a garota Briseis, que havia sido capturada por Aquiles, iniciando assim uma briga que levou Aquiles a se recusar a lutar.

Em alguns relatos, ela teve um filho, também chamado de Crises, com Agamenon, mas disse que o pai do menino era Apolo.

crocodilo
(1) Algumas tribos africanas consideram este animal um espírito do mal; outras, o lar de seus ancestrais; e outras um animal sagrado para não ser morto.
(2) Os árabes veem o crocodilo como tendo propriedades oraculares.
(3) Nas Índias Orientais, algumas tribos dizem que esses animais abrigam os espíritos dos antepassados. Os dayaks consideram os crocodilos servos dos deuses do mundo inferior, o Jata.
(4) Na mitologia egípcia, o crocodilo personifica a razão divina e é adorado como tal. Alguns dizem que ele recuperou o corpo de Osíris do Nilo.
(5) Na Indonésia, dizem que os homens podem se transformar em crocodilos recitando a fórmula apropriada.
(6) Na Malásia, dizem que a pessoa que cai em um rio pode se tornar um crocodilo, que tem um compartimento no estômago para guardar a roupa.

Um crocodilo jovem que se aventura na floresta pode se tornar um tigre.
(7) No México, o crocodilo era venerado e não morto.

Crocus *Grega*
Quando a ninfa Smilax rejeitou o amor de Crocus, os deuses transformaram essa juventude em uma flor com esse nome.

crodh mara *Escocesa*
Vacas fadas. Diz-se que estes animais produzem três vezes mais leite do que as vacas comuns.

Cronos[1] *Grega*
"Tempo", uma das duas divindades primordiais presente no início do mundo.

Cronos[2] *Grega*
também Kronos
= *Romana* Saturno

Um supremo deus primitivo e deus da fertilidade; o Titã mais jovem. Filho de Urano e Gaia; marido de sua irmã Reia; pai de Deméter, Hades, Hera, Héstia, Poseidon, Zeus; pai de Quíron, dizem algumas fontes.

Cronos era o mais jovem dos Titãs e liderou a revolta dos Titãs contra os deuses mais velhos. Ele castrou o pai, Urano, e assumiu seu trono. Ele tinha sido avisado de que um de seus filhos o destronaria, então ele engoliu cada um deles ao nascer. Reia conseguiu salvar Zeus dando a Cronos uma pedra envolta em roupas de bebê para ele engolir. Ele foi forçado a regurgitar a pedra e as crianças, que estavam ilesas, quando Zeus lhe deu uma bebida emética. Cronos foi morto por seu filho, Zeus, na guerra entre os Titãs e os deuses mais novos ou, em outro relato, ele se tornou governador das Ilhas Afortunadas.

Às vezes, ele é retratado com três pares de asas.

Crop-eared Dog *Irlandesa*
Um cachorro sem orelhas e sem rabo, mas capaz de falar.

Na verdade, ele era Alexander, filho do rei da Índia. Seu pai tinha se casado em segundas núpcias com Libearn, que transformou o príncipe e seus irmãos em cães para que seu próprio filho, o Cavaleiro da Lanterna, herdasse o trono. O rei Artur mandou Gawain e o Crop-eared Dog capturarem o Cavaleiro da Lanterna, que devolveu a forma humana ao cachorro. Posteriormente ele se tornou o rei da Índia.

Cuchulainn *Irlandesa*
Um herói guerreiro de Ulster; o maior dos doze Campeões do Ramo Vermelho.

Sua mãe era Dectera, uma deusa da lua. Seu pai terreno pode ter sido Conor mac Nessa, que alguns dizem que era irmão de Dectera, mas seu verdadeiro pai era o deus sol Lugh que, sob a forma de uma efêmera, voou para a boca de Dectera. Ela deu seu filho recém-nascido como presente a Ulster e o menino foi criado por uma irmã dela, Finchoom, ao lado do próprio filho, Conal. O menino recebeu o nome de Setanta, pois tinha olhos com sete pupilas e mãos e pés com sete dedos.

Em uma visita a Cullan, um próspero ferreiro, Setanta, então com seis anos, matou o enorme cão de guarda do homem com as próprias mãos depois de ser atacado. Depois, para acalmar o furioso deus ferreiro, agiu como o cão de guarda até que outro animal pudesse ser treinado. A partir desse momento, ele se tornou Cuchulainn, o "Cachorro de Culann", e jurou nunca comer a carne de um cachorro. Aos sete anos, ele derrotou 150 príncipes da corte de Conor, e se tornou membro daquele tribunal.

Ele se apaixonou por Emer, filha de Forgall, senhor de Lusca, mas ela o desdenhou até que ele provar que era um grande guerreiro. Conor deu a ele uma carruagem e armas e o enviou para a Escócia para aprender as artes da guerra com uma criada guerreira, Skatha. Lá ele aprendeu muitas façanhas com armas com o guerreiro Domhnall e outras com Skatha. Lutou ao seu lado contra a irmã dela, a princesa Aifa, derrotou-a em combate e a levou para o acampamento de Skatha, forçando as duas a fazer as pazes. Ele se tornou seu amante e lhe deixou um anel para ser dado a qualquer filho de sua união, que deveria receber o nome de Connla. Anos mais tarde, quando Connla procurou o pai, eles lutaram sem saber da identidade um do outro, e Cuchulainn matou o próprio filho. Só quando ele viu o anel no dedo do jovem morto foi que percebeu o que havia feito.

Sua primeira façanha após ser treinado por Skatha foi desafiar os filhos de Nechtan que tinham invadido Ulster várias vezes e matado muitos homens. Ele matou Foill, um ser sobrenatural, com um tiro de funda e cortou sua cabeça. Depois, matou também os dois irmãos de Foill e ateou fogo em seu castelo. E então foi para Emain Macha, a residência dos reis de Ulster, ainda dominado pela sede de sangue, e só voltou ao normal depois de encontrar um grupo de mulheres nuas, lideradas por Mughain, a rainha, que o mergulhou em uma banheira de água fria até se acalmar. Outros relatos dizem que esse fato ocorreu muitos anos antes, quando Cuchulainn ainda era um garoto.

Ele então atacou o castelo de Forgall, matando-o junto com seus homens, e levou Emer e uma grande quantidade de tesouros, incluindo um caldeirão que produzia ouro e prata. A irmã de Forgall, Scenmed, deu o alarme e os perseguiu, mas Cuchulainn derrotou suas forças e matou Scenmed.

Em uma disputa com Conall Cearnach e Laoghaire pelo título de Campeão de Ulster, tanto Conall quanto Laoghaire correram dos gatos selvagens que tinham sido colocados em seu quarto, enquanto Cuchulainn sozinho os enfrentou com sua espada. Eles também foram testados pelo mago guerreiro Ercol, que os atacou com bruxas e depois ele mesmo lutou com os três, perdendo apenas para Cuchulainn. Em um torneio de decapitação, os três enfrentaram e decapitaram o gigante Uath, mas só Cuchulainn estava preparado para oferecer seu pescoço ao machado. O gigante falhou intencionalmente e declarou Cuchulainn o campeão, antes de desaparecer no ar. Na realidade, ele era Curoi, um soberano feiticeiro.

Em outra luta, desta vez com Bricciu, deus da tempestade e senhor de Ulster, ele cortou sua cabeça, mas Bricciu pegou a própria cabeça e desapareceu em um lago. No dia seguinte, já recuperado, ele reivindicou sua parte na aposta e Cuchulainn colocou sua cabeça no bloco, esperando pelo machado. Bricciu fez todos os movimentos do golpe, mas poupou a vida de Cuchulainn por admirar sua bravura.

Em alguns relatos, ele recebeu de Seanbheag, um homem do Outro Mundo, armas que garantiram a vitória e roupas para protegê-lo do fogo e da água.

Outra história diz que, certa vez, Cuchulainn se encontrou com a deusa Badb, que assumiu a forma de uma mulher vestida de vermelho, conduzindo uma carruagem com um cavalo. O cavalo era ligado à carruagem por uma vara que percorria todo o seu corpo e era presa por uma estaca na testa do animal. Cuchulainn saltou na carruagem, que imediatamente desapareceu.

Uma vez, exigiram que ele encontrasse os três filhos de Daol Dearmaid que haviam desaparecido misteriosamente. Ele viajou em um barco mágico até uma ilha onde Achtland, a irmã deles, o levou ao lugar onde os irmãos eram mantidos em cativeiro por Eochaid Glas. Cuchulainn matou o homem e resgatou os três irmãos. E também resgatou a princesa Gruadh, que fora carregada por um gigante, matando-o.

Maev, rainha de Connaught, cobiçava a lança de Cuchulainn, Cletine, e enviou um bardo para pedi-la, sabendo que nunca se pode recusar o pedido de um poeta. Cuchulainn arremessou a lança e matou o bardo. O arremesso foi tão forte que a lança se quebrou e as partes caíram em um riacho.

Ele se envolveu com Blathnat, esposa do rei Curoi, e corou a cabeça de Curoi. Quando o deus do mar, Manannan, brigou com a esposa Fand, ela e Cuchulainn tiveram um caso de um mês, mas ele acabou voltando para sua mulher, Emer. Ambos receberam bebidas mágicas dos druidas para fazê-los esquecer o incidente.

Quando Maev e Ailill mandaram um exército a Ulster para capturar o Touro Castanho de Cooley, todos os homens de Ulster foram afetados pela "Debilidade dos Ultonianos", um sofrimento que caiu sobre eles por uma maldição que os deixou tão fracos quanto uma mulher dando à luz por cinco dias e quatro noites, impedindo-os de defender sua província. Cuchulainn então teve que fazer o trabalho sozinho até que se recuperassem. Ele atormentou o inimigo, matando centenas de soldados, alguns dos quais caíram mortos ao vê-lo em fúria durante a batalha. Vários enfrentamentos foram organizados em um vau, todos vencidos por Cuchulainn, incluindo um contra o campeão deles, Natchrantal. Apesar de seus esforço, os invasores apreenderam o touro e o levaram de volta a Connaught. Ele então foi relutantemente induzido a enfrentar seu amigo Ferdia. Depois de quatro dias lutando com todo tipo de arma, Cuchulainn ficou gravemente ferido, mas matou o velho amigo com a lança Gae Bolg ou, em algumas versões, o atravessou com sua espada. Quando se recuperou, juntou-se aos homens de Ulster, e as forças de Connaught foram repelidas.

Depois de sete anos de paz, quando Maev renovou seu ataque a Ulster, Cuchulainn ignorou os apelos da mãe e da esposa, e foi mais uma vez para a batalha. Ele e seu pai, Sualtam, defenderam Ulster, mas três bruxas o privaram da invulnerabilidade dada pelo cinto mágico que ele usava e ele foi mortalmente ferido por uma lança arremessada por Lugaid, filho de Curoi. Ele se amarrou a uma coluna e se preparou para lutar, mas, quando um corvo pousou em seu ombro, Lugaid se aproximou e cortou a mão de Cuchulainn. Dessa maneira, ele vingou o assassinato de seu pai, Curoi. O sangue do herói foi bebido por uma lontra ou, dizem alguns, por um corvo. Ao cair de sua mão, sua espada cortou a mão de seu assassino. Os inimigos então cortaram a cabeça de Cuchulainn e a carregaram junto com a mão cortada, enterrando as duas em Tara.

Em outra versão, Morrigan estava se opondo a Cuchulainn na batalha porque ele rejeitou seu assédio e foi ela quem o atacou sob a forma de um corvo.

Culhwch *Galesa*

Um primo do rei Artur.

Ele nasceu quando sua mãe enlouqueceu e correu para um campo cheio de porcos. Ela fugiu, deixando a criança, que foi encontrada por um cuidador de porcos.

A segunda esposa de seu pai determinou que Culhwch só poderia se casar com Olwen, a filha do rei dos gigantes, Ysbaddaden. Este estabeleceu trinta e nove condições que Culhwch deveria cumprir antes de permitir o casamento com sua filha, sabendo da velha profecia de que ele morreria quando a menina se casasse. Culhwch pediu ajuda a seu primo, o rei Artur, recitando os nomes e a patente de todos os mais de duzentos convidados em Camelot, e o rei forneceu uma escolta com muitos guerreiros. As tarefas, entre outras coisas, envolviam limpar um terreno e lavrar a terra, obtendo de muitas fontes bastante espalhadas um grande caldeirão, um chifre e uma taça de vinho, um cesto nunca vazio, uma harpa que podia tocar sozinha, garrafas que guardavam líquidos quentes e outras para manter fresco o leite, o sangue de uma bruxa, a presa de um javali, a espada do gigante Gwrnach, e caçadores, cães e cavalos para caçar o javali Twrch Trwyth, e ainda o pente, a navalha e a tesoura, levada entre as orelhas do enorme animal.

Depois de muitas aventuras, nas quais ele foi ajudado pelo bando de guerreiros fornecidos pelo rei Artur, todos esses objetivos foram alcançados e Culhwch reivindicou Olwen como sua noiva. O pai dela foi morto por Goreu, um pajem da corte do rei Artur, cumprindo a antiga profecia, e Culhwch se apoderou dos animais de suas terras.

Cupido *Romana*
também Amor
= *Grega* Eros

Deus do amor; filho da deusa Vênus e Vulcão, o deus do fogo; filho dos deuses Mercúrio ou Júpiter, dizem alguns.

Ele carregou a bela donzela Psiquê e viveu com ela, mas só a encontrava à noite para que ela nunca pudesse vê-lo. Ele a deixou quando ela violou sua confiança, mas acabaram se reconciliando. Psiquê foi deificada e aceita como esposa de Cupido pelas outras divindades.

Em alguns relatos, ele foi levado nas costas de um peixe para escapar do monstro Typhon, assim como Vênus. Nos céus, os dois são representados pela constelação de Peixes.

Cupido é retratado como um deus alado carregando um arco que atira flechas nos corações daqueles que ele deseja que se tornem amantes.

Curson *Europeia*

Um demônio, um dos 72 Espíritos de Salomão. Diz-se que ele conhece o passado, o presente e o futuro, e é representado com o rosto de um leão, cavalgando um urso e segurando uma cobra.

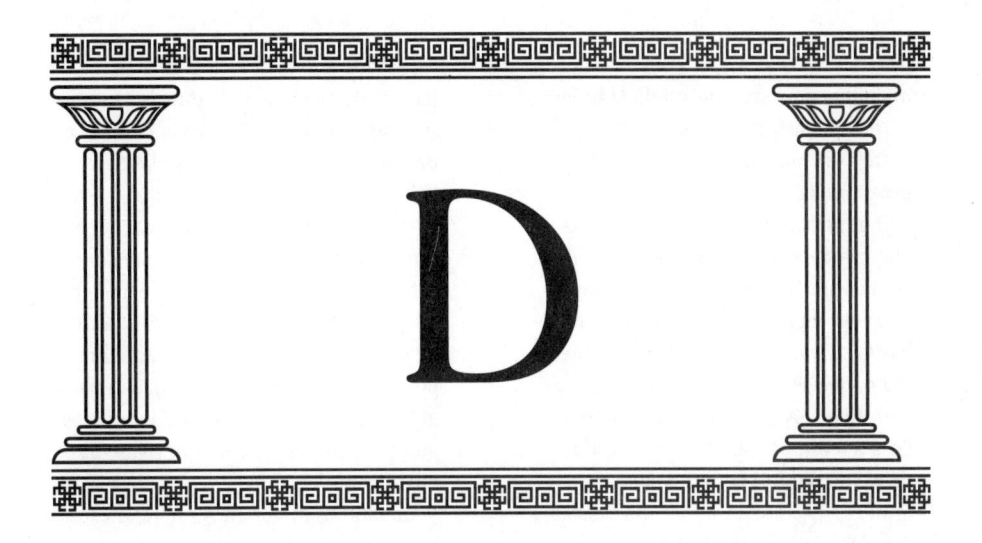

D *Centro-americana*
Uma divindade maia de identidade incerta, conhecida como Deus D (*veja* ***deuses alfabéticos***); talvez Itzamna ou Kukulcan.

Essa divindade é retratada como um homem idoso e, em alguns casos, tem um caracol na cabeça. Ele é considerado o deus da lua.

Da *Tibetana*
também Dab-hla
Um deus guardião que se senta no ombro direito e o protege dos inimigos.

Ele é retratado em uma armadura dourada sobre um cavalo branco, segurando uma lança. Dos próprios ombros da divindade brotam um leão e um tigre. Diz-se que seus companheiros constantes são um homem-macaco, um urso preto e um cachorro.

Dabog *Eslava*
Um deus do sol e deus da justiça. Ele cruza o céu todos os dias em uma carruagem puxada por doze cavalos brancos ou três feitos de metais preciosos.

Alguns dizem que ele foi o progenitor do povo russo.

Dáctilos *Grega*
Seres criados pelas ninfas Anquíale ou Reia, a deusa da natureza como servas do deus Cronos.

Em alguns relatos, havia três Dáctilos (Ácmon, Célmis e Damnameneu); em outros, eles eram cinco: Epimedes, Héracles, Idas, Jasius e Paeonius que, dizia-se, desenvolveram a arte dos trabalhos em metal. Outros dizem que eram seis homens e cinco mulheres; ou trinta e dois, que lançavam feitiços e vinte que os removiam; ou cem.

Alguns dizem que eles foram criados por Anchiale ao arrancar um punhado de terra; outros dizem que apareceram quando Reia cavou a terra com os dedos. Eles viviam sob o solo, minerando metais preciosos, e credita-se a eles a invenção da métrica em poesias, uma das quais recebeu seu nome.

Dafne *Grega*
Uma ninfa, uma sacerdotisa da Mãe Terra.
　Leucipo disfarçou-se de ninfa para cortejá-la, mas foi exposto e morto pelas ninfas.
　O deus Apolo se apaixonou por ela, que fugiu de sua aproximação pedindo ajuda a seu pai, o deus do Rio Peneus. Quando Apolo estava prestes a alcançá-la, ela se transformou em uma árvore de louro, que se tornou uma árvore sagrada para Apolo. Alguns dizem que a deusa Gaia a levou para Creta como Pasífae, deixando o louro em seu lugar.

Dagan[1] *Mesopotâmica*
também Dagon
Um deus babilônio da fertilidade.
　Diz-se que ele inventou o arado. Em alguns relatos, ele é comparado a Ea ou retratado como um peixe.

Dagan[2] *Mesopotâmica*
também Baal-Dagon, Dagon
Um deus do milho ou deus dos peixes.

Dagda *Irlandesa*
Deus da vida e da morte, o "bom deus"; chefe dos Tuatha De Danann (o "povo da deusa Dana"); filho de Dana e de seu marido Eladu.
　As conexões da família de Dagda são confusas; em algumas versões, Brigit é sua mãe; em outras, sua mulher; alguns dizem que ela foi uma de suas três filhas, todas com o mesmo nome. Onde sua esposa não é Brigit, ela é uma mulher com três nomes, Breng, Meabel e Meng. Algumas versões têm Boann como sua esposa, mas ela aparece mais frequentemente como a esposa de Elcmar, seduzida por Dagda para gerar Angus, ou de Nechtan. Em algumas versões, Bodb Dearg também é filho de Boann. Alguns dizem que a deusa Morrigan foi sua consorte, enquanto existe quem diga que ele a seduziu para pedir sua ajuda em uma batalha, a segunda Batalha de Moytura, na qual os danaans derrotaram os fomorianos.
　Ele tinha um caldeirão mágico, conhecido como Undry, que estava sempre cheio, e que ele usava para satisfazer seu enorme apetite, e que era, se necessário, capaz de trazer os mortos de volta à vida. Ele também tinha um porrete enorme com o qual podia matar até nove homens com um só golpe, mas podia ressuscitá-los com um toque da outra ponta da arma.
　Quando os fomorianos roubaram sua harpa, ele foi ao salão e exigiu que a devolvessem. A harpa voou da parede onde tinha sido pendurada, matou aqueles que a roubaram e colocou os outros para dormir com sua música.
　Quando foram derrotados pelos milesianos, os danaans passaram a viver no mundo inferior como fadas, e Dagda entregou a liderança a seu filho, Bodb Dearg.

Dagon *veja* **Dagan**[1,2]

Daikoku *Japonesa*
Deus xintoísta dos fazendeiros e da riqueza; um dos Sete Deuses da Sorte (Shichi Fukujin).
　Ele se tornou tão popular que os outros deuses conspiraram para se livrar dele e enviaram o astuto Shiro, um poder maligno, para lidar com ele. Shiro encontrou Daikoku em um armazém, mas o fiel rato do deus pegou um ramo de azevinho e expulsou Shiro.
　Ele carrega um martelo do qual, diz-se, cai dinheiro quando ele o balança. Ele é retratado com um homem gordo, de pele escura, sentado em dois fardos de arroz ou de pé sobre os fardos e segurando o Sol Vermelho e seu martelo.

Dain *Nórdica*
Um dos quatro cervos dos deuses. Esses animais pastavam na árvore do mundo, Yggdrasil, produzindo água para os rios, e néctar para a terra.

Daksha *Hindu*
Um sábio e um deus do sol; um dos Adityas; líder dos Prajapatis; filho do Brahma.

Ele nasceu do polegar direito de Brahma e diz-se que renasce a cada geração. Em sua primeira aparição, ele teve milhares de filhos e 24 (26, 27, 50 ou 60) filhas. Uma delas, Sati, casou-se com o deus Shiva, enquanto as outras se tornaram consortes do sábio Dharma e do sábio Kashyapa.

Em uma encarnação posterior, ele teve 27 filhas, todas elas consortes do deus da lua, Chandra.

Daksha também atuou como criador, sob a supervisão de Brahma, fazendo todos os animais, demônios, deuses e deuses menores.

Quando ele esqueceu de incluir Shiva em um sacrifício, a esposa de Shiva, Sati, imolou-se, e Shiva (como Virabhadra) causou estragos entre os adoradores, cortando a cabeça de Daksha, que depois foi queimada. Shiva se arrependeu e Brahma (ou em algumas histórias, Shiva) revivificou Daksha, dando-lhe a cabeça de um bode ou carneiro, como substituta.

Dakuwanga *Ilhas do Pacífico*
Um deus tubarão fidjiano.

Damas do Musgo *Nórdica*
Ninfas da floresta perseguidas na Caçada Selvagem.

Damballah Wedo *Caribenha*
O deus serpente do Haiti; marido de Aida-Wedo; um dos três maridos de Erzulie, a deusa do amor.

Essa divindade deriva do deus cobra do povo fon, Dan Ayido Hwedo. Ele e sua esposa aparecem como um arco-íris de serpentes.

Dâmocles *Romana*
Um cortesão de Dioniso do século IV, rei de Siracusa. Ele estava sentado em uma festa, com uma espada pendurada sobre sua cabeça, suspenso por um único fio de cabelo, para demonstrar a imprevisibilidade da vida.

Damura *Ilhas do Pacífico*
Uma "Cinderela" indonésia. Ela se tornou amiga de um crocodilo que lhe deu roupas maravilhosas para o baile do rei. Quando ela saiu pela manhã, o príncipe encontrou sua sandália e propôs que se casassem. Sua madrasta a jogou no rio, mas o crocodilo a salvou e ela se casou com o príncipe.

Dan Ayido Hwedo *Africana*
também Serpente Arco-íris
= *Haitiana* Damballah Wedo
Uma píton divina do povo Fon, do Benin e da Nigéria.

Ele foi feito por Mawu ("Deus") e o levou em suas viagens quando Mawu criou a Terra. Os excrementos da píton foram usados para fazer as montanhas e, quando o trabalho foi concluído, ele se enroscou no mar, sob a terra, para sustentá-la. Se ele se mover, haverá um terremoto e, quando tiver comido todas as narras de ferro no mar, ele começará a se comer, começando pela cauda, e logo a terra cairá no mar, por falta de apoio.

Em alguns relatos, são 3.500 espirais sobre a terra e 3.500 abaixo, mantendo-a em segurança. Uma dessas espirais é vista como o arco-íris.

(*Veja também* **Damballah Wedo**.)

Dana
também Danu   *Irlandesa*

Uma deusa suprema e deusa da água. Em alguns relatos, ela foi a mãe de Dagda, em outro, sua filha Brigit.

Quando seu povo, os danaans, foi derrotado pelos milesianos, ela encontrou suas casas subterrâneas.

Outros relatos se referem a seus descendentes como Feini e afirmam que foram os colonizadores da Irlanda.

Em alguns relatos, ela é identificada com a deusa Morrigan.

Danaans
também Filhos de Dana, Povo de Dana, Tuatha De Danann   *Irlandesa*

Uma lendária tribo de invasores.

Os danaans eram descendentes dos primeiros invasores, os nemedianos, alguns dos quais voltaram para a Grécia, de onde, mais tarde retornaram à Irlanda. Dizia-se que eles vieram por mar para se estabelecer na Irlanda e queimaram seus barcos para que nunca mais pudessem partir.

Eles lutaram contra o Fir Bolg e venceram; em algumas histórias, expulsaram o Fir Bolg; em outras, selaram a paz e os confinaram em Connaught. Alguns dizem que esta foi a primeira Batalha de Moytura.

Eles enfrentaram os indígenas fomorianos e os derrotaram na segunda Batalha de Moytura. Alguns dizem que tanto a primeira quanto a segunda batalhas em Moytura foram contra os fomorianos. Mais tarde, quando foram superados pelos invasores milesianos na Batalha de Tailltinn, eles se retiraram para o mundo subterrâneo das fadas.

Dizia-se que se originaram de Falias, Finias, Gorias e Murias, locais de conhecimento e habilidade e, em alguns relatos, vieram para a Irlanda carregados em uma nuvem mágica.

Danae   *Grega*
Mãe de Perseu com Zeus. Seu pai, Acrísio, foi advertido de que um filho de Danae poderia matá-lo, por isso ele a trancou em uma câmara feita de bronze. Mas isso não impedia Zeus de visitá-la sob a forma de um banho ou uma chuva de ouro, para conceber um filho que recebeu o nome de Perseu. Seu pai a colocou junto com o filho dela em uma arca e a jogou no mar, onde ficou à deriva. Eles foram resgatados por um pescador chamado Dícdis na Ilha de Serifo. Quando, mais tarde, ela se recusou a casar com Polidectes, irmão de Dícdis e governante da ilha, ele a perseguiu. Perseu a encontrou escondida com Dícdis e a levou de volta à Grécia.

Danaides   *Grega*
As cinquenta filhas de Danaus e da ninfa Io. Todas essas moças se casaram com os cinquenta filhos de Egisto e cada uma delas matou o marido na noite de seu casamento coletivo, exceto Hipermnestra, que poupou o marido Linceu. Elas foram perdoadas dos assassinatos pela deusa Atena e pelo deus Hermes, mas, no Tártaro, foram condenadas para sempre a carregar água em latas que vazavam ou a encher jarras de água usando peneiras.

Alguns relatos dizem que Linceu matou não só Danaus, mas todas as danaides, exceto Hipermnestra, para vingar o assassinato dos irmãos.

Em outras versões, duas outras irmãs, Amymome e Berbyce, pouparam seus maridos.

Danaus   *Grega*
Rei da Líbia ou de Argos; irmão gêmeo de Egisto. Ele foi pai das cinquenta

filhas (*veja* **Danaides**), e as levou para a Grécia para escapar das intenções assassinas de seu irmão Egisto. Ele se tornou rei de Argos no lugar de Gelanor e foi atacado pelo cinquenta filhos de Egisto. Acabou concordando que eles se casassem com suas cinquenta filhas, mas armou as meninas com um alfinete ou um punhal com o qual todas, exceto Hipermnestra, mataram seus maridos. O noivo poupado, Linceu, mais tardem matou Danaus e assumiu seu trono.

dança élfica *Europeia*
Uma melodia com a qual as fadas dançam. Qualquer mortal tocando a música não poderia parar até que morresse exausto. Os que estavam dançando eram obrigados a continuar até que a música parasse.

Dantalian *Europeia*
Um demônio, o senhor do inferno; um dos 72 Espíritos de Salomão.

Ele é retratado com vários rostos, de ambos os sexos, e segurando um livro. Diz-se que ele dava aulas de artes e ciências.

Danu *veja* **Dana**

Daphnis[1] *Grega*
Um pastor da Sicília; filho do deus Hermes com uma ninfa; meio-irmão de Pã. Em alguns relatos, Hermes era seu amante, e não seu pai.

Credita-se a Daphnis a invenção dos versos bucólicos. Afrodite fez com que ele se apaixonasse pela ninfa das águas, Nais, a quem ele prometeu ser sempre fiel. Quando ele se mostrou infiel ao preferir Xênia, uma amante mortal, Nais o cegou. Mais tarde, ele se afogou e as ninfas d'água se recusaram a ir em seu auxílio. Hermes então o levou para o céu.

Em outra versão, ele resistiu a todas as tentativas de Afrodite de torná-lo infiel em vez de dar lugar à sua tentação. Outros dizem que ele morreu de desejo por Xênia.

Em um relato diferente, ele amou a ninfa Pimplea, que foi raptada por piratas. Quando Daphnis a encontrou, um escravo da corte do rei Lityerses na Frígia, ele foi desafiado em um concurso de colheitas. Hércules assumiu o lugar de Daphnis, matou Lityerses e fez de Daphnis, que se casou com Pimplea, rei da Frígia.

Daphnis[2] *Romana*
Um pastor de cabras apaixonado por Chloe, uma pastora.

Tanto Daphnis quanto ela foram abandonados pelos pais, em campos adjacentes, e cresceram para tornar amantes ideais.

Darana *Australiana*
Um espírito do Tempo do Sonho. Ele podia cantar feitiços para trazer chuva para o deserto.

Ele matou dois jovens que tinham aberto seus sacos de comida e transformado seus corpos em pedras, conhecidas como Duralu, as quais as tribos foram instruídas a proteger, pois o desastre ocorreria se as pedras fossem danificadas ou quebradas.

Ele plantou várias árvores no deserto e, após o dilúvio, subiu uma montanha e ascendeu ao céu onde permanece como um deus guardião do céu, encontrando as almas dos mortos (tulugals) e cuidando delas. Ele também supervisiona os ritos de iniciação de algumas tribos, fingindo cortar os iniciados em pedaços e restaurá-los à vida. Ele então tira um dos dentes da frente de cada iniciado.

Darawigal *Australiana*
A força do mal na tradição dos aborígenes.

Dárdano *Grega*
Fundador de Troia; filho do deus Zeus e de Electra, uma das Plêiades. Alguns dizem que seu pai terreno era Corytus.
    Em uma versão da história do Dilúvio, ele aparece no lugar de Deucalião.

Dausos *Báltica*
O reino lituano dos mortos.
    Dizia-se que ficava no céu, atrás de um montanha muito alta e escorregadia.

Davy Jones *Europeia*
Um termo do marinheiro para o diabo ou espírito do mar.

Dayunsi *Norte-americana*
também Besouro d'água
Um deus criador dos índios cherokee. Ele viveu no mar, enquanto todos os outros seres viviam no céu. Ele trouxe lama do fundo do mar que, quando pendurada em cordas pelo Poderoso, secou para formar a terra que então foi colocada à disposição dos seres do céu.

De-Ai, De-Babou *Ilhas do Pacífico*
Na tradição das Ilhas Gilberto, gêmeos, o primeiro par de humanos.

Decarabia *Europeia*
também Carabia
Um demônio, um dos 72 Espíritos de Salomão. Ele pode aparecer como homem ou como um diagrama (uma estrela em um pentagrama) e pode transmitir conhecimento sobre plantas e pedras.

Decuma *Romana*
Uma deusa do nascimento, uma das três Parcas ou Destinos.

Dédalo *Grega*
Arquiteto e mestre-artesão, ele foi banido de Atenas pelo assassinato de Talos, seu talentoso aprendiz, e filho de sua irmã Polycaste.
    Em Creta, ele fez uma novilha de bronze onde Pasífae ficou escondida até se acasalar com touro branco e gerar o monstro, o Minotauro. Dédalo então construiu o Labirinto, onde essa criatura ficou presa, e fez um fio mágico que deu a Ariadne, e que mais tarde permitiu a Teseu encontrar a saída do labirinto depois de ter matado o Minotauro. Ele mesmo foi trancado nesse labirinto por Minos por ter ajudado Pasífae, mas ela o ajudou a escapar com seu filho Ícaro. Eles voaram em asas de penas e cera, feitas por Dédalo, mas Ícaro, com a imprudência da juventude, voou muito perto do sol, derretendo a cera de suas asas. Quando ele caiu no mar e se afogou, foi Dédalo que recuperou o corpo.
    Em outra versão, Pasífae os libertou e eles deixaram Creta em um barco usando as velas que Dédalo tinha inventado.
    Ele então voou para a Sicília onde ele foi recebido pelo rei, Cocalus. Quando Minos veio à sua procura, ele reconheceu Dédalo quando resolveu o problema estabelecido por Minos, de passar um fio pela concha de um tritão atraindo uma formiga através das espirais da concha com mel. Alguns dizem que que Dédalo matou Minos com água fervendo quando ele estava tomando banho.
    Ele é considerado o inventor da verruma, do machado, da serra e dos mastros e velas dos barcos.

Dedi *Egípcia*
Um mago que, dizia-se, comia quinhentos pães e bebia cem jarros de cerveja por dia e tinha o poder de cortar a cabeça de qualquer ser vivo e restaurá-lo.

Deerhunter *Norte-americana*
Este jovem tewa era o melhor caçador de sua aldeia e se apaixonou pela Donzela do Milho Branco, a garota mais bonita e mais talentosa de sua tribo. Eles se

casaram e se tornaram inseparáveis, negligenciando tudo para que pudessem estar juntos. Pouco tempo depois, quando a Donzela do Milho Branco morreu, ele ficou inconsolável e vagou pelas planícies em busca do espírito da amada. Deerhunter a encontrou, aparentemente inalterada, e a convenceu a voltar com ele. Logo apareceram os cheiros e os sinais da morte, e seu marido foi repelido, mas ela não se separou dele, e o seguiu aonde quer que ele fosse. Em determinado momento, surgiu um espírito sob a forma de um caçador alto, com um arco enorme, e lhes disse que, pelo comportamento de ambos, eles tinham ofendido os deuses. Para garantir que permanecessem sempre juntos, ele atirou o casal para o céu, onde, agora, eles aparecem como duas estrelas, a menor sempre seguindo a outra pelo céu.

Degei *Ilhas do Pacífico*
Uma serpente primitiva na tradição das ilhas Fiji. Essa serpente incubou os ovos postos pelo falcão Turukawa e chocou os primeiros humanos, um menino e uma menina. Ela então criou lavouras para que eles pudessem sobreviver. No mundo inferior, ela interroga as almas dos mortos e determina a punição.

Deileonte *Grega*
Ele e seus irmãos Autólico e Flógio ajudaram Hércules em seu nono Trabalho e depois se juntaram aos Argonautas.

Deirdre *Irlandesa*
Uma deusa do amanhecer. Quando gritou no ventre de sua mãe, o druida Cathbad previu que ela iria se casar com um rei estrangeiro que traria tristeza para a Irlanda, então o grande rei Conor a criou pessoalmente, com Lavarcham como enfermeira, com o objetivo de torná-la sua esposa quando ela tivesse idade suficiente. Ela preferiu um homem mais jovem e fugiu com o guerreiro Naisi. O rei lhes deu um salvo-conduto para voltar, mas depois mandou Eoghan mac Durthacht matar Naisi e seus irmãos, casando-se à força com Deirdre, que se recusou até mesmo a falar com ele. Após um ano, ele a entregou a Eoghan, que ela odiava. Ela se matou, atirando-se de uma carruagem e esmagando a cabeça contra as pedras. A árvore que cresceu sobre seu túmulo ficou entrelaçada com a que cresceu sobre o túmulo de Naisi, e elas nunca puderam ser separadas.

Uma versão diferente diz que Deirdre atirou-se no túmulo de Naisi, beijando seus lábios mortos e morreu com ele.

Dejanira *Grega*
Segunda esposa de Hércules. Ela foi conquistada pelo herói em uma competição com Aqueloo, que assumiu a forma de um touro para lutar por sua mão.

Quando o centauro Néssus tentou raptá-la e foi morto por Hércules, ela coletou sêmen e sangue, misturando-os a óleo de oliva em um frasco para usar, de acordo com Néssus, como uma poção do amor. Temendo perder Hércules para Iole, uma outra mulher, Dejanira usou a mistura em uma túnica que mandou para ele, condenando-o a uma morte agonizante. Quando descobriu o que tinha feito, ela se matou.

Dekanawida *Norte-americana*
Um chefe dos huron ou dos mohawk.

Foi profetizado que ele causaria muitos problemas em sua vida futura, então sua mãe o deixou cair por um buraco no gelo quando ele nasceu. Ela tentou três vezes, e a cada vez ela o encontrava são e salvo. Quando adulto, tornou-se um aliado de Hiawatha e promulgou as leis da confederação de tribos.

Deméter *Grega*
= *Egípcia* Ísis; *Frígia* Cibele; *Romana* Ceres
Deusa da agricultura, do milho e da fertilidade; filha de Cronos e Reia ou de Urano e Gaia; irmã de Hades, Hera, Héstia, Poseidon e Zeus.

Quando Erisíchton cortou uma árvore no bosque sagrado de Deméter, ela o castigou com a fome eterna, e transformou o menino Stellio em um lagarto quando ele fez uma piada sobre a velocidade com que ela comia.

No banquete em que Tântalo serviu seu filho Pélope em pedaços, ela comeu a parte do ombro e fez uma nova de marfim, que foi incorporada quando o menino foi remontado pelos deuses.

Quando sua filha Coré (Perséfone) foi raptada por Hades, ela perambulou à procura da filha, disfarçada como uma idosa. Ela foi acolhida por Celeus, rei de Elêusis, e empregada como Deo, a ama de leite de seu filho recém-nascido. Para retribuir sua bondade, Deméter tentou tornar o menino imortal, mergulhando-o no fogo, mas sua mãe, Metanira, assustada, o arrancou. Em algumas histórias, o bebê era Demophoon, em outras ele era Triptólemo: alguns dizem que o menino morreu; outros, que ele sobreviveu à provação. Abas, o filho mais velho de Celeus, fez uma brincadeira tola sobre o próprio filho de Deméter, Iacchus, e, em um ataque de fúria, ela o transformou em um lagarto.

Ela ensinou a Celeus os mistérios eleusianos e ele se tornou seu primeiro sacerdote.

Ela finalmente descobriu o que tinha acontecido com Coré. Em uma versão, ela ficou sabendo por Triptólemo, cujos irmãos tinham visto o rapto; em outra, ela ouviu a verdade no burburinho da ninfa Aretusa, que tinha sido transformada em um riacho e que tinha visto Coré sentada em um trono com Hades quando ela passou pelo mundo inferior a caminho da Sicília. Outros dizem que a deusa Hécate, que tinha ouvido os gritos de Coré, levou Deméter para ver Hélios que, como deus sol, tinha visto tudo o que tinha acontecido com Coré. Deméter então fez descer uma praga sobre a terra e se recusou a eliminá-la até que Zeus interveio, ordenando que Hades libertasse Coré, que tinha sido feita rainha do mundo inferior, como Perséfone.

Às vezes, ela é retratada com a cabeça de um cavalo. Seu símbolo é um feixe de trigo.

Demogorgon *Grega*
Uma divindade misteriosa do mundo inferior, o espírito rei dos elfos.

Dizia-se que o rei Artur entrou na caverna que era a casa de Demogorgon a caminho do palácio de Morgan.

Em *A Rainha das Fadas*, Spenser diz que ele vivia em uma grota profunda com as Três Moiras, mas, para o poeta Ariosto, ele vivia nos Himalaias.

demônio
Um espírito maligno, um diabo; em alguns relatos, diz-se que os demônios têm uma expectativa de vida de 680 mil anos, enquanto outros calculam apenas 9.720 anos. Eles são classificados de forma variada:
- demônios da relação sexual
- demônios disfarçados
- demônios do pesadelo
- demônios induzem mulheres a frequentar o Sabat
- demônios que atacam santos

- destinos
- exércitos (ou hordas)
- familiars
- fantasmas
- íncubos e súcubos,

Ou como aqueles
- da noite
- da terra
- das regiões subterrâneas
- do ar
- do mar
- dos céus

Ou como
- gnomos (das regiões subterrâneas)
- ondinas e ninfas (dos mares)
- salamandras (do fogo)
- silfos (do ar)

Outras listas se ocupam de demônios individuais, associados a várias formas de tentação, incluindo:
- Astaroth (preguiça)
- Asmodeu (luxúria)
- Baalberith (blasfêmia)
- Belzebu (orgulho)
- Belial (arrogância)
- Carnivean (obscenidade)
- Carreau (desumanidade)
- Cresil (desleixo)
- Juvant (reencarnação)
- Leviatã (falta de fé)
- Oeillet (riquezas)
- Olivier (crueldade)
- Rosier (amor)
- Sonnillon (ódio)
- Verin (impaciência)
- Verrier (desobediência)

Ou com vários atributos:
- Astaroth (inquisições)
- Asmodeu (vingança)
- Belzebu (falsos deuses)
- Belial (malandragem)
- Mammon (tentação)
- Merihim (pestilência)
- Pytho (falsidade)
- Satã (bruxaria)

Na magia negra, demônios são classificados em hierarquias:

1. Grandes Dignitários ou Príncipes:
    - Baalberith, mestre das alianças
    - Belzebu, chefe supremo
    - Euronymous, príncipe da morte
    - Leonardo, grande mestre do Sabbath
    - Moloch, governante do país das lágrimas
    - Plutão, senhor do fogo
    - Prosérpina, governante dos maus espíritos
    - Satã, líder da oposição

2. Ministros:
    - Adramalech, chanceler
    - Astaroth, tesoureiro
    - Leviatã, almirante-chefe
    - Nergal, chefe da polícia secreta

3. Embaixadores:
    - Belfegor, na França
    - Belial, na Turquia
    - Hutgin, na Itália
    - Mamma, na Inglaterra
    - Martinet, na Suíça
    - Thamuz, na Espanha

4. Juízes:
    - Alastor, comissário das obras públicas
    - Lúcifer, presidente da Suprema Corte

5. Casa Real:
    - Behemoth, mordomo
    - Chamos, camareiro
    - Dagon, mordomo
    - Melchom, tesoureiro
    - Misroch, comissário chefe
    - Mullin, criado
    - Succorbenoth, chefe dos eunucos
    - Verdelet, mestre do tribunal

6. Mestre de Cerimônias:
- Anticristo, ilusionista
- Asmodeu, supervisor
- Kobal, contrarregra
- Nybras, diretor

Geralmente, os demônios podem aparecer de várias formas diferentes, em vários locais, geralmente durante as horas de escuridão; nascem, crescem, têm filhos e morrem; casam-se com seres humanos e têm os mesmos apetites e desejos que os humanos. A maioria é perigosa, alguns são benevolentes com a humanidade.

Algumas tradições sustentam que os demônios nascem da união de deuses e mortais, outras que são seres assexuados. O número de tais seres tem sido estimado de forma variada como 44.435.556 e 133.306.668.

No *Inferno* de Dante, onde os demônios são empregados para empurrar os corruptos sob a superfície de piche fervente, existem doze demônios cujos nomes são:

- Alichino
- Barbariccia
- Cagnazzo
- Ciriato
- Draghignazzo
- Farfarello
- Graffiacane
- Malacoda
- Malebranche
- Rubicante
- Scarmiglione

Demônio Verde *Malaia*
Um demônio. Esse monstro, com a cabeça de uma cobra em um corpo de vapor verde, provoca furúnculos, pragas, feridas e outras doenças. A Tartaruga de Ouro, entretanto, tem um flauta mágica que, quando soprada pelo rei, pode causar uma brisa suave que sopra a doença para longe.

dendan *Arábe*
Um monstro marinho da história *As Mil e Uma Noites*. Dizia-se que, se esse monstro tocasse a carne humana ou até se ouvisse uma voz humana, ele morria.

Dentes Flamejantes *Ilhas do Pacífico*
Um gigante de Fiji. Esse gigante enorme foi morto por um grupo de jovens que extraíram os dentes que pareciam troncos em chamas. Como resultado, os ilhéus tiveram fogo pela primeira vez.

Deohako *Norte-americana*
Espíritos vegetais iroqueses. Este é o nome dado às três filhas da Mãe Terra. Seus nomes individuais eram Bean (Feijão), Corn (Milho) e Squash (Abóbora).

Dercynus *Grega*
Filho do deus do mar, Poseidon. Ele foi morto por Hércules quando tentou roubar uma parte do rebanho de Gerião, que Hércules estava conduzindo em seu décimo Trabalho.

Desana *Sul-americana*
também Mestre dos Animais
Uma divindade responsável por todos os animais. Algumas das tribos amazônicas consideravam essa divindade um transformador de formas, que às vezes assume ele mesmo a forma de um esquilo.

Deucalião *Grega*
Rei da Ftia. Ele foi advertido pelo pai de que o dilúvio se aproximava e salvou a si mesmo e à sua esposa Pirra. Em algumas histórias, eles estavam no monte Parnasso, que se projetava acima da inundação, mas, em outras, ele construiu uma arca e salvou a si e à esposa quando Zeus inundou o mundo inteiro. Eles repovoaram o mundo atirando

pedras por cima de seus ombros, cada uma das quais de transformou em um ser humano.

Em outras versões da história, Dárdano e Ógiges aparecem no lugar de Deucalião e outras têm Clímene como esposa de Deucalião.

Deus da Cozinha   *Norte-americana*
também Deus do Fogão
Uma divindade da casa. Cada casa tem seu próprio espírito que todo ano se reporta ao céu sobre a família.

Deus das Chamas   *Australiana*
Uma divindade que devorava humanos. Uma raça de homens alados, os Keen Keengs, capturava humanos e os jogava em um buraco na caverna onde o deus do fogo vivia.

Deus de Dunghill *veja* **Belzebu1**
Deus do Fogão *veja* **Deus da Cozinha**
Deus do Lugar da Vida Longa
   veja **Ch'ang-sheng-t'u Ti**
Deusa do Mar *veja* **T'ien-Hou**
Deusa Tripla *veja* **Deusas Tríplices**
Deusa Ursa *veja* **Ártemis**
Deusas Tríplices   *Irlandesa*
também Deusa Tripla
Um grupo de três deusas consideradas uma deusa trina ou com três aspectos da mesma divindade. Ana, Badb e Mach foram algumas vezes consideradas a deusa trina Morrigan. Da mesma forma, Banba, Eire e Fohla foram consideradas aspectos de Brigit.

Deuses Afins   *Norte-americana*
também Aparentados
Quatro deuses dos sioux. Essas divindades são: Búfalo, Quatro Ventos, Duas Patas e Furacão, todas elas aspectos do deus Wakan Tanka.

deuses alfabéticos   *Centro-americana*
Deuses não identificados dos maias.
Muitos dos registros maias foram destruídos pelos espanhóis, o que tornou a identificação de algumas divindades difícil ou impossível. Eles foram identificados de A a I e de K a P.

Deuses Anciãos *veja* **Aesir, Titãs**

Deuses Harmoniosos   *Romana*
As doze maiores divindades do panteão romano, seis homens, seis mulheres.
Os homens: Apolo, Júpiter, Marte, Mercúrio, Netuno e Vulcão. As mulheres: Ceres, Diana, Jun, Minerva, Vênus e Vesta. Elas agiam como conselheiras de Júpiter.

Deuses Superiores   *Norte-americana*
Quatro divindades criadoras dos sioux – Inyan, Maka, Skan e Wi – consideradas aspectos de Wakan Tanka. Quando se sentiram solitários, criaram outras divindades, como os Deuses Associados, os Deuses Bondosos etc., até existirem dezesseis deidades conhecidas como Tob Tob.

Devi   *Hindu*
também Durga, Kali, Mahadevi, Parvati, Sati, Shakti
Uma esposa do deus Shiva. Ela é concebida como a personificação da essência primitiva, Brahma. Como Sati, ela era consorte de Shiva e como Parvati ela foi a reencarnação de Sati. Ela também apareceu como Durga ou Kali e é retratada com quatro cabeças e quatro braços.

Dez Donzelas do Milho   *Norte-americana*
também Donzelas do Milho
Espíritos do milho na tradição dos zuni. Esses seres eram espíritos do mundo inferior que vieram ao mundo superior só para se encontrarem transformados em mortais e encarcerados por bruxas. Sua ausência causou o fracasso das colheitas, mas a fertilidade foi restaurada quando as donzelas

foram resgatadas pelo deus da colheita Payatami.

Outra versão desta história diz que essas dez divindades seguiram os Ashiwi (zuni) do mundo inferior e receberam de duas bruxas sementes de trigo e abóbora. Elas foram encontradas pelos deuses gêmeos, Kowwituma e Watsusii, que as levaram para dançar em frente às tribos, mas ficaram assustados com Payatami e fugiram, causando uma grande fome. Os dois deuses conseguiram convencer as donzelas a voltarem e realizar sua dança ritual mais uma vez, restaurando a fertilidade da terra, antes de finalmente desaparecerem para sempre.

Dez Reis Yama *Chinesa*
também Reis do Inferno

Juízes da morte. Cada um desses seres tinha sua própria corte no mundo inferior. O primeiro juiz, Ts'en-kuang, decidia se a alma deveria ser libertada para uma nova vida ou se iria a julgamento; o segundo, Chi-chiang, julgava os corruptos e os incompetentes; o terceiro, Sung Ti, lidava com os mentirosos; o quarto, Wu Kuan, com os miseráveis, e o quinto, Yen Wang, com os assassinos. Os ateus eram julgados no tribunal do sexto juiz, Pien-ch'eng, enquanto os escravos compareciam ao sétimo, governado por T'ai Shan Kun. A oitava corte, governada por P'ing-teng, julgava os que não honravam seus ancestrais e a nona, a de Tu-shih, os incendiários. Se sobrevivessem às punições aplicadas por esses tribunais, as almas passariam para a décima e última corte, onde o juiz Chuan Lun tomava uma decisão sobre o futuro delas.

Dez Sóis *Chinesa*

Os sóis viviam em uma árvore gigante, Fu Sang, no leste. Todo dia, um deles cruzava o céu, acompanhado pela mãe, Hsi Ho. Mas eles decidiram aparecer no céu todos ao mesmo tempo e, quando isso aconteceu, a Terra entrou em perigo de ser queimada e transformada em cinzas, mas foi salva quando o arqueiro I abateu nove deles.

Dezoito Deuses Miríades *Japonesa*

Divindades primitivas que desceram à caverna onde a deusa do sol Amaterasu tinha se escondido, num esforço para persuadi-la a sair e, assim, restaurar a luz do sol.

Dezoito Lohan *Chinesa*

Discípulos de Buda. Cada um desses discípulos é retratado em uma pose distinta com seus próprios símbolos. Dezesseis deles, os arhats, foram adotados da tradição hindu, e os dois outros foram acrescentados pelos próprios chineses. Há uma série de listas, algumas de origem puramente chinesa e tibetana. Os dezesseis originais são:

Angida (Angaja)
Asita
Chota Panthaka
Gobaka
Kalika
Kanaka-vatsa
Nagasena
Nakula
Nandimitra
Panthaka
Pindola
Pindola, o Bharadvaja
Rahula
Tamra-Bhadra
Vajraputra
Vanavasa

Um dos outros dois é, às vezes, identificado como Ajita, embora alguns equiparem Ajita com Asita. O outro é apontado como Po-lo-to-she, mas diz-se que é uma forma de Pindola, o Bharadvaja. Às vezes, aparecem outros nomes: Bhadra, Kanakabharadvaja e Upadhyaya.

Uma lista chinesa alternativa tem apenas sete dos que constam da tradição hindu original. Essa lista é a seguinte:
    Asvagosha
    Feng-kan
    Gonamati
    Han-shan Tzu
    Hui-tsang
    Hui-yüan
    Isvara
    Kumarajiva
    Mahakasyapa
    Pu T'ai (Ho-shang)
    Rahulata
    Shen-tsan
    Shih-te Tzu
    Singhalaputra
    Tao-t'ung
    Tao-yüeh
    Ts'ung-shen
    Wu-k'o

Dhakhan *Australiana*
O deus arco-íris dos aborígenes. Ele é parte peixe, parte homem e aparece como arco-íris quando se move de um poço para outro.

Dharmapala *Budista*
Qualquer um dos oito "protetores da verdade" ou "Oito Terríveis". Esses seres são retratados como gigantes com presas afiadas e três olhos, um dos quais, no meio da testa, irradia conhecimento para os incrédulos. Seus nomes são: Beg-Tse, Hayagriva, Kubera, Mahakala, Sitabrahma, Sri, Yama e Yamataka.

Dia de Brahma *veja* **kalpa**[1]
Diana *Romana*
= *Greg*a Ártemis
Deusa do nascimento, da castidade, da caça, da luz, da lua, dos plebeus e das coisas selvagens; filha de Júpiter e Latona. (*Veja também* **Hecate**[2].)

Diana de Éfeso *Romana*
Uma deusa tutelar e deusa da fertilidade. Diz-se que uma estátua da deusa, com muitos seios, caiu do céu.

dibbuk *veja* **dybbuk**

Dido *Grega*
Uma feiticeira, fundadora e rainha de Cartago. Seu verdadeiro nome era Elissa; ela passou a se chamar Dido depois de deixar Tiro.

Seu marido era Siqueu, o próspero rei de Tiro, que foi morto pelo irmão de Dido, Pigmalião. Ela fugiu para a Líbia com grande parte da riqueza do marido e lá negociou com o rei, Iarbas, um terreno para construir uma nova casa, comprando uma área que poderia ser coberta pelo couro de um boi. Cortando a pele em tiras finas, ela foi capaz de cercar uma área muito substancial. Ali dentro, ela construiu a cidade de Cartago.

Quando Eneias, de Troia, e sua tripulação desembarcaram no norte da África quando seu navio foi desviado do curso, Dido se apaixonou por ele e o manteve no luxo. Por fim, ele forçou a si e à sua tripulação a partir em busca de seu destino na Itália, onde Dido se imolou, embora alguns digam que foi sua irmã Anna que morreu na pira, por amor a Eneias.

Uma outra história diz que Dido se matou para escapar do casamento com o rei vizinho, Iarbas.

Ela se tornou Tanit, deusa guardiã de Cartago.

Dike *Grega*
A deusa da justiça humana; filha de Zeus. Uma das Horas.

Dikpala *Hindu*
Uma divindade guardiã. Cada uma dessas oito divindades guarda um dos oito pontos da bússola sob a forma de ou com a ajuda de um elefante. São elas: Agni (sudeste), Indra (leste), Kubera ou Agni (norte), Shiva ou Soma (nordeste), Surya (sudoeste), Vayu (noroeste), Varuna (oeste) e Yama (sul).

Em outra versão Kubera (norte), Virudhaka (sul), Dhritarashtra (leste) e Virupaksha (oeste).

Outras listas, dando o nome dos elefantes ou das divindades como elefantes, têm Airavata, Anjana, Kumuda, Pundarika, Pushpadanta, Supratika, Suryabhauma e Vamana.

Dilga *Australiana*
Uma deusa da terra dos aborígenes. Quando os irmãos Bagadjimbiri foram mortos por Ngariman e seus seguidores, ela afogou os assassinos na inundação de leite de seus seios e revivificou as vítimas.

Dilmun *Mesopotâmica*
O paraíso sumério, habitado pelo deus criador Enki e pela deusa da terras Ninhursaga, e lar do herói deificado Tagtug e outros heróis.

Dilúvio
Muitas culturas têm mitos relacionados a uma ou mais enchentes, chamadas de Inundação ou Dilúvio, enviadas para eliminar a raça humana, geralmente com um aviso prévio para permitir que algumas sobrevivessem para repovoar o mundo.

Austrália
Os espíritos da chuva dos aborígenes, conhecidos como Wandjina, ficaram tão enojados com o comportamento dos primeiros humanos que vomitaram, produzindo um dilúvio que dizimou a raça toda. Depois, eles procuraram criar uma nova raça e ensinaram a eles como se comportar.

Báltico
Não está claro o que causou o Dilúvio, mas há várias histórias sobre o que aconteceu depois de sua ocorrência.

Em uma versão, o herói da cultura dos pramzimas atirou uma casca de noz nas águas. A concha se transformou em um barco e um homem e uma mulher sobreviveram nesse barco para reiniciar a raça humana.

Em outra, todos os animais e humanos foram reunidos no topo de uma montanha e os pramzimas enviaram um barco no qual eles navegaram, deixando para trás apenas um casal de idosos. Esse casal, instruído pelos pramzimas, pulou nove vezes. Em cada ocasião, apareceu um jovem casal e foram esses que se tornaram os progenitores de uma nova raça.

América Central
(1) Na sabedoria dos astecas, o deus Titlacahuan advertiu Nata e sua esposa Nena sobre o iminente dilúvio, que acabou com o Quarto Sol.
Eles fizeram uma canoa escavada e sobreviveram com uma espiga de milho.

Outra versão tem o Dilúvio ocorrendo no final do Primeiro Sol, quando as pessoas se transformaram em peixes.
(2) As inundações maias, causadas por Hunab, puseram um fim a várias fases do ciclo de criação e, em uma história, provocaram o colapso do céu. O deus Kanzibyui elevou o céu à sua posição normal e o apoiou sobre as árvores.
(3) Algumas tribos mexicanas dizem que o Dilúvio foi enviado pelo deus Hokomata.

Depois que ele foi substituído Pukeheh, a filha do irmão de Hokomata, Tochopa, acasalou-se com os deuses Sunshaft e Waterfall para repovoar a terra.

China
(1) O deus do trovão preso pelo pai de Nü-kua e seu irmão Fu-hsi lhes deu um dente quando eles o libertaram. Desse dente cresceu uma árvore que produziu uma cabaça onde as crianças sobreviveram à inundação que se seguiu. Elas se acasalaram, mas produziram apenas um pedaço de carne disforme. Fu-hsi o cortou em pedaços e espalhou sobre a terra para produzir a humanidade.

(2) O Dilúvio foi causado quando Kung Kung derrubou os pilares que sustentavam o céu. Alternativamente, ele fez um buraco no céu quando tentou cometer suicídio, batendo com a cabeça contra o bambu celestial.

Egito
Quando o deus Rá, cansado do murmúrio das pessoas contra ele, enviou a deusa Hathor-Sekhet para matá-las. Ele então produziu cerveja de milho, inundando o país. A deusa se embebedou e esqueceu o que estava fazendo.

Grécia
Prometeu avisou seu filho, Deucalião, que Zeus estava pronto para enviar um dilúvio. Deucalião então construiu uma arca e sobreviveu com sua esposa Pirra.

Índia
Um deus, Vishnu, aparecendo como um peixinho em sua água de lavagem, avisou Manu que uma inundação se aproximava. Uma tina, um tanque e um lago ficaram pequenos e ele teve que ser colocado no mar. Manu construiu um barco e os peixes o rebocaram em segurança até o monte Himavat quando a inundação chegou. Os deuses lhe deram uma esposa e ele se tornaram os progenitores da atual raça humana.

Irlanda
Cessair era neta de Noé, mas até ela não teve um lugar na Arca. A menina navegou para a Irlanda, onde desembarcou com cinquenta mulheres e três homens, os únicos sobreviventes. A maioria morreu mais tarde no Dilúvio.

Coreia
Quando veio o Dilúvio, uma enorme árvore de louro, que foi pai de um menino com um ser celestial, foi derrubada, mas seu filho sobreviveu cavalgando as ondas na árvore flutuante. Ele resgatou um formigueiro e uma nuvem de mosquitos e também um menino. Todos eles pararam no topo de uma montanha onde encontraram os outros únicos sobreviventes, uma idosa e suas duas filhas. Os quatro jovens foram capazes de repovoar a terra.

Mesopotâmia
Nos relatos babilônicos, o deus do mar Ea avisou Atrahasis que sobreviveu no navio Vida Preservada. Na versão síria, o nome da pessoa que Ea advertiu foi Utnapishtim. Já nos relatos sumérios, Enki advertiu o rei Ziusudra de que o dilúvio foi enviado por Enlil, permitindo que ele sobreviveu.

Nova Zelândia
Uma história diz que Tawhaki bateu o pé no chão do céu, liberando as águas pelas rachaduras que sua ação causou.

América do Norte
(1) Algumas tribos algonquinas dizem que os espiritos do mundo inferior, os anamaqkiu, provocaram o dilúvio quando o deus trapaceiro Manabush matou dois deles. Manabush conseguiu escapar subindo em uma árvore que, por magia, ele fez crescer muito mais.

Lontra, Castor e Vison morreram na tentativa de encontrar terra firme, mas o Rato-almiscarado acabou encontrando um pedacinho de terra, a partir do qual Manabush recriou o mundo.

(2) Os caddo dizem que quatro crianças monstruosas, cada uma com quatro braços e pernas, ficaram de costas umas para as outras em um quadrado e cresceram até se fundir e alcançar o céu. Um homem plantou uma vara que também alcançou o céu e foi instruído a levar sua esposa e um casal de cada um dos animais na terra para um canavial quando o Dilúvio chegou. Os monstros caíram nas águas e se afogaram; quando as águas baixaram, os que estavam no canavial emergiram para repovoar a terra.

(4) Os inuítes dizem que só existiam eles antes do Dilúvio. Depois que as águas baixaram, surgiu a primeira pessoa branca, gerada por uma de suas meninas e um cachorro.

(4) Na tradição dos papago, apenas Montezuma, o primeiro homem, e Coyote, o trapaceiro, sobreviveram ao Dilúvio em barcos que eles mesmos fizeram. Quando as águas baixaram, o Grande Mistério repovoou a terra.

(5) Os pima dizem que o Dilúvio foi enviado pela Grande Águia e que só o deus criador Szeuka sobreviveu.

(6) A história sioux diz que o Dilúvio foi enviado por Unktehi, um monstro marinho. Uma garota foi resgatada pela águia Wanbhee Galeshka, que a levou para o seu ninho no alto da montanha. Eles se relacionaram e tiveram gêmeos, um menino e uma menina, que se tornaram progenitores de uma nova tribo.

(7) Os skagit da costa oeste dizem que o Dilúvio cobriu o mundo deixando apenas os topos do montes Baker e Rainier expostos. Duas pessoas em uma canoa conseguiram escapar e repovoar o mundo.

Ilhas do Pacífico

(1) Nas Ilhas Banks, Qat foi avisado do Dilúvio e construiu uma canoa na qual ele sobreviveu.

(2) Em Fiji, o Dilúvio foi mandado pela serpente primeva Degei para afogar as pessoas que haviam matado seu amigo, o falcão Turukawa.

(3) Na tradição havaiana, Nu'u sobreviveu em um barco que aportou em uma montanha alta. Ele tinha enchido seu barco com sementes e animais para reabastecer o mundo após as águas baixarem.

(4) Nas Ilhas Sociedade, o anzol de um pescador ficou preso nos cabelos de um deus do mar adormecido, Ruahaku, que ficou tão zangado que mandou o Dilúvio.

(5) Alguns dizem que o Dilúvio foi causado pela ascensão de uma deusa do mar das profundezas do oceano.

(6) Foi dito também que o Dilúvio resultou dos esforços dos deuses da chuva para apagar o fogo que começou quando o malandro deus do sol Maui roubou o fogo de Mahuika.

Siberiano

Os buriats dizem que o deus criador, Ulgan, avisou Namu da aproximação do Dilúvio e ele construiu uma arca na qual sobreviveu.

Sul-americana

(1) O prévio aviso de uma das inundações foi dado pela Ihama.

(2) Os araucanos culpam duas enormes serpentes conhecidas como Kaikai e Trentan por provocarem o Dilúvio quando demonstraram seus poderes, fazendo com que as águas subissem.

(3) Para os aruaques, o culpado pelo Dilúvio foi Sigu, o líder dos animais,

que cortou a Árvore do Conhecimento, permitindo que a água jorrasse provocando a inundação.

(4) A terra do povo chibcha foi inundada pelo deus do trabalho Chibchacum, ajudado por Chia, e o deus Bochica apareceu como um arco-íris criando um canal para o ar e trazendo o sol para secar a terra.

(5) O deus inca Viracocha provocou uma enchente para destruir os primeiros humanos e, depois disso, criou uma raça nova e melhor.

(6) A tribo karaya diz que o Dilúvio foi enviado pelo demônio Anatiwa, mas alguns índios escaparam quando a galinha d'água, Saracura, trouxe a terra que eles usaram para elevar o monte Tupimare.

(7) Os quéchua dizem que o único lugar do mundo que não foi coberto pelo Dilúvio foi o monte Condorcoto. Quando as águas baixaram, cinco homens nasceram de ovos que sobreviveram ao Dilúvio na parte mais alta da montanha.

(8) Os tupari dizem que o Dilúvio foi causado pelo primeiro homem, o gigante Valedjad.

(9) Na história tupi, Arikute e Tawenduare discutiram e esse último rachou a terra quando bateu os pés no chão, permitindo que a água jorrasse.

(10) Outras versões dizem que o deus Monan tentou destruir a terra com um incêndio e o Dilúvio foi causado quando o mago Irin Mage trouxe um forte aguaceiro que apagou as chamas.

Taiwan
Os tawaineses dizem que o rei Peiroun foi avisado da chegada do Dilúvio e conseguiu escapar.

Tailândia
O Dilúvio foi enviado pelos deuses do céu, os Thens, quando o povo de recusou a reconhecê-los.

Dinewan *Australiana*
O emu personificado. Diz-se que o emu perdeu as asas como resultado de um truque que Goomblegubbon, a abetarda, lhe pregou.

Diomedes[1] *Grega*
Rei de Argos. Ele lutou bem e bravamente em Troia, ferindo Eneias e até o deus da guerra Ares e a deusa Afrodite. Ele e Odisseu entraram na cidade à noite e capturaram a imagem de Atena, conhecida como Palladium, e ele foi um dos que estavam escondidos no cavalo de madeira. Ele também trocou a armadura com Glauco, que estava lutando ao lado dos troianos, recebendo um conjunto feito de ouro, e resgatou Nestor, cujo cavalo havia sido morto.

Em alguns relatos, ele foi um amante da troiana Criseis (Créssida).

Na sua volta a Troia, ele descobriu que sua mulher, Egialeia, tinha sido infiel, então ele foi para a Itália e se casou com Euippe. Com ele foram Abas, Ácmon, Idas, Lico, Nicteu e Rhexenor. Após a morte do herói, Afrodite transformou todos eles em cisnes, que regavam o túmulo dele todos os dias.

Diomedes[2] *veja* **Jasão**

Diomedes[3] *Grega*
Rei dos bistones, na Trácia; filho do deus da guerra Ares, dizem alguns. Ele tinha quatro cavalos carnívoros e foi comido por eles quando Hércules os aprendeu em seu oitavo Trabalho.

Dioniso *Grega*
= *Egípcia* Osíris; *Etrusca* Fufluns; *Hindu* Rudra; *Romana* Baco

Deus da vegetação e deus do vinho. Alguns dizem que ele era filho de Zeus com as deusas Coré ou Deméter, mas é mais comum dizer que ele era filho de Sêmele com Zeus, que a matou antes do nascimento da criança. Mas a criança foi salva pelo deus Hermes, que o plantou na coxa de Zeus, da qual, no tempo certo, ele "nasceu duas vezes". Ele foi criado por Atamas e Ino mas, quando Hera descobriu o paradeiro do bebê, ela enlouqueceu Atamas. O bebê foi despedaçado pelos Titãs, a mando de Hera, mas Reia resgatou e remontou os pedaços, devolvendo a vida a ele, que então foi criado pelas ninfas do monte Nysa e tutelado pelo sátiro Silenus.

Uma variação diz que os Titãs comeram o corpo, com exceção do coração, que foi resgatado pela deusa Atena, que o deu a Zeus. Ele engoliu o coração e imediatamente gerou outro Dioniso com Sêmele.

Um outro relato diz que ele nasceu normal, mas, quando ela afirmou que Zeus era seu pai, seu pai, Cadmo, jogou tanto Sêmele quanto o bebê no mar, dentro de uma arca. Ela morreu, mas Dioniso foi resgatado e criado por Ino.

Na guerra entre os deuses e os gigantes, ele matou Eurytus com seu tirso. Alguns dizem que ele foi transformado em uma criança (ou carneiro) por Hermes.

A ele é creditada a invenção do vinho e tornou-se seu deus padroeiro. Durante sua vida na Terra, ele foi acompanhado por um bando de sátiros e mulheres depravadas, as Mênades ou Bacantes.

Ele enlouqueceu as três filhas do rei Mínias, da Tessália (Arsippe, Alcithoe e Leucipe), quando elas recusaram seu convite para se juntar a suas festas de bebedeiras.

Uma vez ele liderou um exército de amazonas no Egito para derrotar os Titãs e restaurar o rei Ammon ao trono. Também diz-se que ele conquistou a Índia.

Em certa ocasião, ele foi capturado por piratas, mas transformou-se em um leão e todos eles se lançaram ao mar, tornando-se golfinhos. Em outra versão, o navio parou de repente e a vinha cresceu do mar, envolvendo-o. Depois disso, um grupo de suas Mênades tomou conta do navio e os marinheiros, confusos, saltaram na água.

Foi Dioniso que deu ao rei Midas o toque de ouro como recompensa pela bondade demonstrada com seu antigo tutor, Silenus. Ele resgatou Ariadne depois que ela foi abandonada por Teseu, em Naxos, e se casou com ela. Logo depois, quando ela morreu, Dioniso jogou a coroa de seu casamento para o céu para se tornar a constelação de Corona, e Zeus, com pena dele, fez Ariadne imortal e a restituiu a Dioniso.

Ele desceu ao Tártaro para pedir a libertação de Sêmele, a mãe que ele nunca tinha visto, e a levou ao Olimpo.

Originalmente ele foi retratado como um homem maduro, barbado, e mais tarde como um belo jovem coroado com folhas e carregando seu emblema, o tirso. Sua carruagem era puxada por leopardos ou panteras.

Alguns relatos sugerem que Orfeu era uma encarnação de Dioniso.

O nome de Castor e Polideuces como "filhos de um deus".

No panteão romano, como Castor e Pólux, eles são, às vezes, identificados como os Penates.

Diz-se que eles lideraram a cavalaria romana na Batalha do Lago Regilo no século V a.C.

disco
(1) Na tradição budista, a arma de Mara, o rei dos demônios.
(2) No hinduísmo, a arma do deus Vishnu.

Disemboweller *Inuíte*
Um demônio fêmea. Dizia-se que ela era a prima banida da deusa da lua e atacava os humanos à noite, às vezes matando-os, fazendo-os rir até que seus estômagos se abrissem e as entranhas caíssem.

Djambu Boros *Índias Orientais*
A árvore da vida de Sumatra. Cada folha dessa árvore, que cresce no mais alto céu, tem uma palavra escrita nela. Cada alma (tondi) que deixa o céu para nascer na terra pega uma folha. A natureza da inscrição determina a sorte daquele ser.

Djanbun *Australiana*
O homem que se tornou o ornitorrinco com bico de pato. Seus esforços para acender o fogo soprando um graveto fizeram com que sua boca se alargasse. Ele pulou no rio e se tornou o ornitorrinco.

Djanggawuls *Australiana*
também Djunkgao
Uma trindade de deidades aborígenes, pais das irmãs Wawalag.

Havia duas irmãs e um irmão que vieram de Bralgu, a ilha dos mortos, e criaram todas as formas de plantas e animais e moldaram a terra com seus gravetos sagrados, conhecidos como rangga. Em alguns relatos, Djanggawul era homem, os outros, Bildjiwuaroju e Miralaldu, eram homem e mulher combinados, até que Djanggawu cortou sua genitália masculina.

djinn, djinni *veja* **gênio**

Djuskaha *Norte-americana*
também Pequeno Broto, Broto
Um herói da cultura iroquesa, irmão gêmeo de Othagwenda.

Esses garotos nasceram de uma donzela, filha da deusa Ataensic, engravidada pelo Vento do Oeste, e Othagwenda foi abandonado ao nascer, apenas para ser resgatado pelo irmão. Quando chegaram à idade adulta, seguiram caminhos distintos, fazendo plantas e animais, encontrando-se mais tarde para comparar seus trabalhos.

Djuskaha fez uma série de melhorias nas coisas criadas por seu irmão, para que fossem mais benéficas para o homem, enquanto Othagwenda estragou muita coisa do trabalho do irmão. O resultado foi que eles brigaram e Othagwenda foi morto.

dMu-rgyal *Tibetana*
Os primeiros ancestrais da raça. Estes foram os primeiros seres a empregar rituais e magia. Eles foram seguidos pela 'dre.

Do *Africana*
Um deus da fertilidade e deus da chuva do Alto Volta. Diz-se que ele está encarnado na borboleta.

Dobooz *Europeia*
Um rei ladrão tcheco. Dizem que ele, como o rei Artur e outros, fica dormindo à espera de um chamado para ajudar seu país.

Dodona *Grega*
também Chaonia
O oráculo de Zeus; o bosque dos carvalhos falantes.

O oráculo foi estabelecido quando um pombo, voando do Egito, pousou em um galho e ordenou a criação de um oráculo. Este foi interpretado a partir do roçar das folhas, do barulho de uma fonte ou do arrepio dos pombos.

O bosque era frequentado pelos *selos* (sacerdotes) e pelas *peleiades* (sacerdotisas).

doença-fantasma *Norte-americana*
Na tradição dos navajo, doença causada por um fantasma, que pode ser fatal.

dogai *Ilhas do Pacífico*
Espíritos femininos melanésios que fazem travessuras.

Diz-se que esses seres são muito feios, têm orelhas enormes, uma das quais é usada como cama e a outra como cobertor. Eles podem se transformar em coisas como árvores e rochas e, às vezes, diz-se que matam crianças.

A rainha dogai é Metakorab.

doggabi *Coreana*
Um duende.

Dohibatl *Norte-americana*
Um deus trapaceiro dos chinook.

Dohkwibuhch *Norte-americana*
O deus criador do povo snohomish.

Dolorous Gard *Britânica*
O nome que Lancelot usou para sua propriedade, o castelo Garde Joyeuse (literalmente Guarda Alegre), depois de devolver Guinevere a seu marido, o rei Artur.

Dolya *Russa*
Uma deidade feminina que determina o destino dos mortais no seu nascimento.

Domovik *Russa*
Um espírito masculino da casa, um tipo de karlik; marido de Domovikha.

Ele foi expulso do céu pelo deus Svarog e caiu de uma chaminé. Diz-se que ele vive perto do fogo ou na entrada da casa e garante a prosperidade. Se não for apropriadamente atendido, pode incendiar a casa.

Ele é retratado como um velho de barba grisalha.

Domovikha *Russa*
Um espírito feminino da casa; esposa de Domovik.

Diz-se que ela vive no porão da casa e, se não for apropriadamente agradada, desperta as crianças durante a noite para irritar os pais.

Alguns espíritos domésticos são ainda mais perversos e sugam o sangue das crianças enquanto elas dormem ou as sufocam.

Diz-se que estes seres têm duas almas, uma normal e a segunda que pode se transferir para um outro corpo.

Donar *Germânica*
= *Anglo-saxã* Thunor; *Nórdica* Thor
Um deus do trovão.

doninha
(1) Os chineses dizem que este animal tem o poder de enfeitiçar os humanos.
(2) No Egito, a doninha é vista como um animal sagrado.
(3) Na Grécia Antiga, os tebanos adoravam a doninha.
(4) Em algumas tribos nativas norte-americanas, as pessoas dizem que a doninha pode detectar significados ocultos e, usando sua visão lendária, pode prever a chegada do homem branco.

Donn Cuailnge *Irlandesa*
Um famoso touro de Ulster.

Os criadores de porcos Friuch e Rucht mudaram de forma muitas vezes em uma longa disputa e, sob a forma de vermes, foram engolidos por duas vacas e renasceram como os touros Whitehorn e Donn.

A rainha Maev de Connaught era proprietária de Whitehorn e também queria Donn, o Touro Castanho de Cooley. Por isso, ela e o marido Ailell invadiram Ulster para pegá-lo. Macha, a deusa da guerra, lançou um feitiço sobre os guerreiros de Ulster e só Cuchulainn foi capaz de defender seu condado. O touro foi capturado pelo exército de Ailell e levado para Connaught, onde lutou com Whitehorn e o matou, levando seu corpo de volta para Ulster. Durante a batalha, Bricciu (um deus da tempestade e Senhor de Ulster), que tinha sido convidado para julgar a luta, foi pisoteado até a morte. Em um relato,

Donn caiu morto pouco tempo depois; em outro, morreu quando carregou uma pedra, confundindo-o com outro touro.

Donzela do Milho Amarelo *Norte americana*

Um espírito do milho dos zuni, líder das Dez Donzelas do Milho. Ela e suas irmãs foram transformadas em mortais e trancadas pelas bruxas. Payatami, o deus da colheita, apaixonado pela Donzela do Milho Amarelo, resgatou todas da prisão.

Donzela do Milho Branco *Norte-americana*

Esta jovem donzela tewa era a mais bela e talentosa de sua tribo e se apaixonou pelo melhor caçador, um jovem chamado Deerhunter. Suas aventuras começam realmente depois de sua morte.

(*Veja mais em* **Deerhunter**.)

Donzela Escudeira *veja* Valquírias

Donzela Espiga de Milho Amarelo *Norte-americana*

Uma donzela hopi. Ela brigou com a Donzela Espiga de Milho Azul, que usou magia para transformá-la em um coiote. Esse animal foi capturado e levado para a Mulher Aranha, que devolveu a menina à sua forma e lhe deu um cálice mágico. Quando a Donzela Espiga de Milho Azul bebeu nesse cálice, transformou-se em uma cobra.

Donzelas do Milho Amarelo *Norte-americana*

Duas irmãs, bruxas pueblo. Enciumadas quando o chefe da aldeia, Nahchuruchu, se casou com a lua, essas donzelas a afogaram em um poço. Todos as aves e animais procuraram em vão até o abutre avistar um monte com flores. Nahchuruchu colocou uma das flores brancas entre suas vestes e cantou sobre ela até que, finalmente, a esposa emergiu, voltando à vida e à beleza.

Com a ajuda de um aro mágico feito pelo marido, a lua transformou as donzelas de milho amarelos em cobras.

Donzelas do Milho *veja* **Dez Donzelas do Milho**

Donzelas Geladas *Nórdica*

As moças formadas pelas nuvens de fogo de Muspelheim quando se condensaram sobre o gelo de Niflheim.

Doquebuth *Norte-americana*

Um sobrevivente do Dilúvio, na tradição da tribo salish. Ele sobreviveu ao Dilúvio em sua canoa que, como a Arca de Noé, levava dois exemplares de cada espécie mais cinco humanos. O deus criador disse a Doquebuth como recomeçar a vida na Terra depois que as águas baixaram.

Dorje *Tibetana*

também Porca Diamante (literalmente)
= *Budista* Marichi; *Chinesa* Ju-I; *Japonesa* Nyoi
O raio, personificando o poder da lei.

Em alguns relatos, ela era esposa do demônio Tamjin. Ela assumiu a forma de uma porca selvagem para destruir os mongóis.

Dorobo *Africana*

Um pigmeu, o primeiro homem, na tradição dos maasai.

dragão

Um monstro que cospe fogo, geralmente alado. Conhecido também como um "draco" ou uma "serpente". Essa besta aparece de várias formas em muitas mitologias. Alguns dragões têm o poder de se tornar invisíveis.

(1) Na alquimia, dizia-se que os dragões tinham características diferentes e podiam afetar substâncias, como os metais. Aqueles com asas, por exemplo, representavam substâncias voláteis. Outros dragões são descritos como tendo o corpo de um leopardo e os pés

de um urso, outros como tendo dois chifres. Dizia-se que alguns deles eram capazes de curar as próprias feridas.
(2) Na China, o dragão é um monstro com a cabeça de um camelo, escamas de peixe, cascos de cervo e as patas com garras de um tigre. Diz-se que esse monstro, que pode ser bem pequeno ou muito grande, carrega uma joia sob o queixo e pode vomitar pérolas. Alguns dizem que ele vive nos oceanos durante os meses de inverno e ascende aos céus na primavera.

Em algumas versões, há três tipos principais, o lung (ou long), o li e o chiao.

Outros relatos o têm como uma feroz besta alada que cospe fogo, enquanto alguns afirmam que ele pode se expandir ou contrair e se transformar em qualquer forma. Os Reis Dragões, que guardam os mares, são Kuang-te (leste), Kuang-li (sul), Kuang-jun (oeste) e Kuangshe (norte). Uma listagem alternativa Ao Kuang (leste), Ao K'in (sul), Ao Jun (oeste) e Ao Shun (norte).
(3) Nas histórias gregas, o dragão era o animal do deus Baco.

Um dragão aparece em várias histórias, frequentemente como um guardião de tesouros como os Pomos de Ouro das Hespérides procurados por Hércules, e o Velo de Ouro na história dos Argonautas. Na história de Cadmo, ele matou um dragão e semeou os dentes dele, produzindo uma safra de soldados. Alguns desses dentes aparecem novamente na história dos Argonautas, mais uma vez produzindo soldados a partir da terra.
(4) No Japão, o dragão é uma besta mítica que se acredita nascer de um ovo após 3 mil anos. Os primeiros mil anos são passados no mar, mais mil nas montanhas e outros mil em uma aldeia. O ovo contém uma cobra minúscula que, assim que choca, transforma-se em um enorme dragão que voa para o céu.

Cinco dos muitos dragões da tradição japonesa são considerados guardiões das várias áreas do mundo; o Dragão Negro governa o norte; o Dragão Vermelho, o sul; o Dragão Azul, o leste; e o Dragão Branco, o oeste, enquanto o Dragão Amarelo governa o centro.

Dragão Amarelo *Chinesa*
Governante do centro. Dizem que esse animal surgiu do Rio Lo para transmitir ao imperador o segredo da escrita. Outros dizem que ele trouxe o segredo do céu.

Dragão Branco *veja* **Pai Lung**

Dragão da Cólquida *Grega*
O dragão que guarda o Velo de Ouro na Cólquida.

Dragão da Terra *Japonesa*
Um dos quatro Reis Dragões. Ele controla os rios.

dragão de fogo *Europeia*
Um dragão cuspidor de fogo. Essas feras viviam em cavernas, geralmente guardando tesouros. Apenas um desses monstros foi morto por Beowulf, mas causou ferimentos que levaram o herói à morte.

Dragão de Ouro *veja* **Chin Lung**

Dragão-Rei do Mar *veja* **Ryujin**

'dre *Tibetana*
Antigos ancestrais da raça. Essas pessoas abandonaram as grandes florestas para viver em encostas de montanhas. Depois veio Ma-sang.

dríade *Grega*
Uma ninfa da árvore, originalmente do carvalho. (*Veja também* **hamadríade**.)

Driant *Britânica*
Um Cavaleiro da Távola Redonda. Ele foi morto por Gawain.

Drifta *Nórdica*
Uma Giganta Gelada; deusa dos montes de neve; irmã de Frosti, Jokul e Snoer.

Drink-all *Africana*
Um sapo que pode esvaziar um lago bebendo todas sua água.

Drip-all *Africana*
Um nome para céu.

Drudwas *Britânica*
Um dos vinte e quatro Cavaleiros da corte do rei Artur.

Ele tinha combinado de se encontrar com o rei Artur para um combate entre eles e enviou seus grifos mansos na frente com ordens para matar o primeiro homem que chegasse ao local do encontro. Sua irmã, uma amante do rei, atrasou a chegada de Artur e Drudwas foi morto pelos próprios grifos.

Dubiaku *Africana*
Um homem que quase enganou a morte.

Uma mãe com onze filhos pediu à Morte para levar alguns deles porque comiam muito. Na casa da Morte, eles dormiam em esteiras, cada um com um filho da Morte, mas Dubiaku se manteve acordado, enviou um recado à Morte com uma missão, e fugiu com seus irmãos. Quando voltou, a Morte comeu os próprios filhos por engano, no lugar dos irmãos. Dubiaku atraiu a Morte para uma árvore quando eles foram seguidos e a fez cair no chão e ser morta. Sem querer, Dubiaku a trouxe de volta à vida e ela retomou a perseguição. Dez dos irmãos escaparam, balançando-se em um rio e Dubiaku se transformou em uma pedra para escapar da Morte.

Dudugera *Ilhas do Pacífico*
Um menino-perna papuano. Ele nasceu da perna de sua mãe depois que um deus do mar sob a forma de um peixe, ou um golfinho, roçou nela, e foi devolvido ao mar onde seu pai o pegou com a boca. O menino se tornou o sol e seu calor matou quase todo o povo, até que sua mãe jogou cal ou lama no ar para formar nuvens protetoras.

Dugnai *Eslava*
Um espírito doméstico que faz a massa crescer.

Dumuzi *Mesopotâmica*
= *Babilônica* Tammuz; *Grega* Adônis
Deus sumério da fertilidade, dos rebanhos, dos grãos e deus do mundo inferior.

Quando foi liberada do mundo inferior aonde tinha ido desafiar a autoridade de sua irmã Erishkegal, Inana teve que arranjar um substituto. Ela nomeou seu consorte Dumuzi junto com a deusa do vinho Geshtinanna, e os dois cumpriram períodos alternados no mundo inferior. Em um esforço para escapar desse destino, Dumuzi se transformou em uma gazela, ajudado por sua irmã, Belili.

Duneyr *Nórdica*
Um dos quatro cervos dos deuses. (*Veja* **Dain**.)

duppy *Caribenha*
também jumby
Um espírito ou fantasma caribenho. Esses espíritos podem ser invocados para atacar o inimigo, mas podem ser afastados por um anel de sementes de tabaco.

Duranda(l) *veja* **Durindana**

Durathor *Nórdica*
Um dos quatro cervos dos deuses. (*Veja* **Dain**.)

Durga *Hindu*
Um aspecto de Devi, Kali ou Parvati como "o inacessível".

O demônio Durga havia tomado conta de quase todo o mundo, então os deuses concentraram todos os seus poderes na deusa Devi, que saiu para lutar em seu nome. O demônio tinha milhões de soldados e elefantes ao seu lado, mas Devi os derrotou com um raio e ficou cara a cara com o próprio Durga. Depois de muitas mudanças de forma, a deusa finalmente matou Durga e assumiu o nome dele como seu.

Em outra história, essa deusa de quatro, dez, dezoito ou cem braços de força, a destruidora, era uma donzela guerreira que nasceu totalmente crescida. Ela matou o búfalo Mahisha, um monstro que havia aterrorizado todos os outros deuses, apesar do fato de ele ter se transformado sucessivamente em leão, gigante, elefante e búfalo no decorrer de sua luta.

Em alguns relatos, ela é retratada com doze braços, cada um segurando uma arma. São elas: uma flecha (Tir), um machado (Parachu), um arco (Dhanus), um sino (Ganta), uma clava (Khitaka), um disco (Chakra), um aguilhão (Ankas), um dardo (Satki), um laço (Pasha), um escudo (Sipar), uma espada (Khagda) e um tridente (Trisula).

Também é retratada com a pele amarela e cavalgando um leão ou um tigre.

Durindana *Europeia*

também Duranda(l)

No ciclo de lendas de Carlos Magno, a espada de Rolando. Essa espada, que podia dividir uma montanha, teria pertencido originalmente a Hector, príncipe de Troia. A armadura de Hector ficou em posse de Rolando quando ele matou o guerreiro sarraceno Almontes. Em outro relato, Rolando adquiriu a espada e seu famoso chifre quando derrotou o gigante Jutmundus. Quando ficou louco, Rolando abandonou sua armadura e sua espada, que então foi apreendida pelo tártaro Mandricardo, que matou Zerbino em uma luta por sua posse.

Alguns dizem que o rei Carlos Magno, ou o feiticeiro Malagigi, deu essa espada a Rolando e que ela tinha sido feita por fadas.

Dizia-se que o punho continha uma série de relíquias, como um fio do manto da Virgem Maria, um fio de cabelo de São Basílio e um dos dentes de São Pedro.

Outras histórias dizem que, quando ele estava morrendo por causa de seus ferimentos depois da Batalha de Roncesvalles, Rolando jogou sua espada em um riacho, depois de não conseguir quebrá-la em uma pedra.

Dvalin[1] *Nórdica*

Um anão que, a pedido do deus Loki, modelou a infalível lança Gungnir, o navio mágico Skidbladnir e o cabelo de ouro para substituir o roubado por Loki da cabeça de Sif.

Dvalin[2] *Nórdica*

Um dos quatro cervos dos deuses.
(*Veja* **Dain**.)

dvapara-yuga *Hindu*

A terceira idade ou idade do bronze do mundo. Nessa era, as pessoas vivem 200 anos, a maldade aumenta e as pessoas são devastadas por desastres e doenças.
(*Veja também* **yuga**.)

Dvarakala *Hindu*

Um guardião das encruzilhadas em Patala, o mundo inferior.

As quatro estradas levam ao céu ou ao inferno. Ao norte está o reino de Kubera, lar dos mortos valentes; ao leste, o reino do deus Indra, onde residem os que alcançaram poderes sobrenaturais; ao oeste, o lar dos generosos no reino de Buddhapada; ao sul, o caminho leva ao reino de Yama, deus da morte.

Dvorovoi *Eslava*
Um espírito de curral. Ele é retratado como um velho de barba grisalha e coberto de pelos.

Dwales-doll *Nórdica*
Um nome para o sol usado pelos gnomos. Os anões pegos pela luz do sol eram transformados em pedra, a menos que fossem protegidos pelo Tarnkappe, um gorro vermelho.

Dwyvan *Galesa*
também Dwyfan
O construtor da Arca. Ele e sua mulher, Dwyvach, construíram a arca Nefyed Nav Nevion e embarcaram muitos animais para escapar do Dilúvio causado pelo addanc.

Dxui *Africana*
Um ancestral do povo san. Primeiro, ele foi uma flor, depois um homem, uma árvore, um homem, uma mosca, um pássaro e um homem novamente. Quando morreu, ele se tornou um lagarto.

dybbuk *Hebraica*
também dibbuk
Um espírito maligno. Diz-se que o dybbuk é a alma de uma pessoa que morreu com algum pecado imperdoável e procura habitar o corpo de algum humano. Esse espírito poderia ser exorcizado e a vítima poderia dizer quando ele tinha deixado seu corpo, porque uma mancha vermelha, junto com uma unha trincada, apareceria no dedão de seu pé.

dzalob *Centro-americana*
Na mitologia dos maias, o deus criador Hunab repovoou a terra três vezes depois de enchentes. A segunda raça foi a dos dzalob, que se tornaram demônios (os primeiros foram anões, os terceiros, os maias).

Dzelarhons *Norte-americana*
Uma princesa-rã do povo haida. Ela chegou à costa noroeste com seis canoas carregadas de seu povo e se casou com o deus urso, Kai'ti.

Dzhe Manitou *Norte-americana*
Um deus benevolente dos chippewa; um espírito da madeira; irmão de Kitshi Manitou.

dziwozony *Europeia*
Mulheres selvagens das florestas polonesas. Essas mulheres são corredoras muito rápidas e, às vezes, atacam os homens ou os seduzem.

Dzokhk *Armênia*
também Dzoxk
O mundo inferior. Neste abismo ardente, as almas usam sapatos de ferro, têm a boca cheia de vermes e são queimadas com ferros quentes. Quando elas atravessam a ponte que leva ao céu, as que são pesadas pelos pecados que carregam fazem com que a ponte se quebre e são lançadas de volta ao tormento.

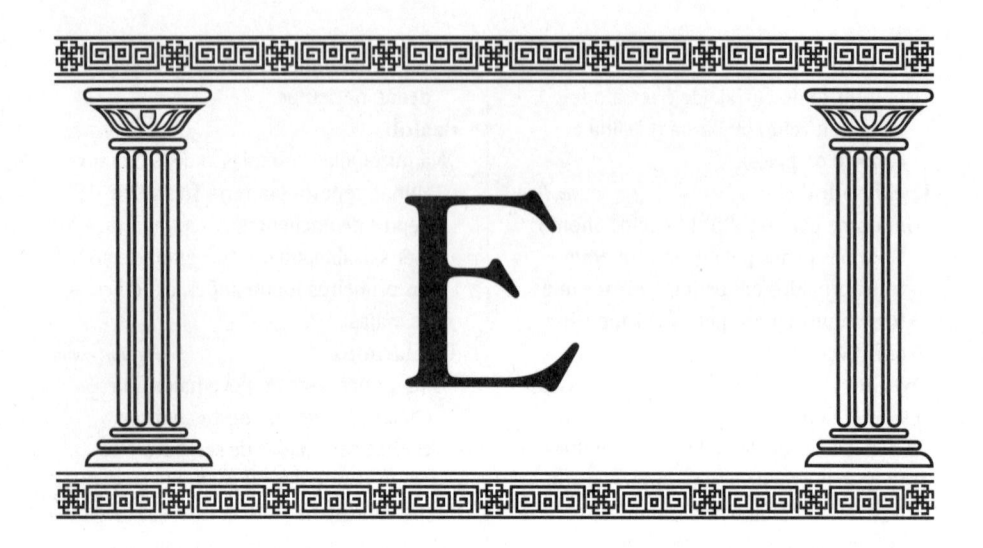

E *Centro-americana*
Uma divindade maia de identidade incerta, conhecida como Deus E (*veja deuses alfabéticos*).

Essa divindade é retratada com a cabeça coberta com espigas de milho. Ela é considerado o deus do milho, como Yum Caax.

E-u *Birmanesa*
A primeira mulher, feita pelo deus Ea-pe; consorte de Thanaim, o primeiro homem.

Ea *Mesopotâmica*
Um deus do mar babilônio, o oceano primitivo personificado, e um deus da sabedoria; irmão de Enlil; pai de Marduk e outros.

Ele representa a água, e Enlil representa a terra. Juntos eles produzem humanos. Credita-se a ele a instrução das pessoas nas artes da agricultura, da magia, da arquitetura etc., e o fato de ter alertado Atrahasis (Utnapishtim) sobre o iminente Dilúvio.

Ele é retratado como sendo metade homem, metade peixe, com duas cabeças ou vestido com peles de peixe ou, no papel de deus criador, como uma cobra.

Diz-se que ele foi a serpente na história de Adão e Eva.

Ea-pe *Birmanesa*
A divindade suprema de Karen. Ele criou o primeiro homem, Thanai, e a primeira mulher, E-u.

eac uisge *Irlandesa*
também each uisge
= *Escocesa* kelpie
Um cavalo de água malicioso.

Eastre *Anglo-Saxã*
também Eostre
= *Germânica* Ostara; *Nórdica* Freya, Frigga
Uma deusa da fertilidade e deusa da primavera.

Ela tinha uma lebre na lua que adorava ovos e, às vezes, ela era retratada com a cabeça de uma lebre.

Ebisu *Japonesa*

Uma deusa xintoísta do comércio dos pescadores, deus da sorte e da humildade; um dos Sete Deuses da Sorte (Shichi Fukujin); filho de Daikoku.

Originalmente, ele era o filho prematuro de Izanagi e Izanami, nascido sob a forma de uma medusa ou uma sanguessuga, e conhecido como Hiru-ko.

Ele é considerado o patrono dos bons trabalhadores e retratado como um homem gordo e alegre, segurando uma vara de pesca e um peixe.

Alguns dizem que ele foi banido por algum crime e que viveu por muitos anos em uma ilha onde passou a maior parte do seu tempo pescando, colocando o resultado de seu trabalho no litoral como alimento para os habitantes locais. Dizia-se que ele podia passar vários dias embaixo d'água.

Echo *Grega*

Uma ninfa do monte Helicon; mãe de Lambe e Lynx com Pã.

Ela divertiu Hera com suas histórias enquanto Zeus entretinha suas concubinas e foi punida com a perda de sua voz. Ela não podia dizer nada, a não ser as palavras pronunciadas pelos outros. Rejeitada por Narciso, ela se afastou, deixando apenas sua voz para trás, e continua repetindo o que os outros dizem.

Uma versão alternativa diz que Narciso a matou acidentalmente, atingindo-a com uma lança.

Uma outra versão diz que quando ela rejeitou os avanços de Pã, ele fez com que alguns pastores a destroçassem, deixando apenas a sua voz; ou ele a tornou capaz de repetir o que os outros diziam, o que irritou tanto os pastores que eles resolveram matá-la.

eclipse

Os eclipses inevitavelmente atordoavam os povos primitivos e pouco sofisticados, que começaram a inventar muitas histórias para explicar o fenômeno, várias delas afirmando que o corpo celestial estava sendo devorado por um algum animal enorme.

América do Norte

(1) Os cherokee dizem que eclipses são causados quando a lua visita sua esposa, o sol.

(2) Os inuítes dizem que o sol e a lua são irmãos que têm relações sexuais durante um eclipse.

(3) Os ojibway acreditam que o sol será totalmente extinto em um eclipse e atiram flechas em chamas para mantê-lo aceso.

(4) Os tlingit têm a mesma crença dos cherokee, mas eles consideram a lua como fêmea e o sol como seu marido.

(5) No Yukon, as mulheres invertem suas panelas para evitar a contaminação pelos vapores impuros que elas acreditam que descem durante um eclipse.

América do Sul

(1) Os bakaira, do Brasil, dizem que um eclipse é causado por uma ave enorme que faz sombra na lua com suas asas.

(2) Na Bolívia, na Nicarágua e no Peru, dizem que o corpo sendo escurecido por um eclipse está sendo comido por uma onça imensa e atiram flechas para afastá-la.

(3) Os cavina, da Bolívia e do Brasil, dizem que a lua está sendo comida pelas formigas quando ela desaparece durante um eclipse.

(4) O povo vilela, da Argentina, tem a mesma crença dos bakaira, mas substitui a ave por um morcego enorme.

Armênia
Dizia-se que os bois primitivos davam à luz duas crias que apareciam nos céus com os corpos tão escuros que apagavam o sol ou a lua.
Báltica
Os letões dizem que o corpo sendo eclipsado está sendo devorado por algum animal enorme.
Camboja
A crença aqui é que algum monstro enorme está devorando o corpo celestial e que as meninas teriam permissão para sair durante esse período para homenagear o monstro.
China
Os chineses dizem que o corpo sendo eclipsado está sob o ataque de algum animal celestial enorme e faz um grande barulho para afugentá-lo.
Egito
No momento de um eclipse, o rei caminhava em sentido horário ao redor do templo.
Ilhas do Pacífico
Os taitianos acreditam que os dois corpos celestiais são macho e fêmea e dizem que um eclipse ocorre quando eles têm relações sexuais.
Índia
Diz-se que um eclipse do sol é causado pelo asura (demônio) Svarbanhu enquanto o eclipse da lua ocorre quando ela é engolida pelo demônio Rahu.
México
Os mexicanos sacrificaram humanos (anões e corcundas) para satisfazer os espíritos, provocando o eclipse.
Sibéria
(1) Os buriats dizem que o sol ou a lua desaparece quando é comido pelo monstro Alka.

(2) Os tártaros dizem que um eclipse é causado por um vampiro que vive em uma estrela.

Ector[1] *Britânica*
também Ector da Floresta Selvagem
Pai adotivo do rei Artur; pai de Kay. Ele criou o jovem Artur ao lado de seu próprio filho, Kay, até Artur completar quinze anos, momento em que ele leva os dois para Londres e Artur se torna rei.

Ele foi morto em uma batalha com os romanos fora de Rouen.

Ector[2] *Britânica*
também Ector de Mari, Hector de Marys
Um Cavaleiro da Távola Redonda; filho do rei Ban; irmão de Lancelot.

Resgatou a donzela Perse, a quem amava, das mãos de seu pretendente, Zelotes.

Ele foi um dos muitos cavaleiros capturados por Turkin e posteriormente libertado por Lancelot. Ele, junto com Bors e Lionel, procurava por Lancelot quando ele enlouqueceu e desapareceu de Camelot. Percival finalmente o encontrou no castelo de Bliant e o persuadiu a retornar à corte.

Ector se juntou a outros cavaleiros na busca do Graal e cavalgou alguns dias ao lado de Gawain, chegando finalmente a uma capela deserta onde adormeceu em um banco e sonhou que Lancelot tinha sido espancado e colocado sobre um burro e que ele próprio tinha sido expulso de casa onde um casamento estava em andamento. Uma voz lhes disse que eles não estavam aptos para buscar o Graal, e eles então foram até Nascien, o eremita que interpretou os sonhos e confirmou que a voz havia dito.

Depois da morte do rei Artur e de Lancelot, Ector foi viver na Terra Santa onde enfrentaram os turcos.

Édipo *Grega*

Ainda bebê, Édipo foi abandonado no monte Citerão pelo pai, que furou seus pés com pregos, e foi criado por Pólibo, rei de Corinto. Em outros relatos, o menino foi abandonado em um baú lançado à deriva. Em ambos os casos, ele sobreviveu e, mais tarde conheceu seu pai sem saber quem ele era. Édipo matou tanto o pai quanto seu cocheiro, Polifontes, quando tentaram atropelá-lo com sua carruagem. Em algumas versões, Laio tinha quatro criados com ele e Édipo matou os cinco.

Ele respondeu corretamente ao enigma da Esfinge, que se suicidou, e ele foi feito rei de Tebas pelos cidadãos agradecidos pela remoção do monstro.

Ele se casou com Jocasta, sem saber que ela era sua mãe, e eles tiveram quatro filhos: Antígona, Etéocles, Ismênia e Polinices. Quando o profeta Teiresias revelou o que tinha acontecido, Édipo cegou os próprios olhos e vagou por toda a Grécia, acompanhado pela fiel filha Antígona.

Ele finalmente foi morto pelas Fúrias em Colono e enterrado por Teseu.

Edjo *Egípcia*

A deusa-serpente do Baixo Egito.

Ela é considerada uma deusa da escuridão primordial e depois ama de Bast e Hórus. Ela é representada pelo uraeus usado no toucado do faraó e está associada ao Olho de Hórus, o terceiro olho de Rá. Em alguns relatos, Edjo é o mesmo que Wadje.

Eeyeekalduk *Inuíte*

Um deus da cura. Ele era retratado como um velho tão pequeno que vivia em um pedregulho. Ele curava as doenças só de olhar para o paciente, desenhando a causa dos olhos do paciente em seus próprios olhos. Ele também poderia transmitir a doença de seus olhos para os de outra pessoa.

Efé *Africana*

O primeiro homem na tradição dos pigmeus.

Quando ele nasceu, seus pais foram engolidos por um monstro, mas Efé o matou, salvando-os.

Ele passou algum tempo no paraíso agindo como um caçador para os deuses e voltou à terra com três lanças mágicas.

Efialtes *Grega*

Um gigante. Ele e seu irmão gêmeo Otus eram conhecidos como os Aloadae, "filhos de Aloeus", mas seu verdadeiro pai era o rei do mar, Poseidon. Ao contrário dos outros gigantes, eles eram seres nobres.

Ele e Otus aprisionaram o deus da guerra Ares para demonstrar seu poder e ameaçaram empilhar o monte Pelion sobre o monte Ossa para atacar os Olímpicos, mas ambos foram persuadidos por Poseidon a não tentar ou seriam mortos por Apolo ou Hércules.

Eles planejaram levar a deusa Ártemis, mas ela sabia do que se tratava e montou uma armadilha para eles. Ela voou sobre o mar até Naxos, e eles a seguiram. Ártemis então colocou uma corça branca no caminho dos dois, que começaram a caçar imediatamente. Cada um lançou seu dardo de lados opostos do animal, que desapareceu. Com o lançamento, um matou o outro. Uma versão alternativa diz que, quando eles tentaram raptar Ártemis e a deusa Hera, Ártemis correu entre eles. Cada um mirou um arremesso nela, que evitou as flechas e cada irmão matou o outro sem querer.

Dizia-se que eles foram amarrados um de costas para o outro e presos por cobras a uma coluna quando foram para o Tártaro.

Em alguns relatos, Efialtes foi um dos gigantes nascidos na Terra (*veja* **gigantes**), filho de Urano e Gaiam e foi morto durante uma batalha entre os gigantes e os deuses quando Apolo atirou nele em um olho e Hércules no outro.

Egeria *Romana*
Uma ninfa, deusa do nascimento e das fontes. Ela se casou com Numa Pompílio, segundo rei de Roma, e, quando ele morreu, ela foi transformada em uma fonte pela deusa Diana. Em alguns relatos, ela é equiparada a Diana e tipifica o sábio conselheiro.

Egeu *Grega*
Rei de Atenas e pai de Teseu.

Seu pai tinha sido expulso do trono de Atenas, mas, com a ajuda de seus irmãos, Egeu recuperou o reino. Ele seduziu – ou, dizem alguns, casou-se com – Etra, de Trezena, e partiu para Atenas (onde expulsou o rei Lico), deixando sua espada e as sandálias escondidas atrás de um rochedo enorme para serem recuperadas por qualquer filho de seu casamento. Esse filho era Teseu e, em algumas histórias, foi o deus do mar, Poseidon, que teve a criança, que foi aceita por Egeu como seu próprio filho. Ele reconheceu Teseu a tempo de impedir que a feiticeira Medeia o envenenasse em um banquete.

Em seu retorno a Creta, depois de matar o Minotauro, Teseu esqueceu de içar a vela branca que sinalizaria sucesso, e seu pai, vendo a vela negra, achou que estava morto e morreu ao cair da Acrópole.

Égide *Grega*
O peitoral ou escudo de Zeus carregado pela deusa Atena. Originalmente, dizia-se que o peitoral tinha sido feito pelo deus Hefesto e, mais tarde, foi descrito como uma pele de cabra com a máscara da Górgona Medusa no centro.

Egil[1] *Nórdica*
Quando vieram à terra para se banhar, as donzelas-cisnes Alvir, Olruns e Svanhvil deixaram as asas na costa. Egil e seus irmãos Slagfinn e Volund pegaram as asas e mantiveram as donzelas como suas esposas por nove anos antes que elas recuperassem as asas e voassem para longe. Egil procurou por sua esposa em vão.

Egil[2] *Nórdica*
Um camponês, pai de Roskva, Thialfi e Uller.

Quando entreteve Thor e Loki que estavam indo para Jotunheim, ele matou os dois únicos bodes que tinha para alimentá-los. Thor o instruiu a colocar os ossos dentro das peles dos animais para que ele pudesse restauras suas vidas, mas Thialfi quebrou um dos ossos e chupou a medula. O deus furioso teria matado todos eles, mas Egil o acalmou, dando-lhe as crianças para agir como servos do deus. O bode restaurado acabou ficando coxo.

Egres *Báltica*
Uma deusa da fertilidade finlandesa, protetora dos legumes.

Ehecatl *Centro-americana*
Um deus criador asteca e deus do vento; um aspecto de Quetzalcoatl.

Ele trouxe a menina Mayahuel do mundo inferior e acasalou-se com ela para mostrar à humanidade o segredo da reprodução.

Quando os guardiões do mundo inferior quebraram o galho da árvore que brotou no local do acasalamento de Ehecatl e Mayahuel, a donzela morreu. De seu corpo cresceu uma planta mágica que produziu um líquido que agia como uma poção do amor.

Ehecatl governou a segunda das cinco eras do mundo, que terminou quando foi destruído pelas tempestades e os homens se transformaram em macacos.

einheriar *Nórdica*
também einherjar
As almas dos guerreiros mortos. Estes, os guerreiros de Odin, estão em Valhala aguardando a batalha final, Ragnarok.

Eire *Irlandesa*
Uma deusa da fertilidade; um aspecto das Deusas Tríplices.

Ela, Banba e Fohla eram as três deusas consideradas as governantes originais da Irlanda.

Quando seu marido Mac Greine e os outros reis danaans, Mac Cool e Mac Cecht, foram mortos pelos invasores milesianos, ela e suas irmãs desistiriam de seus reinos se seus nomes fossem dados à terra. Quando foram recusados, a guerra eclodiu entre eles. O nome dela, no entanto, tornou-se o nome da Irlanda.

Eirene *Grega*
também Irene
= *Romana* Pax
Uma deusa da paz; uma das Horas.

Eitumatupua *Ilhas do Pacífico*
Um deus das ilhas Tonga. Diz-se que depois de escolher a mortal Ilaheva e se casar com ela, foi pai do menino Ahoeitu, e voltou para o céu. Quando chegou à idade adulta, Ahoeitu reuniu-se com seu pai, mas os filhos celestiais de Eitumatupua ficaram com ciúmes e destroçaram o rapaz. O pai ordenou que eles regurgitassem os pedaços do corpo do irmão e, com cuidado, remontou e restaurou Ahoeitu, tornando-o rei de Tonga.

Ek Chuah *Centro-americana*
O deus da guerra maia e deus dos comerciantes e viajantes. Ele é um deus de olhos negros (ou de pele negra) que transportava as almas dos guerreiros mortos em batalha.

Ekadanta *veja* **Ganesha**

Ekseri *Siberiana*
Um dos dois aspectos do ser supremo do povo evenk. *Veja* ***Amaka***.

Ekutsihimmiyo *Norte-americana*
O nome cheyenne para a Via Láctea, considerada uma estrada suspensa.

El Cid *Espanhola*
também El Campeador
Um herói espanhol, Rodrigo Diaz de Vivar.

Quando Don Gomez insultou seu pai, El Cid o matou. Ele então foi para a corte do rei Fernando, mas, à sua maneira, foi tão altivo que o rei o baniu. Ele formou uma equipe de guerreiros e partiu para combater os mouros e, no primeiro encontro, fez cinco reis mouros prisioneiros, forçando-os a pagar um tributo e a prever hostilidades, como preço de sua libertação. Nessa luta, ele ganhou a espada Tizona.

Pouco depois, casou-se com Ximena, filha de Gomez, o homem que ele havia matado, e o rei lhe deu quatro cidades como presente de casamento.

Dizia-se que ele teve uma visão de São Lázaro e deu dinheiro para a construção de um leprosário.

Fernando estava em disputa com Ramiro de Aragão e nomeou El Cid como seu campeão para se encontrar com Martin Gonzalez em combate para resolver o assunto. Ele também foi nomeado como campeão de Fernando para lutar contra o campeão do Papa quando Fernando não concordou em se submeter à autoridade do Papa, e mais uma vez foi vitorioso.

Mais tarde, em uma batalha contra os mouros, dizia-se que seu exército era liderado por St. James, cavalgando um cavalo branco.

Quando Fernando morreu, El Cid passou a servir seu filho, Sancho. Um dos filhos de Fernando, Garcia, ocupou a cidade de Zamora, que tinha sido dada a sua irmã, Urraca, e ela pediu ajuda a Sancho, que mandou um exército comandado por El Cid para ajudá-la. Tanto El Cid quanto Garcia foram capturados pelos oponentes, mas El Cid conseguiu quebrar as amarras e escapou, atacando as forças inimigas e aprisionando Alfonso, que estava ajudando seu irmão Garcia. Sancho então assumiu os reinos de Garcia e Alfonso, tirou Toro de sua irmã Elvira e sitiou Zamora. Quando El Cid não conseguiu persuadir Urraca a se render, Sancho o dispensou, mas o chamou de volta logo depois.

Sancho foi morto durante o cerco e o trono passou para Alfonso, que dispensou El Cid. Ele foi para o exílio com um pequeno grupo de seguidores e deu início a uma guerra contra os mouros, capturando dois de seus redutos e ganhando outra espada maravilhosa, Colada. Seus sucessos o levaram de volta a Alfonso, mas eles brigaram novamente, e El Cid levou seus seguidores para atacar Castela, deixando para Alfonso o cerco de Toledo, no qual ele esteve envolvido. Quando Alimaymon morreu, a cidade de Toledo passou para seu filho, Yahia, e ele furou o cerco durante a ausência de El Cid, ao que Alfonso chamou El Cid de volta e ele logo completou a captura da cidade. El Cid tornou-se então o governante de Valência, onde se estabeleceu com a esposa e as filhas.

Mas suas filhas foram maltratadas pelos Condes de Carrion, com quem tinham se casado. El Cid exigiu reparação e escolheu três cavaleiros para enfrentar os dois condes e o tio em combates individuais. Depois, as meninas se casaram com príncipes de Navarra e Aragão. Valência foi atacada pelos mouros, mas El Cid os expulsou. Eles voltaram anos mais tarde, liderados por Bucar, o rei do Marrocos, e El Cid preparado para novas batalhas. Ele teve uma visão de São Pedro, que lhe disse que ele morreria em trinta dias, mas derrotaria seus inimigos. No trigésimo dia, El Cid morreu e, de acordo com sua instruções, seu corpo foi embalsamado, com a espada Tizona nas mãos. Ele foi amarrado na sela de seu cavalo, Babieca, e levado por seus homens que surgiram na cidade expulsando os mouros aterrorizados.

Seu corpo permaneceu sentado por dez anos, antes de ser enterrado.

El Dorado *Sul-americana*
também Homem Dourado
Uma cidade ou país de fabulosa riqueza, ou o rei-sacerdote dessa cidade.

O relato de que o rei era coberto todos os dias com ouro em pó levou a uma grande e infrutífera busca no local.

Outra versão diz que um novo rei foi despojado e coberto de ouro antes de ser mandado em uma jangada para a Ilha de Guatavita. Ali, ele tirou o ouro e o jogou no lago, retornando à margem onde foi então aceito como rei.

Em alguns relatos, o nome se referia a uma estátua de ouro do rei.

Elaine[1] *Britânica*
também Elayne
Esposa do rei Ban; mãe de Lancelot.

O reinado de seu marido foi atacado por Claudas, o rei gigante da Terra Deserta, e ele partiu para a Grã Bretanha em busca da ajuda do rei Artur, levando sua esposa Elaine e o bebê Lancelot com ele. Ban morreu de desgosto quando seu mordomo, que ele havia deixado no comando, se entregou a Claudas sem lutar. Quando Lancelot foi pego pela Senhora do Lago, Elaine se retirou para um convento.

Uma história alternativa diz que Elaine estava grávida quando eles deixaram o castelo e morreu no parto às margens de um lago. Ban morreu de desgosto depois de embrulhar o bebê em um cobertor. A senhora do Lago ouviu o choro do menino e o levou para sua casa subaquática onde ela criou Lancelot até ele atingir a idade adulta.

Elaine[2] *Britânica*
também Elaine de Corbenic; Elaine sem Pai; Elayne, a Fada
Filha do rei Pelles; mãe de Galahad com Lancelot.

Seu pai convidou Lancelot para ir ao seu castelo em Carbonek com a esperança de que ele se casaria com Elaine e tivesse Galahad, o único cavaleiro digno do Santo Graal guardado por Pelles, cuja chegada tinha sido profetizada. Quando Lancelot rejeitou as investidas de Elaine, Pelles usou uma poção para enganar Lancelot, fazendo-o pensar que se tratava de Guinevere. Outra versão diz que ela tinha sido presa pela Fada Morgana em uma cuba com água fervente e foi resgatada por Lancelot. Dame Brisen, uma criada de Elaine lançou um feitiço sobre Lancelot, que foi induzido a ir para Castle Case para se encontrar com Guinevere, mas não intencionalmente passou a noite com Elaine, que mais tarde deu à luz Galahad.

Na grande festa realizada para comemorar o retorno de Artur de suas conquistas no continente, Dame Brisen pregou a mesma peça em Lancelot, enganando-o a novamente dividir a cama com Elaine. Atemorizado com o que tinha feito, ele enlouqueceu, saltou da janela e vagou pelos campos durante dois anos, vivendo como um animal. Elaine o encontrou mais uma vez depois do seu período de loucura e, quando ele recuperou a saúde, viveram juntos por quinze anos no castelo da Ilha Feliz, dado a eles por seu pai, Pelles.

Elaine[3] *Britânica*
também Elaine le Blank; Elaine, a Branca; Elayne; Elaine, a Justa; Senhora de Astolat; Senhora de Shallot

Quando Lancelot ficou no castelo de Bernard de Astolat (o pai de Elaine) a caminho de um grande torneio, Elaine se apaixonou por ele e, embora ele a usasse a seu favor no torneio, do qual ele foi campeão anônimo, ele recusou a oferta para se casar com ela ou tornar-se seu amante. Ela se afastou e morreu de amor não correspondido e, segundo suas instruções, seu corpo foi colocado em uma barcaça coberta de preto e manobrada por um barqueiro até Westminster, onde foi encontrado pelo rei Artur, que ordenou a Lancelot que desse à criada um enterro honrado.

Elaine[4] *Britânica*
também Elaine de Garlot; Elayne
Irmã da Morgana le Fay; meia-irmã do rei Artur.

Elder Brother[1]
(literalmente O Irmão
Mais Velho) *Norte-americana*
Um herói dos natchez, tribo dos nativos americanos.

Ele e Younger Brother *(literalmente O Irmão Mais Novo)* estavam pescando quando um peixe enorme veio à tona. Era grande demais para ser puxado e, por isso, Younger Brother pulou na água, amarrado a uma corda, e agarrou o peixe nos braços. O peixe escapou e engoliu o atacante, cortando a corda de segurança. Só o martim-pescador ofereceu ajuda – e bicou o peixe com tanta força que ele morreu e o irmão mais velho conseguiu abri-lo e resgatou o que restava do irmão: a cabeça, que ainda podia falar.

Quando o Elder Brother assumiu como sua a esposa do irmão, a cabeça planejou matá-los, mas um pássaro os avisou do plano e eles fugiram, seguidos pela cabeça, que saiu gritando e rolando em seu encalço. Uma vespa transformou a mulher em homem, e a cabeça escolheu o errado, levando o novo "homem" para caçar. Chegando a um rio, eles nadaram, mas o novo homem começou a cantar, o que fez com que a cabeça ficasse presa para sempre debaixo d'água. "Ele" então voltou à sua forma feminina e, quando engravidou, colocou seus filhos dentro de uma bengala e carregou-a com ela. Mais tarde, ela os libertou e eles se tornaram os ancestrais da tribo.

Elder Brother[2]
(literalmente O Irmão Mais Velho)
Um herói da cultura do povo Pima, do Arizona e do México.

Ele e Younger Brother (*literalmente O Irmão Mais Novo*) completaram os seres humanos, cortando uma abertura no rosto para que pudessem comer, outra nas costas para poderem defecar, separou seus dedos das mãos e dos pés das teias e removeu seus chifres e rabos.

Ele se envolveu em muitas histórias sobre a criação e a destruição do mal, em que ele morre e renasce.

Elder Edda *Nórdica*
A mais velha das duas maiores coleções de mitologias, poemas épicos etc., escritas em versos e compiladas por Semundo em mais ou menos 1090.

A primeira parte trata principalmente dos deuses. E a segunda compreende histórias dos heróis nórdicos.

Electra[1] *Grega*
também Elektra
Filha de Agamenon e Clitemnestra; irmã de Crisótemis, Ifigênia e Electra.

Quando seu pai foi assassinado por sua mãe e Egisto, seu amante durante a ausência de Agamenon no cerco a Troia, Electra incitou seu irmão Orestes a matá-los por vingança. Ela foi condenada à morte por sua parte no caso.

Electra[2] *Grega*
também Elektra
Diz-se que as lágrimas desta Electra se transformaram em gotas de âmbar.

Electra[3] *Grega*
também Elektra
Uma das Plêiades. Em alguns relatos ela é a estrela invisível na constelação, ficando assim por não suportar olhar para as ruínas de Troia. Outros dizem que a estrela desparecida é Merope ou Sterope, as duas outras Plêiades.

elefante
(1) Na China, o elefante é um animal sagrado e um dos Sete Tesouros do Budismo. Ele é considerado uma encarnação anterior do Buda e diz-se que um elefante branco anuncia o nascimento do Buda.
(2) Na tradição hindu, esse animal é o veículo de Indra. No longo poema, o *Mahabharata,* o elefante foi a décima primeira coisa a ser produzida na Agitação do Oceano.

Outras versões de suas origens dizem que o elefante foi criado a partir das aparas retiradas do corpo de Surya, por Vishvakarma, para reduzir o brilho arrebatador do deus sol.

Há ainda uma outra versão que diz que Brahma cantou sobre as duas metades de uma casca de ovo e Airavata, um elefante usado pelo deus Indra como transporte, surgiu da metade da casca na mão direita do deus, seguido por outros sete, todos machos. Em seguida, vieram oito fêmeas da outra metade da casca. Esses dezesseis elefantes, que sustentam o mundo nos pontos cardeais e nos intermediários, foram os ancestrais de todos os elefantes.

Nos primeiros tempos, os elefantes tinham asas e podiam voar, mas perderam essa habilidade quando perturbaram o ensino de um asceta, que os amaldiçoou.

Em alguns relatos, um elefante em pé sobre o casco de uma tartaruga sustenta a terra.

elefo *Africana*
Um sino mágico usado pelo deus Itonde para predizer o futuro e profetizar a morte. O som do sino é capaz de matar os humanos.

Elegant *Norte-americana*
Um bravo algonquino.

Quando a donzela Handsome rejeitou seu amor, Elegant fez um boneco de neve, vestiu-o com as melhores roupas e penas e lhe deu vida e um nome, Moowis. A moça se apaixonou por Moowis e o acompanhou quando ele partiu para uma longa jornada. À medida que os dias se tornaram mais quentes, Moowis derreteu sob o sol e ela foi deixada sem nada além de um amontoado de penas.

Eleio *Ilhas do Pacífico*
Um mago havaiano. Ele era um kahuna, capaz de ver espíritos invisíveis aos outros e de restaurar os mortos.

Ele seguiu uma bela garota até uma torre no topo de uma colina, onde ela desapareceu. Dentro da torre, ele encontrou o corpo da garota. Eleio invocou o espírito para aparecer mais uma vez e depois o prendeu, forçando-o de volta ao corpo da garota morta, que se chamava Aula. Quando voltou à vida, ela se casou com seu salvador.

Elektra *veja* **Electra**

Eleusinia *Grega*
Um desfile e jogos que tinham lugar a cada dois anos em honra a Deméter.

elfo *Europeia*
Um diminuto ser sobrenatural; uma fada maligna. (*Ver também* **elfos**).

elfos *Nórdica*
Seres criados a partir das larvas que se reproduzem na carne do gigante morto Ymir.

Os elfos negros eram os anões que viviam em Svartalfheim, os elfos leves (Liosalfar) eram as fadas que viviam em Alfheim.

Em alguns relatos, eles são o mesmo que os anões; em outros, eles são seres distintos.

Elfos de Luz *Norte-americana*
Na tradição dos algonquinos, fadas criadas pelo deus criador Gluskap.

Elfos Leves *veja* **Liosalfar**

Elfos Negros *veja* **Nibelungos**

Elimiel *Hebraica*
Uma das Sete Inteligências, governante da lua.

Elivagar *Nórdica*
Os doze rios de Niflheim. Esses rios, alimentados pela água que corre dos chifres do veado Eikthyrnir alimentando-se dos galhos de Laerad, uma árvore

perto do salão de Odin. São eles: Fimbul, Fiorm, Giall, Gunnthra, Hrith, Leiptur, Slid, Svaul, Sylgil, Thulr, Vith e Yigr.

Em outros relato Vimur é um dos doze, enquanto há quem diga que os rios eram alimentados pela nascente do Hvergelmir.

Ellal *Sul-americana*
Um herói do povo patagônico. Ele foi escondido por Rat para salvá-lo de ser comido por seu próprio pai, Nosjthej. Como homem, ele se tornou senhor da terra matando todos os gigantes com seu arco e flecha que, diz-se, ele inventou. Ele matou o rei-gigante, Goshye-e, transformando-se em uma mosca e envenenando-o com seu ferrão. Tendo ensinado as tribos a usar o arco e flecha, ele foi para o céu voando em um cisne, e deixou os homens se defenderem por si mesmos.

Elle folk *Germânica*
Uma raça de pessoas minúsculas vivendo em montes ou em árvores mais velhas. Essas pessoas têm a reputação de serem descendentes do primeiro homem, Adam, e sua primeira esposa, Lilith. Os homens parecem pequenos velhos, enquanto as mulheres aparecem como belas, mas ocas dançarinas.

Ellerkonge *Dinamarquesa*
também Erl-king (rei dos elfos)
= *Germânica* Erlkonig
O rei dos elfos que leva as crianças para o Outro Mundo.

Ellil *Mesopotâmica*
= *Suméria* Enlil
Um rei hurrita das enchentes e das tempestades.

ellyll *Galesa*
plural ellyllon
Uma pequena fada ou elfo. Em alguns relatos, ellyllon são demônios ou fantasmas, as almas de druidas que estão destinadas a vaguear pela terra até o dia do julgamento.

Elma, Eloma *veja* **Embla**

Elwe'kyen *Siberiana*
também Rena selvagem
O nome coriaco para a constelação da Ursa Maior.

Os coriacos dizem que o criador obteve dessa constelação as renas para o seu povo.

Elysium *Grega*
também Campos Elíseos, Ilhas Afortunadas
Uma ilha agradável, parte do Tártaro; o lar dos imortais. Originalmente, o lar dos deuses, mais tarde o lar dos heróis, dizia-se que esse paraíso, de forma variada, ficava no oceano ocidental, no extremo oeste do mundo em algum lugar suspenso no ar, no sol, no mundo inferior, em ilhas da costa da África ou em algum lugar da Itália.
(*Veja também* **Tártaro**.)

Emain Ablach *Irlandesa*
também Ilha das Macieiras
= *Britânica* Avalon
Um paraíso terrestre governado por Manannan, que foi procurado por Bran em suas viagens. Alguns relatos o equiparam com a Ilha de Arran.
(*Veja também* **Ablach**.)

Emakong *Índias Orientais*
Na tradição da Nova Bretanha, um espírito que trazia aves, grilos, fogo e noite do mundo inferior.

Embla *Nórdica*
também Elma, Emola
A primeira mulher, feita por Odin a partir de um olmo; esposa de Ask.

Eme'mqut *Siberiana*
Um espírito coriaco. Quando sua esposa foi raptada, ele atirou uma flecha no fogo para abrir a estrada para o mundo inferior.

Lá encontrou sua esposa e, quando eles voltaram ao mundo superior, ele removeu a flecha, fechando a estrada novamente.

Em uma outra história, sua esposa era a Mulher Raposa. Quando uma hóspede em sua casa comentou sobre seu odor de raposa, ela fugiu.

Emma-O *Japonesa*
= *Chinesa* Yen Wang; *Hindu* Yama
Um deus budista da morte, senhor do inferno. Ele é o governante de Yomi-tsu-kuni e tem um espelho mágico que detecta o pecado, mas ele julga apenas os homens. (*Veja também* **Emma-ten**.)

Emma-ten *Japonesa*
= *Budista* Yamadeva
Uma divindade do mundo inferior associada a Emma-O. Em alguns relatos, ele é o mesmo que Emma-O.

Encélado *Grega*
Um dos Gigantes nascido na Terra; filho de Urano ou, dizem alguns, de Tártaro

Ele foi morto por Atena durante a batalha entre os gigantes e os deuses. Ela atirou uma pedra que o esmagou e ele se tornou a Ilha da Sicília.

Em uma outra história, foi Zeus que o derrotou e o acorrentou sob o monte Etna.

Endimião *Grega*
Um pastor e rei da Élida.

A deusa Ártemis, como Selene, a lua, fez o belo jovem dormir para sempre, imortal, para que ela pudesse visitá-lo todas as noites e acariciá-lo, escondendo-o em uma caverna no monte Latmus.

Diz-se que ele teve cinquenta filhos (ou filhas, dizem alguns) com Selene, e é considerado o fundador dos Jogos Olímpicos.

Eneias *Grega*
Um herói troiano. Dizia-se que ele tinha sido criado pelas ninfas do Monte Ida e, segundos alguns relatos, foi considerado um ancestral do rei Artur.

No cerco a Troia, foi ferido por Diomedes, mas Apolo o levou em segurança a Pérgamo, onde sua feridas foram tratadas pela deusa Ártemis. Quando a cidade caiu, a deusa Afrodite, mãe dele, garantiu sua segurança e ele conseguiu escapar com o pai Anquises e seu jovem filho Ascânio, mas sua mulher, Creusa, separou-se dos outros e morreu.

Há uma versão que diz que ele denunciou Troia aos gregos e foi recompensado com um salvo-conduto quando a cidade caiu, e outra em que ele foi capturado por Neoptólemo, filho de Aquiles.

Depois de muitas aventuras (*veja* **Eneida**), instalou-se na Itália e se casou com Lavínia, filha do rei dos latinos, e criou a raça romana. Em alguns relatos, ele teve uma filha, Rhome, que assassinou Latino e deu à luz Rômulo e Remo.

Na sua morte, em uma batalha contra os rútulos (tribo que vivia a sudeste de Roma), tornou-se um dos deuses com o título de Indigetes.

Eneias Silvius *Romana*
Rei de Alba Longa (antiga cidade a sudeste de Roma); descendente de Eneias.

Eneida *Romana*
O relato de Virgílio (em 12 volumes) das aventuras de Eneias após a queda de Troia.

A história é a seguinte:

Eneias saiu de Troia à procura de um novo lugar para se estabelecer e sonhou que deveria ir para Hesperia (a terra a oeste, na Itália) e ali encontrar um novo lar.

Seu navio foi desviado pelas Harpias (monstros femininos) e, quando desembarcaram em Épiro, descobriram que os governantes eram Heleno, que tinha o dom da adivinhação, e Andrômaca, ex-mulher do príncipe troiano Heitor, que morreu em Troia. Heleno o aconselhou a procurar uma leitoa branca com trinta porquinhos. Outros relatos dizem que Eneias recebeu esse conselho do deus do Rio Tibre, algum tempo depois de chegar à Itália.

Sua parada seguinte foi na Sicília, onde apenas o aviso dado pelo faminto marinheiro Aquemênides, que tinha ficado para trás quando Odisseu e sua tripulação escaparam da caverna do Ciclope Polifemo, salvaram Eneias e seus marujos das garras do Ciclope, que ainda habitava aquela parte da ilha. Anquises, seu velho pai, morreu pouco depois.

Uma tempestade provocada pelos deuses levou o navio para a costa norte da África, onde foram festejados por Dido, rainha de Cartago, que se apaixonou por Eneias. Ele sabia que seu destino era a Itália e acabou forçando a si mesmo e sua equipe a desistir da vida de luxo e zarpar, uma vez mais, rumo ao norte. Dido ficou tão perturbada com a perda que acabou se suicidando.

Chegando à Itália, Eneias foi aconselhado por Sibila de Cumas a se armar com um ramo de ouro e a procurar seu pai no mundo inferior, que foi capaz de lhe contar sobre os problemas que enfrentaria.

Os habitantes do local onde eles finalmente desembarcaram foram os latinos governados pelo rei Latino e os rútulos, do rei Turno. Quando Ascânio, filho de Eneias, inadvertidamente matou o cervo de estimação, os latinos ficaram furiosos. Latino tinha sido informado de que sua filha Lavínia se casaria com um estrangeiro e aceitou Eneias nesse papel. Mas o rei Turno se casou com Lavínia e se prontificou a ajudar os latinos contra os troianos quando eles entraram em guerra.

Eneias, obedecendo ao deus do Rio Tibre, consultou Evandro, rei de um estado empobrecido, que o aconselhou a pedir ajuda aos etruscos que tinham sido oprimidos pelo tirano Mezêncio e agora lutava com os rútulos contra os troianos. Prontamente eles forneceram um exército que, após muita luta, derrotou os latinos e os rútulos. Eneias foi ferido por uma flecha e como o médico Iapis não conseguiu curá-lo, a deusa Afrodite interveio usando uma erva mágica e fez com que ele logo voltasse à luta. O filho de Evandro, Palias, foi morto pelo rei Turno durante a luta. A rainha guerreira Camila também morreu. O próprio Eneias matou Turno em uma luta individual, além de Mezêncio e de seu filho Lauso. Em determinado momento, a deusa Cibele interferiu evitando que Turno ateasse fogo nos navios de Troia, que se transformaram em cisnes e nadaram para longe.

A leitoa branca e sua ninhada, mencionadas na profecia de Heleno, foram encontradas no local que, mais tarde, seria a cidade de Alba Longa, a sudeste de Roma.

enigma da Esfinge *Grega*
Uma pergunta feita pela Esfinge a todos os viajantes: "O que se move em quatro pernas quando jovem, em duas quando maduro e três quando velho?" Aqueles que não respondiam corretamente pagavam com suas vidas. Édipo acertou quando deu a resposta "homem", que se arrasta de quatro quando bebê, anda de pé mais tarde e é sustentado por um bastão na velhice.

Enigorio, Enigohatgea *Norte-americana*
Deuses criadores iroqueses. Enigorio criou as coisas úteis, como árvores e terras férteis, enquanto seu irmão gêmeo

Enigohatgea tentou transformar as terras em desertos.

Enki *Mesopotâmica*
= *Babilônica* Ea

Um deus criador sumério e deus da água; deus da justiça, da magia e da sabedoria. Dizia-se que ele tinha ressuscitado das águas do Golfo Pérsico, como um deus dos peixes.

Os deuses criaram os humanos a partir do barro como servos, mas, quando se cansaram das pessoas e Enlil mandou uma enchente, Enki avisou Ziusudra (Atrahasis).

Em uma história da criação, ele expôs as cabeças do humanos enterrados com sua enxada antes que sua esposa Ninhursaga lhes desse vida.

Ele vivia em Dilmun, o paraíso terrestre, com Ninhursaga até que se desentenderam. A briga surgiu por conta de sua busca pelas próprias filhas e um caso com Uttu, a deusa da tecelagem. Ninhursaga recuperou parte do sêmen do corpo de Uttu e cultivou oito plantas com ele. Inocentemente, Enki comeu as plantas e adoeceu, recuperando-se apenas quando Ninhursaga o colocou em seu próprio corpo para que ele nascesse de novo. Em outras versões, ele deu à luz oito crianças para substituir as plantas que havia comido, ou Ninhursaga deu à luz oito divindades, e cada uma delas curou uma das doenças que afligiam Enki desde a ingestão das plantas.

Enkidu *Mesopotâmica*

Um guerreiro. Ele foi criado pela deusa Aruru com barro e saliva como amigo de Gilgamesh, rei de Uruk, e viveu como um homem selvagem até que Gilgamesh o domou, usando uma prostituta chamada Shambat para seduzi-lo, e o fez seu companheiro em muitas aventuras. Ele ajudou Gilgamesh a matar o gigante Huwawa e o touro de Céu, mas foi atingido por uma doença fatal. Em um esforço para salvá-lo, Gilgamesh buscou a imortalidade e pegou um pedaço da planta "Nunca Envelhece", mas ela foi roubada por uma cobra.

Em outra versão, Enkidu foi preso no mundo inferior quando ele desceu para recuperar um tambor que Gilgamesh tinha deixado cair acidentalmente. Ele é retratado com pernas e cascos de um bode ou como metade homem, metade touro.

Enkimdu *Mesopotâmica*

Um deus sumério da agricultura. Ele foi um pretendente da mão de Inanna, a deusa da fertilidade, que o rejeitou em favor de Dumuzi, o deus da fertilidade.

Em alguns relatos, ele é equiparado a Embilulu, o deus dos canais e dos rios, ou com Enkidu (*veja acima*).

Enlil *Mesopotâmica*
também Senhor da Tempestade
= *Babilônica* Adad, Ea, Ellil; *Hurrita* Ellil, Kumarbi

O deus sumério do ar, da terra, das tempestades e do vento.

Em uma história, diz-se que ele se acasalou com sua mãe, Ki, para gerar a raça humana; em outra, ele foi um dos deuses que moldaram os humanos a partir do barro como seus servos.

Quando os deuses se enfureceram com o barulho que as pessoas faziam, Enlil, primeiro, enviou uma praga, depois uma seca, depois uma proibição de reprodução e, finalmente a inundação que exterminou a raça humana, exceto Ziusudra, que tinha sido avisado por Enki.

Enlil violentou a deusa dos grãos, Ninlil, e foi condenado à morte pelo crime. Ela o seguiu até o mundo inferior, onde nasceu seu filho, Nanna.

Quando chegou ao poder, o deus Marduk cegou Enlil e matou seu pai, An. Ele é retratado como parte homem, parte peixe ou como parte bode, parte peixe.

Ennead *Egípcia*
Um grupo de nove deuses. A lista varia de lugar para lugar: para Heliópolis, ela consistia de Atum, Geb, Ísis, Nephthys, Nut, Osíris, Seth, Su e Tefnut. Outros nomes às vezes incluídos são Hu, Hórus, Khenti Amentiu, Ra, Saa e Wadjet.

Eno *Norte-americana*
Um nome do Coyote como "ladrão".

Enone *Grega*
A ninfa do monte Ida; uma profetisa. Ela se casou com Páris, príncipe de Troia, antes dele tomar conhecimento de sua ascendência real, mas ele a abandonou, trocando-a por Helena, esposa do rei Menelau. Quando Páris foi ferido no cerco a Troia, seus criados o levaram para Enone, acreditando que ela conhecia alguma droga mágica que o salvaria. Ela se vingou, deixando-o morrer, mas depois, vencida pela dor, ou se enforcou ou se jogou na pira funerária e morreu com ele.

Enuma Elish *Mesopotâmica*
A história acadiana da criação que começa com essas palavras, significando "Quando no alto..."

Enumclaw *Norte-americana*
O espírito do trovão das tribos do noroeste.
Ele aprendeu a arte de jogar bolas de fogo como lanças, enquanto seu irmão Kapoonis se especializou no arremesso de rochas enormes. Para evitar que eles causassem muitos danos, os deuses os levaram para o céu e fizeram de Enumclaw o senhor dos trovões e de Kapoonis o senhor dos relâmpagos.
Em alguns relatos, seus papéis eram invertidos.

Eolo *Grega*
O deus dos ventos viveu sobre a ilha flutuante de Eólia com a esposa Éos, a deusa do amanhecer.

éon
Uma era do universo. Há relatos de que houve 365 dessas eras, embora existam outros que dizem ser apenas 30.

Éos *Grega*
também Hemera, Hespera
= *Romana* Aurora, Mater Matuta
Deusa do amanhecer. Em suas viagens pelo céu ao lado do irmão Helius, o deus sol, ela é Hemera pela manhã, mas Hespera à noite.
Ela pediu a Zeus para tornar seu marido Titono imortal, mas esqueceu de pedir a eterna juventude, de forma que ele envelheceu e murchou. No final, Éos o transformou em um gafanhoto.
Em alguns relatos, ela é a mãe dos ventos Bóreas, Euro, Noto e Zéfiro. Ela raptou o menino Ganimedes e o entregou a Zeus, após o que ele se tornou escanção para os deuses.

Eostre *veja* **Eastre**

Epimeteu *Grega*
Um dos Titãs; irmão de Atlas e Prometeu; marido de Pandora; pai de Pirra.
Com seu irmão Prometeu, ele recebeu a incumbência de criar humanos e adaptá-los à vida na Terra.
Ele lutou com os deuses contra os Titãs e rejeitou a bela Pandora quando Zeus ofereceu a mão dela. E mudou de ideia e casou-se com ela quando Prometeu foi punido por Zeus.

Epinogrus *Britânica*
Um Cavaleiro da Távola Redonda; irmão do rei de Northumberland.
Ele foi derrubado por Dinadan em uma luta justa e derrotado por Lancelot em um torneio.

Epona[1] *Celta*
Uma deusa dos cavalos e dos cavaleiros na Gália. Ela também era adorada em Roma onde seu festival era realizado em 18 de dezembro. Ela tem uma chave que lhe dá acesso ao mundo inferior, e muitas vezes é retratada seminua, sobre um cavalo.

Epona[2] *Romana*
Um nome de Deméter como deusa-égua.

Epunamun *Sul-americana*
Um deus supremos ou deus da guerra do povo araucano.

Équidna *Grega*
Um monstro em forma de uma mulher-serpente; mãe de Cérbero, de Quimera, do Dragão da Cólquida, das Harpias, da Hidra, do Leão de Nemeia e outros, incluindo, dizem alguns, a Esfinge. Há relatos em que Equidna foi a mãe da Fera Ruidosa.

Em uma versão da história na qual Hércules capturou os bois de Gerião, a mulher-serpente com quem ele dormia era Equidna, e mais tarde ela teve três filhos.

Erato *Grega*
Uma das nove Musas, a Musa da poesia lírica.

Eravan *Siamesa*
= *Hindu* Erewan
Uma divindade do sol, descrita como um elefante com três cabeças.
(*Veja* **Airavata**.)

eré *Africana*
Na tradição iorubá, seres infantis que dominam as pessoas em iniciação.

Erebus *Grega*
também Erebos
A caverna entre a terra e o inferno: as profundezas mais escuras do mundo inferior; inferno. (*Veja também* **Tártaro**.)

Ereshkigal *Mesopotâmica*
Uma deusa babilônica da morte e do mundo inferior. Em alguns relatos ela começou como uma deusa do céu, mas foi raptada pelo dragão Kur e levada para o mundo inferior. Quando seu marido, Nergal, veio para o mundo inferior sob seu comando, ela se salvou da morte nas mãos dele apenas por compartilhar o poder com ele. Em outras versões, seu consorte é Gugulanna.

Uma versão diferente diz que ela se apaixonou por Nergal quando ele desceu do céu com alimentos e ela ameaçou ressuscitar todos os mortos, a não ser que Anu enviasse Nergal de volta como seu marido.

O deus da peste Namtar foi mandado para o céu como um enviado e Nergal voltou rapidamente para o mundo inferior e se tornou consorte da rainha.

Erewan *Hindu*
Um elefante de três cabeças montado por Indra. (*Veja também* **Airavata**.)

Eridu *Mesopotâmica*
O paraíso sumério, lar da deusa mãe Zikum.

Erin *Mesopotâmica*
Uma ave monstruosa. Ela, que tem um dente venenoso, era considerada uma forma da ave Zu, que tinha uma cabeça de leão.

Erínias *veja* **Fúrias**

Éris *Grega*
= *Romana* Discórdia
A deusa da discórdia; filha de Zeus e Hera ou Nyx; irmã do deus da guerra Ares.

Em algumas histórias, ela é a filha de Erebus e Nyx. Alguns dizem que Ate é Éris, outros, que Ate é filha de Zeus e Éris. Ou ainda que ela era consorte de Ares.

Ela foi atirada à terra por Zeus, em um dos seus ataques de fúria. Foi Éris ("luta") que precipitou o julgamento de Páris, tudo isso seguido do lançamento da maçã de ouro,

com a inscrição "para os mais justos", em uma reunião de divindades no casamento de Peleu e Tétis.
(*Veja também **Ate**¹*.)

Erlkonig *Germânica*
também Erl-king
= *Dinamarquesa* Ellerkonge
O rei dos elfos que rapta crianças para o Outro Mundo. Alguns dizem que ele é um dos líderes da Caçada Selvagem.

Eros *Grega*
= *Hindu* Kama; *Romana* Amor, Cupido
O deus do amor.
 Ele é descrito como um jovem alado com um arco, às vezes com os olhos vendados atirando flechas com pontas douradas nos corações dos que ele deseja tornar amantes. Às vezes, ele usava flechas com pontas de chumbo para fazer com que os amantes desdenhassem daqueles que os amavam.
 Em uma história, ele fez Dido se apaixonar por Eneias, assumindo a forma de Ascanius e atirando em Dido com uma de suas flechas.

erva-campeira *Grega*
Diz-se que é uma flor que nasceu das lágrimas de Helena de Troia. Em algumas versões, dizia-se que essa planta curava feridas e conferia imortalidade.

Erzulie *Caribenha*
Deusa haitiana do amor. Ela é representada com três anis, uma para cada um de seus maridos: Agwé, Damballah e Ogoun.
 "Erzulie-Ge-Rouge" é um nome de Erzulie lamentando a brevidade da vida e do amor.

Es *Siberiana*
Um deus criador do povo ket. Diz-se que ele fez a humanidade a partir do barro, produzindo homens com sua mão direita e mulheres com a mão esquerda.

Esaugetuh Emissee *Norte-americana*
também Mestre do Ar
Deus criador e deus do vento do povo creek. Ele fez seu povo com barro molhado quando as águas do dilúvio baixaram, secando-o ao sol. Alguns nadaram antes de estar devidamente secos e eles se tornaram as raças brancas. Aqueles que ficaram ao sol o tempo suficiente tornaram-se as raças escuras.

Escada do Céu *Japonesa*
O meio pelo qual a deusa do sol Amaterasu e o deus da lua Tsukiyumi se elevaram para ocupar seus lugares no céu.

Escanor *Britânica*
Um cavaleiro da corte do rei Artur. Dizia-se dele, como de Gawain, que sua força aumentava até o meio-dia e depois diminuía. Quando ele levou uma criada da corte de Artur, Gawain o matou.

escaravelho *Egípcia*
Um besouro sagrado; a personificação de Khepra, o deus Rá como o sol da manhã.

escorpião
(1) Na tradição babilônia, o escorpião aparece como Homem Escorpião.
(2) No Egito, o escorpião era considerado a personificação de Serket e era sagrado para Ísis.
(3) Na Grécia, um escorpião foi mandado por Ártemis ou Gaia para matar o caçador Órion, que se vangloriava de poder matar qualquer animal, e, como recompensa, foi colocado no céu como a constelação Escorpião.
 Dizia-se que o óleo extraído de um escorpião agia como antídoto para o veneno de seu ferrão.
(4) Os hebreus consideravam o escorpião um símbolo do mal.
(5) Na Pérsia, este animal representava outono e decadência. Mithra é retratado

como um touro, a força da vida, no verão, e o escorpião pica os testículos do touro, representando o fim do verão e o início do outono.
(6) Na tradição tolteca, o deus Yappon e sua mulher Tlahuitzin foram transformados em escorpiões quando foram mortos pelo demônio da seca Yaotl.

esfinge¹ *Grega*

Uma imagem de um animal híbrido com o corpo de um leão, representando, em alguns casos, o deus-Sol. A mais conhecida é a enorme estátua (a Grande Esfinge) de um leão reclinado com cabeça humana, localizada em Gizé, no Egito.

Existem outras esfinges: a androesfinge, com uma cabeça humana masculina; a crioesfinge, com cabeça de carneiro; e a hieracoesfinge, com cabeça de falcão, todas com corpo de leão.

Uma esfinge negra simboliza o mal e uma branca, a bondade.

Aker, o deus egípcio do mundo inferior, às vezes, é representado como uma esfinge com duas cabeças.

Esfinge² *Grega*
também o Estrangulador

Um monstro alado, parte mulher, parte leão, com cauda de serpente. Essa fera, filha do monstro Quimera ou da serpente Équidna, foi enviada pela deusa Ártemis para devastar Tebas depois que Laio, o rei de Tebas, raptou Crisipo. Alguns relatos dizem que foi mandado por Hera, outros por Apolo ou Dioniso. Em todas as versões, ela matava e comia qualquer viajante que não respondesse ao enigma que lhe fora dado pelas Musas (*veja* **enigma da Esfinge**) e foi, ela mesma, assassinada quando Édipo respondeu com sucesso. Alguns relatos dizem que ela se jogou de um penhasco, outros que Édipo a levou até o penhasco na ponta da espada.

Eshu *Africana*
= *Fon* Legba

Um anjo trapaceiro, deus mensageiro e deus do destino entre os iorubás.

Como assistente do deus criador, Fa, ele era responsável por abrir alguns dos olhos do deus todas as manhãs.

Ele era um servo do deus Orisha, mas o odiava tanto que rolou uma pedra enorme sobre sua casa, matando Orisha e dividindo-o em 401 pedaços.

Dizia-se que ele tinha persuadido o sol e a lua a trocar suas funções em uma ocasião, provocando um grande caos.

Mantém um olhar atento nos acontecimentos e se reporta ao deus criador Olorun, julgando as ações dos homens.

espada

Uma espada, geralmente com características mágicas, figura em muitas mitologias. Algumas das espadas mais famosas e seus portadores estão listadas abaixo.

espada de:

Alberich	Rosen
Beowulf	Hrunting, Nagelring
Brahma	Asi
Carlos Magno	Flamberge, Joyeuse
Cuchulainn	Caladin
El Cid	Colada, Tizona
Finn mac Cool	Mac an Luin
Heimdall	Hofud
Izanagi	Ame-no-wo-ha-bari
Kari	Life-taker
Rei Artur	Caleburn, Chastiefol, Excalibur, Marmyadose, Sequence, Espada na Pedra

Rei Ban	Courechouse
Lugh	(= Sword of Light), Fragarach/Freagarthach (= Answerer)
Manannan	Dioltach (= Retaliator), Fragarach/ Freagarthach (= Answerer)
Oliver	Glorious, Hauteclaire
Rolando	Durandal
Sigmund	Balmung, Gram, Nothung, Sword of Need
Sir Bevis	Morglay
Sir Galahad	Espada na Pedra, Sword of Strange Girdles
Sir Lancelot	Arondight
St George	Ascalon/Askalon
Vishnu	Nandaka

Espada de Strange Girdles *Britânica*

também Espada de Strange Hangings, Espada de Strange Belt

A espada do rei Davi, de Israel, aparecendo na Busca do Graal. O punho dessa espada foi feito com ossos das costelas de uma cobra, a papalust, e de um peixe, o ortenax. Ela foi usada por Varlan, rei de Gales, para matar Lambor, rei de Terre Foraine, e já tinha sido encontrada por Nascien, cunhado de José de Arimateia, que desembainhou a espada para se defender de um gigante, mas a lâmina quebrou em dois pedaços. Evelake, um rei sarraceno convertido, juntou as duas partes e elas se reintegraram. Outras versões dizem que foi emendada por Galahad.

Em outra história, Parlan, o Rei Pescador puxou a espada e teve a coxa transpassada por uma lança voadora.

Essa espada foi encontrada por Galahad e seus companheiros na Busca do Graal quando embarcaram em um navio coberto com samito branco.

Originalmente espada de Davi, ela foi colocada no navio por Salomão, cuja esposa havia feito o suporte. Quando foi encontrada por Galahad e Percival, Dindrane, a irmã de Percival, fez novos suportes usando seu cabelo.

Espada do Graal *Britânica*

A espada de Partinal. Quando ele a usou para matar Goon Desert, ela se estilhaçou. Um dos objetivos da Busca do Graal incluía seu reparo.

Quando Bors, Galahad e Percival chegaram ao Castelo Carbonek, Eliazar, filho de Pelles, trouxe a espada quebrada, que foi reparada por Galahad após os outros dois terem tentado e falhado.

Em outras histórias, ela foi a espada de David.

Espada na Pedra, A *Britânica*

Nas lendas arturianas, a espada colocada em um bloco de pedra.

Existem duas dessas espadas. A mais famosa das duas é a que só poderia ser desembainhada pelo homem destinado a ser o rei da Grã-Bretanha. A outra foi destinada ao cavaleiro Galahad.

Quando um sucessor para Uther foi procurado, o mago Merlin providenciou uma espada cravada em um bloco de pedra (e, em algumas versões, uma bigorna também) para aparecer no pátio da igreja próximo ao local onde os nobres estavam reunidos para fazer sua escolha. Só Artur conseguiu tirar a espada da pedra, confirmando assim sua pretensão ao trono. Em algumas histórias, essa espada era Excalibur e tinha esse nome gravado; em outras versões, Excalibur foi a espada que Artur recebeu da mão erguida em um lago, um evento preparado por Merlin quando Artur disse a ele que estava sem a espada.

A segunda espada, colocada em um bloco de pedra vermelha, flutuou rio abaixo em direção a Camelot, onde Galahad tinha acabado de chegar. Ele era o único cavaleiro capaz de tirar a espada pretendida e colocar em sua bainha vazia.

Espelho da Retribuição *Budista*
Um espelho no inferno. O espírito errante se vê neste espelho; os bons se veem como são, enquanto os maus se veem como animais.

Espinho do Sono *Nórdica*
Espinho mágico de Odin, que podia induzir ao sono sem envelhecimento ou perda de beleza.

espírito canibal *Norte-americana*
Um monstro que come humanos. Esse demônio aparece na tradição de várias tribos e é conhecido como Baxbakualanuchsiwae ou Tsonqua.

Espíritos de Salomão *Europeia*
Setenta e dois demônios rebeldes. Diz-se que o rei Salomão colocou esses seres em um vaso de bronze e o atirou em um lago, de onde foi recuperado pelos babilônios que achavam que ele tinha tesouros. Quando o abriram, os demônios escaparam.

Espíritos Divinos *Norte-americana*
também Os Divinos
Os quatro deuses dos sioux. São eles: Nagi, Nagila, Niya e Sicun, todos eles aspectos de Wakan Tanka.

Estanatlehi *Norte-americana*
também Mulher Turquesa
Deusa da terra e deusa do tempo do povo navajo.
Ela foi criada pelos Yei (deuses) a partir da turquesa e encontrada em uma montanha pelo deus do sol Tsohanoai. Os deuses Hastehogan e Hasteyalti a alimentaram com pólen, de forma que ela amadureceu completamente em dezoito dias. Ela produziu um homem e uma mulher a partir da farinha de milho para servir como ancestrais para cada uma das oito tribos, e depois se tornou a deusa da Terra do Pôr do Sol, uma terra distante a oeste, onde o sol se põe.

Em outra versão, ela fez homens e mulheres com pedaços de sua própria pele e se tornou rainha do mundo inferior. Dizia-se que ela se rejuvenesceria quando ficasse velha.

Alguns dizem que ela e a Mulher Mutante são a mesma pessoa.

Esteno *Grega*
Uma das três Górgonas, irmã de Euríale e Medusa.

Estonea-pesta *Norte-americana*
também Senhor do Tempo Frio
Controlador do vento do norte e da neve. Ele deu a Lontra Sagrada, um chefe da tribo dos pés pretos, um abrigo e um cachimbo mágico que o protegia das tempestades de inverno.

Estrela brilhante *Norte-americana*
Uma deusa Pawnee, o planeta Vênus como a estrela da manhã.
Do deus criador Atius-Tirawa ela recebeu como tarefa formar a Terra e criar o povo para viver lá. Ela se acasalou com a Grande Estrela para gerar a primeira mulher que se juntou com o primeiro homem para povoar a Terra. Ela deu ao primeiro homem, conhecido como Closed Man, quatro variedades de milho para uso das tribos.

Etana *Mesopotâmica*
Um rei babilônico do rei de Kish, um semideus. Dizia-se que ele voou para o céu em uma águia para estabelecer seu direito divino de governar e de obter uma planta que lhe daria um filho e uma esposa. Em algumas histórias, ele caiu

na terra e foi morto, em outras a águia foi morta, mas ele sobreviveu e teve um filho. Alguns dizem que ele governou por 1.500 anos. Em alguns relatos, ele é considerado o líder da revolta que levou à construção da Torre de Babel.

Etéocles *Grega*
Rei de Tebas junto com seu irmão Polinices.

Quando Édipo abdicou do trono, seus dois filhos, Etéocles e Polinices, foram amaldiçoados por ele por não tê-lo ajudado: ele rezou para que cada um matasse o outro. Eles fizeram um acordo de governar em anos alternados, mas Etéocles se recusou a ceder no final do seu ano e baniu Polinices, que o matou em um enfrentamento corpo a corpo durante um ataque de Argos contra Tebas (Os Sete contra Tebas) e matou o irmão na mesma luta.

Etzalqualiztli *Centro-americana*
Um festival em honra ao deus da chuva Tlaloc, realizado em meados de maio. Nessa ocasião, os sacerdotes celebrantes mergulharam em um lago, agindo como rãs, animais associados ao deus da chuva.

Etzel *veja* **Atli**

Eufemo *Grega*
Um dos Argonautas, filho do deus do mar, Poseidon, e da deusa da lua, Europa.

Ele era um excelente nadador e dizia-se que ele corria sobre a água. Quando o Argo ficou preso na Líbia, o deus do mar, Tritão, deu a ele um torrão de terra, que mais tarde ele jogou no mar. Dessa terra cresceu a Ilha Calliste, mais tarde Thera.

Eufrosina *Grega*
Uma das Graças. A Graça da alegria ou boa disposição.

Eumênides *Grega*
também As Benevolentes
Deusas mais tarde identificadas com as Fúrias (*veja* **Fúrias**).

Eunômia *Grega*
A deusa da primavera e do bom governo. Filha de Zeus e Têmis. Uma das Horas.

Eurídice *Grega*
Uma ninfa trácia, uma dríade; esposa de Orfeu.

Ela morreu quando foi picada por uma cobra enquanto corria para escapar de uma tentativa de estupro de Aristeu. Orfeu desceu ao mundo inferior e encantou Hades para libertá-la, mas, quando Orfeu quebrou as regras ao olhar para trás para ter certeza de que ela o seguia, Hades a recuperou e ela ficou perdida para sempre.

Eurínome *Grega*
Uma antiga deusa produzida por Caos; filha de Oceanus e Tétis mãe das Graças com Zeus.

Ela criou Ofíon, o deus serpente com a cooperação do Vento do Norte e acasalou-se com Ofíon para produzir todas as coisas do mundo.

Mais tarde, ela baniu Ofíon para o mundo inferior e depois criou os Titãs e o primeiro homem, Pelasgo.

Ela resgatou o deus ferreiro do fogo Hefesto do mar, quando ele caiu, ou foi jogado por Hera, do monte Olimpo.

Ela é retratada sob a forma de uma sereia.

Euristeu *Grega*
Rei de Argos.

Seu nascimento foi acelerado por Hera e assim ele herdou o reino que deveria ter sido de Hércules.

Ele definiu as doze tarefas que Hércules teria que realizar, mas teve tanto medo de seu servo que se escondeu em um grande pote de bronze assim que deu as ordens que foram transmitidas a Hércules pelo arauto de Euristeu, Copreus.

Mais tarde, quando ele invadiu a Ática, foi morto ou capturado e morto. Sua cabeça foi enterrada em uma passagem na estrada para Atenas para proteger a cidade.

Euritião *Grega*
Um pastor; filho do deus da guerra Ares. Ele cuidou do rebanho de Gerião e foi morto por Hércules quando o herói confiscou o gado em seu décimo Trabalho.

Em alguns relatos, Euritião era um dragão com sete cabeças.

Europa *Grega*
Ela foi levada por Zeus para Creta sob a forma de um belo touro. Mudando de forma para uma águia, Zeus a violentou e ela deu à luz os três filhos, Minos, Radamanto e Sarpedon. O deus lhe deu um cão, Laelaps, uma lança que nunca perdeu sua marca e Talus, o guardião de bronze de Creta. Mais tarde, ela se casou com Astério, rei de Creta, que adotou seus três filhos. Depois que ela morreu, foi deificada. Outros relatos dizem que ela era a mãe do Minotauro.

Euryale *Grega*
Uma das três Górgonas; irmã de Medusa e Stheno.

Euterpe *Grega*
Uma das nove Musas, a Musa da música. Diz-se que foi ela quem inventou a flauta dupla.

Evadeam *Britânica*
Um Cavaleiro da Távola Redonda. Uma vez ele foi transformado em anão por uma feiticeira e quando ele encontrou Gawain, resgatou sua estatura, mas Gawain se tornou anão.

Excalibur *Britânica*
A espada do rei Artur. Dizia-se que essa arma maravilhosa foi criada pelo mago Merlin. Alguns dizem que ela chegou até o rei Artur, vinda de Avalon, outros que foi um presente de Vivien, a Senhora do Lago.

Em alguns relatos, a Espada na Pedra, que Artur tirou, demonstrando assim seu direito ao trono, foi Excalibur e esse nome foi gravado na lâmina.

Em outras versões, essa era uma espada diferente. Quando foi quebrada em um combate com um cavaleiro sem nome que desafiou Artur, sem saber que ele era rei, Merlin levou Artur a um lago onde um braço "vestido de branco" emergiu da água segurando a Excalibur que Artur reivindicou e usou até sua morte. Aí, foi devolvida por Bedivere ao lago onde a mão se ergueu para pegá-la e levou para baixo da água outra vez.

Há ainda uma outra versão que diz que a Excalibur foi feita por Merlin e dada a Uther Pendragon como símbolo de seu posto de rei. Quando Uther se recusou a entregar o bebê Artur, como ele havia prometido, Merlin o cegou e levou tanto a criança quanto a espada.

Alguns dizem que a Excalibur foi dada a Artur pela Fada Morgana; certamente ela a roubou de Artur, dando-a a seu amante, Accolon, para se vingar da execução de outro de seus amantes, mas Artur logo a recuperou.

Enquanto Artur usava a bainha, ele nunca perderia sangue se fosse ferido.

F *Centro-americana*
Uma divindade maia de identidade incerta, chamado de Deus F (*veja deuses alfabéticos*); talvez Nacon ou Xipototec.

Essa divindade é retratada com linhas negras pintadas por todo o corpo e pela face, das quais algumas são interpretadas como ferimentos.

Fa *Africana*
= *Iorubá* Ifa
Um deus do destino do povo fon. Diz-se que ele tinha dezesseis olhos e vivia em uma palmeira no céu. O deus mensageiro, Eshu, é responsável por abrir alguns dos olhos da Fa a cada manhã.

Fa'ahotu *Ilhas do Pacífico*
Uma deusa da terra; esposa de Atea. Fa'ahotu, a terra, foi criada a partir de uma metade do ovo cósmico. Atea, o céu, foi criada a partir da outra.

fada *Centro-americana*
Terra das fadas. Os humanos podem entrar nesse reino se se abstiverem de comer e beber e de levar qualquer coisa, como uma faca, feita de ferro.

Fadas *veja* **Moiras, Nornas, Parcas**

Faenon *Grega*
O primeiro homem, feito a partir do barro por Prometeu. Em alguns relatos ele foi o mais belo jovem feito por Prometeu, que manteve o garoto escondido em vez de mostrá-lo a Zeus para sua aprovação. Essa decepção foi exposta por Eros. Zeus colocou Faenon nos céus como o planeta Júpiter.

Faetonte *Grega*
também Fáeton
Geralmente ele é chamado de filho de Helius, o deus do sol. Ele persuadiu seu pai a deixá-lo conduzir a carruagem do sol, mas perdeu o controle e despencou das alturas, queimando grandes áreas de terra e fazendo com que as tribos africanas ficassem pretas. Zeus o matou com um raio antes que ele pudesse causar mais danos. Em algumas versões, Zeus teve

que enviar uma enchente para apagar os incêndios causados por Faetonte.

Enlutadas, suas irmãs Egle, Lampetia e Faetusa, cujas lágrimas se tornaram contas de âmbar, foram transformadas em choupos (ou pinheiros) e seu amante Cicno, rei da Ligúria, que recolheu seus restos mortais e os enterrou, foi transformado por Apolo em um cisne.

Fafnir — *Nórdica*

Irmão de Otter e Regin; irmão de Fasolt, em alguns relatos.

O pai de Fafnir, Hreidmar, tinha recebido uma grande quantidade de ouro e um anel mágico do deus Loki como compensação quando Loki matou Otter, mas recusou-se a compartilhá-lo com Fafnir e Regin. Fafnir então matou o pai e confiscou o tesouro, transformando-se em um dragão para guardá-lo. Sigurd matou não só o dragão, mas também Regin, que o havia persuadido a fazê-lo e se apropriou do tesouro.

Na versão wagneriana. Fafnir e seu irmão Fasolt, ambos Gigantes do Gelo, construíram Valhala para Odin, mas pediram a deusa Freya como pagamento. Quando receberam o *Ouro do Reno* como resgate, eles lutaram pelo tesouro. Fafnir matou seu irmão e depois usou o Capacete da Invisibilidade para se transformar em um dragão.

falcão

Uma ave de rapina presente em algumas mitologias.

(1) Na América Central, o falcão Tlotli era considerado um mensageiro dos deuses astecas.
(2) Nas Índias Orientais, o falcão é uma ave reverenciada, guardiã dos campos de arroz.
(3) No Egito, o falcão era uma ave sagrada e o deus Hórus é frequentemente retratado com a cabeça de um falcão (ou águia).
(4) Na mitologia grega, o falcão é um mensageiro de Apolo ou Hera.
(5) Os ilhéus do Pacífico consideram o falcão como uma encarnação do herói trapaceiro e deus sol Maui.
(6) Na Sibéria, dizem que o falcão roubou o fogo e deu o segredo aos deuses que o passaram para a humanidade.

(*Veja também* **Grande Falcão**.)

Fama — *Romana*

= *Grega* Pheme

A deusa dos rumores com cem línguas.

familiar

Um espírito, conhecido também como "enviado", muitas vezes sob a forma de um gato, atendendo quando chamado, geralmente por uma bruxa.

(1) Na África, as bruxas basuto têm animais enormes, conhecidos como obe, enquanto o feiticeiro zulu usa um cadáver exumado que ele revivifica na forma de um umkovu.
(2) Na Arábia, o familiar do mago é conhecido como tabi.
(3) Feiticeiros aborígenes usam um lagarto como um familiar.
(4) Nos países bálticos, as moscas são usadas nessa conexão.
(5) Nas Índias Orientais, uma cobra ou crocodilo são usados como enviados ou o feiticeiro pode fazer com que lascas de osso voem pelo ar e se incrustem sob a pele da vítima.
(6) Os curandeiros inuítes usam um amuleto, conhecido como tupilaq, como um familiar.
(7) Na Malásia, o familiar de um feiticeiro pode ser um texugo ou uma coruja.
(8) Na América do Norte, alguns curandeiros enchem a pele de uma

> coruja e a fazem voar contra uma vítima, fazendo-a morrer de fome.
> (9) Nas ilhas do Pacífico, feiticeiros têm familiares em forma de cobras.
> (10) Na Sibéria, o familiar do xamã é conhecido como um yekeela.
> (11) Nas outras partes do mundo, cães, lebres ou sapos podem agir como familiars

Farasi Bahari *Árabe*
Diz-se que os cavalos verdes vivem no Oceano Índico. Os cavalos criados a partir desses garanhões e éguas normais podem correr para sempre, sem parar, pois, não tendo pulmões, nunca lhes falta o ar.

Fata Morgana *Europeia*
Um nome de Morgana le Fay – ambos, "Fay" e "Fata", significam "fada".
Dizia-se que ela tinha a uma casa na Sicília, onde era chamada de Fata Morgana.
Esse também é o nome de uma miragem vista no Estreito de Messina. A geração de uma miragem para atrair navios para as rochas seria consistente com o papel de Morgana como causadora de problemas. Essa visão, uma cena de maravilhas arquitetônicas, foi vista por Rolando, o paladino de Calos Magno, no jardim da feiticeira Falerina. Alguns dizem que representava um palácio de Morgana le Fay.

Fátima *Árabe*
Uma eremita. Em *As Mil e Uma Noites*, ela foi morta por um feiticeiro que, disfarçado em suas roupas, entrou na casa de Aladdin.

Fauna *Romana*
= *Grega* Damia, Sêmele
Deusa da fertilidade, dos campos, dos rebanhos; filha ou irmã de Faunus; esposa de Júpiter ou Vulcano, dizem alguns.
Em alguns relatos, ele se identificava com Bona Dea.

fauno *Romana*
= *Grega* sátiro
Um ser parte homem parte bode; um espírito da floresta; um descendente do deus Faunus.

Faunus[1] *Romana*
= *Grega* Pã
Um deus da vegetação, deus da profecia e dos pastores; pai ou consorte e irmão de Fauna.
Em alguns relatos, ele era irmão do deus da guerra Marte e uma princesa. Foi criado para se tornar o deus da zona rural. Outros o fizeram irmão de Mercúrio, e dizem que ele matou estranhos e os ofereceu em sacrifício ao pai, que então lhe deu os quadris e os cascos de um bode como punição. Alguns dizem que ele era irmão de Picus.

Faunus[2] *Romana*
Um rei da Itália; o pai de Latino, rei do Lácio. Em alguns relatos, é igual a Faunus, o deus da vegetação (e também matava estranhos e os sacrificava a seu pai Mercúrio).
Ele foi morto por Hércules no caminho de volta de Micenas com os bois de Gerião (seu décimo Trabalho) e alguns dizem que Hércules era o pai de Latino, e não Faunus.
Dizia-se que seu espírito tinha advertido Latino a não permitir que sua filha, Lavínia, se casasse com ninguém, a não ser um estranho que logo chegaria do outro lado do mar. Este foi Eneias, que tinha vindo de Troia.

Fausto *Germânica*
também (Dr) Fausto
Um homem que vendeu sua alma ao Diabo em troca de conhecimento ilimitado e juventude.

Favonius *Romana*
= *Grega* Zéfiro
O Vento do Oeste personificado.

Faylinn *Irlandesa*
também Boa Gente, as Pessoinhas, o Povo Pequeno
Fadas ou leprechauns. Essa raça de pessoas muito menores que os anões era governada por Iubdan e Bebo.
Em alguns relatos, é o reino de Iubdan, em vez do seu povo, que é chamado de Faylinn.

Fe'e *Ilhas do Pacífico*
Um deus polinésio da guerra e deus da morte. Ele deu à luz todas as rochas e ilhas.
Ele é descrito como uma lula gigante envolvendo o mundo com seus tentáculos. Seu palácio submarino era conhecido como Bale-Fe'e.

Feini *Irlandesa*
Os primeiros colonos na Irlanda.
Enquanto a maioria dos relatos se refere aos descendentes de Dana como os Danaans, o quinto na série de invasores da Irlanda, outros se referem a seus descendentes como os Feini, e os consideram como os primeiros colonos daquele país.

Feliz Área de Caça *Norte-americana*
O céu das tribos nativas americanas.

Fene *Europeia*
Um membro de uma raça de demônios húngaros, ou o reino deles.

Feng *Chinesa*
também feng huang, Pássaro Vermelho
= *Japonesa* ho-o
A versão chinesa da fênix; um dos Quatro Animais Auspiciosos; chefe dos animais emplumados; governante do sul e do verão.
Essa ave fabulosa é descrita como um ser composto de partes de muitas outras aves e com o rabo de um peixe, embora, às vezes, seja retratado como o faisão oriental.

É conhecido por só pousar na árvore wu t'ung e vive de sementes do bambu.
Uma outra versão a descreve como uma ave escarlate ou o pássaro vermelho, um dos quatro suportes dos cantos da terra.

Feng Po *Chinesa*
também Conde dos Ventos
Um deus do céu, encarregado do saco que contém os ventos, a fome e a seca. Ele tentou derrubar seu pai, Huang Ti, e foi derrotado. Ele foi banido para uma caverna no topo de uma montanha de onde ele mandou os ventos para causar problemas até que o arqueiro I fez um buraco no saco de vento. Ao mesmo tempo, Feng Po foi ferido na perna e ficou manco para sempre.
Ele é descrito como um velho de barba branca ou como um dragão com a cabeça de um cervo ou como tendo o corpo de um cervo, a cabeça de um pardal, os chifres de um touro e o rabo de uma cobra.

Feng-p'o-p'o *Chinesa*
também Senhora dos Ventos
Uma deusa dos ventos; esposa de Feng Po.
Diz-se que ela cavalgava um tigre no céu.

fênix[1] *Árabe*
= *Chinesa* feng huang; *Egípcia* bennu-bird; *Japonesa* ho-o
Uma ave enorme que se imolava em intervalos de cerca de 350 anos (ou 500, 1.000, 1.461 ou mais que 7.000 anos) só para se erguer novamente de suas próprias cinzas.
Outra história diz que, embora tenha se criado na Arábia, a ave voou para a Grécia para enterrar seus pais.
Dizia-se que ela só se alimentava de orvalho e foi descrita como tendo o corpo roxo, o pescoço dourado e a cauda azul. Qualquer um que encontrasse uma

de suas penas douradas certamente teria uma boa sorte.
(*Veja também* **simurgh**.)

Fênix² *Europeia*
Um demônio, um dos 72 Espíritos de Salomão. Diz-se que esse ser é capaz de ensinar poesia e as artes e aparece sob a forma de um pássaro.

Fenodyree *Manesa*
também Fenoderee, Phynnodderee
Um duende.

Fenris *Nórdica*
também Fenrir
Um lobo, descendente do deus Loki e da deusa Angerbode.

Odin levou o lobo para Asgard, na esperança de domesticá-lo, mas ele cresceu de tal forma e com tanta força que, por segurança, os deuses o amarraram. Primeiro com uma corrente, Laeding, da qual ele se libertou; depois com uma corrente mais forte, Droma, que ele também quebrou; depois com Gleipnir, um cordão feito pelos anões, fixado com o grilhão, Gelgia, que ninguém conseguiu quebrar. Fenris só se permitia ser amarrado se um dos deuses colocasse a mão em sua boca, como garantia. Tyr concordou e, quando Fenrir se viu incapaz de se libertar, arrancou a mão direita de Tyr. Quando ele abriu suas mandíbulas enormes e uivou, os deuses enfiaram uma espada em sua boca, provocando um grande fluxo de sangue, que formou o Rio Von.

Fenris permaneceu completamente preso, auxiliado pela pedra Gioli, a um grande rochedo chamado Thviti, na Ilha de Lyngvi, até o final da batalha de Ragnarok, quando se libertou e lutou contra os deuses ao lado de Loki. Ele foi morto por Vidar que, chegando tarde à batalha, colocou seu único pé na mandíbula inferior do lobo e, segurando a parte superior com as próprias mãos, despedaçou-o.

Fera Peluda *Francesa*
também La velue
Um monstro com o corpo verde e a cabeça de uma cobra. Esse monstro respirava fogo que destruía as plantações e podia atirar dardos dos pelos de seu corpo, que eram fatais para os humanos. Quando capturou uma jovem donzela, seu amante cortou-lhe a cauda e o monstro morreu.

Festa de Barmecida
Em *As Mil e Uma Noites*, uma refeição em que ao mendigo Schacabac são oferecidos pratos vazios em vez do banquete prometido por Barmecida.

Festa de Goibhniu *Irlandesa*
Uma festa no mundo inferior na qual o deus ferreiro Goibhniu deu a seus convidados comidas e bebidas que os tornaram imortais.

Esse foi um dos presentes do deus Manannan para os danaans. Os outros foram o Véu da Invisibilidade e os Porcos de Manannan.

Fianna *Irlandesa*
Uma ordem militar de elite, guarda-costas do rei de Ulster. Essa ordem exigia que os membros passassem por rigorosos testes de habilidade e resistência e florescessem sob a liderança de Finn mac Cool. Originalmente, ela foi organizada por Fiachald em 150 grupos com 27 homens, cada um com seu próprio líder.

Eles lutaram ao lado de Midir em uma guerra contra os deuses danaans. O Grande Rei, Cairbre Lifeachear, teve medo de seu poder e o rompeu ao derrotá-los na Batalha de Gabhra. Os mortos formam mandados para o inferno, mas, em anos posteriores, foram libertados pelas orações de São Patrício.

figueira
(1) Em alguns relatos, a Árvore Bíblica do Conhecimento era a figueira.
(2) Alguns dizem que a árvore de Bodhi, sob a qual Buda meditava, também era uma figueira.
(3) Nas Ilhas do Pacífico, a figueira é uma árvore sagrada que, diz-se, é o lar dos espíritos.

Filêmon *Grega*
Marido de Báucis. Ele era um pobre camponês, mas ele e sua esposa foram os únicos a oferecer hospitalidade a Zeus e a Hermes em suas viagens. Enquanto todos os seus vizinhos morrerem em uma enchente, eles foram recompensados com uma casa maravilhosa, cuidada por eles como um templo para os deuses até que, na velhice, os dois foram transformados em árvores, ele um carvalho, ela um limoeiro, crescendo do mesmo tronco, de modo que eles nunca se separaram.

Filhas do Reno *Germânica*
também Donzelas do Reno
Ninfas que guardavam o ouro escondido no Reno. Elas eram três – Flosshilde, Wellgunde e Woglinde.

Filhos de Dana *veja* Danaans

Filhos de Hórus *Egípcia*
também Amenti
Os quatro deuses que guardavam os órgãos dos mortos e os quatro quadrantes da Terra. Essas divindades eram Tuamutef, com cabeça de chacal, era o guardião do estômago e do leste; Hapy, com cabeça de babuíno, era o protetor do pulmão e do norte; Amset, com cabeça humana, guardava o fígado e o sul; e Qebsehsenuf, com cabeça de falcão, era responsável pelos intestinos e pelo oeste.

Filhos de Lir *Irlandesa*
Os quatro filhos do deus do mar, Lir com sua primeira esposa, Aobh. Depois que ela morreu, ele se casou com a irmã dela, Aoife que resolveu matar as crianças e transformou-as em cisnes, condenando-os a passar três períodos sucessivos, cada um de 300 anos, em um lago, a passagem marinha entre a Irlanda e a Escócia e o Oceano Atlântico. Eles sobreviveram à provação e voltaram depois de cumprir a sentença para encontrar seu pai. Eles foram protegidos pelo eremita cristão, Mo-Caemoc, até serem capturados por Lairgnen, rei de Connaught, como um presente para sua noiva Deoca. Então, as penas caíram e eles apareceram como humanos velhos e enrugados que, após serem batizados pelo eremita, morreram e foram enterrados.

Os três meninos eram Aedh, Conn e Fiachra, e sua irmã, Fionuala.

Filhos do Sol *Sul-americana*
Ancestrais dos incas; filhos e filhas do deus do sol Inti.

No princípio, os seres humanos estavam confinados no mundo inferior e surgiram da caverna Pacari, que tinha três saídas. A realeza inca emergiu, lindamente vestida, da abertura central, as pessoas comuns saíram das outras duas.

Vários nomes foram dados aos personagens reais, filhos de Inti. Alguns dizem que eram quatro homens (Ayar Manco, Pachocamac, Viracocha e mais um) e quatro mulheres, embora em outras versões os homens tenham recebido como nomes: Ayar Ayca, Ayar Cachi, Ayar Manco e Ayar Oco. Outros nomeiam esses oito como os irmãos Cusco Huanca, Huana Cauri, Manco Capac e Topa Ayar Cachi e suas irmãs Cori Ocllo, Ipa Huaco, Mama Coya e Topa Huaco. Em outras histórias há apenas três homens (Ayar Cachi Asauca, Ayar Manco e Ayar Ucho) e três mulheres (Mama Coya, Mama Huaco e Mama Rahua).

Há relatos igualmente variados do que aconteceu com essas pessoas, mas pelo menos uma delas foi transformada em pedra e outras foram aprisionadas em uma caverna. Diz-se que o personagem principal, Ayar Manco, fundou a capital Cuzco e se casou com sua irmã Mama Ocllo dando início à dinastia real inca.

Filoctetes *Grega*

Um famoso arqueiro, um dos Argonautas. Foi ele que, sob as ordens de seu pai, Peias, colocou a tocha na pira funerária de Hércules e Hércules, que deixou a ele seu arco e as flechas como recompensa. Outros dizem que a pira foi incendiada pelo próprio Peias. Ele acompanhou o exército grego quando este navegou para atacar Troia, mas foi deixado em Lemnos, então desabitada, quando foi picado severamente por uma serpente enviada pela deusa Hera. Outros dizem que ele deixou cair uma das flechas envenenadas em seu pé. Mantendo o arco e as flechas que lhe foram dados por Hércules, ele conseguiu sobreviver atirando. Quando Heleno predisse que só alguém armado com o arco de Hércules poderia provocar a queda de Troia, Odisseu e Diomedes (ou Pirro, filho de Aquiles) retornou a Lemnos e convenceu Filoctetes a voltar com eles para Troia, onde ele foi curado pelos médicos do exército, Machaon e Podaleirius. Na sua primeira ação em Troia, ele atirou e feriu Páris, que morreu pouco depois. Ele abandonou o cerco antes do fim e navegou para a Itália, onde passou o resto de sua vida.

Filomena *Grega*

também Filomela

Para a história de Procne e Filomena, *veja* **Tereu**.

fim do mundo

Cada cultura tem sua própria versão de como o mundo vai acabar:

Hindu

No fim do presente ciclo, o décimo e último avatar do deus Vishnu, Kalki, aparecerá como um cavalo branco alado. Ele destruirá o mal em uma batalha final, preparando o mundo para o próximo ciclo de existência.

Nórdica

Na batalha final, Ragnarok, os deuses estavam destinados a ser derrotados pelas forças do mal lideradas por Loki. Após um inverno de excepcional severidade que durou três anos (sete em alguns relatos), conhecido como o inverno de Fimbul, a serpente Midgard saiu do mar expelindo venenos e provocando grandes inundações; os lobos Hato, Managarm e Skoll finalmente engoliram o sol e a lua; Garm, Fenris e Loki romperam suas amarras; o dragão Nidhogg conseguiu comer as raízes da árvore do mundo, Yggdrasil; os galos cantaram e Heimdall soprou seu trompete para avisar os deuses que o fim estava se aproximando, o navio de Loki desembarcou uma força de Musspelheim e outro navio trouxe os Gigantes Gelados do norte. Eles receberam o reforço de Hel, do monstro Nidhogg, do gigante do fogo Surtur e de seus filhos, que quebraram a ponte Bifrost quando passaram sobre ela. Na batalha seguinte, na planície de Vigrid, os deuses foram derrotados. Odin foi comido pelo lobo Fenris; Frey foi morto por Surtur; Heimdall, por Loki; Tyr, por Garm; e Thor se afogou no veneno da serpente Midgard, depois de tê-la matado. O deus Vidar, chegando tarde, colocou seu único e grande pé na mandíbula inferior de Fenris e, agarrando a superior com as mãos, a arrancou do lobo. Surtur então pôs fogo no mundo com sua espada flamejante e a terra afundou sob as ondas. Um homem, Lif, e uma mulher, Lifthrasir, abrigados sob Yggdrasil ou na floresta de Mimir, sobreviveram, prontos para repovoar o mundo. Os deuses Vali e Vidar, como previsto, também sobreviveram, assim como Magni e Modi, filhos de Thor, que recuperaram o martelo do pai das cinzas. Balder, filho de Odin e deus da luz, reconciliado com Hoder, o deus das trevas, ressuscitou para governar um mundo regenerado.

Norte-americano
(1) Os cheyenne dizem que o mundo inteiro está apoiado em um enorme mastro. Um castor rói continuamente a base do mastro e, quando ele terminar, o mundo cairá em um abismo e isso será o fim.
(2) Os sioux imaginam uma anciã em uma caverna costurando os espinhos do porco-espinho em um cobertor. Quando ela se levanta para avivar o fogo, seu cachorro mastiga alguns dos espinhos para que o cobertor nunca fique pronto. Se, um dia, ela conseguir completar seu trabalho, o mundo chegará ao fim.

Persa
A versão inicial diz que as forças do bem vencerão o mal, e o deus cósmico original, Rapithwin ou Saoshyant, irá supervisionar a regeneração do mundo.

Na versão posterior, zoroastriana, o salvador Saoshyant supervisionará o triunfo do bem quando todos os demônios, exceto Ahriman e Az, que estarão confinados no inferno, serão mortos, os homens serão ressuscitados e reunidos com suas almas, o universo voltará ao seu estado original puro e o mal desaparecerá para sempre.

Sul-americano
Muitas tribos dizem que o mundo será destruído pelo fogo provocado pelos demônios, por uma centelha do céu ou por parte da lua (ou mesmo pelo sol) que cai do céu.

Alguns culpam os homens de fogo que, insultados por um pássaro, incendeiam o mundo em retaliação. Outros dizem que o incêndio ocorrerá quando uma das escoras sob a terra for removida pelo deus criador.

No frio sul do continente, dizem que uma ave causará uma grande quantidade de neve e, quando a neve derreter, a inundação que se seguirá vai destruir a terra.

Find *Irlandesa*
Um vidente, a personificação da sabedoria.
Dizia-se que ele surgiu, já maduro, da água e se tornou um grande vidente que, como com Finn mac Cool, podia invocar o conhecimento chupando o dedo.

Finn mac Cool *Irlandesa*
= *Escocesa* Fingal
Um guerreiro, líder do Fianna.
Alguns dizem que, quando ele nasceu, foi jogado no mar e emergiu com uma enguia em cada mão.
Quando o pai de Finn, Cumaill, foi morto por Goll mac Morna, a esposa de Cumaill, temendo pela vida de seu filho, escondeu-se nas montanhas até

a criança, Demna, nascer. Ela então entregou o bebê para sua irmã (ou cunhada), Murna, e para a criada guerreira Liath Luachara, que criaram o menino na selva. Quando Goll ouviu falar dele, colocou o Connaught Fianna para caçar e matar o menino. Demna fugiu e logo reuniu um bando de guerreiros e encontrou os sobreviventes da Batalha de Knock, na qual seu pai tinha sido morto. Ele então procurou o druida Finegas que o tutelou.

Finegas pegou o Salmão do Conhecimento e o cozinhou. Quando Demna, agora chamado de Finn, tocou acidentalmente o peixe e chupou seu polegar, adquiriu conhecimentos sobrenaturais e o poder de mudar sua forma. Depois disso, colocar o polegar na boca permitia a Finn prever o futuro e curar os doentes.

Finn matou Lia, o tesoureiro do Fianna, e deu seu saco de dinheiro aos sobreviventes da Batalha de Knock, incluindo seu tio Crimmal, e ganhou a capitania do Fianna matando o demônio Aillen, que todos os anos incendiava o palácio em Tara, com a lança mágica que tinha sido dada a ele pelo guerreiro Fiacha.

Enquanto Finn estava caçando na Escócia, o rei de Dublin aportou seu navio e pediu a ajuda de Finn. Dois (ou sete) de seus filhos, na noite em que nasceram, tinham sido agarrados por uma mão enorme que desceu pela chaminé. Sua esposa estava prestes a dar à luz novamente e ele tinha medo de perder outro filho da mesma forma. Finn e alguns de seus homens navegaram até o palácio do rei e, quando a mão apareceu, um deles a pegou e arrancou o braço do gigante que, mesmo assim, puxou o bebê com a outra mão. Eles seguiram o gigante sobre o mar até sua torre e resgataram não só o bebê, mas várias crianças que o gigante havia roubado anteriormente e dois cãezinhos de caça. O gigante os perseguiu e um dos homens atirou nele, na única parte vulnerável de seu corpo – uma verruga em sua mão esquerda – e o matou. Como recompensa, Finn pediu um cachorro, um filhote malhado, ao qual deu o nome de Bran, deixando o outro, Sceolan, com os pais muito agradecidos. Mais tarde, Finn foi capturado por Lochlanners, que o deixou preso em um vale, onde Sceolan, agora feroz, vagava. Ao mostrar ao cão uma coleira dourada, que ele usava em Bran, Finn domou o feroz cão de caça e, quando foi resgatado pelo Fianna, levou Sceolan com ele.

Em outra ocasião, um homem muito feio, chamado Gilla Dacar, que tinha uma égua alquebrada, pôs-se a serviço de Finn, mas deixou o trabalho depois de ser zombado pelos Fianna. Alguns deles subiram no cavalo, mas não conseguiram desmontar e foram levados para o mar. Finn os procurou e encontrou uma ilha onde ele e seus homens entraram em uma caverna, chegando a uma terra sob o mar, Tir-fa Tonn ("Terra sob as Ondas"). Ali, ajudaram um príncipe, Abharthach – que tinha aparecido anteriormente como Gilla Dacar –, a romper as forças de seu irmão, que tinha privado Abharthach de sua metade do reino.

Um dia, quando caçava Finn e seus homens capturaram uma corça e a levaram para sua fortaleza e que, depois, se tornou a donzela Saba, que havia sido transformada em corça pelo Druida Negro, cujo amor ela tinha rejeitado. Ela se casou cm Finn e ficou ao seu lado até ele ser chamado para lutar contra os Homens do Norte. Enquanto Finn estava fora, o druida apareceu sob a forma de Finn e transformou Saba em corça outra vez. Finn procurou Saba por anos, mas nunca a encontrou.

Uma vez, ele seguiu uma corça (que, na verdade, era a menina Milucra disfarçada) até uma ilha encantada. Ali, ela transformou Finn em um velho grisalho porque sabia que ele nunca se casaria com ela e queria garantir que ele também não se casaria com a irmã dela, Aine, de quem ela tinha ciúmes. Aine lhe devolveu a juventude. Depois deu a ele uma bebida quando o Fianna escavou a montanha das fadas, onde ela morava. Finn recusou a bebida que teria restaurado seus belos cabelos e permaneceu grisalho para sempre. Anos mais tarde, em outra caçada, Finn encontrou Oisin, "pequeno loiro", seu filho com Saba.

Uma outra versão de como ele se tornou grisalho diz que ele foi induzido a mergulhar em um lago para recuperar uma pulseira lançada pela filha do mágico Cuilleann e foi transformado em um velho. Cuilleann lhe deu uma bebida que restaurou sua juventude, mas o deixou com os cabelos grisalhos. Ele viveu por algum tempo com Ailbe, filha de Cormac mac Airt, que tinha respondido a um conjunto de enigmas que ele lhe colocou.

Ele foi noivo de Grania, outra filha de Cormac, mas, na festa de noivado, ela caiu nos encantos de Dermot, e fugiu com ele. Embora Finn e Dermot tenham se reconciliado mais tarde, Finn nunca perdoou Dermot e, quando Dermot foi mortalmente ferido por um javali, Finn recusou-se a lhe dar a água que teria salvado sua vida. Tempos depois, Finn se casou com Grania.

Uma mulher chamada Mair se apaixonou por Finn e lhe enviou algumas castanhas mágicas que o colocariam sob seu poder se ele as tivesse comido. Mas Finn as enterrou.

Em uma ocasião, um ser do Outro Mundo fugiu com um porco que Finn e seus homens estavam assando, mas Finn o recuperou quando seguiu esse ser, Culdubh, e o matou com uma lança.

Diz-se que Finn recrutou magos e donzelas guerreiras de todas as partes do mundo para salvar Leinster de uma enchente, sugando as águas.

Ele tem a fama de ter construído a Passarela do Gigante como trampolim para a Escócia. Em uma história escocesa, o gigante Cucullin cruzou a passarela para encontrar e desafiar o finlandês que arrancou o dedo médio do gigante, fonte de toda sua força, e depois se desfez em pó.

Diz-se que ele tinha 230 anos quando morreu. Os relatos sobre seu fim variam consideravelmente. Uma versão diz que ele foi morto por um homem conhecido como Black Arcan ou por Aichleach durante uma rebelião entre os Fianna. Outra diz que, na Batalha de Gabhra, os cinco filhos de Uigreann, que tinham sido mortos por Finn, atiraram uma lança cada um para que todos pudessem reivindicar uma parte na morte dele. Alguns dizem que ele foi afogado quando ele tentou saltar o Rio Boyne, e outros ainda dizem que, como o rei Artur, Finn está apenas dormindo, esperando uma chamada para servir a seu país novamente. E há quem diga que ele foi reencarnado como Mongan, rei de Ulster.

Fintan
Irlandesa
também Finntain, Fionntan
Ele foi um dos três homens que vieram à Irlanda com Cessair e cinquenta mulheres e foi o único do grupo a sobreviver ao Dilúvio, o que ele fez ao se abrigar em uma caverna e se transformar em um salmão. Diz-se que ele viveu por milhares de anos, adquirindo grande sabedoria e pode ser considerado como uma manifestação do vidente, Find.

Outros dizem que esse peixe é o mesmo Salmão da Sabedoria. (*Veja também* **Salmão do Conhecimento**.)

Fir Bolg
Irlandesa
Uma tribo invasora primitiva. Em algumas histórias, os descendentes dos primeiros invasores, liderados por Nemed, foram derrotados pelo Danaans na primeira Batalha de Moytura e exilados. Outras versões dizem que eles fizeram as pazes e viveram em Connaught. Alguns dizem que vieram da Espanha; outros, da Grécia, onde, segundo se dizia, foram forçados a carregar terra, em sacos de couro, dos vales férteis até os cumes rochosos das montanhas. Eles se rebelaram, fizeram barcos com os sacos de couro e navegaram para a Irlanda, onde governaram por 37 anos, dividindo o país em cinco partes.

Na realidade, eles eram três grupos: os Fir Bolg, os Fir Domnan e os Fir Gailean.

Fir Chlis
Escocesa
"Homens ágeis"; *também* Merry Dancers A Aurora Boreal, como sendo formada pelas almas dos anjos caídos.

Fir Dhearg
Irlandesa
"Homens Vermelhos"
Imps, os antecessores dos leprechauns.

Flauros
Europeia
Um demônio, um dos 72 Espíritos de Salomão. Diz-se que esse ser, descrito como um leopardo, tinha o poder de destruir os inimigos com o fogo.

flecha
O uso do arco e flecha data do início da Idade da Pedra e a própria flecha tem muito significado em várias mitologias.

(1) Os bosquímanos usam flechas como sacrifício a seus antepassados que vivem nos rios. Outras histórias incluem o conto mundial das flechas disparadas uma após a outra para formar uma ponte para o céu, onde o arqueiro, um herói da cultura, ascende.

(2) Na Arábia, as flechas são usadas como amuletos para manter o sangue em ordem.

(3) Os assírios associam as flechas às divindades Ashur e Ishtar.

(4) No budismo, um flecha em cinco cores é usada no culto aos demônios. No Tibete, essa flecha é chamada dar-dar.

(5) Nos mitos gregos, as flechas aparecem em histórias das divindades caçadoras Apolo e Ártemis e de Eros, o deus do amor, assim como no conto de Quíron, o centauro, que foi ferido por uma das flechas envenenadas de Hércules. Aquiles morreu com uma flecha disparada por Páris, que atingiu seu único ponto vulnerável – o calcanhar. Um raio de sol é chamado de Flecha de Apolo, e a Flecha de Ártemis é um raio de lua.

(6) Mitos hindus associam flechas tanto com o deus do amor, Kama, quanto com o deus da guerra, Kaertikeya. Shiva matou o demônio Tripura com uma flecha tida como mágica (a flecha sabdabhedi), que pode procurar e atacar a origem de um som.

(7) Na Irlanda, uma flecha pode ser usada como amuleto para afastar

as flechas disparadas pelos elfos, enquanto a água bebida depois de ser derramada sobre a ponta de uma flecha era um remédio eficaz para tratar o crupe.

(8) As histórias italianas alegam que um amuleto em forma de flecha afastaria o mau-olhado.

Como arma, a flecha era um atributo do deus-sol etrusco Usil ou Cautha.

(9) Nos mitos japoneses, o deus Susanowa tinha um arco e flechas e uma flecha mágica que assobiava.

(10) Tribos nativas da América do Norte têm várias histórias que envolvem flechas.

Os cheyenne têm um jogo de quatro flechas, usadas em cerimônias religiosas que, dizem, estão em posse dessa tribo desde os tempos imemoriais. Elas são usadas em ritos que purificam qualquer homem que tenha matado alguém da sua tribo.

Uma mulher kwakiutl vai colocar uma flecha embaixo da cama para garantir que qualquer criança que ela conceber será um menino.

Os ojíbua, com medo de que o sol se extinguisse durante um eclipse e nunca mais voltasse, disparavam flechas em chamas para reacendê-lo.

Os índios nez perce têm uma história em que Coyote, o deus trapaceiro, se transforma em uma flecha.

A história das correntes de flechas é comum a muitas tribos. Uma dessas histórias diz que, quando um homem foi morto e decapitado por alguém que veio do céu, o irmão do morto disparou a tal corrente e a escalou até o céu onde ele resgatou a cabeça do irmão. Ao ser unida ao tronco ainda sangrando, o homem se tornou o pica-pau-de-cabeça-vermelha.

(11) No México, as flechas estão associadas aos deuses Mixcoatl e Quetzalcoatl.

(12) No Pacífico, o deus filipino Abog é acalmado com oferendas de flechas, enquanto na Melanésia, Qat foi para o céu por uma corrente de flechas para resgatar a esposa.

(13) Na Sibéria, os buriate contam como Ten Geris, o deus do trovão, usou as chamas de suas flechas como armas, para enfrentar os demônios, enquanto os coriaco têm a história de Eme'mqut, que abriu o caminho para o submundo para resgatar a esposa atirando uma flecha em chamas. Eles também contam a história de uma corrente de flechas um pouco diferente. Em sua versão, só uma flecha é disparada, mas ela esculpe uma estrada para o céu.

(14) Algumas tribos sul-americanas, como os ojíbua da América do Norte, disparam flechas em chamas para o céu para reiniciar o sol após um eclipse.

Outra história de correntes de flechas tem os dois filhos de Tamoi indo para o céu onde eles se tornam a lua e o sol.

flecha élfica *Europeia*
Uma pré-histórica ponta de pedra. Esse artefato teria sido usado pelos elfos.

O nome também se refere à doença provocada por tal arma.

Flecha Longa *Norte-americana*
Um herói da tribo dos pés pretos.

Quando seus pais morreram, sua irmã foi adotada por uma outra família, mas Flecha Longa, sendo surdo, foi abandonado e vivia dos restos que encontrava. Mais tarde, sua audição voltou e ele foi acolhido pela Good Running. Para retribuir a bondade do velho, Flecha Longa se comprometeu a encontrar os cães-alce (cavalos).

Depois de viajar por muitos dias, Flecha Longa chegou à beira de um lago onde um jovem se ofereceu para levá-lo ao alojamento de seu avô, sob o lago. O rapaz então se tornou um martim-pescador e mergulhou nas águas, sendo seguido por Flecha Longa, que se viu em um mundo subaquático onde havia muitos cavalos. O avô tinha um segredo – ele tinha as pernas de um cavalo – e, quando Flecha Longa descobriu, obteve então a permissão para desejar algo. Ele escolheu um cinto, o manto do velho e uma manda de cavalos, que ele levou de volta à sua tribo. Quando seu povo fez uma peregrinação ao lago para agradecer ao velho chefe, eles não encontraram nada além de água e alguns peixes.

Flesh *Norte-americana*

Um ser sobrenatural de Winnebago; irmão gêmeo de Stump.

A mãe de Flesh e Stump foi morta por um ogro antes do nascimento deles, que foram resgatados de seu corpo e foram criados pelo pai, que posteriormente os deixou.

Eles mataram muitos monstros, incluindo o que matou sua mãe, mas, quando mataram um castor, um dos animais tidos como apoio do mundo, o deus supremo, o Criador da Terra, interveio para interromper suas atividades.

Flint *veja* Othagwenda
Flint, Homem *Norte-americana*

Um monstro, na tradição dos apache. Esse monstro, um dos muitos mortos pelo Matador de Inimigos, assumiu a forma de um rocha enorme.

Flint, Meninos *Norte-americana*

Divindades protetoras das tribos pueblo, a personificação da pedra. Esses espíritos se doavam livremente para que as pessoas pudessem criar ferramentas e armas.

Flógio *Grega*

Ele e seus irmãos Autólico e Deileonte ajudaram Hércules em seu nono Trabalho e ele, mais tarde, se juntou aos Argonautas.

Flor Preciosa *Centro-americana*

Uma deusa asteca. Ela teve um filho, Bem Amado, que morreu ao nascer e de cujo corpo brotaram muitas das plantas necessárias à sobrevivência da humanidade.

Flora *Romana*

= *Grega* Chloris

Uma deusa italiana das flores e da fecundidade. Diz-se que ela tocou Juno com uma erva mágica que lhe permitiu conceber o deus Marte sem a ajuda de Júpiter.

Flores Espinhosas *Centro-americana*

Um gigante asteca. No início do Quinto Sol, ele e três outros gigantes, Águia que Desce, Serpente das Facas Obsidianas e Ressureição receberam a tarefa de segurar o céu.

Floris *Europeia*

Um rei da Hungria.

O rei sarraceno da Espanha capturou um grupo de peregrinos franceses e uma das mulheres do grupo deu à luz uma menina, Blanchefleur, no mesmo dia em que a consorte do rei teve um menino, Floris. Eles cresceram juntos, mas Floris foi mandado para longe para estudar e Blanchefleur foi vendida a um comerciante de escravos.

Floris partiu para resgatá-la. À base de suborno, entrou na torre na Babilônia onde ela estava presa e os dois passaram a noite juntos, mas foram encontrados e condenados à morte. O evidente amor entre os dois amoleceu o coração do Emir e eles foram autorizados a se casar e voltar para a Espanha.

fogo

O fogo faz parte de várias mitologias, às vezes em benefício do homem, às vezes para destruir o mundo, às vezes para levar a alma para o céu.

(1) Na China, diz-se que o fogo tipifica o verão, destrói metal e produz terra. Ele surgiu quando a terra e o céu se separaram.
(2) Nas Índias Orientais, os habitantes da Ilha de Woodlark dizem que um jovem roubou o fogo dos céus e o deu ao homem, ao que a divindade irada dividiu o que restou em duas partes e o jogou no céu, formando o sol e a lua.
(3) Os gregos antigos diziam que Prometeu roubou o fogo dos céus para beneficiar a humanidade e, por esse crime, foi acorrentado a uma rocha durante 30 mil anos enquanto um abutre bicava seu fígado.
(4) Na tradição hindu, o fogo era usado para controlar os dragões e é considerado sagrado. Existem três formas: Dakshinagni, o fogo da atmosfera, o fogo de Vayu, associado aos ancestrais mortos; Ahavaniya, o fogo do céu, o fogo de Surya; Garhaptya, o fogo de Agni, associado à humanidade.
(5) No Japão, como na China, o fogo foi produzido quando a terra e o céu se separaram e é considerado o símbolo da fênix.
(6) Os mexicanos consideram o fogo uma força que dá vida e mantém o fogo aceso por quatro dias quando nasce uma criança para protegê-la do mal.
(7) Na tradição muçulmana, o fogo é a fonte dos gênios.
(8) A mitologia nórdica diz que a batalha final entre as forças do bem e do mal, a Batalha de Ragnarok, termina com o mundo destruído pelo fogo iniciado pela espada flamejante do gigante Surtur.
(9) No Pacífico, diz-se que o fogo protege os vivos das investidas dos mortos.
(10) Algumas tribos norte-americanas mantêm um fogo vivo perpetuamente, na crença de que se o fogo morrer, o povo também morrerá.
(11) Na tradição persa, o fogo é o elemento mais puro e considerado sagrado. Há cinco formas de fogo sagrado: o fogo Bahram, composto de dezesseis diferentes tipos de fogo e mantidos sempre acesos com sândalo; Spenishta, o fogo mais sagrado, que arde no paraíso; Urvazishta, o fogo causado pela fricção; Vazishta, o fogo dos raios; Vohu Fryana, o fogo que produz o calor interno do corpo de animais e homens.
(12) Os fenícios consideravam o fogo um elemento, descendentes dos seres primordiais Genos e Genea.

Fomoire *Celta*
Uma raça de demônios com uma perna só e um braço só, que vivia sob o mar; divindades do Fir Bolg.

Esses seres, alguns dos quais tinham cabeças de animal e três fileiras de dentes, diziam ser descendentes de Ham, filho de Noé. Eles viviam em conflito contínuo com os últimos danaans. Uma vez, roubaram a harpa do Dagda, que voou da parede onde tinha sido pendurada, matou os que as roubaram e colocou os outros para dormir com sua música. Eles foram finalmente derrotados quando o olho maligno do deus do mundo inferior, Balor, foi atingido por uma funda de Lugh e todos os soldados fomorianos morreram ao vê-lo.

Forcalor *Europeia*
Um demônio, um dos 72 Espíritos de Salomão. Diz-se que ele foi um demônio marinho, causador de

naufrágios, e é retratado como um humano alado ou como um homem montado sobre um grifo.

Forcas *Europeia*
Um demônio, um dos 72 Espíritos de Salomão.

Fornax *Romana*
Uma deusa guardiã de fornos e da panificação; um aspecto de Vesta.

Forneus *Europeia*
Um demônio, um dos 72 Espíritos de Salomão. Ele aparece ou como um monstro marinho, ou como um homem, e diz-se que tem grande conhecimento das artes e das ciências.

Forseti *Nórdica*
O deus da justiça e da verdade. Seu palácio de ouro e prata, Glitnir, manteve o trono em que ele se sentava para distribuir leis e resolver disputas.

Fortuna *Romana*
= *Grega* Tyche
Uma deusa do acaso ou do destino; uma deusa da fertilidade. Dizia-se que ela teria adquirido como um de seus atributos o chifre de Aqueloo quebrado por Hércules, quando eles lutaram.
  Ela é retratada em pé sobre uma bola, um globo ou uma roda, às vezes de olhos vendados.

Frashkart *Persa*
A renovação final depois da destruição do mundo pelo fogo. Nesse momento, todos os mortos serão devolvidos à vida por Saoshyant.

Freki *Nórdica*
Um dos lobos do deus Odin, "ambicioso". O outro era conhecido como Geri, "voraz".

Frey *Nórdica*
O deus da terra, da fertilidade, da paz, da chuva e da luz do sol.
  Ele nasceu em Vanaheim, mas se mudou para Asgard, como refém, quando se fez a paz entre os Vanir e os Aesir e lhe foi dado o reino de Alfheim, a terra dos elfos.
  Ele recebeu também o navio Skidbladnir, uma espada maravilhosa que podia lutar sem ajuda, o javali de pelos de ouro, Gullinbursti, que, com outro javali, Slidrugtanni, puxou sua carruagem e um cavalo, Blodighofi, que podia transportá-lo sobre a água e através do fogo. Sua casa se chamava Upsala.
  Ele se apaixonou pela giganta Gerda e se desesperou para conquistá-la; então, seu servo Skirnir a cortejou em nome de seu mestre em troca da espada mágica. Ele conheceu Gerda nove dias depois e se casaram. Quando o irmão dela, Beli, atacou Frey, agora sem sua espada, ele se defendeu com um chifre de cervo e matou Beli. Em Ragnarok, ele foi morto por Surtur.

Freya *Nórdica*
Deusa da beleza, da fertilidade, do amor, da magia e da juventude.
  Ela nasceu em Vanaheim, mas, como Frey, mudou-se para Asgard, como refém, quando se fez a paz entre os Vanir e os Aesir. A ela foi dado o reino de Folkvang, incluindo o salão Sessrymnir. As Valquírias recolheram muitos mortos dos campos de batalha, mas Freya reclamou metade deles como seus e os levou para Folkvang, enquanto os outros foram para Valhala. Ela também recebeu o belo colar, Brisingamen, feito pelos anões e sempre o usou. Além disso, ela tinha o mágico manto de penas de falcão, Valhamr, que permitia que seu usuário voasse, e sua própria carruagem que era puxada por dois gatos.
  Dizia-se que à noite assumia a forma de uma cabra e, às vezes, cavalgava seu javali de pelos dourados, Hildeswin.

Uma vez, seu colar foi roubado pelo malandro deus Loki, que assumia a forma de uma pulga para entrar na cama dela enquanto dormia, mas ele foi notado por Heimdall que, após uma luta na qual ambos assumiram várias formas, recuperou o colar e o devolveu a Freya.

Quando Ottar, um homem que disputava a posse de algumas terras, pediu ajuda a ela para buscar seus antepassados, ela o transformou em um javali e cavalgou sobre suas costas para a casa de Hyndla, a feiticeira, que não apenas rastreou seus antepassados, como lhe deu uma bebida mágica que garantiu que ele se lembrasse do que havia aprendido.

Quando seu marido, Odur, a deixou, ela percorreu a Terra à sua procura, e as lágrimas que ela derramou sobre o solo se transformaram em ouro. Ela finalmente conseguiu encontrá-lo e eles viveram muito felizes.

Em alguns relatos, ela é equiparada a Frigga; em outros, diz-se que ela se casou com Frey, Odin e talvez até alguns outros. Loki a acusou de ter casos com todos os deuses.

Em uma história, ela foi raptada por Belé, filho do rei de Sogn, que a levou para Jotunheim, esperando casá-la com um de seus três filhos, mas ela rejeitou todos eles.

Ela é retratada com uma armadura colocada sobre uma bata fluida e usando um escudo e uma lança. Seus animais são o gato, o cuco e a andorinha.

Frigga *Nórdica*
Deusa da fertilidade, do céu e da sabedoria.
Ela tinha seu próprio palácio, conhecido como Fensalir, e muitos assistentes.

Quando seu filho Balder contou dos sonhos que prediziam perigo para sua vida, Frigga extraiu de todas as coisas a promessa de que não fariam mal a ele. Ela ignorou o visco, e um ramo dele, atirado por seu irmão cego Hoder, instigado pelo perverso deus Loki, matou Balder.

Uma vez, ela roubou um pouco de ouro da estátua de Odin e pediu que os anões fizessem um colar. Odin não conseguia fazer com que os anões revelassem o nome do ladrão e, por isso, tentou fazer a estátua falar, usando seu conhecimento das runas místicas. Essa ideia foi frustrada por um anão que quebrou a estátua em vários pedaços.

Frigga é retratada com plumas de garças e carregando um molho de chaves em seu cinto.

Frosti *Nórdica*
Gigante das geadas; deus das geadas; filho de Thrym. Ele liderou os Gigantes Gelados em sua batalha contra os deuses.

Fu Lu Shou *Chinesa*
também Três Deuses da Felicidade
Três mortais que alcançaram a imortalidade pelos bons serviços. Essas divindades são Fu-hsing, o deus da felicidade, Lu-hsing, o deus da boa sorte e Shou Shen, o deus da longevidade.

Fu-hsi *Chinesa*
Um dos Três Soberanos.

Dizia-se que ele foi gerado quando sua mãe Hua-hsü foi engravidada pelo vento em uma gestação que durou doze anos.

Ele era um ser com o corpo de serpente e cabeça humana com quatro faces, representando o princípio yin. Credita-se a ele a introdução da pesca, a criação do bicho-da-seda etc., e a invenção dos trigramas do I Ching (um livro usado na adivinhação). Ele também inventou os Oito Diagramas a partir de marcas que viu nas costas de um unicórnio que saiu de um rio ao lado do qual ele estava contemplado.

Na história do dilúvio, Fu-hsi e sua irmã Nü Kua foram os únicos sobreviventes, flutuando na cabaça de uma árvore cultivada a partir de um dente do deus do trovão que eles tinham libertado de uma armadilha montada por seu pai. Ele se acasalou com sua irmã, mas eles produziram apenas um pedaço de carne. Fu-hsi o cortou em pedaços e o espalhou sobre a terra para produzir a humanidade.

Alguns dizem que ele e a irmã foram para o céu; outros que ele permaneceu na Terra e se tornou o primeiro imperador do século XX a.C., dando origem à ideia do casamento. Em histórias posteriores, eles foram marido e mulher e eram descritos como humanos com cauda de peixe ou serpente. Fu-hsi dirige o Ministério da Cura com Huang Ti e Shen Nung.

Fu-hsing *Chinesa*
também Estrela da Felicidade
Um deus da alegria; um dos Fu Lu Shou.

Ele foi o mortal Yang Ch'eng, um conselheiro de um imperador do século VI, que adquiriu imortalidade e se tornou um dos Três Deuses da Felicidade.

Em outros relatos, ele foi um general do século VIII, Kuo Tzu-i.

Fujin *Japonesa*
Um deus xintoísta dos ventos. Ele é retratado com a pele de um leopardo, carregando um bolsa que contém os ventos.

Fuku-kensaku *Japonesa*
Uma forma de Kwannon. Sob essa forma, a deusa é descrita com dois, quatro ou seis braços, sentada em um lótus, e, às vezes, mostrada com três faces, cada uma com três olhos.

Fukuro *Japonesa*
Uma coruja que se tornou um monge. Ele se apaixonou por uma curió, Uso-Dori, enviando a ela suas cartas de amor aos cuidados do grande chapim, Shiju-Gara, e se transformou em um monge itinerante quando a águia, Uye-Minu, matou sua amada.

Fukurokuju *Japonesa*
= *Chinesa* Shou Shen
Um deus xintoísta da vida longa, da sorte e da sabedoria; uma das sete divindade da sortem as Shichi Fukujin.

Diz-se que ele é a deificação de um ermitão chinês e é frequentemente retratado acompanhado de um crânio.

Furcas *Europeia*
Um demônio, um dos 72 Espíritos de Salomão. Ele é descrito como um velho sobre um cavalo amarelado e tido como instrutor de muitos assuntos ligados à alquimia e à ciência.

Furfur *Europeia*
Um demônio, um dos 72 Espíritos de Salomão. Diz-se que ele foi capaz de provocar tempestades e podia aparecer na forma de um veado alado com cauda de cobra.

Fúrias *Grega*
também Erínias, Eumênides
As três Fúrias eram Alecto, Magaera e Tisiphone. Elas nasceram, dizem alguns, do sangue de Urano que caiu na Terra quando ele foi castrado por Cronos. Outros dizem que eram filhas de Nyx ou de Hades e Perséfone.

Em algumas histórias, tinham cabeça de cachorro, asas de morcego e serpentes retorcidas como cabelo. Elas viviam no Tártaro e julgavam queixas de insolência etc. Em outras versões, têm atitudes extremas, vestidas de caçadoras e carregando flagelos, foices e tochas.

Indignadas com a absolvição de Orestes pelo assassinato de Egisto e Clitemnestra – um deles tinha agido como promotor público no julgamento –, elas o perseguiram por toda parte e ameaçaram destruir Atenas com seu sangue. Atena as pacificou dando-lhes um lar em uma gruta e garantindo que seriam veneradas pelo povo de Atenas. Ao aceitarem essa ofertam ficaram conhecidas como as Solenes, as Boas ou Bondosas ou Eumênides.

fylgie *Nórdica*
também fylgja *(plural* fylgjur*)*
O espírito guardião que cuida de cada indivíduo; a alma; o duplo de uma pessoa.

Como duplo ou alma, o fylgie é considerado uma forma de animal; como espírito protetor, pode aparecer em um sonho para dar um aviso ou um conselho. Fykgjur cavalgavam sobre lobos usando cobras como rédeas.

Diz-se que o fylgie passa de pai para filho através das gerações.

G

G *Centro-americana*
Uma divindade maia de identidade incerta, chamado de Deus G (*veja deuses alfabéticos*); talvez Ah Kin ou Kukulcan. Essa divindade é geralmente vista como um deus do sol ou deus da morte.

Ga-gaah *Norte-americana*
Um corvo divino. Segundo os iroqueses, o corvo trouxe o dom da magia para a humanidade. E, como presente, também trouxe o milho. Por isso ele é bem-vindo quando vem buscar sua parte da produção das plantações de milho.

Ga-gorib *Africana*
Uma figura monstruosa dos Hottentots. Dizia-se que ele tinha o hábito de atirar pessoas em um poço. Ele foi morto pelo herói Heitsi-eibib da mesma forma.
Outra versão coloca a divindade Tsunigoab ou o trapaceiro Chacal no lugar de Heitsi-eibib.

Ga-oh *Norte-americana*
Um gigantesco vento dos iroqueses. Ele controlava os quatro ventos.

Gaap *Europeia*
Um demônio, um dos demônios cardeais (oeste); um dos 72 Espíritos de Salomão.
Diz-se que ele induzia amor ou ódio e tinha o poder de tornar invisível qualquer feiticeiro que o invocasse.

Gad *Semita*
Um deus da boa sorte em Canaã e na Fenícia.

Gae Bolg *Irlandesa*
Uma arma acionada com o pé. Dizia-se que essa "lança de barriga" se abria em trinta pontas depois de entrar no corpo de um inimigo e era usada com grande efeito por Cuchulainn.
Alguns dizem que essa arma era feita de ossos de um monstro marinho que foi encontrado morto na costa depois de perder uma batalha com um monstro semelhante a ele.

Gafanhoto *Norte-americana*
Um espírito choctaw, filha da Mãe Gafanhoto.

Gahe *Norte-americana*
também Povo da Montanha
Lipan Apache Hactci; *Navajo* Hactce; *Pueblo* Katchina; *Montanha Branca Apache* Ga'n
Seres sobrenaturais dos apache chiricahua, que viviam no interior das montanhas. Diz-se que esses seres eram capazes de curar os doentes, dar visão aos cegos e, até mesmo, restaurar membros em falta. Os cinco chefes Gahe são associados tanto à cor quanto à direção: o Grande Gahe Negro (leste), o Grande Gahe Azul (sul), o Grande Gahe Branco (norte) e o Grande Gahe Amarelo (oeste). O mais poderoso dos cinco é conhecido como o Cinza.

Gaheris *Britânica*
Um Cavaleiro da Távola Redonda. Ele encontrou sua mãe na cama com Lamerock (um outro Cavaleiro da Távola Redonda) e a matou. Ajudado por seus irmãos Agravain e Gawain, ele também matou Lamerock.

Ele foi um dos cavaleiros capturados e presos por Turkin, que odiava todos os cavaleiros de Artur, até serem resgatados por Lancelot.

Ele se recusou a fazer parte do plano de Agravain e Mordred de entregar o caso secreto de Lancelot e Guinevere ao rei Artur e, quando a rainha foi exposta e condenada a ser queimada na fogueira, relutantemente ele obedeceu à ordem do rei de supervisionar a execução depois que seu irmão mais velho, Gawain, recusou. Ele foi desarmado e não foi reconhecido por Lancelot quando cavalgou para socorrer da rainha. Tanto Gaheris quanto seu irmão Gareth, que também tinham recebido a ordem, assim como muitos outros cavaleiros, foram mortos por Lancelot quando ele investiu contra a multidão, levando Guinevere para um local seguro.

Gahonga *Norte-americana*
Uma das três tribos de Jogah (as outras são Gandayah e Ohdowa). Os iroqueses dizem que esses seres anões vivem em áreas rochosas e nos rios.

Gaia *Grega*
também Geia
Mãe e esposa de Urano; mãe, com Urano, dos doze Titãs, dos Ciclopes dos gigantes, e outros. Em algumas versões, Gaia nasceu do ser primordial Caos. E também foi mãe das Fúrias depois que o sangue da castração de Urano caiu sobre ela.

Em sua ira, quando os gigantes foram abatidos em sua revolta contra os deuses, ela se acasalou com Tártaro, gerando o imenso monstro Typhon.

Gaia foi a fundadora original do oráculo em Delfos, que passou por Têmis e depois por Febe para Apolo.

gaio *Norte-americana*
Uma ave tagarela. Em alguns estados do sul, ela é considerada um mensageiro do Diabo em toda sexta-feira, leva para ele um feixe de galhos o que, consequentemente, faz com que a ave não seja vista naquele dia.

Alguns dizem que os médicos podem assumir a forma de um gaio; outros dizem que o pássaro é um herói que criou a lama depois de uma enchente para fazer terra seca.

gaki *Japonesa*
Um espírito malévolo da morte; um fantasma.
Esses seres se infiltram nos corpos dos mortais para se alimentar da comida ingerida por seus anfitriões, já que não têm órgãos digestivos próprios. Como resultado, os gakis engordam enquanto seus hospedeiros ficam mais magros.

Galahad *Britânica*
também Cavaleiro Desejado, o Cavaleiro Perfeito, o Príncipe Verdadeiro
Um Cavaleiro da Távola Redonda; filho de Lancelot e Elaine.

Dame Brisen, uma feiticeira e criada de Elaine, enganou Lancelot, induzindo-o a dormir com Elaine na crença de que estava dormindo com seu verdadeiro amor, Guinevere. O resultado dessa união foi Galahad. Ele foi criado por monges e, com quinze anos de idade, foi nomeado cavaleiro por seu pai e levado à corte do rei Artur, assumindo seu lugar na Távola Redonda. Como único cavaleiro puro o suficiente para ver o Santo Graal, recebeu a permissão de se sentar na Cadeira Perigosa, cadeira reservada para tal cavaleiro na Távola Redonda, sem ser engolido. Uma grande rocha vermelha apareceu flutuando no rio e, nela, uma fina e irremovível espada fixada. Gawain e Percival tentaram, sem sucesso, tirá-la da pedra, mas foi Galahad que a retirou com facilidade, colocando-a na bainha vazia que ele usava. Naquela noite, o Graal apareceu no salão e, tendo alimentado os cavaleiros reunidos, desapareceu. Todos os cavaleiros presentes, liderados por Gawain, juraram dedicar suas vidas à busca do cálice sagrado.

Cada cavaleiro seguiu seu próprio caminho e Galahad o levou para uma capela onde encontrou Bagdemagus, o cavaleiro ferido, sendo cuidado por Owain. Havia um escudo branco pendurado atrás do altar e o eremita da capela disse que estava reservado para o melhor cavaleiro; qualquer outro tentando usá-lo iria prejudicá-lo. Bagdemagus o pegou e partiu, apenas para ser ferido por um cavaleiro de armadura branca, que levou o escudo de volta para Galahad. Esse cavaleiro disse a Galahad que o escudo tinha sido dado por José de Arimateia a um cavaleiro convertido, o rei Evelake, antes da batalha com seu primo, o rei sarraceno, Tholomer. Nessa luta, uma figura em uma cruz foi vista no escudo, e um homem que havia perdido uma mão na batalha ficou inteiro quando tocou a cruz. O escudo chegou à Grã-Bretanha com José e Evelake, e José (ou Josephus, seu filho), em seu leito de morte, gravou uma cruz vermelha no escudo, com seu próprio sangue, e disse a Evelake para deixá-lo com Nascien, o remita que o guardaria até que fosse reivindicado por Galahad.

Com o escudo, Galahad partiu, levando com ele Meliad, a quem deu o título de cavaleiro. Eles se separaram em uma bifurcação na estrada e Galahad, encontrando um grupo de cavaleiros que atacavam Percival, os derrotou. Ele passou por outras aventuras e, em uma delas, encaminhou os sete irmãos que tinham mantido várias moças em cativeiro no Castelo das Donzelas, e acabou sendo conduzido por uma delas, Dindrane, que se revelou irmã de Percival, a um navio onde estavam Percival e Bors. Navegando, encontraram outro navio e, vendo que estava vazio, embarcaram nele. Sobre uma cama coberta por seda, havia uma espada maravilhosa, que tinha sido usada por Varlan, rei de Gales, para matar Lambor, rei de Terre Foraine. Dizia-se que o navio e a espada foram feitos originalmente pelo rei Salomão. A Espada recebeu o nome de *Espada de Strange Girdles* e sua bainha, *Mover of Blood*. Em alguns relatos, esse navio era de Salomão e a espada, do rei David. Galahad pegou a espada e a bainha e eles voltaram para o seu próprio navio, que os levou ao castelo Carteloise. Lá, encontraram um mulher agonizante, que só podia ser curada com o sangue de uma virgem e Dindrane morreu por ter doado seu sangue para ajudar a mulher doente. Em uma versão, após a aventura no Castelo das Donzelas, Galahad chegou a um mosteiro onde Evelake estava ferido e, segurando o doente em seus braços, curou suas feridas para que pudesse morrer feliz. Essa versão diz que foi então que ele conheceu Percival e Bors e eles cavalgaram até o castelo Carbonek, onde foram recebidos pelo rei Pelles com um banquete, e foi rezada uma missa com Josephus, que tinha vindo à Grã Bretanha com Evelake 400 anos antes. Alguns dizem que o próprio Cristo apareceu nessa celebração. Os pecados que fizeram com que Pelles fosse ferido foram lavados pelo sangue da Lança Sagrada, e ele passou o resto da vida em um mosteiro.

Uma versão alternativa diz que foi a irmã de Galahad que o levou ao navio onde Percival e Bors o esperavam e que foi ela quem morreu dando o sangue para a mulher doente. Essa versão diz que, no primeiro desembarque, eles foram assaltados por fantasmas e gnomos e, um castelo no alto de uma montanha que desapareceu quando eles derrotaram seus agressores.

Em outro relato, eles encontraram o ferido Pelles em Carbonek onde o Santo Graal apareceu sobre um altar de prata onde uma espada que pingava sangue. Em instruções vindas de uma voz no céu, Galahad ungiu Pelles com esse sangue. Suas feridas foram curadas e ele morreu feliz.

Depois, Galahad e seus dois companheiros navegaram para Sarras, na Terra Santa, levando consigo o altar de prata, o Santo Graal e a Lança Sagrada. Lá, encontraram um navio com o corpo da irmã de Percival, que eles enterraram. O rei, Estorause, jogou os três na prisão, mas pediu perdão quando estava em seu leito de morte. Galahad foi coroado rei em seu lugar, nas morreu cerca de um ano depois enquanto assistia à missa com Josephus e foi levado para o céu por uma hoste de anjos. O Santo Graal e a Lança Sagrada desapareceram para sempre.

Galahaut *Britânica*
Um Cavaleiro da Távola Redonda. Ele ajudou o rei Bagdemagus a organizar um torneio para o qual convidaram Lancelot na esperança de matá-lo. Em vez disso, o rei Mark enviou Tristão, disfarçado como Lancelot, imaginando que ele seria morto. Tristão, apesar de ferido, venceu o torneio.

Em alguns relatos, ele foi derrotado por Lancelot, mas se tornou um amigo tão devotado que, quando acreditou que Lancelot havia sido morto, jejuou até a morte.

Galateia[1] *Grega*
Uma ninfa do mar, uma das Nereidas.

Ela era amada pelo Ciclope Polifemo, mas apenas riu dele, preferindo o príncipe-pastor Acis, que foi morto pelo ciumento Ciclope, esmagado por uma pedra enorme. Ela transformou o cadáver de Acis em um riacho. Alguns dizem que ela chorou tanto com a perda de Acis que se transformou em uma fonte.

Em outra história, Acis não é mencionado e Galateia se casou com Polifemo, enganado por sua música, e deu à luz um filho, Galas.

Galateia[2] *Grega*
Esposa de Pigmalião, rei do Chipre. Uma estátua esculpida por Pigmaleão foi trazida à vida por Afrodite e se tornou a esposa de Pigmaleão.

Outra versão diz que Pigmaleão já era casado com Cynisca, que retornou ao estado anterior como um bloco de mármore.

Galleron *Britânica*
Um Cavaleiro escocês da Távola Redonda; rei de Galloway.

Ele enfrentou Gawain pela posse das terras dadas pelo rei Artur a Gawain, que as cedeu a Galleron com a condição de que pagasse por um milhão de missas rezadas pela alma da mãe de Guinevere.

Em outra versão, eles feriram tanto um ao outro que levaram semanas para se recuperar. Gawain então entregou as terras a Galleron e se juntou à Távola Redonda.

Ele foi um dos doze cavaleiros que ajudaram Agravain e Mordred quando tentaram raptar Lancelot no quarto de Guinevere. Todos, exceto Mordred, foram mortos por Lancelot.

galo
Uma ave domesticada em muitos países e, em vários casos, é vista como sagrada.
(1) Na China, o galo é considerado como uma ave divina que carrega o sol de parte do Zodíaco. Alguns dizem que ele poderia se tornar um ser humano, enquanto outros acreditam que ele afaste os fantasmas ao amanhecer. Diz-se que a fotografia de um galo, colada em um caixão, expulsa demônios.
(3) Na tradição grega, o galo é a ave de Apolo e Atena, e foi sacrificado para Asclépio, os deuses da curam em reconhecimento à recuperação de doenças.
(4) No Japão, diz-se que o galo prepara o coração para a adoração.
(5) Os nórdicos consideram o galo como um guardião. No reino de Midgard, o galo Gullinkambi vivia na árvore Yggdrasil. Em Valhala, o dever de Fialar era despertar os guerreiros para a batalha final.
(6) Os romanos consultavam o galo como augúrio, particularmente sobre o tempo.
(7) Um antigo costume escocês envolvia o sacrifício de um galo como cura para a epilepsia.

Gamag Nara *Coreana*
Um dos vários céus, uma terra de quase escuridão. Em uma tentativa de obter luz para seu reino sombrio, o rei manda com Cães de Fogo para capturar o sol ou a lua, mas eles falham todas as vezes. Quando mordem o sol ou a lua, provocam um eclipse.

Gamigin *Europeia*
Um demônio, um dos 72 Espíritos de Salomão. Diz-se que ele era capaz de elevar as almas dos mortos e é retratado sobre um burro ou um pônei.

Gan-Ceann *Irlandesa*
"Sem cabeça"
Uma fada sem cabeça ou um espírito que atrai donzelas e depois desaparece.

Ganaskidi *Norte-americana*
Um deus da colheita dos navajo. Ele é descrito como uma ovelha de chifres grandes. Em alguns relatos, há muitos seres sobrenaturais com esse nome.

Gandalfr *Nórdica*
Um dos anões.

Gandarewa *Persa*
Um monstro marinho. Dizia-se que esse monstro, guardião do haoma, era capaz de engolir doze homens de uma vez. Ele foi morto por Keresaspa depois de uma luta que durou nove dias e nove noites.

Em alguns relatos, essa fera tinha cascos de ouro e era tão grande que seu corpo ficava no mar enquanto sua cabeça estava no céu.

Gandayah *Norte-americana*

Uma das três tribos de Jogah (as outra são Gahonga e Ohdours). Na tradição dos iroqueses, esses seres anões cultivam a terra para garantir que ela permaneça fértil.

Gandreid *Nórdica*

Um nome para a Caçada Selvagem.

Dizia-se que que qualquer campo sobre o qual Gandreid passasse suportaria o aumento das colheitas.

Ganesha *Hindu*

também Ekadanta, Ganesh

O deus da arte com cabeça de elefante, da previsão, da boa sorte e dos escribas; dirigente dos Ganas (divindades menores); filho de Shiva e Parvati; irmão de Karttikeya; irmão de Subrahmanya, dizem alguns; marido de Buddhi, Riddhi e Siddhi.

Há quem diga que ele foi gerado por Parvati a partir de partículas da descamação da pele ou de banho de óleo.

A mãe pediu a ele que cuidasse da porta enquanto ela tomava banho e, quando ele tentou proibir a entrada de seu pai, Shiva, ele cortou sua cabeça. Para acalmar Parvati, ele substituiu a cabeça com a primeira coisa que que tinha à mão – a cabeça de um elefante.

Em outra versão, foi pedido ao Deus Shani que cuidasse do bebê e seu olhar ardente queimou a cabeça de Ganesha, que Parvati ou Vishnu substituiu por uma cabeça de elefante.

Uma das presas do elefante foi quebrada por Rama quando ele tentou mantê-lo afastado de Shiva, que dormia (daí o nome Ekadanta, "um dente").

Outro relato diz que seu estômago se abriu quando ele caiu do rato em que estava montado. Apressadamente, ele recolocou todas as coisas doces que tinham caído e amarrou uma cobra na cintura como se fosse um cinto. Esse episódio foi visto pela lua, que ria, e deixou Ganesha tão furioso que ele tirou uma de suas presas e a jogou na lua.

Outras versões dizem que tirou a presa e a utilizou como caneta para escrever o alfabeto ditado por Vyasa, o Deus da Sabedoria.

Ele é retratado como um homem vermelho ou amarelo, barrigudo, segurando um taco, um disco, uma concha e um nenúfar em suas quatro mãos e, às vezes, é mostrado sobre um rato.

Ganimedes *Grega*

= *Romana* Catamitus

O Deus da Chuva. Ele foi um príncipe troiano que foi levado por Zeus sob a forma de uma águia (ou por Éos, deusa da aurora, que entregou o menino a Zeus) e se tornou um carregador de copos para os deuses depois de Hebe. Zeus deu a Tros, pai de Ganimedes, dois (ou seis) cavalos imortais ou, em algumas histórias, uma videira de ouro, para compensá-lo pela perda de seu filho.

Ganis *Báltica*

Um espírito da floresta lapão. Esse ser assume a forma de uma linda donzela com uma longa cauda que se acasala com mortais.

ganso
(1) Na mitologia egípcia, a ave de Hórus, Ísis, Osíris e Seb.
(2) Na mitologia celta, a ave da deusa Epona.

Ganso do Caos *veja* **Ganso-do-nilo**

Ganso-deus *Siberiana*
Uma divindade ostyak do destino. Essa ave vive em um ninho de pelos e peles feito nas montanhas.

Ganso-do-nilo *Egípcia*
também Ganso do Caos
A ave que botou o ovo cósmico, o sol. (*Veja também* **Geb**.)

Garang *Africana*
O primeiro homem na tradição dos dinkas; marido de Abuk. (*Veja* **Abuk**.)

Gareth *Britânica*
Um Cavaleiro da Távola Redonda; irmão de Agravain, Gaheris e Gawain.

Em alguns relatos, ele não quis ser identificado como irmão de Gawain até ganhar o título de cavaleiro por seus próprios esforços e era chamado de Jovem Desconhecido. Nesse aspecto, a história é parecida à de Gingalin, filho de Gareth, o Desconhecido Justo.

Quando entrou pela primeira vez na corte do rei Artur, ao lado de Agravain, Gaheris e Gawain, ele assumiu o trabalho de um escultor, recebendo o apelido de Beaumains, "Mãos Justas".

Uma donzela, Lynette, veio à corte do rei Artur procurar ajuda para sua irmã, Lyonesse, que estava sendo molestada pelo Cavaleiro Vermelho. Gareth assumiu a causa, derrotou o Cavaleiro Negro, o Cavaleiro Azul, o Cavaleiro Verde e, finalmente, o Cavaleiro Vermelho, e se casou com Lyonesse. Em alguns relatos, ele se casou com Lynette.

Ele foi um dos cavaleiros capturados e presos por Turkin, que odiava todos os cavaleiros do rei Artur, até ser resgatado por Lancelot.

Ele se recusou a fazer parte do plano de Agravain e Mordred de entregar o caso secreto de Lancelot e Guinevere ao rei Artur e, quando a rainha foi exposta e condenada a ser queimada na fogueira, relutantemente ele obedeceu à ordem do rei de supervisionar a execução depois que seu irmão mais velho, Gawain, recusou. Ele foi desarmado e não foi reconhecido por Lancelot quando cavalgou para socorrer da rainha. Tanto Gaheris quanto seu irmão Gareth, que também tinham recebido a ordem, assim como muitos outros cavaleiros, foram mortos por Lancelot quando ele investiu contra a multidão, levando Guinevere para um local seguro.

Gargamelle *Britânica*
Uma giganta; esposa de Grandgousier; mãe de Gargântua. Diz-se que o feiticeiro Merlin criou esse ser a partir do cortador de unhas de Guinevere e de ossos de baleias.

Gargântua *Britânica*
Um gigante, filho de Grandgousier e Gargamelle.

Diz-se que foi criado por Merlin. Serviu ao rei Artur e, em uma de suas jornadas, encontrou e matou o monstro Leviatã.

Outra história diz que ele nasceu da orelha de sua mãe, Gargamelle. Mesmo quando criança, ele tinha um enorme apetite e precisava do leite de 17.913 vacas para se manter alimentado. Já adulto, precisa de um pente de com mais de 250 metros de comprimento para pentear seus cabelos e, uma vez, comeu cinco peregrinos como lanche.

Garota do chão quente *Norte-americana*
Uma donzela navajo, esposa do primeiro homem.

Garota do Milho *Norte-americana*
Uma divindade dos navajo. Ela foi colocada no topo do Monte Taylor, junto com o Menino Turquesa, pelos criadores Atse Estsan e Atse Hastin.

Garota do milho amarelo *Norte-americana*
Uma divindade navajo. Junto com o Menino do Milho Branco, foi colocada no Monte São Francisco por Atse Estsan e Atse Hastin, a primeira mulher e o primeiro homem, quando eles formaram a terra dos navajo em sua ascensão do mundo inferior.

Garuda *Hindu*
Um semideus, parte homem, parte águia; pássaro do deus Vishnu, pássaro solar. Uma versão sobre sua origem diz que ele nasceu de um ovo no início dos tempos.

Dizia-se que ele devorava pessoas más e carregava Vishnu em sua jornada diária pelo céu. Em alguns relatos, ele aparece como uma encarnação de Agni, o deus do fogo.

Ele protegeu o pico do Monte Sumeru (Meru) da primeira tentativa de Vayu, o Deus do Ar e do Vento, de derrubá-lo, mas, quando Garuda estava longe, Vayu tentou mais uma vez e partiu o topo da montanha, que caiu no mar como Sri Lanka.

Sua mãe, Vinata, foi presa no mundo inferior pela irmã dela, Kudra, mãe das cobras, que pediu amrita como resgate, Garuda colocou a bebida em um gramado cheio de lâminas afiadas para que, quando as cobras a lambessem, dividissem suas línguas. A amrita só foi recuperada por Indra depois de uma grande luta.

Um relato diferente diz que, quando Garuda roubou a bebida, que ele pretendia enviar a Indra, o arqueiro Krsanu atirou nele e deslocou uma ou duas de suas penas, (Há uma história sobre Gayatry semelhante a essa.) Outra versão diz que o resgate exigido era a própria lua para iluminar o mundo inferior. Garuda roubou a lua, mas os outros deuses a apreenderam e resgataram Vinata, Garuda se tornou imortal e passou a ser o pássaro sobre o qual Vishnu viajava.

Em uma encarnação, como Jatayu, ele ajudou Rama em sua procura por Sita quando ela foi raptada.

Ele era retratado como metade homem, metade pássaro, com asas vermelhas, um corpo dourado e uma face humana branca. O vento provocado pelo bater de suas asas era forte o bastante para interromper a rotação da terra.

gato
Gatos aparecem em várias mitologias:
(1) Na China, diz-se que o gato afasta os maus espíritos.
(2) No Egito, o gato era sagrado para Bast (uma deusa gato) e a Ísis. Qualquer pessoa que matasse um gato era condenada à morte.
(3) Na Europa, o gato preto é considerado como um familiar das bruxas e do Diabo e foi reverenciado pelos heréticos Stadinghien, do século XIII.

Uma história diz que um gato pode sugar a respiração de uma criança adormecida, causando sua morte.
(4) Na França, o gato é considerado como um espírito do milho.
(5) As histórias hindus têm o gato como o corcel montado pela deusa Shastri.
(6) Os japoneses veem o gato como um animal com poderes sobrenaturais e que pode controlar a morte.
(7) Os malaios dizem que um espírito maligno, que pode tomar posse de seres humanos, vive no gato.
(8) Na mitologia nórdica, o gato é considerado como uma forma da serpente de Midgard, Iormungandr.

Gaunab *Africana*
O deus hottentot da escuridão. Ele feriu o criador – o deus Tsunigoab – em uma luta pela supremacia, mas perdeu e foi banido.

Gawain *Britânica*
também O Cavaleiro Vermelho
Um Cavaleiro da Távola Redonda; sobrinho do rei Artur; filho do rei Artur e Morgause, dizem alguns; irmão de Agravain, Gaheris, Gareth e outros.

Alguns dizem que, quando criança, ele foi lançado à deriva em um barco, e foi resgatado por um pescador e batizado por outro Gawain, conhecido como o Marrom. Nessa versão, ele teria viajado pelo continente onde foi nomeado cavaleiro do Papa.

Na versão mais comum, Gawain foi nomeado cavaleiro do rei Artur e, quando estava a caminho da corte, ele e seus irmãos derrotaram um bando de ladrões que havia saqueado Londres durante a ausência do rei, que estava em sua festa de casamento, e mataram os gigantes Caos e Sanagran.

Quando foi nomeado cavaleiro, Gawain tinha ciúmes de Pellimore, a quem foi dado um lugar de honra na Távola Redonda, e planejava matá-lo porque ele havia matado seu pai, Lot, em uma batalha. Ao conhecer Evadeam, que tinha sido transformado em anão por um feiticeiro, Evadeam recuperou seu tamanho natural enquanto Gawain se tornou anão, mas, mais tarde, também voltou ao tamanho normal. No banquete do casamento de Artur, um cervo branco entrou correndo no salão e Gawain foi incumbido de pegá-lo. O animal tinha sido perseguido por uma cadela branca e um bando de cães de caça negros. Ele partiu com Gaheris e encontrou dois cavaleiros, Brian e Sorlus, lutando para decidir qual dos dois deveria perseguir o cervo, que tinha acabado de passar. Gawain interrompeu a luta e fez com que eles fossem à corte submeter-se ao rei Artur. Ele e Gaheris capturaram o cervo enquanto ele nadava no riacho, mas Gawain foi desafiado pelo cavaleiro Alardine, e o matou em um duelo antes de retomar a perseguição que o levou ao castelo. Ali, ele pegou e matou o cervo, mas foi atacado por outro cavaleiro, dono do animal. Gawain o derrotou e estava prestes a golpear sua cabeça quando uma mulher passou correndo e, atirando-se no perdedor caído, interceptou o golpe de espada de Gawain e foi morta. Ele poupou o cavaleiro derrotado, Blamire, e também o mandou para a corte de Artur. Quatro cavaleiros então atacaram os dois irmãos e Gawain foi ferido no braço por uma flecha. Eles foram salvos por quatro mulheres que imploraram por suas vidas e foram autorizados a voltar para a corte com a cabeça do cervo branco. Gawain foi forçado a carregar o corpo sem cabeça da mulher que ele havia matado.

Para honrar uma promessa feita pelo rei, ele se casou com a velha e feia Ragnell, que voltou então a ser uma bela jovem. Eles tiveram um filho, Gingalin, que veio para a corte de Artur, sem saber que o cavaleiro que o ensinou todas as artes da cavalaria era seu pai.

Como resultado do atentado da feiticeira Morgana contra sua vida, o rei se sentiu incapaz de confiar em seu filho, Owain, e o baniu da corte. Gawain optou por acompanhá-lo e os dois cavalgaram juntos em busca de aventura. Seu primeiro encontro foi com Morholt e eles o viram derrubar dois cavaleiros. Depois, o homem desafiou os recém-chegados e derrubou e feriu Owain. Gawain opôs uma resistência mais forte e eles lutaram, chegando a um empate honroso. Os três então se tornaram amigos e viajaram juntos. Em uma encruzilhada, conheceram três mulheres que se ofereceram para acompanhá-los na aventura e Gawain escolheu a mais jovem das três. Eles chegaram a uma clareira, onde viram o cavaleiro Pelleas derrubar dez cavaleiros, mas cedeu, sem lutar, quando os homens derrotados o amarra sob seu cavalo e o levaram (Pelleas viu isso como um meio de obter outra visão de sua amada, Ettard). Outro cavaleiro e um anão muito feio apareceram com uma donzela, que escolheu o anão e partiu. Quando um outro cavaleiro apareceu e desafiou Gawain, o primeiro cavaleiro partiu com a jovem companheira de Gawain. O cavaleiro e Gawain lutaram por um empate e o cavaleiro contou ao oponente a história de Pelleas e seu amor impossível por Ettard. Gawain tentou ajudar Pelleas contando a Ettard que ele havia morrido, esperando que ela percebesse o quanto ele significava para ela, mas, em vez disso, ele seduziu Ettard. Ele voltou à encruzilhada onde encontrou seus companheiros Owain e Marholt e os três voltaram para Camelot, e foram recebidos pelo rei.

Ele foi um dos muitos cavaleiros capturados e presos por Turkin, que odiava todos os cavaleiros de Artur, até serem resgatados por Lancelot.

Na campanha do rei Artur contra Roma, ele foi o portador de uma mensagem para Lucius, o comandante romano. Quando Quintiliano, um sobrinho de Lucius, fez um comentário ofensivo sobre a Grã-Bretanha, Gawain o decapitou com sua espada.

Ele se juntou a outros cavaleiros na busca pelo Graal e, após semanas infrutíferas, conheceu Ector, que estava igualmente frustrado. Eles cavalgaram juntos e logo foram desafiados por um cavaleiro em quem Gawain enterrou sua lança. Para sua consternação, o cavaleiro era seu amigo Owain, que morreu logo depois em um mosteiro próximo. Outra versão diz que Gawain foi envolvido em outra luta, na qual foi gravemente ferido por Galahad, e demorou um mês para voltar a Camelot, tendo desistido de sua busca.

Há ainda uma outra história que diz que Ector e Gawain chegaram a uma pequena capela onde adormeceram nos bancos e sonharam. Gawain sonhou com uma grande manada de touros. Uma voz lhes disse que eles não estavam aptos para a busca do Graal. Os dois então foram procurar Nascien, o eremita, que interpretou seus sonhos e confirmou o que a voz havia dito. Os dois desistiram da busca e voltaram para Camelot.

Há alguns relatos em que ele se apaixonou por Orgelleuse e travou muitas batalhas por esse amor. Ela prometeu casar com ele se ele lutasse contra seu inimigo, Gramoflanz. Gawain provocou o cavaleiro pegando um galho de árvore perto de seu castelo e eles concordaram em se encontrar oito dias depois fora dos muros do castelo do mago Klingsor. Nesse castelo, ele dormia em uma cama que se movia por conta própria e foi atacado por uma chuva de flechas e lanças, mas ele saiu ileso. Ele enfrentou um leão feroz e o matou; esse leão era Klingsor e sua morte quebrou o feitiço que ele havia colocado em Gawain. (Uma história semelhante é contada sobre Bors no castelo Carbonek.) Quando lutou contra Gramoflanz, Grawain foi derrotado, mas seu conquistador, que acabou por ser Percival, poupou sua vida quando a irmã de Gawain, Honje, suplicou por ele. Dizia-se que ele se casou com Orgelleuse pouco tempo depois.

Ele se recusou a participar do plano de Agravain e Mordred de pegar Lancelot e Guinevere juntos e estava com o rei Artur, em uma caçada, quando Mordred trouxe ao rei a prova do caso secreto de Guinevere com Lancelot. Gawain recebeu ordens do rei de levar a rainha para a fogueira. Ele se recusou, mas seus irmãos mais novos, Gaheris e Gareth, sentiram-se obrigados a obedecer ao rei. Lancelot, cavalgando em socorro da rainha que fora colocada na fogueira, matou Gaheris, Gareth e muitos outros. Triste com essa perda, Gawain se tornou o inimigo jurado de Lancelot e estava na linha de frente da batalha quando o rei sitiou a propriedade de Joyous Garde, onde Lancelot tinha se instalado com Guinevere e muitos de seus amigos da Bretanha. Esse conflito terminou por ordem do Papa, e a rainha voltou para seu marido.

Embora Artur e Lancelot tenham jurado um uma trégua, Gawain foi implacável e, a seu pedido, o rei levou seu exército para o continente para mais um ataque a Lancelot, que tinha voltado para a Bretanha. Mais uma vez, Gawain estava em batalha e, quando chegaram a Benwick, a cidade de Lancelot. Ele desafiou Lancelot para um duelo. Gawain tinha um cinto mágico, que o tornava invulnerável e aumentava sua força até o meio-dia, depois voltava ao normal. Eles se enfrentaram em dois dias seguidos e, em cada ocasião, Lancelot, esperando que a força de Gawain diminuísse depois do meio-dia, amassou o capacete do oponente e acabou por derrubá-lo, sem sentidos, com um tremendo golpe de espada.

Artur foi chamado de volta à Inglaterra quando Mordred usurpou seu trono e o ferido Gawain foi trazido de volta. Ele tentou assumir a batalha quando chegou a Dover, mas o esforço foi tanto que ele morreu. Ele foi enterrado no castelo de Dover. No seu leito de morte, ele escreveu uma carta pedindo perdão a Lancelot.

Em uma história francesa, Gawain sobreviveu e Artur tornou-se o rei da Grã-Bretanha. (*Veja também* **Cavaleiro Verde**.)

Gayatri[1] *Hindu*
Uma pastora que se tornou consorte do deus Brahma. Ela é a personificação de um hino ao sol do *Rig Veda*, que é ensinado em cerimônias de iniciação.

Alguns dizem que ela se tornou a segunda esposa de Brahma, que achava sua primeira esposa preguiçosa e pouco interessada em assuntos intelectuais.

Gayatri[2] *Hindu*
Em alguns relatos, essa Gayatri assumiu a forma de uma ave (um falcão ou uma águia) e trouxe do céu a soma, uma bebida divina, depois que sua mãe e duas irmãs tentaram e falharam.

Alguns a equiparam com Gayatri, segunda esposa de Brahma.

Gayomart *Persa*
Um homem primitivo, criado a partir do suor de Ahura Mazda.

Diz-se que ele viveu 3 mil anos em forma de espírito como Gayomart antes de aparecer em carne e osso como Gaya Maretan. Ele foi envenenado pelo maligno deus Ahriman, a pedido de Jeh, a prostituta, aos 30 anos de idade, mas sua semente gerou os predecessores da

raça humana, Mashye e Mashyane. De seu corpo vieram todos os elementos.
Gayomart era alto, branco, um ser radiante, que encontrava forças na escuridão.

Gbadé *Africana*
Um jovem deus do trovão no reino de Daomé. Diz-se que usa o raio como uma arma com a qual mata os malfeitores. Os bens de um homem morto com ela são espalhados pela beira da estrada e qualquer um que os toque será morto da mesma maneira.

geanncanae *Irlandesa*
Um tipo malicioso de fada, às vezes equiparado com os duendes.

Geb *Egípcia*
= *Grega* Cronos
Um deus da terra e deus da cura.

Geb e sua irmã gêmea Nut foram trancados juntos no nascimento e seu pai, Shu, os forçou a se separarem, de forma que Geb formou a terra e Nut, o céu.

Ele governou o reino depois de Shu, vivendo por 1773 anos. O uraeus (a serpente símbolo usada por deuses e faraós sobre a testa ou na coroa) provocou uma febre da qual ele foi curado pelo deus Rá. Quando abdicou, ele dividiu o reino, dando o norte a Hórus e o sul a Set, e tornou-se um dos assistentes no barco de Rá. Dizia-se que seu rido podia ser a causa dos terremotos.

Outra versão o colocam como filho de Rá e irmão de Shu.

Ele é representado como um ganso ou com um homem com um ganso na cabeça.

Geia *veja* **Gaia**

Gekka-O *Japonesa*
Um deus do casamento. Ele une os pés dos amantes com um fino fio vermelho de seda.

Gelert *Galesa*
Um cão de caça de Llewellyn. Quando seu dono encontrou o filho bebê desaparecido e o cão coberto de sangue, matou Gelert, achando que ele tinha matado a criança. Na verdade, o menino estava seguro e deitado ao lado do corpo de um lobo com o qual Gelert tinha brigado e matado para salvar o filho de seu amo. (*Veja também* **Beddgelert**.)

Gemdelovely *Escocesa*
Uma princesa, esposa de Assipattle. Seu pai deu sua mão em casamento a Assipattle como recompensa por ter matado o monstruoso Stooworm.

gêmeos
Gêmeos são objeto de muitas e variadas crenças em culturas pelo mundo inteiro.
(1) Na África, os Ibo veem os gêmeos com horror, enquanto outras tribos, incluindo os iorubás, os reverenciam.
(2) Na mitologia grega, os gêmeos Castor e Polideuces (Pólux), filhos de Zeus e Leda, foram colocados no céu como a constelação Gêmeos.
(3) No México, os astecas matavam um gêmeo no nascimento acreditando que ele salvaria a vida de um dos pais, e diziam que o sobrevivente teria poder maligno.

Os tarascans, do México, consideram os gêmeos como um presente da medicina e dizem que as plantas cultivadas por gêmeos produzirão frutos duplos que, se consumidos por uma mulher grávida, resultarão no nascimento de mais gêmeos.

Os popaluca dizem que os gêmeos são bons domadores de cavalos e podem curar cólicas dos animais domésticos e problemas como dor de dente em humanos.
(4) Na América do Norte, os heróis dos apache são os gêmeos Criança da Água e Matador de Inimigos.

Os cherokee dizem que os gêmeos são capazes de ver as "pessoas pequenas".

Os gêmeos iroqueses, Flint e Sapling, atuavam como transformadores e criadores.

Para o povo lillooet, os gêmeos são filhos de ursos.

Dizem que os shawnee consideram os gêmeos como afortunados em certos casos, embora achem que, em outros, o mais velho provavelmente seja mau.

Entre o povo tubatulabal havia uma crença que, se um gêmeo morresse, ambos morreriam, e se alguém brincasse sobre uma mulher ter filhos gêmeos, ela o faria.

Os winnebago têm histórias de heróis gêmeos, Flesh e Stump.

(5) Na tradição romana, os gêmeos Rômulo e Remo, fundadores de Roma, foram amamentados por uma loba depois de serem abandonados.

(6) Na América do Sul, os gêmeos Bakairi, Kame e Keri, são a lua e o sol respectivamente personificados.

Os yaganes falam de gêmeos divinos, heróis da cultura, que ensinaram à tribo o uso do fogo e a arte da caça.

Um tema muito difundido tem um gêmeo inteligente e forte, e o outro bobo e desajeitado, com frequência considerados como o sol e a lua, respectivamente. Outro tema comum é o da mulher morta por uma onça que cria seus gêmeos; eles, quando descobrem a verdade, matam as onças e sobem ao céu em uma escada de flechas para se tornar a lua e o sol.

(7) Outras crenças sobre gêmeos são: (a) que gêmeos resultam de adultério; (b) eles podem ter pais separados; (c) uma mulher que come frutos duplos gera gêmeos; (d) gêmeos têm sorte ou têm uma segunda visão.

Gêmeos[1] *Grega*
também os Gêmeos
Castor e Pólux colocados no céu, como estrelas, por Zeus.

Gêmeos[2] *Norte-americana*
Criadores e heróis da cultura das tribos pueblo. Esses seres primordiais receberam poder sobre todas as criaturas da Terra. Usando seus raios, eles fizeram rachaduras da Terra e desceram às profundezas em teias de aranha, encontrando seres parcialmente formados enterrados no primeiro ventre da Terra. Eles os levaram ao segundo ventre, aqueles que não conseguiram fazer a ascensão tornaram-se monstros. No ventre seguinte, esses seres descobriram a natureza do sexo e continuaram a subir até o quarto ventre, para enfim alcançarem o mundo exterior como homens e mulheres.

Gemori *Europeia*
Um demônio fêmea, um dos 72 Espíritos de Salomão. Diz-se que esse ser aparece na forma de uma mulher adorável cavalgando um camelo e ajudando aqueles que procuram o amor.

Gendenwitha *Norte-americana*
Uma princesa iroquesa. O caçador Sosondowah se apaixonou por ela e, descendo à terra, levou-a para o céu para a casa da deusa da aurora, que estava tão zangada que transformou Gendenwitha na estrela da manhã.

gênio *Árabe*
também (d)jinni, genie; feminino jinniyah;
plural (d)jinn, ginn, jann
Um espírito poderoso feito de fogo que assume todos os tipos de formas. Eles foram criados uns 2 mil anos antes de Adão e Eva e viveram no Monte Qaf, mas Deus os dispersou quando se tornaram desobedientes. Os sobreviventes se

reuniram novamente em uma ilha do Oceano Índico, de onde ainda comandam.

Dizem que eles têm poderes mágicos sobre os humanos e podem se reproduzir com eles.

Em alguns relatos, eles são descritos como metade hiena, metade lobo, com o poder se assumir a forma de qualquer animal, serpente ou gigante invisível aos humanos. Dizem que eles passeiam à noite como raposas ou avestruzes.

gênio *veja* **jinnee**

genius   *Romana*

plural genii

= *Grega* daimon

Um espírito guardião do indivíduo, muitas vezes sob a forma de um jovem alado.

genius loci   *Romana*

Um espírito guardião de um lugar, muitas vezes sob a forma de uma serpente.

Genji   *Japonesa*

Um príncipe lendário, herói de muitas histórias.

Genko   *Japonesa*

Um sacerdote que se tornou um dragão. Quando ele morreu, após uma vida inteira em meditação, segurando uma única gota de água em sua mão, Genko se tornou um dragão que vivia na Lagoa da Cerejeira onde, às vezes, respondia aos pedidos daqueles que traziam oferendas de arroz.

Geraint   *Britânica*

Um Cavaleiro da Távola Redonda; um príncipe de Devon (ou Cornualha).

Em uma viagem de caça, tanto ele quanto a criada da rainha Guinevere foram atingidos com um chicote por um anão quando Geraint perguntou o nome do chefe desse anão. Ele seguiu o cavaleiro e o anão ao seu castelo e emprestou armas e armadura de um velho, Yniol, que tinha perdido a orelha para seu sobrinho e agora estava em maus lençóis. O cavaleiro era Edern, e Geraint lutou com ele pelo título de Cavaleiro de Sparrowhawk, derrotando-o e obrigando-o a pedir desculpas a Guinevere pelos ferimentos em sua criada. Quando Geraint ameaçou usar a força, o sobrinho devolveu tudo o que tinha tirado de Yniol, cuja filha, Enid, foi para a corte do rei Artur com Geraint e se casou com ele. Eles pegaram um cervo branco nessa viagem de caça e a cabeça do animal foi dada a Enid.

Quando seu pai, Erebin, envelheceu, Geraint assumiu seus domínios e governou pacificamente com Enid, desistindo das perseguições cavalheirescas em favor de seu romance. Mas ele passou a acreditar que Enid o desprezava por sua fraqueza e partiu em uma busca para provar sua força e valentia, forçando-a a cavalgar à sua frente e em silêncio. Ele matou muitos cavaleiros, pegou seus cavalos e armaduras e derrotou Gwiffred Petit, que se tonou seu amigo. E matou também três gigantes, um dos quais o feriu gravemente. Ele foi cuidado pelo conde Limwris, mas, quando este insultou Enid, Geraint o matou. Eles seguiram em frente e foram ajudados por Gwiffred Petit, até Geraint se recuperar totalmente. A batalha final de Geraint foi com um cavaleiro no vale da névoa, nos domínios de Ywin e, superando-o e pondo fim aos jogos encantados que foram realizados ali, ele voltou para suas terras e, ao lado de Enid, governou feliz.

Alguns dizem que ele foi morto em uma batalha, lutando por seu rei.

Geri *veja* **Freeki**

Gerião *Grega*
Um rei criador de bois de Tartessus, na Espanha; irmão de Équidna.
 Dizia-se que ele foi um dos gigantes que lutaram com os deuses olímpicos. Quando foram derrotados, Gerião fugiu para o Ocidente ou, em algumas versões, para as Belearides, onde se tornou rei. Ele era um monstro de três corpos cujos bois foram levados por Hércules em seu décimo Trabalho. Ele foi morto por Hércules durante essa aventura.

Gesar Khan *Mongolesa*
Um herói guerreiro. Dizia-se que ele nasceu de um ovo que saiu da cabeça de sua mãe. Ele nasceu com três olhos, lembrando as três marcas em formas de olhos no ovo em que nasceu, mas sua mãe ficou aterrorizada com as implicações e arrancou um desses olhos.
 Ele foi enviado do céu para livrar o mundo do mal. Quando cumpriu sua missão, foi purificado na montanha Margye Pongri e depois levado para o céu. Ele voltará quando o mal se tornar desenfreado outra vez.

Ghede *Caribenha*
O deus haitiano da vida e da morte.
 Originalmente um deus do amor que, mais tarde, foi combinado com o Baron Samedi, como deus da morte. Ele age como guardião das encruzilhadas e guia para a casa das almas dos mortos e é considerado como um dândi com roupas de noite, com bengala e óculos de sol.

ghoul *Árabe*
Um demônio que atormenta os mortos; um espírito maligno.
 (*Veja também* **ghul**.)

ghul *Árabe*
= *Persa* ghol
Um gênio fêmea, descendente de Iblis, o Diabo. Às vezes, esses seres aparecem para os homens no deserto e os comem.
 Diz-se que eles têm cascos semelhantes aos dos burros e podem mudar para qualquer forma que escolherem. Alguns são suficientemente pequenos para montar lebres, outros montam em avestruzes. No deserto, há um outro tipo conhecido como udar. Tipos femininos, vivendo em florestas, podem levar os homens para suas cavernas e seduzi-los. Os homens fazem a mesma coisa com as mulheres. Os descendentes desses acasalamentos são selvagens ferozes.
 Dizem que os ghuls que vivem no Saara têm pernas de avestruz e apenas um olho.
 Em alguns relatos, o ghul é macho, e a versão fêmea é a ghoula, ghulah ou si'la. Dizem que alguns tipos femininos tocam flauta para que os homens, ouvindo sua música, dancem até a morte. (*Veja também* **ghoul**.)

Giaia *Caribenha*
Ele matou seu filho, Giaiael, que tinha tentado matá-lo, e colocou os ossos do jovem em uma cabaça onde eles se transformaram em peixes. A água que saia da cabaça formou os primeiros mares.

Gigante *Norte-americana*
também Corvo Gigante
Um espírito do povo Tsimshian. Ele tinha um traje de corvo no qual podia voar e o utilizava para chegar aos céus onde roubava a caixa que continha a luz, trazendo-a de volta para iluminar a terra pela primeira vez.

gigante
Os gigantes aparecem na maioria das mitologias:

Grega

(1) Os Gigantes da Terra, a quarta raça de seres monstruosos, originalmente, eram 24, metade humanos, metade serpentes, que brotaram do sangue do deus Urano espirrado na Terra (Gaia) quando ele foi castrado por seu filho, Cronos. Dizia-se que tinha seis braços e, sendo feitos da terra, eram virtualmente indestrutíveis. Se fossem mortos, seus corpos se fundiam com a terra de onde tinham brotado e eles nasciam de novo. Em alguns relatos, eles tinham cobras no lugar das pernas. Liderados por Alcioneu, Eurymedon e Porphyrion, rebelaram-se contra os deuses depois que Zeus aprisionou os Titãs no Tártaro, mas foram derrotados, em grande parte pelos esforços de Hércules, criado por Zeus como uma defesa contra a esperado rebelião.

(2) Os Gigantes de Cem Mãos eram Briareus, Cottus e Gyges, três irmãos de Urano e Gaia. O pai deles os confinou no mundo inferior, de onde foram libertados por Cronos, que depois os mandou de volta. Depois foram libertados por Zeus para que o ajudassem na luta com os Titãs e, depois da vitória dos deuses, os gigantes foram encarregados de guardar os Titãs que estavam presos no mundo inferior.

Nórdica

O nome genérico para os gigantes era Jotunn ou Thursar. Seu lar era Jotunheim e eles eram oponentes dos deuses, destinados a vencer a batalha final, Ragnarok.

O primeiro gigante foi Ymir. A maior parte dos gigantes originais foi morta na torrente de sangue que escorreu do corpo de Ymir quando ele foi morto por Odin, Vé e Vili. Apenas Bergelmir e sua esposa escaparam desse dilúvio e eles fugiram para os confins do mundo e deram início a uma nova raça de gigantes.

Os Gigantes Gelados (ou Gigantes de Gelo), os Hrimthursars, foram formados quando as nuvens ardentes de Muspelheim condensaram no ar gelado sobre Niflheim. Os Gigantes, os Muspels, viviam em Muspelheim e eram governados por Surtur.

Norte-americana

(1) Os inuites se referem a uma raça de gigantes conhecidos como os Tornits.
(2) A divindade shawnee tinha quatro filhos gigantes que podiam sentir o cheiro dos humanos.

Sul-americana

Uma raça de gigantes veio do mar para o Equador e cavou um poço na rocha. Depois eles mataram as mulheres e praticaram a sodomia. Para isso, os deuses os destruíram com um relâmpago.

Gigante de Cerne Abbas *Britânica*

Uma figura enorme cortada na encosta de uma montanha e depois preenchida com giz. Diz-se que gigante que ela representa foi um gigante dinamarquês que foi morto pelo povo local quando estava dormindo.

Ele também tem sido interpretado como o deus da fertilidade gaulês Cernunnos. Outros dizem que ele representa o líder irlandês, o Dagda, ou o herói grego Hércules.

Gigante de Fogo *veja* gigante

Gigante de Pedra *Sul-americana*

Um gigante do povo yahgan, da Terra do Fogo. As solas dos pés eram a única parte vulnerável do seu corpo e ele foi morto por um beija-flor que descobriu isso e o atacou.

Gigantes de Pedra *Norte-americana*
Os habitantes originais da terra da terra dos iroqueses. Esses gigantes foram derrotados por Hinun, o deus do trovão, que persuadiu seu irmão, o vento oeste, a soprar os gigantes sobre a borda de uma ravina profunda, onde todos morreram.

Gigantes Gelados *Nórdica*
também Hrimthurs *(plural* Hrimtursar*)*
Qualquer um dos seres que se formaram quando as nuvens de fogo de Muspelheim se condensaram sobre o gelo de Niflheim.

Os principais Gigantes Gelados foram: Beli, Kari, Thiassi e a filha dele, Skadi; e Thrym com seus quatro filhos Drifta, Frosti, Jokul e Snoer.

Gilbert *Britânica*
Um Cavaleiro da corte do rei Artur. Em uma luta com Gawain, sua mão esquerda foi cortada. Ele foi morto em uma luta com Meliot.

Gilgamesh *Mesopotâmica*
Um gigante, um herói babilônico semidivino, filho de Uruk. Ele foi secretamente abandonado quando bebê, mas foi salvo de cair na terra por uma águia.

Quando a árvore favorita da deusa Inanna foi habitada por uma serpente, um pássaro Zu e o demônio destruidor Lilith, ele matou a cobra e expulsou tanto Lilith quanto o pássaro. Ele venceu o gigante Huwasa e rejeitou o amor da deusa Ishtar. Quando Ishtar combinou com Anu de enviar o Touro do Céu para devastar a terra, Gilgamesh a matou e a cortou. Quando seu amigo Enkidu, que o ajudara, foi morto pelos deuses, ele partiu para alcançar a imortalidade. Aconselhado a consultar o único mortal, Utnapishtim, que tinha recebido a imortalidade, ele viajou para os limites do mundo, expondo-se aos homens-escorpiões, árvores de joias e mulheres e atravessou o mar da morte em um barco conduzido por Ursanapi.

Ele foi informado de que a imortalidade era um fardo, e não uma bênção, mas conseguiu um pedaço da planta que proporcionava o rejuvenescimento. E ia levá-la para Enkidu quando um cobra a roubou.

Outra versão da morte de Enkidu surge da história na qual Gilgamesh e Inanna cortaram uma árvore e fizeram um tambor mágico com sua madeira. Quando esse tambor foi jogado acidentalmente no mundo inferior, Enkidu desceu para recuperá-lo, mas ficou preso.

A história de Gilgamesh é contada no poema *A Epopeia de Gilgamesh*, que inclui a história do Dilúvio.

Gimokodan *Ilhas do Pacífico*
O mundo inferior na tradição das Filipinas. Na entrada do Gimokodan está o Rio Negro, no qual as almas se banham para erradicar todas as memórias da vida humana. Há também um enorme fêmea, com muitos seios, para ajudar os espíritos dos que morreram jovens.

No Gimokodan propriamente dito, o espírito continua da mesma forma que na Terra, mas apenas nas horas de escuridão. Quando a luz do dia retorna, cada espírito faz um prato a partir das folhas e é transformado em líquido nesse prato até que volte a escuridão.

Gin-sai *Coreana*
Uma ave fantástica tão má que sua simples sombra pode envenenar os alimentos.

Gina *Australiana*
Na tradição aborígene, o velho homem da lua.

Giovava *Caribenha*
Na tradição dos tainos, uma caverna de onde saem o sol e a lua.

Gisdhubar *Mesopotâmica*
= *Grega* Héracles; *Romana* Hércules
Um herói caldeu. Ele matou o tirano Khumbala como uma das aventuras relatas em uma obra épica em doze volumes, cada um conectado a um dos signos do Zodíaco. A obra original é atribuída a Sin-likiinnini.

Gitchi Manitou *Norte-americana*
O deus criador dos algonquinos. Ele instruiu o pato e a tartaruga a mergulhar nas águas primordiais e trazer um pouco de lama. O deus secou essa lama em seu cachimbo e, a partir dela, criou o mundo e os seres humanos. (*Veja também* **Grande Espírito**.)

Gizo *Africana*
= *Iorubá* Anansi
Um herói trapaceiro dos hausas sob a forma de uma aranha.

Gladsheim *Nórdica*
A região da felicidade, local de Valhala, o palácio de ouro de Odin, onde os deuses se reuniam em conselho.
   Uma versão alternativa descreve Gladsheim como um templo dourado em Idavold que fornecia assento para Odin e outras doze divindades.

Glais Gabnach *Irlandesa*
também Vaca cinza
Um vaca fada. Em alguns relatos, esse animal surgia do mar; em outros, ela foi roubada da Espanha por um deus ferreiro anão, Gavida. Dizia-se que ela tinha um inesgotável suprimento de leite, que podia encher qualquer recipiente, mas, quando uma bruxa colocou uma peneira embaixo dela, ela morreu no esforço de mantê-lo cheio. Outros dizem que ela desapareceu quando foi atingida por seu dono e voltou para o Outro Mundo.

glaistig *Escocesa*
Um demônio fêmea. Diz-se que esse ser aparecia ou como uma bela mulher, metade mulher, metade cabra, ou como uma bruxa em forma de cabra, ou uma pequena mulher vestida de verde.

glaistyn *Manesa*
= *Escocesa* kelpie
Um cavalo-marinho que às vezes aparece como um belo jovem.

Glastonbury *Britânica*
Uma cidade em Somerset, Inglaterra, conhecido por ser o lugar para o qual José de Arimateia trouxe o Santo Graal no ano 63. Alguns q identificam como Avalon.

Glauce *Grega*
Filha de Creonte, rei de Tebas. Quando Jasão se divorciou da feiticeira Medeia, ele se casou com Glauce, mas Medeia não matou apenas Glauce, mas todos os convidados, colocando fogo no palácio. Só Jasão escapou.

Glauco[1] *Grega*
Filho do rei Minos e de Pasífae. Quando menino, Glauco foi afogado em um grande pote de mel, seu pai ordenou que a vidente Polyeidus, que o encontrou, fosse trancada no armazém com o garoto morto. Lá Polyeidus matou uma cobra quando ela se aproximou do corpo, mas uma segunda cobra tinha uma erva na boca, com a qual ela reanimou a companheira morta. A vidente então usou a mesma erva para trazer Glauco de volta à vida. Alguns dizem que foi Asclépio, o deus da cura, que restaurou a vida do menino.
   Minos fez Polyeidus ensinar a Glauco as artes da profecia que ele fez, mas, ao sair de Creta, mandou o menino cuspir em sua boca, tirando assim tudo o que ele tinha aprendido.

Glauco² *Grega*
Um deus do mar; talvez um filho do deus do mar, Poseidon.
 Ele era um pescador que caiu de amores pela ninfa Scylla. Ela o desprezou, e Circe, que também amava Glauco, a transformou em um monstro que naufragou navios e destruiu marinheiros. Glauco foi transformado em um deus do mar.
 Em uma outra versão da história, os peixes que ele pescou comeram a grama sobre a qual ele os tirou da rede e depois mergulharam de volta ao mar. Glauco comeu um pouco da grama e sentiu um irresistível desejo de segui-los. Ele entrou no mar e se tornou um deus marinho, protegendo os pescadores.

Gleipnir *Nórdica*
A corda mágica que prendia o lobo Fenris. Quando ele se libertou das correntes em duas ocasiões, os deuses receberam uma corda especial feita pelos anões que não podia ser rompida, mesmo sendo feita de materiais tão insubstanciais como o passo de um gato, a barba de uma mulher e a voz de um peixe. Outros incluem o miado de um gato, os músculos de um urso, a saliva de um pássaro e a raiz de uma montanha.

Glenthorne *Britânica*
Um local na costa da Cornualha, Inglaterra. Na história que diz que José de Arimateia trouxe o jovem Jesus à Grã-Bretanha, dizia-se que eles vieram a terra em busca de água. Quando não encontraram, Jesus fez aparecer uma nascente, uma fonte que nunca secou.

gLing-chos *Tibetana*
Os mitos dos primeiros tibetanos a respeito do mundo conhecido como gLing. Este mundo tinha três (ou quatro) reinos, cada um com sua própria cor. No topo, havia o céu, sTang-lha, que era branco; depois vinha o lar vermelho dos humanos, Barbtsan; abaixo vinha geralmente o mundo inferior azul, conhecido como Yog-klu. O quarto reino, que aparece em alguns relatos, era o mundo negro ou violeta, dos demônios conhecidos como bDud.

Glipsa *Norte-americana*
Uma garota navajo que foi raptada por Urso e Cobra. Ela e sua irmã foram capturadas em sua aldeia submarina e ela se acasalou com um de seus captores, Cobra, que apareceu como um jovem belo e valente. Mais tarde, ela escapou, mas o rapaz apareceu mais uma vez nessa forma e eles voltaram. O jovem lhe ensinou muitas coisas, incluindo o Canto Hozoni e eventualmente permitia que ela voltasse para o seu povo. Ao voltar, ela possuía poderes mágicos de cura, que passou a seu irmão.

Glorianda *Europeia*
também Gloriana
Uma fada. Nas histórias de Carlos Magno, diz-se que ela era a mãe de Oberon com Júlio César. Na poesia de Spenser, ela é filha de Oberon e rainha das fadas, por quem Artur, antes de se tornar rei, se apaixonou.

Gluskap *Norte-americana*
também Glooscap, Grande Lebre
= *Algonquino* Manabozho; *Fox* Wisaka; *Iroquês* Ioskeha; *Menomini* Manabush: *Montagnais* Messou
Um deus criador do povo Abnaki. Ele criou a terra e a humanidade a partir do corpo de sua mãe enquanto seu irmão, Malsum, criou todas as coisas inconvenientes. Ele então matou todos os gigantes e os seres maus, como bruxas e feiticeiros, livrando a terra do espírito maligno, Pamola. Um gigante, Win-pe, tornou-se mais alto que um pinheiro, mas Gluskap cresceu até

chegar ao céu e depois matou o gigante com um golpe de seu arco. O único que não se sentiu afetado pelo poder do deus foi o bebê Wasis, que apenas gorgolejou para ele.

Em outra história, Gluskap venceu a Jug Woman, um demônio maligno, e matou o monstro enorme que estava bloqueando um riacho do qual uma tribo dependia e depois o apertou com tanta força que se tornou um sapo-boi.

Malsum matou Gluskap com a pena de uma coruja, a única coisa que podia machucá-lo, mas Gluskap voltou à vida e matou Malsum com uma planta. Malsum então voltou como um lobo maligno, Lox.

Os seguidores do demônio Malsum, os Kewawkqu' tentaram vingar a morte de seu líder e Gluskap teve que travar uma guerra contra essas forças do mal e os Medecolin, que eram feiticeiros, derrotando-o finalmente. Quando seu trabalho foi feito, ele deu um grande banquete para todos os animais nas margens do Lago Minas, e depois navegou em sua canoa. Quando ele se foi, os animais, que antes falavam todos a mesma língua, de repente descobriram que cada espécie agora falava uma língua diferente.

Ele era uma divindade benevolente, vista como um coelho, e atendeu a pedidos razoáveis feitos a ele por humanos, mas aqueles que pediram a imortalidade foram transformados em pedras ou árvores.

Espera-se que ele retorne como salvador de seu povo.

gNod-sByin *Tibetana*
Demônios negros. Esses seres, armados com arcos e flechas, foram precursores da raça humana. Depois veio o bDud.

'gong-po *Tibetana*
Primeiros ancestrais da raça: trabalhadores milagrosos. (*Veja também **klu, rGyal-po**.*)

gnomo
Um goblin ou espírito; um espírito elemental da terra. Diz-se que esses seres podem se mover à vontade pela Terra, como um peixe que se move pela água.

gnomos *Nórdica*
Seres criados a partir das larvas que cresciam na carne de Ymir, o gigante morto.

Esses seres foram banidos para o seu próprio reino, Svartalfheim, sob a terra, onde extraíam e acumulavam pedras e metais preciosos. Se fossem expostos à luz do dia, eles se transformavam em pedras, a menos que estivessem usando o Tarnkappe, um gorro vermelho. Seu governante era Volund.

Dizia-se que eles tinham a pele escura, olhos verdes e barbas longas. Suas pernas curtas terminavam em pés de galinha.

Em alguns relatos eles são o mesmo que os elfos; em outras, são seres distintos.

Gobaka *Chinesa*
Um dos Dezoito Lohan. Ele é retratado com um leque ou um livro na mão.

goblin
Um espírito assustador ou gnomo. Essas criaturas maldosas eram consideradas seres pequenos e grotescos na aparência e muito dados a causar danos na casa durante a noite.

Goblin-aranha *Japonesa*
Um duende maligno. Quando o herói guerreiro Raiko estava doente, esse duende vinha até ele todas as noites em forma de menino, e lhe dava remédios que só serviam para piorar sua condição. Quando Raiko o golpeou com sua espada,

o duende o enredou em uma grande teia. Raiko se cortou e matou o duende que encontrou escondido em uma caverna.

Outra versão tem o goblin aparecendo para Raiko e seu servo, Tsunna, primeiro sob a forma de uma anciã e depois como uma linda donzela. Mais uma vez o duende foi ferido, preso a Raiko em uma teia e foi morto quando Raiko escapou.

Quando Raiko cortou a cabeça do goblin, centenas de crânios surgiram de uma ferida em seu estômago.

Godheim *Nórdica*
Casa dos deuses: local da cidade, Asgard; céu.

Gog e Magog *Britânica*
Os últimos sobreviventes de uma raça de gigantes. Esses gigantes foram capturados por Brutus, líder de um grupo de troianos e Corineus, filho de Hércules, e mantidos como porteiros do palácio real. Em uma história alternativa, eles eram o gigante Gogmagog, que Corineus atirou do penhasco para a morte.

Uma outra história os descreve como raças aprisionadas atrás de uma cadeia de montanhas por Alexandre, o Grande, que construiu um portão metálico para impedi-los de fugir. Outro relatam como eles atacaram o rei Artur, mas ele os derrotou com a ajuda de Gargântua, que empunhava uma maça de 18 metros.

Nos escritos apocalípticos, Gog e Magog são assistentes do Demônio.

Gogmagog *Britânica*
Um gigante pré-celta. Ele é representado por uma figura talhada no giz de South Downs, o local dos ritos de fertilidade. Alguns dizem que ele se transformou em uma colina quando uma ninfa, Granta, rejeitou seu amor.
(*Veja também* **Gog e Magog**.)

Gohone *Norte-americana*
O espírito iroquês do inverno.

Goin *Australiana*
Um espírito do mal que, diz-se, tem as garras de uma águia nas pernas, como as de um crocodilo.

Gokuraku-Jodo *Japonesa*
= *Chinesa* Hsi T'ien
O paraíso budista, lar de Amida. (*Veja também* **Terra Pura, Sukhavati**.)

golem *Hebraica*
Uma imagem trazida à vida; um servo autômato. Diz-se que Reb Low, um rabino polonês do século XVI, criou um ser artificial que funcionava sem parar quando uma placa era inserida sob sua língua, mas descansava quando a placa (que levava o nome de Deus) era removida para o Sabbath. Quando o proprietário esquecia de remover a placa, o autômato se desintegrava.

golfinho
(1) Na Grécia, o golfinho era sagrado para o deus Apolo.
Este animal também é considerado um emblema da deusa Afrodite e do deus do mar, Poseidon, e era cavalgado pelas Nereidas.
(2) Na Mesopotâmia, o golfinho foi o animal do deus do mar, Ea, ou de Oannes, o deus da sabedoria.
(3) Alguns tribos nativas americanas consideram o golfinho como uma encarnação do Grande Espírito.
(4) Na mitologia romana, esses animais são cavalgados por cupidos e conduzem as almas dos mortos para o mundo inferior.
(5) Na América do Sul, algumas tribos acreditam que o golfinho pode assumir a forma humana à noite.

Golpe Doloroso
veja **Pancada Dolorosa**

Gonamati *Budista*
Um dos Dezoito Lohan. Um discípulo muito sábio de Buda. Ele é retratado sentado sob uma árvore.

Gonaqade't *Norte-americana*
Um deus do mar do povo chilkat. Ele pode aparecer como uma canoa, um peixe ou uma casa se erguendo das águas. É descrito como tendo tanto braços quanto nadadeiras.

Gonzuole *Africana*
Na tradição da Libéria, a primeira mulher. Embora vivesse sozinha na terra, ela importunou muitas meninas. Em alguns relatos, ela foi capturado por um cacique, Utompe.

Goomblegubbon *Australiana*
A abetarda personificada. Diz-se que ele pregou uma peça em Dinewan, o emu. Como resultado, a ave perdeu suas asas.

Goon Desert *Britânica*
Irmão do Rei Pescador. Ele matou Espinogee, um cavaleiro, e foi morto pelo filho de Espinogee, Partinal. A espada com a qual Partinal matou Goon Desert estilhaçou e só poderia ser reparada pelo cavaleiro que finalmente encontrasse o Santo Graal.

Goonnear *Australiana*
Uma cobra, a contraparte maligna de Biggarroo. Diz-se que os mortos passam através de seu corpo para o mundo dos espíritos infelizes.

Górdio *Grega*
Rei da Frígia. Górdio começou a vida como camponês, mas foi coroado rei quando, sem querer cumpriu a profecia de um oráculo ao entrar na cidade de Telmissus com seu carro de bois. Os animais estavam amarrados à carroça com o que ficou conhecido como o nó górdio.

Gorgo *veja* **Medusa**

Gorgon *Africana*
Um monstro na Líbia. Essa fera, que vivia de plantas venenosas, tinha o corpo escamoso e cabelos longos sobre o rosto. Se erguesse a cabeça inclinada, sua respiração provocava convulsões em qualquer pessoa que estivesse por perto.

Górgonas *Africana*
Três monstros fêmeas alados e com cabelos de cobra; irmãs das Greias. Um olhar desses monstros, ou pelo menos da Medusa, podia transformar um homem em pedra. Seus nomes eram Euryale, Medusa e Stheno, e só Medusa foi mortal.
Elas viviam na Cisthene e eram descritas como tendo cobras no lugar dos cabelos, presas como um javali, barbas, mãos de latão e o traseiro de uma égua.

Gorlagon *Britânica*
O lobo de estimação do rei Artur. Originalmente ele era um mago que foi transformado em lobo por sua esposa. Quando conseguiu a varinha mágica que ela tinha usado, Artur trouxe Gorlagon de volta à forma humana.

Gortigern *Irlandesa*
Um idioma que teria sido falado por todas as raças antes do episódio da Torre de Babel.

Goshye-e *Sul-americana*
O rei dos gigantes. Na tradição do povo patagônico, esse gigante foi morto pelo herói da cultura, Ellal, que se transformou em uma mosquinha e envenenou Goshye-e com sua picada.

Goswhit *Britânica*
O capacete do rei Artur.

Götterdämmerung *Germânica*
também Crepúsculo dos Deuses
O nome germânico para Ragnarok.

Graal *veja* **Santo Graal**

Graças, As *Britânica*
Deusas da aurora, filhas de Zeus ou Dioniso com Afrodite ou Eurínome. Essas

três, assistentes de Afrodite e Eros, eram Aglaé (Esplendor), Eufrosina (Alegria) e Talia (Contentamento).

Originalmente, havia duas, Auxe e Hegemone, adoradas em Atenas e duas, Cleta e Phaemma, adoradas em Esparta. Outras partes da Grécia adoravam três – Aglaé, Pasithea e Peitho. Outra, Cale, é, às vezes, citada como parte desse trio.

gralha-de-bico-vermelho   *Britânica*
A ave na qual se dizia que a alma do rei Artur morava. Outros relatos afirmam que era um papagaio-do-mar ou um corvo.

Grama de Circe   *Grega*
A planta (mandrágora) que, diz-se, Circe usava para transformar os homens em animais.

Grande Águia   *Norte-americana*
Um espírito da água da tribo pima. Ele foi um inimigo do Criador da Terra e se alimentava dos humanos criados por ele. Quando ele enviou o dilúvio para destruir o mundo, só Szeuka sobreviveu. Esse filho do Criador da Terra lutou e matou a Grande Águia e restaurou a raça humana.

Grande Aranha   *Australiana*
Um divindade celestial dos aborígenes.

Grande Avô *veja* **Corvo**[1]

Grande Awabi   *Japonesa*
também Awabi
Um deus do mar em forma de uma enorme concha de abalone. Quando o pescador Kansuke veio investigar uma luz brilhante saindo do mar, caiu na água e afundou. Seu filho, Matakichi, não conseguiu encontrá-lo; ele tinha sido comido pelo Grande Awabi. Matakichi se tornou discípulo de um sacerdote e, juntos, rezaram pela alma de Kansuke, ao que o espírito do Grande Awabi apareceu para o sacerdote, confessou o que havia acontecido e depois se matou, dando instruções para que a enorme pérola que havia dentro dele fosse dada a Matakichi.

Grande Cabeça   *Norte-americana*
Um deus da tempestade do povo seneca. Ele era visto como uma grande cabeça transportada sobre duas pernas e dizia-se que vivia em blocos de bordo.

Ele ajudou um jovem seneca a matar a bruxa que tinha matado seus nove irmãos, mas, em seguida, quando ele passou por uma tempestade, trouxe os irmãos mortos de volta à vida.

Grande Canoa   *Norte-americana*
Uma barreira que o herói Mandan, o Homem Solitário, construiu para salvar seu povo do Dilúvio.

Grande Começo, o *veja* **T'ai Shih**
Grande Corvo *veja* **Quikinna'qu**
Grande Deusa
Um nome dado a uma importante (às vezes suprema), deusa em várias culturas.

Esse nome é usado para divindades como Dorje, Hera, Juno, Mahadevi, e Neith. Em algumas tribos sul-americanas, diz-se que a Grande Deusa se acasalou com cães e espíritos de cachorros produzidos.

Grande Espírito   *Norte-americana*
Um nome usado para a divindade suprema ou o deus criador de muitas tribos. Esse nome é usado para divindades como: Gitchi Manitou, Ketchimanetowa, Kisha Manido, Kitshi Manitou, Maho Penehkeka, Maiyun, Shilup Chito Osh, Sibu, Atius-Tirawa e Wakan Tanka.

Grande Falcão   *Norte-americana*
Uma ave que ajudou os navajo a alcançar o mundo superior. Dizia-se que o Grande Falcão fez uma pequena abertura no céu por onde os navajo conseguiram escapar depois de ter sido ampliada por Locust.

Grande Lebre *Norte-americana*
também Cottontail, Lebre, Coelho
Um deus trapaceiro. Essa divindade aparece na tradição de várias tribos algonquinas com nomes como Gluskap, Manabush, Manabozho, Messou, Michabo, Nanabozho e Wabus.

Grande Mãe
Um nome usado em várias culturas para uma (mãe) deusa.

Esse nome é usado para divindades como: Ama-arhus, Cibele, Damkina, Hathor, Ísis, Magna Mater, Nekhbet, Nina e Tiamat. Os acadianos a conheciam como Ishtar; os armênios como Anahit; os babilônios como Mylitta, Nina ou Tasmetu; os canaanitas como Anaitis; para os cilicianos, ela era Ate ou Ateh; para os gregos, Afrodite ou Ma; para os fenícios, Astarte ou Bau; para os romanos, Vênus e, para os sumérios, ela era Baba, Mai ou Mamitu.

Na Austrália, a Grande Mãe é uma deusa primitiva dos aborígenes que repetidamente engolia e regurgitava homens jovens.

Grande Mãe Tartaruga *Norte-americana*
Na tradição dos cheyenne, a Tartaruga em cujo casco o criador fez o mundo a partir da lama.

Grande Mãe Terra *Norte-americana*
também Unci
Um espírito criador dos sioux.

Grande Mistério *veja* **Wakan Tanka**

Grande Monad *Chinesa*
Um ser primordial. Essa entidade de dividiu para formar o Yin e o Yang. E os dois se dividem ainda mais para formar quatro divindades que deram origem a Pan-ku, o primeiro homem. (*Veja também* **T'ai I¹**.)

Grande Mudança *veja* **T'ai I¹**

Grande Pai *Australiana*
Um nome para a serpente arco-íris como um criador e deus da fertilidade.

Grande Pássaro-trovão *Norte-americana*
Chefe dos pássaros-trovão. Ele, ao lado de outros três anciãos, era responsável pela guarda do ninho onde estavam os ovos de onde saíram todos os outros pássaros-trovão. Ele era também o guardião do oeste e, dizia-se que era tão grande que poderia comer baleias inteiras.

Grande Primeiro, o *veja* **T'ai Ch'u**

Grande Primordial *veja* **T'ai Su**

Grande Tartaruga *Norte-americana*
Na tradição dos iroqueses, a Tartaruga na qual a Terra se apoiava.

Uma árvore caiu do céu nas águas primordiais, seguida pela bela donzela Awenhai. Os cisnes a salvaram de se afogar e se reportaram à Grande Tartaruga, que ordenou aos pássaros e animais mergulhadores fossem ao local em que a árvore caiu e trouxessem um pouco de terra. Vários animais morreram nessa tentativa, mas o sapo finalmente conseguiu. Essa terra, espalhada nas costas da Grande Tartaruga, cresceu até formar uma ilha suficientemente grande para suportar Awenhai e continuou crescendo até se tornar a Terra atual.

Grande Urso (Ursa Maior)
(1) Na América Central, os mitos astecas consideram a constelação como o deus Tezcatlipoca, em seu aspecto como Ocelotl, caindo do céu para o mar.
(2) Os chineses a chamam de Bushel (= medida do grão), considerada como o trono de Shang-ti e um símbolo da longevidade, ou então Pei-tou ou Ch'i-chiang, considerado como a carruagem do imperador.
(3) Na mitologia grega, era o guardião do universo que nunca dormia, ou uma forma da musa Calisto.

(4) Na tradição hindu, as sete estrelas do arado são os Sete Rishis.
(5) Os inuítes dizem que esse foi um urso verdadeiro que subiu aos céus para escapar dos caçadores que, ao persegui-lo, transformaram-se nas Plêiades.
(6) Os mongóis se referem ao Grande Urso como o deus dos ladrões desde que as seis estrelas originais roubaram uma das Plêiades para fazer as sete.
(7) Na América do Norte, o povo plains se refere ao Grande Urso como Mishe-Mokwa e dizem que ele foi morto por Mudjekeewis, pai de Hiawatha.

Outras tribos dizem que três caçadores seguem o urso e, quando o matarem, o mundo vai chegar ao fim.
(8) Na Sibéria, as sete estrelas são lobos perseguindo os sete cavalos da Ursa Menor. Se pegarem os cavalos, o mundo chegará ao fim. Em algumas versões, os lobos são renas.
(9) Outras histórias têm a Estrela Polar como o caçador e o Grande Urso como um cervo e, mais uma vez, a morte da caça sinaliza o fim do mundo. Há ainda uma outra história que diz que as sete estrelas são sete crânios jogados no céu depois de terem sido usados como copos.

Grande Xamã *Norte-americana*
Um nome para o espírito criador dos cheyenne.

Grande-Fogo-Santo *veja* **Ababinili**

Grande, O *Africana*
O nome do deus criador na história zulu da criação. Ele veio à Terra com o sol e a lua, que colocou no céu, e depois criou as tribos.

Grandes Montanhas Fumegantes *Norte-americana*
Um caçador métis.
(*Veja* **Homem Pequeno**.)

Grandgousier *Britânica*
Um gigante; pai de Gargântua. Dizia-se que o mago Merlin criou esse ser a partir de ossos de baleias e o sangue de Lancelot.

Granta *Britânica*
Uma ninfa. O gigante Gogmagog se apaixonou por ela e, quando foi rejeitado, transformou-se em uma grande montanha.

Graphiel *Hebraica*
Uma das Sete Inteligências, governador do planeta Marte.

Greias *Grega*
também Graeae, Irmãs Cinzas
Irmãs das Górgonas. Essas irmãs, chamadas Dino, Ênio e Pêfredo, viviam do outro lado do oceano e dividiam um olho e um dente entre elas. Perseu capturou esse olho e só o devolveu quando elas lhe deram as orientações, ou o gorro mágico, sapatos e bolsa, de que ele precisava para localizar as Górgonas. Em alguns relatos, dizia-se que ele havia jogado o olho fora, deixando-as cegas.

Grendel *Anglo-Saxã*
Um monstro meio-humano, devorador de homens, que, em alguns relatos, era descendente de Caim, vivia sob um lago e era invulnerável às armas normais. Frequentemente ele invadia o castelo Hrodgar, o rei da Dinamarca, que chamou Beowulf, que o encurralou e eles lutaram. Na luta, Grendel se libertou das garras de Beowulf mas teve o braço arrancado, o que causou um ferimento do qual, mais tarde, ele morreu. Quando a mãe de Grendel tentou vingar a morte do filho, Beowulf a matou e decapitou os dois com uma espada mágica.

grifo[1] *Africana*
também griffon, gryphon
Uma ave monstruosa. Os berberes dizem que o Ormaddu, uma ave enorme,

se acasala com uma loba e gera esse monstro que se divide a mãe quando ela dá à luz.

grifo² *Grega*
também griffon, gryphon
Um monstro com o corpo de um leão e bico e asas de uma águia. Ele protegia um riacho de ouro contra os arimaspos.

Em alguns relatos, suas pernas dianteiras eram as de uma águia; em outros, todos os quatro pés eram os de um leão.

Dizia-se que os grifos faziam ninhos de ouro e punham ovos feitos de ágata.

Ele era considerado como o animal do deus Apolo ou da deusa Nêmesis e, mais tarde, do Império Romano.

grilo
(1) Nas Índias Orientais, diz-se que esse inseto leva os mortos para o mundo inferior.
(2) Para os japoneses, o grilo é um inseto sagrado.
(3) Nas Ilhas do Pacífico, diz-se que só quando os grilos foram trazidos do céu é que o sol se pôs, devido ao seu canto.

Grimhild *Norte-americana*
Ela era a rainha do nibelungos e uma bruxa que podia lançar feitiços e preparar poções mágicas. Ela deu uma dessas poções para Sigurd, quando ele veio para a corte do rei, para fazê-lo esquecer de Brunhild e apaixonar-se por sua própria filha, Gudrun. Ela deu outra poção para seu filho Gunnar, o que lhe permitiu trocar a identidade com Sigurd para que esse último pudesse cortejar Brunhild no lugar de Gunnar.

Mais tarde, quando Gudrun deixou sua filha, Swanhild, para viver com Elf, Atli exigiu uma compensação pela morte de sua irmã Brunhild, levando Grimhild a dar outra poção a Gudrun, que a levou a concordar em se casar com Atli, a quem ela odiava.

Em "A Canção dos Nibelungos", ela aparece como Krimhild.

Grocland *Britânica*
Uma ilha polar, possivelmente a Groenlândia. Dizia-se que o rei Artur conquistou essa ilha onde a população nativa tinha mais de seis metros de altura. Muitos de seus homens (4 mil em alguns relatos) nunca voltaram das expedições ao Polo Norte.

Gromersomer Joure *Britânica*
Um barão ladrão de Cannock Chase.
Ele lançava um enigma aos viajantes e os matava se não respondessem corretamente. Quando o rei Artur se perdeu no Chase e recebeu ajuda do fora-da-lei, este perguntou: "O que as mulheres mais querem?" Uma velhota, que, na realidade, era Ragnell, irmã de Joure, lhe deu a resposta – "Sua própria maneira".

gruagach *Escocesa*
Um monstro, um ogro; um brownie; um espírito doméstico; um mago do outro mundo.

gryphon *veja* grifo¹,²

gShen-Lha-Odkhar *Tibetana*
Um deus criador Bön. Ele desceu do céu Tushita sob a forma de uma ave azul e renasceu na terra da axila direita de sua mãe. Ele então aprendeu a arte da magia e era capaz de manipular corpos para que um se tornasse vários ou vários unidos formassem um só.

gShen-Rabs *Tibetana*
O deus supremo no panteão Bön.

Guabonito *Caribenha*
Uma deusa do mar. Ela foi resgatada do mar por Guagugiana e ensinou-lhe as artes da medicina e da fabricação de colares.

Guagugiana *Caribenha*
Um herói da cultura dos tainos.
   Quando o sentinela Marocael foi transformado em pedra pelos raios do sol, os habitantes das cavernas conhecidas como Amaiaua e Cacibagiagua escaparam, e Guagugiana foi um dos primeiros após enviar seu servo, Giadruvava, que também se tornou pedra, Guagugiana conduziu todas as mulheres para fora das cavernas e deixou-as em uma ilha enquanto ele prosseguiu sua viagem levando as crianças consigo. Quando deixou as crianças, elas foram transformadas em anões ou, dizem alguns, em sapos. Mais tarde, ele aprendeu as artes da medicina e da confecção de rendas com a deusa Guabonito, que ele resgatou do mar.
   Em algumas histórias, ele foi transformado pelo sol em um pássaro; em outras, esse foi o destino de seu servo Giadruvava.

Guallipen *Sul-americana*
No Chile, um animal fantástico em forma de uma ovelha com a cabeça de um bezerro: um monstro anfíbio. Uma descrição alternativa desse monstro diz que ele foi o resultado do acasalamento de um touro com uma ovelha, e é muito feio, tem cascos retorcidos. Diz-se que ela vai se acasalar com ovelhas ou vacas, mas a prole de tais uniões provavelmente será deformada, assim como os filhos de qualquer mulher que ouve ou vê, ou sonha com o monstro quando está grávida.

Guamansuri *Centro-americana*
O primeiro mortal na tradição dos incas. Ele seduziu a irmã de Guachimines que o matou para se vingar. Os gêmeos Apocatequil e Piguerao foram resultado da união e, depois que eles nasceram, Guachimines também matou a mãe deles.

Guarani *Sul-americana*
Um herói ancestral. Ele foi um dos quatro irmãos que sobreviveu ao Dilúvio e se tornou ancestral da tribo guarani.

Guayacan *Sul-americana*
Na tradição dos incas, um lago primordial. Acredita-se que o céu descansava sobre quatro pilares que se erguiam desse lago.

Guddana *Mesopotâmica*
Um monstro sumério. Esse touro celestial, que causou sete amos de seca, foi morto por Gilgamesh.

Gudratrigakwitl *Norte-americana*
também Velho Homem Acima
O deus criador do povo wiyot.
   Ele criou o mundo abrindo suas mãos e poderia, se escolhesse, acabar com isso batendo palmas.

Guecubu *Sul-americana*
Um espírito maligno do povo araucano. Ele foi responsável por todos os males que afetaram a humanidade e está destinado a destruir a terra com um dilúvio. Alguns dizem que ele tem um aspecto benevolente na forma de um deus da vegetação, Akakanet, mas outros dizem que eles são seres separados, irmãos que representam o bem e o mal.
   Em outra história, ele mandou um dilúvio, mas o deus Guenu-Pillan levantou as montanhas, salvando assim alguns animais e seres humanos.
   Em algumas versões, Guecubu é usado como um termo genérico para todos os demônios.

Guédé[1] *Caribenha*
O primeiro homem a morrer, na tradição vodu haitiana.

guédé[2] *Caribenha*
Um espírito da morte na tradição vodu haitiana. Diz-se que esses espíritos podem se apossar de seres humanos.

Guenu-Pillan *Sul-americana*
Um nome do deus araucano Menechen como "espírito do céu". Nesse papel, ele salvou alguns seres humanos e animais quando Guecubu enviou uma enchente, elevando a altura das montanhas.

Guerra de Troia *Grega*
Uma guerra entre os gregos e os troianos, uma luta de dez anos precipitada pelo rapto da grega Helena, esposa do rei Menelau, por Páris, filho de Príamo, rei de Troia.

A batalha se alastrou para frente e para trás fora dos inexpugnáveis muros da cidade, construídos por Apolo e Poseidon, com grandes heróis em ambos os lados sendo mortos.

O traidor do lado grego foi Odisseu e foi ele que definitivamente concebeu o plano que levou à queda de Tróia. Ele tinha um carpinteiro habilidoso, Epeu, que construiu um imenso cavalo de madeira oco por dentro, onde ele, Pirro e alguns outros puderam se esconder. O cavalo foi deixado do lado de fora dos portões de Tróia à noite e o exército grego embarcou e navegou sem ser visto. Os troianos foram persuadidos a transportar o cavalo até Tróia, demolindo parte dos muros da cidade para permitir sua entrada. Na noite seguinte, os ocupantes desceram e abriram os portões para o exército cruzar a cidade sob a escuridão.

A cidade foi saqueada e incendiada, quase todos os homens foram massacrados e as mulheres, levadas como escravas e concubinas. Afrodite garantiu que Eneias escapasse com seu pai e seu filho, e Helena fosse devolvida a Menelau.

guffitar *Báltica*
= *Nórdica* govetter
Espíritos anões lapões da floresta ou vivendo nos subterrâneos.

Guinevere *Britânica*
Filha do rei Leodegrance; esposa do rei Artur.

Em alguns relatos ela era considerada uma deusa trina, enquanto outros dizem que havia duas Guineveres, uma boa e outra má, a última sendo capaz de assumir o lugar da boa Guinevere para fazer o mal. Launfal, um cavaleiro da corte do rei Artur, foi o único homem que percebeu que a falsa Guinevere havia tomado o lugar da verdadeira na festa de casamento, quando ela se casou com o rei Artur.

Guinevere trouxe a Távola Redonda como parte de seu dote quando se casou com o rei Artur.

Na versão galesa da história, uma vez ela foi raptada por Melwas, rei de Somerset, mas Artur logo a resgatou. Na versão britânica, ela e dez de seus cavaleiros foram capturados por Meliagaunt (filho do rei Bagdemagus de Gore), que a amava de longe, e a aprisionou em seu castelo. Quando Lancelot cavalgou em seu auxílio, Meleagant implorou por misericórdia e a rainha o perdoou. Nessa noite, ela dormiu com Lancelot, com quem teve um longo caso, e ele manchou os lençóis com o sangue de um ferimento sofrido na mão, quando forçou as grades da janela. Meleagant acusou Guinevere de ser infiel ao rei ao dormir com um de seus dez cavaleiros, muitos dos quais tinham sido feridos quando ele os capturou. A rainha foi salva da fogueira por Lancelot, que escapou de uma armadilha preparada por Meleagant, e o matou em um confronto, apesar de estar com uma das mãos amarrada para trás.

O caso com Lancelot foi retomado quando a busca ao Graal terminou, mas, quando ele tentou se distanciar,

Guinevere ficou com raiva e o baniu da corte. Quando ela deu um jantar para vinte e quatro de seus cavaleiros, foi acusada por Mador de matar a prima dele, Patrise, que comeu uma maçã envenenada por Pinel, destinada a Gawain. Ela seria queimada na fogueira, a menos que sua inocência pudesse ser provada em um combate, e o rei ordenou a Bors que lutasse com Mador em nome dela. No último minuto, Lancelot assumiu o lugar de Bors e derrotou Mador, que então aceitou que a rainha era inocente.

Quando Artur partiu para uma caçada, ela foi pega na cama com Lancelot, por Mordred e Agravain, que entregaram seu caso com Lancelot ao rei. Ele deu ordens a Gawain para queimá-la na fogueira, mas ele se recusou a fazer isso. Os irmãos de Gawain, Gaheris e Gareth, tiveram que obedecer ao rei mas, quando a rainha foi levada à pira, Lancelot investiu contra a multidão e a resgatou, matando Gaheris e Gareth e muitos outros. Lancelot a levou para Joyous Gard e Artur atacou o castelo para recuperá-la. O conflito só terminou quando o Papa interveio e Guinevere foi devolvida a Artur, que se empenhou com sua segurança. Lancelot e muitos de seus seguidores foram para suas fazendas na França onde, mais tarde, foram encontrados pelo exército de Artur, com intenção de vingança. Mordred ficou no comando do país e logo manifestou interesse por Guinevere. Em algumas histórias, ela se tornou sua amante; em outras, teve uma forma de casamento com ele; e em outras versões dizem que ela simplesmente fingiu ceder e depois o deixou, fechando-se na Torre de Londres.

Na morte de Artur, Guinevere foi para um convento em Amesbury e se recusou a partir apesar dos apelos de Lancelot para voltar com ele para a França. Ela morreu no convento pouco tempo depois.

Alguns relatos dizem que Artur teve três esposas, todas chamadas Guinevere.

Guli *Africana*

Um caçador de Hottentot que matou Sunram. Ele atirou no carneiro e cortou parte da carne. Quando descobriu que todas as fontes de água tinham secado, ele substituiu a carne e rezou. O deus ressuscitou e o abastecimento de água foi restaurado.

Gullinbursti *Nórdica*

Um javali com o couro dourado que puxava o carro de Frey. Esse animal maravilhoso foi feito por Sindi e apresentado a Frey por Brock. (*Veja também* ***Slidrugtanni***.)

Gullinkambi *Nórdica*

O galo "Pente de Ouro" que vai acordar os deuses no Ragnarok. Essa ave senta em um galho alto da grande árvore, Yggdrasil.

Gunarhnsengyet *Norte-americana*

Um caçador da baleia-assassina, Gunarh. Quando sua mulher foi capturada pela baleia, Gunarhnsengyet mergulhou para o fundo do oceano onde encontrou o povo cormorão, que era cego.

Como recompensa por abrir seus olhos para que pudessem ver, eles disseram onde encontrar sua esposa. Fora da casa de Gunarh, Gunarhnsengyet encontrou um lenhador e reparou a cunha que ele usava para rachar toras. O lenhador ajudou, levando baldes de água para dentro da casa que, quando jogada nas pedras quentes da lareira, formaram tanto vapor que a esposa de Gunarhnsengyet conseguiu escapar. Para impedir que as baleias assassinas o seguissem, Gunarhnsengyet soprou uma poção mágica sobre Gunarh, que inchou tanto que bloqueou a porta, evitando que as outras saíssem.

Gungnir *Nórdica*
A lança do deus Odin. Em alguns relatos, essa arma maravilhosa foi feita pelo anão Dvalin e apresentada a Odin por Loki; em outros, o próprio Odin a modelou a partir de um galho da árvore Yggdrasil e a lâmina foi posteriormente adicionada pelos anões. Quando lançada, ela tinha o poder de determinar o resultado da batalha pela direção de seu voo. Alguns relatos referem-se a ela como espada de Odin.

Gusayn *Europeia*
Um demônio, um dos 72 Espíritos de Salomão. Diz-se que ele conhecia o passado e o futuro e tinha o poder de reconciliar inimigos.

Gwen *Britânica*
também Manto da Invisibilidade
Uma capa ou véu do rei Artur. Essa peça do vestuário que, segundo se dizia, tornava o usuário invisível, só podia ser usada por mulheres fiéis a seus maridos, o que excluía Guinevere.

Gwlad Yr Haf *Galesa*
O outro mundo, uma terra de verão de onde vieram os humanos.

Gwrhyr Gwalstawt *Britânica*
Um guerreiro na corte do rei Artur. Dizia-se que ele era capaz de falar com as aves e com os animais e foi mandado como acompanhante a Culhwch na sua busca pela mão de Olwen.

Em alguns relatos, ele foi um mago e podia se transformar em uma ave; outros dizem que ele foi um Cavaleiro da Távola Redonda.

gwyllion *Galesa*
Espíritos maliciosos ou fadas cruéis. Diz-se que esses espíritos aparecem sob a forma de mulheres feias, à vezes vistas como cabras.

gytrash *Britânica*
Um fantasma que assombrava os caminhos, o espírito de um cavalo, mula ou cachorro.

H

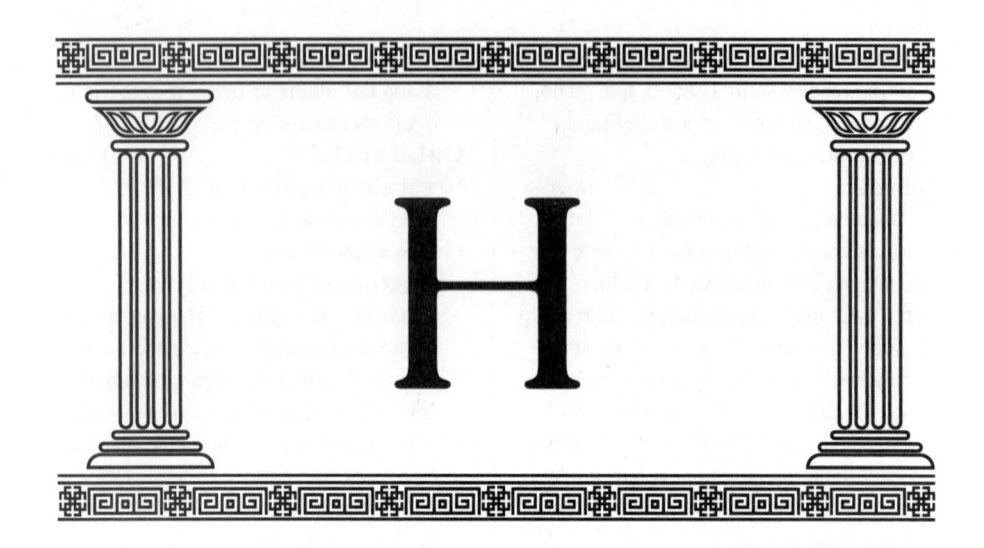

H *Centro-americana*
Uma divindade maia de identidade incerta, chamada de Deusa H (*veja* ***deuses alfabéticos***). Essa divindade parece ser conectada com a serpente.

ha *Egípcia*
Uma entidade não dependente do corpo físico, um dos cinco elementos que constituem o ser completo.

Hades^1 *Grega*
também Plutão
= *Egípcia* Serapis; *Nórdica* Ymir; *Romana* Dis (Pater), Dives, Plutão
Deus do mundo inferior, deus da prosperidade; um dos Olímpicos

Ele raptou a filha de Deméter, Coré, e fez dela, como Perséfone, sua esposa e Rainha dos Mortos.

Quando Hércules capturou o cão Cérbero em seu décimo segundo Trabalho, ele feriu Hades, que teve que subir ao monte Olimpo para ser curado por Asclépio, o deus da cura.

Hades usa o capacete da invisibilidade, dado a ele pelos Ciclopes e é descrito como um deus severo com barba e a cabeça coroada, segurando uma chave e um cetro.

Hades^2 *Grega*
Inferno. (*Veja também* **Tártaro**.)

hag *Europeia*
Uma bruxa ou feiticeira má em forma de uma velha feia e enrugada; uma diaba. Diz-se que esses seres cavalgam pessoas, particularmente homens jovens, à noite, de forma que a vítima acorda exausta. Em casos extremos, a pessoa atingida pode morrer. Às vezes, elas não são totalmente malévolas.

Hagenti *Europeia*
Um demônio, um dos 72 Espíritos de Salomão. Diz-se que ele tinha o poder da transmutação e aparecia sob a forma de um touro alado.

Hagiel *Hebraica*
Uma das Sete Inteligências, governador do planeta Vênus.

Hah *Egípcia*
Um deus, eternidade e infinito personificado. Ele é representado com

os braços erguidos, segurando os céus e uma folha de palmeira.

Hahai Wugti *Norte-americana*
também Mulher Aranha

Um espírito do povo hopi. Em alguns relatos, ela assumiu o lugar da mulher aranha navajo, Naste Estsan.

(*Veja também* **Kokyangwuti**.)

Hahness *Norte-americana*

O Pássaro do Trovão dos chinook. Essa ave, um corvo, apareceu pela primeira vez quando Too-lux, o deus do vento sul, abriu uma baleia. Seus ovos foram comidos pela giganta Quoots-hooi e os humanos apareceram desses ovos.

Halfas *Europeia*

Um demônio, um dos 72 Espíritos de Salomão. Diz-se que esse ser provocava guerras e aparecia sob a forma de uma cegonha ou de uma pomba.

Ham *Irlandesa*

Na tradição irlandesa, esse filho de Noé é considerado como um progenitor dos fomoires.

hamadríade *Grega*

Uma ninfa de árvore que vivia ou morria com a árvore da qual ela era responsável. (*Veja também* **dríade**.)

hamsa *Hindu*
também hansa

O transporte do deus Brahma, ou uma manifestação de Brahma; o cisne (ou ganso) como um símbolo do sol; um avatar do deus Vishnu como um ganso.

Dizia-se que, se lhe fosse dada uma mistura de leite e água, essa ave só bebia o leite.

Han Chung-li *Chinesa*

Chefe dos Oito Imortais.

Ele foi um soldado do século I que se tornou um ermitão. Dizia-se que ele tinha descoberto o elixir da vida e o segredo da transmutação em uma caixa que foi revelada quando a parede de rocha de sua caverna se abriu.

Geralmente ele é descrito como um homem gordo segurando um pêssego e um leque.

Han Hsiang-tzu *Chinesa*

Um filósofo do século IX, um dos Oito Imortais.

Ele foi levado a um pessegueiro mágico por seu tutor Lü Ting-pin, mas caiu da árvore, tornando-se imortal. Dizia-se que ele era capaz de fazer flores crescer e desabrochar imediatamente ou produzir plantas com poemas escritos com ouro em suas folhas.

Ele era um flautista que podia encantar os animais e as aves com sua música e, por isso, tornou-se o patrono dos músicos. Seu emblema é uma flauta.

Han-shan Tzu *Chinesa*

Um ermitão e poeta do século VIII; um dos Dezoito Lohan em alguns relatos.

Ele é descrito como um homem feio, vestido de trapos, e vivia em uma caverna. Sua poesia era escrita nas rochas, já que ele não tinha papel. Dizia-se que ele poderia fazer-se tão pequeno, a ponto de se esconder nas fendas.

Hana *Índias Orientais*

Um deus do sol da Nova Guiné. Ele se acasalou com sua irmã Ni para gerar a raça humana e, então, eles se retiraram para o céu onde ele se tornou o sol e a irmã se tornou a lua.

Handsome *Norte-americana*

Uma donzela algonquina. Para a história *Handsome e Elegant*. (*Veja também* **Elegant**.)

Hannya *Japonesa*

Uma ogra que, dizia-se, devorava crianças.

hansa *veja* **hamsa**

Hanuman *Hindu*

Um deus-macaco trapaceiro, uma manifestação do deus Vishnu.

Ele estava no comando das forças que atacaram a fortaleza de Ravana quando o rei-demônio raptou a esposa do deus Rama, Sita, construindo uma ponte da Índia para o Sri Lanka para isso. Quando engolido pelo demônio feminino Surasa, ele cresceu muito para forçar suas mandíbulas a se afastarem e depois encolheu até o tamanho de um dedo e saiu voando por sua orelha. Quando foi capturado por Ravana, cujo filho pôs fogo em sua cauda, Hanuman usou a chama para queimar a fortaleza de Ravana.

Em um relato, Ravana persuadiu seu sobrinho a matar Hanuman, mas o deus-macaco o devolveu para a corte de seu tio no Sri Lanka.

Por sua ajuda, Rama lhe deu o dom da imortalidade e da eterna juventude. Ele podia mudar sua forma à vontade e tinha um bastão que podia se expandir a milhares de quilômetros.

Ele acompanhou Tripitaka e Chu Pa-chieh em sua jornada à Índia e os ajudou a superar os perigos que encontraram no caminho. Em um caso, Tripitaka e Chu Pa-chieh foram presos por mulheres-aranhas que atacaram Hanuman com um enxame de insetos e sua magia venceu a das mulheres-aranha e os prisioneiros foram soltos.

Ele era considerado como um macaco enorme, de cara vermelha e pelo amarelo, e sua cauda tinha vários quilômetros de comprimento. Ele tinha uma mandíbula deformada resultante de um golpe de um dos raios do deus Indra, que quebrou sua mandíbula quando ele tentou comer o sol.

Haokah *Norte-americana*
Um deus do trovão sioux e deus da caça. Ele tinha chifres na cabeça e sua face era dividida ao meio, sendo um lado triste e outro alegre. E usava o vento para bater um enorme tambor para causar trovões.

haoma[1] *Persa*
Uma bebida sagrada feita a partir da videira haoma. A própria árvore, Gaokerena, foi trazida por uma águia ao monte Alburz.

Haoma[2] *Persa*
Um deus-médico zoroastrista, filho do bom deus Ahura Mazda. Ele era a personificação da bebida sagrada feita a partir da videira haoma.

Em alguns relatos, Haoma é fêmea – a lua.

Hapikern *Centro-americana*
Uma serpente cósmica. Algumas das tribos no Yucatan dizem que esse ser maligno finalmente vai superar o deus supremo, Nohochacyum, e o mundo acabará.

Hapy[1] *Egípcia*
Um deus da fertilidade e deus do Nilo; uma divindade andrógina responsável pelas enchentes do Nilo. Ele nasceu quando uma vaca virgem foi engravidada pelos raios da lua ou pelos relâmpagos. E ajudou a trazer o deus Osíris de volta à vida depois de ter siso morto e esquartejado por Set, amamentando-o depois de Ísis ter remontado as peças.

Algumas vezes, ele é descrito como um ganso com duas cabeças e o corpo humano ou com um homem gordo e nu com seios pendurados e o falo ereto, segurando um leque e uma bandeja.

Hapy[2] *Egípcia*
Um deus cabeça de macaco ou cachorro. Ele era guardião do norte e dos pulmões ou, dizem alguns, do intestino delgado e dos mortos.

Hapy[3] *Egípcia*
Um nome para o deus-touro, Ápis, em alguns relatos.

Harpias *Grega*

Monstros fêmeas, parte mulher, parte ave.

Originalmente, havia apenas um ser desses, Podarge, com quem, diz-se, Zeus (ou Zéfiro) foi pai dos cavalos de Aquiles, conhecidos como Balios e Xanthos. Depois, foram acrescentados Aelo e Ocípete. Histórias posteriores os tinham como Aelo, Celeno, Ocípete e Nicote. No início, elas eram consideradas espíritos do ar e, mais tarde, monstros desagradáveis.

Entre outras ações horríveis, elas perseguiram Fineus, o rei cego da Trácia, que ofendeu Zeus pela exatidão de suas profecias, sujando sua comida, até serem perseguidas pelos dois membros alados da tripulação de Jasão, Calais e Zetas. Alguns dizem que nunca mais foram vistas.

Em outra ocasião, elas perseguiram Eneias e seus homens quando eles desembarcaram nas ilhas Estrófades, onde viviam. Nas duas ocasiões, os membros foram salvos da destruição pelos marinheiros furiosos com a intervenção de Íris, a deusa arco-íris e irmã das Harpias.

Elas também carregaram as filhas de Pandareus, rei de Mileto, e as deram às Fúrias como servas.

Elas aparecem nas histórias de Carlos Magno quando perseguiram Senapus, o rei cego da Abissínia, roubando ou sujando sua comida para que ele tivesse morrido de fome se Astolfo não tivesse chegado a tempo de expulsá-las e assim salvar sua vida.

Nos tempos medievais, elas podiam ser representadas de várias maneiras, como centauros alados, e não como mulheres-aves.

Harsafés *Egípcia*

também Hershef, Heryshaf

Um deus da fertilidade; um aspecto do deus Hórus. Diz-se que ele emergiu das águas primordiais e é retratado como um carneiro ou como um humano com cabeça de carneiro. Seus pés descansavam sobre a terra, mas sua cabeça estava no céu, onde seu olho direito era o sol e o olho esquerdo, a lua. Às vezes, ele é retratado com quatro cabeças.

Hasan *Persa*

Um herói de *As Mil e Uma Noites*. Ele ajudou um mago a encontrar a pedra filosofal e, mais tarde, naufragou, chegando a terra firme perto de um palácio. O mago apareceu novamente e Hasan o matou e, em seguida, entrou em uma sala proibida para encontrar dez cisnes-donzelas. Ele roubou o manto de penas de uma das donzelas que depois se tornou sua esposa. Mas, posteriormente, ela recuperou o manto e voou para a Ilha de Wak Wak. Com a ajuda de um gênio, ele encontrou a tal ilha e recuperou sua esposa.

Hastehogan *Norte-americana*

Um deus doméstico dos navajo e deus da agricultura; o deus do milho amarelo.

Hasteyalti *Norte-americana*

Deus supremo dos navajo, o deus do milho branco. Ele e Hastehogan criaram as duas deusas, Estanatlehi e Yolkai Estsan, e as ajudaram a fazer humanos a partir da farinha de milho.

Hathor *Egípcia*

= *Canaanita* Baalat, Tanit; *Grega* Afrodite; *Mesopotâmica* Ishtar.

Uma deusa mãe; deusa do nascimento, da fertilidade, da alegria, do amor, do casamento, da música e do céu.

Originalmente, ela era deusa dos núbios e, às vezes, identificada com

Sakhmet ou com Ísis, posição em que ela segurava a escada por onde os bons mortos poderiam subir ao céu.

Ela amamentou os faraós e saudava as almas que entravam no mundo inferior. Em certa ocasião, sob a forma de Sakhmet, ela foi enviada por Rá, para matar toda a humanidade, mas ela se embriagou com a cerveja vermelha com a qual Rá inundou a terra e esqueceu de cumprir a missão.

Ela foi originalmente retratada como uma leoa, mas depois, como uma vaca (diz-se que seu filho Hórus cortou sua cabeça e a substituiu pela cabeça de uma vaca), usando às vezes um adorno de chifres que envolvia o disco do sol. Em algumas representações, seus quatro membros sustentam o universo.

hati[1] *Egípcia*
O coração corpóreo, distinto do ab, o coração simbólico que é julgado na morte.

Hati[2] *Nórdica*
Um lobo, um dos Varns (lobos) junto com Skoll e, dizem alguns, Managram; descendentes do lobo Fenris e da giganta e deusa do mal Gollweig. Esses dois, ou três, lobos perseguiram o sol e a lua, tentando engoli-los. Quando conseguiram caçar os corpos celestes, eles os engoliram, provocando um eclipse. Em Ragnarok, eles finalmente devoraram o sol e a lua. Eles foram alimentados com a medula dos ossos de criminosos mortos.

hatifa *Persa*
masculino hatif; *plural* hawatif
Um tipo de gênio que pode ouvir, mas não pode ver, uma voz no deserto. A voz pode soar como uma donzela em apuros pedindo ajuda e o viajante que segue seu som pode ficar perdido. Em alguns casos, ele pode ser levado a um oásis onde aquela que chama aparece sob a forma humana e o viajante, esquecendo aonde estava indo, fica com ela.

Hebe *Grega*
Deusa da juventude; copeira dos deuses; filha de Zeus e Hera; esposa de Hércules.

Ela teve que renunciar ao seu posto quando derramou vinho em um banquete importante. Ela foi substituída por Ganimedes.

Depois que Hércules foi deificado, Hebe se casou com ele e tiveram dois filhos, Alexiares e Anicetos.

Hebron *Britânica*
também Rico Pescador
Ele recebeu do irmão de sua esposa, José de Arimateia, o Santo Graal.

Alguns dizem que ele era avô de Percival e tornou-se o Rico Pescador, que foi curado de suas feridas e levado ao céu pelos anjos.

Hécate[1] *Grega*
A deusa das trevas, da fertilidade, da lua, das ruas, do mundo inferior e da bruxaria, com três cabeças ou três corpos; uma deusa Titã. Em alguns relatos, ela é a deusa Ártemis na Terra, e Perséfone carregando uma tocha no mundo inferior. Outros dizem que ela ajudou a deusa do milho, Deméter, na busca por sua filha Coré (Perséfone) no mundo inferior.

O triplo aspecto de sua natureza é representado por Ártemis, Hécate e Selene, mas ela é identificada de outra forma com outras deusas, como Cybele, Deméter e Reia.

Ela é retratada com seis braços, três ou quatro corpos e as cabeças de um cachorro, um cavalo e um leão.

Hécate[2] *Romana*
Um nome para Diana como deusa da morte e do mundo inferior.

Hector de Marys *veja* **Ector**[2]

Hécuba *Grega*
Segunda esposa de Príamo, rei de Troia; mãe de Cassandra, Heitor, Páris, Polidoro e outros (diz-se que ela teve dezenove filhos com Príamo).
 Por segurança, ela mandou Polidoro para Polimestor, rei da Trácia, quando os gregos atacaram Troia, mas o rei matou seu filho, pelo tesouro que ele carregava.
 Ela foi levada cativa pelos gregos na queda de Troia e entregue a Odisseu. Quando soube o que tinha acontecido com seu filho, arrancou os olhos de Polimestor e matou seus dois filhos. Para escapar da ira dos súditos do rei, ela se transformou em uma cadela, Maera, e pulou no mar.

Hedley kow *Britânica*
Um espírito maroto. Diz-se que esses espíritos aparecem como um imutável fardo de feno ou um cavalo, que não pode ser contido pelos arreios.

Heduru *Índias Orientais*
Um deus do céu da Nova Guiné. Esse deus existia na época em que o céu era muito próximo da terra, à qual ele estava conectado por uma escada de corda. Hederu muitas vezes desceu à Terra para cuidar das crianças, dos que estavam trabalhando, mas começou a roubar crianças, levando-as de volta para o céu com ele, para que as pessoas cortassem a escada, o que acabou fazendo com que os céus recuassem para sua posição atual.

Hefesto *Grega*
também Hephaistos
= *Romana* Vulcano
Deus do fogo, um deus ferreiro; um dos Olímpicos; filho de Zeus e Hera ou só de Hera; irmão de Hebe e Ares.
 Ele era um menino fraco e feio e pode ter nascido coxo, o que levou sua mãe a expulsá-lo para o Monte Olimpo. Em outro relato, ele foi derrubado por Zeus quando ousou criticá-lo pelo tratamento cruel que dispensava a Hera. Se era coxo antes ou não, ele certamente ficou coxo depois por ter quebrado as pernas em uma queda. Na primeira versão, ele caiu no mar e foi resgatado pela ninfa Téstis e Eurínome (a deusa Ártemis); na segunda, ele caiu em Lemnos. Ele andava com o auxílio de uma bengala dourada que, dizem, tinha a forma das servas que o ampararam. Ele fez um trono dourado que prendia qualquer um que se sentasse nele e o enviou para Hera. Após o fracasso de Hermes, Dioniso persuadiu Hefesto a retornar ao Olimpo e libertá-la, após o que ele recuperou a atenção dos pais. Alguns dizem que ele só libertou Hera quando lhe prometeram Afrodite como esposa. Ele logo voltou à sua forja e fez palácios de ouro para casa um dos deuses e os raios que Zeus usava como armas pessoais. Entre suas outras obras estavam Talos, o guardião de bronze de Creta, um mastim dourado para Reia para guardar o bebê Zeus, o lindo colar de Harmonia, os touros de Aetes, rei da Cólquida, e a cesta dourada usada pela deusa Coré para colher flores. Alguns dizem que ele também criou Pandora.
 Em alguns relatos ele se casou com Aglaia, uma das Graças, ou Charis; outros dizem que ele se casou com a deusa Afrodite. Nessa última história, ele pegou Afrodite na cama com o deus da guerra Ares e prendeu ambos em uma rede de malha de metal muito fino, permitindo que todos os espectadores vissem a vergonha dela. Foi ele que abriu a cabeça de Zeus com seu machado para permitir o nascimento da deusa Atena, totalmente armada e vestida com uma armadura.
 Seu símbolo era o martelo.

Heimdall *Nórdica*

Um semideus gigante, deus da aurora; guardião de Bifrost, a ponte do arco-íris; filho do deus Odin, com nove donzelas (suas mães, todas gigantes, deram à luz o bebê, simultaneamente, e o criaram com o calor do sol, a umidade do mar e a força da terra). Outro relato diz que sua mãe era Angey.

Dizia-se que ele tinha a visão muito aguçada, capaz de ver a mais de 150 quilômetros à noite, de ouvir a grama crescendo e, armado com a brilhante espada Hofud e sua trombeta Giallarhorn, vivia em um palácio conhecido como Himinbiorg, construído sobre a ponte, de onde tinha uma boa vista. Seu trabalho era impedir que os Gigantes Gelados entrassem em Asgard.

Em certa ocasião, ele viu o malicioso deus Loki, na forma de uma pulga (ou mosca), roubar o maravilhoso colar, Brisingamen, da deusa adormecida Freya e, depois de uma luta em que ambos mudaram de forma várias vezes, Heimdall finalmente recuperou o colar e o devolveu a Freya.

Disfarçado de Riger, ele visitou a Terra e se tornou progenitor da raça humana, passando três dias com cada um dos três casais, os empobrecidos Ai e Edda, os abastados Afi e Anima e os riquíssimos Fadir e Modir. Nasceu um filho para cada casal (Thrall, Karl e Jarl respectivamente) e estes se tornaram os precursores da humanidade.

Ele soprou sua trombeta para avisar os deuses da iminente batalha de Ragnarok, mas... era tarde demais. Na luta, ele matou Loki, mas ele mesmo foi morto com os outros deuses.

Ele tinha um cavalo chamado Gulltop e é retratado com uma armadura branca brilhante.

Heinzelmännchen *Germânica*

Anões amigáveis que trabalhavam à noite para ajudar as pessoas.

Heitaro *Japonesa*

Um fazendeiro que se apaixonou tanto por um grande salgueiro que cresceu perto de sua casa, que o espírito da árvore eventualmente aparecia para ele sob a forma de uma donzela chamada Higo. Eles se casaram e tiveram um filho, Chiyodo. Quando o imperador teve o salgueiro cortado para fornecer madeira para um novo templo, Higo gritou de dor enquanto os machados batiam e depois desapareceu para sempre.

Heitor *Grega*

Filho de Príamo e Hécuba; irmão de Páris e outros; marido de Andrômaca; pai de Astíanax.

Ele liderou os troianos na defesa da cidade contra os atacantes gregos, furiosos com a traição de Páris, que carregou Helena, a esposa do rei Menelau, quando se hospedou em sua casa. Ele matou o grande amigo de Aquiles, Pátroclo, que, usando a armadura de Aquiles, tinha mobilizado os gregos para um novo ataque. A morte de seu amigo trouxe Aquiles de volta à ação – ele tinha ficado amuado em sua tenda, recusando-se a lutar, depois de ter caído com o rei Agamenon sobre uma menina cativa. Agora, em nova armadura, feita pelo deus ferreiro Hefesto, ele liderou os gregos em uma nova investida e matou Heitor. Ele amarrou o corpo de Heitor à sua carruagem e deu voltas ao redor das muralhas da cidade. O rei Príamo suplicou pelo corpo de seu filho e foi autorizado à levá-lo para o enterro.

Em alguns relatos franceses, a feiticeira Morgana se apaixonou por ele, mas se voltou contra ele quando ele desprezou suas investidas.

Nas histórias de Carlos Magno, sua armadura e sua espada, Durindana, foram disputadas por vários dos paladinos.

Hel[1] *Nórdica*
Uma deusa parcialmente colorida do mundo inferior, filha do deus Loki e da giganta Angerbode. Ela foi jogada por Odin em Niflheim para governar os nove mundos dos mortos. Ocasionalmente, ela percorria a terra com um cavalo de três pernas, trazendo fome e doenças, concebida metade preta, metade branca.

Em alguns relatos, ela é a líder da Caça Selvagem.

Hel[2] *veja* **Niflheim**

Hel Keplein *Nórdica*
Um manto que produz invisibilidade.

Hel-cake *Nórdica*
Alimento usado para pacificar o cachorro Garm, cão de guarda oficial de Hel.

Hel-gate *Nórdica*
A entrada para Niflheim.

Hel-kappe *veja* **Tarnkappe**

Hel-sko *Nórdica*
"Hel-shoes", sapatos robustos adaptados aos mortos para sua jornada pela acidentada estrada Helveg, que levava a Niflheim.

Helaius *Britânica*
também Helyas
Um ancestral do rei Artur. Ele é considerado como um antigo rei Graal.

Helena *Grega*
também Helena de Troia
Filha de Zeus com Leda ou Nêmesis; esposa do rei Menelau; irmã de Castor, Clitemnestra e Polideuces.

Ela nasceu do acasalamento de Zeus, na forma de um cisne, com Leda ou com Nêmesis, que assumiu a forma de um ganso, para produzir um ovo do qual Helena nasceu.

Quando jovem, Helena foi levada por Pirítoo e Teseu, que tiraram a sorte por ela. Teseu venceu e a mandou para Afidna, que cuidou de Helena até ela atingir a idade para se casar. Ela foi resgatada por Castor e Polideuces quando invadiram a Ática enquanto Teseu estava preso no Tártaro.

Mais tarde, ela se casou com Menelau, rei de Esparta, mas foi raptada por Páris, príncipe de Troia, precipitando a Guerra de Troia. Após a morte de Páris na guerra, ela se casou com seu irmão Deífobo, mas, quando a cidade caiu para os gregos, ela se uniu novamente a Menelau e voltou com ele para a Grécia. Menelau foi um dos que condenaram Orestes até a morte por matar Egisto e Clitemnestra, e Orestes teria matado Helena para punir seu marido se Zeus não tivesse intervindo e levado Helena para o Olimpo como um dos imortais onde ela se tornou, como Castor e Pólux, guardiã dos marinheiros, aparecendo como o fogo de Santo Elmo.

Outra versão diz que, quando Menelau morreu, Helena foi para Rodes, onde foi enforcada por Polyxo, que odiava Helena, porque seu marido havia morrido na Guerra de Troia.

Uma história alternativa diz que, quando o navio de Páris atracou no Egito, o deus do mar, Proteu, levou Helena para a segurança de uma caverna e colocou um espírito idêntico em seu lugar para ser raptada por Páris.

Em alguns relatos, diz-se que ela se casou com Aquiles no Hades e teve um filho, Eufórion.

Helith *Britânica*
Um deus do sol. Dizem alguns que ele é representado por uma figura conhecida como o gigante de Cerne Abbas.

Helius *Grega*
também Helios
= *Egípcia* Rá; *Romana* Sol
Um deus do sol e deus da beleza; irmão de Éos (deusa da aurora) e Selene (a deusa da lua).

Ele conduzia sua carruagem solar pelo céu, de leste a oeste, todos os dias, retornando a seu palácio toda noite em uma balsa de ouro. Insensatamente, ele permitiu que seu filho Faetonte conduzisse a carruagem solar e o resultado foi desastroso (*ver* **Faetonte**).

Durante a guerra entre os gigantes e os deuses, ele ficou ausente do céu para impedir o crescimento de uma erva que tornaria imortais os gigantes.

Foi Helius quem deu a Hércules a bacia de ouro na qual ele atravessou da África para a Eritreia quando estava indo se apoderar dos bois de Gerião.

Helius tinha sete rebanhos de gado e sete de ovelhas, pastando nas ilhas do Mediterrâneo e cuidados por suas filhas. Esses rebanhos nunca ficaram maiores ou menores, até serem atacados pela tripulação do navio de Odisseu.

Helle *Grega*
Ela e seu irmão Frixo foram resgatados de serem sacrificados e levados por Chrysomallon, um carneiro voador com um velo de ouro, mas ela ficou tonta, caiu no mar e se afogou no lugar que ficou conhecido como Helesponto. Algumas histórias dizem que ela foi salva do afogamento pelo deus do mar, Poseidon, e deu à luz seu filho, Paeon ou Edonus.

Helva *Nórdica*
Filha do Senhor de Nesvek. Seu pai permitiu que ela se casasse com Esbern se ele construísse uma igreja. Esbern concordou em dar seus olhos, o coração e a alma para o anão que realizou o trabalho desde que ele descobrisse o nome do anão antes que a igreja ficasse pronta. As orações de Helva aos deuses lhe permitiram descobrir que o nome do anão era Pai Fine, a tempo de salvar seu amante.

Helveg *Nórdica*
A difícil estrada que leva a Niflheim.

Helyas *veja* **Helaius**

Hemera *veja* **Éos**

Hen Wen *Galesa*
Uma porca branca mágica. Ela distribuía presentes de milho, abelhas etc., e dizia-se que era a mãe do monstruoso animal Cath Palug e de outros descendentes problemáticos. O rei Artur a perseguiu até que ela pulou no mar.

Hera *Grega*
também Grande Deusa, Rainha do Céu
= *Egípcia* Mut; *Hindu* Indrani; *Romana* Juno
A deusa do casamento e do céu; uma dos Olímpicos; filha de Cronos e Reia; irmã gêmea e esposa de Zeus; mãe de Ares, Hebe, Hefesto e Ilithyia.

Ela foi uma das crianças engolidas por Cronos que tinha medo dos filhos usurparem seu trono. Só Zeus escapou desse destino e, mais tarde, ele fez com que Cronos regurgitasse as crianças que tinha engolido. Hera foi violentada por Zeus em forma de um cuco e depois se casou com ele, recebendo de Gaia, como presente de casamento, uma árvore que produzia maçãs de ouro.

Ela estava tão revoltada com a feiura e a insignificância do bebê Hefesto que, diz-se, deixou-o cair do monte Olimpo. Ela tinha o poder de conceder a outros o dom da profecia.

Ela encontrou o bebê Hércules abandonado por Alcmena e, não percebendo que era outro filho de seu errante marido Zeus, amamentou-o, tornando-o imortal. Posteriormente, ela fez o que pôde para assediar Hércules.

Uma vez, ela liderou uma revolta contra o imperioso Zeus e foi severamente punida por sua traição. Ela foi suspensa pelos pulsos com pesos presos a seus tornozelos. Outros relatos dizem que isso fez com que ela perseguisse Hércules.

Quando Sêmele estava tendo um caso com Zeus, Hera apareceu sob a forma da antiga enfermeira de Sêmele, Beroe, e persuadiu a patroa a exigir que o amante provasse que ele era quem dizia ser. Quando Zeus atendeu à exigência, o brilho divino matou Sêmele. O filho dessa união era Dioniso e Hera ordenou aos Titãs que o destruíssem. Eles o rasgaram em pedaços, cozinhando-os, mas Reia recolheu todos esses pedaços, remontou e os restaurou trazendo Dioniso de volta à vida.

Quando Páris deu a maçã de ouro a Afrodite no casamento de Peleu e Tétis, Hera e Atena, as concorrentes desprezadas, tornaram-se inimigas dele e apoiaram os gregos contra os troianos durante a Guerra de Troia.

Quando Hera deixou Zeus, ele fez uma imagem de madeira, colocou nela um vestido de noiva e a exibiu como sua nova esposa. Ela então voltou, derrubou a estátua e se reconciliou com o marido.

Alguns dizem que ela gerou o monstro Tífon, com ciúmes por Zeus produzir a deusa Atena sem ajuda.

Seu animal era a vaca; sua ave, um pavão e seu símbolo, a cornucópia.

Héracles *Grega*
também Hérakles
= *Canaanita* Melkarth; *Romana* Hércules

Quando Zeus decidiu que havia necessidade de um grande campeão para salvaguardar tantos os deuses quanto os mortais, ele dormiu com Alcmena durante a ausência de seu marido Anfitrião, rei de Tirinto, que estava em guerras, enganando-a, fazendo-a pensar que ele era seu marido e abrandou os movimentos do universo para que uma noite durasse por três. O resultado dessa união foi Hércules, conhecido nos primeiros anos como Alcides.

Alcmena, temendo a ira da ciumenta Hera, abandonou Héracles em um campo, onde ele foi encontrado por Hera que, não sabendo quem era a criança, amamentou-a, tornando o bebê um imortal. Mais tarde, quando ela descobriu que o menino – originalmente conhecido como Alceu ou Paleamon – era filho de seu próprio marido, ela ficou obcecada em tornar difícil a vida do menino. Para começar, ela mandou duas serpentes de olhos ferozes para matá-lo, mas Héracles, embora um mero rapazinho à época, estrangulou as duas, uma em cada mão.

Quando jovem, matou Linus, que estava lhe ensinando a tocar lira, atacando-o com o instrumento, em um ataque de raiva. Ele foi absolvido em seu julgamento, citando a lei que lhe deu direito de autodefesa contra Lino, que estava batendo nele. Ele também matou o fora-da-lei Saurus, e um outro chamado Termerus, o último em uma disputa de corte de cabeça, porque este havia matado muitos viajantes.

Aos dezoito anos, ele dormiu com cada uma das cinquenta filhas do rei Téspio, gerando cinquenta e um filhos, e depois matou o Leão de Citerão, que tinha causado muitos estragos. Ele passou a usar a pele como armadura e as mandíbulas formaram um capacete.

(Outros relatos dizem que essa pele era do Leão de Nemeia, que ele matou em seu primeiro dos doze Trabalhos e que o Leão de Citerão foi morto por Alcatos.)

Reputado como o homem mais forte que já passou pela terra, ele lutou ao lado dos deuses quando os gigantes se rebelaram e mataram Efialtes, Porfírio e seu líder Alcioneu.

Quando o cocheiro tebano acidentalmente matou Clímeno, o rei dos mínians, seu filho Ergino vingou sua morte, exigindo o pagamento de um tributo de cem cabeças de gado durante vinte anos. Héracles se envolveu quando cortou o nariz dos homens enviados para recolher o gado e, quando Ergino atacou Tebas, ele liderou a juventude tebana e derrotou o exército mínian, matando Ergino. Como recompensa, ele recebeu Mégara, a filha mais velha do rei Creonte, de Tebas, em casamento, e eles tiveram vários filhos – o número varia de acordo com quem está contando a história – que ficaram conhecidos como os Alcaides.

Hera acabou deixando Héracles louco e ele tentou matar o próprio sobrinho, Iolau, que conseguiu escapar. Mas Héracles matou seis de seus próprios filhos e dois dos filhos de seu irmão Íficles ou, em uma versão alternativa, Mégara e dois ou três de seus próprios filhos. Ele foi purificado pelo rei Téspio e, quando ele consultou o Oráculo de Delfos, lhe foi dito para servir ao rei Euristeu por doze anos e fazer o que quer que o rei exigisse dele. Hermes lhe deu uma espada; Apolo doou um arco e flechas; Hefesto, uma placa de peito; Atena, um roupão; Poseidon, um plantel de cavalos; e seu pai, Zeus, lhe deu um escudo. Assim equipado, Héracles partiu para realizar os doze Trabalhos, levando com ele o jovem Iolau como cocheiro.

Depois do quarto Trabalho, ele se juntou aos Argonautas em sua expedição para recuperar o Velo de Ouro, mas foi deixado para trás na Mísia, quando ele partiu para procurar seu escudeiro, Hilas, que tinha sido levado pelas ninfas aquáticas. Desistindo de sua busca infrutífera, ele retomou seu trabalho, completando, com sucesso, todos os doze. Mais tarde, ele matou Calais e Zetes, que tinham aconselhado Jasão a navegar, deixando Héracles na Mísia.

Depois disso, ele deu sua esposa Mégara a Iolau e tratou de conseguir a mão de Iole, derrotando o pai dela, Êurito, em uma disputa de arco e flecha. Quando Êurito renegou a oferta da mão de Iole ao vencedor e surgiu uma discussão sobre roubo de gado, Héracles matou Ífitus, filho de Êurito, atirando-o do alto de uma torre. Como castigo, ele foi vendido como escravo a Ônfale, rainha da Lídia, por um ano, mas esse castigo se mostrou prazeroso quando Ônfale se apaixonou por ele e lhe deu três filhos.

Para se vingar de Áugias, que não entregou a recompensa prometida de um décimo de todos os rebanhos quando Héracles limpou seus estábulos e terras, Héracles atacou Elis e mais tarde matou Êurito e Ctéato, os gêmeos que tinham agido como generais para Áugias e eram unidos pela cintura. Ele também dispensou Pilo, porque o rei, Neleu, tinha lutado para Áugias, e matou seus filhos, incluindo Periclímeno que, com o poder que lhe foi dado por Poseidon de assumir a forma que desejasse, atacou Héracles sob a forma de uma águia até ser morto por uma flecha. Héracles deu a cidade a Nestor, filho de Neleu.

Desafiado a um duelo de carruagens por Cicno, filho de Ares, ele venceu a disputa, matou Cicno e ferindo Ares, que estava apoiando o filho no duelo.

Héracles lutou e derrotou o deus do Rio Aqueloo de várias formas pela mão de Dejanira e se casou com ela. Acidentalmente, ele matou Êunomo, quando o menino derramou um pouco de vinho e exilou a si mesmo e sua família na Trácia. Um centauro chamado Nesso se ofereceu para levar Dejanira e as crianças pelo Rio Evenus, enquanto Héracles nadava, mas fugiu com ela e tentou violentá-la. Héracles atirou nele do outro lado do rio. A pedido de Nesso, Dejanira coletou o sêmen derramado e o sangue e misturou-os com azeite em um frasco selado, acreditando em sua história de que aquilo funcionaria como uma poção do amor se ela o espalhasse na camisa de seu marido. Em outra versão, Nesso deu a ela o próprio manto, manchado com seu sangue, que teve o mesmo efeito. Dejanira enviou, a pedido de Héracles, uma nova camisa para a cerimônia e ela, temendo ser abandonada e trocada por outra, ungiu a camisa com o que ela acreditava ser a poção do amor. Na verdade, a mistura continha o veneno da Hidra que havia entrado na corrente sanguínea de Nesso depois de uma flecha disparada por Héracles, que morreu em agonia, imolando-se em uma pira no monte Oeta. A pira foi acesa por Filoctetes, a quem Héracles legou seu arco e as flechas, ou por seu pai, Peias. Zeus transmitiu a parte imortal de seu filho ao Olimpo, onde ele se tornou um dos deuses. Ele finalmente se reconciliou com Hera, casou-se com a filha dela, Hebe, e foi pai de mais dois filhos, Alexiares e Anicetos.

Na versão romana, onde Héracles é Hércules, diz-se que ele se casou com Lavínia e foi pai de Latino e Palas. Como pai de Celtus com Celtina, ele deu origem aos celtas.

(*Veja também* **Trabalhos de Hércules**.)

Hércules *Grega*

O nome romano para Héracles. Mais conhecido em geral que a forma grega "Héracles", esse é o nome usado na maioria das entradas deste livro, nas quais o herói aparece, independentemente se diz respeito à mitologia romana ou grega.

Hermafrodito *Grega*

Filho de Hermes e Afrodite. Quando ele rejeitou os avanços da ninfa Salmakis, ela rezou para que eles pudessem ser unidos. Quando ela o abraçou enquanto se banhavam em uma fonte, seus corpos se fundiram em um só. Posteriormente, a fonte transformou em hermafroditas todos os homens que se banhavam nela.

Hermes *Grega*

= *Egípcia* Anúbis, Thoth; *Etrusca* Turms; *Romana* Mercúrio

Deus da arte, do comércio, da eloquência, da fertilidade, dos jogos, dos pastores, da sorte, dos mercados, das estradas, dos ladrões, dos viajantes, da sabedoria; arauto e mensageiro dos deuses, um dos deuses Olímpicos; filho de Zeus com a ninfa Maia.

Hera, como sempre, tinha ciúmes do romance de seu marido com Maia, então Hermes se disfarçou no bebê Ares e enganou Hera para que ela o amamentasse, depois disso ela se sentiu obrigada a considerá-lo como seu próprio filho.

Quando criança, ele roubou parte do gado de Apolo e lhe deu a lira, que ele tinha inventado com menos de um

dia de vida, para ganhar seu perdão.
O camponês Bottus tinha dito a Apolo quem havia roubado o gado e Hermes o transformou em pedra.

Quando ele foi nomeado arauto oficial dos deuses, Zeus lhe deu suas sandálias aladas, seu chapéu e seu cajado. Outros dizem que Apolo lhe deu o cajado quando Hermes deu a lira ao deus e eles se tornaram amigos.

Ele também foi nomeado por Hades para convocar os mortos e conduzir suas almas ao Tártaro, como Psicopompo.

Ele salvou o bebê Dioniso quando sua mãe foi morta por Zeus e o plantou na coxa de seu pai até o nascimento.

Credita-se a ele a invenção do fogo, a lira do casco de tartaruga, o cachimbo do pastor, a astronomia, a escala musical, as medidas, etc.

Ele matou o gigante Hipólito durante uma batalha entre os gigantes e os deuses e devolveu a Zeus os tendões cortados pelo monstro Tífon.

Ele resgatou Io (na forma de uma vaca) da prisão sob os olhos de Argus (um gigante com cem olhos), matando Argus e cortando sua cabeça. Hera, que tinha ordenado a detenção de Io, colocou os cem olhos de Argus na cauda do pavão.

Ele deu a foice ao herói Perseu com a qual ele decapitou a Medusa.

Ele é retratado com asas, chapéu e sandálias, e carregando seu cajado, o caduceu, com asas e serpentes entrelaçadas.

Hermes Trismegisto *Grega*
Uma derivação grega do deus egípcio Thoth.

Hermod *Nórdica*
O mensageiro dos deuses; filho de Odin e Frigga; irmão de Balder, Hoder e Thor.

O mais rápido dos deuses recebeu os heróis que caíram em Valhala.

Quando Hoder matou acidentalmente seu irmão gêmeo Balder com um ramo de visco, Hermod cavalgou até Niflheim em Sleipnir, o cavalo de oito patas de Odin, para implorar que seu irmão voltasse à vida. Hel, a deusa do mundo inferior, concordou, desde que o mundo inteiro chorasse por Balder. Quando apenas uma giganta, Thok (que se pensava ser Loki disfarçado), recusou-se a derramar uma lágrima, Hel manteve a sua.

Herne *Britânica*
também Hern, o Caçador;
= *Galesa* Arawn
Um deus do vento e deus do mundo inferior. Ele é retratado como um gigante com os chifres de um cervo. Alguns dizem que ele ainda vive no Windsor Great Park, vagando pelo bosque e desaparecendo à meia-noite. Em algumas versões, ele é líder da Caçada Selvagem.

hero[1] *Grega*
Um semideus, descendente de um deus e um mortal.

Hero[2] *Grega*
Uma sacerdotisa de Afrodite. Ela era amada por Leandro, mas eles foram proibidos de se casar e foram separados pelas águas do Helesponto. Toda noite ela punha uma luz na janela de sua torre para guiar Leandro enquanto ele nadava para vê-la, mas certa noite, uma tempestade apagou a luz e ele se afogou. Hero se matou, saltando da torre para o mar.

Herus *Norte-americana*
Um herói apache. Diz-se que Herus apareceu entre os apache chiricahua e disse a eles para guardarem o livro que ele lhes deu. Quando ele morreu, a tribo seguiu seu ritual de queimar todos os

bens do morto, incluindo o livro, e, com isso, eles sofreram muitos desastres.

Hesione *Grega*

O rei Laomedonte de Troia acorrentou sua filha Hesione a uma rocha no mar como um sacrifício para acalmar um monstro marinho enviado pelo deus do mar, Poseidon, porque Laomedonte tinha se recusado a pagar a Apolo e Poseidon pela construção dos muros de Troia. Hércules a encontrou quando voltava de seu nono Trabalho, e se comprometeu a resgatá-la em troca dos cavalos de Laomedonte. Ele foi engolido pelo monstro, mas o matou, atacando seus órgãos internos. O pai de Hesione renegou a promessa dos cavalos e, por isso, Hércules o matou e levou Hesione presa para Atenas, onde ela se casou com Télamon. Ela resgatou seu irmão, Podarces, pelo preço de seu véu e Hércules fez dele o rei de Troia como Príamo.

Em outras histórias, Télamon ajudou Hércules em seu último ataque a Troia e, por sua ajuda, recebeu Hesione como prêmio e eles tiveram um filho, Teucro.

Hespera *veja* **Éos**

Hespérides *Grega*
também Atlântidas

Ninfas, filhas do gigante Atlas.

Em alguns relatos, elas eram três (Aegle, Erythia e Hespera); em outros, quatro ou sete, sendo outros os nomes sugeridos: Arethusa, Hespereia, Hesperusa e Héstia. Elas, junto com o dragão Ladon, eram os guardiões das maçãs de ouro da árvore de Hera, e ajudaram Hércules em sua busca por algumas dessas maçãs em seu décimo primeiro Trabalho.

Em alguns relatos, o nome é usado para as Plêiades.

Héstia *Grega*
= *Romana* Vesta

Deusa da comunidade; da família, do fogo, da lareira, da casa; um dos deuses Olímpicos; filha de Cronos e Reia. Uma deusa virgem, cujo símbolo é uma tocha.

Hi-asa *Índias Orientais*

Um ser primitivo nas ilhas do Almirantado. Quando cortou seu dedo, ele coletou o sangue em uma concha. Dois ovos se formaram nesse sangue e o primeiro homem e a primeira mulher emergiram deles.

Híades *Grega*

Ninfas colocadas nos céus por Zeus como recompensa por criarem o bebê Dioniso.

Em alguns relatos seus nomes são Ambrosia, Corônis, Eudora, Phyto, Pólixo e Tyche (ou Dione).

Hiawatha *Norte-americana*

Um sábio dos iroqueses do século XVI; filho de Mudjekeewis e Wenonah; marido de Minnehaha. Ele foi criado por sua avó, Nokomis.

Sua mulher e sua filha foram mortas pelo mago Atotarho, mas, mais tarde, os dois homens se reconciliaram e fundaram a Confederação das Cinco Tribos.

Ele era considerado como um herói da cultura que ensinou às tribos as artes da agricultura e da medicina, matou o espírito do milho Mon-da-moin para dar milho à humanidade, venceu o grande esturjão Mishe-Nahma e matou o maligno mago Megissogwon. Ele foi ajudado por um par de luvas que lhe permitiam quebrar pedras quando as usava e um par de mocassins com os quais podia cobrir pouco mais de um quilômetro em cada passo.

Quando seu trabalho foi feito, ele navegou para Ponemah, no oeste, em sua canoa mágica.

Em outra versão, o deus Tarenyawagon teve pena das tribos que sofriam e veio à Terra como um homem, Hiawatha. Ele levou as tribos a uma caverna, onde elas recuperaram sua força, e depois as conduziu a suas próprias pátrias, separando-as nas cinco tribos, os cayuga, mohawk, oneida, onondaga e seneca, cada uma com sua própria língua e costumes. Quando foram atacadas por tribos selvagens do norte, as cinco pediram ajuda a Hiawatha. Ele sacrificou sua filha, Minnehaha, ao grande Espírito e ela foi levada para o céu nas costas de uma grande águia. Hiawatha uniu as tribos nas Cinco Nações que repeliram os invasores e trouxeram a paz. O próprio Hiawatha entrou em sua canoa branca, que então subiu para o céu e desapareceu.

Hidesato *Japonesa*
Um guerreiro que prometeu matar a enorme centopeia que havia levado todos os filhos e netos do rei Dragão do Lago Biwa. Não teve sucesso nas duas primeiras flechas que ele atirou quando o monstro apareceu, mas na terceira, umedecida com saliva, conseguiu matá-lo. Como recompensa, o rei Dragão deu a Hidesato um saco de arroz que nunca ficava vazio, um rolo interminável de seda, um caldeirão que cozinhava sem fogo e dois sinos. Ele ficou conhecido como "Meu Senhor Saco de Arroz".

Hidra *Grega*
Um monstro aquático de muitas cabeças que vivia no pântano de Lerna, em Árgolis, no noroeste do Peloponeso, e tinha a capacidade de fazer crescer mais cabeças para substituir as que fossem cortadas. O número de cabeças variava de sete a cem. Ela foi definitivamente morta por Hércules, com a ajuda de Iolau, em seu segundo trabalho.

hidromel *Nórdica*
A bebida dos deuses. Ela foi produzida pela cabra Heidrun para os deuses e guerreiros de Valhala.

Hidromel da Inspiração *Nórdica*
Uma poção mágica feita pelos anões Fialar e Galar a partir do sangue do sábio Kvasir. Em alguns relatos, o gigante Gilling fez a poção e os anões o mataram para consegui-la. Mais tarde, eles foram forçados e entregá-la a Suttung, que a passou para sua filha Gunlod, de quem foi roubada por Odin para uso dos deuses.

hiena
(1) Os árabes dizem que os feiticeiros podem se transformar em hienas.
(2) Na África, onde o animal é nativo, algumas tribos dizem que a alma de um homem pode entrar em uma hiena que depois ataca os inimigos do homem. Outros dizem que as hienas são ancestrais tribais.
(3) No Egito, diz-se que esse animal tem uma pedra no olho e, se essa pedra, conhecida como hyaenia, é posta sob sua língua, ela pode trazer o dom da profecia.
(4) Os gregos dizem que a hiena pode mudar seu sexo e imitar a voz humana; assim, ela é capaz de atrair os homens para a morte.

Hiisi *Báltica*
Um gigante finlandês: um deus árvore.
Ele tinha um alce, a criatura mais rápida da Terra. Ele também era dono de um gato feroz que aterrorizou os criminosos confessando os delitos deles.
Alguns relatos o equiparam com o Demônio. Ele é considerado um homem muito feio sem pálpebras.

hill folk *Nórdica*
Uma raça de pessoas em algum lugar entre os elfos e os humanos.

Himavan *Tibetana*
Uma montanha sagrada no Tibet. Foi ali que a árvore da vida, Zampu, cresceu. É também o local onde a arca aportou depois do Dilúvio.

Himeneu *Grega*
= *Romana* Hymen
O deus alado do casamento. Em alguns relatos, ele foi o jovem que salvou uma procissão de donzelas das mãos de uma gangue de piratas em Elêusis.

Ele é retratado como um homem jovem com uma tocha na mão.

Hin-Han *Norte-americana*
Uma coruja. Os sioux dizem que essa ave guarda a entrada da Via Láctea, a estrada que leva ao lar dos espíritos.

Hina *Ilhas do Pacífico*
= *Havaiana* Mahina; *Ilhas Hervey* Ina; *Maori* Marama; *Samoa* (Ma) Sina
A deusa da lua do Taiti. Os taitianos dizem que as manchas escuras da lua são sombras dos galhos da árvore banyan (ou figueira-de-bengala) original da qual Hina tirou a casca para fazer roupas para os deuses. Ela é, portanto, a divindade protetora dos batedores de pano. Foi batendo a casca da amoreira que ela chegou à lua em primeiro lugar. O deus criador, Ta'aroa, se fartou do barulho e mandou que ela parasse. Como ela se recusou, a deusa Pani agarrou um martelo e bateu em sua cabeça, ao que ela voou para a lua.

Em outra história, ela quebrou o galho da árvore acidentalmente e ele caiu na terra, criou raízes e, assim, a banyan foi introduzida nas ilhas.

Hinun *Norte-americana*
também Pássaro-trovão
Um deus do trovão dos iroqueses. Quando a serpente dos Grandes Lagos engoliu seu ajudante, Gunnodoyak, Hinun matou a serpente com uma de suas flechas em chamas atiradas do céu, trouxe o menino de volta à vida, e o levou de volta para o céu.

Ele também salvou seu povo dos Gigantes de Pedra do oeste, despedaçando-os com seu poder divino.

Todo ano ele enviava os três Trovões para a terra para destruir o mal.

Ele é acompanhado pelas águias Keneu e Oshadagea.

Hiperion *Grega*
Um deus do sol; um Titã; filho de Urano e Gaia; pai de Éos (deusa da aurora), Helios (o deus sol) e Selene (deusa da lua). Seu papel como deus do sol mais tarde foi assumido por Helios e, depois, por Apolo.

hipocampo *Grega*
Um monstro marinho como um cavalo, com a cauda de um peixe ou um golfinho. O cavalo-marinho do deus Poseidon.

Hipocrene *Grega*
Uma fonte que apareceu no monte Hélicon a partir de uma pegada de Pégaso, o cavalo alado do deus Apolo, e que se tornou sagrada para Apolo e as Musas.

hipogrifo *Grega*
Um monstro em forma de um cavalo alado com a cabeça de uma águia. Esse animal, pai de um grifo com uma égua, figura em várias histórias dos paladinos de Carlos Magno.

Hipólita *Grega*
Uma rainha das amazonas; filha do deus da guerra Ares.

Ela ganhou de Ares um cinturão que foi roubado por Hércules em seu nono Trabalho, matando-a na luta que aconteceu quando os seguidores dela acharam que ele a estava abduzindo. Outros dizem que ela se apaixonou por Hércules e lhe deu o cinturão, enquanto outra história diz que Hércules capturou Melanippe, irmã de Hipólita, e ganhou o cinturão como resgate em troca de sua liberdade.

Em algumas versões, ela não foi morta dessa maneira, mas foi capturada posteriormente por Teseu com quem teve um filho, Hipólito e, dizem alguns, casou-se com ela. Nessa versão, ela foi morta em uma batalha quando as amazonas tentaram recapturá-la.

Outra história diz que ela foi morta quando interrompeu o casamento de Teseu e Fedra e, em uma outra versão, ela foi morta por acidente por Pentesileia, que é descrita como sua irmã.

Hipomene *Grega*
Marido de Atalanta. Hipomene ganhou três maçãs de ouro de Afrodite, mas ele as deixou cair durante uma corrida que disputava com a esposa. Atalanta parou para pegá-las e ele ganhou a corrida e a mão dela em casamento.

Tanto ele quanto Atalanta foram transformados em leões por Zeus quando profanaram o templo do deus, ou por Afrodite por não ter agradecido a ajuda dela.

hippalectryon *Grega*
Um monstro em forma de um cavalo com os pés e a cauda de um galo.

hircocervus *Europeia*
Um monstro, parte bode, parte cervo.

Hiru-ko *Japonesa*
também Menino Sanguessuga
Um deus xintoísta da sorte, o filho deformado de Izanagi e Izanami.

Ele era tão feio que seus pais o abandonaram, colocando-o em um barco que foi lançado ao mar.

Outros dizem que ele nasceu como uma água-viva ou uma sanguessuga (daí o nome Menino Sanguessuga) e foi colocado à deriva em um barco. Esse barco chegou a terra na costa de Ebisu e a criança cresceu com o nome de Ebisu e se tornou o deus dos pecadores.

Historia Regum Britanniae *Britânica*
A *História do Reis da Bretanha*, um trabalho em 12 volumes escrito em latim por Geoffrey of Monmouth. Essa obra do século XII conta a história das façanhas do rei Artur e da raça de gigantes que foram os primeiros habitantes da Grã-Bretanha. Dizia-se que os dois últimos gigantes, Gog e Magog, teriam sido capturados por Brutus, líder dos invasores troianos.

Hkun Hsang Long *Birmanesa*
Um espírito criador. Ele criou o primeiro casal, Ta-hsek-khi e Ya-hsek-khi, que nasceram sob a forma de girinos.

Hlakanyana *Africana*
Na tradição zulu, um anão trapaceiro. Assim que nasceu, ele ficou de pé, cortou o próprio cordão umbilical e esculpiu para si um pedaço de um animal recém-abatido, seguindo-o com o resto do animal morto. Depois disso, parecia comer tudo e qualquer coisa.

Hlebard *Nórdica*
Um dos anões. Ferreiro, ele fez uma varinha mágica para o deus Odin e moldou o visco na flecha mágica com a qual Hoder, incitado pelo maligno deus Loki, matou Balder.

Ho Hsien-ku *Chinesa*
= *Japonesa* Kasenko
Deusa das donas de casa; uma das Oito Imortais.

Ela era filha de um comerciante do século VII, Ho T'ai e, tendo comido um pêssego mágico, tornou-se uma fada que, vivendo de raios de lua e madrepérola em pó, era imortal. Ela nasceu com apenas seis fios de cabelo e nenhum deles cresceu.

Quando foi atacada por um demônio, seu companheiro imortal Lü Tung-pin matou o demônio com sua espada mágica.

Seu emblema é a flor de lótus e, às vezes, ela é retratada com um mata-moscas ou tomando vinho.

ho-o *Japonesa*
= *Chinesa* feng huang
A versão japonesa da fênix.

hob *Britânica*
Um elfo: uma aparição assustadora.

hobgoblin *Britânica*
Um duende travesso como um brownie.

hobyah *Escocesa*
Um diabrete canibal.

Hochigan *Africana*
Um espírito na tradição dos bosquímanos. Os bosquímanos dizem que, originalmente, todos os animais podiam falar, mas Hochigan foi embora para sempre levando seu poder de fala com ele.

Hodag *Norte-americana*
Um monstro aquático de Quebec. Diz-se que essa besta tem pernas telescópicas e mata sua vítimas atirando pelotas de argila com seu focinho comprido.

Hoder *Nórdica*
O deus cego da escuridão; filho de Odin e Frigga; irmão gêmeo de Balder; irmão de Hermod e Thor.

Frigga tinha extraído de todas as coisas uma promessa de que não causariam danos a Balder, mas ela ignorou o visco. Os deuses fizeram um jogo de atirar coisas em Balder e nenhum deles podia prejudicá-lo até que Loki, o encrenqueiro, persuadiu o cego Hoder a lançar um ramo de visco. O galho, guiado por Loki, matou Balder imediatamente.

Em outra história, Hoder e Balder competiram pela mão de Nanna. Quando ela se casou com Hoder, ele matou Balder com sua espada, *Mistilteinn* "visco".

Em algumas versões, Hoder foi morto por Vali, filho de Odin e Rinda, que, ao chegar à idade adulta, pegou seu arco e as flechas e atirou em Hoder para vingar Balder, cumprindo-se assim a profecia.

Alguns dizem que Hoder foi sacrificado por ter matado Balder, outros que ambos sobreviveram ao Ragnarok.

Hoenir *Nórdica*
Irmão de Loki, Odin e outros. Ele dotou a humanidade recém-criada de inteligência e foi um dos Aesir (deuses) que foi viver entre os Vanir (outros deuses) como refém, depois que os dois grupos fizeram as pazes. Alguns dizem que ele foi um dos poucos a sobreviver ao Ragnarok.

hoga *Ilhas do Pacífico*
Gnomos ou anões.

Hoh *Centro-americana*
Um corvo; na tradição maia, uma das aves que trouxe o milho do qual os deuses criaram os seres humanos.

Hohhokw *Norte-americana*
Um monstro em forma de uma enorme ave com o bico comprido, na tradição das tribos do noroeste.

Hoita *Norte-americana*
Um espírito de águia mandan. Quando o Homem Solitário roubou seu casaco branco de pelo de cervo, Hoita recolheu todos os animais e os trancou em um local para cães. O Homem Solitário fez um tambor mais poderoso que o de Hoita que, então, foi forçado a soltar os animais.

Holandês Voador *Germânica*
Frustrado pelos ventos que impediram seu navio de contornar o Cabo da Boa Esperança, o capitão do navio que ficaria conhecido como o holandês voador jurou administrá-lo, mesmo que levasse uma eternidade. Um espírito do mal o condenou a cumprir esse juramento, do qual ele só se livraria quando uma boa moça lhe prometesse ser fiel até a morte. Ele foi autorizado a pousar apenas uma vez a cada sete anos, mantendo sua juventude, enquanto sua tripulação iria envelhecer à medida que os séculos passassem.

Ele deu parte do tesouro que carregava para Laland, o capitão do navio norueguês, e se apaixonou pela filha dele, Senta. Eles teriam se casado, mas vendo-a com seu jovem amigo Erik, que também a amava, Vanderdecken a colocou de volta ao mar, em vez de deixá-la exposta à maldição que o perseguia. Ela se atirou do topo de um penhasco, e seu suicídio, provando sua fidelidade até a morte, levantou a maldição do Holandês Voador, cujo navio afundou sob as ondas.

Homem Aranha *veja* **Ictinike**

Homem de Sorte *Norte-americana*
Uma divindade criadora do povo arikara.
Ele e o Homem Lobo apareceram sobre as águas primordiais e criaram o mundo a partir do solo apresentado pelos patos. Ele criou as montanhas e vales enquanto o Homem Lobo fez as pradarias.
(*Veja também* **Homem Solitário**.)

Homem Gigante *veja* **El Dorado**

Homem Lobo *Norte-americana*
Uma divindade criadora dos arikara. Ele e Lucky Man (literalmente Homem da Sorte) apareceram sobre as águas primordiais e criaram o mundo a partir do solo trazido pelos patos. O Homem Lobo criou as pradarias e Lucky Man, as colinas e os vales.

Homem Pequeno *Norte-americana*
Um herói da nação métis. Ele era muito pequeno e peludo, mas extremamente poderoso e tinha ima faca mágica que lhe foi dada por uma tribo em agradecimento por ter matado um urso monstruoso. Ele encontrou o caçador métis Smoking Mountain e seu irmão Broken War Club, e juntos foram atrás de aventuras. Um dia, Broken War Club estava no alojamento que eles tinham encontrado para cozinhar e os outros dois tinham ido caçar. Quando voltaram, Broken War Club ainda estava gemendo de dor pela surra que tinha levado de um anão minúsculo. No dia seguinte, a mesma coisa aconteceu com Smoking Mountain. O Homem Pequeno ficou em casa no dia seguinte e matou o anão horroroso que saiu de um buraco profundo. Primeiro, eles baixaram Broken War Club, e depois Smoking Mountain no buraco de uma chaleira pendurada em uma corda, mas eles estavam assustados com os barulhos que ouviam. Então, o Homem Pequeno foi para baixo. Ele foi atacado sucessivamente por monstros com duas, depois três, e finalmente quatro cabeças e matou três. Ele resgatou três garotas que os monstros mantinham presas e as mandou para a chaleira junto com os muitos saques que estavam na casa dos monstros. Quando chegou sua vez de subir, Broken War Club cortou a corda e eles o deixaram ali para morrer, mas ele conseguiu sair. Por ajudá-los a resolver uma discussão, uma vespa, um verme e um pica-pau lhe deram o poder de assumir sua forma. Ele logo alcançou os homens em fuga,

matou Broken War Club e mandou Smoking Mountain embora, mantendo as meninas e o tesouro para si. Mais tarde, ele resgatou outra garota de um monstro enorme, matando primeiro o próprio monstro e depois o urso-cinzento, o urso-pardo, a pantera, o lobo, o glutão, a raposa, o coelho e a codorna, que surgiram sucessivamente, cada um do corpo anterior.

A codorna pôs um ovo que, esmagado contra o chifre do monstro original, matou-o com sucesso, além da esperança de renascimento. O resultado foi que o Homem Pequeno adquiriu mais tesouros e uma quarta esposa.

Homem Solitário *Norte-americana*
Um semideus do povo mandan.
O Homem Solitário caminhou sobre as águas primordiais com o Primeiro Criador e, quando um pato lhe mostrou que a terra seria trazida de baixo para cima, começou a criar o mundo. Ele criou as terras planas enquanto o Primeiro Criador fez as montanhas, as árvores e os riachos.

Ele conheceu Coyote, que se autodenominava Primeiro Homem, e eles discutiram sobre quem era o mais velho. O Homem Solitário matou o Primeiro Homem com sua lança, mas o esqueleto do homem morto voltou à vida como Coyote e eles se tornaram parceiros na criação dos animais terrestres como alimento para as tribos.

Mais tarde, ele nasceu de uma donzela mandan e se tornou um herói da cultura daquela tribo, ensinando-lhes muitas coisas.

Quando ele roubou um casaco de pele do espírito-águia Hoita, este exigiu vinganças recolhendo todos os animais e encarcerando-os na Cova dos Cães.

O Homem Solitário se transformou em uma lebre e se escondeu na tal cova, onde aprendeu que o poder de Hoita vinha de um tambor mágico. Ele então fez para si mesmo um tambor ainda mais poderoso e venceu Hoita, libertando todos os animais presos.

Ele também derrotou o maligno Maninga, mas ele voltou, quatro anos depois, sob a forma de um grande dilúvio que inundou todas as aldeias mandan. O Homem Solitário construiu uma paliçada, à qual deu o nome de Grande Canoa, e salvou seu povo. Mais uma vez ele derrotou Maninga, usando a magia de seu tambor, e Maninga foi arrastado pelas águas da enchente.

No final de seu tempo na terra, ele colocou um cedro pintado de vermelho no centro de sua aldeia, onde as pessoas podiam oferecer sacrifícios e que lhes foi dado como garantia de que um dia ele voltaria.

(*Veja também* **Homem de Sorte**.)

Homem Turquesa *Norte-americana*
também Menino Turquesa
Consorte da Mulher Turquesa

Em uma história da ascensão do povo navajo do mundo inferior, Atse Estsan e Atse Hastin, a primeira mulher e o primeiro homem, colocaram a Menino Turquesa e a Garota da Milho no recém-criado Monte Taylor, no sul, e outras divindades nos três outros pontos cardeais.

Uma outra versão tem Ahsonnutli, o deus supremo, como Homem Turquesa que colocou homens nesses pontos, enquanto alguns relatos o têm como companheiro da Mulher de Sal.

Homem Verde *Europeia*
Um deus da vegetação primitiva agora representado por entalhes de um rosto com uma folhagem saindo da boca.

Homem-Águia *Norte-americana*
Um monstro hopi na forma de uma enorme águia. Esse monstro levava mulheres jovens para o seu ninho e as matava. Uma das que ele levou era a esposa do Filho da Luz que, com a ajuda da Mulher Aranha, uma toupeira e várias aves, alcançou a toca do Homem-Águia e salvou sua esposa ao vencer o monstro em várias competições de magia. No teste final, o Homem-Águia foi queimado e reduzido a cinzas, mas a Mulher Aranha o devolveu à vida na forma de um homem jovem que prometeu melhorar seus caminhos.

Homem-Jaguar *Sul-americana*
Uma forma de lobisomem. Alguns xamãs têm a reputação de serem capazes de se autotransformar em jaguares, forma com que atacam as vítimas à noite.

Homens Ágeis *veja* **Fir Chlis**

Homens Trovão *Norte-americana*
Monstros devoradores de homens na tradição dos índios sioux.

homens-hiena *Africana*
Espíritos do mal aparecendo ou como homens ou como hienas. Na África do Sul, diz-se que eles têm dois rostos, um bonito, e o outro como uma hiena de mandíbulas poderosas.

Homshuk *Centro-americana*
Uma divindade olmeca, a personificação do milho. Ele nasceu de um ovo e foi criado por um casal de velhos que, alarmado quando ele matou todos os que zombavam dele, tentou matá-lo, mas não conseguiu. Mais tarde, foi preso por Hurakan, mas sobreviveu depois de ser trancado em três salas, uma cheia de cobras, outra com tigres e a terceira com flechas voadoras. Hurakan finalmente percebeu que Homshuk era uma divindade e prometeu cuidar dele depois – em outras palavras, cultivar o milho.

Hong Do-Ryong *Coreana*
Um homem que se tornou um tigre. Ele rezou pedindo ajuda quando sua mãe ficou doente e um espírito o avisou que um remédio feito a partir de cem cães a salvaria. Outras orações deram a ele o poder de se transformar em um tigre e ele então foi capaz de pegar 99 cães. Na última noite, sua esposa viu quando ele se transformou e saiu de casa para pegar o último cão. Inocentemente, ela queimou o papel no qual o feitiço do tigre estava escrito e Hong foi incapaz de voltar à forma humana. Em sua raiva, ele matou a esposa, que estava usando uma saia azul no momento. Depois disso, o tigre matou cada mulher que ele conheceu e que estava vestida de forma similar.

Horácio *Romana*
Um herói, Horácio Cocles, que, com dois amigos, Tito Hermínio e Espúrio Lárcio, defendeu a ponte que levava a Roma contra o poder dos invasores etruscos sob Lars Porsena.

Horas[1] *Egípcia*
= *Grega* Horae
Doze filhas de Rá que controlam a vida do indivíduo.

Horas[2] *Grega*
também Horai, Horae
As donzelas, filhas de Zeus, que agiam como guardiãs do Olimpo e presidiram as mudanças das estações.
  Em alguns relatos, havia apenas duas – Carpo e Thallo – ou três, com Auxo; outros, listam Dike, Eirene e Eunômia. Alguns dizem que eram quatro, as filhas do rei sol Hélios com sua irmã Selene, deusa da lua, enquanto outros ainda dizem que Hersilia, esposa de Rômulo, o fundador de Roma, tornou-se uma delas, quando foi levada para o céu. Há relatos com doze.

Horatii *Romana*
Três campeões de Roma. Esses três irmãos lutaram contra três das Curiatii para resolver a guerra entre Roma e a cidade vizinha de Alba Longa. Dois foram mortos e o outro, Publius Horatius, matou sua irmã Horatia que estava lamentando a perda de uma das Curiatii de quem ela estava noiva.

Hórus *Grega*
Um deus do sol com cabeça de falcão; em alguns relatos, ele é o filho de Osíris e Ísis, concebido quando eles ainda estavam no ventre se sua mãe, Nut; em outros, ele é o filho de Osíris e Nut.

Ele é o oponente de Set na luta pela supremacia no reino do Egito. Ele perdeu um olho na luta, mas foi restaurado por Thoth. Em algumas versões, o olho foi dado a Osíris mais tarde, mas outros dizem que Set arrancou os dois olhos de Hórus e os enterrou. A flor de lótus cresceu no local do enterro, e Hórus teve sua visão restaurada pelos deuses. O caso entre Hórus e Set foi arbitrado pelos deuses e, quando o julgamento foi favorável a Hórus, ele tomou conta de todo o reino. O faraó do reino unido foi Hórus durante toda a sua vida.

Em outra versão, a luta foi sobre a supremacia da luz e Thoth resolveu a questão dando o dia para Hórus e a noite para Set.

Alguns dizem que Hórus conduziu o barco de Rá, Manjet, pelos céus; outros o equiparam a Rá.

Dizia-se que todas as raças humanas, exceto a negra, nasceram dos olhos de Hórus.

Ele foi associado aos planetas Júpiter, Marte e Saturno.

Hotei *Japonesa*
= *Chinesa* Mi-lo-fo
Um deus do riso; uma das sete divindades xintoístas da sorte, o Shichi Fukujin. Diz-se que Hotei é baseado em um alegre monge budista, Pu Tai Ho-shang. Ele é retratado como um homem gordo com a barriga nua e carregando um saco sempre cheio de coisas preciosas ou cavalgando uma carruagem decrépita puxada por crianças. Nesse último papel, ele é conhecido como o Sacerdote da Carruagem e é equiparado ao Buda Ridente, Maitreya, a quem ele se assemelha e que também carrega um saco.

hotot *Armênia*
Espíritos malignos que vivem em rios e pântanos que atraem as crianças para a morte.

Hototogisu *Japonesa*
Uma ave da terra dos mortos. Seu chamado, ouvido em maio, diz aos camponeses que chegou a hora do plantio do arroz. Alguns definem essa ave como o cuco, que age como um guia para a terra dos mortos.

hou *Chinesa*
Um animal mítico, uma forma de leão, cavalgado pela deusa Kuan Yin.

Housain *Árabe*
O proprietário do tapete mágico apresentado em *As Mil e Uma Noites*.

Hsi Wang Mu *Chinesa*
Uma deusa taoísta da medicina e da imortalidade. Ela era a personificação do yin, o princípio feminino, e associou-se ao marido tung Wang Kung para criar o mundo e tudo o que existe nele.

Originalmente, uma terrível mulher tigre/leopardo ou deusa da peste, foi considerada mais tarde como uma deusa benevolente, guardando a árvore (ou erva) da imortalidade. Ela foi a governante do Paraíso Ocidental, onde vivia em um palácio dourado, com centenas de quilômetros de circunferência, construído de ouro e pedras preciosas, ao longo do Lago das Joias. No jardim do palácio, havia o pessegueiro Shen T'ao, árvore que florescia uma vez a cada 3.000 anos. O fruto levava pouco mais de 3.000 anos para amadurecer, evento que coincidia com o aniversário dela, e fazia imortal aqueles que o comiam.

Seu transporte pessoal era um guindaste e, em uma das formas, essa deusa era a de esposa de Yü Ti, o governante supremo do céu.

Hu *Chinesa*
também Imperador dos Mares do Norte
Ele se manifesta no raio que perfurou o Caos para formar o universo.

Hu Gardarn *Galesa*
Um deus carvalho ou deus sol, considerado pelo antiquário galês Edward Williams como o ancestral dos Cymry (Galês). Ele tirou o monstro Addanc de um lago, usando sua equipe de bois, causando uma inundação.

hu-hsien *Chinesa*
A raposa como alguém que muda de forma; uma fada da raposa ou espírito da raposa. Diz-se que, sob a forma de homens ou mulheres jovens, estes podem debilitar seus amantes a ponto deles morrerem.

Dizem que eles gostam de vinho, mas voltam à forma de raposa se beberem demais ou se tiverem medo de alguma coisa.

Hua-hu Tiao *Chinesa*
Um rato branco. Esse animal foi trazido em uma bolsa por Mo-li Shou, um dos Quatro Reis Diamantes. Quando libertado, tornou-se um elefante alado que comia seres humanos. Em alguns relatos, referem-se a ele como um monstro, uma marta listrada.

Huang Ti *Chinesa*
também Ch'in-shih Huang Ti, Imperador Amarelo
Um deus do céu, governante dos céus em movimento; um dos Cinco Imperadores; patrono de médicos e alfaiates.

Ele foi concebido miraculosamente e sua gestação durou 24 meses.

Credita-se a ele a invenção da armadura, dos instrumentos musicais de bambu, dos tijolos, de uma forma de escrita, de navios e da roda do oleiro.

Ele se tornou um taoísta imortal e o santo padroeiro do Taoísmo e comanda o Ministério da Cura com Fu-hsi e Shen Nung.

Dizia-se que ele tinha quatro faces e possuía uma carruagem conduzida por uma ave com a face humana e puxada por um elefante e seis dragões.

Hubur *Mesopotâmica*
= *Grega* Styx
Um rio da morte no mundo inferior.

Hueytonantzin *Centro-americana*
Uma deusa asteca primitiva. Seus filhos a matavam como um sacrifício para o sol todo dia; toda noite ela renascia.

Hugon *Europeia*
Um ogro francês que viaja por aí à noite assustando as crianças e causando lesões.

Hui-yüan *Chinesa*
Um taoísta do século V; um dos Dezoito Lohan, em alguns relatos. Ele foi o fundador da seita Terra Pura, uma ordem budista dedicada a Amitabha.

Huichaana *Centro-americana*
Uma divindade criadora dos zapotecas. Dizia-se que essa divindade, de sexo indeterminado, criou peixes e seres humanos depois que Cozaana criou o mundo e todos os animais.

Huitzilopochtli *Centro-americana*
também Quetzalcoatl
Um deus asteca do sol e deus da guerra, um beija-flor mágico. Em alguns relatos ele é um aspecto de Tezcatlipoca como deus da guerra.

Nascido de Coatlicue, que já era mãe de quatrocentas crianças, ele foi entregue totalmente formado e totalmente armado, e foi advertido por seu irmão Quauitlicac, enquanto ainda estava no útero, que essas crianças estavam planejando matar a mãe para impedir seu nascimento. Alguns dizem que ele teve duas mães – Coatlicue e Teteionan.

Em algumas versões, ele decapitou sua irmã Coyolxauhqui; em outras, ela foi morta na batalha entre Huitzilopochtli e as outras crianças. Em ambos os casos, ele jogou a cabeça dela para o céu, onde ela se tornou a lua.

Alguns relatos dizem que ele, e não Nanautzin, rege o Quinto Sol.

Diz-se que ele é o deus Xochipilli que se tornou o deus da guerra quando lhe foi dado sangue humano para beber.

Ele foi retratado com os membros pintados com barras azuis, usando um boné com as penas do beija-flor. Seu escudo era feito de caniços e penugens de uma águia e sua lança era inclinada para baixo com penugem em vez de pedra.

Huitziton *Centro-americana*
Um herói asteca. Ele conhecia a língua das aves e elas o aconselharam a levar seu povo para o México. Ele era um dragão-assassino e provavelmente um aspecto de Huitzilopochtli.

Huldrafolk *Nórdica*
Um nome para os anões ou elfos. Em alguns relatos, suas costas são ocas; em outras, têm uma longa cauda. Às vezes, eles se casam com mortais. (*Veja também* **Uldra**.)

Humanmaker *Norte-americana*
O deus criador da tribo pima. Ele fez figuras a partir do barro, às quais o Coyote acrescentou a genitália, permitindo assim que elas se reproduzissem e se tornassem ancestrais da tribo.

Hun Pic Tok *Centro-americana*
Um deus da guerra maia, o portador de oito mil lanças.

Hun-tun *Chinesa*
Uma divindade que representa o caos, que é concebido como o estado, seguindo Wu Chi, do qual surgiu o universo. Do caos, diz-se, evoluiu o tempo e o espaço e um ponto fixo, T'ai Chi, que deu origem a muitas mudanças e finalmente à substância (Chih).

Outros relatos fazem de Hun-tun um imperador que governava o centro antes da criação, enquanto Hu comandava o norte, e Shu, o sul. Esses dois se fundiram para formar o raio que perfurou o corpo de Hun-tun que então formou o universo.

Em algumas versões, ele era um príncipe perverso enviado para o exílio por seu pai, o Imperador Amarelo, enquanto outros dizem que ele era um pássaro vermelho, sem rosto, com quatro asas e seis pernas.

Há ainda uma outra história que diz que ele foi o Imperador da China, que nasceu sem as sete aberturas corporais dos outros seres humanos. Amigos bem-intencionados fizeram as aberturas necessárias, mas ele morreu quando o último estava entediado e a terra surgiu ao mesmo tempo.

Hunab *Centro-americana*
Um deus criador dos maias. Periodicamente ele inundava a terra fazendo a chuva cair da barriga da serpente do céu. Ele repovoou a terra

depois de três dilúvios, primeiro com anões, depois com uma raça chamada Dzalob, que se tornou demônio, e por último com os maias, que estão eles mesmos destinados a desaparecer em outra enchente.

Hunapu *Centro-americana*
O deus maia da caça; um dos Heróis Gêmeos.

Ele e seu irmão gêmeo Ixbalanqué nasceram quando a cabeça decapitada de seu pai, que havia sido morto pelos governantes de Xibalbam cuspiu na mão de Xqiuq, uma princesa do mundo inferior, Xibalba. Seus outros irmãos, Hunbatz e Hunchouen, tinham ciúmes dos poderes mágicos dos gêmeos e os teriam matado, mas a dupla percebeu suas intenções e os transformou em macacos.

Eles decidiram se livrar do gigante Vacub-Caquix e seus filhos, Cabraca e Zipacna. Em sua primeira tentativa, quando eles atiraram uma flecha envenenada que atingiu o gigante na bochecha, eles não foram bem-sucedidos, por isso, disfarçados de médicos, arrancaram seus dentes de esmeralda e também os olhos, o que o levou à morte. Eles tentaram matar Zipacna enterrando-o e construindo uma casa sobre o local, mas o gigante se recuperou e matou os 400 jovens que os tinham ajudado a enterrá-lo. Uma outra tentativa, quando atiraram montanhas em cima dele, foi exitosa. Seu irmão Cabraca foi facilmente morto quando os gêmeos lhe deram frango envenenado para comer.

Os dois então foram para Xibalba, a convite dos governantes, para jogar tlachtli (um jogo de bola) com eles, esperando poder vingar a morte de seu pai, Hunhunapu. Sempre que ganhavam um jogo contra os senhores de Xibalba, tinham que passar uma noite em uma casa de tortura. Eles sobreviveram à Casa de Gloom, à Casa de Lanças, à Casa de do Frio, à Casa dos Tigres e à Casa do Fogo, mas, na Casa dos Morcegos, Hunapu foi decapitado pelo deus morcego, Camazotz. Tempos depois, ele foi restaurado por uma tartaruga.

Aconselhados e ajudados pelos magos Bacam e Xulo, os gêmeos queimaram e restauraram todo tipo de coisas, incluindo eles mesmos. Os governantes Huncame e Vucubcame foram persuadidos a tentar realizar a mesma façanha, mas foram queimados até a morte.

Hunhau *Centro-americana*
Um deus maia da morte com a cabeça de coruja; um nome de Ah Puch como chefe dos demônios.

Hunting Causeway *Britânica*
Uma estrada em Somerset, Inglaterra. Diz-se que na Noite de Natal ou no Dia de São João Batista (24 de junho), o rei Artur e seus cavaleiros percorrem essa rota do castelo de Cadbury até Glastonbury.

Hurakan *Centro-americana*
O deus criador de uma perna só e deus do trovão dos maias. Diz-se que ele ou o deus criador Gucumatz fez a humanidade, primeiro de barro e depois de madeira, mas não deu certo, até que, finalmente, ele a fez de milho. Posteriormente, ele provocou um dilúvio para matá-la.

Alguns equiparam Hurakan a Gucumatz. Outros dizem que ele foi o primeiro homem, criado por Gucumatz.

Huruing Wuhti *Norte-americana*
Duas deusas-mães irmãs dos hopi. Em alguns relatos, elas foram deusas criadoras que moldaram humanos e

animais a partir do barro. Elas fizeram as pessoas boas – as menos civilizadas foram feitas por Kokyangwuti. As duas sobreviveram ao Dilúvio e se tornaram ancestrais da tribo.

Husbishag *Mesopotâmica*
Uma deusa suméria do mundo inferior. Ela registrou a hora da morte de cada pessoa em tabuinhas mantidas para esse fim.

Huveane *Africana*
O deus criador do povo basuto. Tendo criado a terra e o céu, Huveane subiu aos céus em estacas que ele retirou para impedir que o homem o seguisse.

Hyel *Africana*
Uma divindade suprema na Nigéria. Quando o primeiro homem morreu, um verme foi mandado para o céu para perguntar a Hyel o que os homens deveriam fazer e ele os aconselhou a pendurar o corpo do homem morto e jogar mingau nele. O lagarto Agadzagazda ouviu isso por acaso e correu de volta com a mensagem de que eles deveriam enterrar o corpo. Quando o verme chegou com a verdadeira mensagem do deus, o povo a ignorou, e o resultado é que os homens ainda morrem.

Hypnus *Grega*
também Hypnos;
= *Romana* Somnus
Um deus do sono; irmão de Tânato ("morte"). Ele vive no mundo inferior durante as horas do dia e, em alguns relatos, é considerado uma ave noturna.

I

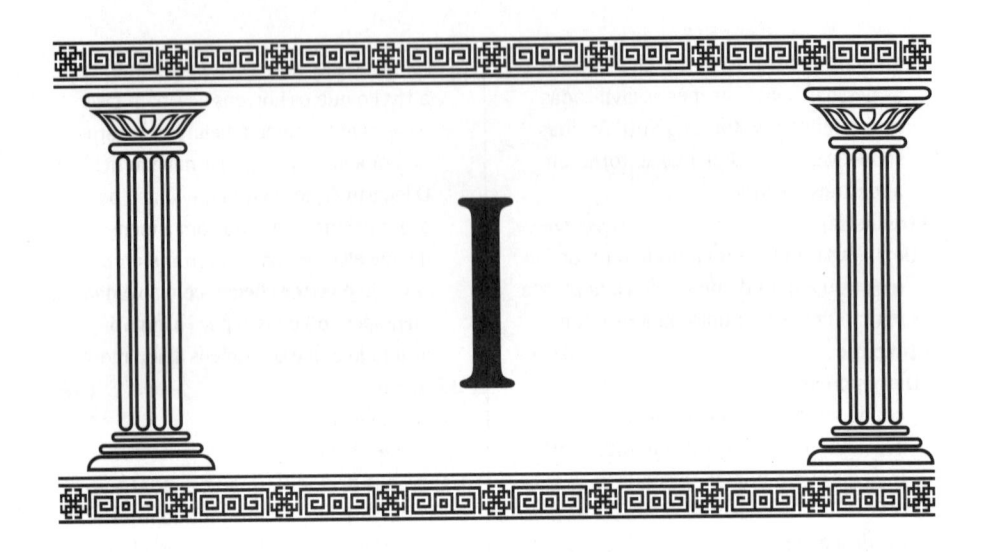

I¹ *Centro-americana*
Uma divindade maia de identidade incerta, que costuma aparecer como Deus I (*veja deuses alfabéticos*); talvez Ix Chel. Esta divindade é descrita como uma anciã cujos pés são garras, ela usa uma cobra em forma de nó na cabeça e segura um pote de água. A água que flui do pote sugere que ela talvez fosse uma deusa da água.

I² *Chinesa*
também Arqueiro Celestial
O arqueiro que derrubou nove sóis. Quando dez sóis apareceram no céu, o calor foi tanto que I abateu nove deles com seu arco mágico.

Em uma versão, essa divindade foi banida para a Terra por Ti Chün, que ficou furiosos por perder seus filhos, mortos pela esposa de I. Heng O, esposa de I, que foi banida junto com ele, roubou o elixir da imortalidade e voou para a lua. Alguns dizem que, depois, ele se casou com Fu-fei. Mais tarde, ele foi perdoado por Ti Chün ou, segundo alguns relatos, recebeu a imortalidade de Hsi Wang Mu e veio a ser identificado como sol.

Outras histórias de suas façanhas contam que ele impediu o eclipse da lua, o que fez com que os seres humanos se tornassem inférteis, atirando no Cão Celestial que devorou a lua, e que ele subiu nos ventos criados pelo senhor dos ventos, Feng Po, e atirou na perna dele, forçando-o a diminuir as tempestades que havia causado.

I Kaggen *Africana*
O deus bosquímano, Kaang, como o espírito do louva-a-deus.

I-mu-kuo *Chinesa*
"terra de um olho só"
Uma terra mítica onde as pessoas tinham apenas um olho no centro da testa.

I-qong *Ilhas do Pacífico*
Na tradição melanésia, o deus da noite. Ele vendeu a escuridão da noite ao deus criador Qat em troca de alguns porcos.

Ia *Ilhas do Pacífico*
A primeira mulher segundo a tradição de Samoa.

Ia'tiku *Norte-americana*
Deusa criadora dos Pueblo; mãe de Katsinas. Sua irmã Nao'tsiti deu à luz gêmeos depois de ser engravidada pelo arco-íris e deu um dos filhos a la'tiku, antes de ir para o leste. O menino, Tia'munia, se uniu para gerar os precursores da tribo.

Iaê *Sul-americana*
Deus da lua e do povo Mamaiuran do Brasil.
As pessoas estavam na escuridão porque as asas de Urubutsin, o rei abutre, impediam que a luz do céu chegasse à Terra. Iaê e seu irmão gêmeo Kuat capturaram Urubutsin e só o soltaram quando ele prometeu permitir a passagem da luz. Então, eles foram para o céu, com Iaê se tornando a lua, e Kuat, o sol.

Iapetus *Grega*
Um Titã; filho de Urano e Gaia; irmão ou marido de Têmis, em alguns relatos, ele foi pai de Prometeu com Têmis e dizem que ele criou a humanidade.

íbis *Egípcia*
Ave sagrada; uma encarnação do deus Thoth.

Ícaro *Grega*
Filho de Dédalo com uma escrava. O rei Minos o trancou com o pai no labirinto que abrigava o Minotauro, em Creta, mas ambos foram libertados por Pasífae, a esposa do rei. Eles escaparam de Creta voando nas asas de penas e cera feitas por Dédalo. Ignorando as instruções de seu pai, Ícaro voou muito perto do sol, a cera derreteu, ele caiu no mar e se afogou. Uma versão alternativa diz que Ícaro não morreu, e sim nadou para a ilha vizinha de Icaria e lá viveu por muitos anos.

ichor *Grega*
O fluido incolor nas veias dos deuses. Esse fluido vital nunca carregava doenças; se derramado, geraria uma nova vida onde quer que caísse.

Ictinike *Norte-americana*
também Homem Aranha
Um deus trapaceiro, deus da guerra do povo Iowa; filho do deus do sol. Ele foi expulso do céu por sua trapaças. Ele enganou o Coelho tirando seu casaco de pele e, enquanto o Coelho estava em uma árvore, vestiu o casaco e fugiu com ele. Depois se casou com uma filha de um chefe local, ofendendo assim a outra filha, que resgatou o Coelho sem pele. E se envolveu em uma competição de tiro com o Coelho na qual atiravam em uma águia e, no outro dia, havia uma nova pena no lugar da que caía. Quando o Coelho devolveu a Ictinike as roupas que ele tinha tirado para vestir o casaco de peles, o povo começou a dançar de maneira tão frenética que Ictinike, pulando cada vez mais alto, caiu e quebrou o pescoço.

Uma outra história tem uma versão diferente de sua morte. Dizem que ele ficou com inveja quando o Coelho (nessa história, Menino Coelho) se casou com a moça que ele queria para si e incitou os jovens da aldeia a matar o Coelho. Antes de matá-lo, cortá-lo e fervê-lo, o Menino Coelho cantou uma canção de morte e depois usou seus poderes mágicos para remontar os pedaços e trazê-lo de volta à vida. Quando Ictinike tentou fazer a mesma coisa, cantou as palavras erradas para a canção da morte e morreu, para nunca mais voltar.

Há ainda uma outra história que conta que ele montou nas costas de um urubu que o jogou em uma árvore oca onde ele ficou preso por algum tempo. Quando finalmente escapou, ele fingiu estar morto. O urubu pousou para se alimentar de sua carne e Ictinike o apreendeu e arrancou as penas do topo de sua cabeça.

Alguns o equiparam a Ikto, um herói cultural que, dizem, inventou o discurso.

Ida *Hindu*

A deusa da comida e da lei; filha do deus Varuna, dizem alguns; consorte de Manu, o deus criador do primeiro humano. Dizia-se que ela foi criada a partir da manteiga e do leite que sobrou da Agitação do Oceano. Ela e Manu repovoaram a Terra depois do Dilúvio depois de sobreviver no topo de uma montanha.

Em alguns relatos, ela era filha de Manu e mulher de Buda.

Outra versão diz que Ida originalmente foi homem, mas ela irritou a deusa Parvati, que a transformou em uma mulher. Tempos depois, Parvati cedeu e Ida foi autorizada a passar meses alternados como homem, Ila.

idioma

Diz uma lenda que Adão e Eva falavam persa, a serpente falava árabe e o anjo Gabriel falava turco.

Idomeneu *Grega*

Um rei de Creta. Ele foi o líder dos cretenses na Guerra de Troia e foi um dos escondidos dentro do Cavalo de Madeira. Ele apontou a lança para Eneias, mas acabou matando Enomau. Voltando de Troiam seu navio foi atingido por uma tempestade e Idomeneu jurou matar a primeira pessoa que encontrasse em Creta se o deus do mar, Poseidon, salvasse seu navio. A primeira pessoa foi seu próprio filho, Idamente. Ele o matou e foi banido para a Itália, quando uma praga desceu sobre a ilha.

Em alguns relatos, ele foi expulso de Creta por Leucus, que havia seduzido a esposa de Idomeneu, Meda, enquanto o marido dela estava em Troia.

Iduna *Nórdica*

Deusa da juventude. Alguns dizem que ela não teve nascimento e nunca poderia morrer.

Ela tinha uma cesta mágica contendo as maçãs da eterna juventude, cujo fornecimento era continuamente renovado. Ela as doava a deuses, alguns dos quais não eram imortais. Enganada pelo trapaceiro deus Loki para sair de Asgard com um pote dessas maçãs, ela foi raptada pelo gigante Thiassi. Quando os deuses, que estavam envelhecendo devido à ausência da fruta, descobriram o que Loki tinha feito, ordenaram que ele a recuperasse. Usando o falcão de Freya, ele voou para Thrymhrim e, transformando Iduna em uma andorinha ou uma noz, ele a trouxe de volta para Asgard, em segurança.

Um dia, quando estava sentada em um galho da árvore do universo Yggdrasil, ela desmaiou e caiu em Niflheim, onde foi encontrada por Bragi, que a envolveu em uma pele de lobo branca dada por Odin. Ela permaneceu pálida e chorosa pelas terríveis visões que teve no reino de Hel e Bragi ficou ao seu lado até ela se recuperar.

Idzumo *Japonesa*

Uma parte da terra recém-criada. Esse reino causou tanta irritação nos deuses por causa do barulho feito pelas árvores e flores que, naqueles dias, podiam falar, que eles mandaram o deus Ninigi, precedido por três enviados, para reprimir a perturbação.

Ifigênia *Grega*
Filha do rei Agamenon e Clitemnestra. Outros dizem que era filha de Teseu e Helena, que deu a criança a Clitemnestra para criá-la.
 Em outra história, ela foi sacrificada por Agamêmnon para que os ventos diminuíssem porque frota grega, pronta para navegar para Troia, aguardava confinada. Em outra versão, Ártemis substituiu um cervo (um urso ou um bezerro em outras histórias) no altar e levou a espirituosa Ifigênia para Táurida, onde ela se tornou sacerdotisa de um culto que sacrificou todos os prisioneiros a uma imagem de madeira da deusa, que se dizia ter caído do céu. Ela estava lá quando Orestes e Pylades chegaram para capturar a imagem sagrada de Ártemis. Ela reconheceu Orestes como seu irmão e enganou o rei, Thoas, que havia prendido os recém-chegados, libertando-os. Eles escaparam com a imagem sagrada, levando Ifigênia de volta a Micenas com eles.
 Diz-se que a deusa Ártemis a tornou imortal como Hécate, e que ela se casou com o herói Aquiles.

Igalilik *Inuíte*
Um espírito da caça. Diz-se que ele carregava um caldeirão fervente grande o bastante para levar uma foca.

Igaluk *Inuíte*
O deus supremo e deus da lua. Inadvertidamente, ele teve um relacionamento sexual com a própria irmã que, com nojo, pegou uma tocha e subiu ao céu, onde ela se tornou o sol. Igaluk tornou-se a lua.

Igraine *Britânica*
Mãe de Elaine, Morgana le Fay e outros; mãe do rei Artur com Uther.
 Quando Uther se apaixonou por Igraine, seu marido Gorlois a fechou dentro de um castelo. O mago Merlin fez com que Uther assumisse a forma de Gorlois, para que ele chegasse a Igraine, em quem ele gerou o menino Artur, mais tarde rei da Grã-Bretanha. Outros dizem que eles também tiveram uma filha chamada Anna. Ela se casou com Uther quando Gorlois morreu.
 Em alguns relatos, ela veio da Atlântida.

Ihoiho *Ilhas do Pacífico*
Deus criador das Ilhas Sociedade. Ele criou o oceano primordial e, sobre ele, o ser Tino Taata, que fez o homem.

Ija-kyl *Siberiana*
Na tradição yakuts, um espírito animal. Diz-se que esse espírito aparece para um xamã quando ele assume o cargo, no meio desse período e pouco antes de sua morte. Ele morre quando o xamã morre e leva o espírito do espírito do xamã para o outro mundo.

Ika Tere *Ilhas do Pacífico*
Um deus polinésio dos peixes. Diz-se que ele criou todas as criaturas do mar.

Iko *Índias Orientais*
O primeiro homem a morrer, na tradição da Nova Guiné. Ele deixou para trás uma espécie de miragem que, desde então, tem impedido os vivos (exceto os videntes) o seguissem para a terra dos mortos.

Ikto *Norte-americana*
Um herói da cultura sioux tido como o inventor do discurso. Em alguns relatos, ele é equiparado a Ictinike.

Iku-Ikasuchi *Japonesa*
Um deus trovão xintoísta. Ele foi um dos oito deuses nascidos do corpo carbonizado de Izanami.

Ikuzimu *Africana*
O solo sob a Terra, na tradição dos Banyarwanda, povo de Ruanda (Hutu, Tutsi e Batwa).

Ila-Ilai Langit *Índias Orientais*
Na tradição dos dayaks, um monstro primordial em forma de peixe, que foi criado na primeira das três épocas da criação.

Ilai *Ilhas do Pacífico*
Um deus sol indonésio, consorte de Indara. Juntos ele produziram homens fazendo pedras e dando vida a elas.

Ilamatecuhtli *Centro-americana*
Uma deusa asteca, um nome de Cihuacoatl como "velha deusa". Nesse papel, ela era mulher de Mixcoatl e teve sete filhos, cada um dos quais fundou uma grande cidade.

Ilé-Ifé *Africana*
Uma cidade sagrada das dezessete divindades do povo iorubá. Este foi o local no centro do mundo onde os humanos foram criados e onde os mortos se reúnem para receber instruções.

Ilha Blissful *Norte-americana*
Na tradição de algumas tribos nativas americanas, a terra dos mortos.

Ilha das Maçãs, Ilha dos Bem-Aventurados *veja* **Avalon**[1]

Ilha das Macieiras *veja* **Emain Ablach**

Ilhas Abençoadas *veja* **Elysium, Ilhas Afortunadas**

Ilhas Abençoadas *veja* **Tuma**

Ilhas Afortunadas[1] *Grega*
também Ilhas dos Bem-aventurados
O lar das almas que alcançaram o Elysium três vezes. Alguns identificam essas ilhas com o Elysium, outras como um lugar diferente.

Ilhas Afortunadas[2] *Irlandesa*
também Ilhas dos Bem-aventurados
Um paraíso terrestre em algum lugar do oeste da Irlanda.

Ilhas Afortunadas[3] *Chinesa*
também Ilhas dos Bem-aventurados
O lar das fadas e dos imortais.
Diz-se que as fadas comem pedras preciosas coletadas na região costeira e retêm sua imortalidade ao beber da fonte da vida. Os imortais vivem do fungo sagrado que cresce nessas três ilhas, que são chamadas Fangchang, P'eng-lai e Ying-chou.
Diz-se que uma grande frota foi enviada para procurar essas ilhas no século II a.C., mas falhou na tentativa.
Outra história diz que essas ilhas originalmente flutuavam no mar oriental, mas, mais tarde, foram ancoradas por tartarugas enormes a mando do Imperador Celestial.

Ilhas dos Bem-aventurados *veja* **Ilhas Afortunadas**

Ilion
Outro nome para Troia.

Ilitia *Grega*
A deusa do parto; filha de Zeus e Hera. Em algumas versões, ela foi uma força primordial, irmã de Gaia, e colocou o ovo cósmico de onde tudo brotou. Outras dizem que originalmente existiam duas deusas com esse nome, uma atuando no nascimento, outra prolongando as dores do parto. Posteriormente elas se fundiram. Em alguns relatos, havia várias filhas (Ilitia) agindo como deusas do parto.

Illuyanka(s) *Mesopotâmica*
= *Babilônica* Tiamat; *Hebreia* Leviatã.
Um dragão hitita. Esse monstro estava envolvido em uma luta com o deus do tempo, Teshub, e o venceu. A deusa Inara e seu amante Hupasiyas prenderam o dragão e seus descendentes e os amarraram para que o deus do tempo o matasse.
Em outra versão, o dragão pegou os olhos e o coração do deus do tempo, que, então, gerou um filho que se casou com a filha de Illuyankas e recebeu as

partes que faltavam como presente de casamento. Mais uma vez, Teshub matou o dragão e seu próprio filho, que alguns diziam ser Telepini.

Ilma *Finlandesa*
Um espírito do ar. Essa força primordial precedeu a criação e gerou uma filha, Ilmatar, que, em alguns relatos, caiu do céu no oceano onde, unindo-se a Ahti, o oceano, ela teve inúmeras criaturas marinhas.

Ilmarinen *Báltica*
Um herói finlandês, que, dizem, ensinou as artes do metal à humanidade.

A seu irmão Vainamoinen foi prometida a mão da filha de Louhi, uma perversa giganta do gelo, desde que ele pudesse fazer um sampo (um objeto misterioso que concede desejos). Ilmarinen foi mandado para seu país, Pohjola, para fazê-lo. Usando materiais como as penas de um cisne, cevada e lã, ele se encarregou da tarefa. Das chamas de sua fornalha, surgiram vários objetos maravilhosos, mas ele os rejeitou. Por fim, surgiu o sampo, um talismã com um moinho em cada um de seus três lados. Quando o apresentou para a filha de Louhi, ela se casou com ele, e não com Vainamoinen.

Quando sua esposa, Kildsin, foi morta por seu próprio gado, ele raptou a irmã dela e, quando esta lhe foi infiel, ele a transformou em um pássaro.

Ele e Vainamoinen roubaram o sampo, que foi esmagado quando Louhi causou uma tempestade que destruiu seu navio.

Em um relato, Vainamoinen fez crescer um abeto até ele chegar ao céu e Ilmarinen escalou a árvore na esperança de captar a lua. De repente, um vento mágico o soprou da árvore.

Ilmatar *Báltica*
Uma deusa criadora finlandesa e deusa do ar; mãe de Vainamoinen e Ilmarinen.

Ela flutuou nas águas primordiais por 700 anos e finalmente se acasalou com um pássaro ou uma marreca, colocando seu ovo em seu joelho exposto. O ovo caiu e a casca se quebrou, surgindo o céu e Terra. Em alguns relatos, a ave pôs seis ovos de ouro e um feito de ferro e Ilmatar encheu o universo a partir desses ovos.

Foi contada uma história similar sobre Vainamoinen, mas, neste caso, a ave era uma águia.

Em outra versão, ela caiu no oceano e se acasalou com Ahti, o deus das águas, para produzir Vainamoinen e incontáveis criaturas marinhas.

Ilu *Ilhas do Pacífico*
Um deus do céu samoano. Essa entidade fundiu-se com Mamao, outro deus do céu, para formar o céu e, juntos, tiveram Ao, o deus das nuvens, e Po, o vazio primordial.

Iluminador das Trevas *Chinesa*
Um dragão monstruoso. Essa fera tinha fama de ter 1.600 metros de comprimento e podia mudar de cor à vontade. Abrir seu olhos traz luz, fechá-los, a escuridão. O vento é sua respiração que congela na chuva ou, dependendo da cor do dragão, ouro, cristal ou vidro.

Imana *Africana*
O deus supremo e deus criador de Banyarwanda. Ele criou o mundo em três camadas, cada uma apoiada em um suporte de madeira, uma acima da outra. Ele viveu no mundo mais alto; o mundo logo abaixo era dos seres vivos; e inferior, o mundo dos mortos.

Imap-ukua *Inuíte*
Uma deusa do mar, que se dizia controlar todos os animais no mar.

Imbas forosnai *Irlandesa*
Aquisição de sabedoria ao mastigar o polegar. Isso é apresentado na história de Finn mac Cool.

Imberombera *Australiana*
Uma ancestral da tribo kakadu dos aborígenes. Quando se encontrou e se uniu ao deus criador Wuraka, ela produziu instantaneamente todos os seres vivos, aos quais Wuraka deu nomes. Quando tudo acabou, eles foram para o mar de onde vieram e desapareceram.

Imdugud *Mesopotâmica*
Um nome do deus Ninurta como deus da chuva. Em algumas versões, Imdugud e Ninurta eram originalmente a mesma deidade que desenvolveu em dois seres muito diferentes.

Em uma história, uma vez, Imdugud (ou talvez Zu) roubou as Tábuas do Destino do deus Enlil, mas elas foram recuperadas por Ninurta.

Ele é representado como um pássaro com a cabeça de um leão.

Imhotep *Egípcia*
Um deus do conhecimento, da medicina e dos escribas; um faraó, mas tarde totalmente deificado; filho de Sakhmet ou de Ptah e de uma mulher mortal.

Ele foi um estudioso do século XXVI a.C., tido como projetista da primeira pirâmide, e foi deificada como Ptah.

Imilozi *Africana*
Espíritos ancestrais dos Zulus. Sua função era transmitir aos homens os segredos e mensagens dos deuses, mas sua linguagem de assobios era incompreensível e, por isso, nenhuma mensagem foi transmitida.

imp *Europeia*
Um duende; um espírito do mal.

Imperador Amarelo *veja* **Huang Ti, Yü²**
Imperador Celestial *veja* **Shang Ti**
Imperador de Jade *veja* **Yü Huang**
Imperador dos Mares do Norte *veja* **Hu**
Imperador dos Mares do Sul *veja* **Shu¹**

Impundulu *Africana*
Um íncubo em forma de pássaro. Este ser vai atacar e matar qualquer amante humano da mulher com quem tiver relações sexuais. O filho de tal união será um vampiro.

Inanna *Mesopotâmica*
também Rainha do Céu
= *Acádio* Ishtar; *Frígia* Cybele; *Babilônia* Nina
A deusa mãe suméria, deusa da fertilidade, do amor e da guerra.

Inanna desceu ao mundo inferior Kur, esperando impor sua autoridade sobre a irmã Ereshkigal, que governava o local. E foi admitida em cada um dos sete reinos, mas removeu um símbolo de seu poder em cada porta de entrada. Ela então foi morta e pendurada em uma estaca. Os deuses mandaram dois seres sem sexo para reanimá-la e trazê-la de volta, mas, para se livrar dos demônios que continuavam a atormentá-la, ela foi obrigada a fornecer uma substituta para si mesma e assim sacrificou seu marido Dumuzi, que fora infiel na ausência dela, e a deusa do vinho Geshtinanna que, com Dumuzi, serviu períodos alternados de seis meses no mundo inferior.

Esta é uma versão anterior da mesma história sobre Ishtar. Alguns relatos fazem uma distinção entre esta deusa e Inanna, a deusa mãe babilônia, e algumas pessoas dizem que Inanna e Ereshkigal são a mesma pessoa.

Inapertwa *Australiana*
Seres rudimentares e primitivos, que foram usados pelos Numbakulla (seres celestiais) para fazer animais, aves e plantas. Alguns até foram transformados em humanos.

Inara *Mesopotâmica*
Uma deusa hitita. Quando o dragão Illuyankas venceu o deus do tempo, Teshub (pai de Inara), ela e seu amante Hupasiyas embebedaram o monstro e seus descendentes e os amarraram para que Teshub pudesse matá-los. Outros dizem que eles prenderam o dragão e lhe deram tanta comida que ele ficou preso na passagem para a sua toca nos subterrâneos.

Ela construiu uma casa para Hupasiyas e lhe deu ordens para não olhar para fora no caso de ele ver a esposa e a família. Mas ele desobedeceu e ela o matou.

Em outra versão, Inara era um deus hitita (também conhecido como Lama) que usurpou o trono celestial, mas foi derrubado por Ea.

Inari *Japonesa*
Um deus xintoísta da comida. Depois de sua esposa Uke-mochi ser morta pelo deus da lua Tsukiyomi, Inari se identificou com ela, assumindo suas funções, embora em algumas versões esta seja uma divindade feminina. Em alguns relatos, tanto ele quanto Uke-mochi são considerados como aspectos da deusa Ugonomitama.

Às vezes, ele era visto como uma raposa ou cavalgando uma raposa) e frequentemente é retratado como um homem barbudo com duas raposas.

íncubo *Europeia*
Um demônio na forma masculina; um espírito que ataca as mulheres durante a noite. Os primeiros relatos consideram o íncubo como um anjo caído. Em outros, o íncubo monta sua vítima, às vezes até a morte por exaustão. Os descendentes de tal união são monstros de todas as descrições. (*Veja também* **súcubo**.)

Indaji *Africana*
Um famoso caçador nigeriano que podia atrair animais com assobios e matava tanto que o deus da floresta lhe deu ordens para que não matasse mais de um por dia. Quando matou três antílopes, eles se transformaram em leões e o atacaram. Todos eles mudaram de forma várias vezes até que Indaji virou uma árvore e foi queimado em um incêndio florestal.

Indra *Hindu*
O deus supremo, deus da fertilidade, dos céus, da chuva e da guerra; consorte de Indrani. Originalmente o deus dos invasores arianos do Norte da Índia, ou até mesmo um mortal mais tarde deificado, ele foi adotado no panteão hindu e depois rebaixado para se tornar deus do paraíso, Svarga.

Ele é visto como um dos Dikpalas, guardião do leste com seu elefante Airavata.

Dizia-se que ele havia nascido totalmente desenvolvido pelo lado de sua mãe, pronto para lutar contra as forças do mal.

Ahi, a serpente das secas, havia engolido todas as águas primitivas, então Indra abriu o estômago do monstro com um de seus raios para liberar as águas para criar vida. Ele também resgatou o gado das nuvens, as vacas sagradas, quando elas foram roubadas por Ahi.

Outra versão diz que o gado foi engolido por um demônio diferente, Vritra, feito pelo sábio Tvastri para matar Indra. Nessa história, Vritra também engoliu Indra, que escapou quando os outros deuses forçaram a abertura das mandíbulas do demônio. Vishnu se transformou em uma faca e cortou a cabeça do monstro. Em algumas histórias, esse monstro é chamado de Namuci.

Indra então criou um novo universo no qual o céu repousava sobre pilares de ouro e as montanhas se fixaram em uma posição quando ele cortou seus flancos.

Sua arma era o raio, Vajra, e ele é retratado vermelho ou dourado, às vezes montado em uma carruagem puxada por dois (1.100 ou 10.000) cavalos, outras vezes montando um elefante. Ele também é representado com uma barba quem dizem, flamejava como um relâmpago e, às vezes, com sete braços que carregavam um diadema, um disco, um aguilhão, um rosário, uma foice, uma espada e o vajra. Sete rios fluiam dele.

Ele era dono do cavalo Uccaihsravas que apareceu na Agitação do Oceano.

Alguns dizem que ele poderia assumir a forma de um inseto.

Inferno
Budista
Os budistas imaginam o inferno com oito, dez ou até 136 reinos, o mais baixo dos quais se chama Avici, reservado para aqueles que zombam de Buda.
Centro-americana
O inferno maia consistia em nove etapas, o que exigia que a alma cruzasse um rio guardado por um cão amarelo, passasse entre os picos de duas montanhas, sofresse a investida de ventos frios e intensos, bandeiras e flechas, e escapasse de um animal selvagem antes de chegar a uma terra de paz.
Chinesa
Diz-se que este lar de almas falecidas, conhecido como Ti Yü, o Prisma da Terra, está em algum lugar na província de Szechuan e tem dez departamentos, conhecidos como Shih T'ien-wenyang, cada um dos quais é governado por um dos Dez Reis Yama, os juízes dos mortos.

Na chegada a essa região pede-se às almas um pagamento em dinheiro. Se não pagam, são espancadas. Depois de serem pesadas para ver se estão carregadas do mal, são divididas entre o bem e o mal na Bad Dog Village. Elas têm um vislumbre de seu futuro em um espelho e um olhar nostálgico para o passado antes de atravessar uma ponte que, para pecadores, tem 2,5 centímetros de largura. Do outro lado, recebem uma bebida que destrói toda a lembrança de uma vida anterior e passam pela Roda da Lei para emergir em uma nova encarnação.
Hindu
O inferno tem 28 reinos. Um deles, Asipatravana, é para os hereges; Avichimat é para os mentirosos; Kalasutra, para os assassinos dos brâmanes; Krimibhoja, para os egoístas; Raurava, para os sádicos; Suchimukha, para os avarentos; Sukramukha, para os tiranos; Tamusra, para adúlteros e ladrões; Vaitarani, para os saqueadores e para aqueles que destruíram colmeias; e Vajrakantaka para os que casaram em outra casta.
Jainista
O inferno tem uma série de camadas, das quais a mais baixa é conhecida como Mahahima. Em um reino, Valuka, a tortura envolve enterramento em areia quente.
Japonesa
Yomitsu-kuni ou Jigoku está sob a terra e compreende oito infernos, cada um deles dividido em dezesseis partes. Além desses grandes infernos, existem outros,

cada um dividido em quatro partes, conhecidas como Kimpen-jigoku e outros, os Koduko-jigoku, que aparecem aleatoriamente. As almas são julgadas por Emma-O e enviadas a um ou mais infernos ou, se merecedoras, renascem.

Iniciado da Terra *Norte-americana*
O criador, na tradição do povo maidu, da Califórnia.

Inkari *Sul-americana*
Um ancestral do povo Q'ero, do Peru. Ele e sua parceira, Collari, foram criados por Apus (espíritos da montanha) para repovoar o país depois que Roal matou o povo existente com o calor do sol.

Outra história diz que Inkari foi o deu do sol que foi decapitado. Sua cabeça ficou escondida em um local secreto onde continua viva e crescendo em um novo corpo. Quando o corpo estiver completo, o deus vai aparecer uma vez mais e devolverá a glória do passado a seu povo.

Inriri *Índias Orientais*
Um pica-pau.

Antes havia homens, mas não existiam mulheres. Então, um dia, quatro seres sem órgãos sexuais caíram das árvores. Os homens amarraram esses seres e Inriri, achando que eles fossem árvores, bicaram seus corpos, fazendo buracos que formaram vaginas.

Inteligências *Hebraico*
também Sete Inteligências
Seres espirituais cabalísticos que controlam os movimentos dos planetas. Esses seres estão listados como Agiel (Saturno), Elimiel (lua), Graphiel (Marte), Hagiel (Vênus), Nagiel (sol), Sophiel (Júpiter) e Tiriel (Mercúrio).

Inti *Sul-americana*
O deus sol dos Incas. Ele enviou seus filhos para a Terra para dar início à civilização inca onde quer que a cunha de ouro que ele lhes deu afundasse no solo.

Ele é representado como um disco solar de ouro com rosto humano.
(*Veja também* **Filhos do Sol**.)

Io *Grega*
= Egípcia Ísis
Uma ninfa do rio, uma sacerdotisa da deusa Hera. Zeus se apaixonou por Io e, quando Hera a viu com ele, transformou-a em uma vaca, negando que ele havia tocado qualquer mulher. Hera implorou para que a vaca fosse dada e a colocou sob o comando de Argos, que tinha cem olhos. Hermes acalentou o guardião até que dormisse e Zeus o matou e libertou Io. Hera enviou uma mosca para atormentar Io, que a perseguiu em suas andanças durante as quais ela encontrou Prometeu acorrentado a uma rocha, mas não pôde ajudá-lo. Depois de atravessar muitas terras, ainda sob a forma de vaca, ela se estabeleceu no Egito, onde Zeus a devolveu à forma humana, e deu à luz ao filho Épafo, embora casada com Telégono. Ela se assimilou à deusa Ísis e Épafo, ao deus touro Ápis.

Iolau *Grega*
Hércules levou esse rapaz, seu sobrinho, como cocheiro durante seus Trabalhos. No final desse período, ele entregou sua esposa, Mégara, a Iolau. Em algumas histórias, Iolau tinha dezesseis anos quando se juntou a Mégara, o que o tornou bastante jovem para um cocheiro no início de sua aventuras. Na aventura com a Hidra, quando Hércules cortou cada cabeça do monstro, Iolau cauterizou a ferida para impedir que a cabeça voltasse a crescer.

Alguns dizem que, quando velho, Hebe o trouxe de volta à juventude, a fim de ajudar os filhos de Hércules quando atacados por Euristeu, rei de Argos que, segundo alguns relatos, ele matou.

Iolokiano *Sul-americana*
Um deus do mal, e trapaceiro, na Venezuela, em oposição à divindade suprema Cachimana.

Iormungandr, Jormungander *Nórdica*
também Serpente do Mundo
Este monstro, a serpente de Midgard, estava com o lobo Fenris e Hel, deusa do mundo inferior, fruto do casamento secreto entre o deus Loki e a gigante Angerbode. Odin jogou a serpente no mar, onde ela ficou tão grande que circundou a Terra. Em uma ocasião, ela foi pega por Thor durante uma pescaria, mas se companheiro de pesca, Hymir, cortou a linha, apavorado. Ela emergiu para combater os deuses em Ragnarok e foi morta por Thor, que morreu na inundação do veneno que fluiu do monstro agonizante.

Ioskeha *Norte-americana*
=*Abemaki* Gluskap; *Algonquino* Manabozho; *Huroniano* Tsent(s)a; *Menomini* Manabush; *Innu* Messou
O deus sol dos iroqueses; filho de Respiração do Vento e do Senhor dos Ventos. Ele é considerado o criador do universo e da humanidade.

Ele lutou com seu irmão gêmeo Tawiscara, ainda no ventre da mãe, e ela morreu quando eles nasceram. Dali em diante, os dois se enfrentaram pela supremacia. Em um história dessa luta, Ioskeha usou um chifre de cervo e Tawiscara, uma rosa. Tawiscar foi ferido e fugiu, deixando Ioskeha como o principal deus, que matou monstros, incluindo o Grande Sapo, que tinha engolido toda a água de lagos e rios, e ensinou ao povo as artes da agricultura e da caça. Diz-se que Hadui, um ser sobrenatural corcunda, ensinou a ele os segredos da medicina.

Em alguns relatos, Ioskeha se casou com sua avó, Ataensic, e renova sua juventude quando ele envelhece.

Ipos *Europeia*
Um demônio, um dos 72 Espíritos de Salomão. Em alguns relatos, ele é descrito como um príncipe do inferno e é retratado cimo uma águia em pé. Outros dizem que ele aparece como um anjo com o corpo de um leão. Diz-se que ele previa o futuro.

Iqi Balam *Centro-americana*
também Tigre da Lua
Um dos primeiros quatro homens na tradição maia; irmão de Balam Agab, Balam Quitze e Mahucutah. Ele e seus irmãos foram criados a partir da farinha de milho e do caldo de carne fabricados pela deusa criadora Xmucané. (*Veja mais em* **Balam Agab**.)

Irene *veja* **Eirene**

Iri *Índias Orientais*
Uma divindade criadora em Bornéu. Ele ajudou a ave criadora Rinaggon a formar pessoas a partir da árvore kumpong.

Irik *Índias Orientais*
Na tradição do povo (Iban) de Bornéu, um criador primitivo. Irik e Ara, em forma de pássaros, voaram sobre o oceano primordial. Eles tiraram dois ovos das águas e a partir deles formaram o céu e a Terra. Eles então fizeram as pessoas a partir do solo e lhes deram vida.

Íris *Índias Orientais*
A deusa do arco-íris, irmã das Harpias, mensageiro dos deuses.

Dizia-se que ela mantinha as nuvens supridas de chuva e libertava as almas dos agonizantes de seus corpos.

Irmã Sol *veja* **Irmão Lua**

Irmão Lua *Inuíte*
Um menino que se tornou a lua; irmão de Irmã Sol. Quando passou a ser o amante clandestino de sua irmã, ela o identificou ao colocar tinta ou fuligem nas próprias mãos. E ficou tão horrorizada com sua descoberta que fugiu para os céus, onde se transformou no sol. O menino a perseguiu, mas, não conseguindo pegá-la, tornou-se a lua.

Irmãos Bell-bird *Australiana*
Heróis da cultura dos aborígenes da Austrália Central.

Irmãos da Guerra, Gêmeos da Guerra *veja* **Ahayuta achi Ahayuta achi**

Irmãos Hus *Norte-americana*
Deuses urubus do povo wintun. O deus criador, Olelbis, enviou esses dois seres à Terra com ordens para construir uma escada a partir do céu, mas eles desmontaram o que tinham construído quando o deus trapaceiro Sedit os convenceu de que era melhor se não fosse dado aos humanos o direito de ir para o céu e voltar.

Diz-se que um vivia no leste, o outro no oeste e o sol viajava de um ao outro todo dia. Dizia-se que eles criaram a morte.

Irmãos Winjarning *Australiana*
Dois grandes feiticeiros ou curandeiros. Esses irmãos passaram a vida toda ajudando os que a eles recorressem e foram responsáveis pelo extermínio dos Keen Keengs e de muitos outros monstros.

Irmãs Cinzas *veja* **Greias**

Irmãs Wawalag *Australiana*
Heroínas ancestrais dos aborígenes. Estes seres eram vistos como as filhas da mais velha das duas irmãs Djanggawul e, em alguns relatos, seus nomes eram Boaliri e Waimariwi. Elas irritaram o espírito da cobra Yurlunggur que as engoliu e as vomitou repetidamente. Toda vez, as formigas verdes as reanimavam.

Dizem que elas viajaram por todo o norte da Austrália, furando o chão com seus bastões. Em cada furo se formou um poço.

Isa Bere *Africana*
Um dragão. Essa fera engoliu toda a água do Níger. Depois de uma batalha de cerca de 800 anos, o rei Simba, de Gana, conseguiu matar o dragão e o rio começou a fluir outra vez.

Isakawuate *Norte-americana*
Um deus trapaceiro da tribo Crow.

Ischin *Hebraico*
também Bne-aleim
Um grupo de sete anjos. Dizem que esses seres se relacionaram com os homens no início da criação e ensinaram a eles vários assuntos. Como as musas, cada uma tinha seu próprio campo especial: Akibeel ensinou o significado dos sinais; Amazariak, matemática; Amers, magia; Asaradel, os movimentos da lua; Azazel, armamento; Barkayat, astrologia; e Tamial, astronomia.

Ishits *Norte-americana*
também Besouro
Na tradição da tribo Sia, um inseto recebeu um saco de estrelas de Utset, um ancestral da raça humana, para levar para o mundo inferior. Ishits furou o saco, permitindo que as estrelas escapassem. Utset cegou Ishits por desobedecer às suas ordens.

Ishtar *Mesopotâmica*
= *Babilônia* Ashtoreth; *Egípcia* Hathor; *Grega* Afrodite; *Fenícia* Astarte; *Suméria* Baba
Uma deusa mãe acadiana, deusa da fertilidade, da caça, do amor e da guerra. Como deusa do amor, ela foi associada ao planeta Vênus.

Nas histórias assírias, Ishtar era a mulher de Ashur, o deus da guerra, e deixou crescer uma barba que chegou ao peito dela.

Como uma deusa acadiana, ela era a esposa de Tammuz e desceu ao mundo inferior, Aralu, para trazer o marido de volta quando ele morreu. Ela foi mantida no mundo inferior pelo governante, Ereshkigal, até que os deuses criaram Ashushu-Namir e o enviaram para exigir a libertação de Ishtar. Uma história similar envolve Inanna e Dumuzi, os equivalentes sumérios.

Outros relatos a têm como consorte de Marduk, deus tutelar da Babilônia.

Quando o rei Gilgamesh rejeitou os avanços de Ishtar, ela persuadiu o deus Anu a mandar o Touro do Céu para despoja a Terra.

Ela é retratada cavalgando um leão e, às vezes, vista como homem.

Ísis *Mesopotâmica*
também Grande Mãe, Rainha do Céu
= *Grega* Atena, Deméter

Deusa mãe, deusa da medicina, deusa da fertilidade, deusa da lua, rainha do céu; irmã e esposa de Osíris; mãe de Anúbis e Hórus.

Diz-se que ela introduziu o casamento e tinha a habilidade de se transformar no que quisesse.

Em uma ocasião, quando os deuses Osíris e Set, ambos sob a forma de touros, estavam lutando, diz-se que ela matou os dois.

Quando seu marido, Osíris, foi colocado em uma caixa e atirado no Rio Nilo pelo irmão Set, ela resgatou seu corpo, que estava na forma de um pássaro, e eles conceberam seu filho Hórus. Set pegou novamente o corpo e o partiu em quatorze pedaços, jogando-os no Nilo, e mais uma vez ela trouxe o marido de volta à vida. Ela e Néftis são conhecidas como as Irmãs Carpideiras por terem chorado a morte de Osíris.

Ela encontrou o bebê Anúbis entre os juncos, escondido pela mãe, Néftis, e o criou como seu (*Veja mais em* **Anúbis**.)

Usando um cocar de chifres, que envolve o disco do sol, ela é Hathor, a deusa vaca. A cabeça de vaca lhe foi dada por Thoth, para substituir a cabeça dela, que fora cortada por Hórus, que se enfureceu por ela ter liberado Set, capturado em batalha.

Ela se tornou uma deusa por meios desleais, fazendo uma serpente a partir da terra e da saliva de Rá. A serpente picou o deus sol e ele foi persuadido a falar seu nome secreto, Ran, o que conferiu imortalidade a Ísis. Sua função como deusa era, com Néftis, guardar os caixões dos mortos.

Ela é representada no céu como Sirius e é, frequentemente, retratada com longas asas, como um hipopótamo, uma novilha branca, uma serpente ou uma rainha de pé em um arco.

Isolda *veja* **Tristão**

Itiwana *Norte-americana*

O mundo inferior dos zuni. Quando buscava uma pátria, a tribo perdeu todas as suas crianças em um lago que tiveram que cruzar. Um irmão e uma irmã, que tinham sido transformados em seres sobrenaturais depois de cometerem incesto, fizeram um caminho pelo lago para que os pais pudessem visitar seus filhos, que se declararam tão felizes por estarem em Itiwana sob o lago que, a partir de então, passou a receber todos os mortos.

Itzam Cab *Centro-americana*

Um deus maia da Terra, um aspecto de Itzamna.

Nesta forma ele tinha folhas de milho crescendo em sua cabeça.

Itzamkabain *Centro-americana*
Na história da criação maia, uma baleia com pés de crocodilos.

Itzamna *Centro-americana*
também Lakin Chan
=*Asteca* Quetzalcoatl
Deus maia do sol, deus do dia e da noite, do aprendizado e da escrita. A ele é creditada a invenção dos livros e é descrito como um velho benevolente sem dentes ou como uma enorme serpente. Em algumas versões ele é descrito como deus da lua ou ele é equiparado com Ah Kin, Hunab ou Kukulcan.

Itzpapalotl *Centro-americana*
Deusa mãe asteca, deusa do fogo e deusa da agricultura. Ela apareceu como uma mulher bonita mas, quando qualquer homem tentava se aproximar, facas de pedra saíam de seus vários orifícios, cortavam-no em pedaços e ela espremia todo o sangue dele.

Itztapal Totec *Centro-americana*
Deus asteca da fertilidade e patrono dos trabalhadores em metais preciosos.

Iubdan *Irlandesa*
Rei das fadas. Ele tinha um par de sapatos que lhe permitiam viajar dentro ou sobre a água com a maior facilidade. Ele foi capturado por Fergus mac Leda quando ele visitou Ulster e caiu em uma tigela de mingau. Sua mulher, Bebo, tinha um caso com Fergus, que libertou tanto ela quanto o marido após um ano e um dia, exigindo em troca os sapatos mágicos de Iubdan.

Ivan *Russa*
Um príncipe. Quando o pássaro de fogo roubou as maçãs da árvore mágica do czar, este mandou Ivan e seus dois irmãos capturar o pássaro. Eles o apreenderam junto com a donzela Yelena, mas os dois irmãos mataram Ivan antes de voltar para casa. O príncipe foi trazido de volta à vida por um lobo e voltou para reclamar Yelena como sua esposa.
    Em outra versão, o czar queria Yelena para sua esposa e mandou Ivan buscá-la. Ivan se apaixonou por sua prisioneira e o lobo que o ajudara em sua busca resolveu o problema transformando-se em uma sósia de Yelena e o czar a "tomou" como noiva. Quando o lobo voltou à sua forma normal, o czar morreu devido ao choque, e Ivan pôde se casar com Yelena e assumir o trono.

Ivi Apo *Índias Orientais*
Na tradição dos papuas, a primeira mulher. Ela saiu de um ovo posto por uma imensa tartaruga e se acasalou com Kerema Apo, o primeiro homem, que veio de um outro ovo.

ivy *Grega*
Uma planta sagrada a Dioniso. Diz-se que essa planta prevenia a embriaguez.

Iwazaru *Japonesa*
Um dos Três Macacos Místicos. Ele é representado com as mãos cobrindo sua boca, como "aquele que não fala mal".

Ix Chel *Centro-americana*
Deusa maia da lua, deusa da água, deusa do parto e da tecelagem; mãe de Bacabs.
    Diz-se que ela segura um jarro com o qual ela pode produzir outra inundação mundial a qualquer momento e é considerada como uma combinação de uma cachoeira com uma serpente.

Ixbalanqué *Centro-americana*
Um dos Gêmeos Heróis maias. Para conhecer a história de Ixbalanqué e Hunapu, *veja* **Hunapu**.

Íxion *Grega*
Rei dos Lápitas, uma raça de domadores de cavalos na Tessália. Ele planejou se casar com Dia, filha de Eioneu, rei da Magnésia, e pagar pela honra, mas ele

renegou sua promessa e, quando o pai dela exigiu o dinheiro, Íxion o matou, atirando-o num fosso com material em chamas. Ele foi pai de Pirítoo com Dia, embora o pai verdadeiro pode muito bem ter sido Zeus.

Quando Zeus o convidou para jantar em Olímpia, Íxion tentou seduzir Hera, mas Zeus, prevenido, criou Nefele, uma nuvem à imagem e semelhança de Hera. Ela carregou os centauros ou, em alguns relatos, o Centauro, que, com as éguas magnesianas, foi pai dos centauros. Zeus castigou Íxion por tê-lo amarrado a uma roda em chamas para sempre girando nos céus ou, segundo algumas histórias, no Tártaro.

Iya *Norte-americana*
Uma pedra mágica. Em rara demonstração de generosidade, Coyote deu à rocha seu cobertor, mas o pegou de volta quando passou a sentir frio. A pedra perseguiu o Coyote, achatando as árvores no seu caminho, até finalmente atropelar o Coyote, achatando-o também, recuperando assim o cobertor.

Em outras versões, Iya foi um monstro canibal dos sioux, aparecendo sob a forma de um furacão.

Izanagi *Japonesa*
também August Homem
O deus-pai primitivo xintoísta; irmão e marido de Izanami; pai de Amaterasu, Hiru-Ko, Kazu-Tsuchi, Susanowa e Tsuki-yomo.

Ele e Izanami foram dois dos dezessete deuses da criação. Em pé na ponte do céu, eles agitaram as águas primitivas com uma lança e criaram uma ilha, Onogoro, com a água salgada que subiu pela lâmina. Eles criaram também uma ilha chamada Awagi e todas as outras ilhas do Japão.

Quando Izanami morreu ao dar à luz o deus do fogo Kazu-Tsuchi, Izanagi decapitou o menino com sua espada mágica, Ame-no-wo-ha-bari, e foi para Yomi, o mundo inferior, para recuperar sua esposam mas era tarde demais – ela já tinha ingerido a comida dos mortos. Ela podia voltar se Izanigi não olhasse para ela, mas, como na história de Orfeu e Eurídice, ele quebrou sua promessa. Quando ele fugiu ao ver seu cadáver apodrecido, Izanami enviou demônios, as Oito Mulheres Horrendas, atrás dele. Izanagi escapou e bloqueou a entrada com uma enorme rocha. Ele fugiu para uma ilha onde construiu uma casa e viveu em silêncio para sempre. Enquanto ele se banhava no mar para se limpar, suas roupas se tornaram mais deuses, a sujeira de seu corpo se transformou em deuses do mar, s deusa do sol Amaterasu veio de seu olho esquerdo, o deus da lua Tsuki-yomo, do olho direito e a deusa do mar, Susanowa, do nariz. Outras versões associam essas deidades a diferentes partes de seu rosto. Em alguns relatos, ele dividiu seu reino entre essas três e foi para o céu.

Enquanto no mundo inferior Izanami também produziu deidades a partir de descargas de seu corpo.

(*Veja também* **Hiru-ko**.)

Izanami *Japonesa*
também August Mulher
A deusa mãe primitiva xintoísta; irmã e esposa de Izanagi. (*Veja também* **Izanagi**.)

Izdubar *Mesopotâmica*
Um herói babilônio e deus do sol. Como Hércules, ele realizou doze trabalhos e, em alguns relatos, é equiparado a Gilgamesh.

Izoi-tamoi *Sul-americana*
Deus criador dos guaranis.

Ele criou a tribo e depois partiu para o mundo inferior onde foi encontrado por todas as almas que lá entravam e ficavam maiores ou menores dependendo de como o viajante tivesse sido: bom ou mau. As almas más eram divididas ao meio pelo Izoi-tamoi. Seus dois filhos escalaram uma cordilheira e se tornaram o sol e a lua.

Izpuzteque *Centro-americana*
Um demônio feroz na sabedoria dos astecas. Este demônio é um dos muitos perigos enfrentados pelas almas dos mortos em sua viagem pelo mundo inferior.

Iztac Ciuatl, Iztacahuatl *Centro-americana*
Uma montanha sagrada, lar do deus da chuva, Tlaloc.

Jabme-aimo *Báltica*
O mundo inferior lapão, governado por uma velha senhora, Jabme-akka.

jabuti
Este animal é usado para simbolizar a lentidão de movimento em muitas histórias.
(1) A tribo africana Bulu considera o jabuti como uma divindade trapaceira de pensamento rápido, e não alguém de caminhar lento como na tradição europeia.
Em uma história, ela reagiu a uma exigência de trazer água em uma cesta pedindo uma alça para carregá-la – alça a ser feita de fumaça.
(2) Os chineses o consideram como o animal em que o mundo é apoiado.
Diz-se que este animal pode viver 3 mil anos sem comida ou ar. Diz-se que existem dez tipos, incluindo uma tartaruga celestial que é descrita como tendo a cabeça de uma cobra no pescoço de um dragão e seu esqueleto no exterior da carne. Seus quatro pés representam os quatro cantos do mundo.
Ela é considerada como a governante do norte e da estação do inverno e é conhecida como Tartaruga Negra, Kuei Shen ou Guerreiro Negro. Às vezes é tida como a Grande Tríade, seu corpo representando a Terra com as conchas superior e inferior como o céu e os oceanos, respectivamente.
(3) Na mitologia grega, é o símbolo de Afrodite, Hermes e Pan.
(4) Na tradição hindu, diz-se que é a forma com que Vishnu apareceu na sua segunda encarnação, como Kurma.
O jabuti Chukwa sustenta nas costas o elefante Mahapadma que, por sua vez, sustenta a Terra.
(5) No Japão, diz-se que este animal sustenta a Montanha Cósmica, lar dos seres imortais conhecidos como *sennin* (um sábio ermitão).

(6) Na América do Norte, algumas tribos acreditam que o mundo é apoiado em no casco de um jabuti (ou por quatro desses animais), enquanto outras dizem que o mundo é uma imensa tartaruga flutuando nas águas primordiais.
A tribo delaware diz que a Árvore da Vida cresce no casco de um jabuti.
(7) Algumas tribos siberianas dizem que Mandishire, o amparador da Terra, é um imenso jabuti que carrega o mundos nas costas.

Jacinto *Grega*
Um príncipe de Esparta que era amado por Apolo, Tâmiris e Zéfiro (o vento oeste) que, em um ataque de ciúmes, matou Jacinto ao desviar um disco, lançado por Apolo durante um treino, que esmagou sua cabeça. De seu sangue brotou a flor de Jacinto.

Jacunuam *Sul-americana*
Um peixe celestial. Na região do Xingu, no Brasil, diz-se que este peixe grande engole o sol toda noite e o vomita todas as manhãs.

Jagannath *Hindu*
também Jagan-natha, Juggernaut, Senhor do Mundo
Uma encarnação de Vishnu como um deus implacável. Ele é representado sem pernas e apenas cotos no lugar dos braços. Uma versão explica isso dizendo que Vishnu foi morto acidentalmente por um caçador e Vishvakarma se comprometeu a trazê-lo de volta à vida, formando nova carne nos ossos originais. Krishna rompeu o compromisso de que ninguém deveria olhar até que o trabalho fosse concluído, e o resultado foi que nunca ficou pronto.
Em alguns relatos, Jagannath é uma encarnação de Krishna.

jaguar *Sul-americana*
também Mestre dos Animais
Há quem diga que o jaguar foi o fundador da tribo Quiche e Tezcatlipoca se tornou um jaguar quando foi morto por Quetzalcoatl e caiu no mar.
Os Toltecas viam o animal como símbolo da escuridão e do trovão.
Algumas tribos dizem que os eclipses acontecem quando um jaguar sobrenatural engole o sol ou a lua.
Diz-se que, quando um jaguar negro morre, ele se torna um demônio e um xamã pode se transformar em um jaguar quando morre.

Jaguar-Cobra *Centro-americana*
Uma deusa primordial dos mixtecas. Ela e seu consorte Puma-Cobra surgiram quando a Terra saiu das águas primordiais e construíram um palácio no qual viveram por centenas de anos antes de ter seus dois filhos, a Caverna dos Nove Ventos e a Cobra dos Nove Ventos. Os quatro deuses se tornaram os progenitores da raça humana.

Jaik-khan *Siberiana*
Filho do Deus Divino; um príncipe das inundações. Ele envia as almas para o recém-nascido e, tendo abandonado seu pai no céu para ir para o mundo inferior, atua como receptor de almas. Ele também registra as boas ações das pessoas.

Jalandhara *Hindu*
Um demônio; consorte do demônio feminino Vrindha. Ele ameaçou dominar o universo para que os deuses forjassem um poderoso disco solar para matá-lo. Vishnu, sob a forma de Jalandhara, seduziu Vrindha que, envergonhado com o que tinha acontecido, suicidou-se. Isso irritou Jalandhara, de modo que ele atacou os deuses que então produziram sua arma secreta e lhe cortaram a

cabeça. Ele se tornou inteiro novamente quando seu sangue caiu no oceano, mas as deusas sorveram o sangue e ele, enfraquecido, morreu.

Uma versão alternativa diz que Jalandhara enviou o demônio Rahu para capturar Shakti, esposa de Shiva, mas esse deus criou o monstro cabeça de leão, Kurttimukha, descarregando uma tremenda explosão de poder se seus olhos. Isso afugentou Rahu e o demônio, faminto, foi forçado a se comer.

Jambavan *Hindu*
Um rei dos ursos. Ele existiu no tempo anterior à Agitação do Oceano e foi ele que jogou no mar as ervas que fizeram Amrita. Em anos posteriores, ele ajudou Rama em sua luta com Ravana. E também matou o leão que segurava a luz do sol em um rubi e se recusou a dar a joia a Krishna que a queria. Só depois de terem lutado por muitos dias foi que Jambavan percebeu que estava lutando contra um deus e imediatamente cedeu a pedra, acrescentando a mão de sua filha, Jambavati, por garantia.

Jambridvipa *Hindu*
O continente ou ilha situado no centro do mundo; local do Monte Mandara ou, dizem alguns, Monte Meru.

Jambu *Hindu*
= *Budista* Jamabustrishring; *Tibetana* Jambutri Shring, Zampu
A Árvore da Vida que cresce no Monte Meru. Em alguns relatos, essa árvore é fonte do soma, uma bebida intoxicante. Ela é o eixo da Terra, com suas raízes no mundo inferior e seus galhos mais altos nos céus.

Jambutri Shring *Tibetana*
= *Budista* Jamabustrishring; *Hindu* Jampu
A Árvore da Vida. As raízes dessa árvore estão em Lamayin (o reino dos semideuses), mas seus ramos, em Lhayul (um reino celestial), para que os habitantes desse reino possam apreciar os frutos.

Jan *Birmanesa*
Um benevolente espírito do sol, um dos espíritos originais (ou seres sobrenaturais) criados por Chinun Way Shun, o primeiro dos espíritos e criador de todos os outros.

Jana-Loka *Hindu*
Um dos sete reinos do universo, lar dos filhos de Brahma.

Janet *Escocesa*
Amante do mágico Tam Lin. Quando ele foi capturado pela rainha das fadas, Janet o segurou com firmeza através de várias mudanças de forma até que ele finalmente se libertou do encantamento.

Jangada de Quatro Paus *Norte-americana*
Em algumas tribos nativas americanas, um símbolo dos quatro cantos do mundo. Tal estrutura é vista como a plataforma sobre a qual o criador descansa e foi a plataforma usada pelos animais e aves que mergulharam nas águas primordiais para criar a lama com a qual os deuses fizeram a Terra.

Jangada Preciosa *Chinesa*
Uma embarcação usada para transportar as almas de um mundo para o outro.

Jang Lung *Chinesa*
O Dragão Vermelho, um dos Quatro Reis Dragões.

Jano *Romana*
O deus de duas caras, dos inícios, do amanhecer, das portas, portões e viagens; filho de Apolo.

Em alguns relatos, ele foi criado por Urano e Hécate, usando terra e água moldadas em uma bola. No caminho para o mundo inferior, a bola se tornou uma espécie de pilar sensível com o qual Hécate criou como Jano. Ele fugiu e mergulhou no Styx, voltando à terra dos vivos onde, no calor do sol, desenvolveu órgãos.

Em uma ocasião, a ninfa Carna o atraiu para uma caverna e depois tentou fugir como havia feito com muitos outros, mas seu segundo rosto a viu atrás dele e, impedindo-a de fugir, a seduziu. Em outra ocasião, ele salvou Roma do ataque das Sabinas, criando uma fonte de água fervente na porta de entrada.

Ele se tornou uma divindade quando foi recompensado por ajudar os deuses em sua lutas contra os Titãs.

Seu templo em Roma tinha duas portas (ou quatro), que foram fechadas quando a nação estava em guerra. Sua festa é comemorada no dia 9 de janeiro.

Dizem que ele tinha uma face jovem e a outra, velha, e ele é descrito com duas, três ou quatro cabeças, carregando uma chave e uma vara.

Como Janus Quadrifrons, ele era o deus das estações.

Alguns consideram Jano como uma divindade pré-latina adotada no panteão romano.

Jardim das Hespérides *Grega*
O jardim murado da deusa Hera. A árvore que dava maçãs de ouro foi plantada nesse jardim, cuidada pelas Hespérides e guardada pela serpente Ladon. Em seu décimo primeiro Trabalho, Hércules apanhou algumas.

Jarita *Hindu*
Uma ave enorme. As jaritas eram aves fêmeas sem companheiros. Um santo chamado Mandalpana morreu, mas voltou como um pássaro macho, Sarangika, que se acasalou com uma jarita e foi pai de quatro filhos. Depois voltou para o mundo inferior.

Jasão *Grega*
Marido da feiticeira Medeia e líder dos Argonautas. Inicialmente seu nome era Diomedes e ele foi criado pelo centauro Quíron para escapar de seu tio Pélias, que tentava matar qualquer um que pudesse ser uma ameaça, e mudou seu nome para Jasão. Como resultado de sua gentileza para com a deusa Hera, que ele carregou em um rio durante uma inundação quando ela visitou a Terra disfarçada como uma anciã, Jasão foi protegido por ela em suas aventuras posteriores.

Ele reivindicou o trono de Iolcos de Pélias, que o usurpou de Esão, seu pai, e Pélias concordou em entregá-lo desde que Jasão enterrasse um fantasma que o assombrava e trouxesse de volta para Iolcos o Velo de Ouro. Isso deu início à busca pelo Velo de Ouro contada na história dos Argonautas.

Jatayu *Hindu*
Uma ave enorme, rei dos abutres; uma encarnação do semideus Garuda (parte homem, parte águia); filho de Garuda, dizem alguns. Ele viu o rei-demônio Ravana raptar Sita, mulher de Rama, e tentou detê-lo, mas o demônio arrancou-lhe as penas e o deixou morrer. Ele viveu tempo suficiente para contar a Rama o que havia acontecido com sua esposa e foi levado para o céu.

javali
Este animal feroz da família dos porcos aparece em muitas histórias no mundo todo:
(1) Na China, diz-se que o javali carrega o sol em parte da sua jornada pelos céus e é considerado guardião do quadrante noroeste.
(2) Vários javalis aparecem nos mitos gregos, notavelmente o Javali Calidônio,

que foi caçado e morto por um grupo de heróis e heroínas. Outro é o javali de Erimanto, caçado e capturado por Hércules em seu quarto trabalho.

(3) No Hinduísmo, o javali é uma fonte de poder cósmico e aparece como Vahara, o terceiro avatar de Vishnu, e como encarnação de várias outras divindades, incluindo Prajapati que, com seus 100 braços, ergueu a Terra. Outra versão diz que o javali negro, Enusha, ergueu a Terra com suas presas.

(4) As histórias irlandesas incluem a morte de Dermot, atribuída ao javali que, anteriormente havia sido acusado de matá-lo. Um javali de Brigit, filha do Dagda, era conhecido como Orc (ou Torc) Triath ou Treithirne, equivalente ao galês Twrch Trwyth (*veja abaixo*).

(5) No Japão, diz-se que o javali protege as cobras e foi usado como sacrifício ao deus Mi-Toshi.

(6) Na Malásia, um javali pode ser um homem disfarçado.

(7) Na mitologia Mesopotâmica, o javali é visto como mensageiro dos deuses e é chamado Papsukal ou Nin-shach. Ele se tornou uma besta amaldiçoada depois de matar o deus Tammuz.

(8) Os mitos nórdicos incluem a história de Ottar que, sob a forma de um javali, era amante de Freya, que era dona e cavalgou um javali de ouro chamado Hildswin, e de seu marido Frey, que era o proprietário do javali de ouro, Gullinbursti, feito pelos anões.

Em Valhala, o javali Saehrimnir era morto todo dia para fornecer comida para os guerreiros mortos, mas era restaurado depois de cada refeição, ficando pronto para outra. Slidrugtanni era um javali que puxava a carruagem de Frey, ao lado de Gullinbursti.

(9) A mitologia persa, via o javali como a encarnação do deus Verethragna e como o animal do deus Mithra.

(10) Na Síria, o javali era visto como um animal sagrado.

(11) Nas histórias galesas, a busca de Culhwch envolveu a perseguição do enorme javali Twrch Trwyth, um rei que tinha sido transformado em um javali pelos seus pecados. Ele tinha uma ninhada de jovens javalis Banw, Benwig, Gwys, Llwydawg e Twrch Llawin.

Na busca de Culhwch também aparece o javali chefe, Ysgithyrwyn, cuja presa era necessária para barbear o gigante Ysbadadden.

Javali Calidônio *Grega*
Um javali selvagem. Esse animal enorme foi enviado pela deusa Ártemis para devastar Cálidon como punição quando o rei, Eneus, negligenciou um sacrifício devido a ela. Ele foi morto por Meléagro, que era membro de um grande grupo de caçadores, e sua pele foi apresentada a Atalanta, que o feriu pela primeira vez.

Javali de Erimanto *Grega*
Um javali selvagem enorme. Esse animal foi capturado por Hércules em seu quarto Trabalho.

Jewel Maiden *Japonesa*
Uma mulher-raposa. Ela apareceu primeiro como Hoji, consorte do imperador, depois como concubina do imperador Toba e, finalmente, como Jewel Maiden. Ela se propôs a destruir a dinastia imperial e quase causou a morte de Mikado. Um feiticeiro frustrou seus planos e ela voltou à sua forma de raposa e fugiu do país para morar na Pedra da Morte. Ela foi salva do mau caminho graças às orações do padre Genno.

Jewel Mountain *Índias Orientais*
Na tradição dos dayak, esta montanha se chocou com a Gold Mountain para criar o mundo.

Jewel Peak *veja* **Monte Meru**

Jinn bin Jann *Árabe*
Rei dos gênios. Ele era considerado como governante do mundo antes da época de Adão e Eva.

Jogah *Norte-americana*
Espíritos iroqueses da natureza. Diz-se que há três grupos diferentes desses seres anões – os Gahonga, os Gandayah e os Ohdows.

Joias da Maré *Japonesa*
Um conjunto de joias que dá o controle dos mares.

Essas joias eram de Ryujin, Rei Dragão do Mar, e foram dadas por sua filha para o príncipe Fire Fade quando eles se casaram.

Algumas versões dizem que só existiam duas joias, ambas pérolas. Uma, Kanji, controlava a maré baixa; a outra, Manji, controlava a maré alta.

Em certos relatos, o filho de Ryujin, Isora, emprestou as joias à imperatriz Jingo para a conquista da Coreia e, mais tarde, as deu ao filho dela, Ojin.

Jokul *Nórdica*
Um Gigante de Gelo; deus dos glaciares; irmão de Drifta, Frosti e Snoer.

José de Arimateia *Britânica*
Na mitologia, ele é considerado tio de Cristo e diz-se que ele recolheu sangue da ferida provocada pela lança do centurião durante a Crucificação e que colocou o sangue de Cristo no túmulo no Getsêmani depois que ele foi retirado da cruz.

Em anos posteriores, diz-se que ele veio para a Grã-Bretanha trazendo consigo o cálice, o Santo Graal, que tinha contido o sangue de Cristo, e a Lança Sagrada.

Algumas histórias dizem que, uma vez, ele trouxe Jesus e Maria para a Grã-Bretanha. Outras dizem que ele se tornou rei da Noruega depois de comandar os sarracenos daquele país e casar com a filha do antigo rei. Seu maior prazer era a pesca e ele se tornou o Rei Pescador.

Josephus *Britânica*
Um padre, filho de José de Arimateia. Ele foi preso com alguns de seus seguidores pelo cruel rei Caudel, mas libertado quando Evelake trouxe um exército para resgatá-lo e Caudel foi morto. Dizia-se que ele veio à Grã-Bretanha com Evelake e construiu o Castelo de Carbonek, onde o Santo Graal foi guardado.

Em alguns relatos, ele e seu grupo cruzaram os mares flutuando sobre a camisa esticada de Josephus.

joshi *Japonesa*
A "morte do amor" preestabelecida. Os amantes que quebrassem as promessas de casamento em uma vida podiam muito bem se ver impedidos de se casar em uma vida posterior e podiam então cometer suicídio juntos na esperança de se encontrarem e se casarem em uma existência ainda mais tardia.

jotun *Nórdica*
também jotunn *(plural* jotnar*)*
Um gigante; no plural, uma raça de gigantes.

Jotunheim *Nórdica*
A terra dos gigantes.

Jove *veja* **Júpiter**

Judeu errante *Cristão*
O judeu que insultou Cristo enquanto ele carregava a cruz para o Calvário. Esse homem foi condenado a vagar, para sempre, pela face da Terra e, em algumas histórias, ele é considerado o líder da Caçada Selvagem.

Juggernaut *veja* **Jagannath**

Jugumishanta　　*Ilhas do Pacífico*
A primeira mulher na tradição do povo de Vanuatu. Ela fez o marido Morufonu a partir de seu próprio corpo e juntos eles construíram as ilhas do Pacífico com seu próprio excremento.

Jui Chu　　*Chinesa*
Uma pérola que faz cada desejo se tornar realidade.

Jui-ch'ing-fu-jen　　*Chinesa*
também Nobre Senhora da Felicidade
Uma deusa da família; esposa de Ch'ang-sheng-t'u-ti. Ela é responsável por promover a alegria na casa.

Julgamento de Páris　　*Grega*
No casamento de Peleu e Tétis, no qual muitos deuses estiveram presentes, o não convidado Éris (deus da discórdia) atirou para os presentes uma maçã de ouro com a inscrição "Para o mais justo". Houve uma grande disputa para saber que deusa deveria reivindicar o título, e Páris, filho de Príamo, rei de Troia, foi convidado a decidir qual das três deusas – Afrodite, Atena ou Hera – era a mais bela. Ele deu o prêmio, uma maçã de ouro, para Afrodite, que prometeu a ele a moça mais bonita do mundo – Helena de Troia –, preparando o cenário para a Guerra de Troia.

Júlio César　　*Britânica*
Um imperador romano. Na lenda arturiana, um contemporâneo do rei Artur cuja corte o feiticeiro Merlin visitou sob a forma de um cervo. Em alguns relatos, ele é o pai de Oberon, rei das fadas, com a feiticeira Morgana le Fay. Nas histórias de Carlos Magno, ele era considerado pai de Oberon com a fada Glorianda.

Jumala　　*Báltica*
Deus supremo dos finlandeses e dos lapões.
Originalmente, uma força criativa no universo primitivo, Jumala passou a ser visto como o último Ukko, o deus do céu. Em alguns relatos, ele é Ilmarinen.

jumart　　*Francês*
Um monstro, descendente de um touro e de um égua ou de um garanhão e de uma vaca.

jumby *veja* **duppy**

Juno　　*Romana*
também Grande Deusa, Rainha do Céu
= *Etrusca* Uni; *Grega* Hera
Deusa do parto, da luz, do casamento; umas das Olímpicas; irmã e esposa de Júpiter; mãe de Marte e Vulcano.
　　Júpiter a seduziu sob a forma de um cuco e mais tarde se casou com ela. Enciumada por Júpiter ter feito a deusa Minerva a partir da cabeça dele, ela reclamou com Flora, que a engravidou com o toque de uma erva mágica e nasceu Marte.
　　O festival dedicado a ela é realizado em Matronalia, em 1º de março. Sua ave é o pavão.

Juok　　*Africana*
Um deus criador dos povos Shilluk e Nuer, do Sudão do Sul. Ele é considerado criador do povo negro com a terra do Sudão e os morenos com as areias do Egito. Quando se cansou de criar pessoas, deu a elas os órgãos sexuais para que pudessem se reproduzir sozinhos.

Júpiter　　*Romana*
também Jover, Jupiter Optimus Maximus "Júpiter o Melhor e o Maior"; Pai do Céu
= *Etrusca* Tinia; *Egípcia* Amon; *Grega* Zeus
Deus supremo e deus da lua, da chuva, do céu, do sol e do trovão; filho de Saturno e Ops; irmão de Netuno; irmão e consorte de Juno.

Jurojin　　*Japonesa*
Um deus da longevidade, um dos sete deuses xintoístas da sorte, o Shichi Fukujin. Ele é retratado com um cajado e um pergaminho, cavalgando ou acompanhado por um cervo.

K

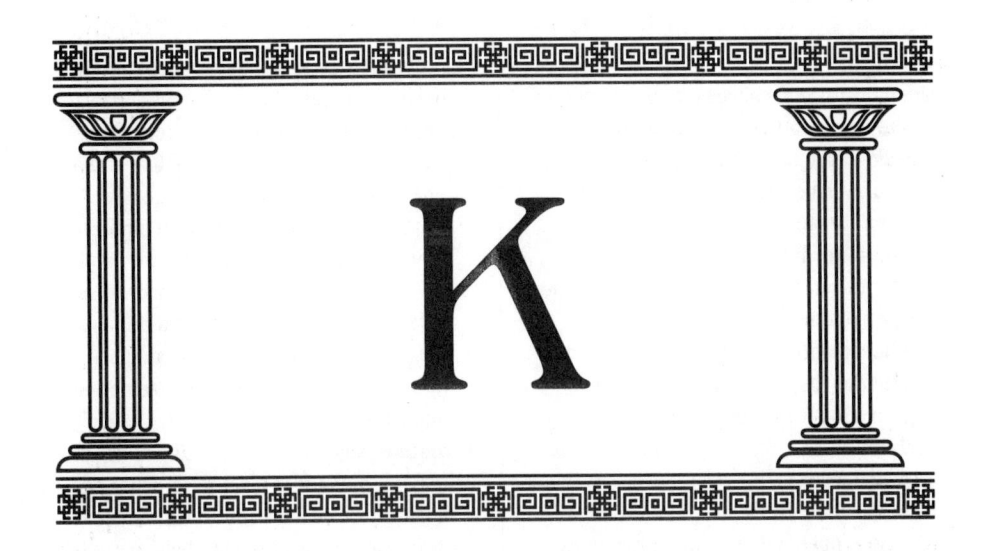

K *Centro-americana*
Uma divindade maia de identidade incerta, que costuma aparecer como Deus K (*veja **deuses alfabéticos***); talvez Ah Bolom Tzacab, Itzamna, Kukulcan ou Lakin Chan. Esta divindade é retratada com o nariz semelhante ao de uma anta.

K'daao Maqsin *Siberiana*
Na tradição dos yakuts, um deus ferreiro no mundo inferior. Diz-se que ele introduziu xamãs e é considerado como a divindade protetora dos ferreiros. Para tornar o ferro duro, ele o tempera no sangue de um leão, um jovem e uma donzela e as lágrimas de uma foca.

Ele é retratado com uma espessa camada de sujeira e ferrugem sobre o corpo e os olhos fechados. São necessários oito homens em cima e oito embaixo para puxar suas pálpebras para que ele possa ver.

K'un Lun *veja* **Monte Meru**

ka *Egípcia*
O duplo ou o gênio de uma pessoa, uma força vital; uma das cinco partes essenciais que compõem o indivíduo. Imaginava-se que essa força criativa vivia após a morte do indivíduo e, portanto, necessitava de sustento, que era fornecido sob a forma de alimentos etc.

Ka-Khu-Khat *Egípcia*
A tríade de espírito, alma e corpo.

Ka'cak *Inuíte*
Um espírito feminino do mar, que devora os corpos dos afogados.

Kaang *Africana*
O supremo deus dos bushmen. Ele foi engolido por um ogro, mas vomitado ileso. Quando ele morreu após ser picado por espinhos, os agentes de Gauna, as formigas, comeram toda a carne de seus ossos, mas ele mesmo se ressuscitou. Diz-se que ele fez a lua a partir de um sapato velho e que pode transformar seus sapatos em cães que atacam seus inimigos.

Todo o seu poder reside em um de seus dentes e ele atua por meio da lagarta e do louva-a-deus.

Kabandha *Hindu*
Um monstro sem cabeça ou deus serpente; filho da deusa Devi. Ele é descrito como tendo a face no estômago, um olho no peito, e braços de quase 13 metros de comprimento sobre os quais, não tendo pernas, ele andava.

Ele foi morto pelo deus Rama que estava perseguindo o rei demônio Ravana, que tinha raptado a esposa de Rama, Sita, e a partir de suas cinzas surgiu Gandharvas, que ajudou Rama contra Ravana.

Kachina *Norte-americana*
também Katchina
Um espírito de um ancestral na tradição do povo pueblo. Diz-se que esses seres viviam na terra durante o inverno e no mundo inferior no verão. Alguns dizem que eles viviam em lagos.

O sumo sacerdote usará a máscara de um deus durante as danças cerimoniais e nesse momento ele mesmo se torna um deus.
(*Veja também* **Katsinas**.)

Kadmos *veja* **Cadmo**

Kagu-hana *Japonesa*
Uma cabeça masculina com duas faces. Esse objeto, capaz de detectar crimes pelo olfato, auxilia Emma-O no julgamento das almas no mundo inferior. Ela é colocada à esquerda do trono do deus e cheira tudo.

Kaguya *Japonesa*
também Kaguni
Uma donzela da lua. Ela foi encontrada ainda bebê no Monte Fuji por um cortador de bambu, Sanugi, quando ele trabalhava. Ela tinha apenas 10 centímetros de altura, mas estava perfeitamente formada e cresceu, transformando-se em uma linda donzela que impôs tarefas quase impossíveis aos cinco nobres pretendentes à sua mão, mas nenhum deles conseguiu. Ela se tornou consorte do imperador, mas teve que rejeitá-lo pois sabia que era uma imortal e tinha que voltar para sua casa nos céus.

Uma comitiva celestial desceu em uma nuvem e, envolvendo-a com um manto de penas que apagou a memória de sua vida na terra, levou-a de volta à lua. Ela deixou para trás um espelho mágico no qual seu marido podia ver sempre a imagem dela.

Kahausibware *Ilhas do Pacífico*
Uma deusa criadora e deusa serpente das ilhas Salomão. Ela criou todos os seres vivos e, quando o primeiro bebê nasceu para a mulher que ela havia criado, a deusa assumiu a forma de uma cobra para criar a criança. Quando o menino chorou, a cobra o esmagou até a morte e a mãe então matou a cobra.

Kahiki *Ilhas do Pacífico*
O lar dos espíritos no céu; o lar dos ancestrais.

Kahit *Norte-americana*
Um deus do vento da tribo wintun, da Califórnia. Ele era retratado sob a forma de um morcego.

Quando o primeiro mundo foi destruído por um incêndio iniciado por Buckeye Bush e outros dois, Kahit e a deusa Mem Loomis receberam a incumbência de apagar o fogo e reiniciar o mundo.

Kahk *Norte-americana*
Um corvo. Na tradição do povo yuma, do Arizona, essa ave trouxe sementes de todos os cantos da terra para eles cultivarem.

Kai *Britânica*
também Kay
Um mordomo do rei Artur. Ele cresceu como uma árvore e tinha a capacidade

de viver por nove dias debaixo d'água. Talvez tenha sido ele quem originalmente se recusou a permitir que Culhwch entrasse na corte do rei, mas, mais tarde, foi companheiro de Culhwch em sua busca pela mão de Olwen.

Em histórias posteriores, ele se tornou Kay, um dos Cavaleiros da Távola Redonda.

Kaia *Ilhas do Pacífico*
Demônios do folclore na Nova Bretanha.

Originalmente criadores de todas as coisas, Kaia são, agora, seres malignos vivendo no mundo inferior e aparecendo na superfície em forma de cobras.

Kaiba *Japonesa*
Um cavalo-marinho. Dizia-se que esse animal fabuloso tinha a cabeça de uma cabra, mas com um único chifre, a cauda grossa e encaracolada e uma carapaça nas costas como a de uma tartaruga.

Kaibutsu *Japonesa*
Animais imaginários com três garras afiadas em cada pata, barbas pesadas e as caudas compactas.

Kaikai *Sul-americana*
Uma serpente sobrenatural. Os araucanos dizem que essa serpente enorme e uma outra, chamada Trentren, provocaram o Dilúvio.

Kaistowanea *Norte-americana*
Um monstro em forma de uma serpente do lago com duas cabeças. Na tradição dos iroqueses, essa fera foi capturada, quando jovem, por um garoto pescador. E cresceu e ficou tão grande que o menino, agora um bravo, teve que matar um urso e um cervo para alimentá-lo.

Kaitabha *Hindu*
Um demônio. Ele nasceu, com Madhu, um outro demônio, da orelha do deus Vishnu. Quando eles atacaram o deus Brahma, que dormia, e, dizem alguns, roubaram os Vedas (livros sagrados), Vishnu matou os dois. Brahma usou seus corpos para fazer a terra.

Kaka-Guia *Africana*
Um deus com cabeça de touro na Guiné. Ele é o conduto das almas dos mortos.

Kakaitch *Norte-americana*
= *Chinook* Hahness; *Nootka* Tu-tutsh
O pássaro trovão da tribo macah.

Sua língua provoca relâmpagos e ele come baleias.

Kakuriyo *Japonesa*
O mundo espiritual; o mundo após a morte.

kala *Siberiana*
plural kalau
Esses seres foram enviados pelo deus supremo para trazer a morte e a doença para a humanidade. Alguns deles vivem na terra e provocam doenças respirando sobre as pessoas; outros moram no mundo inferior, de onde emergem para morder as pessoas, arrancar pedaços de sua carne ou bater na cabeça delas, causando dores de cabeça.

Geralmente são invisíveis, mas podem aparecer como humanos com cabeças pontudas ou como animais.

São adversários perpétuos do deus criador Quikinna'qu.

kalaloa *Ilhas do Pacífico*
A alma, na tradição dos filipinos.

A alma é considerada como um ser com duas partes, cada uma de um lado do corpo.

Quando a pessoa morre, a kakaloa da direita vai para o céu e a esquerda vai para o mundo inferior, conhecido como Kilot.

Kaleva *Báltica*
= *Estoniana* Kalevi
Na tradição finlandesa, o ancestral dos heróis cujas histórias aparecem na Kalevala.

Kalevala *Báltica*
Histórias épicas finlandesas dos heróis e da criação. As 50 partes, mais de 20 mil linhas, foram compiladas por Elias Lonrot em 1849 após uma versão mais curta publicada em 1835.

Kali *Hindu*
também Devi, Kumari, Mahadevi, o Negro
Uma deusa da peste, deusa da morte; um aspecto de Devi como "o Negro"; consorte de Shiva. Dizia-se que ela surgiu da testa de Durga.

Enviada à Terra, ela lutou contra o demônio Raktavija e, quando mil gigantes cresceram de cada gota de sangue que ele derramou, ela o matou, com a ajuda das sete cópias que fez de si mesma, conhecidas como as Matrikas, e bebeu seu sangue. Em sua loucura, ela matou Shiva e dançou sobre o corpo dele.

Ela é retratada como um ser medonho, com cinco cabeças, em pé sobre o corpo de Shiva, segurando uma espada em uma de suas quatro (ou dez) mãos e uma cabeça cortada em outra, ou como alguém em pé em um barco que flutua em um mar de sangue, bebendo sangue em um crânio.

kali-yuga *Hindu*
A idade do ferro, a quarta e a atual idade do mundo. Essa era, na qual as guerras são frequentes e os bens se tornam mais importantes que a retidão, deverá durar mais 400 mil anos. (*Veja também* **yuga**.)

Kalika *Budista*
Um dos Dezoito Lohan. Ele é retratado com cílios tão longos que chegam ao chão.

Kalliope *veja* **Calíope**

Kalma *Báltica*
Uma deusa finlandesa da morte. Ela vivia geralmente no reino de Tuonela, mas ocasionalmente entrava nos reinos dos vivos para confiscar os mortos. Em alguns relatos, Kalma é um ser masculino.

kalpa^1 *Hindu*
também Dia de Brahma
Um dia na vida do deus Brahma, igual a 4,320 milhões de anos humanos ou 1.000 mahayugas; um dia e uma noite igual a 8.640 milhões de anos humanos; uma era do mundo.

Kalpa^2 *Jainista*
Um dos reinos superiores do universo. Essa região é composta por dezesseis céus separados ou Devalokas.

Kalpathitha *Jainista*
Um dos reinos superiores do universo. Essa região é composta por quatorze moradias separadas para as divindades.

Kalpavrksha *Jainista*
também Kalpavriksha
As árvores que supriam todas as necessidades humanas no início dos tempos.

Kaltesh *Siberiana*
A deusa da fertilidade. Ela aparece como um ganso ou, às vezes, como uma lebre.

Kalunga *Africana*
Um deus criador gigante e deus da fertilidade na Namíbia; rei do mundo inferior.

Em alguns relatos, Kalungangombe é o rei do mundo inferior e Kalunga é seu reino; às vezes, o contrário.

Na vizinha Angola, Kalunga é o deus criador que fez o primeiro homem, Nambalisita.

O deus africano foi transportado para o Brasil e venerado como um deus do mar.

Kalvaistis *Báltica*
= *Grega* Hefesto; *Romana* Vulcano
Um deus ferreiro lituano. Diz-se que ele renova o sol a cada dia.

Kama *Hindu*
também Kamadeva
= *Budista* Madhukara; *Grega* Eros
Deus do amor. Um relato sobre sua origem o coloca nascendo do coração de Brahma no aparecimento do universo e, como Eros, ele dispara flechas para inflamar as paixões daqueles que elas acertam. Diz-se que seu arco é de cana de açúcar e ele carrega cinco flechas, cada uma com uma denominação própria – Portador da Morte, Excitador, Enamorado, Inflamado e Secante.

Quando interrompeu a meditação de Shiva, ele foi queimado e reduzido a cinzas pela ferocidade do terceiro olho de deus, mas nasceu de novo como Pradyumna, filho de Krishna e Rukmini.

Ele é retratado com três cabeças e três olhos e pode estar montado em um papagaio ou em um pavão.

Kama-loka *Budista*
Uma das três regiões do universo, o mundo do desejo; o estado de purificação após a morte. (*Veja também* **Kamadhatu, Tri-loka.**)

Kamadhatu *Hindu*
O reino do desejo mundano. (*Veja também* **Kama-loka.**)

Kamak *Persa*
Uma ave enorme cujas asas impediam a chuva de atingir a Terra; foi morta pelo herói semidivino Keresaspa.

Kamalamitra *Hindu*
Um herói do sol. Quando se vangloriava da beleza de sua esposa, os deuses os separavam e ele era forçado a atravessar os céus diariamente para buscá-la.

Kamapua'a *Ilhas do Pacífico*
Um deus porco-menino do Havaí. Ele apareceu pela primeira vez como um peixe negro, mas, quando chegou a terra, tornou-se um porco enorme. Apesar de sua figura de porco e do focinho, ele tinha mãos humanas nas quais podia, e tinha que, empunhar uma clava para derrotar seus inimigos.

Ele usava seu focinho para empurrar a terra para fundo do mar para fazer um lar para a humanidade.

Certa vez, o gigante Limaloa tentou matá-lo, mas, quando Kamapua'a se tornou um jovem bonito, eles se tornaram grandes amigos. Nessa forma, Kamapua'a tentou vencer Pele, a deusa do fogo.

Ela o rejeitou e a batalha que se seguiu entre suas forças e as dele só terminou quando ela se rendeu aos seus abraços.

Kame *Sul-americana*
= *Aruaque* Kamu
Um herói cultural do povo bakairi, a lua personificada; filho do espírito da onça-pintada Oka.

A mãe dos gêmeos Kame e Keri os concebeu engolindo dois ossos. Sua sogra a matou, mas as duas crianças foram salvas. Os irmãos empurraram o céu para criar espaço para as pessoas viverem e inventaram o fogo e a água. Eles também produziram todos os animais da Terra a partir de uma árvore oca e puseram o sol e a lua em seus rumos atuais pelo céu.

Na tradição dos caingangs, o gêmeo de Kame é conhecido como Kayurukre enquanto os bororos do Brasil dizem que os gêmeos eram descendentes da onça-pintada e a filha de um chefe. A mãe da onça-pintada, uma lagarta, matou a menina fazendo-a rir até morrer. Seu marido resgatou os gêmeos de seu ventre e matou a lagarta, queimando-a.

kami *Japonesa*
também kame
Um nome dado a todas as divindades xintoístas; um espírito; os poderes da natureza.

Kanaloa *Ilhas do Pacífico*
O deus havaiano simbolizado por uma lula e deus criador, governante dos mortos.
(*Veja também* **Ta'aroa, Tagaloa, Tagaro, Tangaloa, Tangaroa**.)

Kananeski Anayehi *Norte-americana*
Uma aranha d'água cherokee. Diz-se que ela teria trazido fogo do mundo inferior onde um raio tinha incendiado as raízes de uma árvore.

Kanasoka *Japonesa*
Um pintor. Sua pintura de um cavalo era tão real que o animal parecia ter vida. Quando as pessoas reclamaram que o cavalo estava destruindo suas plantações, Kanasoka pintou uma corda amarrando o cavalo a um poste, após o que o animal não pôde mais vagar.

Kanassa *Sul-americana*
O deus criador da tribo kuikuru, do Brasil. Ele pegou o fogo do céu por capturar um abutre, forçando-o a derrubar uma brasa ardente.

Kanati *Norte-americana*
O primeiro homem na tradição dos cherokee; pai dos Meninos Trovão.

Kanchil *Ilhas do Pacífico*
O cervo-rato, um herói trapaceiro. Na tradição indonésia, esse pequeno animal derrota muitos predadores fingindo ter poderes mágicos que ele não possui, persuadindo até os tigres a viver em paz com outros animais.

Kane *Ilhas do Pacífico*
O deus criador e deus do céu do Havaí. Com a ajuda do deus da agricultura e deus da guerra Ku e do deus do céu Lono, ele fez o mundo e a humanidade.
(*Veja também* **Tane**.)

Kane-huna-moku *Ilhas do Pacífico*
O paraíso havaiano, uma ilha flutuando no céu.

Kanisimbo *Africana*
Um ancestral swahili. O mais velho dos oito povos que vieram do céu e, um navio.

Kanook *Norte-americana*
Um deus das trevas do povo tlingit; um princípio maligno. Irmão de Yetl (Corvo). Como se recusou a liberar água para o benefício da humanidade, seu irmão o enganou para liberá-la.
Ele era retratado sob a forma de um lobo.

Kanzibyui *Centro-americana*
Um deus maia. Ele foi encarregado de restaurar a terra após o Dilúvio e plantou árvores nos quatro cantos da terra para suportar o céu.

Kapoonis *Norte-americana*
O espírito relâmpago das tribos do noroeste (*veja mais em* **Enumclaw**).

kappa *Japonesa*
Um demônio da água dos ainus. Esses seres viviam e viajavam em pepinos voadores e comiam pepinos e sangue. Eles tinham um afundamento no topo da cabeça, que segurava água. Eles desafiavam os viajantes a lutar e, se o viajante se curvasse, eles se curvavam também, e o líquido vital se esgotava e, com ele, sua força. O viajante seria afligido por uma doença debilitante. Às vezes, eles atacavam os nadadores, sugando seu sangue.

Em uma história, um kappa foi capturado quando pegou um cavalo e sua vida só foi poupada quando ele prometeu, sob juramento, nunca mais atacar animais domésticos.

Diz-se que eles ensinaram aos humanos a arte de fixar os ossos e são retratados com o corpo de uma tartaruga com pernas de sapo e a cabeça de um macaco.

Karei *Malaia*
Um deus do trovão. Esse grande mas invisível criador usa o trovão para indicar sua desaprovação às ações do homem, fazendo com que o culpado expie seus pecados com automutilação, misturando seu sangue com água e jogando-o para o céu.

Kari *Nórdica*
Um Gigante Gelado; deus das tempestades. Com seus irmãos Aegir e Loki, ele formava uma trindade dos deuses primitivos.

karkadann *Árabe*
Um monstro, parte unicórnio, parte rinoceronte, às vezes alado.

karliki *Russa*
singular karlik
Anões. Originalmente eram espíritos que caíram do céu no mundo inferior quando Satã foi expulso. Há muita variedade: Domoviks, Leshi, Vodyanoi e Vozdushnui.

Karshipta *Persa*
Uma ave enviada pelo primeiro homem, Yima, para olhar os sobreviventes depois do Dilúvio. Diz-se que essa ave, capaz de falar, também foi enviada para disseminar os ensinamentos de Ahura Mazda.

Karwan *Norte-americana*
Um kashina, elemento da religião dos índios pueblo, um espírito natural do milho.

Karyobinga *Budista*
Um ser metade mulher, metade pássaro. Essa criatura é retratada com a cabeça e o corpo de uma mulher, as pernas, garras, asas e cauda de uma ave.

Kasogonaga *Sul-americana*
A deusa da chuva do povo chaco. Diz-se que ela aparece como um tamanduá quando visita a terra.

Kassim Baba *Árabe*
Irmão de Ali Babá em *As Mil e Uma Noites*. Ele entrou na caverna dos ladrões, mas esqueceu a palavra mágica e não pôde escapar. Os ladrões o encontraram e o cortaram em quatro partes que eles penduraram na caverna. Os pedaços foram encontrados por Ali e costuradas pelo sapateiro Mustapha Baba.

Katchina *veja* **Kachina**

Katkochila *Norte-americana*
Um deus do povo wintun, da Califórnia. Alguém roubou sua flauta mágica e ele então pôs fogo no mundo. O Dilúvio chegou para salvar o mundo.

Katsinas *Norte-americana*
Espíritos das chuvas dos pueblo. (*Veja também* **Kachina**.)

kaukas *Báltica*
= *Russa* domovik
Um espírito caseiro anão lituano, semelhante aos aitvara.

Kay *Britânica*
Um Cavaleiro da Távola Redonda e assistente pessoal do rei. Irmão adotivo de Artur.
Quando Kay deixou para trás sua espada pouco antes da reunião dos nobres para eleger um novo rei, Artur voltou para buscá-la, mas não conseguiu encontrá-la. Ele então decidiu que Kay deveria ter a espada que, colocada em uma bigorna e um bloco de pedra, tinha aparecido no adro da igreja, e puxou-a com facilidade. Quando ele a entregou a Kay, a assembleia percebeu que era ele, Artur, que estava destinado a se tornar rei da Grã-Bretanha.
Uma vez, quando o rei Artur foi pego pela feiticeira Annowre, Kay salvou o rei da morte em suas mãos e a matou.
Dizia-se que ele matou Lachere, um dos filhos do rei, mas ele ajudou Artur em sua luta com o gigante do monte Saint Michel e matou Cath Palug (literalmente o gato de Palug),

um monstruoso animal que comeu 180 soldados em Anglesey.

Ele foi um dos muitos cavaleiros capturados e aprisionados por Turkyn, que odiava todos os cavaleiros de Artur, até ser resgatado por Lancelot. Quando foi libertado, ele seguiu seu salvador e naquela noite, enquanto Kay dormia, Lancelot vestiu sua armadura e saiu a cavalo. Nesse disfarce, Lancelot derrotou Gawter, Gilmere e Raywold e depois Ector, Ewain, Gawain e Sagramore, de modo que a reputação de Kay como guerreiro foi reforçada.

Quando Artur conquistou grande parte do continente, Kay ficou no comando de Anjou.

Nas histórias galesas, ele é Cei ou Kai, filho de Cynyr, que cresceu e ficou tão alto quanto uma árvore e tinha a habilidade de viver por nove dias e nove noites embaixo d'água.

Ele também gerou tanto calor que permaneceu seco sob a chuva mais intensa e pôde manter seus companheiros aquecidos no inverno. Qualquer coisa que ele carregasse nunca poderia ser vista. O cavaleiro Peredur jurou vingar alguns maus tratos de Kay e, algum tempo depois, quando lutou com Peredur, Kay foi derrotado e quebrou um braço e um ombro.

Ele foi um dos homens do grupo de Artur que ajudou Culhwch em sua busca pela mão de Olwen e, disfarçado de espadachim, entrou no forte do gigante Gwrnach, matou-o e cumpriu a tarefa que lhe tinha sido dada pelo pai de Olwen, o rei Ysbaddaden: pegar a espada. E também prendeu o guerreiro Dillus e arrancou seus pelos faciais para fazer a trela, outra das tarefas dadas pelo rei.

(*Veja também* **Kai**.)

Kay Kaus *Persa*

Um rei mítico. Ele liderou um exército para livrar a terra dos demônios, mas o chefe dos demônios, Diw-e-Safid, atingiu o exército com pedras vindas de cima, e prendeu Kay Kaus, que foi cegado pelas pedras. Depois ele foi resgatado pelo grande herói, Rustem, que curou a cegueira do rei. Quando o rei, montado em uma águia, perseguiu alguns dos demônios até sua fortaleza nas montanhas, Deus o fez cair lá de cima.

Sua segunda esposa, Sudabe, acusou Siyawush, o filho do rei com a primeira esposa, de assediá-la, embora tenha sido ela a culpada por tentar seduzir o jovem príncipe. Siyawush fugiu do palácio, mas foi morto pelo demônio Afrasiyab.

Ele foi tentado pelos demônios malignos, os Mazainnyon, a assumir o reino dos céus e tentou voar amarrando uma águia em cada canto de seu trono, incitando-as com pedaços de carne presos em lanças à sua frente.

Ele falhou na tentativa e teria sido morto por Nairyosangha, mensageiro do deus Ahura Mazda, mas o espírito de seu neto, ainda por nascer, Kay Khusraw, suplicou por sua vida e o salvou.

Ele governou por cinquenta anos antes que o usurpador, Kay Khusraw, assumisse o trono.

Kazikamuntu *Africana*

O primeiro homem de acordo com a tradição dos banyarwanda.

Keagyihl Depguesk *Norte-americana*

Um redemoinho. Ele já havia tirado a vida de muitos rapazes. Então, o espírito da árvore Hanging Hair convocou uma reunião na casa do Festival de todos os espíritos do rio, que concordaram em refrear seu poder. O espírito da tempestade soprou parte de um penhasco no rio, desviando, dessa maneira, o fluxo da água e reduzindo o redemoinho a um movimento suave.

Keen Kings *Australiana*
Uma raça de homens alados. Esses seres malignos, concebidos como homens altos e asas semelhantes às dos morcegos presas aos braços e com apenas dois dedos e um polegar em cada mão, viviam em uma jaula enorme onde, em um buraco no chão, vivia o Deus da Chama. Eles capturavam humanos e os sacrificavam a esse deus, mas todos eles caíram no buraco e foram consumidos pelas chamas quando os Irmãos Winjarning os conduziram em uma dança frenética.

Kekeko *Caribenha*
Uma ave fantástica, capaz de falar e também prover alimentos para os órfãos.

Kekewage *Ilhas do Pacífico*
O guardião do além melanésio, Bevebweso. Ele e a esposa, Sinebomatu, cuidam dos espíritos das crianças mortas até que seus pais também morram e possam cuidar delas.

Kelets *Siberiana*
Um demônio da morte na tradição dos chukchee. Diz-se que ele tem uma matilha de cães com os quais ele caça e mata homens.

kelpie *Escocesa*
= *Irlandesa/Escocesa* cada uisge;
Manesa cabyll ushtey
Um espírito sob a forma de um cavalo-marinho. Ele atrai as pessoas para cavalgar sobre suas costas e corre para a água para afogá-las e então comê-las.

Kere'tkun *Siberiana*
O supremo espírito do mar. Diz-se que ele devorava os corpos dos afogados.

Kerema Apo *Índias Orientais*
O primeiro homem na tradição papuana. Ele nasceu de um ovo de uma tartaruga enorme e se acasalou com Ivi Apo, a primeira mulher, que nasceu de um outro ovo.

keres *Grega*
singular ker
Espíritos femininos do mundo inferior; criaturas aladas no controle do destino; almas dos mortos. Diz-se que esses seres causam doenças entre os vivos e transportam os corpos dos mortos. Alguns dizem que eles escaparam da caixa de Pandora. Eles são considerados como minúsculas figuras humanas, parecidas com mosquitos.

kerrighed *Francesa*
Espíritos demoníacos na França. (*Veja também* **corrigan**.)

Ketchimanetowa *Norte-americana*
também Grande Espírito
O deus criador da tribo fox. (*Veja também* **Grande Espírito**.)

Kewanambo *Índias Orientais*
Um ogro devorador de homens de Papua. Esse demônio aparece frequentemente disfarçado como uma mulher gentil que atrai crianças de suas casas.

Khadir *Árabe*
O Khadir original nasceu na Pérsia em 1077 e morreu em 1166. Ele era um profeta que se tornou imortal depois de beber do Poço da Vida, o único mortal autorizado a fazer isso. Diz-se que ele conseguia falar todas as línguas.

Ele acompanhou Alexandre, o Grande ao interior de uma caverna na procura pelo poço. E usou uma joia para guiá-los, mas eles se separaram e Khadir tropeçou na escuridão, caindo no poço. Por beber a água, ele ficou verde-azulado e conseguiu encontrar a saída da caverna. Diz-se que ele ainda está vivo, vagando pela face da terra, retornando uma vez a cada 500 anos ao mesmo lugar.

Uma vez, ele foi capturado, suas correntes se transformaram em pó e, quando Hakim, irmão do rei da Etiópia, atirou uma lança contra ele, Deus a desviou para que ela atingisse Hakim. Em outra ocasião, as espadas dos soldados ordenaram que o profeta se voltasse contra os soldados e os matasse.

Quando o rei de Bornéu, Jantam, deu a mão de sua filha a Alexandre, Khadir usou sua magia para encher os depósitos do rei com tesouros.

Em outra versão, Khadir foi cozinhar para Alexandre, o Grande em sua expedição pelo deserto. Quando ele lavou um peixe seco em um lago para a ceia de seu mestre, o peixe ganhou vida e nadou para longe. Khadir bebeu um pouco da água e, como nas outras versões, ficou verde e se tornou imortal. Alexandre queria alcançar ele mesmo a imortalidade, mas o lago não poderia mais ser encontrado e ele teria matado o cozinheiro se este não tivesse ficado invulnerável. Ele acabou atirando o infeliz Khadir amarrado a pesadas pedras no mar, onde Khadir se tornou um deus do mar, ainda imortal.

Seu julgamento claro foi demonstrado quando, tendo destruído um barco, matado um jovem e reconstruído um muro, ele explicou que o barco estava destinado a ser capturado por piratas, o jovem se tornaria um homem mau e o muro conteria muitos tesouros que agora, iriam para dois órfãos, e não para o ganancioso inquilino.

Khadir é descrito como um jovem, mas com os cabelos e a barba brancos.

Khara *Persa*

Um burro enorme. Essa besta, descrita como tendo apenas três pernas, mas seis olhos (dois dos quais no topo da cabeça e dois na corcunda) fica em um mar chamado Vourukasha e diz-se que é capaz de superar todas as formas de maldade. Em alguns relatos, Khara é descrito como um peixe primordial.

Kharasvara *Jainista*

Deuses do mundo inferior. Esses seres torturam os mortos perversos, forçando seus corpos em arbustos de espinhos.

Khepra *Egípcia*

Um deus do sol com cabeça de escaravelho, uma manifestação do deus Rá como o sol da manhã.

Ele era considerado como um deus criador autocriado, surgindo de Nun, o deus das águas primitivas que, simplesmente ao dizer seu nome, criou um lugar sólido no qual podia ficar de pé, e criou Shu e Tefnut. Mais tarde se tornou assemelhado a Rá, o deus do sol. Em alguns relatos, ele era o filho de Nut que engolia seu filho todas as noites só para ele nascer novamente a cada manhã.

Em outra versão, um de seus olhos vagava pelo céu todos os dias, como o sol, e era trazido de volta para ele por Shu e Tefnut.

Sob a forma de um escaravelho ele lutou contra os demônios do abismo de onde ele tinha saído.

Dizia-se que ele fez o mundo rolando sua própria saliva em uma bola.

Khnum *Egípcia*

também Senhor do Além

Um deus criador com cabeça de carneiro, deus das cataratas; um dos três Senhores do Destino (com Amen e Ptah).

Diz-se que ele fez deuses e humanos a partir da lama do Nilo ou do barro na roda de um oleiro e foi guardião da gruta onde Hapi vivia na Ilha de Bigeh.

Às vezes, ele é retratado com a cabeça de carneiro ou como uma serpente.

Kholumulumo *Africana*
Um monstro do povo sotho. Ele comeu todos os humanos, exceto uma mulher, cujo filho, Moshanyana, matou o monstro quando ficou preso em uma passagem estreita, cortou a barriga e soltou os presos.

Khonvum *Africana*
O deus supremo dos pigmeus. Ele fez os primeiros pigmeus no céu e os trouxe para a terra em cordas.

Khosodam *Siberiana*
Uma mulher canibal, governante dos mortos. Dizia-se que ela criava mosquitos.

Khrodadevatas *Budista*
Um grupo de deuses assustadores. Esses seres são descritos como vermelhos ou negros, com três olhos e com crânios e cobras adornando seus corpos.

Khuran-Nojon *Siberiana*
Uma divindade buriat da chuva. Ele estocava chuva em barris, cada um dos quais, quando aberto, fazia chover por três dias.

Kibu *Ilhas do Pacífico*
A terra melanésia da morte. Essa terra era considerada como uma ilha no oeste. Quando a alma (mari) alcança Kibu, ela é transformada em um verdadeiro fantasma do morto quando é atingido na cabeça com um porrete de pedra. É então um markai e pode aprender sobre a vida no Kibu.

Kici Manitou *Norte-americana*
O deus supremo do povo algonquino. Ele criou o mundo a partir da lama coletada por aves e secada em seu cachimbo sagrado. Seu subordinados formam o suporte central para o mundo.

Kidilli *Australiana*
Um homem-lua dos aborígenes. Quando ele tentou violentar a primeira mulher, foi morto por Kurukadi e Mumba, o homem-lagarto do Tempo dos Sonhos.

Kikazaru *Japonesa*
Um dos Três Macacos Místicos. Ele é retratado com as mãos cobrindo suas orelhas como "aquele que não ouve o mal".

kilot *Ilhas do Pacífico*
O mundo inferior em algumas partes das Filipinas. Esse lugar é considerado como o lar dos canhotos kakaloa (alma); as almas destras vão para um paraíso no céu.

Kinderbrunnen *Germânica*
Poços nos quais, diz-se, Frau Holle guarda as almas das crianças. Os Kinderseen são lagos nos quais, diz-se, ela similarmente protege as almas das crianças.

Kingu *Mesopotâmica*
Um deus da terra acadiano. Ele foi o líder das forças primordiais do mal e dos Onze Poderosos Ajudantes na luta com os deuses e atuou como dono das tábuas do Destino.

Ele foi filho e segundo marido de Tiamat e foi morto com ela na luta com Marduk. Em alguns relatos, seu sangue foi misturado com a areia para criar a humanidade. Alguns o igualam a Tammuz.

Kinharingan *Índias Orientais*
Um deus criador em Bornéu. Diz-se que Kinharingan e sua esposa Munsumundok apareceram de uma rocha no mar, caminhando sobre a água até a casa do deus da varíola Bisagit que lhes deu um pouco de solo com o qual eles fizeram a Terra. Depois eles fizeram o céu, os corpos celestes e os seres humanos.

Kinharingan matou seu primeiro filho, cortando o corpo em pedaços que ele plantou em vários locais. Desses pedaços vieram todas as plantas e animais.

Outra versão diz que Bisagit lhes deu o solo com a condição de ficar com metade do povo que Kinharingan fez. Ele conseguiu isso espalhando varíola pela população em intervalos de 40 anos.

Kinnara *Tailandesa*
Um monstro, metade homem, metade pássaro.

kinno *Sul-americana*
Na tradição dos tupari, do Brasil, as pessoas que não conseguiram chegar ao mundo superior.

Dois seres primordiais, Aroteh e Tovapod, cavaram a terra para encontrar o povo que havia roubado sua comida e, ao fazer isso, criaram uma abertura através da qual alguns humanos, que naquela época, viviam sob a terra, escaparam para o mundo superior. Os kinno foram os que ficaram presos quando o buraco foi fechado. Dizem que eles vão surgir para repovoar a Terra quando todas as raças atuais tiverem morrido.

Kintu *Africana*
Um deus-rei dos buganda; o primeiro homem. Ele foi ao céu para pedir uma esposa e recebeu Nambi, filha do deus supremo, Gulu, mas só depois de passar por muitos testes. Um foi comer o suficiente para cem pessoas; outro, encher uma grande panela sem fundo com orvalho. E teve também que rachar pedras com um machado e identificar sua própria vaca em três grandes rebanhos. Ele passou em todos e levou Nambi de volta à terra. Seu irmão, Walumbe, o deus da morte, os seguiu.

kiolu *Africana*
Um animal muito pequeno gerado por um feiticeiro a partir de sua própria alma. Um feiticeiro pode fazer com que esse animal entre no corpo de outra pessoa e o mate.

kirin *Japonesa*
= *Chinesa* ch'i-lin; *Mongol* kere; *Tibetana* serou
Um animal com um chifre só, o correspondente ao chinês ch'i-lin; um unicórnio.

Kirttimukha *Hindu*
Um monstro com cabeça de leão. Esse ser foi criado pelo deus Shiva para lutar com o demônio Rahu, que tinha sido enviado por Jalandhara para pegar a esposa de Shiva, Sakti. Quando Rahu fugiu, o monstro voraz comeu seu próprio corpo, deixando só o rosto.

Kisani *Norte-americana*
também Povo Mirage
Os habitantes do quarto mundo por meio do qual os navajo passaram em seu caminho para o mundo superior.

Kisha Manido *Norte-americana*
O nome menominee para o deus criador, o Grande Espírito.
(*Veja também* **Gitchi Manitou**.)

Kitshi Manitou *Norte-americana*
O nome chippewa para o Grande Espírito.
(*Veja também* **Gitchi Manitou**.)

Kivati *Norte-americana*
Um deus trapaceiro do povo quinault, do estado de Washington. Ele transformou os animais gigantes originais em animais normais e fez homens a partir de bolas de pó misturado com seu próprio suor.

Quando seu irmão foi engolido por um monstro no lago, Kivati jogou pedras quentes no lago até a água fervente matar o monstro. Kivati então abriu sua barriga e libertou seu irmão.

No final de seus trabalhos de formação do mundo, ele se transformou em pedra.

Klaus *Germânica*
também Peter Klaus
Um pastor de cabras. Ele seguiu uma cabra até um vale onde doze homens jogavam boliche. Vencido pelo vinho, ele dormiu e, quando acordou, tinha dormido por vinte anos.

Esse conto inspirou a história de Washington Irving, *Rip van Winkle*.

Kloskurbeh *Norte-americana*
Um deus criador do povo hopi. Um ser ("jovem") foi criado a partir do sopro desse deus e outro ("tradição"), de uma de suas lágrimas. Esses dois se acasalaram e geraram os primeiros humanos.

klu *Tibetana*
Ancestrais da raça, trabalhadores milagrosos. (*Veja também* **'gong-po, rGyal-po**.)

Kmukamtch *Norte-americana*
também Antigo Ancião
Um demônio; um espírito criador. Na tradição dos klamat, ele tentou pôr fogo no mundo, mas os medoc o consideram um espírito criador.

knaninjar *Australiana*
Ancestrais vivendo como espíritos no céu.

Knecht Ruprecht *Germânica*
Uma fada doméstica.

knocker *Britânica*
= *Germânica* kobold
Um espírito córnico das minas de estanho que, diz-se, indicava a presença do valioso minério; uma forma de *bucca*.

kobold *Germânica*
= *Britânica* brownie, knocker
Um espírito de mina anão; um brownie doméstico.

Koftarim *Egípcia*
Um rei mítico. Diz-se que ele construiu o farol de Faros (Alexandria) e um portal que, olhando com olhos mecânicos, poderia colocar os animais para dormir. Ele era o dono de um espelho mágico no qual podia ver o que cada um dos súditos estava fazendo e uma estátua feita de vidro, que podia transformar em barro qualquer pessoa que tentasse atingir o tesouro do rei.

Kohin *Australiana*
Um deus do trovão que vive na Via Láctea. Um herói da cultura dos aborígenes.

Koko *Africana*
Na tradição bantu, uma mulher idosa que sabia o nome da árvore que dava frutos proibidos. Quando descobre que os animais a quem ela disse o nome dessa árvore comeram alguns de seus frutos, ela os castiga. A Tartaruga, que havia sido enterrada em um formigueiro, escapou sem punição.

Kokumthena *Norte-americana*
também Nossa Avó, Mulher do Dente Torto
Uma deusa criadora dos shawnee. Diz-se que essa divindade era uma anciã de cabelos grisalhos que vivia com seu neto e seu cachorro perto da terra dos mortos. Dizia-se que as sombras na lua eram de Kokumthena se dobrando sobre sua panela.

Kokyangwuti *Norte-americana*
também Mulher Aranha
Uma deusa criadora do povo hopi. Ela fez homens e mulheres de barro e os trouxe à vida, mas eles eram figuras mais rudes que aquelas moldadas por Huruing Wuhti.

Outros dizem que ela fez os primeiros humanos a partir de saliva e poeira em uma espécie de mundo inferior. Quando o pai dela inundou seu mundo porque esses seres tinham se tornado maus, ela os levou para o mundo superior. Aqui, ela criou mais dois seres, Palongwhoya e Poquanghoya, que protegiam os humanos dos demônios malignos. (*Veja também* **Hahai Wugti**.)

kollo *Africana*
também qollo
Espíritos etíopes das montanhas, das árvores e das nascentes. Esses espíritos aparecem em forma de galos com quatro chifres ou como seres altos com uma perna só.

Koloowise *Centro-americana*
também Serpente do Mar
= *Asteca* Quetzalcoatl; *Hopi* Palulukon
Um deus serpente emplumado zuni da abundância; um deus dos raios. Em uma história, Koloowise ficou aborrecido quando uma jovem donzela, lavando roupa, poluiu a água em que ele vivia e se transformou em um bebê que ela encontrou e levou para casa. Lá, ele voltou à sua forma de serpente e dormiu com ela. Comprometida com o poder de Koloowise, ela foi forçada a deixar sua família e ir com ele que, no caminho, transformou-se em um belo jovem.

Komdei-mirgan *Russa*
Um herói tártaro. O monstro Yebegen arrancou a cabeça de Komdei-mirgan e sua irmã Kubaiko, desceu ao mundo inferior para implorar ao governante, Erlik Khan, por seu retorno. O deus lhe deu uma série de tarefas e, quando ela as completou com sucesso, deu a cabeça de um pouco de água da vida.

Komokwa *Norte-americana*
Um deus do mar do povo haida. Ele é considerado um guardião das focas e o recebedor das almas dos mortos.

Kon-tiki *veja* **Viracocha**

Kononatoo *Sul-americana*
Um deus criador do povo aruaque. Ele fez o homem para viver no céu, mas o herói caçador Okonorote fez um buraco e todos desceram à terra. Quando uma mulher gorda ficou presa no buraco, eles se viram incapazes de voltar.

Kornmutter *Germânica*
"mãe do milho"
Um espírito do campo, o espírito do cultivo do milho.

Kornwolf *Germânica*
"lobo do milho"
Um espírito dos campos, invocado para assustar crianças.

korrigan, korriganed *veja* **corrigan**

Kothluwalawa *Norte-americana*
Um palácio celestial na tradição dos zuni, o lar dos deuses nas montanhas. Esse palácio é uma câmara do conselho dos deuses e morada temporária para os espíritos dos mortos. Contém também a casa de dança dos deuses.

Kottche *Australiana*
Um demônio em forma de uma ave ou uma cobra. Ele vagueia durante a noite, causando doenças. Sua voz é o trovão e sua respiração, o redemoinho.

Koyorowen *Australiana*
Um monstro canibal. Ele vive no topo das montanhas e mata mulheres enquanto sua esposa, Kurriwilban, mata homens. Seus pés apontam para trás.

kraken *Norueguesa*
Um monstro marinho que empurra os navios para o fundo do mar. Dizia-se que tinha mais ou menos 1.600 metros de circunferência.

Kralj Matjaz *Eslovena*
"Rei Mathias", rei dos eslovenos. Diz-se que ele teve que resgatar sua esposa e a irmã Alencica dos turcos ou, em outros relatos, do mundo inferior.
   Na morte, diz-se que ele está dormindo, em uma caverna do monte Peca, aguardando uma chamada na hora da necessidade de seu país. Quando esse dia chegar, ele sairá de sua caverna e pendurará seu escudo em uma tília que, dizem, cresceu na noite de Natal, floresceu à meia-noite e depois morreu. Ela florescerá outra vez quando o herói despertar de seu longo sono.

krasnoludi *Europeia*
= *Húngara* lutki; *Sérvia* ludki
Anões do mundo inferior polonês.

Kremara *Polonesa*
Um deus dos porcos. Ele protegeu os porcos do nascimento à morte, assumindo o lugar de Priparchis, que garantiu que eles nascessem em segurança.

Krimhild *Germânica*
Uma princesa da Burgundia, a versão de Grimhild em *A Canção dos Nibelungos*.
  Ela se apaixonou por Siegfried quando ele veio à corte do irmão dela, Gunther, para ajudá-lo a derrotar os exércitos invasores de Ludegar, o saxão, e Ludegast, da Dinamarca. Quando Gunther se casou com Brunhild, Krimhild se casou com Siegfried e, mais tarde, Gunther convidou o jovem casal para sua corte onde as duas mulheres tiveram um discussão acalorada. Krimhild insensatamente disse ao cavaleiro borgonhês Hagen, que estava zangada com o insulto recebido por Brunhild, que o único ponto vulnerável no corpo de Siegfried estava entre suas omoplatas e, quando Siegfried fez uma nova visita à corte para ajudar Gunther a repelir uma suposta invasão, ele foi morto por Hagen, que atirou a lança pelas costas.
  Quando o cadáver de Siegfried sangrou no local onde Hagen o tocou no funeral, ela soube que ele era o assassino de seu marido e planejou uma vingança. Ela persuadiu Gunther a reclamar o tesouro dos nibelungos que Siegfried ganhou quando matou o dragão Fafnir, mas o tesouro foi pego por Hagen, que o afundou no Reno por segurança.
  Mais tarde, Krimhild se casou com Etzel, rei dos hunos, e deu à luz um filho, Ortlieb, mas manteve viva sua aversão por Hagen. Ela persuadiu Etzel a convidar Gunther e seus nobres para vir à corte e depois subornou Brodelin, irmão de Etzel, para matar todos os borgonheses. Quando o primeiro ataque deixou vivos alguns dos visitantes, ela incendiou o salão onde eles ainda resistiam. Depois forçou Rudiger, um cavaleiro na corte de Etzel, a atacá-los e muitos foram abatidos dos dois lados, inclusive Rudiger. No final, só Gunther e Hagen permaneceram vivos e foram capturados. Krimhild então mandou decapitar Gunther e usou sua cabeça para tentar forçar Hagen a revelar onde tinha escondido o tesouro dos nibelungos. Com sua recusa, ela o matou. Sua crueldade desenfreada enfureceu Hildebrand de tal forma que ele desembainhou a espada e a matou.

Krimibhoja *Hindu*
Um reino do inferno. Essa região é reservada para os egoístas, que se transformam em vermes que comem uns aos outros.

Krishna *Hindu*
Deus da Terra e preservador; a oitava encarnação de Vishnu.
  Ele nasceu de um cabelo preto de Vishnu com uma missão de destruir o malvado tirano Kansa. Quando Kansa ordenou o massacre de todos os meninos recém-nascidos, Krishna escapou, escondendo-se secretamente com os vaqueiros, Nanda e Yasoda.
  Ele era constantemente irritado pelos demônios enviados por Kansa, mas venceu todos eles. Ele e seu meio-irmão Balarama enfrentaram Kansa e, além de Kansa, mataram seus oito irmãos; o enorme lutador Chanura; os demônios Arishta e Keshin; o demônio do vento Trinavarta; Sakta-Sura, que tentou esmagá-lo; Putana, um demônio feminino que tentou envenená-lo com

o leite de seus seios; o demônio vaca Vatsasura; o enorme corvo Bakasura; Ugrasura, o demônio cobra que o engoliu inteiro; o demônio Dhenuka como um burro enorme e Kuvalayapida, o elefante que se propôs a matá-los. Ele também subjugou o demônio cobra Kaliya. Em certa ocasião, um demônio do fogo deu início a um incêndio florestal quer cercou Krishna e alguns de seus amigos. O deus simplesmente engoliu as chamas e apagou o fogo. Krishna ainda matou Jarasandha, Kalayavana e Shankha-Sura.

Na batalha entre os pandava e os kaurava, ele agiu como cocheiro para o príncipe Arjuna.

Quando Indra mandou uma enchente, Krishna usou o monte Govardhana como tenda para salvar o povo e seus rebanhos e ele resgatou seu neto, Aniruddha, quando ele foi capturado pelo demônio Bana.

Dizia-se que ele teve casos ou se casou com mais de 16 mil mulheres, mas seu grande amor foi a pastora Radha e, mais tarde, sua esposa Rukmini. Algumas de suas outras esposas foram: Jambavati, Kalindi e Satyabhama.

Quando acidentalmente ele foi ferido na única parte vulnerável de seu corpo, o calcanhar, por uma flecha disparada por seu irmão Jara, o Caçador, ele morreu e voltou ao céu.

Às vezes, ele é retratado como a personificação do universo com seu umbigo englobando os céus nos quais seu peito representa as estrelas.

krita-yuga *Hindu*
também Brahma-yuga, satya-yuga
A primeira era do mundo, a era de ouro na qual todos os homens eram virtuosos. A destruição da era atual por Kali anunciará uma nova era. (*Veja também* ***Vishnu, yuga***.)

Kronos *veja* **Cronos**
Ku *Ilhas do Pacífico*
Um monstro em forma de um cachorro enorme. Ele poderia se transformar em um homem sempre que quisesse. Sob o disfarce de um cachorrinho, ele se ligou a Na-pihenui, a filha de um chefe, mas fugiu quando o pai dela tentou matá-lo. Ele então se transformou em um belo príncipe para cortejar a donzela, mas o pai dela se recusou a aprovar o casamento. Depois ele se transformou em um grande cão feroz e comeu muitos dos chefes de tribos. Os guerreiros da tribo finalmente o mataram e o cortaram ao meio. Cada metade foi transformada pelos sacerdotes em uma grande pedra.

Ku'urkil *Siberiana*
= *Kamchadal* Kutkhu; Coriaco Quikinna'qu
Deus criador do povo chukchi; o primeiro ser humano.

Kuan Yin *Chinesa*
= *Budista* Avalokiteshvara; *Japonesa* K(w)annon; *Taoísta* Tou Mu
Uma deusa mãe budista, deusa da misericórdia, a Estrela do Norte, dos marinheiros, mulheres e crianças.

Em uma versão, Kuan Yin era um derivado de Avalokiteshvara; em outra, ela foi uma princesa mortal, Maio Shan, que se estrangulou, mas foi revivificada por Buda, que a colocou em uma ilha onde ela permaneceu por nove anos antes de se tornar uma divindade. Alguns dizem que sua morte foi resultado de um sacrifício de suas mãos e seus olhos para salvar a vida de seu pai, Chong Wang.

Outra história diz que seu pai a sentenciou à morte quando ela se recusou a casar, mas, quando o carrasco baixou a espada, ela se quebrou, deixando Kuan Yin ilesa. Mais tarde, ele a sufocou e ela foi para o inferno, que, com sua presença, transformou-se em um paraíso. Isso não agradou a Yama, o governante daquele lugar sombrio, então ele a devolveu à vida.

Em alguns relatos, ela estava com Tripitaka quando ele trouxe a cultura budista para a China e ela libertou o macaco-deus Sun Hou-tzu quando Buda o aprisionou em uma montanha.

Às vezes, ela é retratada com muitas cabeças e braços, ou então montando o mítico Hou, uma espécie de leão.

Kuang-jun, Kuang-li, Kuang-she, Kuang-te *veja* **Ao Jun, Ao Ch'in, Ao Shun, Ao Kuang**

Kuat *Sul-americana*
Deus do sol do povo mamaiuran, do Brasil. *Veja mais em* **Iae**.

Kudai *Russa*
O deus supremo dos tártaros. Ele vive em uma montanha de ouro no décimo sexto céu e recebe sacrifícios de cavalos brancos.

Em alguns relatos, Kudai se refere aos sete filhos do deus supremo.

kuei *Chinesa*
Um espírito dos mortos; um demônio errante que perdeu a chance de reencarnação.

Alguns dizem que os demônios, as almas dos suicidas ou dos afogados, têm rostos negros ou verdes.

Outra versão tem o kuei como um animal de um olho só. Uma história diz que o Imperador Amarelo o matou e fez um tambor com sua pele.

Kuei Shen *Chinesa*
A tartaruga, chefe de todos os animais com concha. Um dos Quatro Animais Auspiciosos, guardião do norte e da água.

Kugo-jumo *Russa*
Um deus supremo dos cheremis, considerado como um ser semelhante ao homem, realizando muitas das práticas terrestres, como a apicultura e a agricultura.

Kukitat *Norte-americana*
Uma divindade maldosa do povo serrano, da Califórnia. Ele nasceu do ombro esquerdo do criador, seu irmão Pakrokitat, e o aborreceu tanto com suas exigências para que as pessoas tivessem pés palmados, olhos na parte de trás de suas cabeças e ideias tão ridículas que Pakrokitat partiu para o outro mundo e deixou o irmão no comando. Kukitat acabou se revelando um criador de casos tão grandes que as pessoas resolveram se livrar dele. E conseguiram isso quando uma rã se escondeu no oceano e engoliu seus excrementos.

Kuksu *Norte-americana*
Um deus criador dos pomos, povo da Califórnia. Ele e seu irmão Marumda tentaram destruir o mundo pelo fogo e com inundações.

Kuku-Lau *Ilhas do Pacífico*
Uma deusa do mar que provoca miragens para iludir os marinheiros.

Kukulcan *Centro-americana*
= *Asteca* Quetzalcoatl; *Maia* Yum Caax
Um deus do sol e deus do vento dos maias e dos toltecas. Em alguns relatos ele é um rei deificado. Diz-se que, às vezes, ele vem à terra e pode ser visto plantando milho ou pescando em sua canoa. Ele é descrito como uma serpente emplumada ou com um nariz comprido e presas de serpente. Seus símbolos são um peixe, milho, um lagarto, uma tocha e um abutre.

Kulimima *Sul-americana*
O criador das mulheres na tradição do povo aruaque.

Kuling *Australiana*
A Via Láctea, lar do deus do trovão, Kohin.

Kulshan *Norte-americana*
Suas esposas Clear Sky (Céu Claro) e Fair Maiden (Bela Donzela) brigaram e Clear Sky partiu, montando sua própria casa no sul. Mais tarde, Fair Maiden foi visitar a mãe e ela e os filhos foram transformados em ilhas. Kulshan e os três outros filhos, sempre se esticando para procurar as mulheres desaparecidas, tornaram-se montanhas, enquanto Clear Sky se tornou o monte Rainier.

Kumarbi *Mesopotâmica*
= *Suméria* Enlil
O deus supremo dos hurrianos, deus criador e pai dos deuses. Ele castrou seu pai Anu, arrancando seus genitais e depois cuspiu três deuses: Teshub, Tasmisus e o deus do Rio Aranzakh. Ele se casou com a filha de um deus do mar e eles produziram o monstro Hedammu, que saiu do mar para devorar animais e humanos.
 Quando foi derrubado por Teshub, ele engravidou um pilar de pedra, produzindo o gigante Ullikummi para ajudá-lo, mas esse ser foi desamparado pelo deus do mar Ea.

Kumari *Hindu*
Um nome para Devi.

Kumbhakharna *Hindu*
Um demônio. Dizia-se que esse monstro tinha mais de 32 mil metros de altura e podia comer 5 mil mulheres e 4 mil vacas em uma única refeição. Ele ficava acordado por apenas um dia a cada seis meses, mas ficava acordado o suficiente para ajudar o demônio Ravana na batalha com o deus Rama, durante a qual ele comeu muitas das tropas de Rama, mas foi morto por Rama e Sugriva.

Kumbhika *Hindu*
Um reino do inferno, reservado para punir os cruéis que são fervidos em óleo.

kumi *Maori*
Um monstro com cabeça de buldogue.

Kumokums *Norte-americana*
Um deus criador do povo modoc. Ele criou o mundo com a lama que retirou do lago Tule. Quando se cansou de tanto trabalhar, foi dormir em um buraco que ele cavou no fundo do lago.

Kumu-honua *Ilhas do Pacífico*
O primeiro homem na tradição do Havaí. Sua esposa, Lalo-honua, comeu o fruto proibido da árvore do deus criador Kane e eles foram expulsos de seu paraíso.

Kumush *Norte-americana*
Um deus criador do povo modoc, pai de Céu Noturno.
 Ele foi incumbido de criar o mundo usando as cinzas da Aurora Boreal e, quando a concluiu, povoou-a com plantas e animais. Depois de um longo descanso, ele se dedicou à criação da humanidade. Ele passou seis dias e noites no mundo inferior e voltou com um cesto cheio de ossos dos mortos. Desses ossos secos, ele fez várias tribos e depois ascendeu ao céu onde vive com a filha.

Kunapipi *Australiana*
também Velha Senhora
Uma deusa mãe dos aborígenes.

Kung Kung *Chinesa*
Um demônio, metade homem, metade serpente; um deus da água. Em uma história, ele inclinou o mundo quando empalou o monte Pu Chou em seu chifre; em outra, ele tentou usurpar o trono da deusa criadora Nü-huang (Nü Kua) e, quando ele foi derrotado, derrubou os pilares que sustentavam o céu e, por isso, causou o Dilúvio. Por esses crimes, ele foi executado.

Uma versão alternativa da história do Dilúvio diz que Kung Kung abriu um buraco no céu, permitindo que as águas se espalhassem. O dano foi reparado por Nü Kua.
Outra versão diz que ele tentou depor seu pai, o deus do fogo Chujung.

Kuni-toko-tachi *Japonesa*
Um deus supremo xintoísta, espírito do universo, deus do monte Fuji. Um ancestral de Izanagi e Izanami, que surgiu da lama primordial como um caniço e se manifesta em Amaterasu. Ele vive no monte Fuji.

Kuni-Tsu-Kami *Japonesa*
Deuses da Terra, como opositores dos Ama-Tsu-Kami, os deuses do céu.

Kur *Mesopotâmica*
Um dragão. Ele raptou Ereshkigal, deusa do mundo inferior, e se tornou governante do mundo inferior Kur-nu-gi-a com ela. Ele foi morto pelos deuses Enki e Ninurta, mas seu corpo havia retido as águas primitivas e, agora, ameaçava uma inundação. Entretanto Ninurta, deus da guerra e deus das enchentes e dos ventos salvou a situação, construindo um muro para reter as águas.
Em algumas versões, Kur é o mundo inferior.

Kurangai *Neozelandesa*
Um monstro maori sob a forma de uma mulher-pássaro. Dizia-se que ela era tão alta quanto uma árvore e tinha tanto asas quanto braços. Alguns dizem que suas unhas eram tão compridas que ela podia lancear aves com elas.
Em uma história, ela carregou o jovem maori Hautupatu, que prontamente roubou suas roupas e escapou, só para voltar para ela quando ele crescesse. Outra versão diz que quando ele escapou, ela o seguiu e, ao tentar recapturá-lo, caiu em uma fonte quente e foi escaldado até a morte.

Kurdaitcha *Australiana*
Espíritos invisíveis. Esses seres acompanham feiticeiros e causam a morte do doente.

Kurkil *Siberiana*
Um deus criador mongol, visto como um corvo.

Kurma *Hindu*
A segunda encarnação de Vishnu, como uma tartaruga ou jabuti. Nessa encarnação ele salvou a bebida divina perdida, amrita. E ficou no fundo do oceano carregando em suas costas a montanha, o monte Mandara, que foi sacudido para produzir a amrita e os outros objetos preciosos.

Kurukadi *Australiana*
Um dos dois homens-lagartos, conhecidos como Wati-kutjara, ancestrais dos aborígenes. Ele e seu irmão gêmeo, Mumba, acordaram no Tempo dos Sonhos e criaram pedras, plantas e animais. Quando encontraram Kidilli, o espírito da lua, que estava perseguindo um grupo de mulheres (ou a primeira mulher), eles o mataram. Kidilli aparece no céu como a lua, as mulheres como as Plêiades e os gêmeos como a constelação de Gêmeos.

Kururumany *Sul-americana*
Um deus criador na tradição do povo aruaque. Quando descobriu que os homens eram corruptos, ele criou cobras e lagartos para assediá-los e tirar-lhes sua imortalidade.

Kurwaichin *Polonesa*
Um deus das ovelhas.

Kusor *Mesopotâmica*
também Kusorhasisu
Um deus artesão. Seu trabalho na criação foi encaixar janelas no telhado da terra para deixar a chuva passar.

kut *Siberiana*
Na tradição dos yakuts, a alma; ele envolveu todos os homens e todos os objetos naturais. Diz-se que a alma tem três partes, conhecidas como anya-kut, buor-kut e iya-kut.

Kutchis *Australiana*
Seres sobrenaturais consultados pelos médicos aborígenes.

Kutkhu *Siberiana*
= *Chukchi* Ku'urki; *Coriaco* Quikinna'qu
Deus criador do povo kamchadal, da península de Kamchatka. Em alguns relatos, ele fez a terra cair do céu; em outros, ele a criou a partir do corpo de seu filho.

Kutoyis *Norte-americana*
Um algonquino corajoso. Seus "pais" tinham um genro que os tratava muito mal, guardando toda a carne e as peles da caça para si mesmo. Um dia, tudo o que ele permitiu ao sogro foi uma gota de sangue que ele encontrou na flecha que tinha matado um búfalo. O velho colocou a gota de sangue em uma panela com um pouco de água e a ferveu. Quando abriu a panela, encontrou um menino, Kutoyis, que o instruiu a amarrá-lo ao alojamento, onde ele cresceu até a idade adulta de uma vez. Ele matou o genro malvado e passou a livrar a terra de muitos males antes de partir para sempre para a Terra das Sombras.

Kutso *Hindu*
Um protegido de Indra. Quando Kutso estava lutando contra Sushna, o demônio da seca, Indra parou sua carruagem solar e tirou uma das rodas que Kutso então usou como arma para derrotar seu inimigo.

Kuvalayapida *Hindu*
Um elefante. O malvado rei Kansa convidou Krishna e seu meio-irmão Balarama para um banquete e usou esse animal enorme em uma das tentativas de matar seus convidados. Em vez disso, o elefante foi morto por Krishna.

Kuvalayaswa *Hindu*
Um rei. Ele enviou seus 21 mil filhos para matar o demônio Dhundhu que tinha queimado o santo Uttanka. Todos, exceto três deles, morreram nas chamas, mas os sobreviventes mataram o demônio.

Kuwatawata *Ilhas do Pacífico*
Um guardião de Pou-Tere-Rangi, o portão de entrada do céu polinésio.

Kvasir *Nórdica*
Um sábio ou deus da sabedoria. Ele foi feito da saliva dos deuses, quando eles cuspiram em um vaso como parte da cerimônia de paz entre os dois grupos de deuses, os Aesir e os Vanir, e, em alguns relatos, ele é considerado como um deus da sabedoria.

Os anões Fialar e Galar ficaram com inveja de Kvasir e queriam adquirir seu conhecimento. Por isso o mataram enquanto dormia e drenaram seu sangue em três vasos. Depois adicionaram mel para fazer uma bebida que inspirou todos os que participaram dela a se tornarem poetas ou músicos.

(*Veja também* **Bragi**.)

kwai *Japonesa*
Um amuleto em forma de erva aquática, usado para proteger contra o fogo.

Kwaku Ananse *Africana*
= *Iorubá* Anansi
O deus aranha dos ashantis.

Kwannon *Japonesa*
= *Budista* Avalokiteshvara; *Chinesa* Kuan Yin
Uma deusa mãe budista; deusa da misericórdia, das mulheres e das crianças. Diz-se que ela teve que renunciar ao nirvana para trazer felicidade para os outros.

Essa divindade, às vezes, é representada na forma masculina como um príncipe. Mas outras formas a mostram com mil olhos, a cabeça de um cavalo ou onze braços, refletindo alguns de seus nomes. Como "a Sábia", ela é Sho-Kwannon; como "onze faces", ela é Ju-ichi-men Kwannon; como "cem mãos", ela é Sen-ju Kwannon; como "cabeça de cavalo", ela é Bato Kwannon; e, como "onipotente", ela é Nyo-i-rin Kwannon. Em algumas manifestações, como Hito-koto Kwannon, ela só atenderá a uma oração.

Algumas seitas consideram grupos de seis, sete ou até 33 Kwannons.

Kworrom *Africana*
Um espírito hausa que passa rasteira naqueles que atravessam sua casa sob as raízes de uma árvore.

kylin *veja* **ch'i-lin**

L

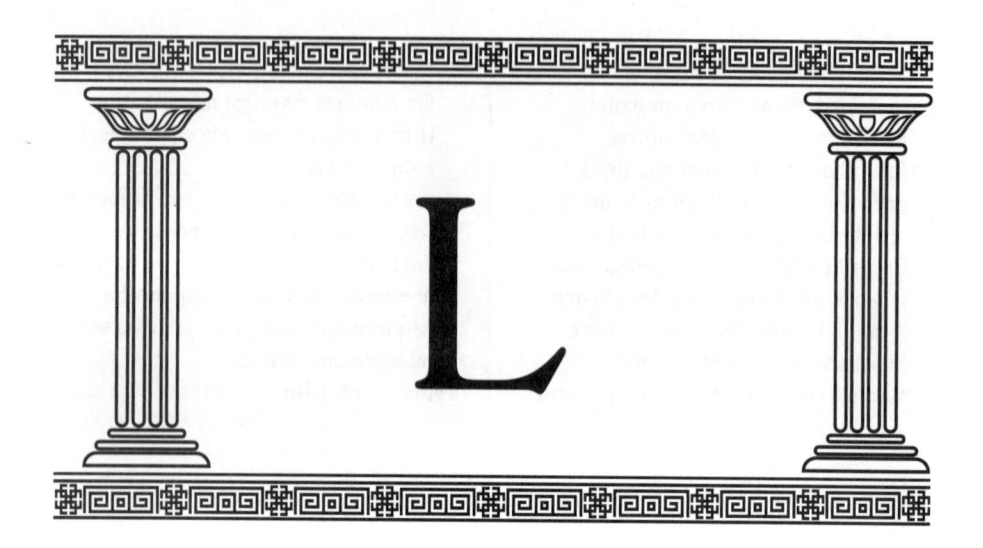

L *Centro-americana*
Uma divindade maia de identidade incerta, que costuma aparecer como Deus L (*veja **deuses alfabéticos***). Esta divindade é descrita como um homem velho, com o rosto fundo pela falta dos dentes, com parte do rosto pintada de preto, o que lhe dá o nome alternativo de Velho Deus Negro. Alguns o identificam como Ek Chuah ou Tepeyollotl.

La velue *veja* **Fera Peluda**

Labe *Árabe*
Uma rainha na história *As Mil e Uma Noites*. Ela era uma feiticeira que podia transformar os homens em animais.

Labirinto *Grega*
O caminho emaranhado construído por Dédalo para Minos, rei de Creta, para conter o Minotauro.

Ládon *Grega*
O dragão de cem cabeças guardião das maçãs das Hespérides.

Hércules matou o dragão quando ele obteve algumas das maçãs em seu décimo primeiro Trabalho e a deusa Hera o colocou nos céus como a constelação Draco.

Ladrão Rouxinol *Russa*
Um monstro, parte homem, parte ave. Este ser vivia em uma árvore e atacava os viajantes que passavam por ela. Ele foi morto pelo herói Ilya Muromets.

Laertes *Grega*
Um rei de Ítaca; pai de Odisseu.

Alguns dizem que Sísifo seduziu a esposa de Laerte, Anticleia, na manhã de seu casamento e ele, em vez de Laerte, foi o verdadeiro pai de Odisseu.

Laerte foi um dos Argonautas e um membro do grupo de caça do Javali Calidônio.

Embora ele fosse velho demais para defender Penélope do assédio de seus muitos pretendentes enquanto Odisseu estava fora, ele ajudou a derrotá-los quando seu filho voltou.

Lago Avernus *veja* **Avernus**

Lakin Chan *veja* **Itzamna**

Lakshmi *Hindu*
= *Budista* Maya
A deusa lótus, deusa da agricultura, da beleza, do prazer e da riqueza; consorte do deus Vishnu.

Ela surgiu totalmente formada do corpo do deus Prajapati ou da espuma, a terceira coisa a surgir quando os deuses agitaram o oceano para produzir amrita, e reencarnou com cada avatar do deus Vishnu. Quando Vishnu apareceu como Rama, ela era Sita; quando ele era Krishna, ela era Radha e Rukmini; quando ele era Parasurama, ela era Dharani.

Às vezes ela é representada com quatro braços e em pé sobre um lótus.

Lamia *Grega*
Um monstro em forma de uma mulher-serpente sugadora de sangue. Em uma história, a princípio, ela não era um monstro, mas uma ninfa do mar ou uma rainha da Líbia, uma das muitas amantes de Zeus, com quem teve vários filhos (incluindo o monstro Scylla maioria dos quais ela comeu. Nessa forme, ela era uma deusa-serpente, rainha da Líbia. Mais tarde, ela se tornou um monstro sugador de sangue, que alguns identificaram com Medusa.

Alguns dizem que ela tinha habilidade para remover seus olhos.

Em algumas histórias, a ciumenta Hera roubou todos os filhos de Lamia e Zeus e, para se vingar, Lamia matou todos as crianças que ela encontrou.

Em alguns relatos, ela é equiparada com Lilith, a primeira esposa de Adão.

Lamiae *Grega*
Demônios sob a forma de lindas mulheres. Originalmente elas eram sacerdotisas de Lamia, mas foram rebaixadas e se tornaram demônios seduzindo viajantes ou sugando seu sangue.

Laminak *Basca*
As fadas que vivem no mundo inferior. Diz-se que, às vezes, elas trocam seus filhos por filhos mortais. Cada um é chamado de Guillen.

Lan Ts'ai-ho *Chinesa*
Um dos Oito Imortais. Esse ser é considerado variadamente como masculino ou feminino. Em alguns relatos, Lan Ts'ai-ho era originalmente um cantor de rua e diz-se que ele foi carregado em uma nuvem após ficar bêbado, deixando um sapato para trás. Ele/ela é o santo padroeiro dos floristas ou jardineiros e é representado/a com um cesto de flores na mão e usando apenas um sapato.

Lança do Graal *veja* **Lança Sagrada**

Lança Sagrada *Britânica*
também Lança do Graal
A arma com a qual o centurião romano Longinus perfurou o corpo de Cristo na Crucificação. Essa lança ou espada foi trazida para a Grã-Bretanha com o Santo Graal por José de Arimateia e Evelake. Ela foi usada, em alguns relatos, por Balin para matar ou para ferir Pelham. Em outras versões, Galahad encontrou a lança e a usou para curar Pelles, guardião do Graal, que tinha ficado coxo por seus pecados. Ele foi levado de volta para a Terra Santa por Galahad, Percival e Bors ao final da Busca do Graal e, na morte de Galahad, a Lança e o Graal desapareceram para sempre.

Na versão wagneriana da história, essa arma foi guardada no Templo do Graal e Amfortas, o guardião do Graal, levou-a com ele quando tentou destruir o malvado mago Klingsor. Klingsor pegou a espada de Amfortas e o golpeou, causando assim uma ferida que só ficou curada quando Parsifal, no final da

Busca do Graal, recuperou a Lança e a colocou sobre a ferida.

Em alguns relatos, ela foi usada por Carlos Magno em suas batalhas contra os sarracenos.

Lancelot *Britânica*

também Lancelot do Lago, Cavaleiro da Carroça, Cavaleiro da Carruagem

Um Cavaleiro da Távola Redonda, um dos Cavaleiros de Batalha; filho do rei Ban e de Elaine; pai de Galahad.

Cercado por chefes rebeldes, o rei Ban deixou seu castelo para buscar ajuda. Sua esposa, grávida, também escapou quando o traiçoeiro mordomo deixou os sitiadores entrarem no castelo. Ela encontrou o marido perto de um lago onde ela morreu ao dar à luz o menino que viria a ser chamado de Galahad. Ban morreu de desgosto ao vê-la morta. Outras versões dizem que eles partiram juntos e que Ban morreu quando viu quando viu seu castelo ser consumido pelas chamas e percebeu que seu mordomo tinha se rendido aos sitiadores. O lago era o lar de Nimue (a Senhora do Lago), que ouviu os gritos do bebê e o resgatou, criando-os com os primos (em algumas versões, Lionel e Bors) que ela roubou para fazer companhia ao menino, que agora era chamado de Lancelot du Lac ("Lancelot do Lago"). Alguns relatos falam de uma mãe adotiva que o criou em Maidenland.

Na versão Nimue, quando os garotos chegaram à idade adulta, ela os levou para a Grã-Bretanha e os colocou na estrada para a corte de Artur, em Camelot. A feiticeira Morgana enviou a feiticeira Hellawes para prender Lancelot, que usou o punho de sua espada como uma cruz para afastar os fantasmas malignos que ela havia conjurado. Hallowes se apaixonou por Lancelot, mas morreu.

Quando libertou o castelo Dolorous Gard de um feitiço maligno, ele encontrou ali uma tumba que levava seu próprio nome. E assumiu o castelo como sua casa, chamando-a de Garde Joyeux (Mais tarde, depois de devolver Guinevere a Artur, passou a chamá-lo de Dolorous Gard.) Alguns dizem que a propriedade lhe foi dada pelo rei Artur.

Buscando aventura com seu sobrinho Lionel, ele foi enfeitiçado por Morgana e preso no Château de la Charette. Quando pediram que ele escolhesse entre Morgana e outras três fadas rainhas como amante, ele rejeitou todas. Uma empregada facilitou sua fuga quando ele prometeu ajudar o pai dela, Bagdemagus. Ele manteve a promessa e, com quatro dos cavaleiros de Bagdemagus especialmente treinados por Lancelot, foi a um torneio e derrotou todos os cavaleiros que lutaram contra ele, de forma que Bagdemagus foi declarado o vencedor do dia.

Lionel tinha sido capturado por Turkin, um cavaleiro que odiava os cavaleiros de Artur. Lancelot então cavalgou até o castelo de Turkin e o matou em um combate, libertando Lionel e todos os outros cavaleiros que estavam presos ali. Um desses libertados foi seu velho amigo Kay, que estava infeliz por seus deveres como senescal terem minado seu ardor de cavaleiro; assim, enquanto Kay dormia, Lancelot vestiu sua armadura e, disfarçado de Kay, derrotou muitos cavaleiros, aumentando assim a reputação de Kay como guerreiro.

A garota que o levou ao castelo de Turkin pediu um favor em troca, o que fez com que ele desafiasse e matasse Perest de Foreste Sauvage, que tinha atacado as donzelas. Quando encontrou o cavaleiro Pedivere, com a intenção de matar sua esposa que, segundo ele, tinha sido infiel, Lancelot interveio, mas, mesmo assim, o homem cortou a cabeça dela. Lancelot então o forçou a carregar a cabeça na mão e o corpo sem cabeça nas costas até Camelot.

Ele encontrou uma donzela que pediu sua ajuda para salvar o irmão ferido, Meliot, que havia lutado e matado Gilbert, o Bastardo, cuja mão tinha sido cortada em uma luta anterior com Gawain. Pegando a espada e um pedaço de pano do corpo morto de Gilbert na Capela Perilous, ele tocou as feridas de Meliot com a espada, limpou-as com o pano e o deixou inteiro outra vez. Outra versão desse incidente diz que a donzela tentou e não conseguiu enfeitiçar Lancelot para se tornar seu amante, a espada se transformou em uma imitação de madeira e o corpo, um boneco de trapo. Quando ele se recusou a entregar a espada, ela tentou matá-lo com uma adaga, mas Lancelot a desarmou.

A pedido de uma outra mulher, ele tirou a armadura e subiu em uma árvore para resgatar seu falcão que estava preso ali. Pego desarmado por Phelot, ele quebrou um galho da árvore e matou o cavaleiro traiçoeiro, pegando sua espada e cortando sua cabeça.

No castelo Carbonek, ele resgatou a donzela que tinha ficado presa em uma sala escaldante pela feiticeira Morgana le Fay e que estava lá havia cinco anos e matou um dragão que vivia sob uma tumba. Em algumas versões, ela era Elaine, com quem ele dormiu e gerou Galahad.

Ele foi recebido pelo rei Pelles em seu castelo, onde o Graal apareceu carregado por uma misteriosa donzela. Pelles queria que Lancelot se casasse com sua filha Elaine, sabendo que essa união produziria o cavaleiro perfeito, Galahad. Quando Lancelot rejeitou o amor de Elaine, Pelles ou sua criada Dame Brisen, usando uma poção mágica, enganou Lancelot, fazendo-o pensar que estava dormindo com a rainha Guinevere, seu verdadeiro amor. Quando se deu conta de que tinha sido ludibriado, Lancelot teria matado Elaine, mas ele se arrependeu quando ela suplicou por sua vida. Mas o resultado dessa união foi de fato Galahad.

Nas batalhas do rei Artur no continente, ele enfrentou e matou o imperador, e apossou-se de seu estandarte que entregou ao rei. Quando voltaram à Grã-Bretanha, Artur deu um grande festa para celebrar suas vitórias. Ali, Lancelot encontrou Elaine mais uma vez e foi novamente enganado por Dame Brisen para dormir com ela, acreditando estar dividindo a cama com Guinevere. Quando percebeu o que tinha acontecido, ficou louco, saltou pela janela e percorreu o país vivendo como um animal por vários meses. Em suas andanças, ele chegou a um pavilhão onde lutou e derrotou Bliant. Esse cavaleiro e seu irmão, Selivant, levaram Lancelot para sua casa no Castelo Blank e cuidaram dele por mais de um ano. Em outras histórias, quem cuidou dele foi Castor, um sobrinho de Pelles. Ele fugiu e voltou a Carbonek, onde foi mantido como um tolo pelos cavaleiros e foi encontrado novamente por Elaine. Depois foi levado para a sala onde o Graal era mantido e foi curado de sua loucura. Pelles deu a ele o Castelo de Bliant e ele viveu quinze anos com Elaine nessa ilha frequentada por cavaleiros e damas. E passou a chamar a si mesmo de Chevalier Mal Fet (o "Senhor Pecador"). Ele foi finalmente encontrado por Ector e Percival (ou, dizem alguns, por Lionel e Bors) que o persuadiram a voltar a Camelot onde foi recebido por Artur e Guinevere.

Quando Galahad atingiu a maioridade, Lancelot fez dele um cavaleiro e o levou à corte do rei Artur, onde ele assumiu seu lugar de direito no Assento Perigoso. Ambos se uniram aos outros Cavaleiros da Távola Redonda com a promessa de buscar o Santo Graal. Na missão, cada cavaleiro escolheu a própria rota e Lancelot se viu desafiado por um cavaleiro que o derrubou. Quando percebeu que se tratava de Galahad disfarçado, cavalgou atrás dele, mas não conseguiu pegá-lo e se encontrou, ao cair da noite, junto a uma cruz de pedra do lado de fora de uma velha capela. Semiadormecido em seu escudo, ele teve uma visão na qual um cavaleiro doente foi curado pelo Santo Graal, que apareceu diante da cruz. O cavaleiro levou o cavalo, a espada e o capacete de Lancelot, deixando-o na floresta desarmado e a pé até que ele chegou a uma igrejinha onde confessou todos os seus pecados a um ermitão e foi perdoado. Então, ele chegou ao mar e uma voz e uma voz lhe disse para subir a bordo de um navio. Lá ele encontrou a irmã morta de Percival. Ele permaneceu no navio por semanas até a chegada de Galahad. Eles navegaram juntos por seis meses, vivendo muitas aventuras até que um cavaleiro de armadura branca disse a Galahad que era hora de deixar seu pai e retomar a busca do Santo Graal. Lancelot ficou a bordo até chegar ao castelo Carbonek, onde entrou em uma sala e viu o Santo Graal, mas foi derrubado e ficou inconsciente por vinte e quatro dias. De Pelles ele soube que Elaine estava morta. Considerado incapaz de encontrar o Graal devido a seu caso com Guinevere, ele desistiu da busca e retornou a Camelot, onde descobriu que muitos dos cavaleiros que haviam partido nessa busca agora estavam mortos.

Ele retomou o caso com Guinevere, mas tentou se distanciar dela quando o caso para ser assunto de intrigas. Isso irritou a rainha e ela o baniu da corte. Ele então foi morar com o ermitão Brastias. Quando Guinevere foi acusada por Mador de envenenar sua prima, Patrice, Lancelot aceitou o desafio em seu nome e derrotou Mador em um combate, salvando Guinevere da fogueira.

A caminho de um grande torneio encomendado por Artur, ele ficou com Bernard em Astolat, onde a filha do barão, Elaine le Blank, conhecida como a "Donzela da Feira de Astolat", apaixonou-se por ele. Lancelot conquistou sua aprovação no torneio em que foi campeão, mas recusou a oferta de se tornar seu marido ou amante e voltou para Camelot acompanhado do irmão de Elaine, Lavaine, que o ajudara. Elaine morreu de amor não correspondido e seu corpo foi colocado em um barco que desceu o rio até Westminster, onde o rei ordenou que Lancelot desse à donzela morta um enterro digno.

Quando Guinevere e dez de seus cavaleiros foram capturados por Meliagaunt, que era apaixonado por Guinevere, Lancelot cavalgou para salvá-la. Mas seu cavalo foi atingido por baixo dele em uma emboscada armada pelos arqueiros de Meliagaunt, e Lancelot forçou um lenhador a levá-lo ao castelo em sua carroça e depois passou a ser chamado de Cavaleiro da Carroça ou Cavaleiro da Carruagem. Chegando ao castelo, atravessou uma ponte de espadas e resgatou Guinevere. Lancelot teria matado Meliagaunt, mas ele implorou pela misericórdia da rainha, que o perdoou. Lancelot passou aquela noite com Guinevere, mas manchou os lençóis com o sangue do ferimento que ele tinha nas mãos por forçar as barras da janela. Meliagaunt acusou Guinevere de ser infiel ao marido por ter dormido com um dos dez cavaleiros, alguns dos quais tinham se ferido quando ele os capturou. Lancelot pegou a manopla e marcou um encontro com Meliagaunt em Westminster. Meliagaunt prendeu Lancelot em uma masmorra e foi para Westminster. Uma empregada libertou Lancelot em troca de um beijo e ele cavalgou para Westminster, onde enfrentou e matou Meliagaunt com uma das mãos amarrada atrás das casas.

Mordred, com inveja de Lancelot, entregou seu caso com Guinevere ao rei Artur e, com seu irmão Agravain e outros doze cavaleiros, tentou pegar Lancelot e Guinevere juntos, como prova. Desarmado, Lancelot matou Colgrevaunce, o primeiro homem a entrar na sala, com um escabelo e depois pegou a espada e a armadura do morto, matando todos os outros, com exceção de Mordred que, embora ferido, conseguiu escapar. Com a prova do caso, Artur ordenou que a rainha fosse queimada. Mais uma vez Lancelot cavalgou para salvá-la enquanto estava sendo conduzida para a fogueira e atacou a multidão, matando muitos dos que se colocaram em seu caminho. Entre eles, Gaheris e Gareth, que haviam recebido ordens do rei Artur para comparecerem, mas estavam desarmados e não foram reconhecidos por Lancelot, tamanha a sua fúria. Com sua morte, Gawain, irmão mais velho dos dois, tornou-se inimigo mortal de Lancelot.

Lancelot levou Guinevere para seu castelo, Garde Joyeuse, que foi então atacado pelas forças do rei Artur. A batalha só teve fim após a intervenção do Papa. Lancelot devolveu Guinevere ao marido, mas sua briga com Gawain, e portanto com Artur, não foi resolvida. Depois, ele partiu para a França com cerca de cem de seus seguidores e instalou a corte em Benwick, mas Artur, a pedido de Gawain, levou cerca de 60 mil soldados para a França, destruindo os domínios de Lancelot e sitiando a cidade. Todo dia, por semanas, Gawain desafiava e derrotava um dos cavaleiros de Lancelot. Em dois dias consecutivos, Lancelot o derrubou, mas se recusou a matá-lo. Um terceiro encontro só não ocorreu porque Artur foi chamado de volta à Grã-Bretanha para recuperar o trono que havia sido usurpado por Mordred, que ficara no comando durante a ausência do rei.

Quando soube dos problemas de Artur, Lancelot levou suas forças para a Grã-Bretanha para ajudar o rei, mas Artur já tinha sido gravemente ferido e foi levado para Avalon. Ele tentou persuadir Guinevere a voltar com ele para a França, mas ela se recusou a deixar o convento para onde tinha ido após a morte do rei, e assim Lancelot se uniu a Bedivere em uma ermida onde, mais tarde, os outros cavaleiros se juntaram a eles. Quando soube da morte de Guinevere, mandou levar o corpo dela para a ermida, sendo enterrado na tumba de Artur. A partir de então, ele passou a não comer ou beber e morreu logo depois. Outras histórias dizem que ele se jogou no túmulo do rei e ficou lá por seis semanas, sem comer, até morrer. Seu corpo foi levado e enterrado em Garde Joyeuse.

Outra versão diz que Lancelot, acreditando que Guinevere fosse cúmplice de Mordred, matou-a. Em seguida, fechou Mordred em uma sala com o cadáver da moça onde, impulsionado pela fome, ele se alimentou do corpo.

langsuir *Malaia*
Uma vampira, o espírito de uma mulher que morreu ao dar à luz. Elas sugam o sangue das crianças através de um orifício na parte de trás do pescoço que, normalmente, está escondido sob seus cabelos. Cortar o cabelo e suas unhas compridas deixa um langsuir inofensivo se o cabelo for usado para bloquear o buraco no pescoço.

Contas de vidro eram colocadas na boca, ovos sob as axilas e agulhas mas mãos de uma mulher morta para garantir que seu espírito não se tornasse uma langsuir.

Lao-tzu *Chinesa*
Um filósofo chinês (600-517 a.C.), fundador do Taoísmo.

Um dos San Ch'ing, Os Três Puros; deus dos alquimistas e dos ceramistas.

Seu nome original era Li Erh. Diz-se que ele nasceu sob uma ameixeira de um nascimento virginal depois de sessenta (alguns dizem setenta ou oitenta) anos no ventre de sua mãe, até com os cabelos grisalhos pela idade. Outros dizem que ele nasceu do lado esquerdo de sua mãe e, 1321 a.C.

Ele é retratado sobre um búfalo.

Laocoonte *Grega*
Um príncipe troiano, provavelmente filho do rei Príamo e de Hécuba.
Um profeta e sacerdote de Apolo ou Poseidon. Quando advertiu os troianos a não pegarem o cavalo de madeira deixado pelos gregos pelo seu valor facial, Apolo ou Poseidon enviou duas grandes serpentes que se enrolaram ao redor de Laocoonte e seus dois filhos e os esmagaram até a morte. Em alguns relatos, Laocoonte, em outros, ele e um dos filhos, escapou.

Laomedonte *Grega*
Rei de Troia; pai de Antígona, Clytius, Hesione, Hicetaeon, Lampos, Podarces e Titono.

Os deuses Apolo e Poseidon receberam ordens de Zeus para servir a Laomedonte como escravos. O primeiro cuidou de seus rebanhos enquanto o outro construiu as paredes de Troia. Quando o rei se recusou a pagá-los, Poseidon enviou um monstro marinho para atacar Troia. Laomedonte acorrentou sua filha a uma rocha no mar para acalmar o deus. Ela foi encontrada e resgatada por Hércules, que havia deixado as éguas de Diomedes sob os cuidados de Laomedonte. Diz-se também que Laomedonte prometeu dois cavalos imortais a Hércules se ele livrasse Troia do monstro. Esses cavalos haviam sido dados por Zeus ao rei de Troia para recompensá-lo pelo rapto de Ganimedes para ser seu carregador de copos. Como Laomedonte se recusou a entregar as éguas ou porque renegou sua promessa dos dois cavalos, Hércules voltou mais tarde com um exército, saqueou Troia, matou Laomedonte e colocou seu filho Podarces no trono como Príamo.

Lapis exillis *Britânica*
O nome do Santo Graal naquelas versões da história em que se diz que ele era uma pedra em vez de um copo ou um prato.

lapis manalis *Romana*
Uma pedra colocada sobre uma das entradas para o mundo inferior.

Quando a cidade foi encontrada, as entradas para o mundo inferior foram escavadas e fechadas por essa pedra. Três vezes por ano a pedra podia ser removida para permitir que os espíritos dos mortos retornassem.

Lápitas *Grega*
Uma raça mítica na Tessália. Dizia-se que eles eram domadores de cavalos e sua longa rixa com os centauros começou quando o centauro Eurátion tentou violentar Hipodâmia, esposa de Pirítoo, rei dos lápitas, no dia de seu casamento.

Láquesis *Grega*
Uma das Moiras (Destinos). Láquesis mede o fio da vida. Ela é retratada com um pergaminho.

Lara[1] *Irlandesa*
Ele e sua esposa Balma e o pai Fintan foram sobreviventes do Dilúvio.

Lara[2] *Romana*
Uma ninfa que irritou Júpiter por ter contado segredos dele a Juno, sua esposa. Por isso ele deu ordens para cortar sua língua e a mandou para o Hades. Seu escolta, Mercúrio, apaixonou-se por ela e os dois tiveram dois filhos, que se tornaram os Lares, deuses do coração.

Lares *Romana*
Deuses domésticos: espíritos ancestrais; bons espíritos; uma forma de lêmure, dizem alguns.

Originalmente deuses guardiões etruscos, os Lares foram adotados no panteão romano como espíritos protetores de instituições e de vários lugares. Lares Familiares protegiam a casa e a família; Lares Compitais guardavam encruzilhadas ou partes da cidade; Lares Premarini, a cidade ou o império; Lares Rurales, o campo; Lares Vicorum, as ruas; e assim por diante.

Outra versão considera os Lares como dois filhos de Lara2 e Mercúrio.

larva *Romana*
Um espírito maligno; uma forma de lêmure.

laskowice *Eslava*
Espíritos da floresta, guardiões dos animais.

Latino *Romana*
Rei do Lácio. Sua filiação não é clara. Alguns dizem que ele era filho de Hércules ou Telêmaco; outros dizem que seus pais eram o deus Fauno e a ninfa Marica.

Ele foi avisado pelo espírito de seu pai que não deveria permitir que sua filha Lavínia se casasse com um de seus compatriotas, mas para que fosse mantida para um estranho que viria do outro lado do oceano. Esse estranho veio a ser Eneias, que procurava um lugar para se estabelecer depois da queda de Troia. Em alguns relatos, ele lutou por Eneias; em outros, contra ele, e foi morto em batalha ou levado para o céu como Júpiter Latiaris.

Laufakanaa *Ilhas do Pacífico*
Um deus do vento dos ilhéus de Tonga. Credita-se a ele a invenção da rede de pesca e por ter levado a banana para o céu.

laumé *Báltica*
= *Letã* lauma
Uma feiticeira lituana ou uma bruxa. Originalmente eram fadas inofensivas, depois se tornaram seres malignos.

Lavínia *Grega*
Filha de Latino e Amata; segunda esposa de Eneias.

Amata tentou guardar sua filha para Turno, rei dos rútulos, escondendo-as na floresta, mas ela acabou se casando com Eneias, como tinha sido profetizado antes da chegada dos troianos à Itália.

Leandro *Grega*
Um jovem de Abidos. Ele vivia de um lado de Helesponto e Hero do outro e, embora apaixonados, estavam proibidos

de casar. Guiado por uma luz em sua janela, ele nadava até Helesponto todas as noites, mas, quando uma tempestade extinguiu a luz, ele se afogou. Ela acabou se enforcando de tanta dor.

leão
Leões aparecem em várias mitologias.
(1) Na Babilônia, o demônio Ugallu foi uma forma de leão e o leão também era considerado como o corcel do deus da guerra Nergal.
(2) No Budismo, o leão era o corcel favorito de várias divindades, incluindo Avalokiteshvara e Maitreya.
(3) Na China, o imortal Chiu-shou assumia frequentemente a forma de um leão.
(4) O simbolismo cristão tem o leão representando Cristo e uma série de santos, incluindo Marcos.
(5) No Egito, o leão era o símbolo do sol e o deus do sol e também as divindades Sef e Tuau.
(6) O herói grego, Hércules, matou o Leão de Citerão e o Leão de Neméia e usou a pele do animal como uma capa.
(7) Os hebreus usavam o leão como símbolo da tribo de Judá.
(8) Na tradição hindu, o quarto avatar de Vishnu foi Narasinha, o homem/leão. O leão também é um dos signos do Zodíaco.
(9) Na Pérsia, o leão era usado como um emblema nacional.
(10) Os romanos consideravam o leão como o animal do deus Vulcano.
(11) Na Tailândia, esse animal é considerado como o ancestral da família real.

Leão da Montanha
Prey-god *Norte-americana*
Uma das seis divindades guardiãs da casa de Poshaiyangkyo. Ele é responsável pelo Norte.

Leão da Terra *Mesopotâmica*
Um demônio que, sob a forma de uma cobra, roubou a planta da vida de Gilgamesh.

Leão de Citerão *Grega*
Um leão morto por Hércules aos dezoito anos.

Depois disso, Hércules usou a pele como capa (mas há quem diga que ele usava a pele do leão de Neméia).

Em algumas versões, o Leão de Citerão foi morto por Alcathous e o de Neméia por Hércules.

Leão de Neméia *Grega*
também Leão de Argólida
Um leão morto por Hércules em seus primeiro Trabalho. Alguns dizem que essa fera foi formada na espuma do mar pela deusa da lua Selene. Hércules estrangulou o leão com as próprias mãos, pois sua pele resistiu a todas as armas, e depois usou a pele como armadura e a cabeça como uma espécie de capacete. Outros dizem que essa pele era de uma outra besta, o leão de Citerão.

Leão Téspio *veja* Leão de Citerão
Lear *Britânica*
Um lendário rei da Grã-Bretanha; pai de Cordélia, Goneril e Regan. Diz-se que ele teve que dividir seu reino entre Goneril e Regan. Os dois o levaram à loucura e ele foi cuidado por Cordélia, que criou um exército para depor os irmãos, mas foi morta na tentativa.

lebre
As lebres aparecem em muitas mitologias, frequentemente associadas com a lua:
(1) Na África Ocidental, Lebre (ou Coelho) é um deus trapaceiro e considerado como o precursor do Coelho Quincas, levado para a América pelos escravos.

(2) No budismo, a lebre é considerada como uma encarnação anterior de Buda.
(3) Na China, a lebre representa longevidade. Diz-se que a fêmea engravida seja olhando para a lua ou lambendo o pelo de seu companheiro e entregando suas crias pela boca. Alguns dizem que a lebre pode viver por mil anos e mora na lua, onde fica sentada aos pés de uma árvore triturando a erva da imortalidade. Nesse papel, ela é conhecida como Lebre Gêmea. Diz-se que sua transferência para a lua foi a recompensa do autossacrifício.
(4) Na mitologia grega, a lebre é o animal de Afrodite, Eros e Hermes.
(5) Na tradição hindu, diz-se que Shasha, a lebre, vive na lua.
(6) No Japão também, Usagi, Lebre na Lua, é o animal que, diz-se, vive na lua onde passa seu tempo triturando arroz que ele transforma em bolos.
(7) Na mitologia romana, a lebre é o animal de Mercúrio e Vênus,
(*Veja também* **Grande Lebre**.)

lechies *Russa*
Demônios da floresta. Esses seres são representados com cabeça e pernas de bode em um corpo humano. Em alguns relatos, diz-se que eles matam viajantes fazendo-lhes cócegas até morrerem de rir.

Leda *Grega*
Em uma história, ela encontrou o ovo resultante da união de Zeus (como um cisne) e Nêmesis (como uma gansa) e dele nasceu Helena de Troia.

Outra versão tem Zeus (como cisne) violentando Leda, que produziu dois ovos dos quais nasceram Helena e Clitemnestra, Castor e Polideuces.

Ela ou sua assistente foi deificada como Nêmesis.

Legba[1] *Africana*
= *Iorubá* Eshu
Um anjo trapaceiro de Fon; um deus do destino.

Legba[2] *Caribenha*
O deus haitiano do sol. Durante o dia ela cuida do portão que dá acesso aos espíritos para tomar posse dos humanos.

Ele é retratado como um velho vestido de trapos com um bastão que sustenta o universo.

Lei Kung *Chinesa*
também Duque do Trovão
Um deus do trovão taoísta.

Originalmente descrito com a forma humana com a pele azul, garras e cascos, mais tarde foi mostrado como um macaco com cara de pássaro.

leippya *Birmanesa*
Uma alma que pode aparecer sob a forma de uma borboleta, deixa o corpo e volta quando quer. Enquanto a alma está fora, a pessoa pode ficar doente e, se a alma é capturada por um demônio, a pessoa morrerá.

lêmure *Romana*
Um fantasma dos mortos. Em alguns relatos, a distinção é feita entre larvas e lêmures, o primeiro como fantasma dos mortos cruéis e o outro dos mortos bons.

Leodegrance *Britânica*
Rei de Cameliard; pai de Guinevere.

Quando seu reino foi atacado por Royns, um rei do norte do País de Gales, o rei Artur trouxe um exército para resgatá-lo. Foi nessa ocasião que Artur conheceu Guinevere que, mais tarde, tornou-se sua esposa. Ele deu a Artur a Távola Redonda como parte do dote de Guinevere.

Leopard Spirit *Chinesa*
Um demônio. Ele capturou Tripitaka e seus amigos em sua jornada ao oeste, mas o

Rei Macaco Sun Hou-tzu os transformou em vaga-lumes e os resgatou.

leopardo
(1) Os egípcios reverenciavam o leopardo como o animal de Osíris.
(2) Na Grécia, o leopardo era considerado como o animal de Dioniso.

leprechaun *Irlandesa*
Um espírito ou fada do Outro Mundo. Quando os danaans foram conquistados pelos invasores milesianos, eles se retiraram para os subterrâneos como essas fadas. Dizem que eles guardam um pote de ouro.

Lerajie *Europeia*
Um demônio, um dos 72 Espíritos de Salomão. Ele é acusado de provocar guerras e pode evitar que os ferimentos dos inimigos sejam curados. Ele pode aparecer vestido de verde, carregando um arco e flechas.

Leto *Grega*
= *Romana* Latona
Uma Titã (ou pelo menos a filha do Titã Céos e sua irmã Titã Phoebe); deusa da escuridão; mãe do deus Apolo e da deusa Ártemis com Zeus.

Ela foi abandonada por Zeus quando ele a engravidou e foi perseguida pela serpente alada Python, a mando da ciumenta Hera. Leto vagou pela Terra até finalmente ser carregada por um golfinho para a ilha flutuante de Ortygia (mais tarde, Delos) que a acolheu e lhe deu um santuário para que seus filhos, Apolo e Ártemis, nascessem. O deus do mar, Poseidon, acorrentou a ilha ao fundo do mar para que seu movimento não perturbasse Leto e seus dois filhos e dois homens que, por influência de Hera tinham agitado a lama para impedir que Leto tomasse uma bebida, foram transformados por Zeus em sapos.

Alguns relatos dizem que Ortygia e Delos eram dois locais separados, enquanto outros dizem que a Ilha de Asteria (a irmã de Leto foi transformada por Zeus em pedra) foi o local do nascimento dos gêmeos. Alguns dizem que Leto chegou a Delos sob a forma de um lobo para enganar Hera.

Alguns relatos têm Leto como esposa de Zeus antes de Hera.

Leviatã *Hebraica*
= *Babilônica* Tiamat
A serpente do caos primevo. Diz-se que essa fera emitia uma luz ainda mais brilhante que o sol. No fim do mundo ela será morta pelo monstro Behemoth, mas outra versão diz que o gigante Gargântua encontrou e matou o monstro em uma de suas jornadas. Em outras versões ele é um monstro marinho com sete cabeças que foi morto pelos deuses Baal e Mot. Mais tarde, ele passou a simbolizar o inferno.

leyak *Ilhas do Pacífico*
Na tradição balinesa, aquele que pode se transformar em tigre ou vaga-lume. O leyak vaga à noite coletando os intestinos dos mortos e diz-se que ele usa essas entranhas para fazer uma poção com a qual pode se tornar um tigre.

Leza *Africana*
= *Fon* Lisa
Um deus criador e deus do céu dos kaonde. Ele enviou três cabaças para homens aos cuidados do pássaro do mel. A ave abriu as cabaças, inclusive a que não deveria ter sido aberta até que o próprio Leza viesse à terra. Duas cabaças continham sementes e outras coisas úteis, mas a terceira continha os males que afligem a humanidade.

Em algumas áreas eles sustentam que Leza alcançou o céu subindo uma teia de aranha que se rompeu quando os homens tentaram segui-lo.

lha *Tibetana*
Os primeiros habitantes do Tibet. Esses seres, que conheciam a arte de temperar o aço, foram os precursores da raça. Depois veio o dMu-rgyal.

Li T'ieh-kuai *Chinesa*
também Bengala de Ferro
Um dos Oito Imortais; deus dos farmacêuticos e dos deficientes físicos.

Originalmente ele era um estudante conhecido como Li Ning-yang e desenvolveu o poder de deixar seu corpo para visitar Lao-tzu no céu. Em certa ocasião, seu discípulo Lang Ling, acreditando que seu mestre estava realmente morto, queimou seu corpo e assim, quando finalmente voltou, foi forçado a encontrar outro corpo, o de um mendigo coxo. O resultado é que ele é retratado como um pedinte usando uma muleta que lhe foi dada por Hsi Wang Mu ou Lao-tzu.

Outra história diz que ele foi ensinado por Hsi Wang Mu que o curou quando ele teve uma úlcera na perna. Isso o deixou coxo, então, ela lhe deu a bengala de ferro com que ele é retratado. Diz-se que, uma vez, ele andou e, uma fornalha e saiu incólume. Em outra ocasião, ele atravessou um rio a pé sobre uma folha flutuante.

li'oa *Ilhas do Pacífico*
Um fantasma nas ilhas Salomão. Esses seres, tidos como espíritos de chefes e guerreiros mortos, são invocados para ajudar os doentes. Em alguns casos, eles se manifestam como peixes grandes, como os tubarões, quando são conhecidos como pa'ewa.

Lichas *Grega*
Um mensageiro para Hércules. Foi ele que carregou o manto envenenado enviado por Dejanira que matou Hércules que, em sua agonia, agarrou mensageiro por um pé e o jogou do topo do Monte Oeta para a morte. Dizia-se que ele foi transformado em uma rocha.

Ligoupup *Ilhas do Pacífico*
Uma deusa criadora nas ilhas Gilbert. Diz-se que ela criou o mundo e agora manifesta sua presença provocando terremotos. Em alguns relatos, ela é considerada a primeira mulher.

Likho *Russa*
Uma demônio feminino, retratado como uma bruxa de um olho só.

Lilith[1] *Mesopotâmica*
= *Suméria* Kiskil-lilla
Uma deusa babilônica, retratada como um demônio feminino alado que ataca homens adormecidos.

Lilith[2] *Hebraica*
= *Assíria* Lilitu; *Suméria* Alu
Suposta esposa de Adão antes de Eva que mais tarde se casou com o Diabo. Em alguns relatos, Lilith recusando-se a obedecer Adão, foi expulsa do paraíso e dormiu com o Diabo, e gerou um jinn. Deus enviou três anjos para persuadir Lilith a voltar para Adão, mas em vão. Outras versões dizem que ela voou sob a forma de uma vampira ou assumiu a forma de um gato preto que atacava recém-nascidos. Nesse contexto, seu nome é usado para se referir à estrela Algol, anteriormente conhecida como Rosh ha Satan (Cabeça de Satanás).

lindworm *Britânica*
Um monstro em forma de uma serpente alada.

Ling Tzu *Chinesa*
Uma divindade considerada como o patrono do chá.

ling-yü *Chinesa*
Um monstro em forma de um peixe com cabeça e pernas de um ser humano.

Língua de Ptah *veja* **Thoth**

Linus *Grega*
Ele era um músico que dava aulas a seu irmão Orfeu. Ele tentou ensinar literatura e música a Hércules, mas Hércules o matou quando o atingiu com sua lira durante uma discussão sobre a instrução musical correta.

Liosalfar *Nórdica*
também Elfos Luminosos
Elfos da luz. Seu lar era Alfheim, suspenso entre a terra e o céu. Eles eram governados pelo deus da luz e da paz, Frey, e responsáveis por aves, borboletas e flores. Diz-se que os anéis de fada, círculo de cogumelos vistos na grama, são os locais de suas danças e diz-se que trazem sorte – ou, em algumas histórias, matam – os que estão sobre eles.

Liosalfheim *Nórdica*
Lar do elfos luminosos; terra dos justos. (*Veja também* **Alfheim**.)

lipsipsip *Ilhas do Pacífico*
Espíritos das Novas Hébridas. Esses seres, que assumiam a forma de anões vivendo em pedras e árvores, são capazes de comer quem os incomode.

Lir *Irlandesa*
Um deus do mar; pai de Manannan. Ele teve quatro filhos com Aobh e, quando ela morreu, ele se casou com a irmã dela, Aiofe, que transformou as crianças em cisnes. Mais tarde, Lir os fez voltar à forma humana, mas elas tinham envelhecido e estavam enrugadas. Como castigo, Aiofe foi transformada por Bodb Dearg em um demônio. (*Veja também* **Filhos de Lir**.)

Liu Tsung *Chinesa*
também Seis Honoráveis
Espíritos celestiais controlando os corpos celestiais, caminhos, chuva e vento.

Livro de Ouro do Destino *Siberiana*
O livro no qual a deusa Ajyst grava a vida de cada pessoa.

liwa *Sul-americana*
Em Honduras e na Nicarágua, um espírito maligno da água. Diz-se que esses seres, considerados como vermes brancos, puxam as canoas para baixo da água, afogando os ocupantes. E também que eles têm seus próprios barcos que viajam debaixo d'água.

Llewellyn *Galesa*
Um cacique que era dono do cão de caça Gelert e o matou quando o encontrou sujo de sangue e seu filho, ainda bebê, desaparecido. Só que Gelert não tinha comido a criança, e sim lutado e matado o lobo que atacou o menino, que foi encontrado a salvo e bem. (*Veja também* **Beddgelert**.)

Lludd *Galesa*
= *Britânica* Lud; *Irlandesa* Nuada
Um deus do céu; um rei da Grã-Bretanha. Durante seu reinado, o país foi atingido por três pragas e ele procurou o conselho de seu irmão, Llefelys, rei da França, para saber como lidar com elas. Ele então matou o misterioso Coranieids (seres anões) usando jatos produzidos por insetos esmagados na água, prendeu os dragões cujos gritos enlouqueciam as pessoas e prendeu o gigante que roubava comida do palácio. Ele prendeu os dragões, embebedando-os com hidromel e depois mandou que os levassem para o País de Gales e os enterrassem no Monte Erith. Mais tarde eles foram libertados por Vortigern, um rei da Grã-Bretanha, quando ele construiu seu castelo lá.

Llyr *Galesa*
= *Britânica* Leir; *Irlandesa* Lir
Um rei da Grã-Bretanha; um deus do mar. Ele é considerado como o protótipo do rei Lear. Alguns dizem que ele foi um ancestral do rei Artur.

Loa *Ilhas do Pacífico*
Deus criador das ilhas Marshall. Tendo criado os recifes, planetas e pássaros, ele então produziu um deus para governar cada um dos quatro pontos cardeais: Irjojrilik (oeste), Lajbuineamuen ou Lalikian (norte), Lokoman (leste) e Lorok (sul).

Em uma versão, ele foi pai de casal, Wulleb e Lejman, que nasceram de suas pernas. O herói Edao mais tarde nasceu de sua perna ou, em alguns relatos, era filho de Wulleb e Lejman.

Quando um casal pobre, sem comida para oferecer ao deus, matou e cozinhou a própria filha, Kavaonau, para ter uma refeição, Loa teve a cabeça e o corpo enterrados separadamente. De sua cabeça cresceu o kava e do corpo veio a cana-de-açúcar.

Mais tarde, quando viu como seus descendentes brigavam, ele pulou no mar, provocando uma onda enorme que afogou todos eles.

Lob-lie-by-the-fire *Britânica*
também Lurdane
Um brownie trabalhador.

lobisomem
Um humano que, dizem, é capaz de se transformar em um lobo. Nos casos em que as pessoas eram transformadas em lobos por uma outra, dizia-se que, se elas se abstivessem de comer carne humana por oito anos, voltariam à forma humana.

(1) Outros animais assumem o lugar dos lobos naqueles lugares onde o lobo não é temido. Entre os exemplos estão incluídos o urso (América do Norte), javali (Grécia, Turquia), crocodilo (África), raposa (China, Japão), hiena (África), onça-pintada (América do Sul), leopardo (África), leão (África) e tigre (Bornéu, China, Japão).

(2) Na crença europeia, o lobisomem remove sua pele e retoma a forma humana ao amanhecer e vai morrer se a pele for encontrada e destruída.

(3) Há uma história alemã que diz que uma pessoa que use um cinto feito com a pele de um lobisomem ou de um homem que foi enforcado se tornará um lobisomem.

(4) Na sabedoria de alguns nativos norte-americanos, os lobisomens podem ser homens ou mulheres. Diz-se que aqueles que podem se tornar lobisomens também praticam bruxaria quando estão na forma humana normal.

lobo
(1) Na Grécia, o lobo era visto como o animal dos deuses Apolo e Ares.

(2) No Egito, o lobo era consagrado a Wepwawet, deus da guerra, da caça e do mundo inferior.

(3) Na tradição irlandesa, uma loba amamentou Cormac mac Airt, um grande rei da Irlanda.

(4) Na mitologia nórdica, Fenris é um monstro em forma de lobo; os lobos Hati, Managarm e Skoll sempre perseguiram o sol e a lua; o deus Odin tinha dois lobos de estimação conhecidos como Freki e Geri; e dizem que as Valquírias cavalgavam sobre lobos.

(5) Algumas tribos norte-americanas dizem que a alma de um homem pode passar para um lobo enquanto outras afirmam que os lobos são seus antepassados.

(6) A tradição romana afirma que Rômulo e Remo, os fundadores de Roma, foram amamentados por uma loba.

Também se dizia que, se um homem visse um lobo com a boca fechada, a fera nunca mais seria capaz de abri-la outra vez. Por outro lado, se um lobo visse um homem com a boca fechada, esse homem perderia o poder da fala.

Lobo[1] *Norte-americana*
Divindade criadora dos shoshone.

Coyote pediu a Lobo que trouxesse seu filho, picado por uma cobra, de volta à vida, mas Lobo o fez lembrar de uma discussão anterior em que o próprio Coyote havia dito que os mortos não deveriam voltar a viver porque, caso contrário, o mundo logo ficaria superlotado.

Lobo[2] *veja* **Malsum**

Lobo Cinzento *Norte-americana*
Um deus das tribos do noroeste. Ele apareceu na criação e foi colocado no monte Shasta como um deus guardião.

Lobo Prey-god *Norte-americana*
Uma das seis divindades guardiãs da casa de Poshaiyangkyo. Ele é responsável pelo Leste.

lohan *Chinesa*
também arhat
= *Japonesa* rakan; *Hindu* sthavira
Um budista imortal, discípulo de Buda.

Lohengrin *Germânica*
também Cavaleiro do Cisne, Cisne Cavaleiro
Filho de Parsifal. Quando a princesa Elsa foi acusada de assassinar o irmão, Godfrey, herdeiro do ducado de Brabant, Lohengrin foi enviado do templo do Graal para resgatá-lo, montado em um cisne. Ele derrotou o acusador de Elsa, Frederick de Telramund, e se casou com ela sem revelar seu nome. Quando mais tarde foi persuadido a lhe dizer seu nome, ele a deixou e foi levado pelo cisne de volta ao templo do Graal. Mas, antes de partir, restaurou a forma humana de Godfrey, que tinha sido transformado em cisne pela magia de Ortrud, esposa de Frederick.

Mais tarde, ele se casou com Belaye, mas os pais dela, acreditando que ele a tinha colocado sob um feitiço, mandaram matá-lo.

Loki *Nórdica*
O deus do mal, do fogo e da trapaça.

Em algumas versões, Loki era filho de Ymir e uma das primeiras trindades com seus irmãos Aegir e Kari. Dizia-se que ele teve três esposas e foi pai de Einmyria e Eisa com sua primeira mulher, Glut; Fenris, Hel e Iormungandr com a segunda, a giganta Angerbode; e Narve e Vali com a terceira, Sigyn. Também diz-se que ele é o pai de Sleipnir, o cavalo de oito patas de Odin.

Loki sempre foi um causador de problemas. Ele roubou as tranças de ouro de Sif, esposa de Thor. O marido furioso pegou Loki e quase o estrangulou, forçando-o a prometer restaurar os belos cabelos. Loki persuadiu o anão, Dvalin, a fazer um substituto a partir de um fio de ouro, que acabou sendo ainda mais bonito que o original.

Ele apostou com outro anão, Brock, que Dvalin poderia fazer coisas melhores que Sindri, o irmão de Brock. Quem perdesse a aposta perderia a cabeça. Os deuses julgaram os resultados e disseram que Brock era o vencedor. Em vez de cortar a cabeça do perdedor, Brock costurou os lábios de Loki para interromper sua tagarelice.

Quando Thor foi a Jotunheim usando um vestido de noiva para enganar o Gigante Gelado Thrym e pegar de volta o martelo de Thor, que ele havia roubado, Loki foi com junto usando um vestido de dama de honra para ajudar a decepção.

Em uma ocasião, ele foi levado para o céu pelo Gigante Gelado Thiassi na forma de uma águia e só foi liberado quando prometeu atrair Iduna, deusa da juventude, no poder de Thiassi, com algumas maçãs da eterna juventude que ela guardava. Ele cumpriu a promessa, mas, quando os deuses descobriram o que tinha feito, forçaram-no a trazer Iduna de volta. Usando o traje de falcão de Freya, voou para Thrymheim, a clareira na floresta onde Iduna estava sendo mantida em cativeiro, transformou-a em uma noz (ou, dizem alguns, em uma andorinha) e a trouxe de volta em segurança para Asgard.

Em outra ocasião, ele se transformou em uma pulga para ter acesso à cama da deusa Freya e fugiu com seu lindo colar, Brisingamen. O gigante Heimdall o viu roubando e, após uma luta na qual ambos assumiram várias formas, Loki foi forçado a entregar o colar que Heimdall devolveu a Freya.

Para frustrar o gigante Skrymsli, Loki escondeu o menino que o gigante havia ganho na aposta como um ovo na ova de um peixe no oceano, mas Skrymsli ainda achou o esconderijo. Loki então devolveu a forma humana ao garoto e saiu correndo. O gigante o perseguiu, mas bateu a cabeça em uma estaca pontiaguda habilmente colocada por Loki.

Quando os deuses decidiram construir um muro ao redor de Asgard para impedir a entrada dos gigantes, um arquiteto desconhecido assumiu a tarefa desde que lhe dessem o sol, a lua e Freya. Loki o aconselhou a aceitar, mas determinou que o trabalho deveria ser feito no inverno e pelo próprio arquiteto, auxiliado apenas por seu cavalo Svadilfare. Quando parecia que essas condições seriam cumpridas, Loki se transformou em uma égua e atraiu Svadilfare para a floresta para que o arquiteto não terminasse a tempo. Ele teria matado todos os deuses, mas Thor atirou seu martelo e matou o arquiteto, que acabou se tornando um gigante disfarçado.

Em uma visita à Terra com Odin e Hoenir, Loki matou Otter, o filho de Hreidmar, um rei dos anões. Em compensação, o rei pediu ouro suficiente para cobrir a pele de uma lontra, a forma na qual seu filho tinha sido morto. A pele continuou se expandindo à medida que mais ouro era adicionado e Loki forçou o anão Andvari a entregar seu ouro para pagar o resgate exigido pelo rei pela libertação dos três deuses. Quando Loki pegou o anel mágico do anão também, Andvari lançou uma maldição sobre o tesouro.

O último ato de traição de Loki foi convencer o deus cego Hoder a jogar o ramo de visco que matou Balder e, por isso, ele foi banido de Asgard.

Ele apareceu sem ser convidado na festa dada aos deuses por Aegir e matou Funfeng, servo do deus do mar. E escapou da morte pelo martelo de Thor, fugindo para as montanhas e se escondendo em uma cabana. Quando Odin, Kvasir e Thor vieram procurá-lo, ele se transformou em um salmão e se escondeu no fundo do riacho Fraananger.

Quando os deuses fizeram uma rede e começaram a pescar, ele pulou no ar para escapar, mais foi pego por Thor. Ele retomou sua forma normal e os deuses o amarraram com as vísceras de seu filho, Narve, que tinha sido morto por seu outro filho, Vali, sob a forma de um lobo. Eles então transformaram os elos em metal para garantir que ele não pudesse escapar.

Eles deixaram Loki em uma caverna com uma serpente enorme sobre sua cabeça, que constantemente gotejava veneno no rosto de Loki. Ele foi salvo de muita agonia por sua fiel esposa Sigyn, que se sentou ao seu lado pegando o veneno em um copo até o último dia.

Na batalha final, liderando os súditos de Hel, ele derrotou os deuses em Ragnarok e, em seu papel de Surtur, o deus do fogo, queimou o mundo inteiro, matando Heimdall em cuja mão ele mesmo morreu.

lolok *Ilhas do Pacífico*
Gnomos, na tradição da Indonésia.

Longinus *Britânica*
Um centurião romano que, dizia-se, trespassou Cristo com uma lança. Essa lança aparece nas lendas arturianas como a Lança Sagrada, a Lança de Longinus ou a Lança Santa (*ver* **Lança Sagrada**.)

Lontra *Norte-americana*
Um dos quatro animais que tentaram encontrar terra a partir da qual Manabuch pudesse recriar o mundo. Na tradição algonquina, Castor, Vison e Lontra morreram todos na tentativa de encontrar terra depois do dilúvio e o sucesso do achado foi deixado para o Rato-almiscarado.

Lorelei *Germânica*
Uma donzela-sereia. Ela atraiu os marinheiros no Reno para a morte. Quando uma tropa de soldados foi enviada para capturá-la. Ela colocou todos em transe e escapou em sua carruagem para sua caverna subaquática.

Lotophagi *Grega*
Uma raça de comedores de lótus. Quando Odisseu desembarcou no país em que eles viviam, teve que forçar seus homens a sair ou eles iriam ficar para sempre nessa terra de prazer.

lótus
(1) No Budismo, o lótus é dedicado a Buda.
(2) Na China, o lótus é uma flor sagrada do Taoísmo. Essa flor é o emblema do imortal Ho Hsien-ku, e representa a alma em desenvolvimento.
(3) No Egito, o lótus é o símbolo do renascimento a partir do qual o sol nasceu na criação.

O lótus azul foi usado como o emblema do deus criador Nefertem.
(4) Na mitologia grega, o lótus era a planta causadora do esquecimento, com raízes que extraíam água do Rio Lethe, no mundo inferior, e produziam sementes semelhantes a feijões que roubavam toda a memória de quem as comesse.
(5) No Hinduísmo, o lótus (também kamala ou padma) é uma flor sagrada, o símbolo do conhecimento, do princípio feminino e da procriação.

É o emblema de Lakshmi (deusa da agricultura, da beleza, do prazer e da riqueza), o deus do sol Surya e o deus Vishnu.

loupgarou *Caribenha*
Um espírito vodu haitiano. Esses espíritos são considerados como
bruxas voando à noite que podem assumir a forma de um mosquito para sugar a vida das crianças. Diz-se que, se sua pele descartada for polvilhada com pimenta, torna-se muito doloroso para o proprietário retomar sua própria forma. Se um loupgarou é ferido, a cicatriz ainda é visível quando a forma humana é retomada e, a partir dela, a pessoa pode ser identificada como um lobisomem e morta.

Lu Hsing *Chinesa*
Um deus da boa sorte e da riqueza; um dos Fu Lu Shou.

Originalmente, era o erudito Shih Fen, um oficial da corte do imperador, do século II a.C.

Às vezes, é representado como, ou montado em, um cervo.

Lü Tung-pin — *Chinesa*

Um dos Oito Imortais. Ele foi um príncipe e magistrado do século VIII, conhecido por ter 2, 4 metros de altura, que se tornou um dos imortais. Ele ganhou uma espada mágica do Dragão do Fogo por resistir à tentação e a utilizou para matar muitos dragões e seres malignos. Ele conheceu o imortal Chiung-li e, convencido por um sonho de riquezas adquiridas e depois perdidas, de que os bens materiais não tinham valor, tornou-se seu discípulo.

Dizia-se que ele viveu mais de 400 anos e é considerado como o guardião dos doentes e patrono dos barbeiros.

Ele é retratado com a espada pendurada nas costas e um mosquete em uma das mãos. Dizem que esta é a descrição de Lu-tzu, com quem Lü Tung-pin às vezes é confundido.

lua

(1) Algumas tribos australianas veem a lua como o criador do primeiro casal.
(2) No Egito, a lua, deificada como Ah, representa o princípio masculino e é considerado o olho esquerdo do deus Hórus.
(3) Alguns povos fino-úgricos adoram a lua como um homem velho com um olho maligno.
(4) Os gregos consideravam a lua como lar pacífico dos bons mortos, personificado como Hécate (antes de se levantar e depois de se pôr), como Ártemis (ao cavalgar no céu) e como Selene (ao beijar o rei-pastor Endimião).
(5) Na Índia, a lua deificada como Chanra, é mais uma vez o lar dos bons mortos.
(6) Mitos nórdicos dizem que a lua teve origem no fogo ejetado por Muspelheim.
(7) A tradição eslava considera a lua como o lar das almas dos pecadores mortos.
(8) Nas mitologias que dizem que o universo foi feito a partir do corpo de algum deus ou gigante, a lua é frequentemente considerada como tendo sido feita de um olho, o sol do outro. Em algumas ilhas do Pacífico, por exemplo, a lua é o olho direito de Na Atibu, enquanto no Egito é o olho esquerdo de Hórus.
(9) Em algumas mitologias, a lebre e o coelho vivem na lua, enquanto outros dizem que ela é a casa do sapo (o de três pernas, nas histórias chinesas) ou da rã. Alguns dizem que todas as coisas que são desperdiçadas na terra são armazenadas na lua, incluindo coisas como talento desperdiçado, promessas quebradas e tempo mal gasto. Em alguns relatos, a lua deposita uma espécie de orvalho em certas plantas em resposta a feitiços.
(10) As sombras na lua são interpretadas de forma variada como o rosto do deus da lua Amm (Arábia), a deusa Pajon Yan (Camboja), o antigo sapo Heng O (China), um homem, Wu Kang, derrubando árvores (China), cinzas (Inuíte), Caim (Europa), um homem que pecou no sábado (Europa), marcas de alcatrão (Europa), marcas de dedos de meninos (Índias Orientais), Endimião (Grécia), uma lebre pintada por Sakka (Índia), um corcunda sentado sob uma árvore de banyan (Malásia), um velha resmungona (Maori), duas crianças com baldes (Escandinávia), uma árvore com marcas de garras de um urso, Coyote, uma criadora com uma panela (América do Norte), uma menina com

um balde (Sibéria), uma onça-pintada com quatro olhos ou os intestinos da lua expostos quando ela foi atacada por patos ou emas (América do Sul), ou hematomas causados quando a lua foi espancada (Terra do Fogo). Em lugares tão distantes quanto Índia, Japão, México e Tibete, as sombras são consideradas manchas no pelo da lebre que vive na lua.

Lud *Britânica*
também Ludd
Um deus do rio; um rei da Grã-Bretanha; a versão britânica de Lludd. Diz-se que ele fundou Londres e a defendeu de muitos perigos. Em alguns relatos de tinha uma mão de prata.

ludki *Eslava*
= *Húngara* lutki; *Polonesa* krasnoludi
Anões benevolentes do Outro Mundo sérvio.

Lugar das Sete Cavernas *Tailandesa*
Na tradição asteca, o lugar onde as tribos que emigraram de sua terra natal, Atzlan, dividiram-se, seguindo caminhos diferentes.

Lumawig *Ilhas do Pacífico*
Uma divindade filipina. Diz-se que criou os humanos a partir de caniços que colocou, em pares, no chão. Cada par se tornou um homem e uma mulher, cada par falando uma língua diferente. Seus filhos dizimaram toda a população, exceto um irmão e uma irmã, provocando uma enchente. O par sobrevivente repovoou as ilhas e Lumawig passou a ser considerado um herói da cultura que ensinou ao povo suas artes e costumes.

Lumbu *Africana*
O primeiro homem na tradição dos bakongos. O ser andrógino Mahungu, criado por Nzambi, foi cuspido pela árvore Muti Mpungu para formar o homem Lumbu e a mulher Muzita.

Lung Wang *veja* **Ao Kuang, Quatro Reis Dragões**

Lurdane *veja* **Lob-lie-by-the-fire**

lutin *Francesa*
Um goblin ou espírito doméstico da Normandia.
Dizia-se que esse goblin era capaz de assumir a forma de um cavalo, momento em que era conhecido como "o cavalo Bayard".

lutki *Húngara*
= *Polonesa* krasnoludi; *Sérvia* ludki;
Anões benevolentes do Outro Mundo.

Lyonesse *Britânica*
Uma lendária terra perdida. Diz-se que essa ilha se situa no extremo sudoeste da Grã-Bretanha, apoiando um sociedade agrícola feliz.
Parte dela, governada por Galahad, era conhecida como Surluse.
A ilha foi inundada pelo Atlântico por espíritos da água com inveja da felicidade e prosperidade dos habitantes. Apenas um homem, Trevilian, escapou quando o mar inundou a ilha.
 Alguns dizem que era a terra onde o Cavaleiro da Távola Redonda Tristão nasceu, a terra de onde ceio o rei Artur e o local da batalha final onde ele morreu.
 Outros dizem que, quando o rei Artur foi morto, Mordred sobreviveu e levou as forças restantes para o rei de Lyonesse. O fantasma do feiticeiro Merlin fez com que a terra afundasse sob as ondas que levando os homens de Mordred com ela, enquanto os homens do rei escapavam.

M

M *Centro-americana*
Uma divindade maia de identidade incerta, chamada de Deusa M (*veja **deuses alfabéticos***); talvez Ek Chuah. Essa divindade é retratada como um negro com lábios vermelhos, carregando um pacote na cabeça.

Ma *Egípcia*
Deusa da justiça e da verdade; governante do mundo inferior; uma forma da deusa do sol Tefnut como uma leoa. Filha de Rá e esposa de Thoth.

Ela é retratada com uma única pena de avestruz, que usa para pesar as almas dos mortos.

Ma-sang *Tibetana*
Os primeiros ancestrais da raça. Durante esse período, foi inventada a armadura. Depois vieram os trabalhadores milagrosos, o 'gong-po, o klu e o rGyal-po.

Maahiset *Báltica*
Um espírito florestal finlandês. Os formigueiros são usados como local para fazer oferendas a esse espírito.

Em uma versão alternativa, são seres pequenos que vivem sob a terra e podem causar doenças de pele nos humanos.

Mab *Celta*
também Maeve, Titania
Uma parteira das fadas, rainha das fadas. (*Veja também **Maev**.*)

maça
(1) Na mitologia grega, a arma de Hércules.
(2) Na mitologia hindu, a arma de Yama.

macaco
(1) Na tradição budista, o macaco é uma encarnação de Buda.
(2) Na China, o macaco é um dos membros dos Doze Ramos Terrestres, o zodíaco chinês.
(3) Nas Índias Orientais, o macaco é considerado o detentor das almas dos mortos.

Algumas tribos em Bornéu acreditam que as almas dos mortos

são transformadas em macacos cinzas, enquanto em Java diz-se que o macaco negro segura a alma do erudito e o macaco marrom, a alma do impostor. (4) Hanuman, o deus-macaco trapaceiro na tradição hindu, é considerado uma manifestação de Vishnu.

macaco sagrado *Índia*
Hanuman, deus-macaco (*Veja* **Hanuman**).

Maçãs de Iduna *Nórdica*
também Maçãs da Imortalidade

Macha *Irlandesa*
Uma deusa da guerra e deusa da fertilidade de Ulster. Como uma deusa da guerra, ela, com Ana e Babd, formava a trindade equiparada à deusa Morrigan.

Quando o rei Aedh morreu, o trono de Ulster deveria ter sido compartilhado entre seus irmãos, Dithorba e Kimbay, mas Macha matou Dithorba, casou-se à força com Kimbay e assumiu ela mesma o trono. Ela capturou e prendeu os cinco filhos de Dithorba e os obrigou a construir as muralhas da fortaleza Emain Macha.

Ela apareceu misteriosamente na casa do rico fazendeiro Crundchu e se tornou sua amante. Quando ele se vangloriou de que ela podia correr mais rápido que os cavalos do rei, ela foi forçada a participar de uma corrida, apesar de estar no final da gravidez à época. Ela venceu a corrida, mas deu à luz gêmeos, no local. Ela amaldiçoou os homens de Ulster para que, quando mais precisassem de suas forças para lutar, ficassem tão fracos quanto uma mulher em trabalho de parto, durante cinco dias e quatro noites.

madeixa élfica *Europeia*
Cabelo preso na cauda ou na crina de um cavalo. Diz-se que esses nós emaranhados são feitos pelas fadas que montam os cavalos durante a noite.

Mador *Britânica*
Um Cavaleiro da Távola Redonda; filho do rei das Hespérides.

Em um jantar oferecido por Guinevere para vinte e quatro dos seus cavaleiros, Pinel cultivou uma maçã envenenada para Gawain, que matou o primo de Pinel, Lamerock. Por engano, Patrise comeu a maçã e caiu morto no local. Mador acusou Guinevere de assassinato. Lancelot enfrentou a causa em nome da rainha e derrotou Mador em um combate.

Mãe das Sete Estrelas *Chinesa*
Uma deusa da constelação Ursa Maior.

Mãe de Barro *Norte-americana*
Um espírito tutelar das tribos pueblo. Esse espírito deu sua carne (o barro) aos oleiros para que eles pudessem fazer utensílios para o seu povo.

Mãe do Caos *veja* **Tiamat**

Mãe do Milho *Norte-americana*
Uma deusa arikana. Desapontado com o povo que criou, o deus criador Nesaru afogou todo ele e mandou a Mãe do Milho para o mundo inferior para guiar os habitantes para o mundo superior para formar a nova população.

Mãe do Povo *veja* **Utset**

Mãe dos Deuses *veja* **Neith**

Mãe Gafanhoto *Norte-americana*
Um espírito choctaw; mãe de Gafanhoto. Quando os choctaw saíram dos subterrâneos em Nanih Waya, ela foi morta por alguém da tribo que não conseguiu alcançar o mundo superior.

Mãe Milho *Norte-americana*
também Mulher Milho
Uma deusa da vegetação. Ela libertou o milho que foi plantado por animais para produzir a raça humana.

Outras versões dizem que ela fez pratos de milho a partir de feridas corporais raspadas e cozidas em uma panela e disse às tribos como plantar tais raspas para produzir milho. Alguns dizem que o milho cresceu quando as tribos a mataram e enterraram o corpo.

Maen Arthur *Britânica*
Uma rocha no País de Gales que, diz-se, mantém a marca do casco do cavalo do rei Artur.

Maev *Irlandesa*
também Maeve, Rainha Maeve
Uma deusa-mãe; rainha de Connacht. Ela cobiçava o Touro Marrom de Cooley, e Ailill, seu marido, liderou uma expedição (o Ataque ao Gado de Cooley) ao Ulster para capturá-lo. O animal foi capturado, mas Cuchulainn impôs uma derrota ao seu exército e ela jurou vingança. Sete anos depois, ela invadiu com outro exército, ajudada pelos filhos de Catalin que conjuraram batalhões fantasmas para importunar os homens de Ulster.

Ela foi morta por Furbaidhe, um filho de Clothra, irmã de Maev, que a matou com um pedaço de queijo duro, lançado de sua funda.

(*Veja também* **Mab**.)

Magaera *Grega*
Uma das três Fúrias. (*Veja* **Fúrias**.)

Magog *Britânica*
O último sobrevivente, com Gog, de uma antiga raça de gigantes britânicos. Alguns dizem que ele era o filho de Jafé, filho de Noé.

Maha-pudma *veja* **Mahapadma**

Mahadevi *Hindu*
também Grande Deusa
Um nome para Ambika, Canda, Devi, Durga, Kali, Parvati, Uma e outras deusas importantes.

Mahadevi foi criada pelos deuses que deram ao Devi pré-existente algo de sua própria energia, fazendo uma divindade visível e poderosa, capaz de derrotar os demônios, inimigos dos deuses. Eles também lhe deram armas e um leão para cavalgar e, como Canda, ela cavalgou para lutar com os demônios. Depois de matar Chiksura e outros líderes e hordas de seus seguidores, ela conheceu o supremo líder delas, o enorme búfalo Mahisha. Quando ela o pegou em um laço, ele se tornou um leão; quando ela matou o leão, ele se tornou um guerreiro com mil braços, cada um com uma arma; ela o matou só para descobrir que ele havia se tornado um elefante louco e, quando ela cortou o tronco do animal o demônio voltou a ser o enorme búfalo. Mahadevi (Canda) cortou sua cabeça e finalmente o matou.

Quando dois outros demônios, Nishumbha e Shumbha, desafiaram os deuses, ela voltou, dessa vez como Kali (ou Durga). Ela matou Nishumbha e acabou com Shumbha, mas o contato com a terra o revigorou. Preso na batalha, ele a carregou para o céu, mas ela o jogou no chão e o matou com suas flechas e sua lança.

Mahaf *Egípcia*
Um barqueiro no mundo inferior. Ele conduz o barco (meseket) que transporta Rá de volta para o leste toda noite, pronto para sua próxima viagem através dos céus.

Mahapadma *Hindu*
também Maha-pudma
O elefante em pé nas costas da tartaruga, Chukwa, que apoia o mundo. Diz-se que a terra descansa sobre a cabeça desse animal e, quando ele move a cabeça, provoca um terremoto.

Mahasthama *Budista*
Um deus da sabedoria. Ele e Avalokiteshvara ocupam tronos no céu de Amitabha.

Maheo *Norte-americana*
também Grande Espírito
Um deus criador do povo cheyenne.
Diz-se que ele fez o mundo a partir da lama trazida do fundo do mar por um galeirão; Maheo formou a terra nas costas de uma imensa tartaruga. E fez a humanidade com uma de suas costelas.

Mahisha *Hindu*
Um monstro demoníaco na forma de um búfalo de água, armado com uma maça. Quando Mahadevi o feriu, ele se tornou um guerreiro com mil braços, cada um carregando uma arma. (*Veja **Mahadevi**.*)

Maho Penekheka *Norte-americana*
Um nome mandan para o Grande Espírito.

Mahucutah *Centro-americana*
também Nome Distinto
Um dos primeiros quatro homens na sabedoria maia; irmão de Balam Agab, Balam Quitzé e Iqi Balam (*Veja mais em **Balam Agab**).*

Mahuika *Ilhas do Pacífico*
Uma deusa polinésia do mundo inferior. Em alguns relatos, ela era uma deusa do fogo que se casou com Auahi-Turoa e teve cinco filhos.

Outras versões dizem que seu neto Maui roubou fogo de Mahuika no mundo inferior e o deu ao povo dele, mas há que diga que ela deu a Maui uma de suas unhas, nas quais residia o fogo, mas era tão quente que ele a deixou cair no mar. Ao fazer isso várias vezes, ela jogou o fogo nele e ele teria queimado até a morte se os deuses da chuva não tivessem apagado o fogo.

Outras histórias dizem que Maui aprendeu o segredo do fogo das galinhas de lama.
Em algumas versões, Mahuika é um ser masculino.

Maia *Grega*
Uma ninfa, uma das Plêiades; mãe de Hermes com Zeus.

Main *Siberiana*
Um guardião do sol.
Uma vez, um alce pegou o sol em seus chifres e o levou para a floresta para que o mundo se tornasse escuro. Main atirou no alce e devolveu o sol aos céus.

Maît'(re) Carrefour *veja* **Carrefour**

Maivia Kivivia *Índias Orientais*
Um peixe. Cansado de nadar, o peixe descansou em um banco e ali ganhou membros e se tornou um ser com duas pernas. Sozinho, ele teve dois filhos, Mavu e Moro, que se tornaram os ancestrais das tribos da Nova Guiné.

Maka *Egípcia*
Uma cobra enorme que atacava a barcaça do deus Rá todas as noites quando a fazia viajar pelo mundo inferior.

Makara[1] *Índias Orientais*
Um monstro marinho na forma de um crocodilo com um focinho semelhante a uma tromba.

Makara[2] *Hindu*
Um monstro cavalgado por Ganga (a deusa do Rio Ganges) ou pelo deus Varuna. Em alguns relatos, este ser foi descrito como parte crocodilo, golfinho e tubarão; em outros, como um peixe com a cabeça e as pernas de um cervo ou como um peixe-elefante.
Outra história tem Makara como um caranguejo que foi mais esperto que uma garça e arrancou sua cabeça.

Malephar *Europeia*
Um dos 72 Espíritos de Salomão. Diz-se que ele transmite conhecimentos de

magia e antropomorfismo e é retratado como um leão.

Mali *Africana*
Em Mali, um monstro metamorfo na forma de um hipopótamo.

Esse monstro comeu todas as lavouras e, quando o caçador Karadigi o atacou com sua matilha de cães de caça, ele a comeu também. O herói Fara Maka tentou matá-lo com lanças, mas foi comido. Sua esposa, Nana Miriam, paralisou a fera com um feitiço.

Malpas *Europeia*
Um dos 72 Espíritos de Salomão. Diz-se que ele é capaz de construir edifícios inexpugnáveis com magia e aparece na forma de pássaro enorme.

Malsum *Norte-americana*
também Lobo
Um deus criador dos algonquinos, um deus-lobo; irmão gêmeo de Gluskap.

Ele fez todas as características malignas deste mundo. Matou sua mãe quando nasceu, ao sair de sua axila, e depois matou o irmão com a pena de uma coruja, a única coisa que poderia prejudicá-lo. Gluskap voltou à vida e Malsum tentou novamente com uma raiz de pinheiro, mas Gluskap simplesmente riu e o levou para a floresta. O castor Quah-beet ouviu Gluskap dizer que ele poderia ser morto por um junco em flor e contou a Malsum.

Quando ele pediu as asas de um pássaro como recompensa, Malsum riu dele; Quah-beet então contou a Gluskap o que havia feito. Por sua vez, Gluskap desenterrou uma samambaia, a única coisa que poderia ferir Malsum, e a usou para matar o irmão, que depois viveu como o lobo Lox no mundo inferior.

Mama Ocllo *Sul-americana*
Ela se casou com seu irmão, Ayar Manco ou Manco Capac, e fundou a dinastia inca.

Em uma história, ela foi à frente dos outros para procurar um local adequado para se estabelecer e chegou a Cuzco. Ali, matou e estripou um camponês. Pendurando o fígado coberto de sangue em sua boca, ela entrou na aldeia e todos os habitantes fugiram, acreditando que estavam prestes a ser atacados por um monstro canibalista. Ela e seus irmãos e irmãs conseguiram então tomar o vilarejo sem oposição.

(*Veja também* **Filhos do Sol**.)

Mamlambo *Africana*
Uma deusa zulu do rio, deusa dos cervejeiros.

Mamoo *Australiana*
Um deus do mal. Os aborígenes dizem que Mamoo fez todos os insetos, caracóis e outras criaturas minúsculas para devastar o agradável mundo criado por Yhi.

Man *Chinesa*
Uma divindade taoísta, um dos Quatro Reis Diamantes Taoístas.

Man Maker *Norte-americana*
Um espírito criador da tribo pima. Ele fazia pessoas à sua própria imagem a partir do barro e as assava em um forno. A interferência do Coyote significou que o primeiro resultado foi um cão, seguido por um casal pouco assado (branco) em seguida, um casal assado demais (preto) e finalmente um casal perfeito - os pueblo.

Manabozho *Norte-americana*
também Grande Lebre
= *Abnaki* Gluskap; *Iroquesa* Ioskeha; *Menominee* Manabush; *Montagnais* Messou
Um deus trapaceiro dos chippewa; um ser metamorfo que aparece frequentemente como um coelho.

Em algumas versões, ele era descendente de Nokomis, avó de Hiawatha e, quando as panteras subaquáticas tentaram matá-lo, provocando uma inundação, Manabozho chamou os castores e outros para trazer lama do fundo com a qual ele fez a terra seca e salvou Nokomis.

Sua inimizade com as panteras subaquáticas era baseada no fato de que elas tinham capturado e matado seu irmão Chibiabos. Mais tarde, lhe foram dados os segredos da cerimônia de Mide, que permitiu que ele ressuscitasse seu irmão, a quem ele fez governante do mundo inferior. Como uma divindade curadora, ele instituiu o festival da medicina conhecido como Mide.

Às vezes, ele é equiparado a Gluskap ou Hiawatha.

Seu irmão, Flint, matou a mãe deles quando eles nasceram e Manabozho matou Flint quando eles cresceram.

Manabush　　　　　*Norte-americana*
também Grande Lebre
=*Abnaki* Gluskap; *Chippewa* Manabozho; *Iroquesa* Ioskeha; *Montagnais* Messou
Um deus trapaceiro do povo menominee, irmão de Moqwaoi.

Ele foi o único sobrevivente dos gêmeos nascidos de Wenonah, filha de Nokomis e mãe de Hiawatha, que morreu no parto, e ele se transformou em um coelho branco que mais tarde roubou o fogo e o deu à tribo.

Quando seu irmão, Moqwaoi, foi morto pelos espíritos do mal, os anamaqkius, ele matou dois deles, o que fez com que os outros espíritos causassem uma enchente da qual Manabush foi o único a escapar, o que ele fez escalando um pinheiro e fazendo com que ele crescesse rapidamente para vencer as águas que subiam.

Quando o Rato-almiscarado encontrou um pequeno pedaço de terra seca após o fracasso de Castor, Vison e Lontra, Manabush foi capaz de recriar o mundo.

Em outra história, Misikinebik, uma serpente monstruosa, comeu quase toda a tribo; Manabush então se ofereceu e, uma vez no interior do corpo da besta, apunhalou seu coração e a matou.

Managarm　　　　　*Nórdica*
Um dos três lobos que caçaram o sol e a lua.

Essa besta, junto com Hati e Skoll, perseguiu o sol e a lua e, por vezes, os pegou e os engoliu, causando um eclipse. Eles eram descendentes de Fenris e alimentados com a medula dos ossos dos criminosos mortos. À medida que o crime aumentou, eles se fortaleceram e, nos últimos dias, alcançaram o sol e a lua e finalmente os engoliram.

Manannan mac Lir　　　　　*Irlandesa*
= *Galesa* Manawyddan fab Llyr
Um deus do mar; um metamorfo e mago, filho de Lir e Aobh.

Ele era o governante de Emain Ablach e tinha uma carruagem na qual podia andar sobre as ondas, um barco mágico conhecido como *Varredor do Oceano*, um cavalo chamado Crina Esplêndida, um manto e um capacete que o tornavam invisível.

Dizia-se que ele tinha três pernas que, usadas como os raios de uma roda, permitiam que ele viajasse em grande velocidade.

Como metamorfo, ele frequentemente assumia a forma de uma ave; como mago, fazia muitas proezas maravilhosas, incluindo uma em que ele atirava um fio de seda para o céu onde ficava preso em uma nuvem, permitindo que uma donzela subisse.

Dizia-se que, quando Aillen se apaixonou pela esposa de Manannan,

Uchtdealb, o deus a deu a Aillen e levou sua irmã, Aine.

Foi ele quem salvou o menino Lugh, o deus da luz, quando foi lançado ao mar por ordem de seu avô, Balor.

Uma vez, ele levou Angus Og, deus do amor e da beleza, em uma viagem à Índia e voltou com duas vacas maravilhosas, mantendo uma e dando a outra a Angus.

Ele atribuiu um sidh (monte de fadas) a cada um dos vários grupos de Danaans após sua derrota para os Milesianos e deu a eles o Véu da Invisibilidade e alguns porcos maravilhosos, que eram trazidos de volta à vida toda vez que eram mortos e comidos.

Alguns de seus filhos eram divinos; outros, mortais. Dizia-se que ele foi afogado por Uillin em Lough Corrib.

Manasa *Hindu*
= *Jainista* Nagini

Uma deusa cobra; um aspecto de Parvati. Quando Shiva sugou o veneno que Ananta, ou Vasuki, usou para envenenar a amrita criada na Agitação do Oceano, Manasa o ajudou tirando um pouco do veneno com a própria boca e passando-o para as criaturas peçonhentas da terra.

Quando o comerciante Chand se recusou a venerá-la, ela apareceu sob a forma de uma linda donzela e se casou com ele. Ela então destruiu o meio de subsistência dele e voltou à sua forma de cobra, mordendo todos os seus seis filhos, que morreram. Ele tinha um outro filho, Lakshmindra, que se casou com Behula, e Chand tentou protegê-los construindo uma casa de aço.

Manasa entrou na casa na noite do casamento de Lakshmindra e o matou, mas ela o trouxe de volta à vida quando Chand finalmente concordou em venerá-la.

Diz-se que ela tem o poder de curar doenças causadas pelo veneno das picadas de cobra etc., e é retratada na companhia de uma cobra com sete cabeças.

Manawyddan *Galesa*
também Manawyddan fab Llyr

Um deus do mar; governante da terra dos mortos; filho de Llyr e Penardun; irmão de Bran e Branwen.

Ele foi um dos sete sobreviventes da força que seu irmão Bran levou à Irlanda para resgatar a irmã, Branwen, dos maus-tratos que ela recebeu das mãos de seu marido, Matholwch.

Mais tarde, foi apresentado por Pryderi, um príncipe de Dyfed, à mãe dele, Rhiannon, e eles se casaram. Por alguma ação misteriosa, todas as coisas vivas desapareceram do País de Gales, então, Manawyddan e Rhiannon, ao lado de Pryderi e sua esposa Cigfa, se mudaram para a Inglaterra. Ali trabalharam sucessivamente como fabricantes de selas, fabricantes de escudos e sapateiros, mas despertaram a inimizade dos artesãos locais e acabaram voltando ao País de Gales, onde Pryderi e Rhiannon desapareceram misteriosamente. Quando Manawyddan se estabeleceu como fazendeiro, foi atormentado por ratos e, tendo apanhado o maior deles, já ia enforcá-lo quando um bispo apareceu e ofereceu um bom resgate pelo rato, que era sua esposa. Descobriu-se então que se tratava do mágico Llwyd, que tinha amaldiçoado o país para vingar o tratamento de Gwawl, o pretendente rejeitado por Rhiannon quando ela se casou com Pwyll, pai de Pryderi. Com o rato libertado e restaurado como a esposa do mágico, Pryderi e Rhiannon foram devolvidos, o feitiço foi desfeito e a terra voltou ao normal.

mandrágora
Uma planta que, diz-se, tem propriedades mágicas. Alguns dizem que ela cresceu no paraíso.

Em alguns relatos, um mago, usando os rituais apropriados, pode trazer a planta à vida para que ela possa falar. Outras versões dizem que a planta poderia matar qualquer um que puxasse sua raiz, então o trabalho era feito amarrando um cão à planta e depois perseguindo o cão até que ele puxasse a planta do chão. Em seguida, o cão morria. Dizia-se que a planta gritava quando era puxada.

manedowikamekoiki *Norte-americana*
Céu, o "campo de caça feliz" dos shawnee.

maneko noko *Japonesa*
Um talismã em forma de um gato. O gato tem uma das patas erguida como se estivesse acenando para os clientes na loja em que ele está exposto.

Manes *Romana*
Um espírito dos bons mortos. Esses espíritos eram homenageados nos festivais de Feralia e Parentalia.

A palavra é usada para se referir aos espíritos ancestrais, aos governantes do mundo inferior e ao próprio mundo inferior.

Na teoria da alma de três partes, o Manes era a parte que foi enviada para o céu ou para o inferno.

Mang *Índias Orientais*
Uma deusa da noite. Em uma visita à Terra, no tempo em que a noite não existia, ela prendeu seus longos cabelos em uma videira e não podia voar de volta para o céu. Ela foi encontrada e libertada por Lejo, e eles se casaram. Não habituada à luz contínua, ela tinha trazido uma bolsa cheia de escuridão e acidentalmente deixou que ela escapasse, de forma que depois a noite se alternou com o dia. Após o nascimento de sua filha, Mang voou de volta para o céu.

Mangar-kunjer-kunja *Australiana*
"Papa-moscas", um lagarto ancestral da tribo aranda. Ele descobriu os dois seres parcialmente formados, Rella-manerinja, cortou-os em pedaços e completou seu desenvolvimento fazendo as aberturas apropriadas para que eles pudessem se tornar os ancestrais da raça humana.

Outra história de aranda diz que os humanos originalmente eram lagartos. O primeiro se deitou ao sol e, depois de um tempo, outros apareceram de seu corpo e, mais tarde, todos se tornaram humanos.

Maninga *Norte-americana*
Um espírito maligno dos mandans. Maninga estava em conflito com o Homem Solitário que o derrotou, mas Maninga voltou quatro anos depois sob a forma de uma grande enchente. O Homem Solitário salvou seu povo ao construir uma paliçada chamada Grande Canoa e Maninga foi finalmente derrotado pelos poderes do tambor medicinal do Homem Solitário e foi varrido quando as águas baixaram.

Manitou *Norte-americana*
também Grande Espírito
Um espírito venerado ou deus.

Manjushri *Budista*
Um deus da sabedoria; um bodhisattva. Dizia-se que ele era um rei indiano do século X que foi à China.

Em alguns relatos, ele nasceu do pistilo da flor de lótus que foi gerada por uma luz brilhante irradiada da testa de Buda.

Quando Yama, o deus dos mortos, estava enfurecido no Tibete, Manjushri se transformou e, um demônio com nove cabeças e trinta e quatro braços, conhecido como Yamantaka, que venceu Yama e o converteu ao budismo.

Uma história diz como Manjushri desceu ao fundo do oceano para difundir o budismo para as nagas (seres cobras) e converteu centenas deles, incluindo a filha de Sagara, rei dos nagas.

Ele é considerado como o portador da civilização, o fundador de um ramo do budismo mahayana e um futuro Buda. Seu shakti (aspecto feminino) é Sarasvati.

Ele é retratado com um livro e uma espada, descansando sobre um lótus.

Manohel-Tohel *Centro-americana*
Um deus criador maia. Ele deu corpos e almas à humanidade e os conduziu da escuridão das cavernas à luz do dia.

Manta *Sul-americana*
Na tradição dos araucarianos, um monstro em forma de choco. Dizem que ele vive em lagos profundos, arrasta as pessoas para debaixo d'água e as come. Ele pode se acasalar com vários outros animais, produzindo ainda mais monstros. E pode ser morto por um arbusto, o quisco, que tem espinhos muito afiados.

Diz-se também que ele tem quatro olhos, e centenas de olhos menores ao redor das bordas do seu manto.

manticora *Europeia*
também manticore
Um monstro, parte leão, parte escorpião, com a cabeça de um homem. Dizia-se que esta besta vermelho-sangue tinha três fileiras de dentes e um tufo de espinhos venenosos na extremidade de sua cauda comprida. Alguns relatos dizem que ela poderia atirar os espinhos como flechas, outros a usam para representar o diabo.

Mantis *Africana*
Um herói trapaceiro dos khoisan, que trouxe o fogo para o seu povo

roubando-o do avestruz e que se diz ter dado nomes a tudo o que existe.

Manto da Invisibilidade *Germânica*
Um manto mágico de Siegfried que deixava invisível quem o usasse.

Manto da Invisibilidade *veja* **Gwen**
Manto de Penas *veja* **Valhamr**
Manto de Serpente *veja* **Coatlicue**

Manu *Hindu*
Um deus criador primitivo ou o primeiro humano.

Cada kalpa (período de 4.320 milhões de anos) tem quatorze enchentes, cada uma com sua própria versão da história de Manu, na qual um peixe avisa quando a enchente se aproxima. Manu construiu um navio, enchendo-o com espécimes de cada planta e animal e ele foi rebocado em segurança pelo peixe, permitindo que Manu sobrevivesse para se tornar o progenitor da raça humana. Em algumas histórias, o peixe é Matsya, o primeiro avatar do deus Vishnu.

Uma história alternativa diz que Manu foi o primeiro mortal, gerado quando Brahma se acasalou com Sarasvati, a mulher nascida de seu próprio corpo. Em outros relatos, Brahma concebeu dez Prajapatis que geraram sete Manus. O primeiro Manu era conhecido como Svayam-bhuva e alguns dizem que Vaivasvata é a sétima e atual encarnação.

Diz-se que ele escreveu *Manu Smirti*, um livro de leis.

Manuai *Índias Orientais*
Na tradição das ilhas do Almirantado de Papua Nova Guiné, o primeiro homem. Ele cortou uma árvore que, a seu comando, se tornou uma mulher com a qual ele se acasalou para dar início à raça humana.

Manuk Manuk *Índias Orientais*
Na tradição de Sumatra, uma galinha cósmica. O deus primordial se acasalou com essa galinha azul que botou três ovos dos quais vieram três deuses que criaram e governaram respectivamente os céus, a terra e o mundo inferior.

Marawa *Ilhas do Pacífico*
Um espírito aranha. Quando o deus criador Qat tentava cortar uma canoa de um tronco, toda noite Marawa substituía os pedaços que Qat tinha lascado durante o dia. Quando Qat o pegou em flagrante, ele ajudou a completar o trabalho.

Em uma versão alternativa, Qat estava esculpindo seres humanos a partir da madeira e Marawa os enterrava introduzindo dessa maneira a morte para o mundo.

Marbas *Europeia*
Um demônio, um dos 72 Espíritos de Salomão. Ele é visto na forma de um leão.

Marchosias *Europeia*
Um demônio, um dos 72 Espíritos de Salomão. Diz-se que ele transmite conhecimentos sobre a guerra e é retratado seja como um lobo alado cuspidor de fogo, seja como um lobo alado e cauda de uma serpente.

Marduk *Mesopotâmica*
também Marduk
= *Assíria* Ashur; *Grega* Zeus; *Hebraica* Merodach; *Suméria* Enlil
O deus criador de duas cabeças, deus do sol e deus da magia, da sabedoria e da guerra; deus da cidade da Babilônia.

Ele criou uma nova ordem mundial depois de ter matado Tiamat, o demônio do caos. Ele cortou o corpo dela ao meio, usando uma parte para a terra, e outra para o céu. Ele recuperou as Tábuas do Destino dando-lhe o controle completo do mundo e, misturando o sangue do deus da terra Kingu com barro fez a humanidade. Outra história diz que Marduk cortou a própria cabeça e usou o sangue para fazer a humanidade.

Ele é descrito como tendo duas cabeças, quatro orelhas, quatro olhos e uma boca emitindo chamas.

Eventualmente, todos os deuses se agregavam em Marduk, que estava associado com os planetas Júpiter e Mercúrio.

Marindi *Australiana*
Um cão ancestral. Durante o Tempo do Sonho, ele lutou com o lagarto Adnoartina e foi morto. Seu sangue deixou as rochas vermelhas.

Marmyadose *Britânica*
A espada do rei Artur. Dizia-se que essa espada foi feita pelo deus ferreiro Vulcano para Hércules e veio parar nas mãos do gigante Retho que a perdeu para o rei Artur.

Marrok *Britânica*
também Maroc
Um Cavaleiro da Távola Redonda. Ele foi transformado em lobisomem por sua esposa feiticeira, mas voltou à forma humana depois de sete anos.

Marsyas *Grega*
Um sátiro famoso como flautista; um semideus frígio. Ele desafiou o deus Apolo a um concurso musical tocando sua flauta dupla ou oboé, que Atena tinha feito mas abandonado, enquanto Apolo tocava sua lira. Apolo foi declarado vencedor e esfolou Marsyas vivo. O rei Midas foi um dos juízes desse concurso e, porque ele votou a favor de Marsyas, Apolo lhe deu as orelhas de um burro.

Marte *Romana*
= *Egípcia* Anhur; *Etrusca* Maris; *Grega* Ares
O deus da guerra, deus da agricultura, da fertilidade, dos campos, das florestas;

um dos Olímpicos; filho de Júpiter e
Juno; irmão de Bellona, deusa da guerra;
marido de Vênus. Em um relato, ele
violentou Ilia (Reia Silvia) e foi pai dos
gêmeos Rômulo e Remo com ela.

Uma história diz que ele empregava
a velha deusa Anna Perenna como
intermediária quando cortejava a
deusa Minerva. E ela disse a Marte que
Minerva estava disposta a se casar com
ele, mas, quando levantou o véu da
noiva, ele se viu olhando para a própria
Anna. Uma versão diferente tem a
deusa menor Nerio no lugar de Minerva,
enquanto outros dizem que Nerio, em
vez de Vênus, era sua esposa.

Seus festivais eram Armilustrium (em
outubro) e Quinquatrus (em março).

martim-pescador *Grega*
A ave de Tétis. Alguns dizem que o bico
dessa ave sempre indicava a direção do
vento e que seu corpo morto podia ser
usado para desviar relâmpagos.

Dizia-se que originalmente ele era
cinza e adquiriu seu colorido brilhante
quando voou perto do sol enquanto
observava as águas depois do Dilúvio.

Massim Biambe *Africana*
Um deus criador do povo mundang do
Chade e da República de Camarões. Essa
divindade criou os seres primitivos, Mebeli
e Phebele, progenitores da humanidade.

Mata *Irlandesa*
Um monstro. Essa fera que, diz-se, tinha
quatro cabeças e cem pernas, foi capturada
e morta pelo líder irlandês, o Dagda.

Matador de Monstros *Norte-americana*
Um herói da cultura ou divindade menor
dos apache e dos navajo; filho da
Mulher Mutante e irmão de Criança
da Água e do Sábio. Ele e seus irmãos
matavam monstros e todos os inimigos
da humanidade.

A ele é creditada a criação do cavalo,
na qual ele usou a asa de um morcego
para formar o diafragma.

Matsumura *Japonesa*
Um sacerdote que foi ao Shogun e pediu
fundos para reparar seu mosteiro. Ele
ocupou uma casa onde o poço estava
sempre cheio de água, mesmo quando
uma seca atingiu a cidade. Muitas
pessoas se atiraram no poço por alguma
razão desconhecida. Matsumura viu
uma linda mulher, Yayoi, na água e ela
reapareceu quando a seca acabou.
Ela era forçada pelo Dragão Venenoso
a atrair as pessoas para a morte. Ela
despareceu mais uma vez e, quando
Matsumura limpou o poço, ele encontrou
seu espelho, que limpou e guardou em
segurança. Quando apareceu novamente,
ela explicou que era a alma do espelho e
avisou Matsumura para sair como se sua
casa fosse destruída em uma enchente
e disse a ele para apresentar o espelho a
Shogun. Quando entregou o espelho a
Shogun, o sacerdote foi recompensado
com o dinheiro para reparar seu mosteiro.

Matsya *Hindu*
A primeira encarnação de Vishnu, como
um peixe. Nessa forma, ele salvou
Vaivasvata (Manu), o progenitor da
humanidade, do dilúvio, aconselhando-o
sobre como construir um navio e depois
rebocá-lo para um local seguro. Ele
também matou o demônio Hayagriva
quando ele tentou roubar os Vedas do
Brahma adormecido.

Matvutsini *Sul-americana*
Um deus criador do Xingu. Primeiro ele
fez uma mulher a partir de uma concha
e eles se acasalaram e geraram um filho
que se tornou o ancestral da tribo xingu.

Quando algumas das pessoas
morreram, Matvutsini tentou restaurá-las

em uma cerimônia em que ele decorou troncos de kuarup para trazê-las de volta à vida. Mas falhou porque o povo falhou no cumprimento de suas instruções para honrar os troncos, e assim a morte se tornou uma característica permanente da condição humana.

Maui *Ilhas do Pacífico*
Um herói trapaceiro e deus do sol.

Quando criança, ele foi lançado ao mar envolto em um tufo do cabelo de sua mãe ou irmã e foi salvo do afogamento por um ancestral, o deus do céu Tama.

Sozinho ele empurrou o céu para dar mais espaço para as pessoas se moverem, preso ao sol em uma rede feita com os cabelos de sua irmã, Hina-ika, fez com que o movimento fosse mais lento através dos céus para deixar o dia mais longo e fixar as estrelas no céu. Ele matou sua avó para usar o maxilar dela como anzol para pescar as ilhas do fundo do mar e roubou o fogo de Mahuika no mundo inferior para o bem da humanidade ou, dizem alguns, aprender o segredo do fogo das galinhas de lama.

Quando deixou seu marido enguia Te Tuna, Hina assumiu Maui como amante. Por duas vezes lutaram por ela e, na segunda ocasião, Maui matou Te Tuna e enterrou sua cabeça, da qual brotou o primeiro coqueiro.

Outra história conta como ele fisgou um peixe monstruoso que, ao rebocá-lo atrás de seu barco, se dividiu em muitos pedaços para formar as ilhas do Pacífico, ou, em algumas versões, em dois grandes pedaços que se tornaram as duas ilhas da Nova Zelândia.

Ele se arrastou pelo corpo da adormecida Hine-nui-te-po, deusa da morte, em uma tentativa frustrada de ganhar a imortalidade para a raça humana, mas foi morto quando ela o espremeu. Seu sangue dá suas cores ao arco-íris e faz com que os camarões fiquem vermelhos.

Sua arma foi a mandíbula de sua ancestral Muri-ranga-whenua e credita-se a ele a invenção das velas e dos anzóis.

Mawu-Lisa *Africana*
Deus criador dos fon. Uma divindade de sexo duplo, descendente de outra divindade andrógina, Nana Buluku, combinando o aspecto feminino Mawu e o aspecto masculino Lisa. (Em algumas versões, Mawu é o homem e Lisa, a mulher.) Diz-se que eles produziram os primeiros humanos, sete pares de gêmeos.

May Molloch *veja* **Senhora dos Braços Peludos**

Mbomba *Africana*
Um deus criador dos bakuba. Ele discutiu com sua deidade parceira, Ngaan, e foi para o céu onde vomitou o sol, a lua e as estrelas, seguido por árvores, animais e humanos. Ngaan assumiu o mundo subaquático.

Mebege *Africana*
Um deus criador no Congo e no Gabão. Diz-se que ele criou os humanos misturando um pelo de sua axila com parte de seu próprio cérebro e um seixo, que depois ele soprou para formar um ovo. Isso ele deu à aranha Diaboba, e depois a fertilizou. Quando o ovo se abriu, emergiram seres humanos. De maneira semelhante, ele criou cupins e vermes que construíram o mundo no qual os humanos se aventuraram assim que ele endureceu.

Mebeli *Africana*
Uma fêmea primitiva criada por Massim Biambe. Ela se acasalou com o macho primitivo, Phebele, para produzir a raça humana.

Medeia *Grega*

Uma feiticeira; uma sacerdotisa de Hécate; filha de Eetes, rei de Cólquida, e Idyia ou Hécate.

Ela se apaixonou por Jasão quando ele chegou à Cólquida para buscar o Velo de Ouro e fez o dragão guardião dormir enquanto Jasão tirou o velo da árvore em que estava pendurado, fugindo com ele no *Argo*.

Em uma versão, ela levou o meio-irmão Apsyrtus e, quando foram perseguidos pela frota da Cólquida, matou-o e atirou as partes de seu corpo no mar para atrasar os perseguidores enquanto Eetes parava para recolhê-las para o enterro. Outra versão tem Apsyrtus ao lado dos perseguidores, alcançando Jasão e concordando com uma trégua enquanto o rei dos brígios julgava o destino de Medeia e do velo. Ela atraiu Apsyrtus para a praia, onde Jasão o emboscou e o matou. Ela se casou com Jasão depois que eles foram purificados pelo assassinato pela feiticeira Circe.

Na viagem de volta a Iolcos, eles foram atacados por Talos, o guardião de bronze de Creta, mas Medeia primeiro o drogou e depois removeu o pino em seu tornozelo, o que fez com que seu fluido vital fosse drenado de sua única veia, levando-o à morte. Em outra versão, ela rezou para Hades, que fez com que Talos raspasse seu tornozelo em uma pedra, esgotando assim o seu sangue. Em Iolcos, Pélias tinha provocado a morte dos pais de Jasão e de seu jovem irmão e Medeia o ajudou a exagerar na vingança. Ela enfeitiçou as filhas de Pélias, Evadne e Amphinome, e as induziu a matar e desmembrar o pai delas e depois fez um sinal para que os Argonautas pudessem capturar a cidade sem oposição. Em algumas histórias, ela rejuvenesceu o pai de Jasão, Aeson, que não morreu, mas foi preso por Pélias.

O pai de Medeia, Eetes, também era rei de Corinto, e, quando ela chegou lá com Jasão e encontrou o trono vago, ela o reivindicou para si, governando com Jasão como seu rei por dez anos, tendo sete filhos e sete filhas. Na realidade, ela tinha envenenado o rei anterior, Corinto. Quando Jasão descobriu isso, ele decidiu divorciar-se dela com a intenção de se casar com Glauce, filha do rei Creonte, de Tebas. Outros dizem que eles viviam felizes em Corinto, como cidadãos comuns com dois filhos e que era com a filha do rei de Corinto que Jasão planejava se casar. Como presente de casamento, Medeia enviou uma coroa e um manto, que explodiu em chamas quando a noiva os colocou, matando não só a ela, mas também o pai e muitos convidados. Jasão teve sorte de escapar com vida.

Zeus ficou muito intrigado com a engenhosidade de Medeia e se apaixonou por ela, mas ela o rejeitou. Sua esposa Hera, que sempre teve ciúmes das amantes do marido, ficou tão grata que se ofereceu para tornar imortais os filhos de Medeia se ela os oferecesse em sacrifício. Medeia concordou imediatamente e, entregando o reino de Corinto a Sísifo, fugiu para Tebas para buscar a proteção de Hércules. Depois de curar Hércules de sua loucura, ela foi para Atenas e se tornou a terceira esposa do rei Egeu, que ela já conhecia, prometendo conseguir um filho para ele. Ela mesma gerou o menino a quem deu o nome de Medo. Egeu tinha deixado um filho ilegítimo,

Teseu, com sua mãe, Etra, em Troezen e, quando Teseu chegou ao tribunal para reclamar sua herança, Medeia tentou envenená-lo. Banida por Egeu, ela fugiu para a Itália e mais tarde se casou com um rei asiático.

Quando Perseu usurpou o trono da Cólquida, ela retornou com Medo, que matou Perseu e reintegrou Etes ao trono. Alguns dizem que a própria Medeia matou Perseu.

Diz-se que finalmente Medeia se tornou imortal e governou os Campos Elíseos. Em algumas versões, foi Medeia, e não Helena, que se casou com Aquiles no Hades.

Medusa *Grega*
também Gorgo
Uma das três Górgonas; irmã de Euríale e Esteno

Originalmente ela era uma linda mortal, mas foi transformada em uma Górgona horrível pela deusa Atena por dormir com o deus do mar Poseidon no templo de Atena ou, em outra história, por insultar Atena, afirmando ser mais bela que a deusa. (Em algumas versões, Ártemis aparece no lugar de Atena).

A única mortal das três, ela foi morta e decapitada por Perseu, que tinha prometido sua cabeça a Polidectes, rei dos Serifos, como presente de casamento. O cavalo alado, Pégaso, e o guerreiro, Chrysaor, surgiram do sangue da Medusa quando ela foi morta, embora alguns digam que Poseidon era o pai de Pégaso. O sangue da Medusa foi usado por Asclépio – o de uma veia para matar, e o da outra para devolver a vida aos mortos.

A cabeça finalmente foi dada a Atena que a levou na égide, o escudo de Zeus, que ela carregava. Outra história diz que a cabeça foi enterrada sob a praça do mercado em Atenas.

Ela é retratada como tendo cobras no cabelo, asas e, às vezes, uma barba. Diz-se que seu olhar poderia transformar as pessoas em pedra.

Meliot de Logris *Britânica*
Um Cavaleiro da Távola Redonda.

Sua prima Nimue foi arrastada à força por Ontelake, da corte do rei Artur, aonde ela tinha ido para recuperar sua cadela branca que tinha perseguido um cervo branco até o salão onde o banquete de casamento do rei estava em andamento. Meliot desafiou Ontelake e eles estavam lutando quando Pellimore, enviado pelo rei para trazer a donzela e o cavaleiro intruso de volta à sua corte, os separou. Pellimore matou Ontelake e, quando Meliot se rendeu sem lutar, Pellimore levou Nimue de volta para Camelot.

Ele foi gravemente ferido em uma luta na qual matou Gilbert, o Bastardo, e foi salvo por Lancelot, que recuperou uma espada e um pedaço de pano que cobria o cavaleiro morto na capela Perilous e os usou para restaurar a saúde de Meliot.

Ele foi um dos doze cavaleiros que ajudaram Agravain e Mordred quando eles tentaram capturar Lancelot no quarto da rainha. Todos, exceto Mordred, foram mortos por Lancelot.

Melpômene *Grega*
Uma das nove Musas, a Musa da tragédia.

Menelau *Grega*
Rei de Esparta; filho de Atreu e Aerope; irmão de Agamenon; marido de Helena; pai de Hermione.

Ele deu as boas-vindas a Páris, filho do rei de Troia, em sua corte em Esparta, mas, quando ele partiu para Creta, Páris levou sua esposa Helena para Troia, precipitando assim a Guerra de Troia.

Durante a batalha, ele ficou cara a cara com Páris e o teria matado se a deusa Afrodite não tivesse intervindo para salvá-lo. Os troianos poderiam muito bem ter concordado, naquele ponto, em devolver Helena, mas Pândaro, ou Atena, em algumas histórias, atirou e feriu Menelau e a batalha foi reiniciada.

Na queda de Troia, ele se reuniu com Helena, mas, quando voltaram a Esparta, descobriram que seu irmão Agamenon tinha sido morto por sua esposa, Clitemnestra, e seu amante, Egisto. Eles, por sua vez, haviam sido mortos por vingança por seu filho Orestes. Menelau foi fundamental para que Orestes fosse condenado à morte, Orestes então capturou Helena e Hermione, forçando Menelau a mudar de ideia e a sentença de morte transformada em exílio. Quando Helena foi levada por Zeus para o Olimpo, para escapar da espada de Orestes, Apolo interveio no caso e ordenou a Menelau que se casasse novamente e desse sua filha Hermione para Orestes.

Alguns relatos dizem que Helena com quem ele estava era a Helena substituta e ambos navegaram para o Egito para buscar a verdadeira Helena. O navio naufragou e eles foram resgatados por Theone.

Em algumas versões, tanto Helena quanto Menelau foram levados para os Campos Elísios.

Menina Borracha *Africana*
também Bebê Borracha, Boneca de Alcatrão
Uma efígie coberta com material pegajoso. Essa efígie foi colocada por um agricultor cujas colheitas estavam sendo roubadas. Anansi, o deus trapaceiro, que era o culpado, a chutou para fazê-la falar o seu nome e, quando seu pé ficou preso, ele bateu nela para que ela o libertasse. Sua mão também ficou presa e ele não foi capaz de se defender quando o fazendeiro chegou e lhe deu uma bela surra.

Menina Gafanhoto *Norte-americana*
Um espírito navajo. Na criação, ela e o Menino Pólen foram colocados no monte San Juan.

Menino Coelho *Norte-americana*
Um herói sioux. Ele foi criado por um coelho que encontrou um coágulo de sangue do qual o Menino Coelho surgiu. Quando cresceu, ele deixou os pais adotivos e se casou com uma moça de um vilarejo próximo. O homem aranha, Iktinike, enciumado, incitou os jovens da aldeia a matar o Menino Coelho que entoou sua canção da morte antes de ser morto, cortado em pedaços e cozido. Usando seus poderes mágicos, o Menino Coelho juntou os pedaços e reapareceu vivo. Quando tentou fazer a mesma coisa, Iktinike recitou palavras erradas na canção da morte e morreu, para nunca mais voltar.

Menino de Pedra *Norte-americana*
Um herói sioux.

Cinco irmãos viviam com a irmã e viviam da caça. Em cada um dos cinco dias consecutivos, um dos irmãos não voltou da caçada e a menina ficou sozinha para cuidar de si mesma. Morrendo de fome, ela engoliu uma pedrinha esperando morrer. Mas, quatro dias depois, ela deu à luz um menino que cresceu muito rapidamente. Quando ela lhe contou sobre os irmãos desaparecidos, ele prometeu encontrá-los e trazê-los de volta. Depois de uma viagem de quatro dias, ele chegou a uma tenda onde uma velha bruxa lhe ofereceu comida. Quando a bruxa tentou envenená-lo, ele a matou e abriu cinco pacotes que estavam jogados em um canto. Dentro deles encontrou os corpos secos dos cinco jovens desaparecidos. Instruído por uma pilha de ossos falantes, ele construiu um pequeno abrigo onde trouxe os cinco tios à vida.

Menino Flecha (litealmente) *Norte-americana*
Um herói cheyenne. O Menino Flecha nasceu depois de quatro anos na barriga da mãe e cresceu rapidamente, tornando-se um curandeiro. Em uma demonstração precoce de seus poderes, ele permitiu que apertassem firmemente um nó em volta de seu pescoço até que sua cabeça foi cortada, mas ele simplesmente a substituiu. Quando levantaram o manto que o cobria, ele era um homem velho, em seguida uma pilha de ossos, depois nada e finalmente o menino completamente restaurado.

Quando o chefe da tribo tentou pegar o bezerro que ele estava esfolando, o menino o matou e foi atacado pela tribo que havia perdido o líder. O Menino Flecha conseguiu escapar e subiu para o céu em uma nuvem de fumaça, deixando seu povo. Na sua partida, o búfalo desapareceu. Mais tarde, ele entrou em uma caverna onde, por quatro anos, aprendeu a arte dos curandeiros. Quando seu tempo acabou, ele voltou para o seu povo e o búfalo também voltou para encher as planícies

Menino Pólen *Norte-americana*
Um espírito que, com a Menina Gafanhoto, foi atacado no monte San Juan por Aste Estsan e Aste Hastin.

Menino Sagrado *Norte-americana*
Um espírito dos apache. Ele, junto com o Menino Vermelho, colocaram o sol e a lua em suas trajetórias.

Menino Sanguessuga *veja* **Hiru-ko**

Meninos Trovão *Norte-americana*
também Pequenos Homens
Espíritos gêmeos dos trovões e dos relâmpagos. Esses meninos eram conhecidos como Menino Manso, deus dos trovões, e Menino Selvagem, deus dos relâmpagos. Eles eram retratados com cobras como colares e provocavam trovões ao jogar bola no céu.

Meraugis *Britânica*
Um Cavaleiro da Távola Redonda. Ele era filho do rei Mark com sua sobrinha Labiane, como resultado de um estupro. Sua mãe o abandonou na floresta onde ele foi encontrado e educado por silvicultores. Depois da morte do rei Artur, ele se juntou a outros cavaleiros em um mosteiro.

Mercúrio *Romana*
= *Grega* Hermes
O deus da eloquência, dos mercadores, do roubo, da sabedoria; mensageiro dos deuses; um dos Olímpicos; pai de Cupido e de Lares, deus do fogo; pai de Fauno, dizem alguns.

Ele é retratado como um jovem bonito que usa sandálias aladas e chapéu e segura um caduceu.

Mergulhador da Terra *Norte-americana*
Uma ave mergulhadora, um galeirão.

As aves que sobrevoavam o oceano primordial se cansaram e precisavam de um lugar para descansar. O Mergulhador da Terra foi então para o fundo do mar, de onde trouxe a lama com a qual o deus criador Maheo construiu a Terra nas costas de uma imensa tartaruga.

Esse epíteto está ligado a vários outros animais e aves que supostamente trouxeram lama das profundezas do oceano.

Merlin *Britânica*
= *Galesa* Emrys, Myrddin (Emrys)
Um bardo e mago. Um relato sobre sua origem diz que ele foi criado pelas forças do mal para neutralizar o efeito do nascimento de Cristo, mas ele foi batizado como cristão, o que significa que o plano falhou. Há diferentes histórias sobre sua linhagem. Alguns dizem que ele foi pai de um jovem desconhecido, dito ser demoníaco, com a filha de um rei e nasceu com uma irmã gêmea, Gwendydd. Outras histórias dizem que ele veio da Atlântida ou que ele era o feiticeiro Taliesin reencarnado.

Quando tinha apenas alguns dias de vida, ele fez um apelo apaixonado pela vida de sua mãe, que estava sendo julgada por se associar com o Demônio, e assim salvou a vida dela.

Ele previu o advento de Artur e o retorno de Aurelius Ambrosius, rei da Grã-Bretanha, e seu irmão Uther que tinham sido levados para a França para escapar do destino que se abateu sobre seu irmão Constans, que foi assassinado por Vortigern, que se tornou rei. Quando Aurelius ou, em alguns relatos, Uther, quis erguer um memorial apropriado para os cavaleiros massacrados pelo chefe dinamarquês Hengist, Merlin foi para a Irlanda com Uther, demoliu o Anel do Gigante, transportou as pedras para a Inglaterra por magia, e as reergueu como Stonehenge.

Ele se transformou em uma espécie de cavaleiro da corte de Gorlois, e provocou a sedução de Igraine por Uther Pendragon ao fazer com que Uther assumisse a forma de seu marido, Gorlois, com a promessa de que essa união geraria um menino. Este foi Artur, o futuro rei, que Merlin levou e adotou com Ector. Em alguns relatos, Uther se opôs à entrega da criança, então Merlin raptou e cegou Uther.

Quanto Artur foi derrotado em uma justa com Pellimore, Merlin salvou sua vida colocando seu oponente em transe.

Ele sabia que seu destino seria selado por uma jovem e, quando o cavaleiro Pellimore trouxe Nimue para a corte de Artur, ele percebeu que seu tempo havia chegado. Ele se apaixonou por Nimue e inocentemente lhe ensinou suas artes na magia quando ela o levou a acreditar que poderia ceder à sua conversa persuasiva. Ela o acompanhou quando ele foi para a corte de Ban, em Benwick e, na volta à Grã-Bretanha, ele fez um salão maravilhoso em uma rocha na Cornualha, onde poderiam ficar juntos. Quando entraram, ela saltou de volta, selando a entrada com um feitiço inquebrável, e o deixou à sua própria sorte. Quando Bagdemagaus, que buscava aventura, encontrou a prisão de pedra, não foi capaz de abrir, e teve que deixar Merlin onde o encontrou.

Em algumas versões, Nimue o amarrou em um bosque encantado ou em um carvalho; em outras, ela o deixou preso a uma pedra até ele prometer apenas amá-la, enredando-o para sempre em espinhos quando ele se recusou. Uma história alternativa diz que ele nunca foi preso, e que ainda vive na Ilha Bardsey, guardando os Tesouros da Grã-Bretanha, uma coleção de objetos maravilhosos, incluindo o trono do rei Artur; mas há quem diga que ele morreu em batalha ou foi esquecido no Assento Perigoso e foi engolido pela terra.

Credita-se a ele a criação da espada mágica, Excalibur, e a construção da Távola Redonda.

Na história de Carlos Magno, Merlin construiu uma fonte mágica da qual Rinaldo bebeu, transformando seu amor por Angélica em ódio. A criada do guerreiro Bradamante, procurando por Rogero, foi levada à tumba de Merlin, onde o espírito dele a ensinou como achá-lo, ajudado pela sacerdotisa de Merlin, Melissa.

merrow *Irlandesa*
Uma sereia ou um tritão. Esses seres geralmente são benevolentes, as mulheres como sereias tradicionais enquanto os homens são feios, esverdeados e têm armas semelhantes a nadadeiras. Alguns dizem que eles se casam com mortais.

Merry Dancers *veja* **Fir Chlis**

Mestre do Ar *veja* **Esaugetuh Emissee**

Mestre dos Animais *veja* **Desana, jaguar**

Metal Old Man *Norte-americana*
Na tradição dos apaches, um gigante revestido de metal preto. O único ponto vulnerável desse ser monstruoso era sua axila e foi ali que o Matador de Monstros atirou suas flechas e o matou.

meteoro *Árabe*
Diz-se que um meteoro é uma bola de fogo lançada pelos anjos para afastar os maus espíritos.

Métis *Grega*
"Sábia conselheira", uma das Oceânidas; a deusa da prudência; filha de Oceanus e Gaia ou Tétis; primeira esposa de Zeus.

Ela ajudou Zeus a derrubar Cronos e foi seduzida por Zeus, que a engoliu (na forma de uma mosca, dizem alguns) para impedir o nascimento de uma criança que ela havia previsto que seria maior até mesmo que Zeus. Essa criança foi Atena, que irrompeu da cabeça de Zeus.

Metnal *Centro-americana*
O lar maia dos mortos, governado por Cizin, o deus da morte.

metsaneitsyt *Báltica*
Um espírito feminino finlandês da floresta. Essa "virgem da floresta", que, diz-se, atrair os humanos a fazer amor com ela, aparece como uma bela mulher de frente, mas como um tronco de árvore, um ramo ou apenas galhos empilhados quando vista por trás.

metsanhaltia *Báltica*
= *Estoniana* metshaldijas
Um espírito finlandês guardião da floresta. Esse ser é retratado como um idoso, de barba grisalha, coberto de líquen, e capaz de esticar o corpo para que sua cabeça fique nivelada com a árvore mais alta.

metshaldijas *Báltica*
= *Finlandesa* metsanhaltia
Um espírito estoniano guardião da floresta. Diz-se que o grito desse espírito é um presságio de morte para quem o ouve.

Miao Shan *Chinesa*
Uma princesa; o nome original da deusa Kuan Yin. Ela se recusou a casar e entrou para um convento onde era ajudada em seu árduo trabalho manual por um demônio, um tigre e as aves. Quando seu pai pôs fogo no convento, ela apagou as chamas com um milagre e, quando ele ordenou sua execução, a espada se quebrou ao tocar seu pescoço. Depois de meditar por nove anos em uma ilha, ela se tornou um bodhisattva. Seu pai ficou cego devido aos pecados. Ela então lhe disse que ele recuperaria a visão se engolisse o globo ocular de um de seus filhos, mas, como nenhuma das crianças estava preparada para fazer o sacrifício necessário, ela mesma arrancou os próprios olhos, cortou suas mãos e as enviou para o pai. Seus olhos e mãos foram milagrosamente restaurados.

Outra versão diz que ela fez um olho que o pai engoliu para restaurar a visão.

Michabo *Norte-americana*
também Grande Lebre
Um deus criador doas algonquinos; chefe dos cinco deuses da tribo.

Michabo vinha frequentemente à Terra para caçar e, em uma ocasião, sua matilha de caça, composta por lobos, o levou a um lago. Quando ele os seguiu e entrou no lago, a água transbordou e inundou a terra inteira. Tanto o corvo quanto a lontra não conseguiram encontrar nenhuma terra seca, mas o rato-almiscarado trouxe lama do fundo do lago e Michabo fez um mundo novo, acasalando com o rato-almiscarado para dar origem à raça humana.

Ela matou seu irmão Chokanipok e espalhou suas entranhas, que se tornaram videiras.

Diz-se que ele inventou a rede de pesca e ensinou a seu povo a arte da pesca. As nuvens no céu são a fumaça de seu grande cachimbo.

(*Veja também* **Manabozho**.)

Mictlan *Centro-americana*
A terra asteca dos mortos; parte do mundo inferior.

Mictlantecuhtl *Centro-americana*
também Senhora da Morte
Uma deusa asteca dos mortos, consorte de Mictlantecuhtli.

Mictlantecuhtli *Centro-americana*
também Senhor da Morte, Senhor do Hades
Um deus asteca do mundo inferior, deus da morte. Essa divindade, criou no mundo inferior Mictlan e, com Mictlantecuhtl fez a monstruosa deusa Cipactli. Outros relatos o colocam como deus do sexto dos treze céus astecas ou como um dos quatro deuses que sustentam os cantos do céu mais baixo. Ele, às vezes, é equiparado aos deuses maias Ah Puch ou Hunhau.

Midas *Grega*
Rei da Frígia. Diz-se que uma longa linha de formigas o alimentou com trigo quando ele estava em seu berço, um sinal de riqueza no futuro.

Midas se mostrou bondoso para com Sileno, o velho tutor de Dioniso, e, em retribuição, o deus concedeu a ele o desejo de que tudo que tocasse se transformasse em ouro. Ele logo descobriu que não era uma boa ideia – sua comida se tornou ouro e ele quase morreu de fome. Ele foi libertado por Dioniso quando se lavou no Rio Pactolus que, depois disso, passou a ter as areias douradas.

Ele recebeu de Apolo as orelhas de um burro quando se opôs a que o deus fosse julgado vencedor de um concurso musical com Marsias ou, dizem alguns, com Pã.

Ele escondeu as orelhas sob um gorro, mas seu segredo foi traído por seu barbeiro que o sussurrou em um buraco no chão. Ele encheu o buraco, mas uma planta cresceu ali e as folhas passaram a sussurrar o segredo para que todos ouvissem. Ele morreu por beber o sangue de um touro quando ficou envergonhado pela revelação de sua deformidade.

Midgard *Nórdica*
Terra Média. Reino dos primeiros humanos.

Mil Noites e uma Noite, Noites Árabes *veja* **As Mil e Uma Noites**

Milesianos *Irlandesa*
Uma tribo liderada por Milesius. Os sextos e últimos invasores da Irlanda, que vieram com 36 navios para vingar o assassinato do primeiro milesiano pelos três reis danaans da Irlanda. Os danaans provocaram uma tempestade que destruiu muitos dos navios dos invasores e afogou muitos de seus tripulantes, mas alguns conseguiram chegar à terra. Na Batalha de Teilltinn, que se seguiu, os

três reis da Irlanda e suas esposas foram mortos. Os derrotados danaans então se retiraram para os subterrâneos das fadas.

Milesius *Irlandesa*

Um guerreiro cita, rei da Espanha. Originalmente, ele se chamava Golamh. Ele foi para a Cítia e se casou com Seang, a filha do rei. Quando ela morreu, Milesius foi para o Egito onde conheceu e se casou com Scota, filha do faraó. Ele matou o faraó e voltou para a Espanha com um exército para expulsar os invasores.

Ith, seu tio ou, em alguns relatos, seu avô, foi morto pelos três reis danaans quando aportou na Irlanda. Milesius criou um exército e invadiu. Ele morreu antes de chegar à ilha e sua esposa morreu logo depois, mas seus filhos derrotaram os danaans.

Milho *veja* **Deohako**

Mime *Germânica*

= *Nórdica* Regin

Um anão. Ele fez o Capacete da Invisibilidade e o Anel do Poder, usados por seu irmão Alberich, com Ouro do Reno. Quando o tesouro caiu nas mãos do dragão Fafnir, Mime resolveu pegá-lo para si. Ele montou uma forja e começou a fazer espadas, na esperança de encontrar o herói que usaria uma delas para matar Fafnir. O perturbado Sieglinde bateu à sua porta com um bebê e morreu logo depois de mostrar a Mime os pedaços da quebrada Espada da Necessidade. Mime criou o menino, Siegfried, que mais tarde reforjou a espada e matou Fafnir. Quando Mime tentou envenenar Siegfried para pegar o tesouro para si, Siegfried o matou.

Mimi *Australiana*

Um espírito trapaceiro dos aborígenes. Esses seres extremamente magros vivem nas fendas das rochas, fendas que eles fazem ao soprar sobre a superfície da rocha, e ensinaram aos humanos as habilidades do caçador. Os homens são retratados com genitais grandes e as mulheres com seios grandes e caídos.

Mimir *Nórdica*

Um deus do oceano primordial; um sábio gigante marinho; guardião do Poço do Conhecimento.

Em algumas histórias ele foi um dos reféns doados aos vanirs (um grupo de deuses), e foi decapitado por eles quando se recusou a lhes dar os segredos dos aesirs (outro grupo). Sua cabeça foi dada a Odin, que a preservou por magia, dando a ela o poder da fala para que, assim, pudesse consultá-la em uma necessidade.

Mimisbrunnr *Nórdica*

também Poço do Conhecimento

O poço abaixo da árvore mundial, Yggdrasil, em Asgard. Em alguns relatos, esse poço era guardado por Mimir, enquanto outros dizem que ele surgiu quando Odin fez ali um santuário com a cabeça de Mimir, que havia sido decapitado pelo Vanir e ali surgiu uma fonte. Outros dizem que a cabeça foi colocada ao lado do Poço da Urdam em Midgard. Foi nesse poço que Odin bebeu para obter conhecimento, abrindo mão de um de seus olhos em pagamento. O olho foi colocado no poço.

Minawara *Australiana*

Um herói ancestral dos aborígenes, um homem-canguru. Quando as águas primordiais baixaram, ele e seu irmão Multultu apareceram sob a forma de cangurus e eles criaram todos os outros seres vivos na terra.

Minerva *Romana*

= *Etrusca* Menrfa; *Grega* Atena

Deusa dos artesãos, da educação, da guerra e da sabedoria; um dos Olímpicos.

Originalmente era vista como filha do gigante Pallas, que ela matou quando ele tentou violentá-la. Em outras versões, como Atena, ela nasceu da cabeça de Júpiter, totalmente crescida.

Minnehaha *Norte-americana*
também Água do Riso
Esposa (para alguns, filha) de Hiawatha. Ela foi oferecida em sacrifício ao Grande Espírito e foi levada para o céu nas costas de uma águia enorme. Como resultado, seu pai foi capaz de unificar as Cinco Nações.

Minos *Grega*
Um rei de Creta; filho de Zeus e Europa; irmão de Radamanto e Sarpedon; marido de Pasífae; pai de Ariadne, Deucalião, Fedra e outros.

Ele e seus irmãos foram adotados por Astério, rei de Creta. Eles discutiram e Radamanto e Sarpedon deixaram a ilha. Minos clamou pelo trono na morte de Astério e provou que estava certo ao induzir o deus do mar, Poseidon, a enviar um touro branco que nadou do mar para a costa.

Seu filho Andrógeo, em uma visita a Egeu, o rei de Atenas, foi enviado em uma expedição para matar um touro perigoso e ele mesmo foi morto. Minos acusou Egeu pela morte de seu filho e invadiu Atenas. No acordo, ele exigiu que sete jovens e sete donzelas fossem enviados a Creta todos os anos (ou a cada nove anos) para serem entregues como vítimas ao Minotauro, o descendente de sua esposa Pasífae com o touro, que ele mantinha escondido no labirinto construído por Dédalo.

Quando Teseu veio a Creta como uma das vítimas do sacrifício, Minos jogou seu anel no mar e desafiou Teseu a provar que ele era o filho de Poseidon recuperando o anel. Com a ajuda das Nereidas (ninfas do mar), Teseu recuperou o anel com muita facilidade.

Dizia-se que Minos era pai de um bezerro que mudava de cor três vezes por dia, do branco ao vermelho e ao preto. Pasífae, enfurecida por seus casos com outras mulheres, deu a ele uma poção que o levava a infectar qualquer mulher que se relacionasse com ele. Quando Prócris o curou, ele deu a ela o cão Laelaps e uma lança infalível.

Ele trancou Dédalo e seu filho Ícaro no labirinto e vasculhou o Mediterrâneo atrás deles que escaparam após serem libertados por Pasífae. Quando encontrou Dédalo na corte do rei Cócalo, ele exigiu que o entregasse, mas Dédalo (ou uma sacerdotisa de Cócalo) o matou jogando água fervendo ou breu sobre ele enquanto ele tomava banho. Em outra versão, ele foi morto na luta que se seguiu quando Cócalo se recusou a entregar Dédalo.

Zeus fez de Minos um dos três juízes de almas no Tártaro.

Em alguns relatos, a cabeça de Minos, uma das muitas na mitologia que agia como um oráculo, foi levada para a Escandinávia pelo deus nórdico, Odin.

Minotauro *Grega*
Um monstro, um homem com cabeça de touro ou um touro com cabeça de homem nascido de Pasífae depois que ela se acasalou com o touro branco de Poseidon. Ele foi trancado no labirinto construído por Dédalo em Creta e foi alimentado com sete jovens e sete donzelas dados a ele a cada ano (ou a cada nove anos) pelos atenienses como compensação a Minos pela morte do seu filho em suas mãos. Teseu se ofereceu com um desses jovens e matou o monstro.

Em alguns relatos, o monstro era descendente de Europa.

Minyans *veja* **Argonautas**

Miolnir *Nórdica*
"Esmagador"
O martelo mágico de Thor. Essa arma maravilhosa foi feita pelo anão Sindri e entregue pelo deus Loki. Uma vez ele foi roubado pelo gigante Thrym, mas foi recuperado por Thor vestido como a deusa Freya com roupa de noiva.

Depois da batalha final, na qual Thor foi morto, o martelo foi recuperado das cinzas da conflagração mundial por seus filhos, Modi e Magni.

Miruk *Coreana*
= *Chinesa* Hsiao Fo, Mi-lo-fo; *Budista* Maitreya; *Hindu* Kalki; *Japonesa* Miroku
Um deus criador. Diz-se que ele criou a terra, separando o céu da terra e apoiando os céus com uma coluna de cobre em cada canto. Ele criou homens e mulheres a partir de insetos que apareceram nas bandejas de prata e ouro que ele segurava enquanto rezava ao céu. Depois de muitas lutas com Sokka, a força do mal, ele deixou o mundo entregue a seus próprios caminhos pecaminosos.

Mistérios de Elêusis *Grega*
Os ritos misteriosos usados nos festivais em a honra a Deméter.

Mistérios Órficos *Grega*
Ritos praticados pelos seguidores de Dioniso, que consideram Orfeu como seu fundador.

Mithra *Persa*
= *Hindu* Mitra; *Romana* Mithras, Saturno
Deus da justiça, da luz e da guerra; um dos Yazatas; filho de Ahura Mazda. Em algumas versões, ele nasceu totalmente formado a partir de uma pedra; em outras, ele era irmão gêmeo de Ahura Mazda.

Ele carregava uma faca com a qual matou o touro primordial Geush Urvan, que se opunha continuamente a Ahriman, e de seu corpo morto saíram plantas e animais. (Outros relatos dizem que foi Ahriman que matou o touro.)

Ele desceu à terra em 25 de dezembro para aliviar o sofrimento do homem, voltando depois para o céu. Espera-se que ele volte para lutar a última batalha, vencendo Ahriman e levando os eleitos para a vida eterna. Suas armas são as flechas e a maça e seu animal é o javali.

Mithras *Romana*
= *Hindu* Mitra; *Persa* Mithra
Um deus dos soldados. Ele era adorado como um deus-touro apenas pelos homens que afirmavam que a medula e o sangue do touro morto se tornaram, como o corpo e o sangue de Cristo, o pão e o vinho do sacramento. Os iniciados no culto participavam do sacrifício do touro e foram obrigados a passar por pelo menos sete etapas.

Mitra *Hindu*
= *Persa* Mithra; *Romana* Mithras
Um deus do sol, deus do céu, governante do dia; um dos Adityas.

Shiva perdeu a calma quando foi excluído por Daksha de um sacrifício e feriu muitos dos presentes, inclusive Mitra, que teve seus olhos arrancados.

Ele é um dos três juízes que pesam as almas no mundo inferior e diz-se que ele tem mil olhos e ouvidos.

Mixcoatl *Centro-americana*
também Nuvem Serpente, Pai do Céu
O deus asteca da caça, pai de Huitzilopochtli e Quetzalcoatl. Dizem que ele era o pai de Tezcatlipoca, mas há que diga que eles eram os mesmos.

Ele é retratado com tiras brancas sobre o corpo ou com as características de um animal e, às vezes, está acompanhado por um cervo com duas cabeças.

Mizaru *Japonesa*
Um dos Três Macacos Místicos. Ele é retratado com as mãos cobrindo os olhos como "aquele que não vê o mal".

Mnemósine *Grega*
"memória"
Uma Titânide, deusa da memória; filha de Urano e Gaia; mãe das Musas com Zeus.

Mo-li Ch'ing *Chinesa*
"Portador da Terra"
= *Budista* Ch'ih Kuo; *Japonesa* Jikoku
Uma divindade taoísta, um dos Quatro Reis Diamantes. Ele é o guardião do leste e dono da espada mágica, Nuvem Azul, que usa para produzir uma porção de espadas voadoras para matar seus inimigos ou o fogo para queimá-los até a morte. Ele é retratado com a face branca e segurando um anel e uma lança.

Mo-li Hai *Chinesa*
"Contemplador Distante"
= *Budista* Kuang Mu; *Japonesa* Zocho
Uma divindade taoísta, um dos Quatro Reis Diamantes. Ele é o guardião do oeste e é retratado com a face azul e segurando um violão, cuja música pode destruir seus inimigos pelo fogo.

Mo-li Hung *Chinesa*
"Senhor do Crescimento"
= *Budista* Tseng Chang; *Japonesa* Komuku
Uma divindade taoísta, um dos Quatro Reis Diamantes. Ele é o guardião do sul e é retratado com a face vermelha e segurando um guarda-chuva com o qual pode causar tempestades e escuridão.

Mo-li Shou *Chinesa*
"Bem Conhecido"
= *Budista* To Wen; *Japonesa* Bishamon
Uma divindade taoísta, um dos Quatro Reis Diamantes. Ele é o guardião do norte e é retratado com a face negra e segurando dois chicotes, uma pérola e uma bolsa feita de pele de pantera que segura o rato Hua-hu Tiao.

Mocassins de Fogo *Norte-americana*
Um monstro na tradição tribal. Esse ogro usava mocassins que mantinham aceso tudo que tocavam quando ele andava.

Modgud *Nórdica*
Uma figura parecida com um esqueleto que guarda a ponte de cristal que cobre o Rio Giall até Niflheim. Em alguns relatos, Modgud é uma donzela pálida que guarda a ponte.

Moel Arthur *Britânica*
Um morro no País de Gales onde, dizem, ergue-se o palácio do rei Artur.

Mohini *Hindu*
Uma encarnação de Vishnu. Nesta forma, Vishnu aparece como uma mulher encantadora para seduzir Shiva e enganar os espíritos malignos. Ele usou esse truque na Agitação do Oceano, quando os demônios roubaram a preciosa amrita, prometendo compartilhá-la entre eles, mas deu a bebida primeiramente aos deuses para que eles, e não os demônios, atingissem a imortalidade.

Moiras *Grega*
= *Nórdica* Nornas; *Romana* Parcas
Os Destinos; três irmãs que controlam o destino dos humanos. Clotho tece o fio da vida, Láquesis mede esse fio e Átropos o corta com uma tesoura. Dizem alguns que elas inventaram o alfabeto.

Na batalha entre os deuses e os gigantes, elas mataram Ágrio e Thoas.

Mokele-Mbembe *Africana*
Um monstro da África Ocidental. Essa fera tem um chifre, a cauda de cobra, e vive em cavernas marinhas. Alguns dizem que ela vive na floresta e dorme em uma cama de presas de elefante.

Mokerkialfi *Nórdica*
Uma criatura enorme semelhante a um golem feito de barro.
   Quando Thor duelou com o gigante Hrungnir, a cada um foi permitido um escudeiro. Os gigantes usaram o barro para fazer Mokerkialfi, com 15 quilômetros de altura para atuar por Hrungnir. O escudeiro de Thor, Thialfi, matou o monstro com uma espada.

Moloch *Mesopotâmica*
também Molech
Um deus amonita a quem as crianças eram sacrificadas no fogo. Em alguns relatos, o próprio ritual.
   Ele é retratado com chifres de carneiro e segurando um cetro ou com a cabeça de um boi.

Monan *Sul-americana*
Um deus criador dos tupis. Ele tentou exterminar a raça humana com fogo. Quando o mago causou chuva para acabar com o fogo, provocou o Dilúvio.

Monge Calico Bag, Mestre Calico Bag Zen *veja* **Pu T'ai Ho-shang**

Mongibel *Britânica*
Uma montanha na Sicília, monte Etna. Em alguns relatos, esse era o local para o qual a feiticeira Morgana de Fay propôs levar o rei Artur quando ele foi ferido em sua batalha final com Mordred. Outros dizem que o rei foi levado para lá e foi visto vivo.

monoceros *Grega*
Uma besta mítica, uma forma de unicórnio. Ela é descrita como tendo o corpo de um cavalo, a cabeça de um cervo, os pés de elefante e a cauda de um javali, além de ter um longo chifre preto.

Monstro Arco-íris
   (literalmente) *Africana*
Um monstro aquático queniano. Dizia-se que essa fera emergia à noite para comer tanto animais quanto humanos. O arco-íris no céu é seu reflexo.

Monstro Terra *Centro-americana*
Um monstro primitivo dos astecas. Esse monstro fêmea nadava no oceano primordial até que Quetzalcoatl e Tezcatlipoca a rasgaram em pedaços para fazer o céu e a terra e tudo o que há nela.

Montanha de Aisneach *Irlandesa*
Uma montanha que, se imagina, fica no centro da Irlanda. Este era o local onde ficava um dos quatro palácios do rei Tuathal e do Anel do Gigante, a partir do qual o mago Merlin transportou as pedras para construir Stonehenge.

Montanha de Ouro *Índias Orientais*
Na tradição dos dayaks, essa montanha colidiu com a Montanha da Joia para formar o mundo.

Montanha de Ouro *veja* **Monte Meru**

Montanha do Morcego *Egípcia*
A montanha que sustenta o céu, lar do deus crocodilo Sebek.

Montanha Lótus *veja* **Monte Meru**

Monte Baker *Norte-americana*
Kobath, a montanha sagrada da tribo skagit. Diz-se que essa foi uma das duas únicas montanhas que não submergiram totalmente durante o Dilúvio, a outra foi o Monte Rainier.

Monte Cáucaso *Grega*
O lugar em que Prometeu foi acorrentado à pedra.

Monte Doloroso *Galesa*
O lar de uma serpente, a Serpente Negra do túmulo.

Monte Etna *Britânica*
Um local na Sicília onde, dizem alguns, o rei Artur e seus cavaleiros dormem.
   Para outros locais sugeridos, *veja* **Alderley Edge**. (*Veja também* **Mongibel**.)

Monte Fuji *Japonesa*
também Fuji San, Fujiyama
Um vulcão considerado como uma montanha sagrada, lar dos deuses. A fumaça que sai do cume é o resultado do amor do Imperador pela princesa Kaguya-hime que, abandonando-o para se tornar uma imortal, deixou-lhe um espelho no qual ele sempre poderia ver sua imagem e que irrompeu em chamas com o calor de sua paixão. A permanente cobertura de neve no topo provém da raiva do deus Mioya quando o deus da montanha se recusou a lhe oferecer hospitalidade.

Monte Helicon *Grega*
Lar das Musas.

Monte Ida *Grega*
Uma montanha próxima a Troia, lar da ninfa Idaea. Foi ali que o bebê Páris foi abandonado e mais tarde julgou o concurso de beleza das três deusas com a maçã de ouro como prêmio.

Monte Mandara *Hindu*
A montanha ao redor da qual os deuses enrolaram a Serpente Mundial para provocar a Agitação do Oceano.

Monte Meru *Hindu*
também Montanha Dourada, Montanha Lótus
= *Chinesa* K'un Lun
O local de Brahmapura, o céu de Indra; lar dos deuses no centro do universo. No cume, fica o palácio de Brahma, cercado pelo Ganges, enquanto os lares de Krishna e Vishnu foram construídos nas encostas mais baixas. Diz-se que há sete mundos inferiores abaixo da montanha, onde os asuras (demônios) vivem em cavernas.

Essa montanha também é a montanha sagrada de West, o paraíso taoísta onde todos os habitantes são imortais. Ela está no centro da terra a mais de 6.400 quilômetros de altura, formando uma rota da terra para o céu. Ela é considerada como uma fonte dos ventos, o Rio Amarelo e o Ju Shui e como a casa do Senhor do Céu e Ho-Po, conde do rio. O Monte Meru também aparece no centro do universo no budismo. E também é considerado o lar dos Shi Tenno, divindades japonesas que guardam os pontos cardeais.

Monte Ossa *Grega*
Uma montanha na Tessália. O gigante Efialtes e seu irmão Otus tentaram empilhar os montes Pelion e Ossa a fim de atacar os deuses.

Monte Parnaso *Grega*
Lar do deus Dioniso. Essa montanha tem dois picos, um dedicado a Apolo e às Musas, e o outro a Dioniso. Diz-se geralmente que a arca de Deucalião aportou aqui quando as águas do Dilúvio baixaram, embora outros digam que ela aportou em outros locais, como os montes Etna, Olimpo, Ótris etc.

Monte Pelion *Grega*
Uma montanha sagrada na Tessália, o lar original dos centauros. (*Veja mais em Monte Ossa.*)

Monte Qaf *Árabe*
O único lugar na terra onde o pássaro gigante, o roc, vai pousar; o lar dos gigantes e dos gênios.

Diz-se que essa montanha é feita de esmeralda e está situada no outro lado do oceano que circunda a terra. Seu reflexo é que faz com que o céu pareça azul.

Em algumas versões. Qaf é uma cadeia de montanhas e não um único pico.

Monte Rainier *Norte-americana*
"Takobah", uma montanha sagrada para a tribo skagit. Diz-se que essa foi uma das duas únicas montanhas que não submergiram totalmente durante o Dilúvio, a outra foi o Monte Baker.

Monte Salvat, Monsalvat *Britânica*
O local do Templo do Graal na Terra Santa.
Monte Tai *veja* **T'ai Shan**
moomin *Báltica*
Na tradição finlandesa, uma das raças imaginárias dos habitantes da floresta. Diz-se que esse povo pequeno e gordo é muito envergonhado e hiberna durante o verão.
Moowis *Norte-americana*
Um boneco de neve que ganhou vida (*veja mais em* ***Elegant***).
mopaditis *Australiana*
Espíritos de aborígenes mortos.
Morax *Inuíte*
Um demônio, um dos 72 Espíritos de Salomão. Ele aparece como um touro.
Mordred *Britânica*
Um Cavaleiro da Távola Redonda; primo, sobrinho ou filho do rei Artur. Em alguns relatos, ele era o filho incestuoso de Artur com a feiticeira Morgana le Fay; outros dizem que era o pai de Artur com sua irmã Anna, ou com Morgause, esposa de Lot, rei de Lothian e Orkney. Alguns dizem que sua esposa era Gwenhwyach, irmã de Guinevere.

O mago Merlin profetizou que esse menino cresceria para matar o rei Artur. Por isso, o rei ordenou que todos os bebês das famílias reais que nascessem deveriam ser lançados à deriva em um barco. Só Mordred, salvo por Nabur, um pescador de Orkney, sobreviveu ao naufrágio que se seguiu. Aos 14 anos, ele foi levado por Nabur à corte do rei Artur.

Ele tinha inveja de Lancelot, e ele e seu irmão Agravain contaram a Artur sobre o caso da rainha com Lancelot. Quando foram exigidas provas, ele e Agravain, apoiados por doze outros cavaleiros, invadiram o quarto de Guinevere quando o desarmado Lancelot estava com ela. Só Mordred sobreviveu quando Lancelot matou um homem com um banquinho e em seguida pegou a espada que ele levava e matou os outros.

Ao receber as provas do adultério, o rei condenou Guinevere à fogueira, mas ela foi salva por Lancelot que a levou para seu castelo, Garde Joyeux. Quando a batalha terminou devido à intervenção do Papa, Lancelot devolveu a rainha para Artur e velejou para sua casa na França. Quando Artur seguiu com um enorme exército, Mordred foi deixado no comando do país.

Ele saqueou a casa de Artur na Cornualha e atacou Guinevere, que se fechou na Torre. Ele fabricou provas para mostrar que o rei tinha morrido e se proclamou rei. Quando o Bispo de Canterbury protestou, Mordred ameaçou matá-lo. O Bispo então fugiu para Glastonbury, onde se tornou um ermitão. Dizem que Mordred e Guinevere passaram a viver em uma espécie de casamento bígamo. Quando Artur voltou apressado para a França para recuperar seu trono, Mordred o encontrou em várias batalhas onde milhares de homens morreram. E os dois acabaram se encontrando para uma luta individual em Camian, quando ele causou um ferimento mortal no rei, mas ele mesmo foi morto pela lança de Artur.

Em alguns relatos, Mordred sobreviveu à batalha final e levou os remanescentes do exército do rei Artur para Lyonesse. Ali, o fantasma de Merlin fez a terra afundar, levando os homens de Mordred com ele, enquanto os homens de Artur fugiram.

Outra história diz que Lancelot matou Guinevere acreditando que ela tinha sido cúmplice voluntária de Mordred e fechou Mordred em uma sala com o cadáver da rainha que Mordred, levado pela fome, acabou comendo.

Morgana le Fay *Británica*
também Senhora de Avalon

Uma feiticeira, filha de Gorlois, Duque da Cornualha, e Igraine; meia-irmã de Artur. Ela é chamada de Senhora do Lago e, em alguns relatos, é equiparada a Nimue. (Outras versões mantêm Morgana e Nimue como duas personagens distintas, com Nimue sendo uma das donzelas da Senhora do Lago). Há quem diga que ela era a mãe de Mordred com o rei Artur, e também que ela gerou Oberon, rei das fadas, com Júlio César. Ela mudava de forma e, dizia-se, tinha asas que lhe permitiam voar.

Sua verdadeira casa ficava em Avalon, onde ela chefiava uma pequena comunidade de mulheres a quem ela ensinou as artes da magia. Ela estava sempre acompanhada das três filhas, Carvilia, Morganetta e Nivetta, elas mesmas rainhas das fadas. Dizia-se que ela tinha uma outra casa na Sicília, onde era conhecida como Fata Morgana.

Quando o rei Artur a irritou por ter matado um de seus amantes, ela planejou matar tanto o rei quanto o próprio marido, Urien, e se casar com outro amante, Accolan, governando como sua rainha. Ela roubou a espada Excalibur e a deu a Accolan e, com sua magia, provocou Artur a lutar com ele. Seus planos deram errado quando Artur venceu a disputa e recuperou a Excalibur. Acreditando que Accolan tinha vencido, ela se preparou para matar Urien com sua própria espada enquanto ele dormia, mas seu filho, Owain, alertado por um servo, prendeu-a a tempo de evitar o assassinato. Ela o enganou, fazendo-o acreditar que ela estava possuída por espíritos malignos e ele a perdoou quando ela prometeu desistir de sua magia – o que, é claro, ela não fez. Accolan morreu por causa de seus ferimentos.

Em outro atentado contra a vida de Artur, ela enviou um manto coberto de joias para o rei, mas, prevenido por Nimue, ele fez com que a donzela que trouxe o presente colocasse o manto. Ela caiu morta, queimada até virar cinzas. Ela roubou a bainha mágica da Excalibur e, perseguida pelos homens de Artur, jogou-a em um lago. Ela escapou de seus perseguidores transformando a si mesma e seu grupo em pedras. Quando os perseguidores desistiram da caçada, ela voltou à sua forma normal e também a seu próprio país, Gore.

Como Morgana, ela resgatou o pequeno Lancelot; como Nimue, ela era amada pelo mago Merlin. (*Veja a história em* **Merlin**.)

Dizem alguns que foi ela quem alertou Artur sobre o caso de Lancelot com Guinevere quando ela lhe deu uma bebida mágica que abriu seus olhos para o que estava acontecendo.

Em algumas versões, ela foi uma das rainhas que acompanharam o moribundo Artur no barco que o levou para Avalon. Após a queda de Camelot nas mãos do rei Mark, Morgana e suas filhas deixaram a Grã-Bretanha pelo estreito de Messina, onde atraíram os navios para as rochas. (*Veja* **Fata Morgana**.)

(*Veja também* **Senhora do Lago, Morgen, Nimue**.)

Morgawr *Británica*

Um monstro marinho. Essa fera, que se diz ser vista ao largo da costa da Cornualha, é descrita como tendo uma corcunda nas costas e um longo pescoço eriçado, com uma cabeça com chifres curtos.

Morgen *Galesa*
Uma deusa dos druidas. Dizia-se que ela podia mudar de forma à vontade e voar com asas artificiais. Aceita-se geralmente que ela se tornou a feiticeira Morgana le Fay.

Morgiana *Persa*
Uma escrava de Ali Babá em *As Mil e Uma Noites*. Foi Morgiana que descobriu os ladrões escondidos nos jarros e os matou com óleo fervente e mais tarde matou seu líder. Como recompensa, ela ganhou a liberdade e se casou com o filho de Ali Babá.

Morrigan *Irlandesa*
Uma deusa da guerra; esposa do Dagda, dizem alguns.

Essa divindade é geralmente considerada como um trio de deusas da guerra que compreende Ana (ou Nemain), Badb e Macha, ou então Badb, Macha e Morrigan, que ajudaram os danaans nas batalhas de Moytura.

Ela podia aparecer como donzela ou como uma velha bruxa, um corvo ou uma gralha. Ela conduz uma carruagem puxada por cavalos vermelhos e costuma estar toda vestida de vermelho.

Em algumas histórias, ela ajudou Cuchulainn na defesa de Ulster; em outras, ela se opôs a ele porque ele rejeitou suas investidas. Nessa ocasião, ela se enrolou à sua volta sob a forma de uma enguia enquanto ela estava lutando com o guerreiro Loch Mor. Ela o importunou ainda mais, na forma de um lobo e depois de uma novilha, mas, apesar dos esforços dela, ele conseguiu matar Loch. No final de sua vida, ela o atacou em forma de um corvo, ajudando a matá-lo.

Em uma história, ela transformou Odras, esposa de um homem de quem ela havia roubado um touro, em um rio. Em alguns relatos, ela é a base para Morgana le Fay.

Mors *Romana*
"morte"
= *Grega* Thanatos
Deus da morte, controlador do destino; filho de Nyx, deusa da noite, irmão gêmeo de Somnus, deus do sono.

Ele é retratado com uma ampulheta na mão e a foice com a qual ele cortou aqueles cujo tempo de vida havia expirado.

Em alguns relatos, Mors é mulher.

Moshiriikkwechep *Japonesa*
Um enorme monstro marinho. Diz-se que duas divindades são responsáveis por garantir que os movimentos desse monstro, que provoca terremotos, não destruam o mundo inteiro.

Mover of Blood (literalmente Motor de Sangue) *Celta*
A bainha da espada Strange Girdles.

Muchalinda *Budista*
= *Hindu* Ananta
Uma serpente, rei das Nagas. Com seu capuz, essa cobra abrigou Buda do clima violento que surgiu no final do período de contemplação dele sob a árvore de Bodhi. Quando a tempestade acabou, ele se transformou em um belo jovem.

Muchukunda *Budista*
Um gigante que poderia destruir pelo fogo de seus olhos quem se atrevesse a perturbar seu sono eterno concedido, a seu pedido, por ajudar os deuses contra os asuras (demônios).

Diz-se que ele, como o rei Artur e outros, está dormindo, mas aguardando um chamado para ajudar seu país em um momento de necessidade.

Mudgegong *Australiana*
Um espírito do mal dos aborígenes. Esse ser foi criado por Baime e transformou

todos os filhos de Baime em animais, exceto um casal que se tornou ancestral da raça humana.

Mulher Aranha *veja* **Kokyangwuti**

Mulher Céu *veja* **Ataensic**

Mulher Cinzenta *Britânica*
Um fantasma conhecido por assombrar um local chamado Moel Arthur, no País de Gales, para proteger o tesouro do rei.

Mulher Cobre *Norte-americana*
O primeiro humano. As tribos do noroeste falam de uma mulher sozinha no mundo que anseia por um companheiro. Instruída por um espírito, ela recolheu suas lágrimas e o líquido de seu nariz (a, dizem alguns, de seu sangue menstrual) em uma concha. Isso a tornou um ser estranho, parte caranguejo, parte homem, que pôs fim à solidão da Mulher Cobre.

Mulher de Sal *Norte-americana*
também Mãe de Sal
Um espírito tutelar das tribos pueblo, a personificação do sal. Quando lhe foi recusada a hospitalidade em uma cidade, ela atraiu todas as crianças para longe de suas casas e as transformou em gaios (aves). Em outra cidade, onde foi bem recebida, ela deixou um pouco de si para que as pessoas pudessem temperar sua comida. Depois disso, retirou-se para sua casa em um lago.

Mulher do Dente Torto *veja* **Kokumthena**

Mulher do Tempo Bom (literalmente) *Norte-americana*
Filha de um chefe indígena. Cavando na praia, ela encontrou um bebê muito pequeno sob a concha de um berbigão. Ela criou o menino, que se chamava Sin, e ele cresceu muito depressa, mais tarde se transformando em um pássaro e subindo aos céus como um deus.

Ela podia provocar tempestades apenas afrouxando seu vestido.

Mulher Doente *veja* **Yama Enda**

Mulher Espuma *Norte-americana*
Uma ancestral do povo haida. Dizia-se que ela tinha o poder de projetar raios dos olhos para repelir as forças do mal e era retratada com muitos seios, nos quais ela amamentou os antepassados do clã.

Mulher Honrada *veja* **Cihuateteo**

Mulher Montanha *Japonesa*
Uma ogra. Diz-se que esse ser é capaz de voar e é coberto por longos cabelos brancos. Alguns dizem que ela come humanos.

Mulher Mutante *Norte-americana*
Uma divindade das tribos apache e navajo; a lua; esposa do sol; mãe de Criança da Água e de Matador de Inimigos. Dizia-se que ela era capaz de se transformar de mulher para bebê e para mulher idosa quando quisesse.

Em alguns relatos, ela é o mesmo que a Mulher Turquesa, enquanto outros dizem que tanto Estanatlehi (Mulher Turquesa) quanto Yolkai Estsan (Mulher Cocha Branca) foram criadas pela Mulher Mutante com o pó da pele seca existente sob seus seios.

Mulher Pintada de Branco, Mulher Cocha Branca *veja* **Yolkai Estsan**

Mulher Raposa *Siberiana*
Esposa de Eme'mqut, um espírito koriak. Ela rejeitou os avanços de um homem que vivia como hóspede em sua casa e, quando ele comentou sobre seu cheiro de raposa, ela fugiu.

Mulher Serpente *veja* **Cihuacoatl**

Mulher Turquesa *veja* **Estanatlehi**

Multultu *Australiana*
Um homem-canguru, um herói ancestral dos aborígenes.
(*Veja também* **Minawara**.)

Muluku *Africana*
Um deus criador das tribos do Rio Zambesi. Tendo criado o mundo, ele atraiu dois seres, um homem e uma mulher, de buracos no chão. Eles eram tão desobedientes que Muluku os transformou em macacos e os macacos em humanos.

Mundo Amarelo *Norte-americana*
O terceiro dos quatro mundos pelos quais os navajos passaram antes de emergir para o mundo superior. Os navajos chegaram aqui antes de serem expulsos do Mundo Azul e o encontraram ocupado pelo Povo Gafanhoto. Logo foram expulsos deste mundo também depois que alguns deles seduziram as mulheres do Mundo Amarelo, avançando para o Mundo Branco.

Mundo Azul *Norte-americana*
O segundo dos quatro mundos pelos quais os navajos passaram antes de ir para o mundo superior. Essa terra era habitada por andorinhas azuis os navajos lá chegaram quando fugiram do Mundo Vermelho para escapar da enchente que foi enviada para punir seu adultério. Também aqui fizeram a mesma coisa e foram compelidos a deixar o Mundo Azul.

Mundo Branco *Norte-americana*
O quarto dos quatro mundos que o povo navajo atravessou antes de emergir no mundo superior. Os navajos chegaram a este mundo depois de serem expulsos do Mundo Amarelo.

mundo inferior
Também conhecido como Além ou Outro Mundo, o lugar para onde se diz que os mortos (ou as almas dos mortos) vão. Cada cultura tem sua própria versão do que acontece com as pessoas quando morrem. Muitos postulam um lugar onde as almas que partem recebem recompensa ou punição com base na conduta do falecido na Terra.

Africano
(1) Os bantus dizem que as almas dos mortos vão para Kuzimu, um mundo subterrâneo e, se causarem tumulto, ocorre um terremoto. Para os suaílis, Kuzimu é descrito de várias maneiras como um lugar onde as almas à espera tremem no escuro, um reino agradável onde os habitantes olham para baixo na Terra ou um reino subaquático onde os habitantes vivem no fundo como peixes.
(2) Em Daomé, alguns dizem que a terra dos mortos está no céu, enquanto, para outros, ela está debaixo da terra.
(3) Na Etiópia, o mundo inferior é conhecido como Ekera.

Armênio
O mundo inferior armênio, Dzokhk, é imaginado como um abismo ardente abaixo da superfície da Terra. Uma ponte conhecida como Labirinto leva do inferno ao céu. Essa ponte é frágil e desmorona sob o peso do pecado, lançando a alma de volta ao tormento.

Assírio
O mundo inferior assírio é chamado de Ekurra.

Babilônio
O mundo inferior é chamado de Arulu, um reino governado por Ereshkigal. Em outra história é chamado de Cuthah.

Budista
Os budistas imaginam um inferno em sete níveis, dos quais o mais baixo é Avici.

Centro-americano
(1) Os astecas viam a terra dos mortos, Mictlan, como um mundo inferior com nove camadas, um lugar sombrio no centro da terra. Para atingi-lo, os mortos tinham que atravessar

oito florestas, oito desertos e oito montanhas, cada um com grandes perigos, e finalmente atravessar um rio na primeira camada do seu próprio mundo inferior. Incluídos nos perigos da jornada estavam encontros com o feroz jacaré Xochitonal, o demônio Izpuzteque e o demônio Nextepehua. Almas que sobreviveram à viagem finalmente encontraram descanso no último desses reinos do mundo inferior, Chicunamictlan.

(2) Os maias imaginavam o inferno não como um lugar de tormento permanente, mas como um estágio no progresso de cada indivíduo entre o nascimento até finalmente chegar ao céu. Essa região era chamada de Xibalba. O lugar reservado para o castigo dos ímpios é Mitnal.

Chinês
Na China, o mundo inferior é conhecido como Ti-yü, Prisão da Terra, e era governado por Ti-ts'ang. (*Veja também* **Taoísta** abaixo.)

Egípcio
O mundo inferior, Amenti, é dividido em doze províncias contendo uma Sala de Julgamento onde Anúbis pesava as almas na balança, em oposição a uma pena, na frente de Osíris e 42 juízes. Aqueles que passam no teste vão para o paraíso Aalu; os que falham são condenados ao tormento eterno.

Galês
O mundo inferior é conhecido como Annwfn e governado por Arawn.

Grego
Tártaro, governado por Hades, tinha três seções: Campos de Asfódelo, Erebus e Elysium.

Hindu
Em Patala, o registro de cada alma é lido por Chitragupta e julgado por Yama. Como resultado, a alma pode ser mandada para o céu, a um dos muitos infernos ou de volta à Terra para reencarnação.

O próprio inferno tem 28 (ou 21) regiões, cada uma reservada para um determinado tipo de pecador. Algumas dessas regiões são:
 Asipatravana para os hereges
 Avichimat para os mentirosos
 Kalasutra para os que mataram
um brâmane
 Krimibhoja para os egoístas
 Kumbhika para os cruéis
 Raurava para os sádicos
 Suchimikha para os avarentos
 Sukramukha para os tiranos
 Tamusra para os adúlteros e ladrões
 Vajrakantaka para os que se casaram
em outra casta
 O Rio Vaitarani é usado para punir religiosos dissidentes.
(*Veja também* **Patala**.)

Ilhas do Pacífico
(1) Os habitantes das Ilhas Banks chamam o mundo inferior de Panoi.

(2) Nas Ilhas Carolinas, os bons mortos iam para Pachet, um paraíso no fundo do mar; os outros, para Pueliko, um inferno sombrio sob a terra.

Outra versão diz que existe um paraíso no céu para aqueles que podem alcançá-lo sob a forma de aves marinhas; outro para os guerreiros, onde eles podem exercer sua profissão; e um terceiro para as mulheres que morrem no parto. Esse último fica onde a terra e o céu se encontram.

(3) O mundo inferior das Ilhas Fiji é Bulu e só os casados podem ir para lá – homens solteiros são esmagados nas rochas até a morte pela deusa da punição, Nangananga. O homem casado

precisa receber o dente de uma baleia que ele deve atirar em uma determinada árvore. Se acertá-la, pode prosseguir; se falhar, é mandado de volta para a sepultura. Os que passam encontram suas ex-mulheres e viajam juntos. Se ele vencer o demônio que os ataca, podem prosseguir; se não, ele é comido pelo demônio. Passando por duas cavernas, Cibaciba e Drakulu, os casais são levados de barco para Nabangatai e depois até Dengei, que atua como seu juiz.

(4) No Havaí, o mundo inferior é conhecido como Hawaiki ou Poluta, e é o lar dos espíritos dos mortos, seja no céu ou sob a terra.

(5) Nas Marquesas, eles imaginam um céu superior para os deuses e três inferiores para os demais, selecionados de cima (o mais severo) ao mais ameno, embaixo. Onde a alma vai parar depende do número de porcos sacrificados pelo morto durante a vida.

(6) Na Melanésia, o outro mundo é Bwebweso, governado pela deusa Sinebomatu e seu marido Kekewage. A maioria dos espíritos chega a esta colina dos mortos quando já está suficientemente decomposta, embora alguns sejam condenados a vagar por Koiakutu, a colina de piolhos, e os que foram mutilados em vida se tornam peixes com cabeça humanas vivendo em um pântano no sopé da montanha. Outros se referem a Kibu, que é vista como uma ilha, lar dos mortos, bem distante, a oeste.

(7) O povo de Mindanao chama seu mundo inferior de Gimokodan. Uma parte contém os espíritos dos guerreiros mortos. A outra, os demais mortos. Uma giganta com muitos mamilos amamenta os espíritos dos bebês mortos.

(8) Nas Novas Hébridas, o outro mundo é conhecido como Banoi ou Abokas.

(9) Em algumas partes das Filipinas, o mundo inferior é conhecido como Maglawa; em outras é Kilot, o lar da kalaloa (alma) à esquerda. O da direita vai para um paraíso no céu.

(10) O mundo inferior polinésio também é conhecido como Hawaika.

(11) Em Samoa, o mundo inferior é conhecido como Poluta. Em Tonga, tem o mesmo nome.

(12) Nas Ilhas da Sociedade, algumas versões dizem que Po é o mundo inferior, onde a alma é deificada depois de ser comida três vezes por um deus.

(13) No Taiti, o mundo inferior é conhecido como Kahiki.

Índias Orientais
O mundo inferior papuano, governado por Tumudurere, é conhecido como Hiyoyoa e fica no fundo do mar.

Inuíte
(1) A casa dos bons mortos é conhecida como Qudlivum em oposição a Adlivum, o mundo submarino para os pecadores, alguns dos quais sofrem menos tormentos na seção inferior, conhecida como Adliparmiut.

(2) Quando os caçadores de caribus morrem, suas almas vão para a casa de Pana, um reino no céu que está cheio de buracos para permitir que a chuva caia. Aqui eles nascem de novo e são trazidos de volta à Terra pela Lua e vivem uma outra vida, algumas vezes como humanos, outras como animais ou aves.

Irlandês
O mundo inferior, Tech Duinn, é visto de várias formas: como uma ilha ao sudoeste da Irlanda; como a Terra das Mulheres (Tir nam Van) quando governado por uma deusa; ou Sid, a Terra

das Fadas; ou Dun Scaith, governado por Midir, o deus do mundo inferior.
Jainista
O inferno jainista tem sete camadas, das quais a mais baixa é Mahatuma. Outra, cheia de areia quente, é conhecida como Valuka, lar do Valu. Torturas diabólicas são aplicadas por vários deuses do mundo inferior.
Japonês *veja* **Xintoísmo** (abaixo)
Neozelandês
O lar maori dos mortos comuns é Lua-a-Milu sob a terra ou o sob mar; as almas dos elevados vão para uma ilha no céu, o lar dos deuses. Outros relatos se referem ao mundo inferior de Reinga ou Uranga-o-te-Ra.
Nórdico
Dizem que Niflheim ficava sob a terra, delimitado pelo Rio Giall. Espíritos dos guerreiros mortos iam para Valhala, em Asgard, lar dos deuses, ou eram levados pela deusa Freya a seu palácio, mas outros entravam em Niflheim, atravessando a ponte sobre o Giall, guardada pela figura Modgud, parecida com um esqueleto, a quem tinham que pagar um tributo de sangue. Em seguida, vinha a área da floresta de Ironwood, onde as árvores tinham folhas de metal, e depois os portões de entrada guardados pelo cão Garm. Lá dentro, na área fria e escura, ficava Elvidnir, o salão de Hel, governante de Niflheim, onde os espíritos eram julgados. Os criminosos eram mandados para Nastrond e eram comidos pela serpente Nidhogg.
Norte-americano
(1) Os cherokee enfrentam um mundo abaixo, que corresponde exatamente ao seu próprio mundo, com exceção das estações do ano, que são invertidas.
(2) O mundo inferior dos klamath é conhecido como o Lugar das Trevas.
(3) Algumas tribos, incluindo os navajos, vêm o mundo inferior como o lugar de onde vieram seus ancestrais, e não o lar dos mortos.
(4) Os mortos dos omaha chegam ao mundo inferior de sete camadas através da Via Láctea, levados por um velho que está sentado ali.
Persa
As almas eram avaliadas por três juízes: Mithra, Rashnu e Sraosha. Os merecedores cruzavam uma ponte para o céu, os indignos caíam em um lugar de tormento conhecido como Druj.
Sul-americano
(1) Na Bolívia, diz-se que a alma viaja para a terra do avô. Primeiro ela precisa atravessar dois rios, um de balsa e o outro em um tronco flutuante. As que caem são comidas pelos peixes. Em seguida, são julgadas por Izoi-tamoi (avô), que divide as más ao meio. Aquelas que passam no teste da viagem atravessam a terra da escuridão, usando como tocha uma pequena palha que tinha sido colocada no túmulo. Reunindo penas de beija-flor para dar a Izoi-tamoi, elas devem passar entre as rochas que se chocam, conhecidas como Hacaru. Sendo testadas por um abutre, cutucadas por um macaco e passando por uma árvore que fala, finalmente chegam à terra do avô, onde vivem felizes como fizeram na Terra.
(2) No Brasil, o povo caingangue diz que os mortos são instruídos pelo xamã tribal sobre como sobreviver à perigosa jornada para o mundo inferior, onde é sempre dia, a juventude é recuperada e as florestas têm caça em abundância. Mas, antes de tudo, a alma deve evitar o caminho que leva a uma enorme teia de aranha, uma armadilha em forma

de um poço em ebulição e uma trilha escorregadia onde um passo em falso vai jogar a alma na toca de um caranguejo gigante. A vida feliz termina em uma segunda morte quando o indivíduo assume a forma de um inseto. Quando esse inseto morre, é o fim definitivo.

(3) Os incas acreditam que seus ancestrais vieram do mundo inferior, que muitas tribos consideram como a fonte de vida na Terra.

Sumério
O mundo inferior era conhecido como Kurnugia ou Makan.

Tailandês
O mundo inferior, Patal, é governado por Maiyarab. Entrando no caule oco do lótus, as almas precisam atravessar um lago guardado por Machanu antes de serem julgadas.

Taoísta
Yellow Springs (literalmente Fontes Amarelas) é um reino mitológico situado na montanha sagrada do Leste, T'ai Shan, que foi dividido em dez infernos para diferentes tipos de pecadores. (*Veja também* **Dez Reis Yama**.)

Xintoísmo
Yomi, um inferno com duas entradas, contendo um enorme abismo para onde vão todas as águas da terra, Yomi-tsu-kuni, "terra da escuridão".

Mundo Vermelho *Norte-americana*
O primeiro dos quatro mundos pelos quais os navajos passaram em sua ida para o mundo inferior. De lá eles passaram para o Mundo Azul.

Munsumundok *Índias Orientais*
Ela e seu marido Kinharingan emergiram de uma pedra no mar e, juntos, criaram a terra, usando o solo dado a eles pelo deus da varíola, Bisagit, seguido pelo céu, pelos corpos celestes, os seres humanos e todos os animais e plantas.

Muramura *Australiana*
Heróis ancestrais dos aborígenes, espíritos do Tempo do Sonho que diz-se agora, são invisíveis e vivem em árvores.

Murmur *Europeia*
Um demônio da música no inferno, um dos 72 Espíritos de Salomão. Diz-se que ele aparece como um soldado enorme montando um abutre ou um grifo.

murta
(1) Na mitologia egípcia, a árvore sagrada de Hathor.
(2) Nas lendas europeias, Orlando foi transformado em uma árvore de murta pela feiticeira Alcina.
(3) Na mitologia grega, a árvore de Adônis, Afrodite, Ártemis e Poseidon.
  A deusa Afrodite provocou Mirra, a filha de Cinyras, rei do Chipre, a dormir com seu pai, gerando Adônis. A deusa (ou, dizem alguns, Apolo), então transformou Mirra em uma árvore de murta. O bebê Adônis libertado da árvore pela presa de um javali.
(4) Na tradição hebraica, mastigar as folhas de murta permitia detectar bruxas.

Musas *Grega*
= *Romana* Camenae
Filhas de Zeus e Mnemósine.
  Originalmente eram apenas três Musas. Depois passaram a quatro. Mais tarde, o número aumentou para nove, cada uma com uma responsabilidade em uma área específica das artes, lideradas por Apolo. A alocação das responsabilidades varia de uma versão para outra. A lista abaixo inclui a maioria dessas alternativas:
- Calíope – poesia épica (Musa chefe)
- Clio – história

- Érato – poesia erótica, hinos, poesia lírica
- Euterpe – flautista, poesia lírica e música
- Melpômene – harmonia, lirista, música, tragédia
- Polímnia – atuação, dança, hinos, poesia lírica, mímica, música, retórica, canto
- Tália – comédia, alegria, poesia pastoral
- Terpsícore – dança, flautista, poesia lírica, canto
- Urânia – astronomia

Outros nomes incluem Menippe, mãe de Orfeu

Elas cegaram Tâmiris, um bardo, por sua presunção em desafiá-las para um concurso de poesia. Ao vencer um concurso semelhante com os Pierides, elas transformaram os perdedores em pegas, gralhas ou torcicolos. Elas mesmas, às vezes, são chamadas de Pierides.

Foram elas que deram à esfinge o enigma que ela representava para todos os viajantes.

N *Centro-americana*
Uma divindade maia de identidade incerta, chamado de Deus N (*veja **deuses alfabéticos***). Imagina-se que essa divindade seja o demônio Uayayab, que governou o nemontemi, os cinco desafortunados dias no final do ano no calendário asteca.

Na Kika *Ilhas do Pacífico*
O deus polvo das ilhas Gilbert. Ele ajudou o deus criador Nareau a construir as ilhas do Pacífico.

Naberius *Europeia*
Um dos 72 Espíritos de Salomão. Diz-se que ele era capaz de ensinar lógica e aparece como um homem de três cabeças sobre um corvo ou um galo preto.

Nachiel *Hebraica*
Uma das Sete Inteligências, governante do sol.

Nachuruchu *Norte-americana*
Um tecelão pueblo e um médico. Quando Nachuruchu se casou com a lua, as duas bruxas conhecidas como as Donzelas do Milho Amarelo tinham tanto ciúme que a afogaram em um poço. Todos os animais e aves a procuraram e o abutre avistou um monte coberto com flores. Nachuruchu ordenou que o abutre lhe trouxesse uma das flores brancas e, colocando-as entre duas vestes, entoou canções mágicas até ela se transformar em sua esposa, totalmente restaurada. Ele então fez um arco mágico para ela brincar. Quando o lançava em direção às bruxas, elas o agarravam e imediatamente eram transformadas em cobras.

Nacon *Centro-americana*
Um deus da guerra maia.

naga *Hindu*
feminino nagini
Uma cobra sagrada. Esses seres poderiam aparecer de muitas formas, como os guerreiros com pescoço de cobra e poderiam se acasalar com humanos. Dizem que eles têm um umbigo em sua testa e vivem em palácios subaquáticos enfeitados de joias em Bhagavati,

a capital do mundo inferior Patala. Versões alternativas chamam sua casa de Nagaloka ou dizem que moram em Niraya (inferno).

Nagaitco *Norte-americana*
O primeiro homem na tradição da tribo kato, da Califórnia.

Quando criança, Nagaitco foi salvo do Dilúvio pelo herói Teenes.

Em alguns relatos, ele foi o deus criador que fez todas as coisas, incluindo os primeiros humanos. O primeiro mundo que ele criou foi destruído pela água. Ele então fez o segundo mundo a partir de um enorme monstro com chifres.

Nagasena *Budista*
Um sacerdote budista, um dos Dezoito Lohan. Ele ensinou ao rei indo-grego Menandro as doutrinas budistas e fez o Buda Esmeralda (uma estátua de Buda) por poderes mágicos.

nagumwasuck *Norte-americana*
Fadas feias da tradição da tribo passamaquoddy, do Maine, Estados Unidos.

Nainuema *Sul-americana*
Um deus criador do povo uitoto, da Colômbia e do Peru. Ele criou o mundo e o fez plano, imprimindo-o e depois usou a própria saliva para fazer todos os seres vivos.

Nakk *Báltica*
= *Finlandesa* Nakki

Um espírito aquático estoniano. Esses espíritos, que podem aparecer como humanos adultos ou crianças ou cavalos, são das pessoas que se afogaram. Os homens atraem as vítimas com o canto; já as mulheres, conhecidas como Nakineiu, as seduzem sentadas perto da água penteando os longos cabelos dourados enquanto cantam. Cada um tem uma boca enorme que pode engolir quase tudo.

Nakaa *Ilhas do Pacífico*
Um deus criador das Ilhas Gilbert.

Tendo criado os humanos, ele manteve separados os homens e a mulheres e eles viviam como imortais, cada sexo com uma árvore em sua parte da ilha. Quando Nakaa partiu para uma viagem, os homens desobedeceram às suas ordens e visitaram as mulheres. Furioso, o deus os privou de sua imortalidade (razão pela qual os humanos agora morrem) e os deixou, indo para a terra dos mortos, onde fica sentado à entrada e prende as almas dos mortos em uma rede. Se uma alma puder se abster de comer ou beber por três dias, Nakaa permite seu retorno à terra dos vivos.

Nakki *Báltica*
= *Estoniana* Nakk

Um espírito aquático finlandês. Esses seres às vezes aparecem como humanos e, às vezes, metade homem, metade cavalo. As mulheres, como suas contrapartes estonianas, têm gado vivendo na água.

Nakula *Budista*
Um dos Dezoito Lohan. Dizia-se que voltou a ser jovem novamente quando se tornou budista aos 120 anos de idade. Ele é retratado com um rosário na mão ou, em algumas versões, como um mangusto ou um sapo de três patas.

Nama *Siberiana*
Deus do mundo inferior. Ele, como o bíblico Noé, construiu uma arca em que ele, sua família e alguns animais sobreviveram ao dilúvio mundial.

Nammu *Mesopotâmica*
Uma deusa suméria dos primevos.

Alguns relatos dizem que ela gerou An (o deus do céu) e Ki (a deusa da terra). Outras, que ela era a consorte de An. Diz-se que ele fez os humanos de argila.

Namorodo *Australiana*
Demônios dos aborígenes. Eles são descritos como sendo feitos de pele e osso com longas garras, voando à noite e matando todos que eles encontravam.

Namu *Siberiana*
O homem que sobreviveu ao Dilúvio. Ele foi avisado previamente pelo deus criador Ulgan e construiu a arca em que sobreviveu.

Nan-lha *Tibetana*
Um deus doméstico. Essa divindade, com cabeça de porco, ocupa diferentes partes da casa nas diferentes estações do ano. Se ele estivesse guardando a entrada, nenhuma noiva, noivo ou cadáver entraria ou sairia até que ele permitisse.

Nana Miriam *Africana*
Tanto o marido dela, Fara Maka, quanto o caçador Karadigi não conseguiram matar o monstruoso hipopótamo Mali, mas ela o paralisou com um feitiço.

Nancomala *Sul-americana*
Um herói da cultura do povo guayami. Ele encontrou a donzela aquática Rutbe quando as águas do Dilúvio baixaram e se acasalaram, gerando gêmeos, que se tornaram ancestrais da tribo.

Nandini *Hindu*
Uma vaca da fartura, que poderia realizar qualquer desejo. Em alguns relatos, ele era o maravilhoso animal do sábio Vashishtha; em outros, foi equiparado a outra vaca da fartura, Surabhi.

Nang-pyek-kha Yek-khi *Birmanesa*
Uma deusa da terra, filha do primeiro casal Ta-hsek-khi e Ya-hsek-khi.
   Ela nasceu com as pernas e as orelhas de uma tigresa e seus pais a fizeram governante da terra e do mar e deram a ela duas cabaças. Quando as cabaças foram abertas por Khun Hsang L'rong, surgiram todos os animais do mundo. Khun então se casou com a deusa.

Nangananga *Ilhas do Pacífico*
Uma deusa fidjiana da punição. Ela vive no mundo inferior, Bulu, e recebe as almas dos solteiros que ela esmaga nas rochas.

Nanook *Norte-americana*
= *Inuíte* Nanue
Um urso. Esse animal foi perseguido no céu pelas Plêiades, uma matilha de cães de caça, e se tornou a Ursa Maior. Às vezes, ele vem à terra para ajudar os caçadores.

Nansi *veja* **Annency**

nantena *Norte-americana*
Fadas ou espíritos dos atapascano.

Nanters *Britânica*
Um Cavaleiro da Távola Redonda; um rei de Garlot; marido de Elaine, meio-irmão do rei Artur.
   Ele foi um dos governantes que se levantou contra o rei, mas viveu e foi nomeado um Cavaleiro da Távola Redonda.

Nantes *Celta*
Em algumas histórias continentais, o local da corte do rei Artur.

Nanue *Norte-americana*
O nome inuíte de Nanook.

Nao'tsiti *Norte-americana*
Uma deusa criadora dos pueblo; filha do deus criador Utc'tsiti. Ela e sua irmã la'tiku nasceram e, por muitos anos, viveram nos subterrâneos, até que, instruídas pelo espírito Tsitctinako, subiram à superfície e começaram a criar plantas e animais, espíritos e deuses Nao'tsiti engravidou do arco-íris e teve gêmeos. Um deles, Tiamuni, ela deu a la'tiku e, levando o outro com ela, mudou-se para o leste. Essas crianças foram os progenitores da tribo.

Napi *Norte-americana*
também Homem Velho
O deus criador da tribo dos pés pretos.
  Seu pai teve um sonho no qual ele aprendeu a capturar animais pendurando uma teia de aranha na trilha. Quando sua mãe teve uma cascavel como amante, o pai dele a prendeu na teia e a decapitou. Seus dois filhos fugiram perseguidos pela cabeça enquanto o corpo sem cabeça corria atrás do pai. Os meninos escaparam quando a cabeça caiu na água e o corpo (ou cabeça, em algumas histórias), que é a lua, ainda persegue o pai, que é o sol.
  Seu astucioso irmão criou as raças brancas e ensinou tudo o que precisavam saber, ao passo que o simples Napi fundou a tribo dos pés pretos, criando os primeiros humanos a partir do barro e os levou para fora da caverna Nina Stahu. Quando o ladrão de búfalos afugentou todos os búfalos, ele se transformou em um cachorro e levou os rebanhos de volta para a tribo dos pés pretos. Espera-se que um dia ele volte.

Naraka *Hindu*
Um dos Asuras (demônios). Ele assumiu a forma de um elefante e carregou 16 mil mulheres, mantendo-as em um belíssimo palácio que construiu para elas.

Narasinha *Hindu*
A quarta encarnação de Vishnu, como um homem-leão com oito braços. Nessa encarnação ele matou o demônio Hiranyakashipu.

narciso[1] *Grega*
A flor de Deméter. Segundo alguns relatos, essa flor foi criada por Zeus para chamar a atenção de Coré para que seu irmão Hades pudesse raptá-la quando ela fosse buscá-la. (*Mas veja também a lenda na próxima entrada*).

Narciso[2] *Grega*
Quando Narciso rejeitou seu amor, Ameinius cometeu suicídio e, como punição, Ártemis fez com que Narciso se apaixonasse pelo seu próprio reflexo em um riacho. Incapaz de possuir sua própria imagem, ele matou a si mesmo com uma adaga. A flor que tem o seu nome brotou do solo que foi manchado com seu sangue. Em outras versões, ele apenas se afogou em saudades não correspondidas ou se jogou na água, afogando-se. A voz de Eco, que ele também tinha rejeitado, chorou ao seu lado.

Nareau[1] *Ilhas do Pacífico*
também Nareau o Mais Velho, Senhor Aranha
O deus criador das Ilhas Gilbert. Ele fez Na Atibu e Nei Teukez a partir da areia e eles se acasalaram para gerar os deuses, o mais novo dos quais, um deus trapaceiro, conhecido como Nareau o Mais Jovem.

Nareau[2] *Ilhas do Pacífico*
também Nareau o Mais Jovem
Filho de Na Atibu e Nei Teukez (*veja mais em Nareau[1]*). Este Nareau matou seu pai, usando os olhos do homem morto para fazer a lua e o sol. Ele então plantou a espinha, que se tornou a árvore Kai-n-tiku-aba, a partir da qual as pessoas se desenvolveram.

Nascien[1] *Britânica*
Um ancestral de Galahad; cunhado de José de Arimateia.
  Um sarraceno, originalmente chamado Seraph, que trocou seu nome para Nascien quando foi batizado como um cristão. Ele se aproximou tanto do Santo Graal que ficou cego, mas foi curado pelo sangue que gotejou da Lança do Destino. Ele foi até o navio de Salomão e subiu a bordo. Lá, encontrou

a Espada de Davi que se quebrou quando ele a pegou, pois era indigno. Após seu conserto, tornou-se um dos objetos da Busca do Graal.

Em alguns relatos, ela foi reparada por Evelake; em outros, por Galahad. Mais tarde ele veio para a Grã Bretanha e, diz-se, tornou-se rei da Escócia.

Nascien[2] *Britânica*
também Nascien, o Eremita
Um eremita; neto de Nascien[1]. Ele recebeu o escudo branco com a cruz vermelha desenhada com o sangue de Josephus (em alguns relatos, José) na morte de seu proprietário, Evelake, para manter a confiança de Galahad. Ele predisse que Artur alcançaria grande fama na busca pelo Santo Graal e avisou os cavaleiros para não levarem suas damas nessa busca.

nascimento mágico ou milagroso
Muitas culturas têm histórias de mulheres que têm filhos depois de engravidarem em alguma ocorrência mágica. As histórias relatam a concepção como resultado do consumo de vários alimentos ou bebidas; da exposição à luz solar ou ao vento; da chuva, de lágrimas, de muco etc.
(1) Na China, dizia-se que o deus Yüan Shih nasceu através da espinha de um ermitão.
(2) Na tradição finlandesa, a virgem Marjatta engravidou depois de comer mirtilo; o herói Vainamoinen ficou tanto tempo no útero materno que, quando nasceu, já era um homem velho.
(3) Os gregos têm histórias da fecundação de Danae por Zeus na forma de uma chuva de ouro; de Hera exibindo Ares depois de colher uma flor e Hebe, uma folha de alface; de Leda tendo Castor e Polideuces depois de um encontro com Zeus na forma de um cisne; de Pasífae dando à luz o Minotauro, gerado por um touro. Atena nasceu da cabeça de Zeus e Dioniso, de sua coxa.
(4) Na tradição hindu, um homem, Yuvanasva, deu à luz um filho depois de beber uma poção; Brahma nasceu do umbigo do deus Vishnu; Kadru e Kaitabha nasceram do ouvido de Vishnu; o deus da sabedoria, Manjushri nasceu do pistilo do lótus.
(5) Os irlandeses dizem que Dectera gerou Setanta (posteriormente, o herói Cuchulainn), resultado da deglutição de uma efêmera (o deus Lugh em outra forma); Etain foi transformada em uma borboleta pela primeira esposa abandonada por seu marido e mais tarde caiu em uma xícara de chá que foi tomado pela esposa Etar, rei do Ulster, que, em seu devido tempo, teve um filho, Etain reencarnada.
(6) Nas ilhas Marshall, o deus criador Loa deu à luz Lejman e Wulleb a partir de sua perna e Wulleb, de forma similar, teve Edao e Jemaliwut.
(7) A mitologia nórdica inclui a história do semideus gigante Heimdall, que se dizia ser filho de Odin com as nove donzelas que deram à luz ao menino simultaneamente.
(8) Na tradição norte-americana, a deusa navajo Nao'tsiti engravidou do arco-íris; Kukitat nasceu do ombro de seu irmão; Malsum nasceu da axila de sua mãe.
(9) A tradição persa se refere ao deus Mithra como tendo nascido, completamente formado, de uma pedra.
(10) Na mitologia sul-americana, Coatlicue engravidou de uma bola de penugem ou penas; Chalchihuitlicue teve o deus Quetzalcoatl após o contato com um pedaço de jade; Xquiq engravidou quando a cabeça decepada

de Hunhunapu cuspiu na mão dela; o curandeiro Maira-pochy engravidou uma donzela dando a ela seus peixes.

Nastrond *Nórdica*
Inferno; uma parte de Niflheim. Era para esse lugar que os espíritos dos criminosos eram mandados antes de ser comidos pela serpente Nidhogg. Também era o lugar para onde eram mandados os deuses do mal que morriam em Ragnarok.

nat *Birmanesa*
Um ser sobrenatural. Um nat pode ser um espírito da natureza, como um espírito do ar, da terra, da floresta etc., um espírito dos mortos, ou algum outro ser sobrenatural. Todos precisam se satisfazer. Alguns podem ser prejudiciais, causando morte e doenças, mas outros agem como guardiões, seja do indivíduo ou de sua propriedade ou mesmo de grupos, como uma tribo ou uma aldeia.

Nata *Centro-americana*
Um herói da cultura asteca. Ele e sua esposa, Nena, foram salvos do Dilúvio quando o deus Tezcatlipoca (ou Titlacahuan, dizem alguns) os avisou de sua vinda e disse a eles para construírem um barco.

Uma outra versão diz que eles fizeram um buraco em uma árvore e sobreviveram se escondendo nele. Entretanto, eles tinham sido instruídos a comer apenas uma espiga de milho, mas ignoraram a ordem e comeram peixe também. Ambos então foram transformados em cães.

Naubandhana *Hindu*
O lugar no Monte Himavat onde o barco do primeiro homem, Manu, parou após o Dilúvio.

Nauplius *Grega*
"marinheiro"
Um rei da Náuplia, no Peloponeso; um dos Argonautas.

Nausicaa *Grega*
Ela encontrou Odisseu quando ele estava sozinho, e naufragando. Seus pais lhe deram outro navio para que pudesse continuar sua viagem de volta para casa.

navky *Eslava*
Esses espíritos são considerados como almas de crianças que morreram antes de ser batizadas. Eles podiam atrair as pessoas para a água onde se afogavam ou atacar mulheres em trabalho de parto. Eles se desenvolveram em ninfas aquáticas.

Nayenezgani *Norte-americana*
também Caçador de Monstros
O deus da guerra navajo e deus da luz. Ele e seu irmão, Filho da Água, ganharam penas da mulher aranha Naste Estsan para se proteger de todos os perigos quando foram para a casa de seu pai, o deus sol, Tsohanoai. Ele só aceitou que eram seus filhos depois de testá-los com espinhos, água fervendo e veneno. Ele então lhes deu armas, como raios, para livrarem a terra de monstros.

Primeiro, eles mataram o gigante Yeitso e, depois, o monstro Teelget. Eles também mataram feras enormes, com garras, como as das águias, conhecidas como Tsenahale, e as depenaram. Uma dessas aves tinha carregado Nayenezgani para o seu ninho no alto de uma montanha e, depois de matar a ave, o jovem herói ficou preso. Ele foi resgatado por Bat Woman que o levou nas costas dentro de um cesto. Ele lhe deu as penas das águias como recompensa, mas todas elas se transformaram em pequenas aves canoras.

Outras aventuras envolveram a morte de um urso enorme, o espírito rochoso Tsenagahi, e as pessoas conhecidas como Bunaye Ahani, que supostamente eram capazes de matar com o olhar.

Ndauthina *Ilhas do Pacífico*
Uma serpente, deus do mar e deus do fogo de Fiji. Ele é considerado como o guardião dos pescadores, mas por outro lado é um trapaceiro malicioso.

Ndengei *Ilhas do Pacífico*
Um deus serpente, o deus criador de Fiji. Ele vive em uma caverna nas montanhas e provoca terremotos quando muda sua posição. Diz-se que ele pôs dois ovos, a partir dos quais nasceram um menino e uma menina que se tornaram progenitores da raça humana.

Ndriananahary *Africana*
Um deus supremo de Madagascar.
   Ele enviou seu filho Ataokoloinona à Terra para ver se estava pronta para os homens viverem. O filho se enterrou no solo para escapar do calor intenso e nunca mais foi visto.

Nduli Mtwaa-roho *Africana*
Um anjo suaíli da morte. Esse ser recolhe as folhas que caem do Cedro do Fim e chama as pessoas cujos nomes estão escritos nelas.

Ne-kilst-lust *Norte-americana*
Um deus criador das tribos do noroeste. Diz-se que ele recebeu a lua e o sol do deus supremo, Settinki-jash, por engano, a fim de trazer luz para a raça humana.

néctar *Grega*
A bebida dos deuses que confere beleza e imortalidade.

Neepec *Sul-americana*
Um espírito maroto das tribos chaco. Quando o espírito benevolente Cotaa criou uma árvore maravilhosa que forneceria comida e bebida para as tribos, Neepec derramou um jarro de lágrimas sobre ela para que seus frutos, posteriormente, tivessem um sabor salgado.

Nefertem *Egípcia*
Um deus criador e deus do lótus; uma forma do deus Rá como o sol poente. Alguns dizem que ele era uma manifestação de Rá-Atum, cujas lágrimas se tornaram seres humanos. Às vezes, ele é retratado com a cabeça de um leão.

Neith *Egípcia*
também Grande Deusa, Mãe dos Deuses;
= *Grega* Atena, Lamia
A deusa vaca, deusa da guerra e deusa da caça; guardiã da morte. Originalmente uma deusa serpente na Líbia, ela foi adotada no panteão egípcio.
   Alguns dizem que ela emergiu das águas primitivas, outros dizem que era filha do deus Rá. Alguns relatos dizem que ela era mãe do deus crocodilo Sebek, há os que dizem que ela era a mãe de Rá; outros, que ela criou Apep, o deus serpente do caos, quando cuspiu nas águas primitivas.
   Em alguns relatos, foi dito que ela criou o mundo tecendo-o.

Nekhbet *Egípcia*
também Grande Mãe
= *Grega* Ilithyia
A deusa mãe com cabeça de abutre do Alto Egito; guardiã do faraó; filha e esposa de Rá. (*Veja também* **Mut**.)

Nekumonta *Norte-americana*
Um bravo iroquês. A maior parte de sua tribo foi dizimada pela peste e sua própria esposa, Shanewis, esteve perto da morte. Ele saiu em busca de ervas para curá-la e não encontrou nenhuma, mas ouviu uma voz que lhe dizia para liberar as águas curativas sob a terra. Ele cavou até esgotar suas forças, mas liberou a água que o fortaleceu novamente. Depois carregou parte da água para a esposa e salvou a vida dela.

Nemain *Irlandesa*
Uma deusa da guerra, um aspecto de Morrigan. Em alguns relatos, ela faz parte do trio – Badb, Macha e Nemain – representado pela única deusa da guerra, Morrigan. No Ataque do Gado de Cooley (*veja* **Maev**), ela provocou pânico e matou soldados com seu grito.

Nemedianos *Irlandesa*
Os primeiros invasores da Irlanda, cujo líder era Nemed. Sua frota invasora de 32 navios naufragou e apenas cinco (ou nove) pessoas sobreviveram. Elas se estabeleceram na Irlanda e se reproduziram, derrotando os fomorianos em três batalhas, mas, mais tarde, quase todos os nemedianos morreram de peste.

Depois disso, os poucos que restaram foram escravizados pelos formorianos, que exigiram dois terços de todas as suas crianças, produções e mercadorias. Smol, o rei da Grécia, enviou um exército para auxiliá-los e, juntos, derrotaram os fomorianos, matando seu rei, Conall mac Febar, e saqueando seu castelo. Quando o exército grego se retirou, os nemedianos foram novamente atacados por Morc, outro líder dos formorianos. A maior parte dos fomorianos morreu, e apenas trinta nemedianos sobreviveram. Eles dividiram a Irlanda em três partes, cada uma governada por um neto de Nemed, mas esse acordo logo se desfez. Um neto foi para a Grã-Bretanha, os outros dois para a Grécia, de onde seus descendentes tempos depois voltaram para a Irlanda como o Fir Bolg, e, mais tarde ainda, como os danaans.

Nêmesis *Grega*
A deusa do destino e da retribuição.
Ela foi perseguida por Zeus, ambos mudando frequentemente de forma, até que Zeus, como cisne, fertilizou Nêmesis, como ganso. O ovo resultante foi encontrado por Leda e chocado, de onde nasceu Helena de Troia. Uma versão alternativa da história envolveu Leda diretamente com Zeus.

Nêmesis é retratada com um ramo de macieira e uma roda ou, em outras versões, balanças e um chicote ou machado. Sua carruagem é puxada por grifos.

nemontemi *Centro-americana*
Cinco dias de azar no final do calendário anual dos maias. A qualidade desse período governando por Uayayab era tão funesta que nenhum trabalho era executado.

Nemu *Índias Orientais*
Deuses criadores das ilhas Kai, da Indonésia. Esses semideuses inventaram a agricultura e fizeram com que o sol, que antes brilhava o dia todo, se pusesse à noite, para que eles pudessem dormir um pouco. Quando morreram, eles se transformaram em pedras ou animais e foram finalmente destruídos no Dilúvio.

Nena *Centro-americana*
Uma heroína da cultura asteca. Para a história de Nena e Nata, *veja* **Nata**.

Nenabo *Norte-americana*
Uma divindade trapaceira das tribos da Nova Inglaterra.
Dizem que ele trouxe feijão e milho para o povo e os ensinou a arte da caça.

Nennius *Britânica*
Um monge do século IX. Sua *História dos Bretões*, uma mistura de lendas e fatos históricos, dá muitos detalhes sobre o rei Artur, coisas que têm sido usadas como base de muitos escritos posteriores.

Nereida *Grega*
Uma das cinco (ou três mil) ninfas, assistente do deus do mar, Poseidon; filha de Nereu e da ninfa Dóris.

Nereu *Grega*
também Velho do Mar

Um deus do mar; pai das Nereidas. Ele era um deus que mudava de forma e teve uma grande luta com Hércules antes de divulgar a localização das Hespérides. Em alguns relatos, ele é identificado com Glauco, Fórcis e Proteu. Ele costuma ser retratado com algas marinhas no lugar dos cabelos.

Nergal *Mesopotâmica*
também Touro do Céu

= *Suméria* Lugal-Irra; *Grega* Ares; *Romana* Marte

Um deus da guerra babilônio, deus da morte, do fogo e do mundo inferior.

Ele nasceu no mundo inferior quando Ninlil seguiu Enlil que foi banido de lá por estuprá-la.

Quando Nergal foi exilado para o mundo inferior, ou convocado por Ereshkigal por não ter falado com Namtar, seu atendente, que tinha sido convidado a recolher sua parte na festa feita pelos deuses, ele ameaçou matá-la. Ela só se salvou por ter compartilhado o poder com ele.

Em alguns relatos, ele a violentou na primeira ocasião e a forçou a compartilhar o poder om ele quando o deus An ordenou que ele voltasse ao mundo inferior.

Em outra versão, Nergal concordou em se casar com Ereshkigal só porque ela ameaçou desolar o mundo se ele recusasse.

Sob a forma de Touro do Céu, ele foi morto por Gilgamesh e Enkidu.

Nergal é retratado com o corpo de um leão, segurando uma espada e uma cabeça decapitada.

Nesaru *Norte-americana*

Um deus criador dos índios arikara.

Homem de Sorte e Homem Lobo surgiram repentinamente quando o mundo inteiro estava coberto de água e mandaram patos trazer a terra do fundo. O Homem de Sorte fez as colinas e vales enquanto o Homem Lobo fez as pradarias. Eles então desenterraram duas aranhas que trouxeram todos os outros animais e uma raça de gigantes. Nesaru não deu muita importância para os gigantes, e introduziu o milho que os animais plantaram na terra. Os grãos de milho se tornaram uma nova raça de pessoas. Ele então enviou um dilúvio que afogou todos os gigantes e depois criou a Mãe do Milho e a mandou para o mundo inferior para levar as novas pessoas para o mundo superior. Essas pessoas repovoaram a terra.

Nestor *Grega*

Ele foi feito rei de Pylos por Hércules depois que Hércules saqueou a cidade e matou os onze irmãos de Nestor.

Em alguns relatos, ele foi um dos Argonautas e um membro do grupo de caça do javali calidônio. Em um ataque ao gado, ele matou Mulius e Itymoneus, capturando muitos cavalos, gado e cinquenta carruagens. Em outra ocasião, ele matou Ereuthalion em uma luta.

Ele foi conhecido por sua eloquência e por sua sabedoria e tentou mediar quando Aquiles discutiu com Agamenon em Troia.

Netuno *Romana*

= *Etrusca* Nethuns; *Grega* Poseidon

Um deus do mar, um dos deuses olímpicos; filho de Saturno e Ops; irmão de Júpiter e Plutão.

Originalmente, um deus da irrigação e das corridas de cavalo, Netuno geralmente é retratado com barba e um tridente na mão e pode estar cavalgando um golfinho ou um cavalo.

Nextepehua *Centro-americana*

Um espírito do mal na tradição dos astecas.

Esse demônio foi um dos muitos perigos enfrentados pelas almas dos mortos em sua jornada pelas várias camadas do mundo inferior. Dizia-se que ele assumia a forma de um fantasma que espalhava nuvens de cinzas no caminho da alma.

Ngandjala-Ngandjala *Australiana*
Um deus trapaceiro dos aborígenes. Esses seres, que destroem as colheitas e geralmente causam problemas, às vezes podem ser vistos nas nuvens.

Ngarara¹ *Australiana*
Um monstro aborígene em forma de um enorme lagarto.

Ngarara² *Ilhas do Pacífico*
Uma divindade menor ou, dizem alguns, um demônio.

Alguns relatos descrevem esse ser como uma bela mulher com cauda, outros como uma sereia. Alguns falam em mulher-lagarto.

Sob a forma de mulher com cauda, ela tentou seduzir o herói fidjiano Ruru, que tinha visitado sua ilha em busca de água, mas, com a ajuda dos servos dela Kiore Ta e Kiore Ti, Ruru escapou. Ele então construiu uma cabana com um modelo de si mesmo e, em seguida, ateou fogo. Ngarara, que se enrolou ao redor da estátua, teve a sorte de escapar, mas perdeu a longa cauda.

Ngariman *Australiana*
O homem-gato dos aborígenes. Ele entrou em uma disputa com os irmãos Bagadjimbiri e, com seus seguidores, matou-os com suas lanças. A deusa da terra Dilga afogou os assassinos em uma torrente do leite de seus seios e devolveu a vida aos dois gigantes.

Ngewo *Africana*
O deus criador e deus do céu do povo mende. Ele se mudou para uma casa no céu para se livrar das intermináveis solicitações da humanidade.

Ngurunderi *Australiana*
Um nome para o deus Baime, usado pelos aborígenes da bacia do Rio Murray. Com sua lança, tentou capturar um pondi (bacalhau), que escapou, mas foi pego por seu cunhado Nepele. Eles cortaram o peixe em pequenos pedaços, jogando-os em um lago, um a um, e, à medida que faziam isso, deram um nome a cada pedaço. Dessa maneira, todas as espécies de peixes foram criadas.

Depois de perseguir suas esposas quando elas o abandonaram, afogou-as em uma grande tempestade que ele chamou e colocou sua canoa no céu como a Via Láctea. Em seguida, subiu ao céu.

Niall *Irlandesa*
Um grande rei da Irlanda. Abandonado pela madrasta Mongfhinn, ele foi salvo e criado pelo bardo Torna Eices. Foi previsto por um ferreiro, Sithchenn, que ele se tornaria um grande rei.

Em um incidente, só ele beijaria uma velha feia que exigia um beijo, e ela se transformou na adorável Flaitheas, a personificação da soberania.

Quando seu poeta, Laidcheann, recusou a hospitalidade de Eochu, um príncipe de Leinster, Eochu queimou toda a sua casa. Niall invadiu Leinster e pegou Eochu como refém, exilando-o mais tarde na Escócia. Quando Niall visitou aquele país, o vingativo Eochu atirou e o matou. Em outros relatos, ele foi morto pela flecha de Eochu nos Alpes ou nas Ilhas do Canal, em uma de suas muitas expedições de conquista.

Nibelheim *veja* **Alfheim**

Nibelung *Nórdica*
também Niebelung
Rei dos anões. Ele brigou com seu irmão Schilbung pela partilha dos bens do pai. Alguns relatos dizem que ele autorizou Siegfried a dividir seu tesouro entre seus três filhos. Siegfried matou tanto Nibelung quanto o irmão dele.

Nibelungo *Nórdica*
também Elfos Negros, Niflungs
Anões sobrenaturais, seguidores de Siegfried.
Esse nome mais tarde foi dado aos borgonheses como guardiões do tesouro dos Nibelungos. No ciclo de óperas de Wagner, todas elas são tribos germânicas.

Nichant *Norte-americana*
Um deus algonquino que destruiu o mundo com fogo e água.

Nickard *Germânica*
Um monstro aquático. Dizia-se que esse ser roubava uma criança de sua cama, deixando um monstro em seu lugar. A mãe só poderia salvar seu filho se chicoteasse o monstro.

Nicodemo *Britânica*
Um fariseu que ajudou a sepultar Jesus. Na tradição arturiana, seu corpo foi trazido para a Grã-Bretanha e mantido lá até ser transferido para o castelo do Graal. Mais tarde, voltou à Terra Santa no navio que transportou Percival e seus companheiros na viagem para devolver o Santo Graal.

Nida *Nórdica*
O local do salão celestial reservado aos anões.

Nidhogg *Nórdica*
Um monstro em forma de um dragão ou serpente que roeu as raízes da árvore do mundo Yggdrasil e se alimentou de cadáveres.

Niflheim *Nórdica*
A terra das névoas e do nevoeiro, longe do Norte; inferno; o mundo inferior governado pela deusa Hel.
Em alguns relatos, Hel é o palácio da deusa, situado no reino de Niflheim.

Niflhel *Nórdica*
Em alguns relatos, Niflhel é a parte inferior da região de Hel, a que se tem acesso através da caverna de Gnipa, lar do cão de guarda Garm. Nesta versão, Niflhel é um lugar onde os mortos passam por uma segunda morte e são punidos.
Outras versões consideram Niflhel e Niflheim sinônimos.

Niflungs *veja* **Nibelungo**

Nike *Grega*
= *Romana* Victoria
A deusa da vitória. Ela recebeu o título de deusa da vitória pela ajuda que deu aos deuses em sua batalha contra os Titãs. Ela é frequentemente retratada como uma figura alada. Em alguns relatos ela é identificada com Atena.

Nilakantha *Hindu*
"Garganta Azul"
Um nome para o deus Shiva. Ele recebeu esse nome quando, na Agitação do Oceano, ele engoliu o veneno que veio à tona, salvando assim a humanidade. Às vezes, ele é retratado com a garganta azul causada por manter o veneno em sua garganta.

Nimrod *Hebraica*
= *Babilônica* Gilgamesh
Um rei de Shinar. Ele foi um grande caçador e guerreiro, e em histórias não-bíblicas dizia-se que ele era o dono das roupas usadas por Adão e Eva, o que garantia a vitória daqueles que as usassem. Ele foi deificado e ordenou a construção da Torre de Babel para um ataque ao próprio céu.

Diz-se que, por mais pesado que seja o orvalho, ele nunca cai sobre a tumba de Nimrod em Damasco.

Nimue *Britânica*
também Dama do Lago

Umas das titulares do cargo da Dama do Lago; filha do rei Pellinore ou de Dyonas, filha da deusa Diana. Em algumas histórias ela é uma freira, em outras é filha de uma sereia siciliana ou de Dinas, um Cavaleiro da Távola Redonda. Alguns a comparam à feiticeira Fada Morgana, outros a têm como uma pessoa independente. Alguns relatos a colocam como uma das assistentes da Dama do Lago, que mais tarde assumiu essa função.

Na festa de casamento do rei Artur, os procedimentos foram interrompidos quando um cervo branco entrou pelo salão seguido por uma cadela branca e uma matilha de cães de caça. Um cavaleiro capturou o cão e saiu com ele. Uma senhora sobre um pônei apareceu alegando que o cão era dela. Ela então foi arrastada à força por um cavaleiro desconhecido que cavalgou para o salão. O cavaleiro era Ontelake e a moça era Nimue. Ela foi resgatada por Pellinore, que matou Ontelake e trouxe-a de volta para Camelot, onde o mago Merlin se apaixonou loucamente por ela, como ele sempre soube que o faria, apesar de também ter consciência de que ela o destruiria.

Ela viajou com Merlin para a corte de Ban, em Benwick, e de volta à Inglaterra, sempre prometendo dormir com seu idoso pretendente se ele lhe contasse todos os segredos de sua magia, o que, insensatamente, ele fez. Na Cornualha, ele usou seus poderes para fazer um quarto maravilhoso dentro de uma rocha, onde poderiam estar juntos. Mas, quando entraram no quarto, ela deu um passo atrás e selou a entrada com um feitiço inquebrável. Ela partiu, deixando Merlin entregue à própria sorte, e encontrou Pelleas, outro Cavaleiro da Távola Redonda, morrendo de amor não correspondido pela donzela Ettard. Nimue usou sua magia para fazer com que Ettard se apaixonasse por Pelleas, mas depois lançou um feitiço sobre Pelleas para que ele rejeitasse seu amor. Ela ficou com Pelleas pelo resto de sua vida. Algumas versões dizem que eles se casaram.

Em algumas histórias, ela deixou Merlin amarrado na floresta mágica, Broceliande, preso a um carvalho ou em um espinheiro emaranhado.

(*Veja também* **Fata Morgana**.)

ninfas *Grega*

Divindades femininas que vivem em alguns ambientes naturais característicos, como água, montanhas etc. Os vários grupos de ninfas são:

Acheleids – ninfas do Rio Aqueloo
Alseides – ninfas das árvores
Creneias – ninfas das fontes
Dríades – ninfas das árvores
Epimélides – ninfas dos rebanhos
Estiges – ninfas do Hades
Hamadríades – ninfas das árvores
Hidríades – ninfas da água
Limneidas – ninfas dos lagos
Limónides – ninfas dos prados
Maelids – ninfas das maçãs
Melíades – ninfas dos freixos
Náiades – ninfas dos rios
Napeias – ninfas das árvores e dos vales
Nereidas – ninfas do Egeu
Nysiades – ninfas do monte Nysa
Oceânidas – ninfas do mar
Oréades – ninfas das montanhas
Orestiads – ninfas das montanhas

Potâmides – ninfas da água
Alguns relatos referem-se tanto às Plêiades quanto às Sereias como ninfas.

Ninfas estígias *Grega*
Ninfas de Hades. Essas ninfas eram encarregadas de cuidar dos objetos de Hades – o Capacete da Invisibilidade, as sandálias aladas e a carteira mágica – que foram emprestados por Perseu quando ele partiu para matar Medusa.

Ningal *Mesopotâmica*
Uma deusa suméria da lua. Ela se recusou a viver com o deus da lua Pecado até que ele tivesse feito o mundo inteiro frutificar.

Ninhursaga *Mesopotâmica*
Uma deusa suméria da terra, deusa dos animais, do nascimento e da produtividade; esposa do deus criador Enki. Quando ele estava formando os seres humanos a partir do barro, ela estragou alguns de seus trabalhos, alternado as formas. Como resultado, foram criados os anões, os paralíticos e os gigantes.

Ela e Enki viveram em Dilmun, o paraíso terrestre, até brigarem por Enki ter seduzido Uttu, a deusa da tecelagem, que era sua própria filha ou neta. Ninhursaga recuperou parte de seu sêmen do corpo dela e o utilizou para cultivar oito plantas. Outros dizem que Uttu deu à luz as plantas. Enki as comeu e ficou doente, e teria morrido se Ninhursaga não o tivesse salvado ao colocá-lo em seu próprio corpo, do qual ele nasceu de novo. Outra versão diz que ela deu à luz oito divindades, cada uma curando uma das enfermidades que acometeu Enki ao comer as plantas. Essas divindades foram: Abu, Dazimus, Enshag, Nazi, Ninkasi, Ninsutu, Ninti e Nintur.

Ninurta *Mesopotâmica*
= *Hitita* Bel
O deus sumério da guerra, deus da agricultura, das enchentes e do vento; filho de Enlil e Ninlil ou Ninmah; filho de Inanna, dizem alguns; consorte de Gula.

Quando Zu, o pássaro com cabeça de leão, roubou as Tábuas do Destino do deus Enlil, a deusa mãe, Belet-Ili deu à luz Ninurta e o mandou recuperar as Tábuas. Depois de uma longa batalha, ele matou Zu e deu as tábuas de volta a Enlil.

Ele lutou com o demônio Asag com pedras enormes, que mais tarde ele usou para fazer montanhas para reter as águas da enchente de Kur. Ele tem uma arma mágica e uma cimitarra de dois gumes. Alguns dizem que essas armas, Sarur e Sargaz, são ciclones que ele controla.

Níobe[1] *Grega*
A primeira mulher. Na tradição dos argivos, ela era a filha do primeiro homem, Foroneu, com a ninfa Teledice. Ela foi seduzida por Zeus e teve um filho, Argos, que se tornou rei de Phoronea, mais tarde chamada Argos. Outra versão diz que ela foi a esposa de Foroneu.

Níobe[2] *Grega*
Filha de Tântalo; esposa de Anfião, rei de Tebas.

Ela teve sete filhos e sete filhas (ou seis meninos e seis meninas, em alguns relatos) e se gabava pelo fato de que, mesmo tendo tantos filhos, ela era maior que a deusa Leto, mãe apenas de Apolo e Ártemis, e deveria ser adorada. Apolo e Ártemis mataram seu marido e todos os seus filhos por esse desprezo (embora alguns digam que um menino, Amydas, e uma menina, Clóris, escaparam) e Zeus transformou a chorosa Níobe em pedra, que continuou a chorar no monte Sipylus.

nis *Escandinava*
também nisse
Um duende amigável; um espírito doméstico.
Nisse god-dreng *Nórdica*
Uma fada doméstica.
nix *Nórdica*
= *Islandesa* nykr
Um espírito da água. Esses seres, que vivem em palácios subaquáticos, geralmente são invisíveis, mas podem assumir várias formas, como cavalos ou seres humanos. Na última forma, quando se dizia que eles tinham rabos de peixe, podiam se acasalar com os humanos. Em seu habitat normal, alguns dizem ser seres velhos e feios, com pele verde, que podem assumir a forma de belas donzelas para atrair os humanos para a morte por afogamento. Quem quer que salve alguém de afogamento pode esperar sofrer nas mãos dos nixes por roubar-lhes sua vítima.
Njal *Nórdica*
Um herói islandês, chefe de uma família rival dos Sigfussons. A rixa entre eles parece ter começado ou quando sua esposa Bergthora brigou com Hallgerda, esposa de Gunnar Lambason, ou quando um dos filhos de Njal, Skarp-Hedin, matou Thrain, um Sigfusson, e chegou ao auge quando os Sigfussons atacaram os Njalssons, matando todos, exceto Kari (genro de Njal), que escapou, e mulheres e crianças, que tiveram permissão para deixar a casa, Bergthorsknoll, antes dela ser totalmente queimada. Njal e sua esposa, sabendo que não poderiam sair, deitaram-se juntos, com seu jovem neto Thord entre eles, e esperaram tranquilamente pelas chamas.
   A Saga de Njal é a história dessa rixa entre os Njalssons e os Sigfussons.

Nó górdio *Grega*
O nó com o qual o rei Górdio amarrou seus bois à carroça. Esse estranho nó de casca de corniso desafiou todas as tentativas de desfazê-lo até que, séculos depois, o problema foi dramaticamente resolvido por Alexandre, o Grande, que simplesmente o cortou com sua espada.
Noa *Índias Orientais*
Um ancestral das tribos da Nova Guiné. Ele matou seu próprio filho e atirou longe os pedaços do corpo, usando uma língua diferente a cada vez. As tribos cresceram a partir desses pedaços de carne, cada uma com sua própria língua.
Nobre Senhora da Felicidade *veja* **Jui-ch'ing-fu-je**
nobre *veja* **paladino**
Nocuma *Norte-americana*
Uma divindade onipotente das tribos da Califórnia. Ele formou o globo terrestre em suas mãos e o deixou estável inserindo a rocha negra, o Tosaut. Os peixes abriram a rocha, esvaziando seu conteúdo de sal nas águas para fazer os mares. Nocuma então fez o primeiro homem, Ejoni, e a primeira mulher, Ae, de quem as tribos descendem.
Nokomis *Norte-americana*
Uma deusa do amor das tribos do nordeste; filha da lua; mãe de Wenonah; avó de Hiawatha.
   Ela caiu dos céus nas águas primordiais quando outras deusas, com inveja de sua beleza, cortaram a corda em que ela se balançava. Ela engravidou e povoou o mundo, transformando-se em terra para que os seres vivos pudessem ter terra seca para viver, bem como os oceanos.
   Em um relato, seus inimigos, os Panteras Subaquáticos, tentaram afogá-la, causando uma inundação, mas o

deus Manabozho chamou os castores e as lontras para trazer lama do solo marinho com a qual ele fez terra seca, salvando assim sua vida.

Outra história diz que ela foi a avó de Manabush (Manabozho) e o criou quando sua mãe, Wenonah, morreu no parto. Um menino gêmeo morreu ao mesmo tempo, mas Nokomis colocou a criança sobrevivente sobre um prato onde ele se transformou em um coelho branco.

Em histórias mais familiares, ela criou Hiawatha, cuja mãe, Wenonah, morreu no parto.

Nome distinto *veja* **Mahucutah**

Nona *Romana*
Uma das três Parcas. Originalmente era considerada como a deusa do nascimento.

Nordri *Nórdica*
Um dos quatro anões que sustentam o céu (norte). (*Veja também* **Austri, Sudri, Westri**.)

Nork *Cambojana*
Inferno, a casa dos malditos. Este reino, que tem oito níveis, fica abaixo da terra e o tormento causado aos pecadores aumenta com a profundidade. A parte mais baixa do inferno é chamada de Avichi. Cada nível é dividido em dezesseis infernos separados com níveis crescentes de tortura. Os espíritos que sofreram o castigo apropriado a seus pecados renascem.

Nornas *Nórdica*
também Destinos
= *Grega* Moiras; *Romana* Parcas
Filhas dos deuses, gigantes e anões. As deusas Skuld (futuro, necessidade), Urda (passado, destino) e Verdandi (presente, ser), que foram as guardiãs do poço de Urda. Elas regavam a árvore do mundo Yggdrasil com a água desse poço e também foram responsáveis pela renovação do solo em torno de suas raízes e por cuidar dos dois cisnes que nadavam no poço de Urda. (*Veja também* ***Wyrd***.)

nós de bruxa *Europeia*
Cabelo emaranhado na crina de um cavalo, que dizem ser feitos pelas bruxas.

Nossa Avó *veja* **Kokumthena**

Notu *Ilhas do Pacífico*
Uma tartaruga branca. Notu foi capturada por Yusup, um pescador, e depois conduziu o barco do jovem a lugares onde ele poderia ter certeza de uma boa pescaria. Notu também mergulhou e encontrou o anel mágico que restaurou um monstro marinho à sua forma como um príncipe.

Nove da Fama *Europeia*
Heróis que personificam as qualidades de bravura e virtude. Esses homens apareciam em três grupos de três. Da Bíblia e dos Apócrifos havia o rei Davi, Josué e Judas Macabeu; o período clássico foi representado por Alexandre, Heitor e Júlio César; posteriormente o mundo cristão produziu o rei Artur, Carlos Magno e Godofredo de Bulhão.

Nove Mundos *Nórdica*
Os reinos em que o mundo das raças nórdicas foi dividido. Essas divisões se apresentam como: Godheim (terra dos Elfos de Luz), Helheim (terra dos mortos), Jotunheim (terra dos Gigantes de Gelo), Liosalfheim (terra dos Elfos de Luz), Mannheim (terra dos homens), Muspelheim (terra dos Gigantes de Fogo), Niflheim (o mundo inferior), Svartalfheim (terra dos Elfos das Trevas), Vanaheim (terra dos Vanir).

Outra lista substitui Asgard por Godheim, Hel por Helheim, Alfheim por Liosalfheim, Midgard por Mannheim e introduz Nidavellir, o lar dos anões.

Nove Senhoras *Britânica*
Uma estrutura megalítica em Derbyshire, Inglaterra. Dizia-se que as senhoras

foram transformadas em pedras por dançar em um domingo.

Nsassi *Africana*
O herói de uma história de cachorro. Quando Nsassi pediu duas lindas irmãs em casamento, o pai delas concordou desde que Nsassi pudesse descobrir seus nomes. Ele saiu desapontado. Mais tarde, seu cachorro ouviu o pai se dirigir às filhas como Lenga e Lunga, mas esqueceu seus nomes, quando tentou contar ao dono. Depois de ouvir os nomes várias outras vezes, o cão finalmente se lembrou e Nsassi pôde exigir as noivas.

Nü Kua *Chinesa*
também Nü-huang
Uma deusa criadora com corpo de serpente; esposa ou irmã de Fu-hsi. Ela representa o yang na filosofia chinesa e seu marido é o yin.

Em algumas histórias, ela é a mãe dos primeiros humanos; em outras, ela fez os humanos de argila e depois, com uma corda, espirrou gotas neles. As gotas de argila se tornaram as classes mais altas, enquanto os camponeses surgiram das gotas de lama.

Na história do Dilúvio, ela (como a Menina Cabaça) e Fu-hsi (Menino Cabaça) foram os únicos sobreviventes, flutuando em uma cabaça da árvore crescida do dente de um deus do trovão que eles tinham libertado de uma armadilha preparada por seu pai. Ela se acasalou com seu irmão, os dois sob a forma de cobra, para encher a Terra de plantas e animais. Quando tentaram produzir humanos, só conseguiram fazer um pedaço de carne sem forma. Fu-hsi partiu a carne em pedaços, espalhando-a pelo mundo, produzindo dessa maneira a raça humana.

Quando Fu-hsi morreu, ela assumiu como governante com o nome de Nü-huang e derrotou Kung Kung quando ele tentou usurpar o trono. Ela consertou o buraco no céu e os danos causados à Terra quando Kung Kung derrubou a montanha que segurava os céus. Depois de colocar o mundo em ordem, ela subiu uma escada e desapareceu no céu.

Diz-se que ela inventou a flauta e lhe é creditada a introdução do casamento.

Nu'tentut *Siberiana*
Um espírito da terra do povo chukchee.
Ele é dono do mundo e vive em uma casa feita de ferro.

Nu'u *Ilhas do Pacífico*
também Nu'u Pule
Um sobrevivente do Dilúvio na tradição do Havaí. Como vários outros sobreviventes do Dilúvio, ele foi avisado por um deus (neste caso, Tane) da inundação iminente e construiu um barco, que encheu com sementes e animais para reabastecer o mundo depois que as águas baixaram.

nue *Japonesa*
Um monstro do céu. Essa criatura é descrita como tendo a cabeça de um macaco e o corpo de um guaxinim ou de um tigre. No primeiro caso, ele tem os pés de um tigre e a cauda de serpente.

Nuinumma-Kwiten *Australiana*
Um monstro na tradição dos aborígenes.
A ameaça dessa fera monstruosa era usada para assustar as crianças.

Nules-murt *Russa*
Um deus da floresta dos votyak. Este ser de um olho só, normalmente tão alto quanto uma árvore da floresta, pode variar sua altura à vontade. Ele tem um arsenal de coisas preciosas e se move dentro de um rodamoinho.

Numa Pompílio *Romana*
O segundo rei de Roma. Ele se casou com sua amante e conselheira, a ninfa da água Egéria, após a morte de sua primeira esposa, Tatia. Quando o escudo protetor, o ancil, caiu do céu, ele mandou fazer onze cópias e pendurou todos os doze no templo de Marte para que qualquer possível ladrão não soubesse qual era o verdadeiro. Diz-se que ele deu início ao culto das virgens Vestais.

Numbakulla *Australiana*
Um par de seres celestiais. Eles vieram à Terra para ajudar o desenvolvimento dos seres primitivos (inapertwa) em seres humanos femininos e masculinos. Quando finalizaram seu trabalho eles se transformaram em lagartos.

Numitor *Romana*
Um semideus; rei de Alba Longa; pai de Reia Silvia, a mãe de Rômulo e Remo. Ele foi deposto por seu irmão Amúlio e mandado para o exílio. Quando seus netos, Rômulo e Remo, cresceram, mataram Amúlio e devolveram o trono a Numitor.

Nummo *Africana*
Dois espíritos da luz e da água na tradição do povo dogon, do Mali.

Esses seres foram produzidos quando o supremo deus Amma fertilizou a terra pela primeira vez, ou foram incubados em uma das duas gemas do ovo primordial criado por Amma. Eles eram descritos como metade humanos, metade serpentes, com olhos vermelhos e línguas bifurcadas e cobertos com cabelos verdes. Em alguns relatos, um era bom e o outro mau, enquanto alguns dizem que o mau era Ogo, que eclodiu da outra gema com sua irmã, Yasigi. Dizia-se que o mal tinha se transformado em um chacal, enquanto outras histórias dizem que esse chacal nasceu da união entre Amma e a Mãe Terra antes de Nummo nascer. Há relatos de que Amma matou Nummo e aspergiu seu sangue sobre a terra, fez as plantas e os animais. Os gêmeos então voltaram à vida como seres humanos.

Numokh Mucana *Norte-americana*
O primeiro homem na tradição da tribo mandan.

Nun *Egípcia*
= *Babilônica* Apsu-Rushtu; *Suméria* Abzus
Um deus das águas primitivas; progenitor de Atum (Rá).

Ele representava, com sua consorte Naunet, a profundidade da água primitiva e é retratado como um homem com água até a cintura, sustentando o sol. Em alguns relatos, Nun é identificado com Ptah.

Em outro aspecto ele é considerado como o oceano do sul, nascente do Nilo.

Ele é retratado com cabeça de sapo, ou como um babuíno, ou como um homem segurando a casca do sol.

Nundu *Africana*
Um monstro devorador de homens do Bantu. Diz-se que este monstro é invisível, embora seja descrito com uma forma de dragão ou um enorme leão.

Nunne Chaha *Norte-americana*
também Nunne Hamgeh
Uma grande montanha, lar dos deuses dos índios creek, que surgiu após o Dilúvio e cuja lama foi usada para fazer os primeiros homens.

Os choctaw a consideram como o local da caverna onde alguns de seus ancestrais se abrigaram para sobreviver ao Dilúvio.

Nut *Egípcia*
"céu"
Deusa Mãe ou deusa do céu. Nut e seu irmão gêmeo e consorte Geb estavam

unidos ao nascer e Shu os forçou a se separar, de forma que Geb se tornou a terra e Nut, o céu. Ela foi amaldiçoada por Rá por ter se casado com Geb e teria sido incapaz de ter filhos se Thoth não tivesse apostado com a lua e ganhado cinco dias intercalares durante os quais seus cinco filhos podiam nascer.

Quando Rá finalmente desistiu do trono e foi para o céu, ele foi erguido por Nut.

Ela é retratada como uma giganta que sustenta o mundo em suas costas arqueadas, engolindo o sol à noite e fazendo-o nascer outra vez a cada novo dia. Em outras versões, ela é uma vaca, sustentando o céu e segura por seu pai Shu, deus do ar, ou uma porca amamentando a cria.

Nuvem Serpente *veja* **Mixcoatl**

nykr *Islandesa*

= *Nórdica* nix

Um espírito da água. Esses seres, às vezes, apareciam sob a forma de um cavalo. Quando alguém o montava, o cavalo poderia galopar de volta para o mar, afogando o cavaleiro.

Nyx *Grega*

"noite"

= *Romana* Nox

Deusa da noite; filha do Chaos. Em uma versão da história da criação, ela é a irmã e esposa de Érebus "escuridão", em outra ela é a mãe de Érebus e mais tarde a esposa.

Nzambi *Africana*

Deus criador e deus do sol de Bakongo. Diz-se que ele criou o primeiro par de humanos ou um ser bissexual sob a forma de uma palmeira chamada Muntu Walunga. Esse ser primitivo pode ser retratado em efígie com rostos masculino e feminino em lados opostos e, em algumas tribos, Nzambi é considerado uma mulher.

Outras versões dizem que ele cuspiu os corpos celestes, seguidos por animais e então, tendo criado os seres humanos, voltou para o céu.

O

O *Centro-americana*
Uma divindade maia de identidade incerta, chamada de Deusa O (*veja* **deuses alfabéticos**). Essa divindade é retratada com uma velha senhora envolvida com a tecelagem e, por isso, considerada como uma deusa das mulheres casadas, protetora da cena doméstica.

Oa Iriarapo *Índias Orientais*
Um homem que fez fogo. Na tradição de Papua Nova Guiné, esse homem colocou a mão na barriga de sua filha quando o filho dele nasceu e, quando ele retirou a mão, na palma surgiram chamas. Desde então seu povo passou a ter fogo e a cozinhar seu alimento.

oaf *Europeia*
Uma criança trocada; uma criança deixada por uma fada ou um demônio em troca de outra.

Oat Stallion *Germânica*
= *Germânica* Haferhengst
Um espírito do campo personificado na última espiga.

Oats Goat, Oat Goat *Europeia*
= *Germânica* Haferbock
Um espírito do campo invocado para assustar as crianças, mantendo-as fora das plantações de milho e, diz-se, para que os ceifeiros apressem seu trabalho para ficar longe de suas garras.

Oberon *Europeia*
também Auberon
Rei das fadas; marido de Titania; pai de Gloriana, dizem alguns. Há relatos que dizem que é filho de Júlio César e da feiticeira Morgana. Nas histórias de Carlos Magno, diz-se que seu nome era Tronc, e que era filho de Júlio César e da fada Glorianda ou Morgana, e teve seu crescimento atrofiado por uma tia ciumenta, nunca ficando mais alto que um menino de cinco anos. Em outras histórias, Oberon era tido como irmão de Morgana.

Ele fez amizade com Huon, duque de Guienne, quando o encontrou ainda jovem viajando para encontrar o sultão Grandisso, e lhe deu uma taça que fornecia quantidades ilimitadas de vinho ao verdadeiro fiel e um chifre que o protegeria em tempos de perigo. Quando Oberon foi levado finalmente para o Paraíso por uma hoste de anjos, ele entregou seu reino a Huon, apesar das objeções do rei Artur, que esperava receber o trono.

Em alguns relatos, ele era pai de Robin Goodfellow (o diabinho também conhecido como Puck) com uma mortal e, em Shakespeare, sua esposa era Titania.

Óbolo de Caronte *Grega*
A moeda colocada nos lábios do morto para pagar pela travessia do rio até o Hades.

Oceânidas *veja* **Oceanus**

Oceanus *Grega*
Um rio cercado de terra, personificado como Titã; filho de Urano e Gaia; marido e irmão da deusa do mar, Tétis. Ele é um Titã que não se juntou à rebelião contra os deuses,

Diz-se que é pai de 3 mil filhos, 3 mil filhas (as Oceânidas) e todos os deuses do rio e deuses do mar, exceto Poseidon. Ele é retratado com chifres de um touro.

Ocelopan *Centro-americana*
Um dos líderes dos astecas quando eles deixaram sua terra natal, Aztlan.

Ocelotl *Centro-americana*
Um deus criador asteca e deus do sol. Ele foi o governante da primeira das cinco eras do mundo que, então, era povoada pelos gigantes. Essa era terminou quando as onças mataram e comeram os gigantes.

Ocnus *Grega*
Uma divindade personificada com atraso. Ele vive no mundo inferior e é perpetuamente envolvido, como Sísifo, em tarefas intermináveis, como trançar uma corda de palha que é comida por um burro enquanto ele trabalha ou empilhar varas nas costas do burro, só para caírem do outro lado.

Odin *Nórdica*
também Pai de Todos; Vidente; Trovão, Caçador Selvagem.
= *Germânica* Wotan, Wuotan; *Anglo-saxã* Wodan, Woden

Deus criador, deus da guerra, da morte, da inspiração e do vento. Ele e seus irmãos Vê e Vili mataram o Gigante Gelado Ymir e construíram o mundo a partir de seu corpo.

Ele tinha várias esposas, das quais a principal era Frigga. Sua primeira esposa foi Erda, com quem teve o filho Thor; a segunda foi Frigga, mãe de Balder, Hermod e, dizem alguns, Tyr; e a terceira foi Rinda, mãe de Vali, o deus da luz. Ele era o pai do gigante Heimdall, que foi gerado pelas nove donzelas simultaneamente.

Ele enviou Hermod para consultar o mago Rossthiof, que profetizou que um de seus filhos seria assassinado e avisou que Odin deveria cortejar Rinda. Preocupado com os presságios para o futuro de Balder, ele foi a Niflheim disfarçado de Vegtan para consultar a profetisa Volva, que ele ressuscitou do sono da morte. Ela lhe disse que Balder seria morto pelo próprio irmão, Hoder.

Ele tentou conquistar Rinda, primeiro como o general vitorioso que havia derrotado os inimigos de seu pai, depois como Rostrus, um artesão que fez presentes maravilhosos para ela, e finalmente como um jovem e belo guerreio. Em todas as ocasiões ela o repreendeu. Ele então a colocou em transe e apareceu como Vak, uma velha que dizia ser capaz de quebrar o feitiço. Mas, em vez disso, ele a amarrou e a levou e foi pai do menino Vali, que atingiu a idade adulta em um dia e vingou a morte de Balder, atirando em seu assassino, Hoder.

Em seus esforços para melhorar a sorte dos deuses e dos homens, ele deu um de seus olhos em troca de beber a água de Mimisbrunnr, o Poço da Sabedoria, sofreu torturas indescritíveis pendurado por nove dias na árvore Yggdrasil para aprender as misteriosas runas, e tirou o hidromel dos gigantes, dando-o à humanidade para que aqueles que o bebessem se tornassem poetas (escaldos).

Em certa ocasião, indignado com a profanação de uma estátua de si mesmo, ele entregou Asgard à própria sorte. Os Gigantes Gelados rapidamente assumiram o controle, enquanto seus irmãos Vé e Vili o substituíram. Sete meses depois ele voltou, expulsou seus irmãos, forçou os gigantes a relaxarem suas garras geladas e retomou seu papel.

Para visitar a seu enteado Geirrod, ele se disfarçou para testar sua hospitalidade. Ele foi torturado por oito dias e, quando finalmente revelou sua verdadeira identidade e se libertou, Geirrod caiu sobre a própria espada.

Uma história posterior de Odin faz dele um deus-rei originário da Ásia Menor, migrando através da Europa para o reino do norte, e deixando seus filhos como reis dos países que conquistou.

Como Wotan, ele forçou Alberich, rei dos anões, a entregar o Ouro do Reno junto com o Anel e o Capacete da Invisibilidade feito a partir dele, mas Alberich lançou uma maldição sobre esse tesouro. Quando Fafnir matou seu irmão pela posse do ouro e transformou-se em dragão para guardá-lo, Odin decidiu que um guerreiro deveria matar Fafnir para que o ouro pudesse ser devolvido às Donzelas do Reno para quebrar o feitiço. Ele escolheu o próprio filho, Siegmund, mas, em um duelo com um caçador que havia sequestrado a amante do filho, quebrou a espada de Siegmund, deixando-o ser morto pelo caçador que Odin então matou com um olhar feroz.

Ele era o dono de uma lança mágica, Gungnir, um arco mágico que disparava dez flechas de um só vez (todas atingindo seu alvo) e um cavalo de oito patas chamado Sleipnir.

Quando sentiu que o fim estava próximo, Odin consultou a profetisa Haid, que lhe disse como o mundo iria acabar, mas não pôde dizer nada sobre o que aconteceria depois do Ragnarok. Seu conhecimento combinado com o dele, permitiu que ele visse o renascimento do mundo repovoado por Lif e Lifthrasir, o retorno de Balder e o futuro feliz contrastando com o passado carregado de desgraça.

Na batalha final, Odin foi morto pelo lobo Fenris.

Em alguns relatos, diz-se que ele trouxe para a Escandinávia a cabeça de Minos, rei de Creta, que continuava falando, e a utilizou como oráculo.

Ele é retratado com uma longa barba grisalha, sua lança Gugnir nas mãos, e geralmente acompanhado por seus corvos Hugin e Munin. Em suas visitas à Terra, ele usava uma capa azul e um boné.

Odin, Árvore de *Nórdica*
Yggdrasil; também um nome para forca.

Odin, Carroça de *Nórdica*
O vento.

Odisseia *Grega*
História épica de Homero, em 24 volumes, das peregrinações de Odisseu após a Guerra de Troia.

Na queda de Troia, os gregos enfureceram a deusa Atena e o deus do mar, Poseidon, que haviam ajudado na luta, violando o templo de Atena e deixando de oferecer sacrifícios aos deuses, e planejaram fazer os gregos sofrer. Eles fizeram com que uma tempestade dispersasse a frota em sua viagem de volta para casa, durante a qual Menelau foi soprado até o norte da África, e Ájax, o Menor, foi afogado. Odisseu foi forçado a vagar por dez anos antes de finalmente chegar em casa.

A primeira parada de Odisseu e sua tripulação foi a Ilha de Ismarus, onde saquearam a cidade e perderam alguns homens em batalha. Depois veio a terra dos comedores de lótus, onde seus homens ficaram tão encantados que ele teve que acorrentá-los a bordo.

Em seguida, veio o encontro com o ciclope Polifemo, que os prendeu em sua caverna e comeu alguns dos tripulantes. Outros conseguiram escapar, pendurados sob as ovelhas do gigante, só depois que Odisseu o cegou com uma estaca de madeira endurecida pelo fogo.

No país de Éolo, deus dos ventos, eles receberam todos os ventos da tempestade em um saco para garantir uma viagem calma, mas alguns dos marinheiros curiosos abriram o saco e provocaram outra tempestade, que os desviou da rota para a terra dos canibais gigantes, os Lestrygones, que destruíram todos os navios, exceto um.

Depois, aportaram em Aeaea, a ilha da feiticeira Circe, que transformou todo o grupo avançado em porcos. O deus Hermes deu a Odisseu uma erva que o protegeu da magia de Circe e ele a forçou a devolver seus homens à forma humana, sob pena de morte. Eles se apaixonaram e Odisseu ficou com ela por um ano. Em alguns relatos, tiveram um filho, Telégono, que mais tarde matou o pai, sem querer; em outros, tiveram mais dois filhos chamados Agrius e Latinus. Circe descobriu o que ele precisava fazer para chegar em casa em segurança; isso exigia que Odisseu fosse até o Tártaro e encontrasse o fantasma do profeta Teiresias, que o advertiu a não fazer mal aos bois de Hélio, o deus sol.

Passando a ilha onde viviam as sereias, Odisseu fez sua tripulação tapar os ouvidos com cera enquanto ele estava amarrado ao mastro. Assim, conseguiram resistir ao canto sedutor das sereias e também sobreviveram à passagem entre Scylla e Caríbdis, perdendo seis marujos para o voraz monstro Scylla, em algumas histórias.

Em Trinacria, a Ilha do Sol, seus homens mataram alguns bois para comer e Hélio vingou o insulto quebrando o navio com um raio. Todos morreram, exceto Odisseu, que ficou à deriva por alguns dias sobre os destroços até pousar na ilha da ninfa Calypso, Ogygia, onde ela o manteve praticamente cativo por vários anos, quando se apaixonou por ele.

Atena finalmente desistiu de sua vingança e Zeus fez Calypso libertar o prisioneiro. Ela o colocou em uma jangada e ele ficou à deriva por dezessete dias, até que o deus do mar, Poseidon, que não havia cedido, soprou uma nova tempestade que destruiu a jangada. Mais uma vez Odisseu se viu em apuros, mas Ino, a deusa do mar, veio em seu auxílio, dando seu véu a ele para protegê-lo no mar, e ele nadou por dois dias antes de chegar nu e exausto à terra dos feácios. Ele foi encontrado pela filha do rei, Nausicaa, e seu pai, Alcino, que generosamente arranjou um barco que levou Odisseu na última etapa de sua jornada.

Odisseu *Grega*
= *Romana* Ulixes, Ulisses
Rei de Ítaca; marido de Penélope; pai de Telêmaco. Ele ganhou Penélope como esposa ao vencer uma corrida.

Na época da Guerra de Troia, ele tentou evitar servir ao exército grego fingindo estar louco e semeando seus campos com sal, mas sua esperteza não funcionou; Palamedes colocou o bebê Telêmaco na frente do arado e Odisseu estava sadio o suficiente para preservar a criança. Por fim, ele acabou se juntando à força que havia sido criada para atacar Troia.

Após a queda de Troia, ele vagou por dez anos antes de finalmente voltar para casa (ver **Odisseia**). Quando chegou, descobriu que a esposa Penélope tinha sido perseguida, por anos, por pretendentes que achavam que seu marido tinha morrido. Eles se recusavam a deixar a casa dela. Com a ajuda de seu velho pastor Eumaeus, seu filho Telêmaco e a deusa Atena, Odisseu colocou suas mãos no arco e nas flechas e atirou nos pretendentes a sangue frio – todos, exceto Medon e o menestrel Phemus, a quem ele poupou para oferecer música na sua volta para casa. Seu filho enforcou todos os criados que não haviam permanecido fiéis a Odisseu durante sua longa ausência.

Outra história diz que os parentes dos pretendentes mortos levaram Odisseu a julgamento por assassinato, e Pirro, atuando como juiz, exilou-o na Anatólia, onde ele se casou com a filha do rei, Thoas, e ela lhe deu um filho chamado Leontófono.

Uma vez ele esteve com o rei de Épiro e raptou sua filha, Euippe, com quem teve um filho, Euríalo. Quando o menino cresceu, Euippe mandou que ele matasse o pai, mas, avisado de sua chegada, Odisseu matou o jovem, não sabendo que estava matando o próprio filho. Outra versão diz que Odisseu mandou o menino morar com Penélope, que mais tarde o acusou de estupro e Odisseu então o matou.

No final de sua vida, ele montou uma frota e navegou para o oeste, e nunca mais foi visto.

Outra história diz que acidentalmente ele foi morto por Telégono, seu próprio filho com a feiticeira Circe, que o enviou para procurar o pai, e que desconhecia que o homem que enfrentou e matou era seu pai. Telégono então levou o corpo de volta para Aeaea para ser enterrado por Circe.

oeh-da *Norte-americana*
Na tradição dos seneca, a lama criada no fundo das águas primitivas, que, trazida pelo rato-almiscarado, foi colocada sobre o casco de uma tartaruga, o "Carregador da Terra", e cresceu para formar o mundo que, diz-se ainda é carregado por ela.

Ogbu-ghu *Africana*
Um calau. Em uma história contada pelos ibos, não havia terra quando a mãe de Ogbu-ghu morreu e a ave não conseguiu encontrar nenhum lugar para enterrar o corpo. Ele então carregou seu corpo nas costas, voando sobre as águas primordiais, em busca de um local para enterrá-la, e avistou duas pessoas nadando no oceano. Estas trouxeram terra do fundo do mar e ele finalmente pôde enterrar a mãe.

Ogier *Europeia*
também Holger, o Dinamarquês
Um dos paladinos do imperador Carlos Magno. Em seu batismo, seis rainhas fadas o dotaram de muitas qualidades,

uma delas, Morgana, disse que ele era seu. Aos dezesseis anos, ele foi mandado para a corte de Carlos Magno como garantia da lealdade contínua de seu pai. Em algumas histórias, ele foi mandado para a prisão e, mais tarde, casou-se com a filha do diretor da prisão. Outras histórias mostram que ele se casou com uma princesa inglesa que lhe foi dada como recompensa por matar um gigante sarraceno.

Ele seguiu com o exército do imperador para repelir os sarracenos que cercavam Roma e, em sua primeira batalha, assumiu a auriflama do covarde Alory e se distinguiu pela bravura. Ele salvou a vida de Carlos Magno quando o cavalo do imperador foi morto e dois sarracenos estavam prestes a matá-lo. Por isso, Ogier foi recompensado com um título de cavaleiro. Sua espada, Cortana, lhe foi dada por Morgana (Morgana le Fay).

Um dos sarracenos que derrubou o imperador era Carahue, rei da Mauritânia, e ele desafiou Ogier para um duelo. Charlot, filho do imperador, também aceitou o desafio de Sadon, primo de Carahue. Charlot chegou com uma tropa de seus seguidores e atacou os outros três. Ogier e os dois sarracenos derrotaram seus atacantes e se tornaram amigos. Ele foi mantido em cativeiro por Dannemont, um renegado rei dinamarquês que lutava com os sarracenos, até que Carahue, em protesto, se rendeu a Carlos Magno. Sem líder, os sarracenos fizeram as pazes com o imperador e Carahue e Ogier foram trocados.

Ogier então levou um exército para a Dinamarca e repeliu as forças que atacavam o país, mas seu pai, o rei, morreu quase no momento da vitória.

Avisado por uma voz celestial, Ogier recusou a coroa do pai e a deixou para seu meio-irmão, Guyon.

Quando seu jovem filho Balder foi morto por Charlot, Ogier foi impedido por apenas um criado de matar o filho do imperador. Ogier quebrou uma taça que estava na mão do criado e parte do vinho espirrou no rosto do imperador. Ele deixou a corte em desgraça, mas, mais tarde, foi capturado e entregue a Carlos Magno, que o condenou à prisão com uma dieta criada para matá-lo de fome. Um arcebispo deu a Ogier uma quantidade extra de comida, mantendo-o vivo e com boa saúde.

Ogier só foi libertado quando o imperador precisou dele para aceitar o desafio lançado por Bruhier, o sultão da Arábia, que tinha invadido a França. Ogier concordou em nome do imperador com a condição de que Carlos Magno entregasse Charlot para puni-lo por ter matado o filho de Ogier. Mas Ogier permitiu que Charlot vivesse e renovou sua lealdade ao imperador. Ele então conheceu Bruhier, que tinha uma loção mágica que curava feridas e restaurou os membros cortados tão logo foi aplicada. Um golpe de espada de Bruhier matou o cavalo de Ogier, Beiffror, e um ataque de Ogier cortou o braço de Bruhier. Quando o árabe desmontou para pegar os pedaços do braço, Ogier foi capaz de afastá-lo de seu próprio cavalo para que ele não alcançasse o frasco com a loção. Ogier finalmente matou Bruhier e chamou seu cavalo, Marchevallée, usando a loção para curar as próprias feridas.

Os exércitos sob Carahue e Guyon, enviados para libertar Ogier da prisão, descobriram que não eram mais necessários já que Ogier tinha sido libertado pelo imperador e combinaram forças para apoiar os franceses sob Ogier em um ataque aos sarracenos em seus próprios países. Ogier levou consigo o jovem Walter, filho de seu meio-irmão Guyon, e depois de muitos anos no Leste, entregou suas responsabilidades a Walter e navegou para a França. Seu navio naufragou em uma costa estranha, onde dois monstros marinhos o deixaram passar e o cavalo que cuspia fogo, Papillon, o levou ao palácio de Morgana, que finalmente o chamara. Ele ficou em Avalon por cem (duzentos, dizem alguns) anos felizes, nunca envelhecendo. Quando ele finalmente pediu permissão para voltar à França, ele e Papillon foram carregados sobre o mar nas costas dos dois monstros marinhos.

Ogier montou Oaoillon até Paris, onde não reconheceu nada nem ninguém. O rei Hugh Capet contou a Ogier tudo o que tinha acontecido enquanto ele esteve fora e Ogier o ajudou a derrotar uma força de sarracenos que atacaram Chartres. Quando o rei morreu, planejava-se casar-se Ogier com a rainha para que ele governasse a França, mas uma coroa de ouro apareceu sobre a cabeça de Ogier e ele sumiu. Ele tinha sido recuperado por Morgana, que o levou para Avalon, onde ele ainda vive, junto com o rei Artur, ambos aguardando a chamada para retornar na hora da necessidade. Outros dizem que ele dorme sob o Kronenberg (Kronburg), onde sua barba cresceu até o chão.

Outra história diz que ele resgatou uma mulher (que se revelou ser a filha do rei da Inglaterra) das mãos dos sarracenos, e eles se casaram.

Dizia-se que ele carregava uma marca em chamas e morreria quando fosse extinta.

Ogiges *Grega*
Rei de Tebas. Em uma versão da história do Dilúvio, ele aparece no lugar de Deucalião. Em outras versões, o dilúvio que ocorreu durante o reinado de Ogiges foi dois séculos antes do dilúvio de Deucalião.

Ogof Lanciau Eryri, Ogo'r Dinas *Britânica*
Cavernas no País de Gales nas quais se diz que o rei Artur está dormindo, à espera de um chamado na hora da necessidade da Grã-Bretanha.

Para outros locais sugeridos *veja* ***Alderley Edge***.

ogro
Um monstro comedor de humanos, geralmente tolo. O ogro assume diferentes formas. Nas regiões bálticas, é uma serpente com sete cabeças, na Grécia um dragão e na Noruega um troll.

Ohdows *Norte-americana*
Uma das três tribos Jogah (as outras são a Gahonga e a Gandayah). Na tradição dos iroqueses, esses seres anões são responsáveis por impedir que os monstros do mundo inferior escapem para o mundo superior.

Ohrmazd *veja* **Ahura Mazda**

Oisin *Irlandesa*
= *Escocesa* Ossian
Rei da Terra da Juventude; filho de Finn mac Cool.

Um cervo derrubado pelos cães de Finn revelou-se uma linda donzela, Saba, que tinha sido transformada no animal por um druida cujo amor ela havia rejeitado. Ela se casou com Finn, mas, quando ele foi chamado para lutar contra os nórdicos, os druidas apareceram novamente e transformaram suas costas em um cervo. O filho que ela teve com Finn teria sido, dizia-se, um cervo se ela o tivesse lambido como fazem os animais – em vez disso, ele se tornou o menino Oisin, que mais tarde foi encontrado por Finn e criado por ele para ser um grande guerreiro e poeta.

Ele era membro do grupo de nove, liderado por Goll mac Morna, que recuperou os cães de caça de Finn, Bran e Sceolan, quando eles foram roubados por Artur.

Uma bela garota, Niam, filha do deus do mar, Manannan, chegou em um cavalo branco. Em alguns relatos, ela ganhou uma cabeça de porco de um mago druida. O feitiço foi quebrado quando Oisin se casou com ela e os dois viveram muito felizes em uma ilha na Terra da Juventude por muitos anos, até Oisin decidir voltar à sua terra nativa. Niam emprestou a ele seu cavalo branco para a viagem e o advertiu para nunca tocar o solo da Irlanda. Quando seu pé escorregou e tocou o solo, sua eterna juventude desapareceu, revelando um velho cego com mais de cem anos. Ele teria estado fora por cerca de 300 anos (mil, dizem alguns).

Dizem que ele viveu para passar muitas tradições antigas a São Patrício, embora haja quem diga que isso foi feito pelo poeta guerreiro Cailte. Diz-se que São Patrício tentou converter Oisin à fé cristã, mas ele recusou a chance de ir para o céu se não pudesse levar seus cães e seus amigos.

Oito Ancestrais　　　　　*Africana*
Deuses dos dogons, ancestrais deificados da raça. Eram quatro pares de gêmeos nascidos dos primeiros homem e mulher criados por Amma.

Oito Coisas Preciosas　　　*Chinesa*
também Oito Tesouros, Pa Pao
Grupos de símbolos taoístas que aparecem como talismãs. Existem vários grupos desse tipo, alguns dos quais são:

1. Livro, moeda, folha, losango, espelho, pérola, chifre de rinoceronte, carrilhão de pedra – estes são os Oito Símbolos Comuns.

2. Castanholas, tambor, ventilador, cesto de flores, flauta, cabaça, lótus, espada – estes são os símbolos dos Oito Imortais.

3. Bexiga, coração, intestinos, rim, fígado, pulmões, baço, estômago – estes são os Oito Órgãos Preciosos de Buda.

4. Vaso, concha branca, peixes, bandeira da vitória, flor de lótus, nó infinito, guarda-sol, roda da lei – estes são os Oito Símbolos Auspiciosos.

5. Folha de artemísia, dinheiro, losango duplo (ou dois livros), losango oco, V invertido, par de chifres, pérola, losango sólido – estes são os Oito Terríveis. *Ver* **Dharmapala**.

Oito Deuses　　　　　　*Chinesa*
As oito forças reverenciadas como controladoras do universo: Terra, Lua, Estações, Céu, Sol, Guerra, Yang e Yin.

Oito Diagramas　　　　　*Chinesa*
também Pa Kua
Uma série de sinais compostos por linhas. As linhas empregadas nesses diagramas, inventadas por Fu-hsi, são contínuas (Yang I) ou partidas (Yin I) representando os princípios Yang (masculino) e Yin (feminino). Os sinais, que são usados para adivinhações e como talismãs que protegem contra os demônios, são listados, juntamente com os elementos e animais que eles representam, dessa maneira:

Ch'ien – céu, paraíso, cavalo
Chen – trovão, dragão
Li – fogo, sol, calor, faisão
K'an – lago, chuva, lua, porco
Ken – montanhas, cachorro
K'un – a terra, boi
Sun – vento, madeira, ave
Tui – mar, água, bode

Oito Divindades Imperiais *Japonesa*
Um grupo de divindades tutelares xintoístas; guardiões da família real. Essas divindades são dadas como: Ikumusubi, Kamimusubi, Koto-shironushi, Miketsu, Omiya, Takamimemusubi, Tamatsumusubi e Taramusubi.

Oito Fadas *veja* **Oito Imortais**

Oito Fêmeas Feias *Japonesa*
Demônios femininos. Eles, em conjunto com os Oito Trovões, foram enviados para perseguir Izanagi do mundo inferior.

Oito Imortais *Chinesa*
também Oito Fadas, Pa Hsien
Um grupo de mortais que se tornaram divindades taoístas. Os personagens são listados como:
  Chang Kuo-lao
  Han Chung-li
  Han Hsiang-tzu
  Ho Hsien-ku
  Lan Ts'ai-ho
  Li T'ieh-kuai
  Lü Tung-pin
  Ts'ao Kuo-chiu
  Juntos eles viajaram ao mundo submarino em embarcações que eles fizeram simplesmente jogando qualquer coisa que levaram para o mar. Eles lutaram e derrotam o Rei-Dragão do Mar do Leste que havia capturado Lan Ts'ai-ho.

Oito Órgãos Preciosos de Buda
veja **Oito Coisas Preciosas**

Oito Símbolos Auspiciosos *Tibetana*
Símbolos religiosos no Tibet. Esses símbolos, frequentemente vistos em alguns tipos de bandeira de oração, são: Concha branca, Peixes dourados, Flor de lótus, Nó infinito, Guarda-sol, Vaso, Bandeira da vitória e a Roda.

Oito Símbolos Auspiciosos *veja* **Oito Coisas Preciosas**

Oito Símbolos Comuns *veja* **Oito Coisas Preciosas**

Oito Terríveis *veja* **Oito Coisas Preciosas**

Oito Tesouros *veja* **Oito Coisas Preciosas**

Oito Trovões *Japonesa*
Guardiões do mundo inferior. Eles, em conjunto com as Oito Fêmeas Feias, perseguiram o deus-pai primitivo Izanagi do mundo inferior.

Oklatabashih *Norte-americana*
Na tradição dos choctaw, o único homem a sobreviver ao Dilúvio.

Okonorote *Sul-americana*
Um herói caçador da tribo arawak. Ele cavou um buraco pelo piso do céu e desceu por uma árvore enorme (ou uma corda) até a terra para recuperar uma flecha que tinha deixado cair. Ele então mostrou o caminho a outros humanos, mas, quando alguns deles se acasalaram com serpentes, o deus Kononatoo fez com que uma mulher gorda ficasse presa no buraco no céu, impedindo-os de voltar à sua casa original.

Okova *Ilhas do Pacífico*
Um herói fidjiano. Sua esposa foi capturada de seu barco de pesca pelo monstruoso pássaro comedor de humanos, Ngani-Vatu. Com a ajuda do cunhado, Rokoua, Okova matou a ave e pegou algumas de suas menores penas para usar como vela.

Okulam *Norte-americana*
Um gigante voraz na tradição dos chinook. Ele matou quatro de cinco irmãos e estava perseguindo o último quando eles chegaram a um rio onde um pescador chinook, Thunderer, estava pescando. O homem atirou o jovem no rio em segurança e convidou o gigante para atravessar as águas, caminhando sobre

seu corpo prostrado. Ele então derrubou o gigante no rio onde ele se afogou.

Okuni-Nushi *Japonesa*
Um rei de Idzumo; um deus xintoísta do trovão, da magia e da medicina; filho do deus do mar, Susanowa.

Ele construiu o mundo, exceto os céus, com a ajuda do deus da medicina Sukuna-biko. Dizem alguns que ele tinha oito irmãos; outros, que ele se casou com Ya-game-hime e muitas outras donzelas e seus filhos povoaram a Terra.

Em alguns relatos, seus irmãos o tratavam como criado e, em duas ocasiões, o mataram, uma vez rolando um pedaço de metal em brasa, montanha abaixo, queimando-o até a morte, e outra, derrubando uma árvore que o esmagou. Em cada caso, ele voltou à vida restaurado pelo deus Musubi ou, dizem, por sua mãe. Quando ele pediu a mão da filha de Susanowa, Suserihime, Susanowa testou sua valentia colocando-o em uma sala cheia de cobras e, em outra noite, uma sala cheia de insetos. Nas duas, ele foi salvo por um lenço que lhe foi dado por Suserihime. Em um teste final, um campo em chamas, ele foi salvo por um rato que o abrigou sob o solo ou por uma lebre que ele havia ajudado antes. Em algumas histórias, Susanowa aprovou o casamento, mas Okuni-Nushi não confiou nele e o casal fugiu após amarrar o pai dela a uma viga com seu cabelo.

Ele foi forçado a desistir de seu trono terrestre quando a deusa do sol Amaterasu enviou seu neto Ninigi para assumir o controle.

Em alguns relatos, ele é considerado guardião da família real.

Olelbis *Norte-americana*
Um deus criador do povo wintun. O primeiro mundo foi destruído pelo fogo provocado por Buckeye Bush e seus companheiros, um incêndio que se extinguiu quando a deusa da água Mem Loomis causou o Dilúvio. Olelbis se pôs a caminho para recriar o mundo, que foi fertilizado por Old Man Acorn.

Olelbis queria dar às pessoas que ele tinha criado o dom da imortalidade e, por isso, enviou seus irmãos para construir uma escada entre a terra e seu céu, Olelpanti. Os tolos irmãos foram persuadidos pelo deus trapaceiro Sedit a desistir e demoliram o que já haviam construído. O resultado foi que os seres humanos se tornaram mortais.

Olho de Hórus *Egípcia*
O olho esquerdo do deus Hórus. Ele perdeu esse olho, que era a lua, em suas atalhas com Set, o deus das trevas, mas ele foi recuperado por Hathor. Como udjat (ou olho udjat), tornou-se símbolo da cura.

Também é um nome de Thoth como a lua.

Olho-malabarista (literalmente) *Norte-americana*
Um trapaceiro. Quando perdeu seus olhos, ele encontrou outros para pôr no lugar, mas eles acabaram sendo feitos de breu.

Olímpia *Grega*
Um vale sagrado em Élis, que se diz ser o lar de Zeus. É o local dos templos de Hera e Zeus.

Olímpico
Um dos maiores deuses, os deuses que vivem no monte Olimpo.

Os olímpicos gregos eram Afrodite, Apolo, Ares, Ártemis, Atena, Hades (Plutão), Hefesto, Hera, Hermes, Héstia, Poseidon e Zeus. Outras listas têm Demeter no lugar de Hades; alguns substituem Dioniso por Héstia; alguns veem Zeus como seu governante, embora ele mesmo não seja um olímpico. Outros incluem Asclépio, Dioniso e Hércules.

E os olímpicos romanos: Apolo, Diana, Juno, Júpiter, Marte, Mercúrio, Minerva, Netuno, Plutão (Dis), Vênus, Vesta e Vulcano (Mulciber).

Olivant *Europeia*
também Oliphant
Nas lendas relativas a Carlos Magno, o chifre de marfim do paladino Rolando. Dizem alguns que originalmente esse chifre pertenceu a Alexandre, o Grande.

Em alguns relatos, Rolando adquiriu esse chifre, e a espada Durindal, quando ele derrotou o gigante Jutmundus. Outros dizem que ele os ganhou quando matou o guerreiro sarraceno Almontes. O chifre, que poderia ser ouvido a 32 quilômetros, foi finalmente soprado com grande efeito na batalha de Roncesvalles.

oliveira *Grega*
A árvore da deusa Atena.

Oliver *Europeia*
Um dos paladinos de Carlos Magno, companheiro de armas de Rolando.

Quando Carlos Magno entrou em disputa com Montglave, governador de Viena e avô de Oliver, este último enfrentou Rolando para resolver o assunto. Depois de cinco dias, nenhum dos dois havia conquistado uma vantagem, então declararam um empate honroso, quando finalmente reconheceram um ao outro.

Ele reuniu as forças abissínias sob Astolfo no cerco de Biserta e foi escolhido com Rolando e Florismart para lutar com Agramant, Sobrino e Grassado para resolver a guerra entre eles. Apenas Oliver, Sobrino e Rolando sobreviveram ao encontro, e tanto Oliver quanto Sobrino ficaram gravemente feridos.

Oliver foi curado pelo ermitão que havia convertido Rogero à fé cristã e, após a guerra, foi com Rolando recolher o tributo exigido por Carlos Magno ao rei espanhol Marsilius. Na batalha de Roncesvalles, que se seguiu, ele matou o cavaleiro sarraceno Malprimo, mas foi ferido. Posteriormente foi esfaqueado nas costas e morreu devido aos ferimentos. Em outra história, Oliver foi capturado por Balan, o governante sarraceno da Espanha, cujo filho, Fierabras, ele havia derrotado em um embate e o convertera à fé cristã. Mais tarde ele foi resgatado pelos homens de Carlos Magno e Balan foi morto quando não aceitou a conversão.

Olodumarê *Africana*
Um deus criador dos iorubás; um nome de Olorun como "todo-poderoso". Ele criou o deus da fertilidade Obatalá como seu representante e criou a terra espalhando a sujeira de uma concha de caracol que foi arranhada por uma galinha e um pombo para fazer terra seca. Em alguns relatos, a dispersão foi feita por Obatalá sob as ordens de Olodumarê.

Olofat *Ilhas do Pacífico*
Um deus trapaceiro, deus do fogo e deus da morte nas ilhas Carolina.

Ele era um ser semidivino que subiu ao céu em uma coluna de fumaça e exigiu reconhecimento como um deus. Seguiu-se uma longa batalha, na qual Olofat foi morto, mas seu pai o ressuscitou e persuadiu os outros deuses a aceitá-lo como deus do fogo. Mais tarde, ele trouxe o fogo do céu para o uso da humanidade.

Diz-se que ele se envolveu em numerosas escapadelas, como roubar alimentos que ele substituía por cascas, fingindo ser um velho com doenças de pele, seduzindo esposas de parentes e assim por diante. Ele irritou os parentes de tal forma que, uma vez, eles o colocaram em um poste e bateram nele, mas Olofat escapou, mesma coisa que fez quando o jogaram em uma armadilha ou quando tentaram queimá-lo.

Alguns dizem que foi ele quem deus ao tubarão os terríveis dentes.

Olorun *Africana*

O deus criador e deus do céu dos iorubás. Em alguns relatos ele é equiparado a Olodumarê como "aquele que possui os céus"; em outros, ele é considerado como o deus chefe.

Ele encheu uma concha com terra que depois foi espalhada por uma galinha e um pombo, criando assim a terra. Tendo fornecido algumas árvores, ele fez os primeiros dezesseis seres humanos. Em outros relatos, tudo isso foi feito por seu filho Obatalá.

Omam *Sul-americana*

Um deus criador ianomame. Ele fisgou uma mulher em sua linha enquanto pescava e acasalou-se com ela gerando os ancestrais da tribo.

Omumborombonga *Africana*

Uma árvore da qual, na tradição do povo damara, surgiram todos os seres humanos e animais.

Onata *Norte-americana*

Uma deusa do milho dos seneca; irmã de Feijão e Abóbora. Como a grega Coré, ela foi capturada pelo deus do mundo inferior e a terra se tornou estéril enquanto sua mãe a procurava. Seu tempo agora está dividido entre os mundos superior e inferior, proporcionando o inverno e o verão. (*Veja também* **Deohako**.)

ondina *Europeia*

Um espírito elemental, guardião da água. Dizia-se que esses seres nasciam sem alma, mas podiam adquiri-la se se casassem com humanos e tivessem filhos.

Onfalo *Grega*

também Ônfalo

A sede de Apolo em Delfos, considerada o centro do mundo. O que era conhecido como a pedra do umbigo em Delfos era, de fato, a pedra que Reia tinha embrulhado e dado a Cronos para engolir quando ele achou que estava engolindo seu filho, Zeus, e que mais tarde ele foi forçado a regurgitar junto com as outras crianças que já tinha engolido.

Dizia-se que o exato centro da terra foi verificado por Zeus que colocou duas águias para voar das extremidades opostas da terra. E elas se encontraram em Delfos.

ono pacakoti *Sul-americana*

O dilúvio enviado pelo deus criador inca Viracocha para destruir a primeira raça de seres.

onocentauro *Europeia*

Um monstro, parte homem, parte burro.

Onze Ajudantes Poderosos *Mesopotâmica*

O grupo de demônios recrutados pela dragoa marinha Tiamat para ajudá-la contra o deus Marduk.

Esses seres, armados com raios e liderados por Kingu, deus da terra e marido de Tiamat, incluíam o Homem Peixe, o Peixe Cabra, o Grande Leão, o Cão Devorador, o Homem Escorpião, a Cobra Brilhante, o ciclone e a Víbora.

opinicus *Europeia*

Um monstro, parte leão, parte dragão, uma versão quadrúpede do grifo.

Opochtli *Centro-americana*

Um deus asteca da caça e da pesca. Essa divindade é pintada de preto, tem uma coroa de papel e penas na cabeça e segura um escudo vermelho e um cetro.

Ops *Romana*
= *Grega* Reia; *Frígia* Cíbele
A deusa da colheita, da fartura e da riqueza; segunda esposa de Saturno; mãe de Júpiter e Netuno.

oráculo
As revelações de um deus ou de um lugar onde essas revelações se tornam conhecidas.

Os dois oráculos mais famosos eram o de Apolo, em Delfos, onde as revelações eram feitas pela Pitonisa, e o de Zeus, em Dodona, onde o sussurro das folhas dos carvalhos eram interpretados para revelar a vontade dos deuses. Zeus (como Ammon) tinha outro oráculo em Siwa, na Líbia. Outros foram

Amonium (Zeus), Afaia (Afrodite), Arcadia (Pã), Atenas (Hércules), Brânquidas (Apolo), Claros (Apolo), Creta (Zeus), Delos (Apolo), Epidauro (Asclépio), Gades (Hércules), Lebadeia (Trofônio), Micenas (Atena), Pafos (Afrodite) e Roma (Esculápio).

Oráculo de Delfos, Sibila Délfica
veja **Pítia**

orca *Europeia*
Um monstro marinho. Nas histórias de Carlos Magno, a donzela Angélica ficou presa a uma pedra e teria sido devorada pelo monstro se Rogero não o tivesse matado, resgatando-a.

Oréade *Grega*
Ninfas das montanhas.

Orestes *Grega*
Rei de Argos, Micenas e Esparta; filho de Agamenon e Clitemnestra; irmão de Electra e Ifigênia.

Quando seu pai foi assassinado pela mãe e pelo amante dela, Egisto, Orestes era um garoto de dez anos. Ele foi salvo da morte nas mãos de Egisto por sua irmã Electra, que o escondeu entre os pastores. Em outra versão, Electra o mandou para corte do rei Estrófio, onde fez uma amizade inseparável com o filho do rei, Pílades, seu primo.

Já adulto, soube pelo Oráculo de Delfos que deveria vingar a morte do pai. Foi então ao palácio e matou tanto Egisto quanto sua mãe, Clitemnestra, além de Helena, filha dos dois. Julgado por matricídio, foi condenado à morte por apedrejamento, um veredicto comutado para suicídio. Seu amigo Pílades, que ajudou no assassinato, e Electra, que o incitou, foram incluídos na sentença. O julgamento foi organizado por seu tio Menelau e Orestes planejou matar sua esposa Helena e sua filha Hermione, para vingar o que ele considerava uma traição, mas Zeus interveio e levou Helena para o Olimpo, como imortal, onde ela se tornou a guardiã dos marinheiros, como seus irmãos Castor e Pólux. Hermione foi libertada depois de ser mantida em cativeiro por algum tempo.

Orestes escapou da sentença de morte, mas foi perseguido pelas Erínias (Fúrias) pelo matricídio. E mais uma vez foi julgado pelos assassinatos, mas foi defendido por Apolo e Atena e finalmente absolvido.

O Oráculo de Delfos disse que, para se livrar das Erínias, teria que capturar a imagem de madeira de Ártemis, que, dizia-se, tinha caído do céu e era venerada pelos taurinos. Acontece que a sacerdotisa encarregada do templo era sua irmã Ifigênia, que tinha sido salva da faca sacrificial por Ártemis, e foi capaz de enganar Thoas, o rei tauriano, que havia capturado Orestes e Pílades, para que eles conseguissem escapar, levando a imagem, Thoas seguiu o navio de Orestes até Sminthos onde ele foi morto por Orestes.

Quando ele finalmente voltou para Micenas com a imagem de Ártemis, as Erínias desistiram de persegui-lo, mas ele descobriu que Aletes, um filho de Egisto, tinha usurpado o trono. Orestes o matou e teria matado sua irmã, Erigone, se ela não tivesse sido levada por Ártemis.

Ele morreu em Orestia, quando foi picado por uma cobra, e foi enterrado em Tegea. Mais tarde, seus ossos foram recuperados e reenterrados em Esparta.

Outras versões de sua expiação dizem que, em um caso, ele mordeu um dos próprios dedos; em outro, foi ensopado com sangue de porco. Uma história diz que as Erínias ainda o assediaram após sua morte e Apolo lhe deu um arco para afastá-las.

Orestíades *Grega*
Ninfas das montanhas.

Orfeu *Grega*
Filho de Eagro, rei da Trácia, ou do deus Apolo com a Musa Calíope ou Menippe (às vezes incluída entre as Musas); marido de Eurídice. Ele ganhou uma lira de Apolo e aprendeu a tocar com as Musas, tornando-se o mais famoso músico da época.

Ele navegou com os Argonautas e salvou a tripulação das Sereias afogando suas canções com a música de sua lira. Alguns dizem que ele fez dormir a serpente que guardava o Velo de Ouro.

Quando sua esposa, Eurídice, correndo de uma tentativa de estupro por Aristeu, foi morta por uma picada de serpente, ele desceu ao Tártaro e enfeitiçou Hades para libertá-la. Contrariando suas instruções, ele olhou para trás para se certificar de que ela o seguia, e Eurídice foi recuperada por Hades e condenada a permanecer no Tártaro para sempre.

Alguns dizem que ele foi morto por um raio lançado por Zeus para ensinar aos mortais os segredos dos deuses, enquanto outros dizem que ele foi feito em pedaços pelas mênades (devotas selvagens de Dioniso) quando não reconheceu Dioniso. Sua cabeça flutuou pelo Rio Hebrus até Lesbos e continuou profetizando até ser silenciado por Apolo. Sua lira foi instalada nos céus como a constelação Lyra.

Em alguns relatos, sugere-se que Orfeu foi uma encarnação de Dioniso.

Orias *Europeia*
Um demônio. Um dos 72 Espíritos de Salomão. Ele é retratado sobre uma mula com uma serpente em cada mão ou como um leão cavalgando um cavalo.

Órion[1] *Grega*
Um gigante, famoso como caçador. Um relato sobre seu nascimento diz que Hirieu, rei da Beócia, entreteve três deuses, Hermes, Poseidon e Zeus e pediu a eles que lhe dessem uma criança. Eles urinaram sobre o couro de um touro que Hirieu enterrou e do qual surgiu um filho, Urion, mais tarde Órion. Outros relatos dizem que Órion era filho de Dioniso e Deméter, ou de Poseidon e Euryale, filha do rei Minos.

Órion perseguiu as Plêiades até que elas foram transformadas por Zeus primeiro em pombos e, em seguida, em estrelas nos céus.

Enópion, rei de Quios, prometeu a ele a mão de sua filha Mérope se ele livrasse sua ilha de bestas perigosas, mas voltou atrás em sua promessa. Órion se embebedou e violentou Mérope e Enópion recrutou a ajuda de alguns sátiros e cegou Órion. Guiado por Cedalião, um criado de Hefesto, Órion procurou o deus sol Helius, que restaurou sua vista. Ele procurou por Enópion para exigir vingança, mas não o encontrou e passou o resto da vida em Creta, onde se encontrou com Ártemis e foi caçar com ela. Ele foi morto por uma flecha disparada pela deusa, na crença equivocada de que ele havia estuprado a sacerdotisa Ópis, ou por ciúme de Éos, deusa do amanhecer, que também estava apaixonada por Órion.

Em uma outra versão, Apolo, descontente com o carinho entre Ártemis e Órion, fez um teste de arco e flecha com ela. Ela apontou e atingiu uma mancha flutuante no mar, que se revelou ser a cabeça de Órion, que estava nadando. Outros relatos dizem que ele morreu quando foi picado por um escorpião enviado por Ártemis (ou Gaia) quando ele se gabava de sua intenção de matar todos os animais selvagens, ou quando tentou estuprar Ártemis.

Órion foi colocado nos céus como aquela constelação, com seu cachorro, Sirius, ao lado dele.

Órion[2]
Esta constelação é mencionada em mitos e lendas de várias culturas.
(1) A versão árabe é Al Jabbar (O Gigante) – que é equiparado ao hebraico Gibbor – ou Al Babadur (A Forte) ou Al Shuja (a Cobra).
(2) Os chineses a chamam de constelação Shen e a consideram como o reino do Tigre Branco, um dos Quatro Animais Auspiciosos.
(3) No Antigo Egito era o demônio, Sahu; em tempos posteriores foi Hórus ou Osíris viajando pelo céu.
(4) Os gregos tinham muitos nomes para a constelação, como gigante, guerreiro, machado duplo etc.
(5) A versão hebraica é Kesil ou Gibbor, equivalente ao caçador Nimrod.
(6) Na Mesopotâmia, era Ningirsu ou Tammuz, ou Uru-Anna, a divindade da luz.
(7) Os mexicanos a reconhecem como Atli, o arqueiro.
(8) A mitologia nórdica vê essas estrelas como Odin ou como a roca da deusa Freya.
(9) Na América do Norte, é reconhecida como os três pescadores (Micmac), o caçador celestial, ou como as Linhas Suspensas (zuni).
(10) A tradição siberiana diz que as estrelas são Erlik Khan e seus três cachorros e o uapiti que estão caçando. Na versão buriat, um caçador, nascido de uma vaca, foi levado para os céus pelos deuses quando ele atirou uma flecha em três cervos que estava perseguindo.
(11) Na América do Sul, é reconhecida no Peru como condores com dois criminosos; por outros, como três bolas, enquanto algumas tribos dizem que as estrelas são uma perna, em alguns casos a perna de uma das Plêiades depois de ter sido mordida por um jacaré.

Orlando *veja* Rolando[2]
Ormaddu *Africana*
Na tradição berbere, um pássaro enorme que se acasalou com uma loba para gerar um grifo.

Orobas *Europeia*
Um demônio, um dos 72 Espíritos de Salomão. Diz-se que ele transmite conhecimento do passado, do presente e do futuro e aparece sob a forma de um cavalo ou um cavalo com o tronco de um homem.

Ortros *Grega*
Um cão monstruoso com duas cabeças pertencente a Gerião. Esse animal,

antes propriedade de Atlas, guardava os rebanhos de Gerião e foi morto por Hércules em seu décimo Trabalho.

Orunmila *Africana*
O deus do destino e deus da misericórdia entre os iorubás.
    Ele defendeu os humanos do deus do mar, Olokur. Ele conhece o destino de todos os humanos e pode falar com eles em todas as línguas através dos oráculos.
    Em alguns relatos, ele é equiparado ao semideus Ifá, enquanto outros o consideram o deus criador.

Osanobua *Africana*
também Osanobwe
Um deus criador do povo edo, da Nigéria. Ele permitiu que seus filhos escolhessem o que quisessem e depois os enviou para a Terra que, naquela época, estava totalmente coberta de água. Enquanto ele e outros escolheram a riqueza, o filho mais novo só pegou uma concha de um caracol. Ele virou essa concha de cabeça para baixo e a areia que caiu no oceano se transformou na primeira terra seca e ele se tornou rei. Os outros irmãos, não tendo onde morar, deram a ele parte de sua riqueza por um pedaço de terra, e ele ficou muito rico e poderoso.

Ose *Europeia*
Um demônio, um dos 72 Espíritos de Salomão. Ele tem o poder de transformar humanos em animais e a causar loucura. Diz-se que ele aparece sob a forma de um leopardo.

Osíris *Egípcia*
= *Babilônica* Nergal; *Grega* Dioniso, Hades
O deus supremo, deus dos mortos, das inundações, das colheitas, do sol, do mundo inferior e da vegetação; filho de Geb e Nut ou de Rá e Nut; irmão de Ísis, Néftis e Seth.

    Ele se casou com sua irmã Ísis e, quando seu pai abdicou e dividiu o reino entre Osíris e Seth, eles governaram a metade norte. Seth queria o reino todo e colocou Osíris em um baú e o jogou no Nilo. Em uma versão, a arca foi parar na Fenícia (ou Biblos), onde uma árvore (Érica) cresceu à sua volta. A árvore foi derrubada para fazer uma coluna para o novo palácio do rei, Malcandie, que devolveu a arca a Ísis. Ela recuperou o corpo e, de luto sob a forma de um pássaro, concebeu e deu à luz um filho, Hórus. Set mais uma vez pegou o corpo e o cortou em quatorze (ou até 42) pedaços, que ele jogou no rio. E novamente Ísis resgatou as peças, remontou-as e trouxe Osíris de volta à vida, mas ele desceu para governar no mundo inferior, como Khenti-Amentiu, deixando o trono para Hórus. Em outra versão, ela concebeu Hórus depois de Osíris ter sido remontado e, em uma outra, Ísis enterrou os pedaços (exceto o pênis que tinha sido atirado para os crocodilos ou carpas) em vários santuários.
    Seus símbolos eram o mangual e o cajado e ele é descrito como uma múmia com esses implementos nas mãos.
    O faraó do reino unido foi Osíris depois de sua morte.

Ossian *veja* **Oisín**

Othagwenda *Norte-americana*
também Flint
Um herói da cultura iroquesa; irmão de Djuskaha. (*Veja* **Djuskaha**.)

Oto *Grega*
Um gigante; filho do deus do mar, Poseidon. Ele e seu irmão gêmeo Efialtes foram seres nobres, não monstros como os outros gigantes. (*Veja mais em* **Efialtes**.)

Otter-Heart *Norte-americana*
Um jovem órfão. Ele cresceu sozinho, exceto por sua irmã, e partiu em busca

de aventura. Ele conheceu um chefe que lhe ofereceu suas duas filhas, mas, quando ele insistiu que o jovem deveria se casar tanto com a Boa quanto com a Má, Otter-Heart fugiu, perseguido pelas duas donzelas. Quando se escondeu em um pinheiro, elas o cortaram e ele escapou cavalgando em uma pinha. Ao se esconder em um cedro, foi salvo quando seu espírito protetor quebrou os machados das duas donzelas. Ele chegou a uma tenda onde a mulher que o acolheu mostrou-se ser a Má ao comer a melhor parte do castor que ele pegou. Em um segundo alojamento, a mulher deu a Otter-Heart as melhores partes da lontra que ele trouxe consigo e admitiu que as lontras eram parentes dela. Ela era a donzela Boa e os dois se casaram.

ouroboros *Grega*
Uma serpente simbólica, com a cauda na boca, representando o ciclo da vida, a totalidade etc.

Ousous *Fenícia*
Um deus criador, uma divindade do fogo gigante. Dizia-se que ele e seu irmão Hyposouranios foram os inventores da humanidade.

Outro Mundo[1]
Um termo genérico para qualquer lugar sobrenatural, incluindo a terra das fadas, os céus, o inferno e o paraíso. Em muitos casos, o outro mundo só pode ser alcançado pelos mais bravos heróis e depois de muitas dificuldades.

Outro Mundo[2] *Celta*
= *Britânica* Avalon; *Irlandesa* Tir nan Og; *Galesa* Annfwn
Lar das fadas; terra dos deuses. Um lugar onde uma outra existência, em muitos aspectos semelhantes a esta vida, espera aqueles que morreram. Uma morte nessa vida significava um renascimento no Outro Mundo e vice-versa. Dizia-se que se tornava visível para os mortais na Festa de Samhain.

Ovda *Báltica*
Um espírito da floresta dos lapões. Esse monstro carnívoro podia aparecer como macho ou fêmea, nu e com os pés apontados para trás. Matava as pessoas fazendo cócegas até a morte antes de comê-las, mas poderia ficar impotente se tocado sob o braço esquerdo.

Owain[1] *Britânica*
também Cavaleiro de Leão
Um cavaleiro da corte do rei Artur um dos Cavaleiros da Batalha; filho de Urien e Morgana ou Modron.

A feiticeira Morgana planejava matar o rei Artur e seu marido, Urien, casar-se com seu amante Accolan e fazê-lo rei. Acreditando que Accolan havia matado Artur em uma luta, ela pegou a espada do marido e estava a ponto de matá-lo enquanto ele dormia. Owain, alertado por um criado, estava escondido na sala e capturou sua mãe a tempo de evitar o assassinato. Sua mãe o enganou fazendo com que acreditasse que ela estava possuída por espíritos malignos e ele a perdoou quando ela prometeu desistir de toda a sua magia.

O rei Artur sentiu que não podia mais confiar em Urien ou Owain, e baniu Owain de sua corte. Seu amigo Gawain optou por ir com ele e os dois partiram para uma aventura que permitiria a Owain provar sua lealdade ao rei.

O primeiro encontro deles foi com o gigante Morholt que desafiou Owain e Gawain, descartando facilmente o jovem Owain, que teve um ferimento na perna, e lutou por um honroso com Gawain. Os três se tornaram amigos e viajaram juntos. Eles conheceram três mulheres que se ofereceram para levá-los à aventura e Owain escolheu a mais velha delas. Ela era Lyne, uma mulher que sempre quis ser homem e tinha estudado sobre as perseguições dos cavaleiros. Ela fez com que Owain passasse dez meses em treinamento intensivo em sua casa no País de Gales e então partiram para uma aventura. Ele derrubou trinta cavaleiros em um torneio e ganhou o prêmio, cavalgando para o Castelo do Rochedo. Ali vivia a Dama do Rochedo, que tivera todos os seus bens, exceto o Castelo, tirados dela pelos irmãos Edward e Hugh. Owain lutou contra os dois, de uma só vez, matou Edward e forçou Hugh a se render. A Dama do Rochedo lhe ofereceu a chance de viver com ela e administrar suas propriedades recuperadas, mas ele optou por partir. Em uma encruzilhada, Lyne o deixou e ficou à espera de outro cavaleiro errante que ela poderia treinar enquanto Owain se juntou a Gawain e Morholt e retornou com eles a Camelot, onde foram recebidos pelo rei.

Ele foi um dos cavaleiros capturados e presos por Turkin, que odiava os cavaleiros do rei Artur, até ser resgatado por Lancelot.

Nas histórias galesas, ele aparece como Owein. Em uma dessas histórias, ele tem um "exército" de 300 corvos dados a ele pelo guerreiro Cenferchyn, que lhe garantem a vitória em qualquer batalha.

Outra história galesa envolve a Dama da Fonte. Quando Cynon, um cavaleiro da Távola Redonda, foi derrubado pelo Cavaleiro Negro, Owain se encontrou com o vencedor e o feriu tão severamente que ele morreu. Preso, ele foi resgatado por Luned, criada da Dama da Fonte, que lhe deu um anel que o tornou invisível, e Owain assumiu todas as terras do Cavaleiro Negro e sua esposa Laudine, a Dama da Fonte, morando com ela por três anos. Após esse tempo, Artur foi em busca dele e Kay encontrou o Cavaleiro da Fonte e foi derrotado em um enfrentamento. Cada um dos cavaleiros de Artur foi derrotado e foi só quando Gwalchmei lutava contra ele que perceberam que estavam lutando com Owain. Ele se reuniu com o rei Artur e retornou à sua corte onde ficou três anos. Quando percebeu que tinha abandonado a esposa, ele fez uma penitência (ou ficou louco, dizem alguns) e viveu a vida de um mendicante, matando um dragão e domando um leão que já havia enfrentado. Mais uma vez seu caminho cruzou com o de Luned e ele a resgatou da morte na fogueira.

Em algumas versões, ele voltou para a Dama da Fonte; em outras, ele voltou a viver com a esposa na corte do rei Artur.

Em outra história, ele voltou para casa e encontrou o castelo ocupado pelo cavaleiro Salados e seus seguidores. Na luta que se seguiu, Owain só escapou com vida quando o leão, que se tornou seu fiel companheiro, interveio, matando Salados e derrotando seus seguidores.

Outras histórias incluem uma luta com Gawain, quando Owain partiu para defender uma senhora roubada de sua propriedade por sua irmã mais velha. Os dois finalmente se reconheceram, a luta foi encerrada e Artur resolveu a disputa entre as irmãs. No caminho para essa aventura, Owain havia liberado 300 mulheres mantidas em cativeiro no Castelo de Pasme Aventure por dois demônios que as forçaram a fazer tecidos.

Owain² *Britânica*
também Owein, o Bastardo
Um Cavaleiro da Távola Redonda. Ele era filho ilegítimo de Urien com a esposa de seu mordomo e, portanto, meio-irmão do outro Owain. Ele foi morto por Gawain, a quem ele desafiou para uma luta.

Oxóssi *Africana*
Um deus iorubá das florestas e da caça. Ele também é venerado no Caribe.

Oxum *Africana*
Uma deusa do rio; consorte de Xangô. Ela também é venerada no Caribe.

Oxumaré *Africana*
= *Daomé* Dan Ayido Hwedo; *Haiti* Damballah Wedo
Uma divindade-serpente dos iorubás, também venerada no Caribe.

P

P *Centro-americana*
Uma divindade maia de identidade incerta, chamada de Deus P (*veja* ***deuses alfabéticos***). Essa divindade é retratada com um sapo e pode aparecer semeando ou lavrando, levando alguns a identificá-lo como um deus da agricultura.

Pã
também Goat-god, Goat-Pan
= *Romana* Fauno, Lupércio, Silvano
Deus dos rebanhos, pastores e bosques. Ele era parte homem, parte cabra, com chifres, cascos e cauda.

Quando ele perseguiu a ninfa Syrinx, ela foi transformada em um maço de juncos por Gaia. De sete deles, Pã moldou a flauta. Ele seduziu uma série de ninfas e deusas, incluindo Eco, Eupheme e Selene. Ele deu a Ártemis três cães e sete cães de caça e ajudou Hermes a restaurar os nervos de Zeus, cortados pelo monstro Typhon. Ele foi o único deus a morrer. Ele é retratado com flautas de junco e um cajado.

Pa Hsien *veja* **Oito Imortais**
Pa Kua *veja* **Oito Diagramas**
pa-lis *Persa*
Um gnomo do mal. Dizia-se que esses seres matavam aqueles que dormissem no deserto, lambendo seus pés para sugar-lhes o sangue.

Pa Pao *veja* **Oito Coisas Preciosas**
Pacari *Sul-americana*
Uma caverna com três saídas. Dizia-se que essa é a caverna a partir da qual surgiram os ancestrais do povo inca. Alguns dizem que havia três cavernas como essa.

(*Veja também* ***Crianças do Sol.***)

pacarina *Sul-americana*
Na tradição inca, ancestrais dos mortos. Acreditava-se que esses seres poderiam interceder junto aos deuses em nome de seus descendentes.

Pachacamac *Sul-americana*
também Criador da Terra
Um deus criador inca. Ele derrotou seu irmão Con, o primeiro criador dos homens, transformou o povo de Con em macacos e fez novos seres.

Em uma outra versão da história, ele criou os humanos, mas esqueceu sua necessidade de alimentos. O homem morreu e a mulher foi fertilizada pelo sol. Pachacamac matou seu primeiro filho e cultivou plantas a partir de pedaços de seu corpo. Seu segundo filho, Vichama, levou Pachacamac para o mar quando Pachacamac matou a mulher. Ele permaneceu nos mares como um deus do mar.

Padstow *Britânica*
A cidade da Cornualha, perto do Castelo de Tintagel, considerada por alguns como o lugar onde o rei Artur nasceu.

Paguk *Norte-americana*
Um esqueleto em movimento, na tradição dos povos algonquinos e ojíbuas. Diz-se que essa aparição, que é o esqueleto de um caçador que morreu de fome, se move pela floresta a uma velocidade fantástica, com muita força. Sua presença anuncia a morte de um amigo.

Pahe-Wathahuni *Norte-americana*
Uma montanha canibal. Ela podia abrir sua boca para formar uma caverna e qualquer caçador que se aventurasse a entrar era engolido. O Coelho se disfarçou de homem, entrou na caverna com um bando de caçadores e matou o monstro, cortando seu coração aberto. A montanha então se dividiu, e os que tinham sido engolidos foram trazidos de volta à vida.

paiarehe *Neozelandesa*
Fadas, na tradição dos maoris.

Pai Atoja *Sul-americana*
Um espírito da chuva dos aymara.

Para trazer a chuva, um mago recolhe várias bacias de água com sapos do Lago Titicaca e as coloca no topo da montanha, Atoja, rezando para o espírito daquela montanha, Pai Atoja e Mãe Atoja. Quando o sol evaporava a água das bacias os sapos coaxavam alto e os espíritos então provocavam a chuva.

Pai Céu[1] *Norte-americana*
também Céu Pai
= *Zuni* Apoyan Tachi
A deidade suprema das tribos pueblo; marido da Mãe Terra; pai de O Solitário.

Pai Céu[2] *veja* **Júpiter**
Pai Céu[3] *veja* **Mixcoatl**
Pai de Todos
Nome dado a deuses supremos como Odin e Zeus: o governante preexistente, e não criado, de todas as coisas.

Na tradição tribal norte-americana, o céu.

Pai Hu *veja* **Quatro Animais Auspiciosos**
Pai Lung *Chinesa*
também Dragão Branco
Um dos Quatro Reis Dragões. Diz-se que esse ser nasceu como um pedaço de carne para uma donzela que foi abrigada por um velho ao ser pega por uma tempestade. Com nojo, ela jogou a carne no mar onde se tornou um dragão branco, a causa da fome. A menina morreu de choque.

Paimon *Europeia*
Um demônio; um dos 72 Espíritos de Salomão. Diz-se que ele pode conceder qualquer desejo que um mago possa fazer e também ensinar ciências e artes. Ele é retratado como um governante coroado cavalgando um camelo.

Pairekse *Siberiana*
Filho do deus do céu. Ele faz entradas no livro do destino de acordo com

as instruções dos deuses e,
às vezes, visita a Terra sob a forma
de um ganso para relatar o que
está acontecendo.

Paiva *Báltica*
Um deus do sol finlandês. Os raios do
sol formavam estradas entre o céu e
a terra, ao longo das quais os deuses
podiam viajar.

Pajan Yan *Báltica*
Diz-se que essa deusa curadora foi banida
para a lua para impedi-la de restaurar
todos os mortos. Seu rosto agora é visto
na lua.

Palácio da Luz *Britânica*
também Castelo da Luz, Palácio Aventuroso
Um palácio dentro do Castelo Carbonek
onde o Santo Graal foi mantido.

paladino
também pair, peer
Um cavaleiro-errante, uma das doze
companhias pessoais do imperador
Carlos Magno. A lista variava de
tempos em tempos, mas alguns dos
mais famosos eram
    Astolpho, o duque inglês
    Aymon
    Baldwin, filho de Gano
    Fierabras
    Florismart
    Gano, o traidor
    Guido o Selvagem
    Malagigi, o feiticeiro
    Namo, duque da Bavária
    Ogier, o Dinamarquês
    Oliver, amigo de Rolando
    Rinaldo
    Rolando (Orlando)
    Salomão da Grã Bretanha
    Turpin, o arcebispo
Outros às vezes incluem na lista Amúlio,
Anseis, Engelir, Gerard, Gerin, Gerier,
Inon, Ivory, Otonne e Samson.

Palamedes *Grega*
Ele acompanhava Agamenon e Menelau
quando tentaram persuadir Odisseu a
se juntar à invasão de Troia e, quando
Odisseu fingiu estar louco lavrando
a terra com sal, Palamedes colocou o
bebê de Odisseu, Telêmaco, na frente
do arado. Odisseu desviou da criança,
revelando que estava bem são.

Durante a guerra de Troia, Odisseu
exigiu vingança subornando um criado
para plantar dinheiro e uma carta, que
seria de Príamo, rei de Troia. Por isso,
Palamedes foi acusado de traição e
apedrejado até a morte. Em outro relato,
ele foi afogado por Odisseu e Diomedes
durante uma pescaria ou enterrado
por eles sob pedras quando ele desceu
por um poço em busca de ouro que,
disseram a ele, estava escondido ali.

Palamedes teria inventado o dado, os
faróis, as escamas e uma parte do alfabeto.

Palas¹ *Grega*
Filha do deus do mar, Tritão. Ele criou
Atena como companheira para Palas.
Dizia-se que tendo matado Palas
acidentalmente, Atena mandou fazer a
Palladium em sua memória.

Palas² *Grega*
Um dos Gigantes Terrestres (*veja*
gigante), filho de Urano e Gaia. Ele
foi morto na guerra entre os deuses e
os gigantes por Atena, que o esfolou e
usou a pele como cobertura para sua
couraça. Depois disso, ela passou a usar
o nome de Palas Atena.

Palas³ *Grega*
Um nome de Atena, adotado tanto em
memória da menina Palas ou do gigante
Palas, ambos mortos por ela.

Palau Bah *Malaia*
A casa dos mortos. Nessa terra feliz, em
um oeste distante, as almas dos mortos

vivem sobre os produtos das árvores frutíferas perpétuas, daí seu nome, "Ilha da Fruta".

Palladium *Grega*
também Palladion, *plural* Palladia
Uma estátua de madeira de Palas Atena. Dizia-se que essa imagem teria caído do céu e foi consagrada como a guardiã da cidade de Troia. Há quem diga que Troia nunca seria conquistada enquanto a estátua permanecesse na cidade, então, durante o cerco a Troia, os gregos Odisseu e Diomedes entraram na cidade à noite e a roubaram. Alguns dizem que esta foi uma das muitas cópias encontradas na cidade.

Em alguns relatos, Diomedes deu essa cópia a Eneias, que a levou para a Itália, embora ela pudesse ter sido a original salva por Eneias quando Troia caiu. Outros dizem que foi Numa Pompílio, o segundo rei de Roma, que trouxe a Palladium para a Itália.

Alguns dizem que a Palladium original foi feita a partir do osso do ombro de Pélops.

Pallian *Australiana*
Um deus criador dos aborígenes. Ele e seu irmão Pundjel, criaram seres de casca e argila, mas, quando eles provaram ser maus, os dois os cortaram em pedaços. Os ancestrais das tribos brotaram desses pedaços.

Palulukon *Norte-americana*
= *Asteca* Quetzalcoatl; *Zuni* Koloowise
A serpente emplumada dos hopi, um deus da fertilidade.

Pan-ku *Chinesa*
O ser primitivo dos confucionistas; pai de Yüan Shih.

O primordial Grande Monad se separou para formar o Yin e o Yang. E os dois se dividiram para formar quatro seres menores que produziram Pan-ku.

Alternativamente, ele foi incubado e empurrou as duas partes da casca do ovo para formar o céu e a terra. Em alguns relatos, ele modelou os primeiros humanos com argila ou as pessoas se desenvolveram a partir de pulgas em seu corpo depois da sua morte. Diz-se que isso levou 18 mil anos, período em que ele cresceu a cada dia até chegar à posição final e morreu com o esforço. Seu olho esquerdo tonou-se o sol; o direito, a lua; e suas barbas, as estrelas. Alguns dizem que ele tinha o corpo parecido com o de uma cobra com a cabeça de um dragão.

Ele é retratado trabalhando com um martelo e um cinzel para fazer o universo a partir de blocos de granito flutuando no espaço, auxiliado por seus companheiros: um dragão, uma fênix, uma tartaruga e um unicórnio.

Em algumas versões da história da criação, Pan-ku foi auxiliado pela mulher Kua.

Panacea *Grega*
A deusa da saúde, filha de Asclépio, o deus da cura.

Pancada Dolorosa *Britânica*
também Golpe Doloroso
Quando este golpe foi aplicado, o país (País de Gales ou, dizem alguns, toda a Grã-Bretanha) foi devastado e a aridez só poderia ser removida pela Busca do Graal. O golpe que precipitou esse estado foi o esfaqueamento de Pelham, rei de Listinoise, por Balin, um Cavaleiro da Távola Redonda, que usou a Lança Sagrada, ou então o golpe de espada com a qual Varlan, rei de Gales, matou Lambor, rei de Terre Foraine.

Pandora *Grega*
A primeira mulher; esposa de Epimeteu. Ela foi criada a partir do barro por Zeus

ou pelo deus ferreiro Hefesto como um presente para Epimeteu, que inicialmente a rejeitou, mas se casou com ela às pressas quando seu irmão Prometeu foi punido por Zeus. Foi ela que abriu a caixa, dada a ela pelos deuses como presente de casamento, que continha todos os males que desde então afligem a humanidade. Outra versão diz que eram itens da criação da humanidade que estavam armazenados em um frasco que Pandora abriu inocentemente.

Em alguns relatos, ela era a mãe de Deucalião e Pirra, o primeiro homem e a primeira mulher, com Prometeu ou Epimeteu.

Pandora, A Caixa de *Grega*
Uma caixa contendo todos os problemas humanos. Essa caixa foi dada a Pandora como presente quando ela se casou com Epimeteu. Contra as instruções, ela a abriu e dali voaram todos os males que desde então afligiram a humanidade. A última a sair da caixa foi a Esperança. Em algumas versões, é um frasco ou um jarro, contendo todos os itens que sobraram quando Prometeu criou os seres humanos, que foi encontrado por Pandora, que não conseguiu resistir a ver por dentro.

pantera *Grega*
O animal do deus Dioniso.

Panteras Subaquáticas *Norte-americana*
Monstros aquáticos das tribos orientais. Dizem que esses animais eram como as criaturas da terra ao contrário, vivendo sob a superfície de rios e lagos. Eles tentaram destruir a terra arrastando-a para debaixo da água ou por inundação. Quando tentaram destruir a deusa Nokomis, avó de Hiawatha, em uma dessas enchentes, o deus Manabozho chamou castores

e outros para trazer lama do fundo desses rios e lagos do qual ele fez terra seca, salvando assim a vida dela.

Paoro *Neozelandesa*
Uma deusa dos ecos. Na criação, foi ela que deu a voz às mulheres.

Papa *Neozelandesa*
A mãe-terra dos maiori. Ele e seu marido Rangi eram tão firmemente entrelaçados que seus filhos não puderam deixar o útero até que seu filho Tanemahuta, deus da luz, os forçou a formar a terra e o céu.

Em algumas histórias, os deuses Atea e Tangaroa questionaram a paternidade do primeiro filho de Papa, que cada um dizia ser o pai. Papa cortou a criança ao meio e deu metade para cada um.

Papa Taoto *Ilhas do Pacífico*
Uma pedra elevada do fundo do mar pelo deus Tagaloa. Os samoanos dizem que o deus do mar criou essa rocha no oceano primordial para que seu filho-pássaro, Tuli, pudesse ter um lugar para construir um ninho. Mais tarde, Tagaloa dividiu essa primeira pedra em muitas partes para formar as ilhas do Pacífico.

Papagaio-do-mar *Britânica*
Uma ave na qual, diz-se, reside a alma do rei Artur. Outros relatos o substituem pela gralha ou pelo corvo.

Papaztac *Centro-americana*
Um deus asteca da intoxicação, um dos Centzon Totochtin. Um sacrifício feito a esse deus garantiria que quem o tomasse não sofreria mais que uma dor de cabeça ao ficar bêbado.

para *Báltica*
também pukhis, puk;
= *Estoniana* puuk; *Lapona* Smieragatto; *Letã* pukis; *Lituana* pukys; *Escandinava* Bittercat
Um espírito finlandês. Diz-se que esse espírito, que um homem pode fazer a partir de objetos roubados, dá ao seu

criador comida, bebida e dinheiro. Às vezes, ele assume a forma de um gato que carrega leite na boca ou nos intestinos.

Paraíso Oriental *Chinesa*
Um paraíso situado na Ilha de P'eng-lai.

Parasol, árvore *Chinesa*
A única árvore na qual a fênix pousará. Nela crescem doze folhas a cada ano, e treze nos anos bissextos.

Parcas *Romana*
= *Grega* Moiras; *Nórdica* Nornas
As deusas Nona, Decuma/Decima e Morta, equivalentes às Moiras gregas Clotho, Láquesis e Átropos. Nona tece o fio da vida, Decuma o mede e Morta é a deusa da morte, que o corta.

Paribanou *Muçulmana*
também Peri-Banou
Uma fada, esposa do príncipe Ahmed. Em *As Mil e Uma Noites*, ela deu a Ahmed ima tenda maravilhosa e se tornou sua esposa.

Parioca *Sul-americana*
Um deus criador dos quéchua. Depois que o Dilúvio recuou, cinco homens saíram de ovos no topo de uma montanha. Parioca era um desses seres e ele viajou pelo campo mudando a paisagem e fazendo canais de água. Quando algumas pessoas o confundiram com um vadio, ele destruiu toda a aldeia.

Páris *Grega*
Um príncipe de Troia; filho de Príamo e Hécuba, irmão de Hector.

Quando estava grávida dele, sua mãe sonhou que carregava uma tocha que incendiaria a cidade ou que um monstro a destruiria. A interpretação que o profeta Ésaco deu a esse sonho foi de que o menino causaria a morte de sua família e a perda de Troia e, por isso, seus pais o abandonaram sobre o monte Ida. Ele foi amamentado por uma ursa, protegido pelo pastor Agelau, e sobreviveu até a idade adulta, quando foi devolvido aos pais. Quando lhe foi pedido para julgar um concurso de beleza entre as três deusas Afrodite, Atena e Hera, ele deu o prêmio, uma maçã de ouro, a Afrodite porque ela lhe prometeu acesso à menina mais bonita do mundo – Helena, esposa de Menelau. Ele abandonou a própria esposa, a ninfa Enone, que o amava, na esperança de ganhar Helena e voltou a Troia, onde se reuniu com seus pais, que lhe deram os navios para sua expedição à Grécia. Lá, foi um convidado bem-vindo de Menelau. Mas, quando o rei se ausentou, Páris raptou Helena e a levou para Troia. Na Guerra de Troia, resultante desse rapto, ele enfrentou Menelau e teria sido morto se Afrodite não o tivesse levado de volta para a cidade em segurança. Seu filho, Corytus, veio lutar em Troia em quando Helena se apaixonou pelo jovem, Páris o matou. Mais tarde, das muralhas da cidade, ele atirou e matou Aquiles atingindo-o no seu único ponto vulnerável, o tornozelo.

Outra versão da morte de Aquiles diz que Polixena, que foi dada a ele como um prêmio, o persuadiu a divulgar o segredo do seu calcanhar vulnerável. Polixena então contou a história a seu irmão Páris, e ele esfaqueou Aquiles no calcanhar durante o casamento de Aquiles e Polixena. Após a morte de Aquiles, Páris foi atingido e ferido por Filoctetes, usando o arco de Hércules, e foi levado por Enone, que tinha a reputação de conhecer uma droga que salvaria Páris, mas ela, ainda zangada por estar sendo abandonada, simplesmente o deixou morrer.

parne *Báltica*
Um espírito florestal finlandês malévolo.

Parsifal *Germânica*
também Parsival, Parzifal
Um jovem sem malícia; pai de Lohengrin. Na história wagneriana do Santo Graal, ele atirou inocentemente em um cisne nas terras do Templo do Graal. O guardião permitiu que ele observasse os cavaleiros em oração e ele resolveu recuperar a Lança Sagrada, que tinha sido apanhada por Amfortas, o guardião do Graal, pelo malévolo mago Klingsor. Ele resistiu às tentações da donzela Kundry, no jardim das delícias de Klingsor e levou a lança, usando-a para banir a ele e todas as suas obras da face da terra. Depois de vagar por muitos anos, ele finalmente encontrou seu caminho de volta ao Templo onde curou a ferida de Amfortas deitando-se sobre ela a Lança Sagrada e se tornou o guardião do Santo Graal no lugar de Amfortas.
(*Veja também* **Percival**.)

Parsu *Hindu*
A primeira mulher, consorte de Manu. Ela foi criada, dizem alguns, a partir da bebida que Manu ofereceu aos deuses quando ele sobreviveu ao Dilúvio; outros dizem que ela foi criada, como Eva, a partir da costela dele.

Partênope *Grega*
Uma das Sereias. Quando Odisseu e sua tripulação não sucumbiram a seus encantos e escaparam, ela se afogou em desespero.

Partholan *Irlandesa*
Líder da segunda onda de invasores da Irlanda. Ele matou seus pais na Grécia, esperando assumir seu reino. Quando não se tornou rei, ele navegou para a Irlanda com seus seguidores e se instalou lá depois de derrotar os formorianos na Batalha de Magh Iotha.

Partolanianos *Irlandesa*
A segunda onda de invasores da Irlanda, seguidores de Partholan. Dizia-se que esse grupo de invasores teria vindo da Espanha e consistia em 24 casais. Eles superaram os formorianos e assumiram o controle da Irlanda, mas foram afetados por uma doença que dizimou a raça toda, exceto Yuan, sobrinho de Partholan, que escapou para as colinas.

Parvati *Hindu*
também Devi, Durga, Gauri, Kali, Kumari, Mahadevi, Shakti
A deusa-mãe; um nome de Devi como "a montanhista"; uma forma tranquila de Durga; irmã do deus Vishnu; esposa do deus Shiva; mãe dos deuses Ganesha e Skanda.

Primeira esposa de Shiva, Sati, imolou-se, mas renasceu depois como Parvati. Quando Shiva criticou sua pele escura, Brahma a transformou em Gauri, "o Devi Amarelo". Alguns dizem que foi Gauri quem foi queimada até a morte. Outra versão diz que Brahma criou Gauri como uma esposa para o deus Rudra.

Ela, ou Uma, uma vez cobriu os olhos de Shiva, colocando o mundo na escuridão, e ele então desenvolveu um terceiro olho em sua testa.

Em uma história, Shiva a baniu da terra como uma pescadora e depois mandou Nandu, sob a forma de um tubarão, para destruir as redes dos pescadores. O pai adotivo de Parvati a ofereceu como esposa a qualquer homem que pudesse matar o tubarão e Shiva conseguiu reconquistar sua esposa por aparecer na forma de um jovem e capturar o tubarão.

Às vezes, ela é retratada com quatro braços ou com a cabeça de um elefante.

Pasht *veja* **Bast**

Pasífae *Grega*
Esposa do rei Minos, de Creta; mãe de Ariadne, Deucalião, Glauco, Fedra e outros; irmã de Circe.

Ele se apaixonou irracionalmente por um touro branco que o deus do mar, Poseidon, enviou a mando de Minos para provar que ele era o legítimo herdeiro do trono de Creta. Dédalo talhou uma vaca oca de madeira na qual ela se escondeu para se acasalar com o touro. O resultado dessa união foi o monstruoso Minotauro com cabeça de touro. Pasífae, junto com Minos e o Minotauro, retirou-se para o Labirinto, um emaranhado de caminhos tortuosos construído por Dédalo para conter o monstro. Quando Minos prendeu Dédalo e seu filho Ícaro no Labirinto, foi Pasífae que os libertou para fazerem sua famosa fuga nas asas feita por Dédalo. (Em alguns relatos, a mãe do Minotauro foi Europa.)

Pássaro do Trovão[1] *Norte-americana*
também Trovejante
Um nome para os deuses sioux Hinun, Wakan Tanka, Wakinyan e Wakonda.

Pássaro do Trovão[2] *Norte-americana*
também Trovejante
Um espírito dos trovões e dos relâmpagos. A descrição desses seres varia de tribo para tribo. Às vezes, eles são humanos com cabeça de uma águia ou usando mantos feitos de penas de águia; outros dizem que, em grande parte, eles não têm forma definida, mas têm bico com grandes presas. Eles podem fazer trovões ao bater as asas e os relâmpagos vêm de seus olhos.

Algumas tribos consideram ancestrais da raça humana que tiveram um papel na criação do mundo.

Pássaro do Trovão[3] *Siberiana*
Espíritos da chuva. Nesse caso, as aves são patos e diz-se que chove quando eles espirram.

Pássaro do Trovão[3,4] *Sul-americana*
Um espírito dos trovões e relâmpagos.
Este ser faz parte da tradição de várias tribos que acreditam que o Pássaro do Trovão causa trovões ao bater suas asas.

Pássaro Negro de Cilgwri *Galesa*
Um pássaro de grande conhecimento. Essa ave antiga foi consultada por Culhwch em sua busca pela mão de Olwen.

Pássaro-trovão *Norte-americana*
Um dos anciãos da espécie. Ele, ao lado de três outros anciãos, guardava o ninho com os ovos dos quais nasceram todas as aves da espécie. Ele também era guardião do leste.

Pássaro Vermelho *veja* **Feng**

Patala *Hindu*
O mundo inferior, um local de muitos prazeres. Patala tinha sete regiões distintas, conhecidas como Atala, Mahatala, Nitala (ou Patala), Rasatala, Sutala, Talatala e Vitala, cada uma governada por seu próprio rei. Abaixo desses reinos existem vários infernos e a serpente, Sesha, apoiando o mundo.

Outros descrevem Patala como uma magnífica casa, lar dos Asuras (demônios).

Patrise *Britânica*
Um cavaleiro irlandês, um Cavaleiro da Távola Redonda; primo de Mador.

Em um jantar oferecido por Guinevere para vinte e quatro de seus cavaleiros, Pinel cultivou uma maçã envenenada destinada a Gawain, que havia matado seu primo Lamerock. A maçã foi comida por Patrise, que morreu no local. Mador acusou a rainha de assassinato e ela só foi salva da fogueira graças à intervenção de Lancelot, que matou Mador em uma luta.

pavão
(1) Para os chineses, o pavão era uma ave sagrada.

(2) Na mitologia grega, o pavão é sagrado para Hera.
(3) Na mitologia hindu, é a ave de Brahma, Lakshmi e Saraivai.
(4) Para os romanos, o pavão é a "ave junoniana", sagrada para Juno.

Payatami *Norte-americana*
Um deus da colheita dos povos hopi e zuni. Ele às vezes aparecia sob a forma de um pequeno tocador de flauta ou de uma borboleta que fertilizou as plantas.

Pazuzu *Mesopotâmica*
Um monstro assírio. Esse ser é descrito como sendo parte leão, parte águia, com chifres e dois pares de asas.

Pedra do Trovão *Hindu*
A arma de Indra; um raio. (*Veja também **vajra**.*)

pega
(1) Há uma história em que essa ave foi excluída da Arca de Noé por ter tagarelado muito e ter sido forçada a andar sobre o teto.
(2) Na China, as pegas são usadas como emblemas imperiais. Ela é considerada uma portadora de boas-novas e, consequentemente, conhecida como a Ave da Alegria.
(3) Em Roma, a pega é considerada a ave do deus da guerra Marte.

Pégaso *Grega*
O cavalo alado de Apolo; o cavalo das Musas. Esse animal, filho do deus do mar, Poseidon, brotou do sangue da Górgona Medusa quando ela foi decapitada por Perseu. Ele foi montado por Belerofonte, príncipe de Corinto, quando ele matou a Quimera e, em alguns relatos, Perseu montou Pégaso quando resgatou Andrômeda do monstro marinho. Ele também carregou os raios usados por Zeus.

Diz-se que a fonte Hipocrene, no monte Hélicon, brotou de uma das pegadas do cavalo.

peixes
Os peixes foram sagrados em várias culturas, em outras, eles tinham um papel ativo nas mitologias:
(1) Algumas tribos africanas consideravam os peixes como a personificação das almas que partiram.
(2) Na China, o peixe era considerado um símbolo da regeneração.
(3) No Egito, onde vários tipos de peixe eram sagrados, um talismã em forma de peixe que, dizia-se, trazia boa sorte. Como um emblema de Osíris, ele significa o renascimento; como um emblema de Set, significava o mal.
(4) A mitologia hindu fala de dez avatares de Vishnu, o primeiro dos quais na forma de um peixe conhecido como Matsya que, nessa forma rebocou o barco de Manu para um local seguro quando começou o Dilúvio.
(5) Em partes da Índia, assim como na China, o peixe é visto como símbolo de regeneração.
No extremo norte, algumas tribos jogam as espinhas dos peixes de volta ao mar, acreditando que eles se tornarão peixes na próxima estação.
(6) Segundo as lendas das Índias Orientais, o peixe Maivia Kivivia se cansou de nadar e veio para a costa, tornou-se um ser com duas patas e teve dois filhos que vieram a ser os antepassados das tribos da Nova Guiné.
(7) Na tradição persa, o peixe Mah sustenta o universo.

peixes sagrados
(1) O oxirrinco era sagrado para Hathor.

(2) O tubarão na África Ocidental.
(3) A enguia na Grécia, Fenícia e Polinésia.

Pelasgo · *Grega*
também Pelasgos

O primeiro homem; filho de Zeus e Níobe, a primeira mulher, dizem alguns. Dizia-se que saiu do solo e se tornou ancestral dos primeiros gregos, os Pelasgi.

Pele · *Ilhas do Pacífico*

A deusa do vulcão do Havaí. Ela era tão indisciplinada que seu pai, Kane-hoalani, a expulsou para que encontrasse a própria casa. Ela escavou as fundações de uma nova casa em muitas ilhas, construindo finalmente no Havaí. Diz-se que as escavações anteriores são as crateras vulcânicas da região do Pacífico.

Outra história diz que ela desafiou um chefe, Kahawali, para uma corrida sobre pranchas de madeira pela encosta de um vulcão e irrompeu em fúria quando perdeu. O vencedor escapou por barco.

Seu marido a abandonou por uma outra mulher e Pele se casou com o chefe Lohiau. Ela o deixou logo depois do casamento para preparar um novo lar, mas a mensagem que avisava que estava pronta demorou tanto tempo para alcançá-lo que ele morreu. Ele foi trazido de volta à vida e partiu com seus criados para ir até Pele, mas mais uma vez demorou tanto que Pele perdeu a paciência e os matou com fogo.

Outra variação diz que ela mandou a irmã Hiiaka resgatar a alma de Lohiau do mundo inferior. Quando foi restaurado à vida, Lohiau se apaixonou por Hiiaka, por isso a invejosa Pele derramou lava sobre ele, que morreu novamente.

Quando ele foi novamente trazido de volta à vida por Kane-hoalani, Pele se arrependeu e o entregou a Hiiaka.

Pele Kolese · *Báltica*

Um espírito da água finlandês, que flutua como se estivesse se afogando. Aqueles que tentam resgatá-lo são atacados e mortos.

pelicano

(1) Diz-se que esta ave matará seus filhotes e depois os trará de volta à vida com o sangue de seu próprio peito.
(2) Os gregos o consideravam um inimigo da codorna.
(3) Na tradição hebraica, dizia-se que era uma ave de mau agouro.

Pelleas · *Britânica*

Um Cavaleiro da Távola Redonda.

Em um torneio em que ele derrotou 500 cavaleiros em três dias, Pelleas ficou perdidamente apaixonado por Ettard, que tinha organizado o concurso. Quando Ettard rejeitou suas investidas, ele se aborreceu e ela colocou seus cavaleiros contra ele. Pelleas derrubou dez deles em sequência, mas permitiu-se ser amarrado sob a barriga de seu cavalo e foi feito prisioneiro só para poder vislumbrar um pouco mais a mulher amada. Assim que ele foi solto, fez a mesma coisa outra vez. Gawain tentou ajudar, procurando Ettard com a armadura de Pelleas para lhe dizer que ele estava morto, mas o plano falhou quando Gawain a seduziu e ficou com ela por algum tempo. Pelleas, com o coração partido, deitou-se na cama e entrou em declínio. Nimue o encontrou nesse estado e lançou um feitiço em Ettard, fazendo com que ela se apaixonasse por Pelleas. Depois enfeitiçou Pelleas que rejeitou Ettard com desprezo. Nimue então ficou com ele pelo resto de suas vidas. Em algumas versões, eles se casaram.

Pelles *Britânica*
também Rei Eremita, Rei Pescador, Rico Pescador

Um rei de Carbonek; zelador do Santo Graal; primo de José de Arimateia.

Ele era o guardião do Santo Graal, que tinha se tornado coxo por seus pecados. Em uma história, ele encontrou um navio coberto de samito branco, o navio que mais tarde seria encontrado por Galahad e seus dois companheiros na busca do Graal, e subiu a bordo. Quando ele tentou puxar a espada que encontrou ali, uma espada espectral atravessou suas duas coxas.

Para garantir um seguidor digno de aprender os segredos do Graal, ele usou uma poção mágica para induzir Lancelot a pensar que sua filha Elaine era Guinevere. O resultado de sua união foi o menino Galahad.

Quando chegou ao Graal, ao final de sua busca, Galahad ouviu uma voz vinda do céu que lhe disse para ungir Pelles com o sangue da Lança Sagrada. Isso lavou seus pecados e curou suas feridas, Pelles passou os últimos anos de sua vida em um mosteiro.

Pellimore *Britânica*
também Rico Pescador

Um Cavaleiro da Távola Redonda; rei das Ilhas; pai de Nimue, Percival e outros.

Ele lançou um desafio a todos os que chegavam, e enfrentou o rei Artur e o derrotou. Merlin lançou um feitiço sobre Pellimore para salvar a vida do rei.

Mais tarde, ele foi recebido na corte e recebeu um lugar de honra na Távola Redonda. Na festa de casamento de Artur, ele foi enviado para encontrar o cavaleiro que tinha invadido o salão e fugiu levando Nimue à força. Ele passou por uma donzela que cuidava de um cavaleiro ferido, mas recusou-se a parar e ajudá-la. Quando a encontrou, encontrou também dois cavaleiros lutando – Ontelake que a tinha levado e o primo dela, Meliot. Ele matou Ontelake e Meliot se rendeu sem lutar. Ele levou Nimue de volta a Camelot e, no caminho, viu os corpos mortos da donzela e do cavaleiro que ele não tinha ajudado. Só então descobriu que a donzela era sua filha Elaine com Lady of Rule e o cavaleiro era o amante dela, Myles; ambos haviam sido atacados por Loraine le Sauvage quando estavam a caminho de Camelot para se casar.

Ele matou Lot, rei de Órcades e Lothian, e ele mesmo foi morto por Gawain, filho de Lot.

Em alguns relatos, ele é citado como o Rico Pescador, é ferido nas coxas e é equiparado a Pelles.

Pélops *Grega*
Quando se viu sem comida em um banquete que havia oferecido para os deuses, Tântalo matou seu filho Pélops, cortou-o em pedaços e o serviu em um ensopado. Só quem se serviu de uma das porções foi Deméter (ou Tétis, dizem alguns), que comeu o ombro. Os deuses restauraram Pélops completamente, com Deméter tendo contribuído com um ombro novo, feito de marfim, e Poseidon levou o jovem restaurado para o Olimpo como seu amante ou como carregador de copos.

Ele se apaixonou por Hipodâmia e ganhou sua mão ao derrotar o pai dela, Enomau, em uma corrida de carruagens, dirigindo uma carruagem mágica dada a ele por Poseidon. Pélops prometeu permitir que Myrtilus, cocheiro do pai dela, dormisse com Hipodâmia, persuadindo-o a sabotar a carruagem de Enomau. Quando ela foi avariada, Pélops matou Enomau, mas, mais tarde, voltou atrás na promessa feita a Myrtilus e o chutou para o mar. Purificado pelo deus ferreiro Hefesto, ele assumiu o trono de Pisa.

Quando morreu, foi levado para o Olimpo como um imortal.

Pemba *Africana*
Um deus criador e deus da árvore de Bambara; o princípio primordial da criação.

Ele foi feito a partir do vazio e então criou o mundo. E desceu à Terra como a semente da qual cresceu a árvore da acácia. Ele fez a primeira mulher, Musso-koroni, da madeira da árvore e se acasalou com ela para gerar humanos e a vida animal. Ela plantou Pemba na terra só para seu irmão gêmeo, Faro, o deus da água, para desenterrá-lo.

Pena Branca *veja* **Chacopee**

penanggalan *Malaia*
Um sugador de sangue, demônio ou bruxa. Diz-se que esses demônios são mulheres que, com bruxaria, deixavam seus corpos à noite sob a forma de uma cabeça desencarnada arrastando os intestinos.

Penates *Romana*
Os deuses domésticos da despensa. Alguns dizem que essas divindades foram trazidas de Troia por Eneias; outros dizem que são Castor e Pólux, os Cabeiri (deuses da fertilidade).

Penbedw *Celta*
Um local, no País de Gales, em que dizem que o rei Artur foi enterrado.

Pendragon *Britânica*
Um nome assumido por Uther quando ele se tornou rei. Alguns relatos dizem que o rei Artur também assumiu esse título, que significa "chefe" ou "líder".

Penélope *Grega*
Porque Icarius, rei de Esparta, queria um filho, sua esposa escondeu a filha, ainda bebê, nos rebanhos de ovelhas, chamando-a de Arnaea. Icarius descobriu a decepção e atirou a criança no mar. Quando foi salva por patos, ele a aceitou como sua e a criou. Odisseu a ganhou como esposa em uma corrida.

Quando seu filho, Telêmaco, era apenas um bebê, Odisseu partiu para lutar no cerco a Troia. Ele esteve ausente por vinte anos, sendo que os dez últimos foram passados vagando ao capricho dos deuses.

Muitos homens vieram cortejá-la, dizendo que Odisseu certamente devia estar morto, e se recusaram a ir embora, dizendo que ficariam ali até ela se decidir por um deles. Ela prometeu lhes dar uma resposta quanto terminasse de tecer um manto (ou sudário) que estava que estava fazendo. Mas toda noite ela desfazia o trabalho que tinha feito durante o dia, de forma que não terminava nunca.

Em um relato, Penélope, acreditando que o marido estava morto, atirou-se no mar mas mais uma vez foi salva por patos.

Quando Odisseu finalmente voltou para casa, ela conseguiu levar seu arco e as flechas até ele, que rapidamente se livrou dos indesejáveis convidados.

Uma história diz que Telégono, um filho de Odisseu com a feiticeira Circe, matou o pai, sem saber quem estava matando e depois levou Penélope e Telêmaco para Aeaea onde ele se casou milagrosamente com a jovem Penélope, que se casou com Ítalo, e Telêmaco se casou com Circe.

Ainda uma outra história diz que ela foi infiel a Odisseu e que foi mãe de Pã com Hermes.

P'eng-lai *Chinesa*
Uma paradisíaca ilha taoísta, uma das Ilhas Afortunadas. Foi nesse reino, um dos 108 paraísos flutuando no mar oriental, que cresceu a planta da

imortalidade e a água da imortalidade fluía nos rios. Ali ficava a casa dos Oito Imortais e ela só poderia ser alcançada por ar, já que os mares à sua volta não suportariam um barco.

Em anos posteriores, o Imperador Celestial teve as ilhas ancoradas por tartarugas enormes e guardadas por Yü-ch'iang, deus dos ventos.

P'eng Niao *Chinesa*
A versão chinesa do roca. Diz-se que essa ave enorme carregava o céu nos ombros. Em alguns relatos, ela era originalmente Kun, um monstro marinho.

Pequeno Broto *veja* **Djuskaha**

pequeno homem vermelho, o *Francesa*
Um espírito doméstico da Normandia, um lutin.

Pequeno Polegar *Britânica*
O mago Merlin previu que esse menino não seria maior que seu polegar e isso se provou. Ele se tornou homem feito em poucos minutos, mas não cresceu. Sua madrinha, a rainha das fadas, deu-lhe alguns presentes maravilhosos: um anel que podia torná-lo invisível; um chapéu capaz de transmitir qualquer conhecimento de que ele precisasse; um cinto que podia mudar sua forma e um par de sapatos que podiam levá-lo onde ele quisesse ir.

Dizia-se que ele foi amigo do rei Artur. Ele havia rastejado pela manga do gigante, Grumbo, que então o sacudiu no mar, onde ele foi engolido por um peixe. Ele conheceu o rei quando o peixe foi servido em um banquete de Artur.

Pequenos Homens
veja **Meninos Trovão**

Percival *Britânica*
também Parsifal, Percival de Gales
Um cavaleiro da corte do rei Artur; filho de Pellimore (ou de um outro Percival, em alguns relatos).

Criado em isolamento, ele desejava ser um cavaleiro e saiu de casa em tenra idade para buscar sua fortuna. Ele recebeu uma pulseira da esposa de Orilus, Duque de Lalander, e logo conheceu sua prima, Sigune, chorando sobre o corpo do marido, Schionatulander, morto pelo Cavaleiro Vermelho. Percival matou o assassino e pegou seu cavalo e sua armadura. Ele aprendeu as habilidades de seu ofício nas mãos de Gurnemans, um Cavaleiro da Távola Redonda, e partiu em busca de aventura.

Em alguns relatos, há dois eventos diferentes. No primeiro, Percival matou o Cavaleiro Vermelho, que havia roubado um cálice de ouro de Camelot, e ficou com seu cavalo e sua armadura; no segundo, o assassino do marido (ou amante) de Sigune acabou sendo Orgelleuse (ou Orilus) e Percival o derrotou e o mandou para a corte de Artur.

Ao ouvir que Condwiramur, a rainha de Brobarz, estava em apuros, ele montou em seu auxílio, matou os inimigos e se casou com ela, tendo um filho, Lohenergrain. Depois de um tempo, ele saiu para procurar a mãe, sem saber que ela estava morta.

Em alguns relatos, ele veio para o Templo do Graal onde encontrou o ferido Amfortas, mas não fez a única pergunta que poderia ter posto fim a seu sofrimento. Mais tarde, ele foi enganado para lutar contra Gawain, mas poupou sua vida quando Itonje, irmã de Gawain, implorou por ele. Ele foi à cela de um ermitão onde Trevrezent lhe disse que ele poderia curar Amfortas, seu irmão, se fizesse a pergunta certa. Ele partiu para encontrar Amfortas novamente e foi desafiado por um cavaleiro, que descobriu ser seu meio-irmão, Feirefiz, que se juntou a ele em sua busca. Ao encontrarem Amfortas, ele foi curado quando Percival perguntou o que o afligia. Depois, Titurel, pai de Amfortas, apareceu e coroou Percival como guardião do Santo Graal.

Ele expulsou as nove Bruxas de Gloucester que estavam importunando a Senhora do Castelo e passou três semanas com ela, antes de Artur convencê-lo a voltar para Camelot. Uma das bruxas apareceu em Camelot e disse que a Senhora do Castelo era agora uma prisioneira na Fortaleza das Maravilhas. Percival partiu para resgatá-la, mas ficou preso na Torre Alta. A filha do patrão o soltou e ele expulsou os agressores enviados pelas bruxas para matá-lo. Na Fortaleza das Maravilhas, Percival matou os guardas e decepou a cabeça de um unicórnio A cabeça se transformou em um cavaleiro sobre o esqueleto de um cavalo que desapareceu na poeira e na fumaça quando Percival o golpeou com sua espada. Ele matou a líder das bruxas e as outras se transformaram em poças de gordura. A Senhora do Castelo desapareceu do mundo dos mortais e Percival voltou para Camelot de mãos vazias. (Em uma história paralela de Peredur, as bruxas são as bruxas de Caer Llyw.)

Ele se juntou na busca de Lancelot quando ele ficou louco e desapareceu. Em uma história, ele e Ector encontraram Lancelot no Castelo Bliant e o persuadiram a voltar a Camelot.

Ele se juntou aos outros cavaleiros na busca do Santo Graal. Ele e Lancelot lutaram contra um cavaleiro que depois se descobriu ser Galahad disfarçado. Quando Lancelot cavalgou atrás de Galahad, Percival foi até uma casa próxima e acabou encontrando sua tia, a antiga rainha da Terra Devastada, que o aconselhou sobre seu futuro. Ele chegou a um mosteiro onde viu o rei Evelake, que estava ferido e quase cego há 400 anos, esperando a chegada de Galahad. Ao sair, foi atacado por um grupo de cavaleiros (em algumas versões, duendes) que mataram seu cavalo e teriam matado Percival se Galahad não tivesse aparecido no lugar e derrotado os invasores.

Em uma versão, ele chegou a um rio e adormeceu. Quando acordou, viu-se em uma ilha povoada por animais selvagens e cobras. E então chegou um navio negro com uma dama vestida de veludo preto, que se ofereceu para levá-lo até Galahad se ele se tornasse seu amante. Como ele se recusou, ela e o navio desapareceram e apareceu um navio branco. Outra versão diz que ele chegou ao mar no momento em que o navio branco se aproximou trazendo uma linda donzela por quem se apaixonou, e que o induziu a ir para a cama com ela, mas ele a rejeitou no último minuto para manter-se puro para a Busca do Graal.

Mais tarde, ele conheceu o cavaleiro Bors e logo se juntaram a Galahad, que foi guiado pela irmã de Percival, Dindrane, e eles navegaram juntos em busca do Graal. Encontraram um navio abandonado e subiram a bordo. Galahad pegou uma espada que achou e eles voltaram ao seu próprio navio, que os levou ao Castelo Carteloise. Ali havia uma mulher acamada, doente, e só poderia ser curada pelo sangue de uma virgem. Dindrane lhe deu seu sangue mas morreu. A seu pedido,

Percival colocou o corpo dela em um barco e o lançou à deriva.

Os três cavalgaram até o Castelo Carbonek, lar do rei Maimed, onde foram testemunhas de uma visão do Santo Graal. Os três então levaram o Graal e a Lança Sagrada para Sarras na Terra Santa, onde encontraram o barco com o corpo da irmã de Percival, que eles enterraram. E foram presos pelo rei Estorause, mas ele os libertou e pediu perdão quando estava morrendo. Galahad foi feito rei, mas morreu cerca de um ano depois. Percival entrou em um eremitério e viveu ali até sua morte, cerca de um ano depois de Galahad.

(*Veja também* **Parsifal**.)

Pere — *Ilhas do Pacífico*

Uma deusa do mar polinésia. Diz-se que ela criou os mares despejando água de um jarro dado a ela por sua mãe, Haumea.

Peredur — *Galesa*

Um Cavaleiro da Távola Redonda; a versão galesa de Percival.

Ele foi criado de forma reclusa pela mãe que temia que fosse morto nas lutas, assim como seu pai e seus irmãos haviam sido. Imbuído do espírito de aventura, ele foi para Caerleon armado apenas com uma vara pontiaguda. Ao chegar, foi recebido por um anão e sua esposa, nenhum dos quais jamais havia falado antes na corte e, por isso, foram maltratados por Kay. (Em algumas histórias, uma donzela que nunca havia sorrido assumiu o lugar dos anões que nunca haviam falado.)

Ele matou um cavaleiro desconhecido que tinha agredido Guinevere atirando a vara pontiaguda que atravessou seu olho e pegou o cavalo, as armas e a armadura do homem, jurando nunca mais voltar até ter vingado o insulto aos anões.

No Castelo das Maravilhas, seu tio lhe mostrou a cabeça decepada de seu primo e a lança com a qual ele tinha sido morto, o que incitou Peredur a vingar a morte do primo. Ele caiu de amores por uma donzela cujas terras tinham sido tomadas por um conde vizinho e, ao derrotar as forças do conde, devolveu a propriedade a seu legítimo dono. Ele passou três semanas na corte das bruxas, aprendendo mais sobre as artes da equitação e do armamento.

Em outra versão, o tio era o Rei Pescador e a vara era a Lança Sagrada que ele viu, junto com o Santo Graal. Mais tarde, o Rei Pescador levou essas relíquias sagradas para um "país distante".

O rei Artur foi em busca desse jovem cavaleiro e, quando o encontrou, Peredur derrotou muitos dos melhores cavaleiros de Artur, incluindo Kay, cujo braço e ombro foram quebrados. Ele voltou para Caerleon com Artur e conheceu Angharad Mão de Ouro e se apaixonou por ela, mas partiu, retomando suas aventuras, jurando não falar até que ela viesse a amá-lo. Ele forçou todos os homens que derrotou em sua jornada a ir à corte do rei Artur para se submeterem à vontade do rei. Ele lutou com um leão e uma serpente e pegou o anel de ouro no qual a serpente dormia. Nessa fase de sua carreira, ele era conhecido como o Cavaleiro Mudo, mas em seu retorno a Caerleon, Angharad declarou seu amor e ele pôde falar novamente.

Em outra aventura, ele conheceu e matou o Opressor Negro, um negro com um olho só que lhe disse como encontrar o Verme Negro de Barrow e depois Addanc do Lago. Ele então derrotou 200 dos cavaleiros que protegiam o Verme Negro de Barrow e matou a serpente. E usou a pedra mantida na cauda da serpente para fazer ouro com o qual pagou os cem cavaleiros restantes e depois deu a pedra a seu criado, Edlym.

O Addanc do Lago matava os três filhos do Rei do Sofrimento todos os dias, e todas as noites suas esposas os traziam de volta à vida. No caminho para o lago, Peredur encontrou uma donzela que lhe deu uma pedra que o protegeria do malvado Addanc. Ele matou o monstro e cortou sua cabeça, que depois deu aos três príncipes.

Na corte da Condessa das Conquistas, ele derrotou cada um dos 300 cavaleiros e ganhou a mão da Condessa para Edlym.

A donzela que tinha lhe dado a pedra mágica que o protegeu em seu encontro com Addanc era a Imperatriz de Constantinopla ou, em alguns relatos, Cristonabyl, o Grande, e, em um grande torneio em honra dela, Peredur, conhecido como o Cavaleiro do Moinho, por se hospedar com um moleiro local, derrotou todos os cavaleiros e ficou com ela por quatorze anos. Em seu retorno a Caerleon, uma feia donzela negra o amaldiçoou por não buscar a explicação da lança cheia de sangue e da cabeça decepada que seu tio lhe mostrara anos antes e ele então partir para encontrar o Castelo das Maravilhas mais uma vez. No caminho, foi preso por um rei, mas liberado quando ele o ajudou a derrotar as forças de um conde e matou outro homem negro no castelo de Ysbidinongyl. No castelo, ele foi obrigado a matar um cervo de um chifre só, que estava matando todos os animais da região, e a lutar três vezes com um homem negro. Depois encontrou seu tio e o primo morto que, desconhecido de Peredur,

tinha aparecido em muitas de suas aventuras sob várias formas, incluindo a da feia moça negra. Parecia que tinha sido morto pelas bruxas de Caer Llyw. Peredur procurou as bruxas e, com a ajuda do grupo de guerra de Artur, matou todas elas. (Na história paralela de Percival de Gales, as bruxas são as Bruxas de Gloucester.) Em alguns relatos, ele se casou com Condwiramur, com quem teve um filho, Lohenergrain. (*Veja também* **Lohengrin**.)

Pergunta do Graal *Britânica*
Uma pergunta a ser feita pelo Verdadeiro Cavaleiro do Graal. Essa pergunta, quando tomou a forma "O que é o Graal e a quem ele serve?", curou as feridas do Rei Pescador.

peri *Persa*
Uma fada; uma ninfa do paraíso, originalmente vista como má.

pérola
Pérolas aparecem em várias Mitologia.
(1) Em Bornéu, dizem que se uma pérola é colocada em uma garrafa com alguns grãos de arroz e o dedo de um homem morto é usado para tampá-la, mais pérolas aparecerão.
(2) Na China, dizia-se que alguns dragões podiam cuspir pérolas em e, se dragões lutassem nos céus, pérolas cairiam como chuva.
(3) Hindus dizem que pérolas podem ser encontradas na cabeça ou no estômago dos elefantes.
(4) Alguns dizem que as pérolas perdem seu brilho com a idade, outros dizem que elas se tornam inexpressivas se o proprietário fica doente.
(5) Dizia-se que a pérola em pó e dissolvida em suco de limão, para formar o sal de pérola, curava certas doenças ou agia como um antídoto para o veneno.

Perséfone *veja* **Coré**

Perseu *Grega*

Rei de Argos. Ele nasceu como resultado da visita de Zeus, como uma chuva de ouro, a Dânae, que tinha sido presa em uma torre de bronze por seu pai, Acrísio.

Quando bebê, ele foi jogado ao mar em uma arca com sua mãe, porque seu avô, Acrísio, foi avisado que um filho de Dânae o mataria. Os náufragos chegaram à Ilha de Serifos, onde foram abrigados pelo pescador, Dictys, irmão do rei, Polidectes. Quando o rei tentou forçar Dânae a se casar, Perseu se comprometeu a trazer-lhe a cabeça da Górgona Medusa como presente de casamento se ele se casasse com Hipodâmia.

Armado com uma foice de Hermes e um escudo brilhante de Atena, e usando o Capacete da Invisibilidade emprestado de Hades, ele voou com as sandálias aladas para a terra dos hiperbóreos, onde roubou o olho das Greias e só o devolveu quando lhe disseram onde encontrar as Górgonas. Ele decapitou a Medusa com um golpe, usando o escudo para ver apenas seu reflexo – uma visão direta o teria transformado em pedra. Imediatamente, o cavalo alado, Pégaso, e o guerreiro Chysaor saltaram do cadáver.

Perseu transformou muitas pessoas em pedra ao exibir a cabeça, incluindo o gigante Atlas e Polidectes, que perseguiram sua mãe, Dânae, que tinha se recusado a casar-se com o rei.

Foi Perseu que decapitou o monstro marinho, Cetus, que estava prestes a devorar Andrômeda, que tinha sido acorrentada a uma rocha por seu pai Cefeu para se redimir de uma suposta ofensa às Nereidas. Ele se casou com Andrômeda e a festa de casamento foi interrompida por Fineu, a quem Andrômeda tinha sido prometida.

Na luta que se seguiu, Perseu usou novamente a máscara da Medusa para transformar o intruso e 200 de seus seguidores em pedra. Seu próprio amigo, Aconteus, também ficou petrificado.

Inadvertidamente, ele matou o avô, Acrísio, com um disco, e trocou reinos com Megapentes de Tirinto.

Ele deu a cabeça da Medusa a Atena, que a carregou sob sua égide (couraça ou escudo).

Em outra história, Perseu atacou Dioniso, instigado por Hera, voando alto em suas sandálias mágicas. Como Perseu voou mais alto, Dioniso cresceu em estatura até chegar ao céu. Só a intervenção de Hermes impediu que o deus destruísse o presunçoso mortal.

Alguns dizem que ele foi morto por Megapentes para vingar seu pai, Proetus, que foi transformado em pedra por Perseu. Quando ele morreu, foi colocado no céu, perto de Andrômeda e, em alguns relatos, foi adorado como um deus.

Pessoinhas *veja* **Faylinn**

Peter Klaus *veja* **Klaus**

phooka *Irlandesa*

também pooka, puca

= *Inglesa* pucca, Puck; *Nórdica* puki; *Galesa* pwca

Um duende malandro, visto às vezes como um asno, um cavalo, um bezerro ou uma cabra, ou uma combinação desses animais, ou como um cão fantasmagórico. Diz-se que é uma divindade pré-céltica, mais tarde rebaixada.

Seu truque favorito é se levantar no chão entre as pernas de uma pessoa e erguê-la. Ao amanhecer do dia seguinte, ele joga sua vítima de volta, geralmente na lama.

Diz-se que um phooka pode dar aos humanos o poder de entender a linguagem dos animais.

p'i-han *Chinesa*
Um tipo de dragão frequentemente usado na efígie como um guardião de uma porta ou prisão.

Phynnodderee *veja* **Fenodyree**

pi-hsieh *Chinesa*
Um animal voador como um leão com chifres.

pi-pi *Chinesa*
Uma raposa com asas que emite um som parecido com o de um ganso selvagem.

pica-pau *Grega*
Ave sagrada do deus da guerra Ares; também, uma forma às vezes assumida pelo deus Zeus.

Picus *Romana*
Um deus da fertilidade e deus da agricultura; primeiro rei do Lácio; filho de Saturno; pai de Fauno com Canente.

Ele foi noivo da ninfa do Rio Canente, mas a ninfa Circe se apaixonou por ele. Quando Picus rejeitou seu assédio, ela o transformou em um pica-pau. Outros dizem que ele se transformou em pica-pau e fez pronunciamentos oraculares ou que ele proclamou oráculos batendo na madeira e mais tarde foi transformado em pica-pau, o pássaro sagrado de Marte. Alguns dizem que ele ajudou a loba a criar Rômulo e Remo.

Piérides[1] *Grega*
singular Pieris
Filhas de Piero, um rei da Macedônia. Essas nove donzelas desafiaram as Musas para uma disputa e, sendo derrotadas, foram transformadas em pegas, gralhas ou torcicolos.

Piérides[2] *veja* **Musas**

Pig-fairy, Pigsy *veja* **Chu Pa-chieh**

Pigmaleão *Grega*
Um rei-escultor cipriota, um homem que odiava mulheres reais, mas um artista primoroso que esculpiu a estátua de uma mulher perfeita e se apaixonou por ela. Quando Afrodite deu vida à estátua, Pigmaleão lhe deu o nome de Galatea e se casou com ela.

Outro relato diz que ele era casado com Cynisca, que tinha ciúmes da estátua e Galatea voltou à sua forma estática como um bloco de mármore.

Pigmeu *Grega*
Uma das raças de anões. Em alguns relatos, eles viviam em conflito permanente com os grous, que traziam a morte aos pigmeus quando eles migravam para o sul a cada ano. Dizia-se que eles cavalgavam em carneiros ou bodes, às vezes disfarçando-se de tais animais.

Pili *Ilhas do Pacífico*
Um deus-lagarto. Ele e sua esposa Sina tiveram cinco filhos que são considerados os ancestrais dos polinésios.

Pilirin *Australiana*
Um falcão. Quando a serpente arco-íris Kunmanggur mergulhou no oceano levando todo o fogo com ele, Pilirin mostrou às tribos como fazer fogo esfregando pauzinhos.

Pinel le Savage *Britânica*
Um Cavaleiro da Távola Redonda. Para vingar a morte de seu primo Lamerock nas mãos de Gawain e seus irmãos. Pinel plantou uma maçã envenenada para matar Gawain em um jantar dado por Guinevere para vinte e quatro dos seus cavaleiros. A maçã foi comida por Patrise, que morreu instantaneamente, e Mador acusou Guinevere do assassinato de seu primo. Depois de ter sido salva da fogueira por Lancelot que derrotou

Mador em um combate, Nimue culpou Pinel e ele fugiu do país.

Pirítoo *Grega*
Tendo ouvido falar das façanhas de Teseu, Pirítoo, rei dos Lápitas, roubou parte de seu gado para testar sua coragem e, como resultado, eles se tornaram amigos da vida toda. Durante a caça ao javali calidônio, sua precipitação quase lhe custou a vida, mas ele foi salvo por Teseu.

Alguns dizem que ele era um dos Argonautas e participou da expedição quando Teseu atacou as amazonas.

Em seu casamento com Hipodâmia, os centauros bêbados, tentaram violentar as mulheres que participavam da cerimônia, iniciando assim a longa disputa entre os centauros e os Lápitas.

Depois da morte de Hipodâmia, ele ajudou Teseu no rapto de Helena. Teseu venceu quando tiraram a sorte por Helena e acompanhou Pirítoo ao Tártaro para exigir que Perséfone fosse a noiva do perdedor. Ambos foram presos por Hades na Cadeira do Esquecimento e, embora Teseu tenha sido resgatado por Hércules, Pirítoo foi condenado para sempre. Em algumas versões, apenas Teseu ficou preso na cadeira enquanto Pirítoo estava preso a uma roda. Alguns dizem que ele foi morto pelo cão Cérbero; outros, que a terra abriu e o engoliu.

Pirra *Grega*
Ela e seu marido Deucalião souberam do Dilúvio com antecedência e sobreviveram construindo um barco. Eles repovoaram a terra atirando pedras sobre seus ombros, cada uma se tornou em ser humano – no caso de Pirra, uma mulher.

Pirro *Grega*
Rei de Épiro. Seu pai, Aquiles, foi mandado à corte de Licomedes para escapar do serviço militar em Troia. Enquanto estava lá, ele seduziu a filha do rei, Deidâmia, que deu à luz Pirro.

Depois da morte de seu pai, ele foi mandado para Troia e lutou bem. Ele foi um dos que estavam escondidos no cavalo de Troia e matou o velho Príamo e seu filho Polites, e jogou o bebê Astíanax dos muros da cidade para a morte quando os gregos finalmente entraram na cidade.

Ele levou Andrômaca, viúva de Heitor, como prêmio, mas a abandonou por Hesíone depois de ter três filhos com ela.

Em algumas histórias, ele foi morto em Delfos por profanar o santuário; em outras, ele foi morto por Orestes. Nessa última história, o rei Menelau deu sua filha Hermione para Pirro, embora ela estivesse prometida a Orestes, que a resgatou quando matou Pirro.

Uma versão diferente alega que havia dois filhos de Aquiles – o segundo Pirro que matou o primeiro e levou seu novo nome, Neoptólemo, foi o único que tão brutalmente matou Príamo e o bebê Astíanax.

pisgy *Britânica*
Na Cornualha, uma mariposa que voa à noite. Diz-se que essas mariposas são as almas dos mortos. (*Veja também* **pisky, pixie**.)

pisky *Britânica*
Um nome córnico para um pixie. (*Veja também* **pisgy**.)

Pítia *Grega*
também Oráculo de Delfos, Sibila Délfica, Pitonisa
A profeta do Oráculo de Delfos. Por uma taxa, ela faria profecias que foram notadas por sua ambiguidade.

Píton *Grega*
Um monstro em forma de uma serpente fêmea alada. Esse monstro vivia em Delfos no local que se tornou o oráculo

de Apolo. Ele matou o monstro quando ainda era apenas uma criança, ou porque tinha molestado sua mãe, Leto, quando ela estava grávida de Apolo e Ártemis, ou porque ele queria criar seu próprio oráculo.

Pitsanukukon *Tailandesa*
Um dos senhores do céu, o Thens. Ele veio à Terra quando as águas do Dilúvio baixaram e ensinou a novas raças as artes da metalurgia e da tecelagem.

pitua *Neozelandesa*
Um demônio maori.

pixie *Britânica*
também pisky, pixy
Uma fada pequena e travessa que, às vezes, leva os viajantes a se perderem. Para evitar ser enganado por uma fada, deve-se carregar um pedaço de pão ou virar o casado do avesso. Diz-se que essas pequenas tiram os cavalos de seus estábulos à noite e os montam, mas uma ferradura, pregada na porta do estábulo, as mantém afastadas. É provável que uma garota atingida por uma pixie deixe cair coisas, como utensílios de cozinham que depois a perseguirão. (*Veja também* **pisgy**.)

placenta
Em algumas culturas, a placenta é tida como algo que tem poderes místicos, regendo a vida da pessoa em questão ou agindo como guardião ou gêmeo; se for comida por um animal, a criança crescerá com as características desse bicho.
Africano
Os baganda estão entre os povos que consideram a placenta como gêmeo da criança. Após o parto, eles colocam a placenta em uma panela que é enterrada sob uma árvore. Nesse momento, ela se torna um espírito que entra na árvore. Se a árvore for danificada ou se alguém de fora da tribo comer o fruto dessa árvore, o espírito vai embora e o gêmeo é forçado a segui-lo e morrerá.

No caso de um rei, o chamado gêmeo fica alojado em um pequeno templo especialmente construído, onde é guardado por um oficial chamado de kimbugwe. Parte de seus deveres é expor a placenta à luz da lua uma vez por mês e, depois, fazer uma unção com manteiga derretida, devolvendo-a para seu local de descanso.
Australiano
Algumas das tribos aborígenes acreditam que parte da alma, conhecida como choi-i, pode ser encontrada na placenta, que é enterrada em um local marcado por um montinho de galhos. Isso permite que o espírito da fertilidade, Anjea, localize a placenta e utilize-a para criar outro bebê.
Chinês
Os chineses têm o hábito de fazer remédios com a placenta.
Índias Orientais
(1) Em Java, a placenta é colocada à deriva em um pequeno barco decorado com frutas, flores etc., para ser comida pelos crocodilos que, dizem, são produtos da placenta ou são antepassados das tribos.
(2) Em Sumatra, algumas tribos dizem que a placenta mantém um espírito guardião, que guiará a pessoa durante sua vida.

Outros dizem que um desses guardiões vive na placenta, enquanto um segundo fica no embrião.

Alguns a queimam sob a casa, e outros a guardam depois de preservá-la no sal.
Fino-úgrico
Nos países ocupados pelos vários ramos dos povos fino-úgricos, a placenta era pendurada em um galho de árvore na floresta e sacrifícios lhe eram oferecidos

em reconhecimento ao seu papel na alimentação da criança.
Hebreu
Um antigo costume envolvia a queima da placenta e a mistura das cinzas com flores ou leite, como um antídoto para uma doença ou um encanto para proteger o usuário de bruxaria.
Neozelandês
Os maori plantam uma árvore quando nasce uma criança e queimam a placenta sob ela para que tanto a criança quanto a árvore se desenvolvam juntas.
Norte-americano
(1) O povo da tribo hupa põe a placenta em uma árvore que foi rachada e depois amarra o local. Se a árvore prosperar, a criança também vai crescer – e vice-versa.
(2) Os kwakiutl tratam a placenta de forma diferente, de acordo com o sexo da criança. Se for de um menino, é exposta para ser comida pelos corvos, acreditando que isso dará à criança o poder de ler o futuro. Se for de uma menina, será enterrada no litoral para garantir que ela se especialize em desenterrar moluscos, fato muito útil na região costeira da Colúmbia Britânica.
(3) Para outras tribos, entre as quais os cherokee, os creek e os pawnee, o verdadeiro gêmeo vivo pode sair da placenta.
Siberiano
O povo yukaghi amarra a placenta numa pele de rena junto com armas de caça em miniatura quando nasce um menino, e acessórios de costura no nascimento de uma menina, para que cada um adquira as habilidades adequadas ao seu sexo.

Sul-americano
Os aimara enterram a placenta junto com ferramentas para um menino, e utensílios de cozinha para uma menina. Em alguns casos, a placenta é queimada e as cinzas podem ser usadas para fazer remédios.

Planctae *Grega*
também Simplégades, Rochas Errantes
Rochas que poderiam se mover por vontade própria. Dizia-se que essas rochas fechavam e esmagavam qualquer navio que passasse entre elas. Alguns relatos dizem que existiam dois conjuntos dessas rochas, cada um em um extremo do Mediterrâneo.

Plant Rhys Ddwfn *Galesa*
As fadas habitantes de uma ilha invisível ao longo da costa do País de Gales. Diz-se que esses seres são muito pequenos, mas podem atingir o tamanho humano quando visitam o mundo dos humanos.

plantas sagradas
Na mitologia, muitas flores, plantas e árvores são associadas a uma divindade. Entre elas:

abeto	Cybele
álamo	Hércules
asfódelo	Dioniso
buxo	Mercúrio
carvalho	Baal, Júpiter, Thor, Zeus
cerejeira	Apolo
cipreste	Hades
ditamno	Ártemis
érica	Egito
figueira	Dioniso, Ilhas do Pacífico, Rômulo
flor-de-lótus	Egito
hera	Dioniso
lírio	Hera

lótus	Buda, Egito
louro	Apolo
milho	Ceres e Deméter
murta	Afrodite, Vênus
narciso	Deméter, Hades
oliva	Atena
palma	Hermes
papoula	Deméter, Hades
parreira	Dioniso
pinheiro	Confúcio, Dioniso
plátano	Dioniso
primícias	Héstia
sicômoro	Egito
teixo	Grécia
uva	Dioniso
violeta	Mithra

Na mitologia suméria, uma árvore sagrada, kiskanu, era usada como ponto focal dos ritos cerimoniais.
(*Veja também* **árvore sagrada**.)

Play-eye *Caribenha*
Um demônio maligno. Esse ser assume a forma de um cachorro com olhos que parecem crescer quanto mais tempo se olha para dentro deles.

Plêiades *Grega*
também Sete Irmãs, Carpideiras
= *Egípcia* Sete Hathors
As sete irmãs, Alcyone, Celaeno, Electra, Maia, Merope, Sterope e Taygete, foram transformadas em pombas e colocadas no céu como estrelas para escapar de Órion que as tinha perseguido incansavelmente. Outros dizem que elas morreram de desgosto na morte de suas meias-irmãs, as Hyades ou quando seu irmão Hylas foi morto em um acidente de caça. Nessa história, seu número varia de sete a dez.

Como descendentes de Atlas, às vezes elas são chamadas de Atlântidas.

Plêiades
(1) A tribo dos pés pretos considera as estrelas dessa constelação como crianças perdidas que, através da pobreza, foram compelidas a buscar refúgio nos céus.
(2) Os cherokee consideram esse grupo de estrelas como o lar dos espíritos estelares, o Anitsutsa, a que Huron se refere como Huti Watsi Ya.
(3) Os inuítes dizem elas representam um grupo de caçadores e seus cães que caçaram um urso (a Ursa Maior) para dentro do céu.

Plutão[1] *Grega*
Um nome de Hades como "doador de riqueza".

Plutão[2] *Romana*
= *Grega* Hades
Um deus do mundo inferior.

Poço do Conhecimento
veja **Mimisbrunnr**

Poderoso, O *Norte-americana*
Um deus criador dos cherokee.
Dayunsi, que vivia sozinho no mar, trouxe lama do fundo. O Poderoso a pendurou em cordas e, quando secou na forma de terra, muitos dos habitantes do céu superlotado se estabeleceram ali.

Polideuces *Grega*
= *Romana* Pólux
Um deus-cavalo, patrono dos poetas e dos marinheiros; filho de Zeus (como um ganso) e Leda; ou de Leda com seu marido, Tyndareus; irmã de Castor e Helena.
Ele foi um dos participantes nas caçadas ao javali caledoniano.
Ele foi um dos Argonautas e aceitou o desafio para uma luta de boxe com o rei Amycus, que tinha o hábito de ganhar tais lutas e atirar os perdedores de um penhasco. Polideuces era um campeão

de boxe e não só venceu o combate como matou seu oponente.

Quando Helena foi raptada por Pirítoo e Teseu, ele e seu irmão invadiram Afidna, onde ela estava sendo mantida, e a resgataram.

Depois da morte de seu irmão Castor, ambos passaram períodos alternados no Hades e no Olimpo para que pudessem estar sempre juntos.

Ele foi deificado por Zeus e posto nos céus com Castor como os Gêmeos. Nesse contexto, referem-se a eles geralmente como Castor e Pólux.

Polifemo[1] *Grega*
Um rei de Crisius; um dos Argonautas. Polifemo foi deixado para trás em Mysia ao procurar por Hylas, o desaparecido, ao lado de Hércules. Ele se tornou o rei de Crisius e foi morto numa batalha com Cálibes.

Polifemo[2] *Grega*
Um Ciclope, filho do deus do mar, Poseidon, com a ninfa Teosa. Ele prendeu Odisseu e doze de seus homens na caverna onde vivia quando eles vinham de Troia para casa. Quatro deles ele comeu, mas os outros escaparam (pendurados sob suas ovelhas quando ele as tirou da caverna para pastar) depois que Odisseu o embebedou com vinho e depois o cegou com uma estaca endurecida pelo fogo.

Mais tarde, ele parece ter recuperado a visão de seu único olho (talvez como resultado do poder de Poseidon) e se apaixonou por uma ninfa, Galateia, que apenas brincou com ele. Ela se apaixonou por Ácis, mas, quando Polifemo o matou, ela não conseguiu retribuir seu amor.

Polímnia *Grega*
Uma das nove Musas, a Musa da música.

Poloznitza *Europeia*
= *Russa* Poludnitsa; *Sérvia* Pszpolnica
Uma deusa do campo polonesa, conhecida por punir aqueles que prejudicam as plantações em crescimento.

poltergeist *Europeia*
Um espírito malicioso e barulhento que atira as coisas ou as movimenta.

Pólux *veja* **Polideuces**

Polyxo *Grega*
Ela fez com que as mulheres de Lemnos matassem seus maridos, que tinham deixado suas esposas devido ao mau cheiro provocado por Afrodite, que sentiu que haviam negligenciado a adoração a ela. Mais tarde, Polyxo aconselhou as mulheres a se acasalarem com os Argonautas visitantes para garantir a continuidade da raça.

Pomo da Discórdia *Grega*
A maçã de ouro atirada por Éris, a deusa da discórdia, na festa de casamento de Peleu e Tétis.

A maçã tinha a inscrição "Para a mais bela", o que causou uma discussão entre as deusas Afrodite, Atena e Hera, e Páris foi chamado para resolver a questão. Sua decisão de dar o prêmio a Afrodite, que lhe prometeu Helena, esposa do rei grego Menelau, como recompensa, levou à Guerra de Troia.

A maçã era uma da Maçãs de Hespérides, roubada por Éris.

ponaturi *Ilhas do Pacífico*
Fadas marinhas; ogros voadores.

Ponemah *Norte-americana*
A terra do além, na tradição dos iroqueses. Foi para lá que Hiawatha navegou em sua canoa quando seu trabalho na Terra acabou.

Pongo *Italiana*
Um monstro marinho siciliano que arrastou pessoas para o mar e as

comeu. Ele foi morto pelos três filhos de São Jorge.

Ponte de Pegas (literalmente) *Chinesa*
Em alguns relatos, um bando de pegas formou uma ponte sobre um rio (a Via Láctea) para permitir que os amantes Ch'ien Niu e Chih Nü se encontrem uma vez por ano.

Ponte Perigosa *Britânica*
Uma ponte que levava ao castelo do Graal. Em outros relatos, essa foi uma ponte sobre o Rio Brue onde a Excalibur foi jogada de volta à água.

pooka *veja* **phooka**

Popol Vuh *Centro-americana*
Escritos sagrados maias. A primeira parte trata da destruição da humanidade pelo fogo e inundações e da guerra entre os deuses e os gigantes; a segunda trata da matança dos heróis Hunhunapu e Vukub-Hanapu pelos senhores de Xibalba (o mundo inferior); a última parte trata das origens das raças modernas.

Porca Diamante (literalmente)
veja **Dorje**

porco
(1) Nas Índias Orientais, os habitantes de Sumatra dizem que as almas dos mortos são encarnadas em porcos selvagens.
(2) Os egípcios consideravam o porco como impuro e capaz de causar lepra se ingerido, exceto quando usado como sacrifício no festival da metade do inverno.
(3) Na Grécia, o porco era um animal sagrado e dizia-se que amamentou Zeus.
(4) Na tradição irlandesa, o deus do mar, Manannan, deu porcos aos danaans porcos que, mortos e comidos uma vez, eram restaurados para o dia seguinte.
(5) Algumas tribos americanas consideram o porco, que vive, dizem eles, na lua, como portador da chuva.

Porcos de Manannan *Irlandesa*
Alimento dos deuses. Eram porcos que, mortos e comidos uma vez, eram restaurados para serem reutilizados no dia seguinte. Eles foram um dos três presentes que Manannan deu aos danaans; os outros foram o Banquete Sagrado e o Véu da Invisibilidade. Em alguns relatos, esses animais são os mesmos que os que foram dados por Easal para os Filhos de Tureen.

Poseidon *Grega*
também Agitador da Terra
= *Hindu* Varuna; *Romana* Netuno
Um deus do mar, deus dos terremotos e dos cavalos; um dos Olímpicos; filho de Cronos e Reia; irmão de Deméter, Hades, Hera, Héstia e Zeus; marido de Anfitrite.

Dizia-se que ele tinha se casado com a Górgona Medusa dias antes dela se tornar um monstro e, quando ela foi morta por Perseu, foi Poseidon quem criou o cavalo alado, Pégaso, e a guerreira, Chrysaor, que brotou de seu corpo. A Nereida Anfitrite fugiu se seu assédio e ele então persuadiu Delphinus a defender seu caso e ela acabou concordando em se casar com ele. Em agradecimento, Poseidon colocou Delphinus nos céus como o Golfinho. Como muitos outros deuses, ele tinha inúmeras ligações com outras divindades e mortais e, entre outros, ele foi pai de
    Caríbdis com Gaia
    Filomena com Zeuxippe, dizem
    Órion com Euryale, dizem
    Pégaso com Medusa
    Perséfone com Deméter, dizem
    Polifemo com Thoosa
    Procne com Zeuxippe, dizem
    Procrustes (mãe desconhecida)
    Proteu com Tétis, dizem
    Scylla com Crataeis

Teseu com Etra
Tritão com Anfitrite.

Quando Deméter, cansada das atenções dele, transformou-se em uma égua, ele se transformou em um garanhão e foi pai do cavalo alado Arion. De forma similar, ele transformou Teófane em uma ovelha, para torná-la pouco atraente a outros pretendentes e se acasalou com ela na forma de um carneiro para produzir um carneiro de lã de ouro, Crisómalo, que mais tarde resgatou Frixo e o levou para a Cólquida.

Ele matou o gigante Polibotes durante a batalha entre os gigantes e os deuses.

Quando Pélops foi reconstituído pelos deuses depois de ter sido esquartejado e servido como refeição para eles, Poseidon o levou para o Olimpo como seu amante ou carregador de copos.

Ele tinha uma carruagem mágica, com a qual podia passar sobre a superfície do mar, e a emprestou a Pélops quando ele disputou a mão de sua filha Hipodâmia com Enômao. Ele também a emprestou a Idas (um filho de Poseidon) para o rapto de Marpessa.

Ele foi obrigado por Zeus a servir como escravo do rei Laomedonte por rebelião e com Apolo, que foi punido de forma semelhante, ajudou a construir as paredes de Troia. Quando o rei deixou de cumprir sua promessa de uma recompensa por seu trabalho, Poseidon mandou um monstro marinho a cada ano que causou danos até que uma jovem donzela foi sacrificada a ele. A filha do rei, Hesione, foi uma das oferecidas em sacrifício, mas foi salva por Hércules, que matou o monstro. Mais tarde, ele apoiou os gregos contra os troianos durante o cerco a Troia.

Foi ele que também provocou Pasífae, esposa de Minos, esposa de Minos, a se apaixonar pelo touro branco que ele mandou para Minos, resultando no nascimento do Minotauro.

A ele é creditada a doação do cavalo para a humanidade e a instituição das corridas de cavalo.

Ele é retratado como um barbudo, usando uma coroa de alagas e carregando seu tridente. Esse tridente lhe foi dado pelos Ciclopes.

Poseyemu *Norte-americana*
= *Zuni* Poshaiyangkyo
O primeiro homem na tradição do povo pueblo. Dizia-se que ele nasceu dentro de uma noz.

Poshaiyangkyo *Norte-americana*
também O Solitário;
= *Pueblo* Poseyemu
O primeiro homem na tradição do povo zuni; filho do pai do céu Apoyan Tachi e da mãe terrestre de quatro ventres Awitelin Tsta. Diz-se que ele emergiu do lodo primordial e persuadiu o deus criador Awonawilona a permitir que as pessoas e os animais saíssem das cavernas subterrâneas em que foram criados para a luz do sol.

Ele vive na Cidade das Brumas, em uma casa guardada pelos prey-gods, e é considerado o fundador da tribo e pai dos curandeiros.

Potaka *Hindu*
= *Chinesa* P'u-t'o
O nome sânscrito para a ilha natal de Kuan Yin.

Potameids *Grega*
Ninfas aquáticas.

pouke *veja* **puck**
Povo da Montanha *veja* **Gahe**
Povo das Nuvens *veja* **Shiwanna**
Povo de Dana *veja* **Danaans**
Povo de Deméter *Grega*
A morte.

Povo de Pedra *Grega*
Uma raça criada depois do Dilúvio. Os únicos sobreviventes, Deucalião e Pirra, atiraram pedras sobre seus ombros e elas se tornaram uma nova raça de pessoas para repovoar a Terra.

Povo Gafanhoto *Norte-americana*
O povo do Mundo Amarelo. Durante sua ascensão do mundo inferior, os navajos passaram por vários mundos, incluindo o Mundo Amarelo. Eles ofenderam o Povo Gafanhoto, seduzindo suas esposas, e foram forçados a subir para o mundo seguinte.

Povo Mirage *veja* **Kisani**

Povo Pequeno *veja* **Faylinn**

Prah Keo *Cambojana*
Uma joia sagrada. Um relato diz que todas as coisas brotaram dessa joia no início do universo. Pode, talvez, ser uma referência ao sol. (*Veja também* **Prah Prohm**.)

Prah Prohm *Cambojana*
Em um relato, a fonte não formada e não criada de todas as coisas. (*Veja também* **Prah Keo**.)

Prajapati *Hindu*
também Senhor da Criação
Um criador primordial da mente de Brahma; um nome para Brahma como "Senhor da Criação".

Ele formou o ovo cósmico a partir de seu próprio suor e esse ovo, depois de flutuar por um ano nas águas primitivas, se partiu para formar a terra e o céu.

Alternativamente, Prajapati nasceu de um ovo dourado que se formou nas águas primordiais. Ele pronunciou três palavras, cada uma delas provocando o surgimento de parte do universo. Essas palavras foram: bhur (a terra), bhuvar (os corpos celestes) e svark (o céu).

Ele é considerado como o 34º deus, a origem dos outros 33 no panteão védico. Um deles era sua filha, Ushas, deusa do amanhecer, com quem ele se acasalou para gerar todos os seres vivos.

Todos os sete Rishis (mais tarde dez ou quatorze) criados a partir da mente de Brahma eram citados como Prajapati. (*veja* **Sete Rishis**.)

Prakriti *Hindu*
Uma deusa, a natureza personificada. Ela e sua consorte Purusha criaram o mundo vivo.

Prakriti também é vista como a matéria primitiva a partir da qual o universo foi formado. A força da vida, Purusha, trabalhou no material, Prakriti, e juntas formaram o universo.

Pramzimas *Báltica*
Um herói da cultura letã. Ele jogou nas águas do Dilúvio uma casca de noz, onde duas pessoas escaparam.

Prego do Norte *veja* **Bohinavlle**

Preste João *Britânica*
Um misterioso sacerdote-rei africano ou asiático. Ele é descrito como filho de Percival. Outros dizem que, quando desapareceu, o Santo Graal foi transferido para o Extremo Oriente e ficou sob os cuidados de Preste João.

Outros relatos dizem que ele era descendente dos Magos e tinha pedras mágicas que podiam criar maravilhas, como transformar água em vinho.

Na tradição carolíngia, ele era um descendente de Ogier. Em alguns relatos, Preste João é o rei da Núbia. Dizia-se que seu reino tinha uma fonte cuja água conferia juventude eterna a quem a tomasse; um mar de areia onde viviam peixes; um rio de pedras onde salamandras podiam ser encontradas; ervas para expulsar os maus espíritos; dragões que poderiam ser domesticados e usados como transporte aéreo; pedras que podiam restaurar a visão dos cegos ou tornar o portador invisível; outras pedras que podiam controlar a temperatura ambiente, transformar água em vinho ou leite, ou pegar fogo se atingidas por sangue de dragão; uma capela de vidro que se expandiu para se adaptar ao tamanho da congregação, um palácio maravilhoso onde Preste João dormia em uma cama feita de safira, que sustentava um espelho em que ele podia ver qualquer trama sendo armada por malfeitores – a lista dessas maravilhas é interminável.

Outras histórias o descrevem como o atual guardião do Santo Graal.

preta¹ *Budista*
= *Páli* peta
Um espírito errante dos condenados. A boca de um ser desses é tão pequena que ele não pode comer nem beber. Diz-se que parecem árvores que foram queimadas por um incêndio florestal.

Em alguns relatos, preta é um purgatório onde as almas passam por torturas entre a morte e o renascimento.

preta² *Hindu*
= *Chinesa* kuei
Um espírito dos mortos. Diz-se que esses espíritos têm o tamanho aproximado do polegar de um homem. Os espíritos do bem são levados para o céu e os dos pecadores são julgados por Yama.

preta³ *Hindu*
A região das almas torturadas.

Prey-gods *Norte-americana*
Divindades com poderes mágicos. Elas são seis e guardam o lar do primeiro homem, Poshaiyangkyo. São elas: o Leão da Montanha, guardando o Norte; Texugo, o sul; Lobo, o leste; Urso, o oeste; Águia, os céus; e Toupeira, a terra. Seus sacerdotes são conhecidos como Prey Brothers.

Príamo *Grega*
Rei de Troia; marido de Hécuba; pai de Cassandra, Deífobo, Hector, Laocoonte e outros.

Podarces foi o único filho de Laomedonte poupado por Hércules quando saqueou Troia, matando Laomedonte e sua família por não cumprir sua promessa de dar a Hércules dois cavalos imortais em troca de matar o marinheiro enviado por Poseidon. Hércules colocou Podarces no trono de Troia como Príamo. Ele era o rei de Troia na época da Guerra de Troia e implorou a Aquiles que lhe permitisse remover o corpo de seu filho, Hector, que tinha sido morto por Aquiles. Embora Aquiles tivesse poupado Príamo, Pirro (filho de Aquiles) o matou quando a cidade finalmente caiu diante dos gregos.

Dizia-se que ele teve cinquenta filhos, dezenove deles com Hécuba. Outros dizem que ele teve cinquenta filhos com Hécuba e muitos outros com diferentes mulheres.

Primavera Pieriana *Grega*
Uma nascente no monte Olimpo associada com as Musas. Dizia-se que as águas dessa nascente conferiam inspiração poética.

Primeiro Ancestral *Australiana*
O criador de acordo com os aborígenes Dieri (Diyari). Primeiro, ele criou pequenos lagartos negros. Mas, quando descobriu que não ficavam de pé de forma apropriada, cortou suas caudas e eles se tornaram seres humanos, ancestrais da tribo.

Primeiro Criador *Norte-americana*
Uma divindade da tribo mandan. Ele criou montanhas, árvores, riachos e alguns animais enquanto o Homem Solitário criou as terras planas.

Primeiro Homem[1] *Norte-americana*
Um dos mais antigos humanos na tradição da tribo tewa pueblo.

Parece que existiam pessoas antes da terra secar no oceano primordial, vivendo em duas cavernas, a casa brilhante da Mãe Verão e a morada sombria da Mãe Inverno. Esses seres enviaram o Primeiro Homem para a superfície de tempos em tempos para ver o estado do mundo e continuamente ele relatava que não era um local adequado para os humanos. Finalmente, ele subiu outra vez e foi atacado por vários animais, mas suas feridas se curaram e os animais lhe deram símbolos para levar de volta ao seu povo. Ele liderou seu povo da caverna da Mãe Verão, instalando-o nas planícies, e depois levou o povo da caverna da Mãe Inverno para as regiões costeiras. Então, ele foi viver entre os animais onde foi nomeado Chefe da Caça. (*Veja também Poseyemu, Poshaiyangkyo*.)

Primeiro Homem[2] *Norte-americana*
Um nome usado pelo Coyote em sua disputa com o Homem Solitário.

Primeiro Sol *Centro-americana*
A primeira das cinco eras do ciclo de criação asteca. Na primeira era, o mundo era povoado por gigantes que viviam em bolotas e eram governados por Tezcatlipoca. Seu reinado durou 676 anos e, no final do período ele foi morto pelo deus Quetzalcoatl e se tornou uma onça que matou os gigantes.

Uma outra versão, chamada de Sol da Água, diz que os animais e os humanos viviam em total escuridão. Os animais comeram os humanos e o mundo foi dominado por um dilúvio do qual só dois humanos escaparam. (*Veja também Cinco Sóis*.)

primeiros humanos
A maior parte das culturas tem histórias dos primeiros seres humanos e como eles surgiram.

Africana
(1) O povo abaluyia, do Quênia, Uganda e Tanzânia, diz que o primeiro casal foi Mwambu e Sela, que viveram em casas sobre estacas.
(2) Em Angola, diz-se que o primeiro homem foi Nambalisita, criado pelo deus Kalunga.
(3) Os bakongos dizem que o primeiro homem, feito por Nzambi, foi Ndosimau, que se casou com a mulher chamada Breaker of Prohibitions, ou, em outra versão, o andrógino Mahunga foi dividido pela árvore Muti Mpurgu em um homem, Lumbu, e uma mulher, Musita.

Há um relato que diz que Nzambi criou um ser chamado Muntu Walunga, com rostos masculino e feminino, em forma de uma palmeira.
(4) Os bakubas dizem que o primeiro homem, Kihanga, foi criado pelo deus criador Imana e desceu do céu em uma corda. Sua pele era preta e branca. A primeira mulher, Nchienge, teve um filho, Woto, e uma filha, Labama, que se casaram.
(5) Os bambaras dizem que Pemba, o espírito de madeira, criou uma mulher, Mussokoroni, que produziu animais e humanos.
(6) Os banyarwandas dizem que o primeiro homem foi Kazikamunti.
(7) Em Botsuana, o primeiro homem é conhecido como Tauetona.
(8) Os bagandas dizem que o primeiro homem foi Kintu.
(9) O povo bushongo, que vive nas proximidades do Rio Congo, diz que o primeiro homem se chamava Woto.

(10) O primeiro homem dos dinkas foi Garang e a primeira mulher, Abuk.

(11) Os dogons dizem que o primeiro humano, feito por Amma, foi Amma-Serou.

(12) Os efes dizem que Baatsi foi feito de terra por Deus, que também fez uma mulher. Ela desenvolveu um desejo pré-natal pelo fruto proibido nahu, e Baatsi o pegou para ela. Como castigo, Deus tirou deles a imortalidade.

(13) Na Libéria, Gonzuole é considerada a primeira mulher.

(14) Em Madagascar, eles alegam que o primeiro homem foi Andrianbahomanana e a primeira mulher, Andriamahilala.

(15) Para o povo makoni, da África oriental, o primeiro homem foi Mwuetsi, para quem foi feita uma menina, Massassi, que gerou a grama, as árvores etc., e uma mulher, Morango, que deu à luz os animais, as aves e os filhos humanos.

(16) Os mandes dizem que Faro e Pemba eram gêmeos que foram gerados a partir de sementes plantadas pelos deuses nos quatro cantos da Terra. O corpo de Faro foi cortado e os pedaços, espalhados, tornaram-se árvores.

(17) Os masai dizem que o primeiro humano foi um pigmeu chamado Dorobo.

(18) Os orandongas chamavam o primeiro homem de Amangundu.

(19) Na tradição dos potomos, o primeiro homem foi Mitsotsozini ou Vere.

(20) Os shilluks dizem que o primeiro homem foi Omara.

(21) Em Uganda, dizem que a primeira mulher foi Nambi.

(22) Os iorubás dizem que Oreluere foi o primeiro dos dezesseis homens feitos por Olodumarê.

(23) No Zaire, dizem que o primeiro homem foi Mokele.

Australiana
Os primeiros homens dos aborígenes foram os ranggas. A tribo Dieri (Diyari) diz que o deu criador, conhecido como Primeiro Ancestral,
criou pequenos lagartos negros e, quando descobriu que não ficavam de pé de forma apropriada, cortou suas caudas e eles se tornaram seres humanos.

Balcânica
Na Eslovênia, diz-se que, quando Deus estava fazendo o mundo a partir de um grão de areia, uma gota de seu suor caiu nessa areia e, a partir dessa mistura, os seres humanos foram criados,

Birmanesa
(1) O primeiro homem, Thanoi, e a primeira mulher, E-u, foram criados pelo deus supremo Ea-pe.

(2) O espírito criador, Hkun Hsang Long, criou o primeiro casal, Ta-hsek-khi e Ya-hsek-khi, que nasceram sob a forma de girinos que viviam no lago Nawng Hkeo. Depois de comerem uma cabaça, acasalaram-se e o criador os renomeou como Ta-hsang-kahsi (Yatawn).

Centro-americana
(1) Os astecas dizem que o primeiro casal, Cipactonal e Oxomoco, criado pelo deus sol Pilzintecuhtli. Outros relatos dizem que o deus Xolatl recuperou ossos do mundo inferior e produziu o primeiro homem e a primeira mulher a partir dos ossos triturados misturados com o sangue dos deuses.

(2) Os maias dizem que os deuses criaram quatro irmãos, Balam Agab, Balam Quitzé, Iqi Balam e Mahucutah, de quem descende a raça humana.

Caribenha
O primeiro homem foi Louquo, que desceu do céu.

Chinesa
O primeiro homem foi Pan-ku; ou ele modelou a humanidade a partir do barro; ou eles se desenvolveram a partir de pulgas no corpo de Pan-ku; ou eram os filhos do ser com cabeça de serpente Fu-hsi e sua esposa Nükua; ou Nükua fez as pessoas a partir do barro.

Egípcia
Os primeiros humanos foram formados a partir das lágrimas do deus Ra-Atum. Alguns dizem que os humanos (embora nem todas as tribos) nasceram dos olhos de Hórus.

Grega
(1) A história de Argos diz que Foroneu foi o primeiro homem e sua filha Níobe, a primeira mulher.
(2) O primeiro homem foi Pelasgus. A primeira mulher foi Pandora, criada por Zeus como um presente a Prometeu, ou, em algumas histórias, para seu irmão Epimeteu, que a rejeitou.
(3) As pessoas foram criadas pelos deuses, primeiro a raça de ouro como deuses cujos espíritos viveram; depois a raça de prata, menos inteligente, cujos espíritos não viveram; depois a raça de bronze que foi muito violenta e se matou, depois os heróis, que tiveram grandes aventuras e partiram para as Ilhas Afortunadas; e finalmente a raça de ferro, a raça atual, que vai piorar até que os deuses a destruam.
(4) O primeiro homem, criado por Prometeu, foi Phaenon, que se tornou o planeta Júpiter. Os outros humanos criados por Prometeu cresceram tão cruéis que Zeus os destruiu em um dilúvio. Somente Deucalião, filho de Prometeu, e sua esposa Pirra escaparam, alertados pelo pai sobre o desastre que viria a acontecer. Disseram a eles para atirar os ossos da mãe para trás. E interpretaram isso como pedras e fizeram o que lhes foi dito. Das pedras surgiu o Povo de Pedra, de quem descendem as raças atuais.

Hindu
No antigo esquema védico das coisas, o primeiro ser masculino foi Purusha de cujo corpo o mundo foi feito; Manu e Parsu foram o primeiro casal.

Na versão hindu posterior, o primeiro homem foi Yama e a primeira mulher, Yami, nascidos de Vivasvat, o sol nascente.

Outros dizem que o primeiro homem foi Nara que agiu como o deus carregador de arcos Vishnu.

Hindu
Nas ilhas Andaman, dizem que o primeiro homem, Juptu, nasceu dentro de um caniço de bambu e que fez uma mulher de barro para ele.

Índias Orientais
(1) Nas ilhas do Almirantado, o ser primordial conhecido como Hi-asa cortou o próprio dedo e coletou o sangue em uma concha. Do sangue, dois ovos se formaram e dos ovos saíram o primeiro homem e a primeira mulher.
(2) Em Bornéu, o primeiro homem foi Bujang.
(3) Os dayaks dizem que os dois primeiros seres foram Amei Awi e Buning Une, deuses da agricultura, que tiveram doze filhos, oito dos quais se tornaram os ancestrais das tribos, enquanto os outros quatro se tornaram as fases da lua.

Uma versão alternativa diz que o primeiro homem foi Tunggal Garing e a primeira mulher foi Puteri Bualu.
(4) Nas Molucas, os dois primeiros homens eram conhecidos como Maapita e Masora. Em outra história, o primeiro humano foi Patinaya Nei, que assumiu a forma de uma

bananeira, a fruta da qual foram produzidos mais humanos. (*Veja também* **(12)**.)
(5) Na Nova Guiné, a primeira mulher foi Namora. Ela engoliu um peixe e teve um filho, Maruka Akore. Esses dois se acasalaram para produzir as tribos.
(6) Nas Novas Hébridas, dizem que a primeira mulher foi Jujumishanta e que o primeiro homem foi Morfonu, que foi feito a partir do corpo dela.
(7) Em Nias, o primeiro era chamado Sihai.
(8) Alguns papuas dizem que as larvas criadas no corpo de um wallaby fêmea morto tornaram-se os primeiros humanos.

Outra história papua diz que uma enorme tartaruga nadando nas águas primordiais pôs ovos, dos quais saíram o primeiro homem, Kerema Apo, e a primeira mulher, Ivi Apo. Depois vieram Avo Akorel e Ohare Akore, que se tornaram coqueiros.
(9) Nas Celebes, os primeiros dois seres foram os irmãos Sangkuruwira e Guru ri Seleng. Seus filhos, Batara Guru e Nyilitimo vieram à Terra para produzir os ancestrais das pessoas.

Outra história diz que o deus do sol, Ilai, e a deusa da terra, Indara, fizeram os humanos soprando vida às pedras.

Há ainda uma outra versão que diz que o primeiro ser humano foi a mulher Lumimu'ut, nascida de uma pedra. Seu filho, Toar, gerado quando ela foi engravidada pelo vento, acasalou-se com ela para produzir o povo e seus deuses.
(10) Diz-se que o primeiro homem roubou as penas de casuares, que as tinham tirado para tomar banho, quando apareceram como mulheres. Ele manteve a mulher e se acasalou com ela para produzir os precursores da raça humana.
(11) O deus criador, Mahatala, esculpiu um graveto na forma de figuras humanas masculinas e femininas. Quando o jogou no chão, ele se quebrou, dividindo-se em metades masculina e feminina. Ele era Tunggal Garing e ela, Puteri Bualu. Seu sangue menstrual produziu todos os demônios do mundo, mas, seguindo as instruções de Mahatala, eles puderam procriar de forma apropriada e tiveram muitos filhos, ancestrais das tribos.
(12) Algumas tribos acreditam que os primeiros humanos surgiram das árvores ou vieram da fruta de uma árvore que se tornou o deus Lowalangi. (*Veja também* **(4)**.)
(13) Outras tribos dizem que o primeiro homem foi Turer que, agora, atua como guia das almas em sua jornada para Boigu, a terra dos mortos, a partir de Beg, um lugar de descanso nessa viagem.
(14) Ainda outras tribos dizem que o homem veio de larvas e vermes que vivem no solo.

Maori
(1) O deus Tane fez Hine-ahu-one da areia e foi pai de Tiki, o primeiro homem, e Dawn Maiden.
(2) Outro relato diz que a primeira mulher foi Papa-hanau-moku e o primeiro home foi Wakea.
(3) Uma outra história tem Marikoriko como a primeira mulher, criada pela deusa Arohirohi.

Mesopotâmica
(1) Os acadianos consideram Adapa como o primeiro homem. Ele foi feito de barro pelo deus Ea e consequentemente metade humano, metade divino.
(2) Os babilônios diziam que os primeiros humanos foram feitos do sangue do deus da terra Kingu.
(3) A versão suméria diz que o primeiro homem foi feito de barro por Ninmah.

Mongol
Na tradição altaica, o primeiro homem foi Torongai e seu par, Edji.

Ilhas do Pacífico
(1) Em Fiji, o falcão Turukawa botou dois ovos que, foram incubados pela serpente primitiva, Degei, e, quando eclodiram, um menino e uma menina, humanos, que deram início à raça humana. A primeira mulher se chamava Vitu.
(2) Nas Ilhas Gilbert, o deus criador, Nareau, fez o primeiro casal, Debabou e De-ai.
(3) No Havaí, o primeiro homem era chamado de Kumu-honua, e foi feito por Kane, a partir da lama; a primeira mulher foi Lalo-honua.
Uma outra versão diz que Wakea foi o primeiro homem e sua esposa foi Papa-hanau-moku, enquanto há uma outra história que diz que Tiki foi o primeiro homem e Iowahine a primeira mulher, ambos criados por Tane.
(4) Nas ilhas Marshall, eles dizem que o primeiro homem, Wulleb, e sua consorte, Limdunanji, nasceram da perna do deus Loa.
Em outra história, Wulleb e Lejman, dois vermes, em uma concha, se tornaram o primeiro casal.
(5) Na Melanésia, diz-se que o deus Hasibwari desceu à terra e fez a primeira mulher a partir do barro e o primeiro homem, a partir de uma das costelas dela.
(6) Na tradição da Micronésia, a primeira mulher foi La'i-La'i.
(7) Na Nova Bretanha, o primeiro homem foi To-Kabinana, que foi formado pela terra e pelo sangue do deus criador. Seu irmão, To-Karvuvu, foi formado em seguida. To-Kabinana encontrou um par quando uma mulher emergiu de uma árvore que ele derrubou.
(8) Nas Filipinas, os relatos tagalogs dizem que os humanos surgiram quando caniços de bambu atirados ao mar foram abertos por pássaros.
(9) Os polinésios contam uma história que diz que Matuenga ou Tane, para alguns, criaram Tiki, o primeiro homem, que se acasalou com Hina.
(10) Para os samoanos, o primeiro homem foi Atu e a primeira mulher, Ele'ele, a consorte do deus Fetu.
Outros relatos dizem que o primeiro homem foi Tele, ou Tutu, e a primeira mulher, Ila, Tonga ou Upolu. Alguns dizem que o primeiro casal cresceu a partir de um par de larvas.
(11) No Taiti, dizem que o deus Ta-aroa fez um homem de barro vermelho e mais tarde o colocou para dormir, pegou um osso do corpo dele e, com ele, fez uma mulher.
(12) Em Tonga, o primeiro homem se chamava Kohai.

Nórdica
O primeiro homem foi Ask, feito de freixo; a primeira mulher foi Embla, feita de olmo.

Norte-americana
(1) Os acoma dizem que o primeiro homem foi Tiamuni.
(2) Algumas tribos californianas dizem que Ejoni e Ae, criados a partir do solo por Nocuma, foram o primeiro casal. Outros dizem que o primeiro homem foi Ouiot. Em alguns relatos, humanos foram feitos com fragmentos da pele do criador.
(3) Os cherokee dizem que o primeiro homem foi Kanati e sua esposa foi Selu.
(4) Os chinookan contam uma história na qual Too-lux, o deus do vento sul, abriu uma baleia e o corvo Hahness saiu voando. A giganta Quoots-hooi comeram os ovos do corvo, de onde apareceram os primeiros humanos.
(5) Os fox dizem que o primeiro homem foi Mama'sa'a.

(6) Os hopi dizem que o Pai Céu e a Mãe Terra geraram O Solitário, o progenitor da humanidade.
Uma outra história diz que o deus Kloskurbeh criou dois seres, um a partir de sua respiração e o outro de suas lágrimas. Esses dois se acasalaram e produziram os primeiros humanos.
(7) Os huchnom, da Califórnia dizem que os primeiros humanos foram feitos de gravetos.
(8) Os kato deram o nome de Hagaitco ao primeiro homem.
(9) Os keres chamam o primeiro homem de Pashayani.
(10) Os maidu dizem que o primeiro homem foi Kuksu e a primeira mulher, Laidamlulum-Kule. Eles receberam o poder de rejuvenescer por imersão na água.
(11) O nome dado ao primeiro homem pelos mandan é Numokh Mukana.
(12) Os navajo dizem que o Primeiro Homem a Primeira Mulher geraram uma filha, Estanatlehi, que criou os progenitores das tribos a partir da farinha de milho ou das espigas de milho. Em outra versão, ela produziu humanos a partir de fragmentos de sua própria pele.
Outra versão diz que o primeiro homem, Aste Hastin, acasalou-se com a primeira mulher, Aste Estsan, e tiveram cinco pares de gêmeos que se tornaram os ancestrais dos navajo.
(13) Os papago dizem que o primeiro homem foi Montezuma que mais tarde se autoproclamou todo-poderoso.
(14) Os pawnee dizem que a Estrela da Manhã se acasalou com a Estrela da Noite para produzir a primeira mulher, enquanto Sakuru e Pah (a Lua e o Sol) produziram o primeiro homem. O homem e a mulher de acasalaram para povoar a terra.
(15) Os pueblo chamam o primeiro homem de Koshare, feito a partir da pele de uma deusa. O primeiro homem foi Poseyemu.
(16) A versão shawnee diz que os homens foram criados a partir das cinzas, do barro e das lágrimas.
(17) A tradição sia diz que duas irmãs, criadas pelo deus Sus'sistinnako, foram os primeiros humanos e as ancestrais da tribos indígenas. Nowutset foi o progenitor das outras raças humanas.
(18) Os tagua, do Novo México, chamam o primeiro homem de Puspiyama.
(19) Os sioux dizem que o primeiro homem foi We-Ota-Wichusa (Menino Coelho), que nasceu de uma lágrima derramada pelo sol. Ele se acasalou com a Primeira Mulher, criada pelo Grande Espírito, para produzir os precursores das tribos.
(20) O povo zuni considera uma divindade de dois sexos, Awonawilona, que formou o sol, que se acasalou com o mar, que se consolidou e se dividiu em terra e céu, Awitelin Tsta e Apoyan Tachi. Esses dois geraram os primeiros humanos. Poshaiyangkyo foi o primeiro homem. Dizia-se que esses seres tinham várias características animais, incluindo os pés palmados.

Persa

(1) O homem primitivo, Gayomart ou Gaya Martan, foi envenenado por Ahriman, a encarnação do mal. De sua semente veio o primeiro casal, Mashye e Mashyane, na forma de plantas com quinze folhas, das quais vieram dez raças. Eles comeram os próprios descendentes até que o bom deus Ormazd os tornou intragáveis.
(2) Outra versão tem Yima e Yimeh como os primeiros mortais. Alguns dizem que essas

pessoas foram feitas a partir do corpo de uma vaca que foi morta por Yima.
(3) Outra história diz que Tazh e Tazhak foram o primeiro casal mortal.
Siberiana
(1) Os buriats dizem que o primeiro homem foi Erlik, criado por Ulgan.
(2) O povo chukchee diz que o primeiro humano foi Ku'urkil.
(3) Os koriacks chamam o primeiro homem de Quikinna'qu.
(4) Khadau e Mamaldi formaram o primeiro casal segundo os tungus.
Sul-americana
(1) Os primeiros homens foram mortos em uma enchente depois que os animais e suas ferramentas se revoltaram. O sol reapareceu após cinco dias e chocou cinco ovos, dos quais surgiram cinco falcões que se tornaram humanos.
(2) Os arawak dizem que a primeira mulher foi uma mulher de pedra, Maiso.
(3) Os castunawa dizem que, quando os gigantes que habitaram a terra foram mortos no Dilúvio, seus corpos apodreceram ao sol e os homens surgiram das larvas que apareceram nos cadáveres. Outra história diz que as pessoas cresceram a partir das sementes plantadas na terra.
(4) Os chaco dizem que as primeiras pessoas foram feitas de pedra; a segunda raça, de madeira e a raça final de barro.
(5) Os chamacoco dizem que as pessoas vieram das árvores quando as racharam.
(6) Dizia-se que os incas saíram de uma caverna, Pacari, que tinha três saídas. Oito ancestrais da família real, quatro homens e quatro mulheres, emergiram da saída central e as pessoas comuns, das outras duas.
Uma outra história diz que o deus Inti mandou seu filho e sua filha, Manco Capac e Mama Occlo, para a terra para ensinar a humanidade.
Outra versão diz que Viracocha fez as primeiras pessoas, mas elas foram insatisfatórias. Ele então transformou todas elas em pedras e fez uma outra raça.
Uma história inca diz que uma raça primitiva foi criada por Con, o homem sem ossos, mas o deus criador Pachacamac transformou todos eles em macacos e fez uma nova raça. Infelizmente, Pachacamac ignorou o fato de que eles precisariam se alimentar. O homem morreu, mas a mulher deu um filho para o deus sol. Pachacamac então produziu frutas e vegetais a partir do corpo desse menino, que ele matou.
Outra história peruana diz que os homens emergiram de ovos produzidos pelo deus sol. O status da pessoa era determinada pelo tipo de ovo (ouro, prata ou bronze) de onde ela saía. Outros relatos dizem que os ovos foram produzidos por uma ave enorme.
Um versão alternativa diz que o primeiro homem foi Guamansuri, pai dos gêmeos Apocatequil e Piguerao.
(7) O povo mbaya, ao longo do Rio Paraguai, diz que os homens foram desenterrados por um cachorro que havia sentido seu cheiro ou, em outra versão, eclodido de ovos postos no topo de uma montanha por uma ave enorme.
(8) Na tradição da tribo paressi, o primeiro homem foi Uazale, filho da mulher de pedra, Maiso.
(9) O povo quiche diz que os primeiros humanos, feitos de lama, eram muito fracos para ficar de pé e não tinham mente; uma segunda raça, feita de madeira, era extremamente egocêntrica e foi destruída pelos animais e ferramentas; a terceira e última raça foi feita de barro.

Outra história diz que o primeiro homem foi Hurakan, criado por Gucamatz e Qubanil.

(10) Os taulipang dizem que os primeiros homens foram feitos de cera, mas derreteram com o calor do sol, assim o herói que os fez tentou novamente e fez homens de barro.

(11) Os terero dizem que os primeiros humanos surgiram de um buraco na terra.

(12) Na Terra do Fogo, alguns dizem que o primeiro homem foi Keros, que fez órgãos sexuais de turfa. Esses se acasalaram e produziram os precursores do povo.

(13) Na tradição dos tupari, da região amazônica, o primeiro homem foi Valedjad, um gigante nascido de uma pedra.

(14) Os warrau dizem que os primeiros humanos desceram do céu.

(15) Os yaruro (e outros) dizem que os primeiros humanos vieram de um mundo subterrâneo.

Taiwanesa
Os primeiros formosianos diziam que os humanos emergiram de uma rocha quando ela se partiu.

Princesa Bamboo *Malaia*
Uma princesa que vivia dentro do caule de um bambu. Ela foi descoberta por um homem, Khatib, quando ele abriu um bambu e os dois desapareceram.

Embora não possam ser vistos, os dois ainda vivem; sua ajuda pode ser invocada e eles farão tudo o que lhes pedirem para fazer.

Príncipe Verdadeiro *veja* **Galahad**
Princípio Celestial *veja*
   centauro T'ien-li *Grega*
Um ser parte homem, parte cavalo. Dizem que esses seres eram filhos de Íxion, rei dos lápitas, com Nefele (uma nuvem criada à imagem e semelhança da deusa Hera) ou de seu irmão, Centaurus, com os cavalos conhecidos como éguas magnesianas.

Eles viviam em permanente conflito com os lápitas, que eram conhecidos como domadores de cavalos.

Às vezes, eles são retratados puxando a carruagem do deus Dioniso.

Prithivi *Hindu*
= *Grega* Gaia
A personificação da terra; consorte de Dyaus, o céu.

Ela e Dyaus foram forçados a se separar por Varuna. Como um par, eles aparecem como Dyavaprithivi. Alguns relatos dizem que ela era esposa ou filha de Prithu, outros que ela era a consorte de Indra.

Ela agia como árbitro final nas disputas e, às vezes, é retratada como uma vaca.

Prithu *Hindu*
Um deus criador, uma encarnação de Vishnu. Diz-se que ele instruiu a humanidade nas artes da agricultura.

Priyavrata *Hindu*
Filho de Brahma e sua filha, a deusa Shatarupa. Diz-se que a terra foi cortada em sete continentes pelos sulcos feitos pelas rodas das imensas carroças.

Procne *Grega*
Para a história de Procne e Filomena, *veja* **Tereus**.

Procrustes *Grega*
Um gigante fora-da-lei, filho do deus do mar, Poseidon. Ele tinha o hábito de oferecer acomodações aos viajantes, matando-os, esticando-os ou cortando-os para caber em sua cama. Teseu o matou da mesma forma, cortando-lhe a cabeça.

Prometeu *Grega*
Um Titã, deus dos artesãos; meio-irmão de Atlas e Epimeteu; pai do primeiro homem, Deucalião.

Diz-se que ele é o criador da humanidade, fazendo homens a partir da lama, e seu salvador quando ele roubou o fogo do céu e o deu aos humanos. Pelo ato de rebeldia, Zeus o acorrentou a uma rocha onde, durante 30 mil anos, uma águia (ou abutre) bicava seu fígado durante o dia só para que ela se renovasse a cada noite.

Ele foi finalmente por Hércules, que atirou na ave. Em algumas histórias, uma erva impregnada com um pouco de sangue que caiu do corpo mutilado de Prometeu poderia tornar os humanos invulneráveis ao fogo e às armas.

O centauro Quíron estava sofrendo com um ferimento provocado pela flecha disparada por Hércules, mas, sendo imortal, não podia morrer. Prometeu foi autorizado a assumir o fardo da imortalidade para que Quíron pudesse morrer em paz.

Ele e Epimeteu lutaram do lado dos deuses em sua guerra com os Titãs.

Prometeu foi capaz de avisar seu filho Deucalião do Dilúvio que se aproximava, para que ele e sua esposa Pirra sobrevivessem.

Proteu *Grega*
também Velho Homem do Mar

Um deus do mar; filho de Poseidon e Tétis, dizem alguns.

Proteu era um deus bastante preguiçoso e passou grande parte do seu tempo deitado em uma costa com focas. Ele tinha a habilidade de prever o futuro, mas nunca o faria voluntariamente. Como ele também tinha o poder de mudar de forma à vontade, era difícil arrancar a verdade dele. Alguns, como Menelau e Aristeu, foram capazes de segurá-lo por tempo suficiente para fazê-lo cumprir as profecias que ele procuravam.

Pszepolnica *Sérvia*
= *Polonesa* Poloznitza; *Russa* Poludnitsa

Um espírito campestre que molesta os trabalhadores.

Psiquê *Romana*
Uma princesa da Sicília; esposa de Cupido.

Uma linda donzela que se expôs à ira de Vênus quando todos os homens prestaram mais atenção nela que na deusa. Vênus pediu a Cupido que fizesse Psiquê se apaixonar por algum monstro, mas, em vez disso, Cupido se apaixonou por Psiquê. Quando nenhum homem se ofereceu para casar com ela, o Oráculos de Delfos decretou que ela deveria ser colocada em um sombrio topo de montanha para esperar a serpente que seria seu marido. Em outra versão, Psiquê se jogou do topo de uma montanha para escapar do assédio de Vênus.

Em qualquer um dos casos, ela foi soprada do topo da montanha pelo vento do oeste, Zéfiro, e se viu em maravilhoso palácio onde viveu feliz com Cupido, que ela nunca viu porque ele só vinha à noite, até que suas duas irmãs a fizeram acreditar que seu marido era, de fato, uma serpente. Ela acendeu uma lamparina enquanto ele dormia e Cupido a deixou imediatamente pela violação de uma relação de confiança. Psiquê mais uma vez tentou se matar por afogamento, mas foi salva pelo deus do rio. Ela serviu a Vênus como escrava, realizando tarefas quase impossíveis, como separar uma pilha de diferentes grãos, coletar lã de ovelhas carnívoras, trazer água do Stynx e buscar um frasco (dito para conter a beleza) de Perséfone no Hades.

De vez em quando ele se encontrava com Cupido, que a levou ao Olimpo, onde ela foi deificada e aceita por Vênus como sua nora.

Ptah *Egípcia*
= *Grega* Hefesto
Um deus criador, deus dos artesãos, artistas, propriedade e deus de Mênfis; um dos três Senhores do Destino (com Amen e Khnum); marido de Sakhmet; pai de Nefertem.

Ptah nasceu de um ovo que foi posto pela Gansa do Nilo ou, dizem alguns, surgiu da boca de Amen. Outros dizem que ele existia no início como Nun, ou como o filho de Nun e Naunet, e criou o mundo moldando barro; os deuses, pensando neles e falando seus nomes; e os humanos a partir de Metais preciosos.

Diz-se que ele instigou uma horda de ratos a roer as cordas dos arcos dos invasores assírios, salvando assim a cidade de Pelusium.

Ele é considerado como uma encarnação do touro Ápis, um touro sagrado venerado em Mênfis.

Ele é retratado mas bandagens de uma múmia segurando um cetro conhecido como o "era" ou como um ferreiro.

Pu *Coreana*
Um herói ancestral.

Junto com Ko e Yang, Pu emergiu da terra e sobreviveu caçando. Uma caixa que eles encontraram à beira-mar continha três princesas e uma série de animais domésticos. Cada um dos três homens se casou com uma princesa e, atirando flechas para determinar um local para suas novas casas, estabeleceram e fundaram três clãs.

Pu T'ai Ho-shang *Chinesa*
também Monge Calico Bag, Mestre Calico Bag Zen
= *Budista* Maitreya; *Japonesa* Hotei
Um monge do sexto século (ou décimo); um imortal taoísta; um dos Dezoito Lohan, dizem alguns.

Ele é considerado como a última encarnação de Maitreya ou Amitabha. E é retratado com um bolsa de pano, seu símbolo, seja com um cajado sobre os ombros ou a seus pés. Às vezes, ele aparece dentro da bolsa.

P'u-t'o *Chinesa*
= *Hindu* Potaka
A ilha natal de Kuan Yin.

puca *veja* **phooka**

pucca *veja* **puck**

Pucel *Europeia*
Um demônio, um dos 72 Espíritos de Salomão. Diz-se que ele ensina ciências e aparece na forma de um anjo.

puck *Britânica*
também pouke, pucca
= *Irlandesa* phooka; *Nórdica* puki; *Galesa* pwca
Um duende malandro.

puk, pukhis *veja* **para**

Pukeheh *Centro-americana*
Uma deusa mexicana. Quando seu tio, Hokomata, destruiu a raça humana em uma enchente, ela sobreviveu dentro de um tronco e, depois que as águas baixaram, acasalou-se com Sunshaft e Waterfall para recomeçar a população.

puki *Nórdica*
também puke, pukje
= *Inglesa* puck; *Irlandesa* phooca; *Galesa* pwca
Um espírito malicioso.

pukis *Báltica*
Um espírito doméstico ou dragão, a versão letã de para.

pukys *Báltica*
Um espírito doméstico, a versão lituana de para.

Pulekekwerek *Norte-americana*
Um monstro-caçador herói dos yurok. Diz-se que Pulekekwerek nasceu no extremo norte e, encontrando o homem que teceu o céu, colocou nele os corpos celestiais. Ele então começou a

limpar o mundo dos monstros e, tendo completado a tarefa, partiu para a terra da dança eterna.

Puma-Cobra *Centro-americana*
Um deus primordial dos mixtecas; irmão e marido de Jaguar-Cobra (*veja mais em Jaguar-Cobra*.)

Pundjel *Australiana*
Um deus criador dos aborígenes de Victoria; irmão de Pallian.

Esses irmãos fizeram seres de barro e casca de árvore, mas, por esses seres terem se mostrado malignos, eles os cortaram e espalharam os pedaços. Os antepassados das tribos surgiram a partir desses pedaços.

Punegusse *Mongol*
Um demônio devorador de homens que foi morto pelo herói Itje. Os mosquitos foram criados a partir do cadáver do demônio.

Putolu *Ilhas do Pacífico*
Na mitologia tonganesa, a terra dos mortos.

puuk *Báltica*
Um espírito doméstico, a versão estoniana de para.

Q

Qagwaai *América do Norte*
Um monstro em forma de baleia na tradição das tribos do noroeste.

O herói da cultura Stoneribs viu como esse monstro matava as pessoas quando esmagava suas canoas e o atraiu à superfície onde o perseguiu em sua própria canoa. Stoneribs pulou dentro da boca aberta e matou o monstro com tiros dentro de seu corpo. Ele então esfolou a baleia e, usando a pele, conseguiu assumir a forma da baleia.

Qamai'ts *Norte-americana*
Uma deusa criadora do povo Bella Coola, do Canadá. Dizem que ela matou os gigantes que povoavam o mundo e construiu montanhas a partir de seus corpos.

Qamatha *Africana*
Um deus criador dos xhosa. Ele enviou Camaleão para dizer à tribo que eles poderiam ser imortais, mas Lizard descobriu qual era a mensagem de Camaleão e correu à frente para contar às pessoas exatamente o contrário. Quando Camaleão chegou com a mensagem certa, as pessoas se recusaram a acreditar e, consequentemente, os humanos são mortais.

(*Veja também* **camaleão, Hyel**.)

Qat *Ilhas do Pacífico*
Um espírito criador das Novas Hébridas (Vanuatu).

Dizem que Qat surgiu da pedra, Qatgoro, que se abriu e ele, imediatamente, se tornou adulto. O mundo já existia, mas Qat criou plantas, animais e pessoas, esculpindo humanos das árvores e dando vida a eles com música e dança.

Quando as pessoas se cansaram da infinita luz do dia, Qat deu alguns porcos à divindade que controlava as trevas e, em troca, recebeu escuridão suficiente para proporcionar alternativas de dia e noite.

Ele tinha onze irmãos, que o invejavam. Um dia, eles raptaram sua esposa, Ro Lei, e a levaram para outra ilha, mas ele a resgatou. Uma versão alternativa diz que sua esposa era uma donzela-cisne que ele tinha capturado e mantido presa à terra, enterrando suas asas. Quando ela encontrou as asas, voou de volta para o céu. Qat a seguiu, atirando uma série de flechas para cima, formando a corrente por onde ele subiu. Infelizmente para Qat, a árvore à qual a corrente estava presa foi cortada pela enxada de um trabalhador descuidado, o que fez com que Qat caísse e morresse. A esposa, que ele tinha conseguido resgatar, voou de volta para o céu.

Em outra ocasião, os irmãos de Qat o colocaram na toca de um caranguejo e fecharam a entrada com uma pedra enorme, mas ele escapou com a ajuda do espírito aranha.

Seus irmãos foram comidos pelo monstro Qasavara. Quando descobriu, Qat o matou e, encontrando os ossos dos irmãos em um baú, ele os juntou e lhes devolveu a vida.

Dizem que ele navegou para longe da Ilha Banks com a esposa e os irmãos, deixando os ilhéus para antecipar seu futuro retorno.

Qormusta Tengri *Mongol*
O deus criador e o deus do céu, rei dos reis. Ele fez os homens a partir do fogo, da água e do vento e povoou o mundo com seus próprios filhos, que se tornaram rios, árvores, montanhas e todas as outras coisas que fazem parte do mundo.

Quarto Sol *Centro-americana*
A quarta era do ciclo de criação asteca.

O Terceiro Sol terminou depois de 364 anos, quando o fogo destruiu a Terra. Então, Chalchiuhtlicue assumiu como governante do Quarto Sol, que durou 312 anos, antes do mundo ser inundado pelo dilúvio do qual só Nata e Nena escaparam. O período seguinte foi o Quinto Sol, que é a era atual.

Outra versão chama o período do Quarto Sol de Sol da Terra ou de Sol da Água e diz que foi durante esse período que os peixes foram feitos. (*Veja também* **Cinco Sóis**.)

Quatro Animais Auspiciosos *Chinesa*
Animais que guardam os quatro pontos cardeais. São eles: o Ch'ing Lung (azure dragon), Feng (fênix), Kuei Shen (tartaruga) e Ch'i-lin (unicórnio).

Em alguns relatos, Pai Hu (tigre branco) aparece no lugar do unicórnio.

Quatro Reis Diamantes *Chinesa*
também Quatro Reis Celestiais, Quatro Reis dos Céus
= *Japonesa* Shi Tenno
Os governadores dos quatro reinos do paraíso budista e guardiões dos santuários budistas.

Essas divindades são: o Portador da Terra (Mo-li Ch'ing), que guarda o leste; Contemplador Distante (Mo-li Hai), que protege o oeste; o Well-Famed (Mo-li Shou), que guarda o norte; e o Senhor do Crescimento (Mo-li Hung), que olha para o sul.

Quatro Reis Dragões *Chinesa*
Os governantes dos quatro mares. Esses reis eram conhecidos como Jang Lung, Lung Wang, Pai Lung e Chin Lung.

Às vezes, são usados nomes alternativos: Ao Ch'in, Ao Jun, Ao Kuang e Ao Shun, ou Kuang-jun, Kuang-li, Kuang-she e Kuang-te.

Quetzalcoatl *Centro-americana*
também Serpente Emplumada, Cajado Emplumado, Serpente de Penas Verdes, Huitzilopochtli;
= *Maia* Kukulcan, Itzamna
O deus dos astecas, maias e toltecas sob a forma de uma serpente de penas

verde-jade; o deus sol do Segundo Sol e o deus do vento.

Nas histórias da criação asteca, ele matou Tezcatlipoca, que tinha governado no período do Primeiro Sol e se tornou o governante do Segundo Sol. Ele então criou os seres humanos. Dizem que ele os fez a partir de ossos trazidos do submundo, borrifados com seu próprio sangue. Alguns desses ossos foram largados no caminho e isso explica o fato de algumas raças serem maiores que outras. Sob a forma de uma formiga, ele roubou o milho e o deu para a raça humana. Depois de outros 676 anos, o deus do vento Tlaloc fez voar para longe todos os humanos (exceto alguns que se tornaram macacos) e assumiu o controle do Terceiro Sol.

Algumas versões equiparam Quetzalcoatl com Ah Kin, enquanto outras o veem como um aspecto de Tezcatlipoca, como guardião do oeste.

Segundo alguns relatos, ele foi embebedado por Tezcatlipoca e induzido ao incesto com sua irmã, Quetzalpetlatl, imolando-se por remorso. Oito dias depois, ele subiu ao céu como Vênus, a estrela da manhã.

Em mais uma versão, ele desistiu da luta contra o inimigo Tezcatlipoca, e deixou Tollan para voltar à sua casa original, Tiapallan. Antes de ir embora, ele queimou todas as casas e enterrou seus tesouros ou, dizem alguns, jogou-os na fonte de Cozcaapa. No caminho, ele descansou em Temacpalco, onde a marca de suas mãos foi deixada na rocha em que ele tinha se sentado. Ele escalou a Sierra Nevada, onde todos os seus companheiros morreram de frio, e deslizou pelo lado mais distante até a margem. Aqui ele foi levado em uma balsa transportada por serpentes, prometendo voltar. Nos anos que se seguiram, o invasor Cortés foi considerado o deus que voltou.

Ele é retratado ou como um viajante carregando um bastão ou como uma borboleta.

Quikinna'qu *Siberiana*
também Grande Corvo

O deus criador do povo Koryak. Essa divindade, que revelou o universo preexistente, também é considerada como o primeiro humano e um herói da cultura. Ele tinha uma capa de penas de corvo que lhe permitia mudar sua forma e voar para o céu.

Em uma versão, ele cortou seus órgãos e se tornou mulher. A deusa mãe Miti, disfarçada de homem, "a" cortejou e eles se casaram, encontrando-se em um dilema que só foi resolvido quando os órgãos (que tinham sido salvos) voltaram ao seu devido lugar.

Ele lutou contra os espíritos maus da floresta, mas morreu quando tentou engolir o sol.

Quimera *Grega*

Um monstro que cospe fogo, parte leão e parte cabra, com a cauda de uma serpente.

Quinto Sol *Centro-americana*

A quinta era do ciclo de criação asteca. Esta é a era atual, governada pelo deus Nanautzin.

A primeira escolha dos deuses para ser o governante foi Tecciztecatl mas, na cerimônia final, quando o escolhido é obrigado a se comprometer com o fogo, ele não conseguiu demonstrar a coragem necessária. Nanautzin se jogou nas chamas e se tornou o sol, enquanto Tecciztecatl teve que se contentar com a lua. Diz-se que esta era terminará em destruição por terremoto. (*Veja também* **Cinco Sóis**.)

quirin *Britânica*
Uma pedra que, dizem, foi encontrada no ninho de quero-queros. Essas pedras são usadas por bruxas e magos que afirmam que, se forem postas sob o travesseiro de uma pessoa, ela revelará todos os seus segredos enquanto dorme.

Quirino *Romana*
O deus da guerra dos sabinos. Rômulo, um dos fundadores de Roma, mais tarde foi deificado e, às vezes, identificado com Quirino.

Quíron *Grega*
O rei dos centauros.

Sua ascendência era diferente da dos outros centauros, assim como seu temperamento. Fisicamente, ele era como os outros, porque o deus Cronos tinha adotado a forma de um cavalo quando foi pai dele com Filira, mas ele era um centauro sábio, que cuidava e dava aulas a vários heróis gregos, incluindo Aquiles, Asclépio, Hércules e Jasão.

Inadvertidamente ele foi atingido por Hércules, cujas flechas envenenadas eram invariavelmente fatais aos mortais. Uma história alternativa diz que quando o centauro Pholus entreteve Hércules em suas caverna e eles foram atacados por outros centauros, um deles, Elatus, foi ferido por uma das flechas envenenadas disparadas por Hércules e Quíron, acidentalmente se feriu no joelho ao retirar a flecha. Quíron, não um mortal, não poderia morrer, apesar de sofrer grande agonia. Mais tarde, Prometeu assumiu o peso da imortalidade para permitir a morte de Quíron, quando ele foi colocado nos céus como Centauro. Às vezes, ele é retratado com patas dianteiras humanas e m lugar das equinas.

qutrub *Árabe*
Um gênio.

R

Rá¹ *Egípcia*

Um deus criador, deus do Sol e deus do mundo inferior; marido de Nut; pai e marido de Hathor, dizem alguns; pai de Ísis, Osíris, Néftis e Set com Nut.

Alguns dizem que ele foi autocriado a partir de Nun; outros, que ele era o filho de Nut, enquanto em alguns relatos ele era o pai de Shu e Tefnut. Uma outra versão diz que Rá emergiu de um ovo posto por Geb sob a forma de um ganso. E há relatos que dizem que ele foi o primeiro faraó.

Ele criou a humanidade a partir de suas próprias lágrimas de alegria com a recuperação de Shu e Tefnut, que tinham se perdido, mas, quando ele se convenceu de que os humanos estavam conspirando para derrubá-lo, enviou a deusa Hathor para matar a todos. Ela se embriagou com khakadi, a cerveja de cor vermelha que ele usou para inundar a terra, e acabou esquecendo sua missão. Ísis, querendo saber o nome secreto dele, formou uma serpente a partir de sua saliva. A cobra picou Rá e lhe causou uma dor violenta que foi curada por Ísis em troca da revelação de seu nome secreto, que era Ran.

Quando ele se mutilou, o sangue de seu pênis gerou vários outros deuses.

Todo dia, Rá viajava pelo céu em um barco, ao qual se opunha o demônio Apep. No final do dia, ele se transformava em Auf, uma múmia, e retornava do mundo inferior ao seu ponto de partida, pronto para a viagem seguinte. Ao sol da manhã, ele era Khepra ou Menthu, à noite era Rá-Harakhta, e ao por do sol, Rá-Atum.

Como deus do mundo inferior, ele é representado com uma cabeça de carneiro e navegando em uma barca; como deus do Sol, ele aparece como um falcão usando um disco solar. Nos outros casos, ele é retratado como um escaravelho ou um besouro rola-estrume.

Na velhice, ele se afastou para o céu – os Campos da Paz (Amenti) em algumas versões – em favor de Thoth e foi elevado aos céus por Nut.

Ra² *Ilhas do Pacífico*
= *Maori* Raa
Na tradição polinésia, o sol, criado pelo deus Io.

Ra³ *Germânica*
= *Sueca radare*
Um elfo trabalhando em casas e oficinas.

rã
(1) O *Rig Veda* hindu afirma que o mundo repousa sobre as costas de uma Grande Rã.
(2) Os maori consideram a rã como um deus da água.

Rá-Atum *Egípcia*
também Atum-Rá
Uma assimilação do primitivo deus do sol Atum com Rá. Sob a forma do pássaro Bennu ou da fênix, ele dispersou a escuridão do Nun enquanto estava sentado na pedra Benben (obelisco).

Ele tinha a capacidade de destacar um olho e enviá-lo sozinho para ver o que estava acontecendo e o usou para localizar seus filhos Shu e Tefnut quando eles se perderam. Ele desenvolveu outro olho, mas manteve o olho destacável que colocou na testa.

Rá-Harakhta *Egípcia*
O deus Hórus como deus do sol, uma assimilação de "Hórus do Horizonte" (um aspecto de Hórus) com Rá; o deus do sol ao entardecer e ao amanhecer.

Radamanto *Grega*
Governador de parte de Creta; filho de Zeus e Europa; irmão de Minos e Sarpedon.

Ele era um sábio e renomado legislador que, a cada nove anos, recebia um novo conjunto de leis da caverna de Zeus. Depois de matar um de seus parentes, ele fugiu para a Beócia. Em Tártaro, ele foi apontado como um dos três juízes de almas.

Radare *Sueca*
= *Germânica* Ra
Um elfo trabalhando em casas e oficinas.

Radha *Hindu*
Uma leiteira. Ela era a amante favorita (alguns dizem, esposa) de Krishna e, quando seu marido, Ayanagosha, a pegou com Krishna, o deus se transformou em forma feminina como Durga para enganá-lo.

Outras histórias dizem que Krishna separou a si mesmo em duas partes, uma das quais foi Radha, e sua união produziu um ovo que flutuou sobre as águas primordiais a partir das quais o universo se desenvolveu.

Em alguns relatos, Radha é visto como uma encarnação de Lakshmi, a deusa lótus.

Rafusen *Japonesa*
Uma fada que espalha perfume entre as flores das ameixeiras.

Raging Host *veja* **Caçada Selvagem**

Ragnarok *Nórdica*
= *Germânica* Götterdämmerung "Crepúsculo dos Deuses"; *Persa* Armageddon
A batalha final; o fim do mundo. Esta foi a batalha final entre o bem e o mal, a batalha em que os deuses estavam destinados a ser derrotados pelas forças do mal, liderado por Loki, após o que viria a ser um novo começo sob um deus ainda maior que Odin.

Após um inverno extremamente severo, conhecido como inverno Fimbul, que durou três anos (sete em alguns relatos), a serpente de Midgard saiu do mar expelindo venenos e causando grandes inundações; os lobos Hati, Managarm e Skoll engoliram o sol e a lua; Garm,

Fenris e Loki cortaram os laços; o dragão Nidhogg comeu as raízes de Yggdrasil; o grupo de galos e o gigante Heimdall soaram as trombetas para avisar aos deuses que o fim estava se aproximando.

O navio de Loki desembarcou uma força de Muspelheim e outro navio trouxe do norte os Gigantes Gelados. Eles foram reforçados por Hel e Nidhogg e por Surtur e seus filhos que destruiu a ponte Bifrost quando cavalgaram sobre ela. Na batalha que se seguiu na planície de Vigrid, os deuses foram derrotados.

Odin foi comido pelo lobo Fenris; Frey foi morto por Surtur, Heimdall por Loki, Tyr por Garm, e Thor se afogou no veneno da serpente de Midgard depois de tê-la matado. Por chegar atrasado, Vidar colocou seu grande pé na mandíbula inferior de Fenris e, puxando a mandíbula superior com suas mãos, afastou o lobo. Surtur então pôs fogo no mundo com sua espada flamejante e afundou a Terra sob as ondas.

Os deuses do mal que morreram naquela batalha foram enviados para Nastrond, os do bem foram para o mais alto céu, Gimli, enquanto os gigantes foram para o palácio Brimer.

(*Veja também **fim do mundo**.*)

Ragnell *Britânica*
Amaldiçoada pelo irmão Gromersomer Joure, ela apareceu como uma velha, em uma versão repugnante, e contou ao rei Artur as respostas ao enigma apresentado por Joure, mas exigiu Gawain como marido. Após o casamento, o feitiço foi quebrado e ela voltou à sua forma normal como uma linda jovem.

Rai-tubu *Ilhas do Pacífico*
Uma divindade celeste no Havaí. Sob o comando do pai, ele criou a Terra quando olhou para baixo e o céu quando olhou para cima.

Raicho *Japonesa*
Um trovão xintoísta. Diz-se que este pássaro, de tamanho semelhante ao de um corvo, tem a capacidade de criar um som terrível ao bater as esporas em seu corpo. Ele costuma ser visto durante as tempestades.

Raim *Europeia*
Um demônio, um dos 72 Espíritos de Salomão. Diz-se que este ser é capaz de evocar o amor e roubar o dinheiro para o feiticeiro. Ele aparece sob a forma de um melro e, em alguns relatos, é equiparado a Alastor.

Rainha da Sabedoria *veja* **Tara**
Rainha do Céu *veja* **Anat, Astarte, Hera, Ísis, Juno, Tara, T'ien Hou**
Rainha dos Deuses *veja* **Wadjet**
Rainha Maeve *veja* **Maev**

Raio
No Budismo, a encarnação do poder da lei. Na mitologia grega, a arma de Zeus; da mesma forma, na mitologia romana, é a arma de Júpiter.
Na mitologia hindu, a arma de Indra, também chamada de Pedra do Trovão ou vajra.

Rairu *Sul-americana*
Um ser fundamental na tradição do povo Tupi. Ele e seu pai, Karu, existiram na escuridão primitiva, mas Rairu colocou uma pedra em sua cabeça, que cresceu para formar o céu e eles tiveram luz.

Karu era hostil com Rairu, pois o filho sabia mais que ele, e por isso tentou matá-lo. Rairu se escondeu de seu pai no mundo inferior, onde encontrou seres humanos. Quando essas pessoas apareceram no mundo superior, ele e seu pai transformaram alguns deles – os preguiçosos – em pássaros e borboletas.

rakshasa *Hindu*
feminino rakshasi
Um espírito do mal. Dizem que estes seres foram criados a partir do pé de Brahma, embora outros digam que eles eram descendentes do sábio Pulashya.

Eles poderiam assumir qualquer forma e geralmente apareciam como monstros, mas, às vezes, como belas donzelas. Nas descrições deles sob a forma humana, eles podem ser azuis, verdes ou amarelos, com os olhos colocados na posição vertical, dedos apontando para trás, cabelos emaranhados, estômagos protuberantes e um metro e oitenta de altura. Dizem ainda que comiam carne humana, até mesmo carne podre e cadáveres. Sabe-se que viviam em árvores, mas assombravam cemitérios, e eram tão venenosos que matavam os mortais a um simples toque. Eles podiam tomar posse dos homens, causando doenças ou a morte. Os mortais que foram excepcionalmente cruéis em vida podiam ser condenados a reaparecer como rakshasas.

Em algumas versões, rakshasas são o mesmo que yakshas.

Rama *Hindu*
A sétima encarnação de Vishnu, como um humano; marido de Sita. Ele é o herói do épico *Ramayana* e aparece em *Mahabharata*.

Ele matou a dragoa, Taraka, e ganhou a mão de Sita, filha de Janaka, rei de Videha, curvando o arco de Shiva. Ele deveria ter conseguido o trono quando seu pai terreno morreu, mas ele e a esposa Sita, junto com seu meio-irmão, Lakshmana, foram exilados e Bharata, seu outro meio-irmão, assumiu o trono.

Surpanakha, a irmã do demoníaco Ravana, tentou seduzi-lo, mas ele e Lakshmana a feriram gravemente quando ela tentou engolir Rama por ele ter rejeitado seus avanços. Ela então persuadiu seu irmão Ravana a capturar a esposa de Rama. Quando Sita foi raptada por Ravana, Rama ou o rei macaco Sugriva atacou Trikuta, a fortaleza dos demônios, com as forças dos macacos lideradas por Hanuman em uma batalha em que todos os líderes dos demônios foram mortos. O próprio Rama cortou a cabeça de Ravana.

Nos anos seguintes, ele exilou Sita por suspeita de que ela havia dormido com Ravana. Quando ela pediu aos deuses que enviassem um sinal de que tinha sido fiel a seu marido, a terra se abriu e ela foi levada para um trono de ouro. Com remorso, Rama se afogou.

Ramo de Ouro *Grega*
Um ramo carregado por Eneias que dava acesso ao Hades.

Ran *Nórdica*
Deusa do mar e deusa das tempestades. Ela atraía os marinheiros para sua rede e os levava para sua casa nas profundezas.

Rangi *Neozelandesa*
Deus criador e pai do céu para os maori. Os corpos entrelaçados da Terra (Papa) e do Céu impossibilitavam que seus filhos deixassem o útero, eles então tentaram afastar seus pais. Depois dos fracassos de Haumea e Rongo em distanciá-los, de Tangaroa soprá-los com seus ventos e Tu separá-los, Tane, ficando sobre Papa, conseguiu empurrar Rangi, o céu, para sua posição atual.

> **raposa**
> Este animal aparece nos mitos de vários países, frequentemente como um trapaceiro ou como um modificador da forma.
> (1) Nas histórias chinesas, a raposa é uma modificadora de forma que se torna um

bruxo quando atinge os 100 anos de idade. Aos mil anos, o animal vai para o céu como a Raposa Celestial, que tem nove caudas e serve como meio de transporte para os espíritos celestiais.
(2) No clássico europeu, *Reynard a Raposa*, o personagem principal se mete em todos os tipos de dificuldades, mas consegue escapar.
(3) No Japão, a raposa é a encarnação de Inari como Espírito da Chuva. Outros dizem que a raposa, Kitsune, leva as mensagens para o deus Inari.
(4) Na América do Norte, Brer Fox é outro enganador que se envolve em várias aventuras.

Rarohenga *Ilhas do Pacífico*
A casa das fadas; o mundo inferior.

Rasa *Ilhas do Pacífico*
= *Grega* Styx; *Nórdica* Leipter
O rio que separa este mundo do mundo inferior.

Rashnu *Persa*
Um deus do mundo inferior; um dos yazatas. Ele atua como um dos três juízes das almas, com Mithra e Sraosha, segurando a balança de ouro da justiça.

Ratna *Hindu*
"joia"
Um dos objetos preciosos gerados na Agitação do Oceano.

rato
Este animal aparece nas mitologias de vários países.
(1) Na China, o rato simboliza a indústria e a prosperidade e é um dos animais que carrega o sol através do zodíaco. Ele é considerado o guardião do bairro norte.
(2) No Egito, o rato simboliza destruição e, por vezes, é deificado.
(3) Na tradição hindu, o rato pode ser a encarnação de um demônio poderoso ou o transporte preferido de Garuda.
(4) Os irlandeses dizem que os ratos podem ser expulsos recitando poesias para eles.
(5) No Japão, o rato é o mensageiro do deus Daikoku. Diz-se que, se os ratos comerem os bolos de Ano Novo, haverá uma boa colheita.
(6) Os romanos acreditavam que os ratos poderiam trazer boa sorte.
(7) Algumas tribos sul-africanas usam os pelos dos ratos como amuleto para se protegerem contra lanças atiradas por seus inimigos.

Ratovoantany *Africana*
Um deus criador de Madagascar. Ele formou os primeiros humanos a partir do barro e o deus supremo Zanahary lhes deu vida. Diz-se que ele cresceu fora da terra, como uma planta.

Ratu-mai-mbula *Ilhas do Pacífico*
Um deus da fertilidade e deus serpente do mundo inferior fidjiano. Diz-se que ele cria cocos e faz brotar as plantações.

Raudalo *Índias Orientais*
Um herói da cultura da Nova Guiné. Ele é representado em forma de uma cobra e teria causado o recuo do Dilúvio ao tocar as águas com sua língua.

Ravana *Hindu*
O rei dos demônios dos Rakshasas com dez cabeças. Originalmente ele era um anjo que foi condenado a viver na Terra por ter insultado Brahma. Sua primeira manifestação foi como Hiranyakashipu, a segunda como Ravana e a terceira como Sisupala. Alguns relatos dizem que ele tinha dez cabeças e vinte braços.

Como Ravana, rei do Ceilão, ele podia assumir qualquer forma, até rocha, fumaça ou cadáver; em um história, ele se transformou em camaleão para ter acesso aos aposentos da mulheres para seduzi-las. Ele podia se tornar tão grande quanto uma montanha em um momento e, usando seus vinte braços, podia atirar colinas à sua volta. Ele só poderia ser morto por um mortal, assim, os deuses enviaram Vishnu sob a forma do Rama humano para enfrentá-lo.

Ravana raptou a esposa de Rama, Sita, e Rama atacou Trikuta, sua fortaleza no Ceilão, com as forças dos macacos de Sugriva lideradas por Hanuman, matando todos os líderes dos demônios. O próprio Rama cortou as cabeças de Ravana. Mas assim que Rama cortava uma cabeça, rapidamente outra crescia no lugar. Ravana só morreu quando Rama atirou nele com uma flecha feita por Brahma com essa finalidade.

Outra versão da morte de Ravana diz que ele rastejou sob o Monte Kailasa e tentou esmagá-lo. O tremor da montanha foi tão intenso que assustou Parvati, que lá morava com Shiva, que o deus pisou com força na montanha, esmagando o demônio até a morte.

reem *Hebraico*

também re'em

Qualquer dos dois bois enormes. Dizem que esses dois animais viveram em extremos opostos da Terra, encontrando-se uma vez em setenta anos para gerar gêmeos, após o que eles morreram. Eles nadaram atrás da Arca de Noé, mas eram grandes demais para entrar. Em algumas versões, é o unicórnio.

Regin *Nórdica*

= *Germânica* Mime; *Grega* Hefesto; *Romana* Vulcano

Um ferreiro; irmão de Fafnir e Otter. Quando o malvado deus Loki matou Otter, irmão de Regin, seu pai Hreidmar exigiu um resgate que Loki pagou com uma quantidade de ouro e um anel mágico, que ele forçou o anão Andvari a entregar. Ao fazer isso, o anão amaldiçoou o tesouro. Quando Hreidmar se recusou a dividir o ouro com os filhos, Fafnir matou o pai e expulsou Regin, mantendo todo o tesouro transformado em um monstro para ficar guardado.

Regin persuadiu Sigurd a matar o monstro. Sigurd concordou desde que Regin lhe desse uma espada inquebrável. As duas feitas por Regin se provaram inadequadas, então eles forjaram juntos os pedaços da espada de Sigmund, que se mostrou capaz de cortar através de uma bigorna. Tendo matado o dragão, Sigurd cortou e cozinhou o coração a pedido de Regin, mas, depois de prová-lo descobriu que podia ouvir a língua das aves que o avisaram que Regin estava planejando alguma maldade. Sigurd então matou Regin e guardou o tesouro só para si.

Rei Cole *veja* **Coel**

Rei da Madeira *Romana*

O sacerdote de Diana no Lago Nemi, ao sul de Roma. O primeiro deles foi o deus Virbius, que foi sucedido por um escravo ou gladiador fugitivo que lutou com um galho de árvores no bosque das redondezas.

Rei das Vacas *Chinesa*

Um ogro horrível, protetor dos rebanhos.

Rei dos Cavalos *Chinesa*

Um ogro horrível. Esse ser é retratado com quatro mãos e três olhos e é venerado pelos criadores de cavalos.

Rei Eremita *veja* **Pelles**

Rei Ferido *veja* **Rei Pescador**

Rei Graal *Britânica*

também Guardião do Graal

Qualquer um de uma sucessão de reis encarregados de manter o Santo Graal.

A lista desses reis inclui nomes como Amfortas, o Rei Pescador, Frimutel, Helaius e Pelles.

Rei Lir *veja* **Lir**
Rei Macaco *veja* **Sun Hou-tzu**
Rei Maimed *veja* **Rei Pescador**
Rei Pecador *veja* **Rei Pescador**
Rei Pescador *Celta*
também Guardião do Graal, Rei do Graal, Rei Maimed, Rei Pecador, Rei Ferido

O guardião do Santo Graal.

Em alguns relatos, a distinção entre o Rei Pescador que dizia ser Pelles e o Rei Maimed, conhecido como Parlan, Pelham, Pell(e)am, Pellean ou Pelleham. Outros dizem que seu nome era Bron, e que ele era amigo de José de Arimateia, enquanto também o identificam com José. Algumas histórias do Graal se referem a ele como Amfortas.

Uma característica comum é que, de alguma forma, ele ficou ferido, geralmente na(s) coxa(s). Em certos relatos, diz-se que a ferida foi causada pela lança sagrada ou por Balin, ou pelos fragmentos da espada que matou seu irmão Goon Desert; alguns dizem que foi punição por desembainhar a Espada de Strange Girdles. Diz-se que devido a essa ferida, sua única ocupação era pescar – daí seu título. (Note que seu nome medieval francês *"Roi Pecheur"* leva a duas traduções: "Rei Pescador" e "Rei Pecador").

Reia *Grega*
= *Frígia* Cybele; *Romana* Magna Mater, Ops

Deusa da natureza e rainha do universo; uma Titã e uma profetisa. Filha de Urano e Gaia; irmã e esposa de Cronos; mãe de Deméter, Héstia, Hades, Hera, Poseidon e Zeus.

Cronos foi avisado que um de seus filhos usurparia seu trono e, para evitar que isso acontecesse, ele engoliu cada um dos filhos à medida que foram nascendo. Em alguns relatos, Reia deu a Cronos um potro para engolir no lugar do recém-nascido Poseidon, que foi dado aos pastores para ser criado. Quando Zeus nasceu, Reia o escondeu na Ilha de Creta e deu ao marido uma grande pedra envolta em roupa de bebê que ele prontamente engoliu. Mais tarde, ela foi violentada por Zeus, ambos em forma de serpentes, e foi ela quem salvou Dioniso quando ele foi despedaçado pelos Titãs.

Reia Sílvia *Romana*
Uma virgem vestal, filha de Numitor (rei de Alba Longa); mãe de Rômulo e Remo com Marte.

Em uma versão da história de Rômulo e Remo, ela foi violentada por Marte enquanto buscava água em uma nascente. Como resultado, ela foi presa por quebrar seus votos de castidade, mas depois foi libertada pelos filhos. Em outras versões, ela sofreu a pena tradicional e foi enterrada viva, embora há quem diga que ela foi afogada ou decapitada e depois deificada.

Em algumas histórias, ela é chamada de Ilía, filha de Eneias.

Reinga *Neozelandesa*
também Te Reinga

A terra maori dos mortos; a rota percorrida pelas almas falecidas.

Reis do Inferno *veja* **Dez Reis Yama**
Reis Dragões *Japonesa*

Governantes da Terra. Dizia-se que eram quatro criaturas, cada um responsável por um aspecto particular e um dos oceanos do mundo. Eles são conhecidos como o Dragão Celestial, o Dragão do Tesouro Escondido, o Dragão da Terra e o Dragão Espiritual.

Os Reis Dragões também são encontrados na mitologia chinesa: *veja* ***Ao Ch'in, Ao Jun, Ao Kuang, Ao Shun***.

relâmpago
Em várias culturas o relâmpago é considerado uma arma empunhada por um deus.
(1) Os chineses dizem que uma deusa jovem usa um espelho para iluminar em um alvo escolhido, para que o deus trovão possa lançar um raio e ter certeza de acertar o ponto certo.
(2) Na América Central, algumas tribos dizem que o relâmpago trouxe as primeiras doenças ao homem.
(3) Na África, o povo do Daomé diz que os deuses do trovão usam relâmpagos para punir os malfeitores, e um deles, o deus Gbade, pode matar pessoas com um relâmpago.
(4) Os primeiros habitantes da Alemanha culpavam as bruxas pelos relâmpagos, enquanto outros diziam que um tronco carbonizado de uma fogueira em pleno verão, se mantido em casa, a preservaria dos relâmpagos. Alguns dizem que um carvão mágico, encontrado sob um pé de artemísia, protegerá o proprietário de relâmpagos.
(5) Na Grécia, o relâmpago era a arma de Zeus, e os gregos considerava, sagrado qualquer lugar onde um raio caísse na terra.
(6) Na Nova Guiné, acredita-se que muitos espíritos malignos podem causar os relâmpagos.
(7) Os romanos consideravam Júpiter como uma manifestação do relâmpago e do trovão.
(8) Na América do Norte, algumas tribos acreditam que o uso de um palito de dentes feito da madeira de uma árvore que foi atingida por um raio curará a dor de dentes.
 Outras dizem que um raio próximo ao local onde uma pessoa está morrendo anuncia a chegada do Demônio para recolher a alma dessa pessoa. Alguns acreditam que um raio criou o guaxinim ou a toupeira, enquanto outros cobrem suas cabeças com pele de guaxinim como proteção contra os raios.
(9) Os tártaros consideram o raio como um flecha atirada de um arco-íris que é o arco empunhado por um grande herói.
(10) A religião védica primitiva ensinou que o raio era uma arma empunhada por vários deuses, incluindo Indra e Rudra.

Rella-manerinja *Australiana*
Dois seres primitivos parcialmente formados. Eles foram cortados em pedaços pelo lagarto Mangar-kunjer-kunja para se tornarem os ancestrais da humanidade.

Remo *Romana*
Filho de Marte e Reia Sílvia; irmão gêmeo de Rômulo.
 Remo e seu irmão são tradicionalmente considerados os fundadores de Roma. Para a parte maior da história, *veja o verbete* **Rômulo**. Por saltar as muralhas da recém-fundada cidade, Remo foi morto por Rômulo, que se tornou rei de Roma, ou por Celer, seu tenente. Outros dizem que ele foi morto em uma briga que eclodiu entre os seguidores dos dois irmãos.

Ressurreição
 (literalmente) *Centro-americana*
Na tradição dos astecas, um dos quatro gigantes que sustentaram o céu no início do Quinto Sol (*Veja* **Flores Espinhosas**.)

rGyal-po *Tibetana*
Primeiros ancestrais da raça; trabalhadores milagrosos; reis demoníacos. (*Veja também* **gNodsByin**.)

Rico Pescador
 veja **Hebron, Pelles, Pellimore**

Rin-Jin *Japonesa*
Um Rei-Dragão do Mar. Quando ficou doente, sua mulher disse que só o fígado

de um macaco poderia salvá-la. Rin-Jin então ordenou que uma água-viva trouxesse o macaco para seu reino subaquático. Depois de convencer um macaco a vir com ela, a tola água-viva contou ao macaco por que sua presença era necessária. O astuto macaco disse que havia esquecido de trazer o fígado e a água-viva o levou de volta a terra para buscá-lo. O macaco pulou rapidamente em terra e fugiu, rindo da credulidade da água-viva. Furioso, o rei despedaçou a água-viva esmagando-a contra as pedras. (*Veja também* **Ryujin**.)

Rio Inevitável (literalmente) *Chinesa*
Um rio no inferno que o espírito viajante precisa atravessar. O bem passa sobre a Ponte das Fadas, acompanhado pela Juventude Dourada, enquanto o mal é obrigado a atravessar uma ponte de apenas 2,5 centímetros de largura.

riverhouse *Escocesa*
Um duende aquático. (*Veja também* **kelpie**.)

robin *Nórdica*
A ave do deus Odin.

Robin Goodfellow *Inglês*
Um duende; um puck; filho de Oberon, rei das fadas em muitos relatos.

Nos primeiros contos de Robin Goodfellow, ele era filho de uma donzela e de uma fada masculina e fugiu de casa, ao acordar certa manhã, depois de um sonho em que seu pai era uma fada, para encontrar um pergaminho. Esse pergaminho lhe dizia como usar seus poderes mágicos para o bem, e não para o mal. Um desses poderes era a capacidade de se transformar em qualquer animal.

Anos depois, ele foi considerado um duende doméstico que, se for devidamente recompensado, fará as tarefas domésticas.

roca *Árabe*
também rukh
Uma imensa ave mítica. Essa ave, que se alimentava de filhotes de elefantes, carregou Sinbad, o Marujo (herói de um dos contos de *As Mil e Uma Noites*) e era considerado grande o bastante para levar um elefante adulto. Dizia-se que ela só pousava no Monte Qaf, do outro lado do oceano que circunda a Terra.

(w) Rochas Errantes
veja **Planctae, Simplégades**

(c) Rochas Errantes
veja **Planctae, Simplégades**

Roggenwolf *veja* **Rye-wolf**

Roi Pecheur *Celta*
Um nome para o guardião do Santo Graal, frequentemente traduzido como o Rei Pescador ou o Rei Pecador. (*Veja* **Rei Pescador, Pelles**.)

Rokola *Ilhas do Pacífico*
Um deus carpinteiro de Fiji. Ele foi um lendário construtor de barcos, às vezes igualado a Noé.

Rolando[1] *Britânica*
também Childe Rowland
Na tradição escocesa, um filho do rei Artur. Quando Ellen, a irmã de Rolando, foi levada pelas fadas, ele e seus irmãos partiram para buscá-la. Dois desapareceram, mas Rolando seguiu as instruções do mago Merlin para matar todos os que encontrasse em Elfland, e assim pôde resgatar não só a irmã, mas também seus dois irmãos quando derrotou o rei das fadas.

Rolando[2] *Europeia*
= *Italiano* Orlando
Um conde da Bretanha, um dos cavaleiros de Carlos Magno; sobrinho de Carlos Magno. Criado na pobreza, chegou ao conhecimento de Carlos Magno que o rapaz roubou comida em um banquete

real. Ele então mandou seus cavaleiros para apreender uma magnífica joia usada em seu escudo por um cavaleiro nas Ardenas, Rolando, de quinze anos, acompanhou o pai, Milon, como escudeiro. Enquanto o pai dormia, Rolando pegou sua armadura e foi para a floresta onde conheceu e derrotou o cavaleiro, tirando a joia de seu escudo. Por esse ato de bravura, ele se tornou um cavaleiro do imperador.

Ele lutou e matou o gigante Ferragus, e depois enfrentou o sobrinho desse gigante, Otuel, que tentou vingar a morte de seu tio. Rolando o derrotou e ele se tornou um cristão a serviço de Carlos Magno. Rolando também derrotou um sarraceno do qual ele tirou a espada Durandal.

Quando Carlos Magno estava em uma disputa com Montglave, governador de Vienne e avô de Oliver, Rolando enfrentou Oliver para resolver a questão. Cinco dias depois, nenhum dos dois tinha conseguido uma vantagem e, por isso, declararam um empate honroso, reconhecido pelos dois.

No grande torneio organizado por Carlos Magno, Rolando se encantou pela donzela Angélica e, por ela, enfrentou outro cavaleiro. Quando ela desapareceu, ele a procurou por toda parte. Em uma ponte na estrada para Albracca, uma donzela lhe deu uma bebida que o fez esquecer o que procurava e ele foi preso. Angélica, que tinha escapado da cidade sitiada de Albracca, o libertou e, com outros cavaleiros que estavam na mesma prisão, rompeu o cerco aos tártaros, matando seu líder, Agricano. Ele ainda lutou contra seu amigo Rinaldo, e Angélica, que era apaixonada por Rinaldo, convenceu Rolando a evitar mais conflitos, partindo para destruir o jardim encantado de Falerina.

No caminho, ele resgatou uma donzela que estava amarrada a uma árvore, e ganhou um livro. A moça resgatada levou o cavalo e a espada de Rolando. No entanto, ele matou o dragão na entrada do jardim da feiticeira Falerina com o galho de uma árvore, e entrou. Depois a amarrou a uma árvore, pegou a espada mágica da feiticeira e matou todos os monstros que guardavam o reino. Falerina lhe disse que os prisioneiros que ele queria libertar eram mantidos por uma feiticeira ainda mais poderosa, Morgana, cujo castelo era guardado pelo forte Arridano, que podia até respirar embaixo d'água. Rolando o enfrentou e os dois caíram no rio. No fundo, Rolando matou Arridano e voltou à superfície, entrando no castelo onde Morgana dormia. Distraído pela miragem Fata Morgana, permitiu que ela escapasse, mas a perseguiu até que, puxando-a pelos cabelos, pegou as chaves, libertando Rinaldo, Florismart e vários outros prisioneiros.

Ele foi preso pelo mago Atlantes em um castelo encantado, mas o duque Astolpho o resgatou e ele logo se deparou com uma garota, Isabella, que tinha sido capturada por piratas. Rolando os derrotou e os dois viajaram juntos, encontrando outro grupo de homens que vigiava um prisioneiro. Rolando matou ou feriu todos eles, libertando o preso que se tornou Zerbino, um príncipe que se casou secretamente com Isabella. Ele seguiu em frente, deixando o casal, e encontrou o chalé onde Angélica e Modero tinham estado. Ao saber do casamento, Rolando foi à loucura, arrancando árvores e matando rebanhos. Zerbino se surpreendeu com a devastação, mas foi desafiado por Mandricardo, um tártaro, pela posse da espada Durandal, que Rolando abandonara em sua loucura. Zerbino foi morto e Mandricardo reivindicou a espada.

Rolando arranjou um cavalo, foi para a costa e atravessou para a África sobre o cavalo até ele afundar. Ele então nadou o resto do caminho. Depois, encontrou o exército abissínio, liderado por Astolpho, que, com a ajuda de uma garrafa que lhe foi dada por São João, restaurou os sentidos de Rolando.

Quando Agramant, rei da África, retirou-se da França para defender sua capital, Biserta, que estava sitiada pelo abissínios, Rolando, Oliver e Florismart foram escolhidos para enfrentar Agramant, Sobrino e Grassado para resolver a questão. Apenas Rolando, Oliver e Sobrino sobreviveram à batalha, sendo que os dois últimos ficaram gravemente feridos. Com Agramant morto e os africanos dominados, Rolando ficou livre para levar os amigos feridos para a Sicília para se tratarem. Eles desembarcaram em uma ilha e os feridos foram curados pelo ermitão que recentemente batizara Rogero, com quem agora eles estavam reunidos.

Quando a guerra na Europa terminou, Carlos Magno entrou na Espanha, subjugou o país e cobrou impostos. Em uma versão da história, Rolando foi o líder da retaguarda quando o exército se retirou da Espanha; em outra, rolando e Oliver foram enviados para a fronteira da Espanha para cobrar os tributos de Marsilius, o rei espanhol. Em ambas as histórias, Gano, um cavaleiro traiçoeiro que odiava Rolando, armou uma emboscada com três exércitos espanhóis escondidos na passagem de Roncesvalles. Na batalha, Rolando matou o rei Falseron e muitos outros, mas sua força estava em menor número e os amigos estavam caindo ao seu redor. Por um longo tempo, ele se recusou a pedir ajuda, mas, com a morte de Oliver, Rolando percebeu que o fim estava próximo e soprou sua trompa três vezes, alertando Carlos Magno que estava acampado no sopé das montanhas. O som matou aves que voavam logo acima e assustou os sarracenos, que foram derrotados pelo exército principal, mas era tarde demais. O ferido Rolando, informado por Rinaldo que o inimigo fora derrotado, recebeu a absolvição do arcebispo Turpin e morreu.

Em um relato sobre a batalha, Oliver, cego pelo sangue de seus ferimentos, atingiu Rolando com seu porrete, confundindo-o com um sarraceno. Foi um golpe mortal e Rolando morreu pouco depois de Oliver e Turpin. Em outra versão, Rolando escapou do local da carnificina, mas morreu de fome quando tentou atravessar os Pirineus sozinho.

romã

(1) Na mitologia grega, o alimento dos mortos. Foi dito que Coré (*veja* *Coré*) tinha comido as sementes da romã e, como resultado, ela foi obrigada a passar parte do seu tempo no mundo inferior.
(2) Para os japoneses, a romã é símbolo de Kishimono-jin, a protetora das crianças.

Rômulo *Romana*
também Quirino

Um deus da guerra; filho de Marte e Reia Sílvia ou Ilía; irmão gêmeo de Remo. Em uma das primeiras versões da história, Tarquécio, rei de Alba Longa, ordenou que sua filha se acasalasse com um falo fantasma de Vulcano, visto nas chamas de seu fogo. Ela fez uma criada assumir o seu lugar e o resultado dessa união foi o nascimento dos gêmeos Rômulo e Remo. Nessa versão, eles foram entregues a Teratius para serem mortos, mas ele os deixou na margem do Rio Tibre.

Em alguns relatos, eles foram filhos de Latino e Roma, filha de Eneias. Na versão mais conhecida, eles eram filhos de Reia Sílvia e foram violentados por Marte e abandonados em um cesto nas margens do Tibre ou, dizem alguns, lançados na água, à deriva. Eles foram encontrados, sob a figueira Ruminal, pelo pastor Fáustulo e criados por uma loba. Mais tarde, mataram Amúlio, que usurpou o trono do avô, Numitor, e o restituíram ao trono.

Rômulo e Remo são tradicionalmente considerados como fundadores de Roma. Rômulo matou seu irmão (ou quem o fez foi um seguidor dele, Celer) por saltar sobre as muralhas da cidade recém-fundada e tornou-se rei de Roma, contrariando a escassez de mulheres em sua nova cidade ao raptar as Sabinas.

Durante uma batalha com os etruscos, ele foi levado para o céu como o deus Quirino. Em outra versão dessa história, os magistrados e senadores, cansados de suas exigências, mandaram matá-lo durante um eclipse e fingiram que ele havia sido transportado para o céu.

Rona *Neozelandesa*
Um deus maori. Ele luta perpetuamente com a lua, fazendo com que ela cresça e diminua, porque a lua raptou sua esposa.

Em alguns relatos, Rona é mulher, garota levada pela lua enquanto ia buscar água. Rona é também um nome para Ina, a deusa da lua.

Roncesvalles *Europeia*
também Roncevaux
O local da batalha entre os francos e os mouros, na qual a maior parte do cavaleiros de Carlos Magno foi morta. (*Veja também* **Batalha de Roncesvalles, Rolando**[2].)

Ronevé *Europeia*
Um demônio, um dos 72 Espíritos de Salomão. Diz-se que ele era capaz de ensinar línguas estrangeiras.

Roth Fail *Irlandesa*
Uma máquina voadora rudimentar inventada por um druida, Mug Ruith.

Ruahaku *Ilhas do Pacífico*
Um deus do mar das Ilhas Sociedade. Quando o anzol de um pescador enganchou em seu cabelo enquanto dormia, Ruahaku ficou furioso e mandou o Dilúvio.

Ruarangi *Neozelandesa*
Um pescador maori. Sua mulher foi levada pelo rei das fadas, mas um padre enviou uma ave ao palácio real e seu canto a fez lembrar do amor de seu marido. Ela voltou para sua casa e o rei das fadas foi repelido por encantamentos quando tentou trazê-la de volta.

Ruaumoko *Neozelandesa*
Um deus maori do terremoto; filho de Rangi e Papa. Ele estava sendo amamentado por Papa quando seu irmão Tane forçou seus pais a formar a Terra e o céu, e ele caiu no mundo inferior onde cresceu e se tornou o foguista dos fogos do inferno.

Rudra *Hindu*
= *Grega* Dioniso; *Persa* Ahura Mazda
O deus ladrão, deus do gado, dos médicos, da música, das tempestades e ventos. Ele era a encarnação dos terríveis aspectos da natureza, comendo a carne

dos mortos e bebendo seu sangue. Em alguns relatos, ele é equiparado a Agni; em outros, considerado como um aspecto de Shiva. Na versão budista, os deuses enviaram o deus Vajrapani para matar este monstro.

rudra-aksha *Hindu*
O terceiro olho, colocado no centro da testa, uma característica de algumas divindades.

rukh *veja* **roca**

rusalka *Russa*
plural rusalki
Uma ninfa aquática. Estes seres são considerados como as almas das meninas que morreram antes do batismo ou em sua noite de núpcias. Em alguns relatos, elas são lindas donzelas vivendo em árvores próximas à água; em outros são descritas como velhas feias. Dizia-se que elas passavam apenas metade do ano na água e o restante do tempo na floresta. Quando na água, elas atraem os marinheiros para a morte cantando e, durante a Rusalnaia (festival dedicado às Rusalki, sete semanas após a Páscoa), aproximam-se dos homens, por trás, e fazem cócegas até que eles morram. (*Veja também* **vodyanik**.)

Ruwa *Africana*
Um deus supremos do povo Chagaa, da Tanzânia. Em um conto que lembra a história de Adão e Eva, Ruwa fez os primeiros humanos, que eram imortais, e os colocou em um jardim na Terra onde estavam proibidos de comer o fruto de uma única planta, o inhame, chamado Utaho. A serpente da morte os tentou e eles comeram o inhame, perdendo sua imortalidade. A planta em si foi levada para o céu e recuperada.

Outra versão diz que Ruwa deu aos humanos o poder de se renovarem trocando sua peles, como fazem as cobras. Isso funcionou por algum tempo, mas acabou fracassando.

Rye-wolf *Germânica*
também Roggenwolf
Um espírito maligno sob a forma de um animal feroz.

Ryujin *Japonesa*
também Rei-Dragão do Mar
Um rei-dragão xintoísta/budista, deus das tempestades. Um dos Raijin (deuses xintoístas do tempo). Ele vive em um palácio subaquático chamado Ryugu (terra sempre verde). Com a ajuda das Joias da Maré, ele controla todos os mares. (*Veja também* **Rin-Jin**.)

S

Sa *Africana*
Deus criador do povo Kono, de Serra Leoa. Ele viveu no pântano primordial. A outra divindade criadora, Alatangana, que criou o solo e a vegetação, fugiu com a filha de Sa e eles geraram os primeiros humanos, quatro pares de crianças brancas e três pares de negros. Cada par falava uma língua diferente.

Sabala *Hindu*
Um dos dois cães do mundo inferior. O outro é Syama. Esses dois cachorros guardavam Kalichi, o palácio de Yama, o deus dos mortos, no mundo inferior, e reuniam as almas dos mortos, levando-os a julgamento. Sabala foi concebido como um cão malhado, mas Syama era negro.

Sábio *Nórdica*
também Alvis (s)
Um anão. A mão da deusa Freya tinha sido prometida a Sábio, mas, quando ele veio reivindicá-la, o deus Odin, que estava longe de Asgard quando a promessa foi feita, salvou Freya dessa união. Ele disse que precisava fazer um teste sobre o grande conhecimento do anão e o manteve acordado a noite inteira, respondendo a perguntas sobre os deuses e a criação. As perguntas foram até o nascer do sol e seus raios transformaram o anão em pedra.
Há uma história semelhante envolvendo o deus Thor e sua filha Thrud.

Sabnak *Europeia*
Um demônio, um dos 72 Espíritos de Salomão. Diz-se que este demônio ensina as artes da guerra e da cura de ferimentos e aparece como um soldado com cabeça de leão montado sobre um cavalo claro.

Sabra *Europeia*
Filha de um faraó. Ela foi resgatada de um dragão por São Jorge, que depois se casou com ela.

Sadko *Russa*
Um mercador; um dos bogatyr (heróis lendários).
Para acalmar o deus do mar, a quem havia esquecido de prestar homenagens,

Sadko se ofereceu em sacrifício. Ele foi levado ao reino submarino do Czar do Mar e mais tarde foi trazido a terra, tendo perdido sua fortuna, e continuou seu ofício no Volga, onde prestou suas homenagens aos deuses do rio. Mais tarde, quando voltou para Novgorod, sua cidade natal, um espírito da água o instruiu a lançar suas redes em um lago e ele foi recompensado com uma grande quantidade de peixes que se transformaram em moedas.

Em outra versão, Sadko foi um trovador cuja música atraiu um deus do mar que o levou ao seu palácio subaquático e o obrigou a tocar seu alaúde enquanto ele dançava. Aconselhado por um velho sábio, Sadko quebrou as cordas do alaúde para parar a dança e, quando o deus do mar lhe ofereceu a escolha de uma de suas centenas de filhas como esposa, Sadko escolheu a última a surgir, a adorável Chernava. Ele foi avisado para não tocar sua noiva, mas inadvertidamente ele a tocou com seu pé, ao se virar enquanto dormia. Ele acordou no mesmo instante e se viu na margem de um rio com o pé na água, mas, a seu lado, encontrou um grande saco de ouro.

Sahar *Árabe*
Um gênio gigantesco. O rei Salomão, querendo descobrir como cortar metal sem fazer barulho, mandou substituir a água de um poço por vinho e, dessa maneira, deixou Sahar bêbado. O rei então convenceu o gigante a lhe contar o segredo e foi encaminhado ao corvo. O rei escondeu dois dos ovos da ave sob uma tigela cristal, mas o corvo chegou, trazendo no bico uma pedra chamada samur, e quebrou a tigela. Salomão então despachou seus gênios para encontrar a fonte dessa pedra misteriosa e eles retornaram com o suficiente para que todos os seus trabalhadores pudessem desempenhar suas tarefas sem incomodar os outros.

Saia de Serpente *veja* **Coatlicue**

Saiyamkoob *Centro-americana*
Anões maias. Esses seres, que existiram nos primeiros dias da criação, eram alimentados por um oleoduto do céu. Eles foram considerados os construtores das antigas cidades maias. Mais tarde, quando o sol apareceu, os anões foram transformados em pedra.

Sakhar *Hebreia*
Um demônio. Enquanto o rei Salomão estava fazendo penitência no deserto, Sakhar assumiu seu lugar e roubou e jogou no mar seu anel mágico. Ao voltar, Salomão recuperou o anel no estômago de um peixe, capturou Sakhar e o jogou no mar cheio de pedras. Nos anos seguintes, as cordas apodreceram e Sakhar escapou para dar continuidade ao seu trabalho maligno.

Sakhmet *Egípcia*
Deusa do fogo e da guerra; deusa de Mênfis; em alguns relatos, um nome para Ísis, filha de Rá; esposa de Ptah.

Ela é vista como um aspecto do irritado Hathor e, neste papel, ela devastou a Terra, matando a humanidade, sob as ordens de Rá, que se desencantou com a falta de respeito do homem por ele. Para interromper o massacre, Rá inundou a Terra com khakadi, uma espécie de cerveja colorida. Sakhmet ficou bêbada e esqueceu sua missão.

Em alguns casos, ela se fundia com a deusa-gato Bast e com a deusa-abutre Mut, enquanto outros dizem que ela era consorte de Seker, o deus cabeça de falcão da misericórdia.

Ela é frequentemente descrita como tendo cabeça de leoa.

Sakti *veja* **Shakti**

salamandra
Um monstro em forma de lagarto que vive no fogo; um espírito elemental do fogo.

Salão do Julgamento *Egípcia*
também Salão das Duas Verdades
O lugar no mundo inferior onde as almas dos mortos são julgadas por quarenta e dois juízes.

Salmão do Conhecimento *Irlandesa*
também Salmão da Sabedoria
Um velho e sábio peixe que obteve seu conhecimento alimentando-se da Avelãs do Conhecimento que caíram das árvores que pendiam na beira do rio. Quando ele foi pego e cozido pelo druida Finegas, o tutor de Finn mac Cool, seu conhecimento sobrenatural passou para Finn, que chupou o polegar que tinha sido queimado na lateral do peixe. (*Veja também* **Fintan**.)

Samanhach *Celta*
Duendes escoceses que, dizem, apareciam no Samhain.

Samhain *Celta*
O Ano Novo celta, um festival que acontecia entre 31 de outubro e 1º de novembro. Era a única ocasião em que o Outro Mundo se tornava visível para os mortais. Os portões eram abertos para que aqueles que tinham sido prejudicados pelo que ainda viviam pudessem se vingar.

O festival foi adotado pelo Cristianismo como missa de São Martinho ou Todos os Santos, e a noite de 31 de outubro se tornou o Halloween, quando os demônios são soltos na Terra para aprisionar os inocentes.

Sampo *Finlandesa*
Um objeto misterioso que concede todos os desejos. Em algumas versões, era um moinho mágico que produzia suprimentos infinitos de sal, farinha e dinheiro. Um desses moinhos foi feito pelo herói Ilmarinen, em sua busca pela mão da donzela de Pohjola, carregando sua fornalha com coisas incomuns, como leite de ovelha e cisnes, sobre os quais os feitiços eram recitados. Em dias sucessivos, o forno produzia uma tigela de ouro, um navio de cobre, uma vaca com chifres de ouro e um arado de ouro e prata. Ele derretia essas coisas novamente e, no dia seguinte, o forno produzia o moinho mágico que ele estava procurando.

San Ch'ing *Chinesa*
Os Três Puros, uma trindade de imortais celestiais taoístas. Esses seres, que se dizia viver em seus céus separados, eram Lao-tzu, Tao Chun e Yü Huang.

San-kuan *Chinesa*
também Três Agentes
Três divindades que registram o bem e o mal. Essas divindades aparecem como Shui-kuan (água), Ti-kuan (terra) e T'ien-kuan (céu). Eles podiam distribuir vários benefícios e receber a confissão de pecadores.

Sangraal, Sangreal, Sangrail
veja **Santo Graal**

sankha *veja* **shankha**

sanshi *Japonesa*
Três vermes vivendo no corpo de cada pessoa. No dia do macaco, o 57º dia de um ciclo de 60 dias, esses vermes ascendem ao céu enquanto a pessoa está dormindo e relatam o comportamento dessa pessoa. Diz-se que eles são pretos, verdes e brancos.

Santo Graal *Britânica*
também Graal, Sangraal, Sangreal, Sangrail
Um recipiente sagrado. Esse objeto precioso era um cálice ou um prato que,

dizia-se, Jesus Cristo usou na Última Ceia e no qual acredita-se que José de Arimateia apanhou o sangue de Cristo na Crucificação. Ele foi feito a partir de uma esmeralda que caiu da coroa de Lúcifer quando ele foi expulso do céu.

Mais tarde, foi trazido por José de Arimateia e Evelake para a Grã-Bretanha onde foi guardado pelo "imortal" Rei Pescador. Dizia-se que, se o Graal alguma vez caísse nas mãos de um pecador, a paz no mundo chegaria ao fim e o Graal desapareceria.

Ele apareceu no banquete em Camelot, quando Galahad ocupou seu lugar como um cavaleiro da Távola Redonda, inspirando os cavaleiros a partir em sua busca, a Busca do Graal. Só Galahad foi considerado digno de encontrar o Graal, que foi levado de volta à Terra Santa por Galahad, Percival e Bors. Quando Galahad morreu, o Graal e a Lança Sagrada desapareceram para sempre.

Em algumas versões, foi Percival que finalmente alcançou o Graal; em outras, foi Gawain.

Na versão wagneriana, o Graal foi procurado por Titurel e seu bando de cavaleiros em outra terra. Eles construíram um templo de Monsalvat e os anjos trouxeram o Graal do céu. Titurel passou o resto de sua vida guardando o Graal, dia e noite, e, quando morreu, o dever foi cumprido por seu filho, Amfortas.

Em alguns relatos, o Graal era uma pedra sobre a qual tinham sido gravados os nomes dos cavaleiros que o guardaram.

Saoshyant *Persa*
Um deus redentor. Em alguns relatos, esse salvador nasce a cada mil anos a partir do esperma de Zoroastro, que é preservado no lago Kasavya, para que engravide as virgens que nadam em suas águas.

Sapling *veja* **Djuskaha**

Sapo *Norte-americana*
Um espírito dos navajo. Ele estava envolvido com Urso, Cobra e Tartaruga em um plano para capturar duas donzelas de uma aldeia submarina. O plano deu errado e as duas moças morreram. O Sapo e a Tartaruga tiveram sorte de escapar com vida, mas Urso e Cobra se deram melhor. Eles capturaram duas garotas que foram dominadas pela fumaça dos cachimbos dos raptores o que fez Urso e Cobra aparecerem como bravos guerreiros com quem as moças se acasalaram.

sapo
(1) Na China, diz-se que um sapo de três pernas vive na lua e é considerado como um símbolo do imortal Liu Hai.
(2) Os gregos veem o sapo como um símbolo dos deus frígio do trovão e do relâmpago Sabázio.
(3) Os romanos acreditavam que o sapo trazia em sua cabeça uma pedra conhecida como bórax, um antídoto para o veneno.

Sarasvasti[1] *Budista*
Uma mulher Bodhisattva, deusa da música e da poesia. Às vezes, ela é representada tocando flauta.

Sarasvasti[2] *Hindu*
Uma deusa mãe e deusa primitiva do Rio Sarasvasti (= atual Rio Gagar ou Gagar-Hacra); deusa das artes e da sabedoria; esposa de Vishnu e, mais tarde, de Brahma.

Em algumas histórias, ela nasceu a partir do corpo de Brahma com quem ela se relacionou para produzir o primeiro homem, Manu, e era tão linda que Brahma desenvolveu mais quatro cabeças para que, assim, pudesse vê-la de todas as direções. A última parte deste conto fala também de Shatarupa, que alguns equiparam com Sarasvasti.

Shiva perdeu a paciência quando foi excluído de um sacrifício por Daksha e feriu muitos dos presentes, incluindo Sarasvasti, que teve o nariz cortado. Vishnu a achou muito briguenta e a entregou a Brahma.

Ela é retratada tanto com dois ou quatro braços, às vezes com três cabeças e montando um pavão ou um cisne, e credita-se a ela a invenção do sânscrito.

Sarkany *Europeia*
Um demônio húngaro. Ele tem o poder de transformar as pessoas em pedra. Sua função é controlar o clima e ele pode ser visto sobre seu cavalo em nuvens de chuva. Em algumas versões, ele é considerado um dragão. E é representado com sete ou nove cabeças.

Sarpedon *Grega*
Um filho de Zeus com Europa; irmão de Minos e Radamanto.

Quando ele foi expulso de Creta por seu irmão Minos depois de uma briga, Sarpedon conquistou e se tornou rei do que mais tarde seria chamado de Lycia.

Dizia-se que que ele viveu sob a forma de uma serpente por três gerações e foi reverenciado em alguns santuários.

Sarras *Britânica*
A cidade do Santo Graal. Foi para Sarras que Galahad devolveu o Santo Graal e onde ele foi feito rei. Apesar de alguns relatos afirmarem que os sarracenos tiraram seu nome dessa cidade, alguns dizem que foi na Bretanha, e não na Terra Santa.

sarvan *Britânica*
Elfos ou duendes que mantinham seus mestres informados sobre o que estava acontecendo.

Sasabonsam *Africana*
Um monstro peludo da floresta dos Ashanti. Seus pés apontavam para os dois lados e ele comia qualquer viajante que pudesse capturar com seus pés quando eles passavam embaixo da árvore em que ele estava sentado.

Sati *Hindu*
Um aspecto de Devi ou Parvati; uma encarnação de Lakshmi ou Uma; um nome para Parvati como "boa esposa". A primeira mulher de Shiva.

Quando seu pai convidou todos os deuses, exceto Shiva, para um sacrifício, ela se imolou, embora alguns digam que foi Gauri que a imolou para ela se tornar Sati. Outra história diz que ela se apaixonou por Shiva, mas ele não foi convidado para a cerimônia em que uma donzela escolhe seu marido. Entretanto, ela se tornou sua consorte, mas queimou até a morte pela intensidade de sua própria pureza. Nas duas versões, ela renasceu mais tarde como Parvati. A prática do *suttee* (sati) tem origem nesse acontecimento.

sátiro *Grega*
= *Romana* fauno, Silvano
Deus da floresta, parte humano, parte bode, com uma longa cauda; um espírito de fertilidade. Alguns dizem que os sátiros eram filhos de Hermes e irmãos das ninfas.

Saturno *Romana*
= *Grega* Cronos
Deus da agricultura, das vinhas e dos trabalhadores; pai de Juno, Júpiter, Netuno, Picus e Plutão.

Em alguns relatos, ele foi considerado como um dos primeiros reis italianos, governando em conjunto com Janus, que foi para o céu como Saturno quando ele morreu.

satya-yuga *veja* **krita-yuga**

Saule *Báltica*
Deusa lituana do Sol. Ela atravessa o céu todo dia em uma carruagem e, toda noite, lava os cavalos no mar.
   Quando seu marido Meness, o deus da lua, teve um caso com Ausrine, a estrela da manhã, Perkunas o cortou ao meio. Bagas nos arbustos nas colinas, foram consideradas suas lágrimas.

Sceolan *Irlandesa*
Um dos cães de caça de Finn mac Cool.
Veja mais em **Bran³**.

Schacabac *Árabe*
No conto *As Mil e Uma Noites*, um mendigo que foi alvo de uma brincadeira cruel no banquete de Barmecide.

Scheherazade *Árabe*
Mulher do rei Shahriyar. No conto *As Mil e Uma Noites*, ela contou ao marido uma história a cada noite por 1.001 noites, sempre deixando o conto inacabado para escapar da execução, destino de todas as esposas anteriores do rei.

Scota *Irlandesa*
Uma rainha milesiana, filha do faraó, Nectanebus; segunda esposa de Milesius. Ela morreu logo após chegar à Irlanda, que foi conquistada por seus filhos, que venceram os danaans.

Scylla *Grega*
Uma ninfa, filha de Zeus, que desdenhou do amor do deus do mar, Glauco. A feiticeira Circe, que queria Glauco, transformou Scylla em um monstro de seis cabeças, com três fileiras de dentes e doze pés, destruindo tudo o que estava ao alcance do penhasco onde ela estava fixada, em frente ao redemoinho Caríbdis.
   Outra história diz que Anfitrite, que se irritou quando o marido, Poseidon, olhou para Scylla, transformou-a em um monstro colocando ervas mágicas na água onde ela tomava banho.
   Alguns relatos dizem que ela foi morta por Hércules, quando roubou dele parte do gado de Gerião, mas ela foi trazida de volta à vida pelo deus do mar Phorcos. Outros dizem que ela foi transformada em uma rocha.

Sechobochobo *Africana*
Na Zâmbia, um monstro da floresta com um olho e uma perna.

Sedit *Norte-americana*
também Coyote
Um deus trapaceiro do povo Wintun, da Califórnia. O deus criador Olelbis enviou seus irmãos para a Terra com ordens para construir uma escada da Terra para o céu, assim aqueles homens poderiam subir para renovar sua juventude. Sedit persuadiu os irmãos a desmontar o trabalho que eles já tinham feito, mas, de repente, percebeu que ele próprio estava agora impedido de ir ao céu. Ele tentou alcançar o céu, voando com um par de asas feitas em casa, mas o calor do Sol fez com que murchassem e Sedit morreu ao cair de volta à Terra (*veja* **Olelbis**.)

Seere *Europeia*
Um demônio, um dos 72 Espíritos de Salomão. Diz-se que este ser é capaz de fazer qualquer coisa acontecer instantaneamente e aparecer como um homem andando a cavalo.

Segundo Sol *Centro-americana*
A segunda era (a do sol) do ciclo de criação asteca.
   Ao final da primeira era, governada por Tezcatlipoca, e que durou 676 anos, os animais comeram todos os seres humanos. O deus Quetzalcoatl matou Tezcatlipoca e governou durante o período do Segundo Sol, que também

durou 676 anos. Quando assumiu, Quetzalcoatl criou uma nova raça de humanos e, sacrificando o próprio filho no fogo, trouxe luz para o mundo escuro em que viviam.

Ao final desse período, Tlaloc provocou um vento forte que varreu todos esses humanos (exceto uns poucos, que se tornaram macacos) e assumiu como o governador do Terceiro Sol.

Outra versão chama esse período de Sol do Ar, e diz que dois humanos escaparam da destruição ao final da era. (*Veja também* **Cinco Sóis**.)

Seis Honoráveis, Os *veja* **Liu Tsung**

Selene *Grega*

= *Romana* Luna

Deusa mãe e deusa dos magos; uma Titã.

Ela se apaixonou pelo mortal Endimião e o colocou para dormir para sempre, assim ela poderia visitá-lo todas as noites. Dizem que ela é a mãe dos cinquenta filhos dele.

Outra história diz que ela dormiu com Pã, que lhe deu um velo branco ou apareceu sob a forma de um carneiro branco.

Selket *Egípcia*

Deusa da fertilidade e deusa mortuária.

Ela guarda as entranhas dos mortos e, em seu papel de deusa-escorpião, guarda o trono do rei. Diz-se que ela também guarda a serpente do caos, Apep.

Ela é retratada como tendo cabeça de um escorpião ou como um escorpião com cabeça de mulher, e personificada no escorpião.

selkie *Escocesa*

também silkie

Um ser que é uma foca no mar, mas pode eliminar sua pele para ser um humano em terra.

Semeados *Grega*

Uma raça de guerreiros. Quando matou o dragão que guardava a fonte de Castália, Cadmo enterrou os dentes do animal. Imediatamente, surgiram guerreiros totalmente armados, que lutaram entre si até restarem apenas cinco: Chthonius, Echion, Hyperenor, Pelorus e Udaeaus. Eles serviram a Cadmo e o ajudaram a construir a cidade de Tebas.

Os dentes que sobraram dessa operação, mais tarde foram semeados por Jasão, com resultados semelhantes.

Sêmele *Grega*

= *Romana* Fauna

A princesa de Tebas. Ela era a mãe de Dioniso com Zeus e, instigada pela deusa Hera, sob o disfarce de Beroe, a velha enfermeira de Sêmele, insensatamente exigiu que ele se mostrasse a ela em toda a sua glória e morresse diante da luz divina. Seu bebê por nascer foi colocado por Hermes na coxa de Zeus ou, em algumas histórias, o próprio Zeus salvou a criança, inserindo-a ao seu lado. Em ambos os casos, a criança, Dioniso, nasceu no tempo certo e, anos mais tarde, desceu ao Tártaro e exigiu com sucesso que Hades libertasse a mãe que ele nunca tinha visto. Ela foi levada ao Olimpo e, embora mortal, foi recebida pelos deuses e deificada por Zeus. A partir desse momento ela passou a ser conhecida como Thyone.

Outra história diz que Dioniso nasceu da maneira normal, mas, quando Sêmele alegou que Zeus era o pai, seu pai, Cadmo, lançou Sêmele e seu filho à deriva, em um peito. Sêmele morreu, mas Dioniso foi salvo e criado pela irmã de Selene, Ino.

Senhor Aranha *veja* **Anansi**
Senhor-Aranha *veja* **Nareau**[1]

Senhor da Colheita *veja* **Yum Caax**
Senhor da Criação *veja* **Prajapati**
Senhor da Dança *veja* **Shiva**
Senhor da Face do Sol *veja* **Ahau Kin**
Senhor da Morte, Senhor do Hades
    veja **Mictlantecuhtl**
Senhor da Noite　　　　　*Mesopotâmica*
Um deus da chuva. Foi ele que, sob as ordens do deus sol Samas, provocou as fortes chuvas que deram origem ao Dilúvio.
Senhor da Sabedoria Sagrada *veja* **Vishnu**
Senhor da Tempestade *veja* **Enlil**
Senhor das Moscas *veja* **Beelzebul**
Senhor do Além *veja* **Khnum**
Senhor do Ar, Senhor de Tudo *veja* **Shu²**
Senhor do Céu *veja* **Ti Chün**
Senhor do Clima Frio *veja* **Estonea-pesta**
Senhor do Mundo *veja* **Jagannath**
Senhor do Oceano *veja* **Varuna**
Senhor do Tempo *veja* **Thoth**
Senhor do Trovão *veja* **Lei Kung**
Senhor do Universo *veja* **Vishnu**
Senhor Sábio *veja* **Ahura Mazda**
Senhora da Morte *veja* **Mictlantecuhtl**
Senhora de Astolat *veja* **Elaine³**
Senhora de Astolat, Senhora de Shallot *veja* **Elaine³**
Senhora de Avalon *veja* **Morgana le Fay**
Senhora do Céu *veja* **Wadjet**
Senhora do Lago　　　　　*Britânica*
A guardiã de um lago mágico. O ofício da guardiã do lago, que vivia em um castelo no centro do lago com seu próprio séquito de acompanhantes, parece ter sido ocupado por várias mulheres nas lendas arturianas, incluindo a Fada Morgana e Nimue.
　　Ela capturou o menino Lancelot quando ele foi deixado na margem do lago e o criou em seu reino submarino até chegar à idade adulta. Há uma versão que diz que ela teria dado a espada Excalibur para o rei Artur e a teria recebido quando ela foi devolvida ao lago por Bedivere, na morte de Artur.
Senhora dos Animais *veja* **Ártemis**
Senhora dos Braços Peludos　*Irlandesa*
também May Molloch
Uma banshee que se dedica a jogos e esportes.
Senhora dos Ventos *veja* **Feng-p'o-p'o**
Senhora Loathly　　　　　*Britânica*
Uma feiticeira que podia se transformar em uma bela donzela. (*Veja também* **Ragnell**.)
Senhora *veja* **Coré**
Senhora, a *veja* **Coré**
Senkyo　　　　　　　　　*Japonesa*
Membro de uma raça com um buraco no peito. Um senkyo que estivesse cansado ou doente poderia ser levado por outros dois com mastro atravessado no buraco.
senmerv　　　　　　　　　*Persa*
Uma ave fantástica. Dizia-se que esta inimiga das cobras era parte ave, parte mamífero. (*Veja também* **simurgh**)
Sentado Acima *veja* **Ababinili**
Serapis　　　　　　　*Egípcia, Grega*
Um deus do mundo inferior, a versão grega de Osir-Apis, a combinação de Osíris e Ápis; consorte de Ísis. Serapis foi o deus do estado durante a ocupação grega do Egito.
　　Ele é representado com os cabelos encaracolados e barba, às vezes com um cão a seus pés, ou como uma serpente barbuda, com a cabeça humana.
Sereia　　　　　　　　　　*Grega*
Um monstro, parte mulher, parte ave marinha. Em alguns relatos, as sereias eram filhas do deus do mar, Fórcis, e da Musa Calíope ou do monstro marinho Ceto, enquanto outros dizem que elas eram filhas do deus do Rio Aqueloo ou Fórcis com uma ou outra das Musas Melpômene e Terpsícore. O número e os nomes do grupo variam de uma história

para outra e podem aparecer como Himeropa e Thelxiepeia; ou Leucósia, Ligeia e Partênope; ou Aglaophone, Molpe, Peisinoe e Thelxiepeia.

Eram seres originalmente alados, mas, quando foram derrotadas pelas Musas em uma competição musical, elas perderam as asas e foram para o mar, vivendo na Ilha de Anthemoessa, onde suas canções encantaram os tripulantes das embarcações que passavam por ali e eram atraídos para as rochas.

Outros dizem que, originalmente, elas eram criadas de Coré (Perséfone), que foram transformadas em sereias por não terem impedido o rapto de Coré por Hades.

Em alguns relatos, quando não conseguiram seduzir Odisseu e sua tripulação, elas pularam no mar e se afogaram, enquanto outros dizem que quando não conseguiram seduzir os Argonautas, sendo ultrapassadas por Orpheu, elas pularam na água e se transformaram em pedras.

São geralmente descritas como aves com rosto humano.

Serim *Semita*
Seres míticos peludos, semelhantes a cabras, que vivem em áreas desérticas; sátiros.

Serpente Arco-íris
veja **Dan Ayido Hwedo**

Serpente Branca de Hangchow *Chinesa*
Um monstro sob a forma de uma cobra imensa. Essa fera viveu por milhares de anos e provocou muitos desastres na cidade. Depois, transformou-se em uma mulher e se casou com um jovem, mas, quando ela bebeu um pouco de vinho, voltou à sua forma original, fazendo o marido fugir aterrorizado. Um padre capturou seu espírito em uma caixa, que ele enterrou na costa.

Serpente da Visão *Centro-americana*
Um espírito de criação maia. Este ser, às vezes, é descrito como um cuspidor de deuses ou reis.

Serpente das Facas Obsidianas (literalmente) *Centro-americana*
Um símbolo asteca de sacrifício.
Originalmente considerado como um dos quatro gigantes que apoiaram o céu no início do Quinto Sol. (*Veja* ***Flores Espinhosas***.)

Serpente Emplumada, Equipe Emplumada *veja* **Quetzalcoatl**

Serpente Mundial
veja **Ananta, Iormungandr**

Serpente verde emplumada
veja **Quetzalcoatl**

serpentes sagradas
Dizem que as cobras têm poderes sobrenaturais ou são ligadas a alguma deidade, incluindo as seguintes:
(1) Dizia-se que Buda tinha se transformado em uma serpente como curandeiro.
(2) No Egito, a cobra, sob a forma de uréu, representava o poder.
(3) Na mitologia grega, Asclépio é representado como, e às vezes sob a forma de, uma cobra e uma manifestação de Zeus como uma enorme serpente.
(4) Na mitologia indiana, cobras têm um papel importante (*veja* ***cobra-real***).
(5) Em vários casos, a cobra é associada com o arco-íris. (*Veja também* ***Dan Ayido Hwedo***.)

serra *Europeia*
Um monstro parecido com um grifo, que, diziam, respirava fogo. Em alguns relatos, esta fera tem a cabeça de um leão e a cauda de uma raposa.

Sérvio Túlio   *Romana*
O sexto rei de Roma.
    Dizia-se que ele nasceu quando sua mãe se acasalou com o deus Vulcano sob a forma de um falo fantasma que subia do fogo. Ele foi criado por Tarquínio Prisco e sua rainha, e se casou com a filha deles, assumindo o trono quando Tarquínio foi assassinado.
    Sua filha Túlia conspirou com Tarquínio Soberbo para matar seu marido Arruns. Depois, casou-se com Tarquínio, que mandou assassinar Sérvio para que ele pudesse assumir o trono.

Sesshiu   *Japonesa*
Um artista. Muito cedo, ele foi amarrado em um templo por algum delito cometido e, usando suas lágrimas como tinta, e seu dedo do pé como pincel, pintou ratos no chão. Esses animais ganharam vida e libertaram o menino, roendo suas amarras.

Set   *Egípcia*
também Seth
Quando seu pai Geb abdicou, ele dividiu o reino deixando o sul para Set. Ele queria o reino todo, então, em uma tentativa de conseguir o norte, colocou seu irmão Osíris em uma caixa e o jogou no Rio Nilo. Quando Ísis recuperou o corpo, Set o cortou em quatorze pedaços e os jogou de volta ao rio. Ísis recuperou e remontou os pedaços, trazendo o marido de volta à vida, mas ele foi governar o mundo inferior, deixando o reino do norte para Hórus. Mais tarde, pelo reino, Set enfrentou Hórus em uma batalha. Set foi castrado, mas, sob a forma de um porco, arrancou um dos olhos de Hórus. Em outra versão, ele arrancou os dois olhos e os enterrou. Do chão onde os olhos foram enterrados, brotou a flor de lótus, e Hórus teve sua visão restaurada pelos deuses.

    No final, o caso foi levado aos deuses, que deram a vitória a Hórus. Set então foi transferido para o céu, como deus da tempestade ou o Grande Urso, ou para o deserto, como um deus da guerra.
    Set era um dos deuses que protegiam Rá em sua jornada noturna pelo mundo inferior e, uma vez, ele salvou Rá, quando a serpente Apófis estava prestes a engoli-lo.
    Às vezes, ele é representado como um javali; ou como parte burro, parte porco, mas, tendo nascido prematuro e sem forma, ele pode assumir muitas formas diferentes de animais.

Sete Adormecidos   *Cristão*
também Sete Adormecidos de Éfeso
Sete cristãos que eram perseguidos.
    Dizia-se que eles dormiram em uma caverna no monte Pion por dois séculos, guardados por seu cão, Katmir. Eles foram acordados, mas dormiram novamente, esperando a Ressurreição. Seus nomes são dados como: Constantino, Dioniso, João, Malco, Martiniano, Maximiliano e Serapião.

Sete Cavernas *veja* Tulkan-Zuiva

Sete contra Tebas   *Grega*
Sete campeões que marcharam contra Tebas.
    Polinices foi banido de Tebas por seu irmão gêmeo Eteócles, com quem ele deveria ter compartilhado o trono, e Tideu tinha sido banido de Calidão. O rei Adrastos, de Argos, casou sua filha Aegia com Polinices e sua outra filha Deiplya, com Tydeus, prometendo a ambos restaurar seus reinos legítimos. Ele reuniu uma força liderada pelos Sete para atacar Tebas primeiro. Tideu tentou resolver o problema através de uma negociação, mas falhou e, na volta, foi emboscado por cinquenta tebanos, os quais ele matou.

Cada um dos Sete assumiu sua posição em frente a um dos sete portões da cidade, com Adastro voltado para Megareus (Porta de Neistão), Anfiarus voltado para Lasthenes (Porta Homoloide), Capaneu voltado para Polifonte (Porta Eletriana), Hippomedon voltado para Hyperbius (Porta Oncaean), Parthenopaeus voltado para Ator (Porta Borrhaean), Polinices voltado para Eteócles (Porta Hypsistian) e Tideu voltado para Melanippe (Porta Proetid). Os irmãos Polinices e Eteócles tentaram se combater cara a cara, mas um matou o outro.

Em alguns relatos, Eteócles deu lugar a Adrasto e Mecisteus no lugar de Polinices. Dos sete, apenas Adrasto sobreviveu à batalham que terminou com a derrota de Argives.

Creonte, que assumiu Tebas, não permitiu que Argives recolhesse os corpos dos mortos para enterrá-los, provocando uma ofensa grave. Adrasto relatou o ocorrido a Teseu, que marchou sobre Tebas, capturou Creonte e devolveu os mortos às suas famílias. Os filhos dos sete campeões, conhecidos como Epigoni, vingaram mais tarde a morte de seus pais quando atacaram Tebas dez anos depois.

Sete Deuses da Sorte
veja **Shichi Fukojin**

Sete Estrelas do Norte *Coreana*
A versão coreana da constelação Ursa Maior. Diz-se que essas estrelas são sete irmãos que foram excepcionalmente bons para sua mãe viúva e foram colocados no céu como recompensa.

Sete Inteligências *veja* **Inteligências**

Sete Irmãs[1] *Australiana*
Heroínas ancestrais dos aborígenes. Para escapar das atenções de Nyiru, as irmãs deixaram sua casa e foram para o sul, até chegar à costa. Lá, entraram no mar e depois subiram ao céu, como as Plêiades.

Sete Irmãs[2] *veja* **Plêiades**

Sete Rishis *Hindu*
também Sete Sábios, Sete Videntes
Homens sábios, criados a partir do cérebro de Brahma. São eles: Atri, Bharadwaja, Gotama, Jamad-agni, Kashyapa, Vashishtha e Vishwamitra. Vishnu, em seu sexto avatar como Parasurama, entregou o mundo em suas mãos e eles agora aparecem no céu como as sete estrelas do asterismo da Ursa Maior. Outros relatos apresentam outras listas de sete, dez ou quatorze nomes.

Sete Sábios *Egípcia*
Divindades criadas sob a forma de um falcão pela deusa Mehet-Weret para ajudar a criar o mundo.

setek *Europeia*
Na Eslovênia, um hobgoblin, semelhante a um duende. Originalmente era um espírito guardião, mas foi rebaixado. Ele é representado como um menino com garras em vez de unhas, que habitava um redil de ovelhas.

Sétimo Céu *Hebreia*
O mais alto, consequentemente o mais feliz, dos sete céus postulados na tradição secreta dos rabinos.

Sewingshields *Britânica*
Um local em Nortúmbria, onde dizia-se o rei Artur e seus cavaleiros dormiam. Nesse caso, um chifre deveria ser soprado e um suspensório cortado com uma espada para despertar os guerreiros adormecidos.
Para outros locais sugeridos, *veja* ***Alderley Edge***.

Sha-lana *Norte-americana*
Um deus do céu da tribo Haida. Ele era o governante de um reino no céu sobre as águas primordiais. Ele expulsou seu servo, Corvo, do céu e a ave criou o mundo e a humanidade.

shabti *Egípcia*
também Ushabti
Uma figura funerária em forma de múmia que, segundo se dizia, fazia o trabalho servil para os falecidos em sua vida pós morte.

Shahriyar *Persa*
Um sultão do conto *As Mil e Uma Noites*. Ele matou cada uma das muitas esposas em suas noites de núpcias, mas Scheherazade conseguiu evitar esse destino, contando a ele uma história a cada noite sem nunca completar.

Shakti *Hindu*
também Sakti
O aspecto feminino de Shiva; um nome para Devi ou Sati como consorte de Shiva. Também um nome para Durga, Kali, Parvati ou Uma.

Shallott *veja* **Astolat**

Shang Ti *Chinesa*
também Imperador Celestial
Um deus criador e deus do céu, considerado um imperador celestial com sua própria corte e ministros como as instituições terrestres.
Em alguns relatos, ele é equiparado a Yü Huang.

shang-yang *Chinesa*
Uma ave de uma perna só que, dizia-se, causava a chuva.

shankha *Hindu*
também sankha
O chifre da vitória. Era uma concha, um dos atributos de Vishnu, que era o décimo segundo objeto a ser criado na Agitação do Oceano.

Sharabha *Hindu*
Um monstro enorme, uma forma de Shiva. Essa fera era vista como um animal com presas e garras e um corpo com mais de 160 quilômetros, apoiado em oito pernas.

Shax *Europeia*
Um demônio, um duque do inferno; um dos 72 Espíritos de Salomão. Diz-se que ele é capaz de atingir pessoas mudas ou cegas e pode achar tesouros enterrados. Ele aparece sob a forma de uma ave, talvez uma cegonha.

Shee folk *Británica*
A versão inglesa das fadas irlandesas, as *aes sihde*.

shem *Hebreia*
Um encanto como aquele usado para ativar um golem.

Shen Nung *Chinesa*
Um dos primeiros imperadores, um dos Três Soberanos. Deus da agricultura e medicina.
Filho da princesa An Teng e de um dragão, ele foi produto de um nascimento miraculoso. Tinha quase três metros de altura, a cabeça de um touro e o corpo de um homem.
Ele ensinou a arte da agricultura à humanidade. Diz-se que seu estômago era transparente para permitir a observação dos efeitos das plantas medicinais. Ele morreu ao testar uma espécie de grama que cortou seus intestinos e foi deificado.
Ele dirigia o Ministério da Cura com Fuhsi e Huang Ti e credita-se a ele a invenção do arado e a descoberta de ervas medicinais, tornando-se patrono dos químicos. Em alguns relatos, é considerado deus da cozinha. Ele morreu com 168 anos de idade.

Sheng Ti *Chinesa*
Deus da montanha sagrada Tai Shan; um deus taoísta do destino, senhor do mundo inferior.

sheogue *Irlandesa*
Uma fada.

Shichi Fukujin *Japonesa*
também Sete Deuses da Sorte
As sete divindades xintoístas da boa sorte, listadas como: Benten (a única deusa),

Bishamon, Daikoku, Ebisu, Fukurokuju, Hotei e Jurojin. Eles viajam juntos em seu navio do tesouro, Takara-Bune, possuem a bolsa nunca vazia, um chapéu que confere invisibilidade a quem o usa e muitos outros dispositivos mágicos.

Shiju-Gara *Japonesa*
Um chapim-real. Esse pássaro levava as cartas de amor da coruja, Fukuro, para Uso-Dori, o dom-fafe.

Shinje-chho-gyal *Tibetana*
Deus da justiça, governador de Nyalwa, o mundo inferior. Ele é retratado como um monstro com cabeça de macaco que segura balanças nas quais anjos monstruosos deixam cair pedras brancas ou pretas para representar atos bons ou maus realizados pela pessoa que está sendo julgada. Ele é considerado como uma reencarnação do deus-macaco sPyan-ras-gzigs.

Shipap *Norte-americana*
= *Zuni* Shipapulima
A terra pueblo dos mortos, o mundo inferior da deusa do milho, Yyatiku. É considerado não só o lugar para onde os mortos vão, mas também como o lugar do qual as tribos surgem e de onde vêm os bebês.

Shippeitaro *Japonesa*
Um monstro gato que todo ano exigia uma donzela presa em uma gaiola e a devorava. Isso aconteceu até que um cavaleiro teve pena dos aldeões e se colocou na jaula com o cachorro, Shippeitaro. Quando o gato apareceu, o cachorro o segurou enquanto o cavaleiro o matava com sua espada. O cão então matou todos os subordinados dos gatos.

shiqq *Árabe*
Uma forma de gênio. Esses seres se mostravam como metade humanos, divididos verticalmente, e dizia-se que eles de acasalavam com humanos específicos para produzir nasnas.

Shishupala *Hindu*
A terceira e última manifestação do demônio Ravana. Ele apareceu originalmente como Hiranyakashipu e depois como Ravena. Nessa forma, o rei demônio tinha três olhos e apenas quatro, e não vinte, braços. Alguns dizem que ele era filho de Shiva com uma mortal. Dizia-se ainda que, se ele se sentasse no joelho daquele o mataria, seus olhos e braços extras desapareceriam, e foi exatamente isso que aconteceu quando ele subiu no joelho de Shiva. Sua mãe fez o deus prometer que daria cem vidas a seu filho, mas isso, no final, não foi suficiente, porque toda vez que tentou matar Shiva, Shishupala falhou e, quando ele tentou uma vez mais, Shiva invocou o disco solar que cortou Shishupala ao meio, da cabeça aos pés.

Shitenno *Japonesa*
também **Quatro Reis Celestiais**
Os quatro guardiões dos pontos cardeais, que protegem o mundo dos demônios. Dizia-se que esses seres eram muito altos, tinham 500 anos de idade e viviam nas encostas do Monte Meru. Eles são listados como: Bishamon (norte), Zocho (oeste), Jikoku (leste) e Komoku (sul). (*Veja também* **Quatro Reis Celestiais**.)

Shitkur *Siberiana*
O Demônio. Foi este ser que arremessou seu bastão para a Terra criando dessa forma todas as criaturas nocivas, como a cobra. Ele se transformou em um rato e tentou roer todo o madeiramento da arca, sob as ordens do deus Burkhan para salvar o povo do dilúvio, mas se frustrou quando o deus criou o gato.

Shiva *Hindu*
também Senhor da Dança
= *Budista* Amitabha; *Grega* Cronos; *Japonesa* Amida

Um deus criador, deus da lua, deus da destruição, da fertilidade e da medicina, fortalecedor dos homens. A versão Hindu do védico Rudra; consorte de Devi, Ganga, Sakti, Sati e Uma; pai de Ganesha.

Dizia-se que ele nasceu da testa de Vishnu e que teve vinte e oito encarnações. Em outra versão, ele apareceu quando um lingam (falo) cósmico emergiu do oceano e se abriu repentinamente para pôr fim a uma discussão entre Brahma e Vishnu sobre quem tinha criado o universo.

Ele matou Kama por ter interrompido suas meditações e, para afirmar sua autoridade, cortou a quinta cabeça de Brahma, que ele foi condenado a carregar por um longo tempo, antes de ser purificado no Ganges.

Sua primeira mulher, Sati, se imolou, mas renasceu como Parvati. Quando ela (ou Uma) cobriu os olhos dele, o mundo foi colocado na escuridão, e Shiva desenvolveu um terceiro olho em sua testa. Esse terceiro olho pode transmitir seu brilho interno com poder capaz de destruir demônios.

Em uma história em que Sati se imolou porque Shiva não foi convidado para a festa dos deuses, ele se tornou Nataraja, Senhor da Dança, e realizou uma dança fúnebre em homenagem a ela. Ele então passou muitos dias em meditação e trouxe Sati de volta à vida como Uma.

Sua mulher Devi, como Kali, matou o demônio Raktavija e, no entusiasmo de sua vitória, ela matou Shiva e dançou sobre seu corpo.

Diz-se que ele traz em sua garganta o veneno visha, que surgiu durante a Agitação do Oceano para impedir que a humanidade fosse morta por ele. Em alguns casos, ele é retratado com a garganta azul indicando esse evento.

Quando o sábio Bhagiratha convenceu Vishnu a desviar as águas do Rio Ganges do céu à terra, que era estéril por falta de água, Shiva permitiu que a torrente passasse por seus cabelos, dividindo-os em sete correntes separadas, para que a força não destruísse o mundo.

Ao final de cada ciclo de tempo, ele destrói o universo, abrindo seu terceiro olho e realizando a dança de Tandava.

Shiva é descrito como tendo dois, quatro ou dez braços, quatro rostos e três olhos. Ele, às vezes, usa uma pele de tigre e uma cobra ao redor do pescoço, e segura uma bola de fogo. Alternativamente, ele é representado sob a forma de Hari-Hara como uma figura combinada com Shiva à direita e Vishnu à esquerda. Eles assim se combinaram para derrotar o demônio Guka, já que nenhum deles conseguia derrotá-lo sozinho. Em uma outra combinação, Shiva aparece à direita, sua consorte feminina à esquerda, como Ardhanari, metade homem, metade mulher.

Suas armas são o arco Ajagava, fogo e raios e seu animal é o touro branco, Nandi.

shiwan *Japonesa*
Uma praga das plantações de pepino. Esse inseto é o fantasma de um médico que enredou o pé em uma vinha de pepinos e foi morto por um inimigo que o perseguia.

Shiwanna *Norte-americana*
também Povo das Nuvens

Esses espíritos, associados aos mortos, vivem em locais diferentes, como montanhas e buracos sob fontes, e são representados como Kachina agindo como fazedores de chuva. Dizem que eles viajam pelo arco-íris.

Shiwanni *Norte-americana*
Um deus da chuva, chefe de Shiwanna. Um ser primitivo na tradição dos zuni, povo do Novo México. Dizem que ele criou as estrelas ao soprar bolhas no céu.

shojo *Japonesa*
Um monstro, metade homem, metade macaco; o espírito do saquê. Esses monstros benevolentes têm a pele rosada coberta de cabelos vermelhos e são tidos como apreciadores de saquê, o que os tornam imortais.

Shoki *Japonesa*
= *Chinesa* Chung K'uei
Um gigantesco matador de demônios. Tem a cara vermelha. Usa um boné preto e carrega uma espada. Ele mata os demônios esmagando-os sob os pés.

shokuin *Japonesa*
Um dragão imenso. Dizia-se que o corpo desta fera era coberto por escamas vermelhas e tinha cerca de 300 quilômetros de comprimento. Apesar do rosto humano, ele tinha chifres, o rabo de um cavalo, cascos atrás e garras na frente. Seu padrão de sono provocava os dias e noites, e sua respiração, as estações do ano.

shoro *Japonesa*
também shoryo
Almas; espíritos dos mortos.

shoryobuni *Japonesa*
"navios de almas"
Os navios que transportam as almas dos mortos de volta para o outro mundo ao fim do Festival dos Mortos.

Shoten *Japonesa*
Um deus da sabedoria. Ele é representado ou como um humano com a cabeça de um elefante (semelhante ao deus hindu Ganesha), ou como duas figuras que se abraçam. A versão corpo único pode ter dois, quatro ou seis braços e sua cor é vermelho-amarelada.

Shou Shen *Chinesa*
também Velho do Polo Sul
= *Japonesa* Fukurokuju, Tobosaku
Um deus da longevidade, um dos Fu Lu Shou. Originalmente, ele foi o mortal Shou Lao, que se tornou a cabeça do departamento celestial que determina o tempo de vida de uma pessoa e que, dizem, visita a Terra uma vez por ano.

Ele é representado com uma testa muito alta e, às vezes, montado em um cervo. Sua ave sagrada é o grou e sua casa fica em Shou Hsing, a estrela da longevidade.

Shu[1] *Chinesa*
também Imperador dos Mares do Sul
Ele se manifesta no raio que perfurou o Caos para formar o universo.

Shu[2] *Egípcia*
também Senhor do Ar, Senhor de Tudo
Deus do ar; pai de Geb e Nut.
Ele foi criado quando Rá cuspiu no chão.
Ele separou a terra (Geb) e o céu (Nut), afastando-os.
Em alguns relatos, tornou-se governante supremo quando Rá voltou aos céus e, quando ele ficou velho, Geb assumiu o trono e fez da mãe, Tefnut, sua consorte.

Shui-kuan *Chinesa*
também Agente da Água
Uma divindade da água, um dos San-kuan. Ele tinha o poder de evitar infortúnios e confissões feitas a ele por pecadores foram anotadas e depois colocadas embaixo d'água. Ele era visto sob a forma humana montado em um cavalo sobre o mar e seguido por um peixe.

Shun *Chinesa*
Um dos cinco Imperadores. Ele se casou com as duas filhas do imperador Yao e o sucedeu no trono. Quando dez sóis apareceram ao mesmo tempo no céu, Shun mandou chamar o arqueiro, I, que derrubou nove deles.

Em alguns relatos, diz-se que ele tinha duas pupilas em cada olho; em outros, ele é equiparado a Chuan Hsü.

sibila *Grega, Romana*
Uma sacerdotisa que recebeu de Apolo o poder da profecia. Havia dez sibilas em várias histórias. As dez (com seus emblemas) são listadas como:
  sibila de Cumas (berço)
  sibila Délfica (coroa de espinhos)
  sibila Europeia (espada)
  sibila Eritreia (chifre)
  sibila Helespôntica (cruz)
  sibila Líbica (cone luminoso)
  sibila Pérsica (dragão, lanterna)
  sibila Frígia (bandeira, cruz)
  sibila Sâmia (flor)
  sibila Tiburtina (pomba)

Outras listas incluem a sibila Agripina (chicote) e a sibila Ciméria (coroa).

Na mitologia romana, havia uma sibila (a sibila de Cumas), ou 2, 4, 10 ou 12 dessas profetisas.

Sibila de Cumas *Romana*
também Sibila Cumana

Uma profetisa italiana. Ela recebeu o poder da profecia do deus Apolo, que também lhe concedeu o desejo de viver tantos anos quanto o número de grãos de areia que ela podia segurar em suas mãos. Ao rejeitar os avanços de Apolo, ele reteve o dom da juventude, de modo que ela envelheceu, enrugou e finalmente pediu que lhe fosse permitido morrer.

Ela ofereceu a Tarquínio Prisco, o quinto rei de Roma, os Livros Sibilinos, nove livros de profecias escritas em folhas de palmeiras, em troca de metade da fortuna dele. Com sua recusa, ela queimou três dos livros e refez a oferta, que foi novamente recusada, depois queimou outros três, e finalmente vendeu a ele os três restantes pelo preço original.

Ela advertiu Eneias sobre seu futuro quando ele chegou à Itália após a queda de Troia e o guiou no mundo inferior para buscar o conselho do fantasma de seu pai morto.

sid[1] *Irlandesa*
plural sid(h)e

Uma montanha sob a qual os danaans viveram depois que eles foram derrotados pelos Milesianos; moradia das fadas. (*Veja também* **sidhe**.)

Sid[2] *Irlandesa*
= *Galesa* Annwfn

O mundo inferior. (*Veja também* **sidhe**.)

sidhe *Irlandesa*
Uma denominação posterior para side, os montes encantados. O povo dos montes era o Aes Síhde e, por extensão, sídhe é usado para significar "fadas". (*Veja também* **sid**[1,2].)

Sido *Índias Orientais*
Um deus papuano da fertilidade. Ele moldou a terra, abasteceu os mares com peixes e ensinou os humanos a falar.

Em uma história, a Sido foi ensinada a arte de descamar sua pele como uma cobra, alcançando assim a imortalidade, mas mais uma vez ele foi perturbado durante a troca e perdeu esse poder. Seu corpo morreu, mas o espírito sobreviveu para vagar pela terra até se casar com uma mortal. Depois que ela morreu, o espírito de Sido se transformou primeiro em um porco e depois em um desbravador que liderou as almas dos mortos à terra dos espíritos.

Uma outra versão diz que ele se casou com uma mulher mortal que morreu em sua primeira noite de amor, mas todas as plantas da terra brotaram no lugar onde ela foi enterrada. Posteriormente, Sido se casou com outra mortal, Pekai, e se tornou deus da agricultura.

Alguns dizem que Sido foi o primeiro homem a morrer. Ele se casou com Dirivo, a filha do governante dos mortos, e de sua união vieram todas as plantas de Adiri, o mundo inferior, onde eles viviam. Ali, Sido construiu uma casa, com quilômetros de comprimento, para acomodar todos os que morreram depois dele. Dizia-se que ele podia fazer fogo esfregando seus dentes com lenha.

Siegfried *Germânica*

A versão germânica do nórdico Sigurd.

Sua mãe, Sieglinde, morreu quando ele era um bebê e ele foi criado pelo anão Mime, que estava procurando um herói para matar o dragão Fafnir para que ele pudesse pegar o tesouro guardado pelo monstro. Ele criou Siegfried para ser esse herói e, armado com a Espada da Necessidade de seu pai, Siegmund, que ele havia forjado outra vez, Siegfried matou o dragão e levou o tesouro. Quando Mime tentou envenená-lo, Siegfried também matou o anão. O sangue do dragão o tornou invulnerável e lhe deu o poder de entender a linguagem das aves, que contaram a ele sobre a situação da valquíria Brunilda. Ele encontrou o castelo dela cercado por uma parede de fogo que se abriu para permitir que ele passasse. Ele a despertou com um beijo e os dois se apaixonaram. Quando ele a deixou, Brunilda lhe deu seu cavalo.

Ele conheceu Gunther, rei da Borgonha, que estava procurando uma esposa e cavalgou de volta pelas chamas sob a forma de Gunther para cortejar Brunilda para ele, com quem ela se casou.

Siegfried se casou com a irmã de Gunther, Gudrun, tendo sido induzido a tomar uma bebida que o fez esquecer Brunilda. Hagen, meio-irmão de Gudrun, conspirou para matar Siegfried para obter dele o Anel do Poder, parte do tesouro do dragão, e o apunhalou pelas costas. Brunilda, ainda apaixonada por Siegfried, cavalgou nas chamas de sua pira funerária e atirou o Anel do Poder no Reno. As Filhas do Reno emergiram em uma onda enorme que afogou Hagen enquanto ele tentava roubar o anel e varreu a pira funerária para o esquecimento.

Em outra versão, depois de matar o dragão e resgatar o tesouro, ele se casou com Krimhild, uma princesa da Borgonha. E também acompanhou o irmão dela, Gunther, em uma visita a Brunilda, que só se casaria com o homem que pudesse derrotá-la em um concurso de arremesso de lanças e salto. Ele usou seu Manto da Invisibilidade para ajudar Gunther a vencer o concurso e ganhar a mão de Brunilda. Mais tarde, Siegfried usou o mesmo manto para ajudar Gunther a subjugar sua poderosa noiva que, depois disso, tornou-se uma esposa zelosa.

Quando Siegfried e Krimhild visitaram a corte de Gunther, as duas mulheres discutiram e Hagen conspirou para vingar as ofensas dirigidas a Brunilda. Ele induziu Gunther a convidar Siegfried para ajudar a rechaçar uma suposta invasão e, em uma caçada, matou Siegfried, atingindo-o com sua lança no único ponto vulnerável de seu corpo, o ponto entre os ombros que havia sido coberto por uma folha quando ele se banhou no sangue do dragão Fafnir.

Siegmund *Germânica*

A versão germânica do nórdico Sigmund; filho de Odin; marido de Sieglinde; pai de Siegfried.

Sua amada Sieglinde foi levada por um caçador e Siegmund prometeu se vingar, mas não conseguiu encontrá-la. Um dia, exausto, refugiou-se em uma cabana onde uma donzela, que era Sieglinde, deu-lhe comida e bebida. Ali ele encontrou a Espada da Necessidade deixada por seu pai, Odin, presa no tronco de um carvalho que cresceu pelo telhado. Com Sieglinde e a espada em punho, ele deixou a cabana que era, de fato, a casa do caçador que a sequestrara anos antes.

Odin ordenou que a valquíria Brunilda ajudasse Siegmund em sua luta contra o caçador, que seguiu os amantes em fuga, e conheceu Siegmund em um duelo. Mas ele mudou de ideia quando a deusa Frigga afirmou que a justiça exigia que a moça voltasse para o caçador. Ele interveio na luta para quebrar a Espada da Necessidade para que o caçador fosse capaz de matar Siegmund. Odin então matou o caçador com um único olhar.

Sigmund *Nórdica*

No casamento de sua irmã gêmea Signy com o godo Siggeir, Sigmund foi o único capaz de puxar a espada Gram, que Odin cravara no tronco de um carvalho, Branstock. Com inveja, Siggeir tramou para matar toda a família Volsung por sua riqueza e posses e, quando fez uma visita à terra dos godos, a família foi emboscada. O pai de Sigmund, Volsung, foi morto e seus filhos, capturados e amarrados a árvores caídas na floresta para aguardar a morte. Todos, exceto Sigmund, foram devorados pelos lobos.

Signy conseguiu que um de seus criados espalhasse mel no rosto do irmão, de modo que, quando um lobo veio e lambeu o mel, Sigmund prendeu a língua do lobo com os dentes e, na luta para matar o animal, cortou as amarras. Ele construiu uma cabana na floresta e trabalhou como ferreiro, planejando a vingança. Signy, também querendo vingar a morte do pai e de seus irmãos, mandou dois de seus filhos para ajudar Sigmund, mas eles se mostraram inúteis. Ela então se disfarçou e dormiu com o irmão e, dessa relação, nasceu Sinfiotli, que foi digno da tarefa.

Sigmund criou o garoto na tradição guerreira. Quando eles descobriram dois lobisomens dormindo, pegaram suas peles e se espalharam pela floresta matando quem encontraram pela frente, até finalmente lutarem entre si. Sigmund matou o filho, mas, com a intervenção dos deuses, devolveu-lhe a vida com a ajuda de algumas ervas mágicas. Ele então contou ao menino o que precisavam fazer e ambos se esconderam no palácio de Siggeir, mas foram traídos pelos filhos de Siggeir que morreram imediatamente pelas mãos de Sinfiotli. Dominados pelo grande número de godos, os dois foram enterrados vivos, mas acabaram escapando de seus túmulos com a ajuda de Gram, a espada mágica de Sigmund, que Signy conseguiu contrabandear para eles. Livres, atearam fogo ao palácio, destruindo tudo o que havia no interior, exceto as mulheres, no entanto, Signy entrou no prédio em chamas e morreu ao lado do marido, seguindo a verdadeira tradição nórdica.

Pai e filho então voltaram a Hunaland, onde Sigmund se casou com

Borghild e teve dois filhos, Hamond e Helgi. Quando Borghild envenenou Sinfiotli, Sigmund a depôs e se casou com Hiordis, cujo pretendente malsucedido, Lygni, liderou um exército contra Sigmund. Na batalha que se seguiu, Odin apareceu e destruiu a espada mágica de Sigmund. Sem qualquer meio de defesa, Sigmund foi atingido e, antes de morrer, conseguiu instruir Hiordis a recolher os pedaços de suas espada e guardá-los para seu filho Sigurd, que estava para nascer. Vitorioso, Lygni assumiu o reino de Sigmund.

Na versão germânica, Sigmund se tornou Siegmund e Sigurd, seu filho com Hiordis, tornou-se Siegfried.

Signy *Nórdica*

Deusa do amanhecer; filha de Volsung; irmã gêmea de Sigmund.

Ela se casou com Siggeir, a quem desprezava por sua insignificância e sua natureza repulsiva, sem vê-lo antes do casamento. No casamento, Odin apareceu disfarçado e cravou uma espada no tronco do carvalho, Branstock. Todos tentaram tirá-la da árvore, mas só o irmão gêmeo de Signy, Sigmund, conseguiu.

Quando Siggeir matou o pai e todos os seus irmãos, exceto Sigmund, Signy conspirou para que ele e outro de mesmo sangue fossem mortos por Sigmund. Ela mandou dois de seus filhos para ajudar Sigmund na tarefa, mas eles se mostraram inúteis. Ela então se disfarçou e dormiu com o irmão. Dessa relação, nasceu um filho, Sinfiotli, que, quando atingiu idade suficiente, ajudou seu pai a matar todos os filhos de Seggeir. Este, por sua vez, fechou-se em seu palácio e ateou fogo. Signy entrou no edifício em chamas e morreu ao lado do marido.

Sigurd *Nórdica*
= *Germânica* Siegfried

Ele nasceu após a morte de seu pai, Sigmund, em uma batalha com Lygni, rei dos Hundings, na qual a espada mágica de Sigmund, Balmung, foi quebrada por Odin, e após sua mãe, Hiordis, ter se casado novamente com Elf, rei dos Vikings, que o tratava como seu próprio filho. Ele foi instruído em todas as artes masculinas por Regin, um ferreiro, e, na maturidade, ganhou um cavalo, Grane.

Foi Regin que contou a Sigurd a história de como Loki, o deus do mal, matou seu irmão Otter (de Regin), e forçou Andvari, rei dos anões, a entregar seu tesouro de ouro para pagar o resgate exigido por seu pai, Hreidmar, e como seu outro irmão, Fafnir, matou o pai pelo tesouro e se transformou em um monstruoso dragão para guardá-lo. Ele então convenceu Sigurd a procurar o monstro e matá-lo. Sigurd concordou desde que Regin fizesse para ele uma espada inquebrável. As duas primeiras se quebraram durante o teste, até ele forjar as peças da espada de Sigmund que Hiordis salvou e que provou ser capaz de cortar através de uma bigorna.

Na viagem de volta a Hunaland, ele pegou um homem que estava andando na superfície do mar e que disse que seu nome era Feng. Na verdade, ele era Odin, disfarçado, e ensinou a Sigurd a cuidar e reconhecer os sinais auspiciosos.

Ele matou Lygni para recuperar o trono de seu pai e partiu com Regin para matar Fafnir. Odin apareceu novamente, desta vez para aconselhar Sigurd a cavar uma trincheira no caminho usado pelo dragão para beber água. Escondido na trincheira, Aigurd conseguiu acertar o coração do dragão quando ele passou por cima do buraco. A pedido de Regin, ele cortou e cozinhou o coração do dragão e descobriu, quando o provou, que podia ouvir a linguagem das aves, que o avisou que Regin estava planejando maldades. Ele então matou Regin, comeu o coração e o sangue de Fafnir, apoderou-se do Capacete do Terror e de um anel mágico e todo o ouro que conseguiu carregar. Os pássaros então contaram a ele sobre a situação da Valquíria Brunilda que tinha sido banida de Valhala por desobedecer às ordens de Odin e foi presa em um castelo cercado de fogo. Seu cavalo, Grane, atravessou as chamas com ele e o levou até Brunilda que, envolta por uma armadura, estava em transe. Quando ele retirou a armadura, Brunilda acordou e imediatamente se apaixonou por seu salvador. Sigurd deu a ela o anel de noivado. Em uma versão, eles se casaram e tiveram uma filha, Aslaug, que foi criada pelo pai de Brunilda, mas normalmente se diz que Sigurd a deixou depois de alguns dias e partiu em busca de mais aventuras.

Na terra dos Nibelungos, ele foi recebido por Giuki e Grimhild, o rei e a rainha, que tiveram três filhos, Gunnar, Guttorm e Hogni, e uma filha, Gudrun, por quem Sigurd se apaixonou e se casou. Ele também se tornou irmão de sangue de Gunnar e Hogni. Depois, quando Gunnar se tornou rei, sucedendo o pai, e quis reivindicar Brunilda como sua noiva, seu cavalo se recusou a levá-lo pelas chamas. Sigurd então assumiu a aparência de Gunnar, cavalgou mais uma vez pela barreira de fogo e passou três dias com Brunilda, cortejando-a como Gunnar. Ele recuperou o anel que havia lhe dado, substituindo-o pelo anel de Gunnar, e depois deu seu anel a Gudrun.

Brunilda se casou com Gunnar, mas ficou amargurada por ter sido enganada por Sigurd, a quem ela ainda amava. Quando brigou com Gudrun por causa de Sigurd, ela pediu ao marido que matasse Sigurd. Tanto ele quanto Hogni estavam ligados a seus juramentos de sangue, mas Guttorm não se sentia obrigado e apunhalou Sigurd pelas costas. Sigurd matou seu assassino usando seu último grama de forçam atirando sua espada que cortou Guttorm ao meio. Cheia de remorso, Brunilda se esfaqueou e queimou ao lado de Sigurd em sua pira funerária. Em uma outra versão, ela montou seu cavalo, e atravessou as chamas da pira para morrer ao lado do amado.

Silenus[1] *Grega*
Um sátiro, rei de Nysa. Um rapaz gordo e jovial que montava um burro porque normalmente estava bêbado demais para andar. Ele era o tutor e amigo do deus do vinho, Dioniso. Ele já tinha sido capturado pelo rei Midas, que tentou extrair dele o segredo da vida.

Silenus[2] *Grega*
plural Sileni
Membro de uma raça de seres, parte cavalo, parte homem, que, ao contrário dos centauros, tinha orelhas e andava sobre duas pernas.

sílfide *Europeia*
Um pequeno silfo, ou a mulher ou a filha de um silfo.

silfo *Europeia*
Um elemental que reina no ar. Em alguns relatos, agora vivem em Marte ou Vênus.

silkie *veja* **selkie**

Silvani *Romana*
= *Grega* sátiros
Deidades da agricultura e das florestas. Dizia-se que cada propriedade tinha três dessas divindades guardiãs, para a casa, os limites e os trabalhadores.

Silvanus *Romana*
Deus da agricultura e das florestas; meio homem, meio bode. Em alguns relatos, ele era filho de Picus (o deus da fertilidade e da agricultura) ou Marte (o deus da guerra, mas também da agricultura e da fertilidade). Alguns relatos identificam-no como Faunus, Marte ou o grego Pã, outros com Cocidius, um rei da caça.

Sílvio *Romana*
Primeiro rei de Alba Longa; neto de Eneias, dizem alguns. Em certos relatos, Sílvio era filho de Eneias e Lavínia.

Ele usurpou o trono de seu irmão, Iulus. Foi profetizado que seu filho, Brutus, mataria os pais. Sua mãe, prima de Sílvio, morreu depois de três dias de trabalho quando o menino nasceu e, quando ele tinha quinze anos, Brutus acidentalmente atirou e matou Sílvio, quando eles estavam caçando, Brutus foi banido e viajou com um grupo de Troianos para a Grã-Bretanha.

simarghu *Persa*
também simorg
Um dragão alado. Essa fera, invisível aos olhos humanos, guardava a árvore da vida, que produzia sementes para todas as outras plantas. (*Veja também* **simurgh**.)

Simbi *Caribenha*
No Haiti, um deus serpente do rio, deus da chuva.

símio
Este animal é destaque em várias mitologias.
(1) No Egito, o macaco é um aspecto de Thoth, o deus da sabedoria, da escrita, da ciência e da lei.
(2) A tradição europeia tem o macaco no papel de Satanás.
(3) O simbolismo hindu considera o macaco como uma nuvem de chuva.
(4) Nas Filipinas, o macaco é um herói trapaceiro, que parece estar sempre fugindo da punição por suas escapadas.

Simplégades *Grega*
também Rochas que se Chocam, Rochas Errantes
Rochas ou ilhas na entrada no Mar Negro. Essas rochas, consideradas como seres vivos, descendentes da deusa Gaia, se moveram uma em direção à outra ameaçando esmagar os navios em trânsito. Elas finalmente se fixaram depois de não terem conseguido esmagar a Argo em sua viagem para a Cólquida. (*Veja também* **Planctae**.)

simurgh *Persa*
também simorg, simurg
Uma ave fantástica. Era enorme, vivia no Monte Alburz (Alborz) e teria resgatado o deus Zal quando ele foi abandonado pelos pais ainda bebê. Em alguns relatos, ele viveu por 1.700 anos e morreu queimado quando seus filhotes nasceram.

Em um relato, todas as aves começaram a procurar o misterioso simurgh, mas só trinta sobreviveram à longa busca. Esses se fundiram em um só, tornando-se o simurgh.

(*Veja também* **fênix, roca, senmerv, simarghu**.)

Sinaa *Sul-americana*
Um criador e ancestral da onça-pintada do povo Juruna do Brasil. Ele nasceu de uma onça-pintada, Duca, e de uma mulher, e seus olhos ficavam na parte de trás da cabeça. Ele podia remover sua pele e rejuvenescer-se ao tomar banho. Dizem que ele criou o mundo, apoiando o céu em um bastão.

Ele visitou o chefe juruna Uaicá em sonhos e disse a ele como fazer o melhor para sua tribo.

O mundo acabará quando ele remover o bastão que segura os céus.

Sinbad *Árabe*
também Sinbad, o Marujo

Um viajante, herói dos contos *As Mil e Uma Noites*. Em uma história, ele foi levado por um rukh, um pequeno ser, a um vale de diamantes onde ele recolheu a maior quantidade que podia carregar. Ele então se amarrou ao rukh e foi carregado até seu ninho. Sinbad foi resgatado por um mercador antes que a imensa ave pudesse comê-lo e os dois compartilharam os diamantes.

Singhalaputra *Budista*
Em alguns relatos, um dos Dezoito Lohan. Originalmente, ele era um brâmane hindu que se tornou budista e líder daquela fé que foi executada quando ele incomodou alguns funcionários do tribunal. Ele é retratado em pé, segurando um cajado.

Sinh *Birmanesa*
Um gato. Esse animal compartilhava o culto diário com seu mestre, o sacerdote Mun-Ha, em frente à estátua da deusa Tsu-Kyan-Kse. Quando o sacerdote foi morto, o gato subiu em seus ombros e olhou bem para o rosto da estátua. Os olhos amarelos do gato ficaram azuis, como os da deusa, e o pelo branco se tornou o marrom e dourado, do atual gato birmanês.

Sipa Korlo *Budista*
A Roda Tibetana da Vida. Esse dispositivo tem três círculos que definem o ciclo da existência.

O círculo externo tem doze cenas que ilustram as razões do renascimento, como a ignorância, a cobiá e vícios semelhantes.

A segunda roda tem seis triângulos. Cada um deles se ocupa com um dos vários reinos, como Chayula (lar dos deuses), Lamayin (lar dos semideuses), Miyul (lar da humanidade), Yiddak (lar dos fantasmas), Gholsong (lar dos animais) e Nyalwa (o mundo inferior).

O terceiro círculo, o mais profundo, representa os três mundos da paixão, usando um galo para descrever desejo ou luxúria, um porco para ignorância ou preguiça, e uma cobra para raiva ou ódio.

Sirius *Grega*
O cachorro de Órion, o caçador. Ele foi colocado como uma estrela no céu ao lado de Órion.

Sirrush *Mesopotâmica*
Um monstro escamoso babilônio com partes de uma ave e um guepardo, e garras nas patas traseiras.

Sísifo *Grega*
Rei de Corinto. Diz-se que ele fundou Corinto, criando uma raça a partir de cogumelos para povoá-la, e que instituiu os Jogos Ístmicos.

Quando Autólico começou a roubar seu gado, Sísifo fixou marcadores de chumbos nos cascos de seus animais com a inscrição "Roubado por Autólico" e, assim, conseguiu provar o roubo.

Ele seduziu Anticleia, filhade Autólico, na manhã em que ela ia se casar com Laertes, rei de Ítaca, ou para vingar o roubo de seu gado ou, dizem alguns, com a conivência de Autólico, de quem ele se tornou amigo. Dessa maneira, ele, e não Laertes, se tornou pai de Odisseu.

Ele violentou Tiro, filha de seu irmão Salmoneu, e ela matou as crianças nascidas dessa união. Sísifo convenceu o povo de que as crianças eram resultado de um incesto entre Tiro e o próprio pai. Dessa maneira, Salmoneu foi banido e Sísifo assumiu o trono.

Ele prendeu Hades (ou Tânatos) quando veio para levá-lo para o mundo inferior como punição pelo estupro de Tiro ou pelo fato de Zeus ter raptado a ninfa Egina. Ele foi entregue a Hades, mas convenceu Perséfone, deusa do mundo inferior, a libertá-lo. Ele foi finalmente trazido de volta ao Tártaro por Hermes e condenado a rolar eternamente uma pedra enorme montanha acima, só para que ela voltasse ao ponto de partida pouco antes de chegar ao topo.

Em alguns relatos, ele é descrito como deus do sol.

Sisimatailaa *Ilhas do Pacífico*
Filho do sol na tradição dos tongans. Quando ele se casou, em Samoa, seu pai lhe deu dois pacotes, um dos quais tinha que ficar fechado até chegarem a Tonga. Mas a noiva desobedeceu à ordem recebida e, quando navegavam de volta a Tonga, o peso das coisas que saíram do pacote foi tanto que o barco afundou e os dois se afogaram.

Sita *Hindu*
Uma deusa da terra. Dizia-se que ela tinha nascido de um sulco de arado como uma encarnação de Lakshmi e foi esposa de Rama, a sétima encarnação de Vishnu, embora alguns relatos a tenham como consorte de Indra e Parjanya. Dizia-se que Rama tinha ganho sua mão por ter vencido um torneio de arco e flecha organizado por seu pai.

Quando ela foi levada por Ravana, o rei dos demônios, seu marido criou uma força ofensiva comandada pelo deus-macaco Hanuman e destruiu a fortaleza dos demônios, matando Ravana. Para provar que tinha sido fiel durante o cativeiro, ela invocou seu dharma e foi levada para um sulco na Mãe Terra.

Em uma variação da história, Rama a rejeitou quando ela engravidou, acreditando que ela tinha se deitado com Ravana, e a mandou para o exílio onde ela teve seus gêmeos, Kusha e Lava. Desesperada por reconquistar o marido, ela rezou pedindo ajuda à Mãe Terra. Um trono de ouro se ergueu da terra para recebê-la e ela voltou para sua casa.

Há ainda uma outra história que diz que Sita foi julgada, mas saiu ilesa da pira devido à intervenção de Agni, o deus do fogo.

Sits-by-the-door *Norte-americana*
Uma donzela da tribo dos pés pretos. Ela foi capturada pelos Crows, mas a esposa do homem que a agarrara teve pena dela e ajudou-a a fugir. Na longa viagem de volta ao seu povo, ela teria morrido de fome não fosse a ajuda de um lobo que a seguiu e matou caça para mantê-la viva.

sjen *Eslava*
também sjenovik
A alma de um homem ou de um animal agindo como o espírito controlador de florestas e montanhas.

Skidbladnir *Nórdica*
O navio do deus Frey. Esse navio mágico, construído pelo anão Dvalin e apresentado aos deuses por Loki, era capaz de se expandir para carregar todos os deuses, mas podia ser dobrado e levado no bolso.

Skoll *Nórdica*
Um lobo; descendente de Fenris e Gollweig. Esse animal era um dos Varns, lobos que perseguiam o sol e a lua, tentando engoli-los. Quando ele e seu irmão Hati conseguiram, ocorreu um eclipse. Eles se alimentavam da medula dos ossos dos criminosos mortos. À medida que o crime aumentou, eles se tornaram mais fortes e, nos últimos dias,

ultrapassaram o sol e a lua e finalmente os engoliram.

Skrymsli *Nórdica*
Um gigante. Ele ganhou uma aposta feita com um camponês e exigiu o filho do camponês como prêmio, mas concordou em perder o prêmio se o pai pudesse esconder a criança. Odin transformou o menino em um grão de trigo escondido em uma espiga de milho em um campo de trigo; Hoenir fez dele uma penugem e a escondeu no peito de um cisne; e Loki o transformou em um ovo de peixe escondido entre as ovas de um peixe no oceano. Em todas as situações, o gigante achou o menino que, no final, conseguiu fugir. Perseguindo-o, Skrymsli acabou batendo a cabeça em uma estaca pontiaguda colocada ardilosamente por Loki, e morreu.

Skuld *Nórdica*
Uma das três Nornas – o futuro, necessidade. Skuld, às vezes, cavalgava com as Valquírias. Ela aparece vendada, segurando um livro fechado.

Slidrugtanni *Nórdica*
Um dos dois javalis que puxavam a carruagem do deus Frey. (*Veja também* **Gullinbursti**.)

Snoqalm *Norte-americana*
Um deus da lua das tribos do noroeste. Snoqalm guardou toda a luz em uma caixa. Aranha teceu uma corda para Snoqalm descer à terra, mas, enquanto ele estava lá, o Castor subiu pela corda e roubou a caixa, pendurando o sol no céu enquanto ele desceu. Outras versões dizem que foi a Raposa que subiu pela corda, transformou-se em Castor e voltou à terra com árvores e com fogo também. Snoqalm, na pressa de pegar o intruso, caiu na terra e morreu.

sol
O sol é o centro para muitas mitologias e sistemas de adoração.
(1) Na Austrália, algumas tribos dizem que o sol é derivado de um ovo de uma emu que foi jogado no céu.
(2) Em partes da América Central, o sol é considerado como o lar dos mortos.
(3) Os chineses dizem que o sol foi criado por Pan-ku e o consideram como um emblema do imperador.
(4) Na tradição egípcia, o sol é o barco de ouro de Ra, no qual ele atravessa o céu e veio de um ovo de ouro posto pelo Ganso do Nilo.
(5) Os hebreus veem o sol como um símbolo de poder de Javé.
(6) Os hindus veem o sol como o olho de Mitra ou Varuna.
(7) Na mitologia nórdica, o sol foi projetado nos céus a partir de Muspelheim, a terra do fogo.
(8) Na Pérsia, o deu sol, Mithra, foi a divindade suprema do maior culto de adoração ao sol.
(9) Na América do Sul, o culto inca de adoração ao sol era centrado em seu deus sol, Inti.

Solas *Egípcia*
Um demônio, um dos 72 Espíritos de Salomão. Dizia-se que ele tinha uma amplo conhecimento sobre ervas e astrologia e que aparecia sob a forma de um corvo.

soma[1] *Hindu*
A bebida dos deuses, mais tarde personificada como um deus. Em alguns relatos soma é o mesmo que amrita, embora outros considerem amrita como alimento e soma como bebida. Alguns dizem que era um suco de uma trepadeira; outros que (como a amrita)

foi criada na Agitação do Oceano; outros ainda que ela caiu como chuva quando os deuses a pressionaram pelos furos de uma peneira celestial.
(*Veja também* **amrita, Jambu**.)

Soma² *Hindu*
A bebida divina personificada. Em alguns relatos, ele se casou com as muitas filhas do sábio Daksha, que o amaldiçoaram quando ele as negligenciou. Como resultado da maldição, Soma ficou mais fraco, assim como todas as criaturas na Terra, Daksha então foi forçado a aliviar a maldição. Agora, a lua, governada por Soma, enfraquece e se recupera todo mês.

Somnus *Romana*
= *Grega* Hypnus, Hypnos
O deus do sono, filho de Nyx (deusa da noite), irmão gêmeo de Mors (deus da morte).

Son *Nórdica*
Um cântaro. Um dos três recipientes em que os anões Fialar e Galar drenaram o sangue de Kvasir (que eles haviam matado para obter seu conhecimento), com o qual fabricaram uma bebida mágica que dotava todos que a tomavam com o poder da poesia e da música.

Outro cântaro era conhecido como Boden.

Sophiel *Hebreia*
Uma das Sete Inteligências, governante do planeta Júpiter.

sorveira *Britânica*
Os druidas alegavam que essa árvore podia afastar as bruxas.

Sotuknang *Norte-americana*
Um deus criador dos Hopi; pai de Kokyangwuti.

Quando os primeiros humanos, criados por Kokyangwuti, tornaram-se cruéis, Sotuknang enviou uma enchente para matá-los, mas seu criador levou muitos deles das regiões mais baixas para a superfície e eles sobreviveram para se espalhar por toda a face da Terra.

Spenta Mainya *veja* **Ahura Mazda sprite**
Um brownie, elfo, gnomo ou duende.

sPyan-ras-gzigs *Tibetana*
Um deus-macaco. Ele e sua consorte sGrolma são considerados como os pais de todos os seres vivos. Em alguns relatos, este é o nome tibetano para Avalokiteshvara. Ele se manifesta no Dalai Lama.

Sraosha *Persa*
Guardião da terra durante as horas das trevas; um aspecto do deus Ahura Mazda.

Ele era considerado como o ouvido que percebeu os gritos da humanidade e, com Mithra e Rashnu, um juiz que pesava as almas na balança do mundo inferior.

srin *Tibetana*
Os habitantes primitivos do Tibete. Esses seres, armados com catapultas e fundas, foram os precursores da raça humana. Em seguida, veio lha, e depois sMu-rgyal.

Star Country *Norte-americana*
O céu, na tradição dos índios Hopi.

Star Creator *Sul-americana*
Um deus criador da Terra do Fogo. Depois que os gigantes originais que habitavam a Terra foram mortos, Star Creator fez os ancestrais das tribos atuais a partir do barro.

Star-folk *Norte-americana*
Na tradição dos algonquinos, os seres que viviam nos céus. Às vezes, eles desciam à Terra nos fios tecidos pela aranha.

Star-maiden *Norte-americana*
Uma fada que veio à Terra em um cesto. Um desses seres se casou com Algon, outra com o Mensageiros das Nuvens.
(*Veja* **Algon, Cloud-carrier**.)

Stentor *Grega*
Um mensageiro em Troia, mencionado na Ilíada. Dizia-se que sua voz era tão alta

quanto as vozes combinadas de outros cinquenta homens. Ele morreu em uma disputa de gritos com o deus Hermes.

Stonehenge *Britânica*
Um megalito na planície de Salisbury, na Inglaterra. Há quem acredite que essas pedras, originalmente, foram colocadas na Irlanda, como o Anel do Gigante. Em algumas versões, elas foram trazidas para a Inglaterra e reerguidas pela magia de Merlin ou, dizem alguns, com a ajuda do Diabo. Em outras histórias, a estrutura foi construída pelos druidas.

stoorworm *Escocesa*
Um imenso monstro aquático. Assipattle matou esse monstro, que o engoliu quando ele saiu em um pequeno barco para combatê-lo, cortou seu fígado e empurrou as turfas em brasa que havia trazido consigo. O corpo morto tornou-se a Islândia e os dentes do monstro formam as ilhas Órcades.

stopan *Europeia*
Na mitologia búlgara, o espírito de um ancestral agindo como guardião da casa.

Stormalong *Britânica*
Um marinheiro herói. Uma explicação para os Penhascos Brancos de Dover é que seu grande navio, Courser, raspou as laterais ao atravessar o Estreito de Dover. Ele também esculpiu o Canal do Panamá ao ser levado para a costa por uma tempestade.

Stump *veja* **Flesh**

Styx *Grega*
= *Babilônica* Hubur; *Hindu* Rasa; *Nórdica* Leipter
Um dos rios de Hades. Dizia-se que o Styx circundava nove vezes o mundo inferior e era considerado o rio do juramento inquebrável. Um deus que quebrou um acordo juramentado sobre o Styx ficou inconsciente por nove anos, seguidos por mais nove anos (alguns dizem um ano) no exílio. Os mortais eram envenenados pelas águas do rio se quebrassem um juramento.
Alguns dizem que foi neste rio, e não no Aqueronte, que Caronte transportou as almas dos mortos.

Su *Sul-americana*
Um monstro lendário. Esta fera cruel tinha cabeça de mulher, patas dianteiras de tigre, patas traseiras de lobo e a cauda lembrava uma folha enorme, usada para proteger seus filhotes em casos de perigo. Ele tinha a fama de matar seus próprios filhotes em vez de permitir que fossem capturados.

succubus *Europeia*
plural succubi
Um demônio em forma de mulher que atacava homens que estavam dormindo e mantinha relações sexuais com eles. (*Veja também* **incubus**.)

Sucunyum *Centro-americana*
Um deus criador maia e deus do mundo inferior. Ele carrega o deus do sol Ah Kin de volta ao mundo inferior toda noite pronto para sua próxima viagem pelo céu.

Sudri *Nórdica*
Um dos quatro anões que sustentam o céu (sul). (*Veja também* **Austri, Nordri, Westri**.)

Sueje-lodde *Báltica*
Um espírito lapão que revela os nomes dos que estão prestes a morrer. Diz-se que esse espírito aparece sob a forma de uma ave.

Sukhavati *Budista*
A Terra Pura Ocidental, governada por Amitabha. Essa terra de prazer é cheia de flores e pássaros, árvores cobertas de pedras preciosas e lótus que banham o Buda em pura luz. Todos os que chegam a essa terra se tornam homens.

sukyan *Caribenha*
Uma vampira de Trinidad. Esses seres imploram por sal ou fósforos e não

podem ser mantidos fora das casas dos que fazem a doação.

Sun Hou-tzu　*Chinesa*
também Rei Macaco
= *Hindu* Hanuman

Um macaco deus, companheiro de Hsüan Tsang (Tripitika) em sua viagem pela Índia para trazer de volta as escrituras budistas.

Na viagem para a Índia, ele recuperou o manto de Hsüan Tsang, que tinha sido levado pelo espírito do Urso Negro e ajudou a resgatá-lo, mas foi capturado pelos monges e mais uma vez foi mantido em cativeiro pela Senhora dos Ossos Brancos. Em uma aventura, ele encontrou o seu eu idêntico; em outra, recuperou o tesouro roubado por um monstro com nove cabeças e, quando Hsüan Tsang foi preso por sete mulheres aranhas, ele procurou a ajuda de um deus hindu, que resgatou o prisioneiro e seus companheiros. Em outro país, ele venceu um demônio que tinha colocado um feitiço no rei que estava prestes a comer os corações de mais de mil meninos e, quando seus companheiros foram levados pelo Espírito Leopardo, ele se transformou em um vagalume para resgatá-los. Na Índia, uma mulher matou o marido por sua riqueza e acusou Hsüan Tsang do crime, mas ela recebeu o merecido castigo quando Sun Hou-tzu restaurou a vida do homem.

Alguns dizem que ele nasceu do caroço de uma fruta e o imperador fez dele o rei dos macacos. Uma vez, ele lutou contra as hostes do céu, mas foi capturado pelo cão celestial, T'ien Kou. Dizia-se que ele era capaz de cobrir quase 5 mil quilômetros com um salto e, uma vez, ele saltou para a extremidade do universo em uma vã tentativa de provar que era maior que Buda.

Em outra história, ele é descrito como um macaco fada, que roubou os pêssegos da imortalidade da árvore mágica na casa de Hsi Wang Mu e as pílulas da imortalidade de Lao Chün (o nome do deificado Lao-tzu, fundador do taoísmo). Quando ele tentou assumir o papel de Governador do Céu, Buda o calou em uma montanha da qual ele só foi libertado por Kuan Yin, após 500 anos.

Surabhi　*Hindu*

A vaca da abundância. Este animal sagrado foi a décima coisa a ser produzida na Agitação do Oceano. Ela tinha o poder de conceder desejos e foi mãe de Nandi, o touro branco de Shiva. Alguns dizem que Brahma concedeu a Surabhi um paraíso de sua propriedade, chamado Goloka, em que os devotos que têm vacas podem entrar.

Surma　*Báltica*

Um monstro guardião do mundo inferior dos finlandeses, Tuonela. Essa fera era representada como um enorme par de presas na mandíbula sem um corpo.

Surtur　*Nórdica*

Um Gigante de Fogo, o governante de Muspelheim. Ele estava armado com um espada em chamas e incendiou o mundo na última batalha, Ragnarok, onde ele matou Frey.

Susanowa　*Japonesa*

O deus do mar xintoísta com cabeça de boi e deus da fertilidade e das tempestades.

Ele nasceu do nariz de Izanagi e rachou os colares de sua irmã Amaterasu entre os dentes e, ao respirar sobre eles, gerou cinco novos deuses. Foram as depredações de Susanowa na Terra que assustaram Amaterasu e fizeram com que ela se fechasse em uma caverna; como resultado, ele foi banido do céu e depois viveu na Terra, pedindo comida à deusa O-Ge-Tsu-Hime-No-Kami. Alguns dizem que ele foi banido para a terra de Yomi, o mundo inferior.

Diz-se que ele conquistou a Coreia e plantou árvores a partir de seus próprios cabelos nas encostas das montanhas.

Em uma história, ele encontrou Ashi-nadzuchi e sua esposa, Te-nadzuchi, despedindo-se entre lágrimas da filha, Inada-hime, que deveria ser devorada pelo dragão Yamato-no-Orochi, de oito cabeças. Susanowa transformou a moça em um pente, seduziu o dragão com um saquê que o deixou tão bêbado que Susanowa foi capaz de matá-lo. Ele então trouxe a menina à sua forma normal e se casou com ela. Depois, recuperou a espada mágica, Kusanagi, da cauda do dragão.

Sus'istinnako *Norte-americana*
O deus criador do povo Sia/Zia, do Novo México. Ele era considerado uma aranha e dizia-se que ele tinha feito a humanidade cantando e brincando em uma teia de aranha. Os primeiros mortais que ele fez foram Nowutset e Utset.

Svartalfar *veja* **anões**

Svartalfheim *Nórdica*
O lar dos Elfos Negros, a casa subterrânea dos anões.

swan-shift
(literalmente traje de cisne) *Europeia*
Um traje mágico, feito com penas de cisne, que permite que o usuário se transforme em um cisne.

Syama *Hindu*
Um dos dois cachorros do mundo inferior (*veja* **Sabala**).

Syrinx *Grega*
Uma ninfa que foi transformada em um feixe de caniços para escapar dos avanços do deus Pã, que pegou sete pedaços do caniço e os transformou em uma flauta de sete tubos.

Sytry *Europeia*
Um demônio, um dos 72 Espíritos de Salomão. Diz-se que esse ser controla os casos de amor e aparece sob a forma de um homem com asas e a cabeça de um animal.

Szeuka *Norte-americana*
Um deus criador da tribo Pima. Seu pai, criador da Terra, havia feito o mundo e os seres humanos, mas o espírito da água, a Grande Águia, predadora dos humanos, aparentemente enviou uma enchente para destruir o trabalho manual do deus. Apenas Szeuka sobreviveu e, quando as águas baixaram, matou a Grande Águia e recriou os humanos a partir dos ossos deixados para trás pela inundação. Só que a águia não havia de fato causado a enchente – ela tinha apenas trazido o aviso de sua iminente chegada.

Ta'aroa *Ilhas do Pacífico*
Um deus criador taitiano. Alguns dizem que ele nasceu de um ovo cósmico e usou a casca para criar a terra (Fa'ahotu) e o céu (Atea), outros, que ele criou o mundo dentro da casca de um mexilhão, e outros ainda, que ele construiu o universo a partir de seu próprio corpo. Dizem também que ele arrancou as ilhas do fundo do oceano com anzol e linha de pesca.

E fez homens de argila vermelha e depois colocou um homem para dormir, pegou um osso do corpo desse homem e, a partir dele, criou a primeira mulher.

(*Veja também* **Kanaloa, Tagaloa, Tagaro, Tangaloa, Tangaroa**.)

Tachi *Africana*
Uma divindade travessa. Diz-se que ele só é visível para as mulheres casadas com quem ele se relaciona. Os filhos dessas uniões são deformados.

Ta-hsek-khi *Birmanesa*
O primeiro homem, criado por Hkun Hsang Long. Ele e a mulher Ya-hsek-khi nasceram em forma de girino. Depois de comerem uma cabaça, acasalaram-se e receberam novos nomes. Ele se tornou Ta-hsang-khi (Yatawn) e eles tiveram uma filha chamada Nang-pyek-kha Yek-ki.

Tagaloa *Ilhas do Pacífico*
Um deus do mar samoano. Seu descendente, Tuli, era um pássaro, e Tagaloa fez com que uma rocha se erguesse do leito do oceano primordial para que Tuli tivesse um lugar para fazer seu ninho. Mais tarde, ele dividiu a rocha em várias partes, formando as ilhas do Pacífico.

(*Veja também* **Kanaloa, Ta'aroa, Tagaro, Tangaloa, Tangaroa**.)

Tagaro *Ilhas do Pacífico*
Um deus criador das Novas Hébridas. Um dos onze irmãos de Qat. Ele fez modelos de humanos a partir de lama, usando-os como pinos de boliche. Uma das figuras se acasalou com a fruta que ele usava como bola, produzindo assim as primeiras crianças.

Quando um grupo de donzelas voou do céu e tirou suas asas para tomar banho, ele roubou um par delas e as escondeu. A moça não podia sair sem elas e acabou ficando na Terra, casando-se com Tagaro. Mais tarde ela recuperou suas asas e voltou para o céu.

Enquanto Tagaro estava na Terra, ele só era visível para os mortos.

Em algumas versões, há dois – Tagaro, o Sábio, o criador, e Tagaro, o Tolo, que destruía grande parte do trabalho dos outros.

(*Veja também* **Kanaloa, Ta'aroa, Tagaloa, Tangaloa, Tangaroa**.)

Tages *Romana*

Uma divindade etrusca ou primeiro homem. Dizia-se que ele foi descoberto quando um campo estava sendo arado e assumiu a forma de uma criança grisalha com imensa sabedoria que ele transmitiu aos governantes das cidades etruscas. Ele então voltou à terra da qual surgiu. Suas palavras foram transmitidas de geração em geração e registradas nos Doze Livros de Tages.

Tahekeroa *Neozelandesa*

A terra maori dos espíritos no centro da Terra.

T'ai Chi *Chinesa*

também o Grande Polo

O primeiro ponto fixo no tempo e no espaço a emergir do caos primordial; a origem de toda a criação; um símbolo circular representando as forças opostas do Yin e Yang com vírgulas pretas e brancas.

(*Veja também* **Hun-tun**.)

T'ai Ch'u *Chinesa*

também o Primeiro Grande

O primeiro estágio da Grande Mudança, T'ai I. Nesse período, diz-se que a forma (Hsing) desenvolveu.

T'ai I[1] *Chinesa*

também a Grande Mudança

O estado que se desenvolveu depois da criação do T'ai Chi, envolvendo dois períodos de mudança, T'ai Ch'u e T'ai Shih.

T'ai I[2] *Chinesa*

Deus da Estrela Polar; deus do pico oriental de T'ai Shan. Ele determina a data de nascimento e da morte de todos os humanos e animais.

Taikomo *Norte-americana*

Um deus criador da tribo yuki, da Califórnia. Ele criou a terra e fez o homem a partir de gravetos, mas tudo foi destruído em uma enchente. O segundo mundo que ele fez não tinha animais para as pessoas comerem, então eles comiam uns aos outros até que o mundo foi destruído pelo fogo. Ele então fez um terceiro mundo e colocou animais sob os cantos da terra para mantê-lo equilibrado. Mas ainda balançou. Ele fez os animais se deitar e depois, além dos terremotos causados quando um deles se moveu, o mundo permaneceu estável.

Mais uma vez ele criou homens a partir de gravetos e, quando o primeiro morreu, Taikomo o enterrou. E permitiu que ele voltasse à vida no dia seguinte, mas os outros reclamaram do cheiro da deterioração. Assim, Taikomo desistiu da ideia de ressuscitar os mortos.

T'ai Shan *Chinesa*

também Monte Tai

Uma montanha sagrada, uma das Cinco Montanhas Sagradas conhecidas como Wu Yüeh. Esse local é considerado como o ponto de partida da carruagem solar ou, segundo alguns, é o local do mundo inferior.

T'ai Shih *Chinesa*
também o Grande Começo
O segundo estágio da Grande Mudança T'ai I. Nesse período a respiração (Ch'i) se desenvolveu.

T'ai Su *Chinesa*
também o Grande Primordial
A combinação de forma e respiração, dando origem à substância (Chih).

talaria *Grega*
As sandálias aladas apresentadas pelo deus Hermes.

Taliesin *Galesa*
Um bardo e feiticeiro.

A bruxa Ceridwen ferveu uma poção mágica para produzir apenas três gotas de líquido que daria todo o conhecimento a quem quer que o bebesse, com a intenção de dá-lo a seu filho feio, Avagddu. O menino Gwion, que ela empregou para mexer a poção, inadvertidamente lambeu as gotas que salpicaram em sua mão, adquirindo assim o conhecimento sobrenatural. Quando ele fugiu, Ceridwen o perseguiu e, após várias mudanças de forma, ela o pegou – ela em forma de uma galinha, e ele como um grão de trigo. Ela engoliu o grão de trigo e se viu grávida de Gwion que, quando nasceu outra vez, foi jogado ao mar dentro de um saco. Ele foi pego em uma armadilha de peixe (ou, dizem alguns, encontrado dentro de uma carteira de couro na represa) e resgatado pelo príncipe Elphin, que o criou, chamando-o de Taliesin.

Alguns autores sugeriram que ele foi reencarnado como o mago Merlin.

Talos[1] *Grega*
Um aprendiz e sobrinho de Dédalos. É creditada a ele a invenção da serra. Talos morreu quando o tio, com inveja de suas habilidades, atirou-o do topo do templo de Atena, A deusa transformou Talos em uma perdiz.

Talos[2] *Grega*
Guardião de Creta. Talos era um gigante de bronze com cabeça de touro feito pelo deus ferreiro Hefesto para o rei Minos. Alguns dizem que ele foi entregue por Zeus a Europa quando ele a levou para Creta. Ele patrulhava a costa de Creta três vezes por dia para repelir os invasores e podia matar, envolvendo as pessoas em suas mãos em brasa. Ele tinha apenas uma veia que carregava todo o fluido vital e terminava em um tornozelo, onde era selada com uma rolha ou membrana. Ele morreu quando a rolha foi removida e há histórias conflitantes de como isso aconteceu quando ele estava tentando afugentar os Argonautas, atirando pedras enormes em seu navio. Em uma história, a feiticeira Medeia fez com que ele dormisse e removeu o tampão ou cortou a membrana; em outra, Medeia rezou para Hades, o deus do mundo inferior, e fez Talos roçar o tornozelo em uma pedra. Outra versão diz que Talos teve o pé flechado por Peias, um dos Argonautas, uma história que assume um ponto vulnerável no calcanhar.

Tam Lin *Escocesa*
Um mago que podia se transformar em várias formas de animais. Ele foi capturado pela rainha das fadas, mas sua amante, Janet, segurou-o com firmeza enquanto ele foi se transformando em vários animais até se libertar do encantamento.

Tambarinang *Índias Orientais*
Um deus criador. Algumas das pessoas de Bornéu afirmam que seus antepassados foram feitos por este ser, que se apresentava sob a forma de um calau.

Tamboeja *Índias Orientais*
Um herói que subiu ao céu e roubou o fogo para beneficiar seu povo.

Tammuz *Mesopotâmica*
= *Babilônica* Marduk; *Grega* Adônis; *Frígia* Attis; *Suméria* Dumuzi (-Abzu)
Um deus do sol acadiano e deus da fertilidade. Em alguns relatos, Tammuz foi encontrado flutuando na água, em outros, ele era filho de Ishtar, que o despedaçou e o atirou no mar. Quando, como resultado, a terra se tornou estéril, ela se arrependeu do que tinha feito e foi para o mundo inferior exigir que fosse libertado de sua irmã Ereshkigal. Alguns dizem que ele morria todo ano, subindo novamente na primavera; e outros que ele passava metade do ano com cada irmã.

Ele era um dos porteiros do céu e foi associado com a constelação Orion.

Tane *Neozelandesa*
Um deus maori da luz e da floresta. Ele forçou a separação de seus pais Rangi e Papa, elevando o céu (Rangi) acima da terra (Papa) e usou os raios de Fatu-tiri para matar Atea que, na versão taitiana era seu pai.

Em algumas histórias, sua primeira esposa foi Hine-Ahu-one que ele criou a partir da areia ou esculpiu da pedra. Ele também se acasalou com a filha deles, Hine Titama, que morreu de vergonha e se tornou Hine-nui-te-po, uma deusa do mundo inferior, tendo gerado a filha Hine Titamauri.

Outras versões dizem que Tane teve outras três esposas – Hine-tuanange, que deu à luz répteis e riachos, Mumuhango, que produziu grama, e Rangahore, que produziu pedra. A mulher que ele fez de areia era, nesta versão, Hine-i-tau-ira e foi ela quem se matou quando percebeu que havia se casado com seu pai, tornando-se deusa do mundo inferior.

Há ainda uma outra história que diz que Tane fez Tiki e Hina-ahu-one que se acasalaram para se tornar os progenitores da raça humana. Alternativamente, Tane e seus irmãos Tu e Rongo trabalharam juntos para criar a humanidade.

(*Veja também* **Kane**.)

Tangaloa *Ilhas do Pacífico*
Um deus criador na tradição de Tonga. Ele fez para si uma esposa, esculpindo-a em pedra e, quando atirou os fragmentos extras de pedra no oceano primordial, eles se tornaram as ilhas do Pacífico.

(*Veja também* **Kanaloa, Ta'aroa, Tagaloa, Tagaro, Tangaroa**.)

Tangaroa *Ilhas do Pacífico*
Um deus criador e deus do mar; um deus lula do Havaí; um deus peixe e deus dos répteis de Tuamotu.

Uma história da origem de Tangaroa diz que ele emergiu do Po, o vazio primitivo.

Em uma versão da história da criação, ele criou o mundo quando, sob a forma de uma ave, botou um ovo que, depois de flutuar nas águas primordiais, quebrou para formar o céu e a terra.

Ele se acasalou com a deusa Faumea depois que ela lhe mostrou como remover as enguias que, normalmente, viviam em sua vagina e matavam os homens que dormiam com ela. Quando Hina-a-rauriki, esposa do filho de Tangaroa, Turi-a-faumea, foi raptada pelo polvo demônio, Rogotumu-here, ele e Turi-a-faumea pescaram o monstro das profundezas do oceano e o mataram, resgatando a esposa.

Quando ele e o deus do céu Atea afirmaram ser o pai do primeiro filho da

deusa Papa, ela cortou o bebê ao meio e deu uma metade a cada um deles. Atea jogou sua metade para o céu onde ela se tornou o sol e, mais tarde, Tangaroa repetiu a atitude e fez a lua.
(*Veja também* **Kanaloa, Ta'aroa, Tagaloa, Tagaro, Tangaloa**.)

tanin *Mesopotâmica*
Um monstro semita em forma de uma imensa serpente marinha.

Tântalos *Grega*
Rei de Argos, Corinto ou Lydia. Ele matou seu filho Pélops, cortou-o em pequenos pedaços e o serviu aos deuses em um guisado. Como punição, Zeus o condenou a um tormento eterno. Mergulhado com água até o queixo, que recua sempre que ele tenta beber e com uma árvore frutífera sobre sua cabeça, que se afasta cada vez que ele estica o braço, ele jamais pode satisfazer sua fome ou sua sede.

Em outras versões, sua punição foi por divulgar segredos dos deuses, por roubar ambrosia e néctar ou por mentir sobre manter um cão de ouro.

Tao Chum *Chinesa*
A forma mortal de uma divindade taoísta, um dos San Ch'ing, Os Três Puros. Ele controla o Yang e o Yin e regula o tempo. Sua casa é o Higher Azure Palace, Shang Ch'ing.

T'ao-t'ieh *Chinesa*
Um monstro com uma cabeça, dois corpos e seis pernas. Essa fera pode ser um búfalo d'água ou pode ter o rosto de um homem, de um leão ou de um tigre.

O termo também é usado para se referir à representação formalizada de algum animal mítico não identificado.

Tao-yüeh *Chinesa*
Um dos Dezoito Lohan em alguns relatos. Ele é retratado em posição sentada, meditando, com a cabeça apoiada em sua mão.

Taoki-Ho-Oi *Japonesa*
Um deus xintoísta dos carpinteiros. Quando a deusa Amaterasu se fechou em uma caverna, ele construiu um lindo salão que, junto com outras iscas, foi usado para atraí-la para fora mais uma vez.

tapairu *Ilhas do Pacífico*
Uma das inúmeras ninfas polinésias, filha de Miru, deusa da morte. Sua mãe usava essas ninfas para atrair mortais para o mundo inferior, onde ela podia cozinhá-los e comê-los.

tapete mágico
Uma forma miraculosa de transporte aéreo que poderia levar seu condutor a qualquer lugar a que ele desejasse ir. Um desses tapetes era utilizado por Salomão, que carregava seu trono e toda sua comitiva. Outro era de propriedade de Housain e aparece nas histórias *As Mil e Uma Noites*.

Tapio *Báltica*
Um deus finlandês da caça e das florestas; uma versão masculina de Virava. Ele é considerado como uma paisagem florestal da Finlândia.

Tar-baby
Uma figura pegajosa em muitas culturas.
(*Veja mais em* **Menina Grudenta**.)

Tara[1] *Budista*
também Rainha do Céu, Rainha do Conhecimento;
= *Chinesa* Kuan Yin; *Tibetana* Dolma, sGrolma
Uma deusa tibetana da misericórdia, dos marinheiros e da sabedoria; esposa de Avalokiteshvara, o deus da misericórdia. O nome pode ser aplicado a Maya, a mãe do Buda (*veja* **Tara**[2]). Alguns dizem que havia 21 versões de Tara. Em alguns relatos, Tara foi gerada a partir de uma lágrima derramada por Avalokiteshvara.

Ela é retratada, às vezes, com sete olhos, sentada sobre um leão, segurando o sol, ou como uma donzela segurando um lótus.

Tara² *Hindu*
Uma deusa com três olhos; uma sakti de Shiva; Maya, mãe de Buda.
Ela foi levada pelo deus da lua, Chandra, mas resgatada por Brahma. Ela alegou que Chandra era o pai de seu filho, Buda.

Tara³ *Irlandesa*
Originalmente, a fortaleza de Fir Bolg assumida pelos danaans; depois, a sede dos altos reis da Irlanda.

Uma versão da história diz que o local foi abandonado depois de ser amaldiçoado por São Ruadhán; outra que continuou em uso muito depois da data sugerida por aquele incidente.

Tarasque *Europeia*
Um monstro francês. Dizia-se que essa fera tinha a cabeça de um leão, escamas, seis pernas com garras e a cauda de uma serpente. Em alguns relatos, ele foi morto por Santa Marta, perto de Marselha.

tarbh uisge *Escocesa*
= *Manesa* tarroo-ushtey
A versão escocesa do touro água.

Tarchetius *Romana*
Um rei de Alba Longa, na Itália. Ele ordenou que sua filha se acasalasse com um falo fantasma do deus Vulcano, visto nas chamas de um incêndio, mas ela colocou uma serva em seu lugar. Os filhos dessa união foram Rômulo e Remo, que Tarchetius tentou matar. Quando os gêmeos cresceram, eles mataram Tarchetius. (*Veja também* **Reia Silvia**.)

Tarnhelm *Nórdica*
O Capacete da Invisibilidade
(*Veja também* **Tarnkappe**.)

Tarnkappe *Nórdica*
também Capacete de Invisibilidade, Hel-kappe
O gorro vermelho usado por alguns anões. Esses pequenos seres se escondiam atrás das rochas e repetiam as últimas palavras de qualquer coisa que ouviam, dando origem a conversas ou ecos dos anões. O gorro vermelho os protegia da luz do dia que, de outra forma, os teria transformado em pedra.
(*Veja também* **Tarnhelm**.)

Tarquínio Prisco *Romana*
Um etrusco, quinto rei de Roma. Ele se tornou rei de Roma depois de Anco Márcio, cujos dois filhos tinham um maior direito ao trono. Ele governou por 38 anos e foi morto ou pelos filhos do quarto rei, Anco Márcio, ou por pastores empregados por eles, que mataram Prisco. Sua esposa garantiu que seu favorito, Sérvio Túlio, fosse o sucessor ao trono.

Tarquínio Soberbo *Romana*
também Tarquínio, o Soberbo
Sétimo e último rei de Roma; filho ou neto de Tarquínio Prisco.

Ele matou sua primeira mulher e seu irmão, Arruns, e se casou com a esposa do irmão, Tullia. Tarquínio, convencido pela mulher, matou o pai dela, o sexto rei, Sérvio Túlio, e tomou o trono.

Seu filho, Sexto, estuprou Lucrécia e enfureceu os cidadãos, levando ao fim da monarquia.

Ele fugiu para Caere, mas voltou com uma força etrusca para atacar Roma. Ele foi expulso e sua segunda tentativa, liderada por Lars Porsena, também falhou. Ele foi ferido em sua batalha final com Roma, no lago Regilo, e morreu – em Cumas.

Tarquínio *veja* **Turkin**

tarroo-ushtey *Manesa*
= *Escocesa* tarbh uisge
Um monstro sob a forma do touro água.
 Dizia-se que essa fera tinha o hábito de puxar os mortais para debaixo d'água e afogá-los (*Veja também* **glaistyn**.)

Tártaro *Grega*
também Hades
Inferno; o lar dos mortos.
 O mundo inferior, que era governado por Hades, foi dividido em três áreas: os Campos Asfódelos para as almas dos heróis; Érebo, onde ficava o palácio de Hades e sua mulher; e Campos Elíseos, o lar das almas dos virtuosos. Às vezes, ele é considerado como tendo duas divisões: Tártaro, a mais baixa, e Érebo, caso em que o Campos Elíseos é considerado como um lugar separado para o oeste. Outras histórias usam qualquer um dos nomes para se referir ao mundo inferior como um todo.
 A entrada se dava por dois portões, um de marfim para sonhos falsos e outro de chifre para os sonhos verdadeiros.
 As almas recém-chegadas eram julgadas por Éaco, Minos e Radamanto.

Tartaruga[1] *Norte-americana*
Um personagem na tradição de várias tribos indígenas. Esse personagem geralmente é considerado como o animal em cima do qual o mundo é carregado. (*Veja mais em* **Jabuti**.)

Tartaruga[2] *Norte-americana*
Um espírito tartaruga dos navajo. Ela se envolveu com Urso, Sapo e Cobra em um plano para capturar duas donzelas de uma aldeia submarina. O plano deu errado e as duas moças morreram. Sapo e Tartaruga tiveram sorte de escapar com vida, mas Urso e Cobra se saíram melhor. O par capturou duas garotas que foram dominadas pela fumaça dos cachimbos dos raptores, que fizeram Urso e Cobra aparecer como jovens bonitos e valentes com quem elas se acasalaram.

Tartaruga de Ouro *Malaia*
Um animal sábio. Essa tartaruga, que tem a Flauta de Ouro, é consultada pelo rei em determinadas matérias. Se a peste for trazida pelo Demônio Verde, o rei pode curá-la soprando a Flauta de Ouro.

Tartaruga Pequena *Norte-americana*
Na tradição dos iroqueses, o animal que trouxe a luz ao mundo.
 Quando foi formada no casco da Grande Tartaruga, a Terra era escura. Então, Tartaruga Pequena recebeu ordens para subir ao céu para remediar a situação. Ela recolheu relâmpagos das nuvens de chuva, rolando-os em um bola enorme, que se tornou o sol, e uma bola menor que se tornou a lua.

tasé *Birmanesa*
Espíritos malignos, almas vingativas dos mortos. Esses seres aparecem em várias formas conhecidas como hminza, thabet e thaye. Eles podem ser assustados por ruídos muito altos.

Tatzelwurm *Europeia*
Um dragão mítico ou uma quimera felina nos Alpes.

Tauret *Egípcia*
Uma deusa hipopótamo, deusa do parto. É retratada com cabeça de hipopótamo, pernas de leão e cauda de crocodilo, Acreditava-se que sua temível aparência afugentava espíritos malignos no nascimento de uma criança.
 Em histórias posteriores, o deus Hórus a ganhou de Seb e ela foi encarregada das almas que voltavam do mundo inferior para renascer.
 Mais tarde, ela foi equiparada à deusa Hathor.

Távola dos Companheiros Errantes   *Britânica*

Uma mesa da corte do rei Artur. Nem todos os cavaleiros eram membros da Távola Redonda. Para os outros, a mesa usada era esta.

Távola Redonda   *Irlandesa*

Uma grande mesa circular usada pelo rei Artur e seus cavaleiros; uma instituição da cavalaria.

Essa mesa, originalmente conhecida como a Velha Mesa e capaz de acomodar cinquenta cavaleiros sentados, teria sido feita pelo mago Merlin para Uther Pendragon, com base na mesa usada na Última Ceia. Ela foi dada a Leodegrance, rei de Cameliard e pai de Guinevere, e trazida por ela como parte do dote do seu casamento com o rei Artur. Em alguns relatos, ela poderia ter à sua volta 13, 50, 150 ou 250 pessoas sentadas.

Em outras versões, ela foi feita pelo rei Artur para acomodar 1.600, incluindo ele e os sub-reis da Grã-Bretanha, para que ninguém se sente sobre o outro, causando ressentimento.

Entretanto, há uma história que diz que Artur encontrou uma grande pedra plana, o altar perdido de São Carannog, flutuando em um pântano onde ele estava procurando um monstro. O santo deu ao rei o altar que ele havia transformado na Távola Redonda.

Uma cadeira (o Assento Perigoso) foi deixada vazia para o cavaleiro considerado digno da recuperação do Santo Graal. O único que se sentava nela sem se machucar era Galahad.

Uma antiga história diz que, antes de Artur mandar fazer a mesa, surgiu uma briga sobre a preferência em sua mesa e sete cavaleiros foram mortos. Artur deu ordens para que se afogasse no pântano o causador da briga e se cortasse o nariz das mulheres daquele cavaleiro. O rei então mandou fazer a Távola Redonda para evitar mais discussões.

Tawhaki   *Neozelandesa*

Um herói semidivino da cultura; um deus maori do trovão. Ele conduzia as almas pela ponte do arco-íris para encontrar seus ancestrais enquanto seu filho, Rata, seguia em sua canoa.

Quando ele se casou com Hine Piripiri, os parentes dela tentaram matá-lo, mas ele os expulsou com relâmpagos e os afogou durante uma forte tempestade. Seu pai, Hema, tinha sido morto pelos ponaturi (demônios voadores) e esses demônios se apossaram de sua casa. Tawhaki e seu irmão Kiriki fecharam a casa para que os demônios não pudessem ver a luz. Quando amanheceu, Tawhaki abriu a porta e os demônios morreram sob a luz do sol, só dois escaparam.

No final de sua vida na terra, ele subiu ao céu por uma videira baixada por sua avó, Whaitiri. No sexto céu, Nga Atua, ele se reuniu com Tangotango, uma ninfa que ele havia seduzido e, depois disso passou a viver com ela e a filha deles, Arahuta.

Te Reinga *veja* Reinga

Teelget   *Norte-americana*

Um monstro do povo Navajo, dotado de chifres e comedor de carnes. Teelget vivia no meio de uma imensa planície sem cobertura, de modo que um rato cavou um túnel na terra até chegar bem embaixo de onde o monstro estava. O deus Nayenezgani então rastejou por esse túnel e matou a besta.

Teiresias   *Grega*

Um profeta tebano cego, filho de um pastor e uma ninfa. Dizia-se que ele combinava características masculinas e femininas e viveu por sete gerações.

Certa vez, ele viu duas cobras acasalando e as atingiu com um bastão, matando a fêmea, e se tornou uma mulher. Quando o fato se repetiu, ele atacou o homem e se tornou homem novamente e, assim, foi capaz de resolver uma discussão entre Zeus e Hera, dizendo que, nas relações sexuais, as mulheres tinham nove vezes mais prazer que os homens. Nessa história, a irritada deusa Hera o cegou e Zeus lhe deu o poder de uma segunda visão.

Em outra versão, ele viu Atena tomando banho, e ela o cegou, mas em compensação lhe deu o presente de uma segunda visão e decretou que ele deveria viver sete vezes mais que o tempo normal.

Outros dizem que quem o cegou foi a deusa Afrodite quando, solicitado a julgar sua beleza contra a das três Graças, ele deu o prêmio a Cale, uma ninfa.

Dizia-se que mesmo após a sua morte ele continuou profetizando no Hades.

Télamon *Grega*

Rei da Salamina. Ele participou do grupo que caçou o Javali Calidônio e navegou com os Argonautas. Navegou também com Hércules no seu ataque a Troia e, por sua ajuda, recebeu como prêmio Hesione, irmã de Laomedonte, rei de Troia.

Ele e Peleu mataram seu meio-irmão Phocus e foram exilados pelo pai Télamon, sendo mandados para Salamina. Ele se casou com Glauce, a filha do rei, e se tornou rei. Mais tarde, casou-se com Peribeia, com quem teve o filho Ájax, o Grande.

Figuras masculinas esculpidas, usadas como coluna de apoio, são chamadas de télamons.

Telchines *Grega*

Os habitantes originais de Rhodes ou, dizem alguns, de Creta; filhos da deusa do mar Thalassa.

Essas pessoas, que se dizia serem habilidosas em magia e nos trabalhos do metal, abandonaram a ilha antes da enchente de Deucalião. Dizia-se também que elas usavam seus poderes mágicos com propósitos malignos e Zeus passou a odiá-las. Há versões que dizem que Zeus, ou Poseidon, afogou todos eles no dilúvio, mas, em outras, consta que foram expulsos pelos filhos de Helius e Rhodes.

Em alguns relatos, eles são descritos como cães com barbatanas no lugar dos pés e diz-se que criaram o deus marinho Poseidon, quando criança.

Telêmaco *Grega*

Filho de Odisseu e Penélope. Ele era bebê quando a Guerra de Troia eclodiu e seu pai fingiu estar louco para escapar do serviço militar, semeando seus campos com sal. Palamedes colocou o bebê Telêmaco na frente do arado e Odisseu rapidamente demonstrou total sanidade.

Vinte anos depois, ele partiu ao encontro do pai, que não tinha voltado de Troia. Ele foi a Pylos consultar o rei Nestor, conhecido pela sabedoria, mas que, nesse caso, nada sabia. Depois foi a Esparta onde descobriu que o rei Menelau só podia lhe dizer que seu pai estava preso em uma ilha pela deusa do mar, Calipso. Quando Odisseu finalmente chegou em casa depois de todas as suas andanças, Telêmaco o ajudou na matança dos muitos pretendentes que, havia anos, importunavam sua mãe, Penélope, e depois reuniu todos os servos que tinham sido infiéis a Odisseu e os enforcou.

Telipinu *Hitita*
Um deus da fertilidade e deus da agricultura. Certa vez, ele desapareceu usando as botas nos pés errados, a Terra ficou desolada e todas as coisas começaram a morrer. Ele foi picado por uma abelha enviada pela deusa Hannahanna para encontrá-lo, mas isso só o irritou ainda mais e o levou a provocar grandes inundações. Quando Kamrusepa, a deusa da magia, dissipou sua raiva ou, dizem alguns, curou sua doença, ele voltou para o seu palácio e a Terra foi salva.

Têmis *Grega*
Deusa da justiça divina, da sabedoria e do bom conselho; intérprete da vontade dos deuses; uma Titânide. Ela foi a segunda dona do Oráculo de Delfos e disse a Deucalião e Pirra como repovoar o mundo depois do Dilúvio.

Ela pesava as almas dos mortos no mundo inferior e, em alguns relatos, ela é equiparada a Geia, a deusa da justiça da Terra.

Ela é representada como cega (ou vendada), segurando a espada e a balança da justiça.

Templo do Graal *Celta*
O templo no qual o Santo Graal foi guardado. Esse templo foi construído em Monsalvat por Titurel, o cavaleiro que foi o primeiro a encontrar o Santo Graal. Ele o guardou dia e noite durante sua vida, um dever assumido por seu filho, Amfortas, quando Titurel morreu.

Tempo do Sonho, O; Sonhador, O
veja **alchera**

Tenenit *Egípcia*
Uma deusa da cerveja.

Tengu *Japonesa*
= *Budista* Oni
Demônios xintoístas em forma de homens-pássaros, descendentes do deus Susanowa. Esses seres pareciam humanos, mas nasciam de ovos e viviam em árvores. Eles eram adeptos das artes da dança e do uso da espada e dizia-se que tomavam posse de seres humanos que, então, se tornavam proficientes nessas artes. Alguns dizem que eles carregavam humanos e os escondiam; quando se recuperavam, essas pessoas eram consideradas loucas.

Eles são representados com asas, garras e bicos ou como homens com asas que lembram leques. Em alguns relatos, eles são considerados como demônios femininos com narizes imensos e orelhas grandes, capazes de voar grandes distâncias carregando um homem e picar através do aço.

Tepeu *Centro-americana*
Um deus criador maia. Quando a Terra surgiu do oceano primordial, Tepeu e Gucumatz fizeram as pessoas a partir do solo, mas, desapontados com os resultados, eles os destruíram em uma enchente. Depois, esculpiram uma raça de seres de madeira, mas estes também não foram satisfatórios e os deuses os despedaçaram fazendo quatro aves enormes. A seguinte foi uma raça de gigantes, destruída pelos deuses Hunapu e Ixbalanque, e a população final foi criada por Tepeu e Gucumatz, que formaram os ancestrais das tribos Balam Agab, Balam Quitzé, Iqi Balam e Mahacutah. Outros relatos dizem que foi a deusa Xmucané quem os criou. (*Veja também* **Hurakan**.)

Tepeyollotl *Centro-americana*
Um deus da Terra asteca, um deus onça. Ele era considerado uma manifestação do deus Tezcatlipoca como a causa dos terremotos.

Tequechmecauiani *Centro-americana*
Um deus da intoxicação; um dos Centzon Totochtin. Um sacrifício feito a esse deus asseguraria que o bebedor não morreria enforcado quando bêbado.

Terceiro Sol *Centro-americana*
A terceira era do ciclo de criação asteca.

O Segundo Sol, governado Quetzalcoatl, terminou após 676 anos, quando Tlaloc provou um vento forte para afastar a raça humana que Quetzalcoatl tinha criado. Tlaloc então assumiu o comando do Terceiro Sol, que terminou após mais 364 anos, quando o fogo destruiu a Terra. O governante seguinte foi Chalchiuhtlicue.

Outra história chama este período de Sol de Fogo e diz que o fogo que destruiu a Terra ou caiu do céu, ou foi iniciado pelo casal que tinha escapado da destruição no final do Segundo Sol (*Veja também* **Cinco Sóis**.)

Tereu *Grega*
Um deus da Trácia; filho do rei da guerra Ares.

Ele se casou com Procne e foi pai do menino Itys. Mais tarde ele passou por uma forma de casamento com Filomena, a irmã mais nova de Procne, fingindo que a mulher tinha morrido. Na verdade, ela foi encarcerada nos alojamentos dos escravos. Em algumas versões, Tereu havia cortado a língua de Procne para impedi-la de qualquer comunicação com a irmã; em outras, ele cortou a língua de Filomena quando ela tentou denunciá-lo como o monstro que ele, sem dúvida, era.

As irmãs conseguiram se comunicar através de palavras e imagens tecidas em uma tapeçaria e se vingaram, matando Itys, o filho de Tereu, cortando-o e servindo-o a Tereu em um cozido.

Tereu as teria matado com um machado, mas os deuses intervieram e transformaram os quatro em aves: Tereu em um falcão (ou coruja, ou bufo), Filomena em rouxinol, Procne em uma andorinha e Itys em um faisão ou uma narceja. Já que o rouxinol canta, enquanto a andorinha apenas chilreia, parece provável que quem teve a língua cortada tenha sido Procne.

Em alguns relatos, os papéis de Filomena e Procne estão invertidos.

Teriel *Hebreia*
Uma das Sete Inteligências, governante do planeta Mercúrio.

Terpsícore *Grega*
Uma das nove Musas – a Musa da dança.

Terra da Juventude *veja* **Tir nan Og**

Terra das Sombras *Norte-americana*
A terra algonquina dos mortos.

Terra Mãe[1] *Grega*
A Terra personificada (*veja* **Gaia**).

Terra Mãe[2] *Norte-americana*
também Mãe Terra;
= *Zuni* Awitelin Tsta
A consorte do Pai Céu. Segundo o povo pueblo, ela gerou Poshaiyangkyo no quarto dos seus quatro ventres.

Terra Pura *Budista*
= *Chinesa* Ching-t'u; *Japonesa* Jodo
Um paraíso para quem está a caminho do esclarecimento. Esse reino lendário é o Mahayana, que equivale ao Hinayana Nirvana. Aqui não existe dor ou tristeza e o ciclo de morte e renascimento finalmente termina.

A Terra Pura Ocidental, Sukhavati, é governada por Amitabha, a versão oriental de Bhaisajyaguna. (*Ver também* **Sukhavati**.)

Terra Sempre-verde (literalmente) *Ilhas do Pacífico*
O local do palácio do deus do mar.

terremoto
(1) Na mitologia clássica, terremotos acontecem quando os gigantes, enterrados pelos deuses sob as montanhas, movimentam seus membros.
(2) A lenda hindu afirma que os terremotos acontecem quando o elefante, sobre cuja cabeça o mundo repousa, se move.
(3) No Tibete, diz-se que os terremotos são causados quando o sapo, em cujas costas o mundo repousa, se move.

Terremotos, Deus dos *veja* **Poseidon**

Teseu *Grega*
Rei de Atenas. Teseu era filho do deus do mar Poseidon com Etra (a princesa de Trézen), mas foi aceito pelo rei Egeu, de Atenas, como seu próprio filho já que ele havia dormido com Etra na mesma noite que Poseidon. Alguns dizem que ele era um dos Argonautas e membro do grupo de caça ao javali calidônio.

Com dezesseis anos, ele recuperou a espada e as sandálias escondidas por Egeu atrás de uma rocha e partiu para Atenas para encontrar seu pai, realizando vários trabalhos pelo caminho, imitando Hércules. Ele matou um grande número de malfeitores, incluindo o coxo Perifetes com sua própria clava, que depois guardou para si mesmo; depois, Sínis, amarrando-o a duas árvores que o despedaçaram quando foi liberado da posição dobrada – maneira usada por Sínis para matar muitos viajantes; e Sciron, atirando-o ao mar. Ele matou Cercyon, esmagando-o na terra, e assumiu seu reino, Elêusis, e matou o ladrão Procrustes da mesma maneira que tinha matado tantos outros – ajustando seu comprimento (cortando sua cabeça!) para ele caber na cama.

Egeu se casou com a feiticeira Medeia e ela tentou envenenar Teseu, para que seu filho, Medus, pudesse herdar o trono, mas Egeu reconheceu seu filho a tempo de impedir a tragédia e Medeia fugiu do país.

Depois de se reunir com seu pai, Teseu esmagou a revolta de Pallas e seus cinquenta filhos e capturou e matou o touro branco de Poseidon, que tinha sido trazido de Creta para a Grécia por Hércules e, agora, era conhecido como o Touro de Creta, sacrificando-o aos deuses.

Os atenienses ainda estavam prestando a homenagem exigida por Minos e Teseu se ofereceu como um dos que seriam sacrificados ao Minotauro. Quando chegou a Creta, Minos jogou seu anel ao mar e desafiou Teseu a provar que era um filho de Poseidon, recuperando-o do fundo do mar. Com a ajuda das Nereidas, Teseu recuperou o anel com facilidade.

Usando uma bola de fio mágico dada à filha de Minos, Ariadne, por Dédalo, ele entrou no Labirinto, matou o Minotauro e conseguiu escapar do labirinto. Ele deixou Creta acompanhado por Ariadne, mas logo a abandonou em Naxos. Será? Em algumas versões, ele a deixou em terra porque ela estava enjoada do mar e voltou ao seu navio para trabalhar. Uma tempestade o levou para a costa e atrasou seu retorno. Quando ele voltou, Ariadne tinha desaparecido e lhe disseram que ela tinha morrido. Outra história conta que ele viu a chegada do navio de Dioniso, que resgatou Ariadne, e ficou assustado.

Ele foi para o país das Amazonas, ou como parte da expedição de Hércules, ou com Pirítoo, e foi embora com sua rainha Antíope ou Hipólita, e com ela teve o filho Demofoonte ou Hipólito. Na primeira história, ele recebeu a rainha como prêmio; na segunda, ele a raptou quando ela subiu voluntariamente a bordo de seu navio. As amazonas invadiram a Grécia num esforço para resgatar sua rainha, mas foram derrotadas.

Em algumas versões, ele se casou com a rainha das amazonas e, depois que ela morreu, casou-se com Fedra; mas outras dizem que ele se casou com Fedra e Antíope (ou Hipólita) invadiu esse casamento e teria matado os presentes se Teseu não tivesse acabado com a vida dela.

Afrodite fez com que Fedra se apaixonasse por Hipólito, que rejeitou seus avanços. Ela então o acusou falsamente de estupro e se enforcou, ao que Teseu invocou a ajuda do pai, Poseidon, para matar seu filho para vingar a morte dela.

Quando os sobreviventes da derrota do encontro dos Sete Contra Tebas pediram sua ajuda, Teseu liderou uma força contra Creonte, derrotou-o e recuperou os corpos dos mortos para enterrá-los de forma decente, que Creonte não tinha aceitado.

Com a ajuda de Pirítoo, raptou Helena e ficou resolvido que ela seria sua esposa. Em compensação, ele acompanhou o amigo ao Tártaro e exigiu Perséfone como noiva de Pirítoo.

Preso por Hades na Cadeira do Esquecimento, passou quatro anos em tormento antes de ser resgatado por Hércules. Ao voltar para Atenas, ele descobriu que Menestheus fora colocado em seu lugar por Castor e Pólux, que haviam invadido e resgatado sua irmã, Helena, e que havia muita desordem. Ele partiu para Creta, mas desembarcou na ilha de Ciros, onde foi morto por Licomedes, o rei local, que empurrou Teseu de um penhasco e fingiu que tinha sido um acidente.

Histórias posteriores dizem que Teseu voltou da morte para ajudar os atenienses na batalha de Maratona.

Teshub *Mesopotâmica*
= *Canaanita* Baal; *Suméria* Ishkur
Quando derrubou Anu, o deus Kumarbi cuspiu três novos deuses, dos quais Teshub foi um. Os outros foram Aranzakh e Tasmisu.

Teshub substituiu Kumarbi como deus supremo e se casou com a filha do deus do mar, produzindo o gigante Ullikummi, que era feito de diorito. Outros dizem que Kumarbi se casou com a filha do deus do mar, que deu à luz Ullikummi, ou que esse gigante de pedra foi criado por Kumarbi para vingar sua destronação por Teshub.

Ullikummi cresceu e ficou tão grande que ameaçou o mundo inteiro. Teshub então (ou Ea, em outras versões) cortou os pés do gigante e ele caiu no oceano.

Em uma história, Teshub foi derrotado pelo dragão Illuyankas, mas a deusa Inara deu tanta comida ao animal e sua ninhada que eles ficaram presos na abertura do seu covil. O amante mortal de Inara, Hupasiyas, os amarrou para que Teshub pudesse matá-los.

Em outra versão, quando derrotou Teshub, o dragão pegou seus olhos e o coração. Telipinu, um filho de Teshub, casou-se com uma filha de Illuyankas e recebeu os olhos e o coração como presente. Telipinu os devolveu ao pai que, então, matou Illuyankas e o filho.

Tétis (Nereida) *Grega*
Uma ninfa do mar, uma das Nereidas. Ela criou o menino Apolo e (com Euronime) resgatou o deus ferreiro Hefesto do mar quando ele foi lançado do Monte Olimpo por Hera.

Ela se casou com o mortal rei Peleu, e lhe deu um filho, o herói Áquiles. Ela havia sido cortejada por Poseidon e Zeus e muitos dos deuses que compareceram ao casamento, incluindo a não convidada Éris, deusa da discórdia, que jogou a "maçã da discórdia" no meio da reunião, pondo em movimento os eventos que levaram à Guerra de Troia.

Ela havia matado seis filhos ao testar sua imortalidade no fogo e, quando tentou fazer o mesmo teste com Aquiles, Peleu o resgatou e o entregou ao centauro Quíron para ser criado. Posteriormente, ela tentou tornar seu filho invulnerável, mergulhando no rio Styx, mas o calcanhar onde o segurava não entrou na água e se transformou em seu ponto fraco e acabou provocando sua morte durante a Guerra de Troia.

Depois de um desentendimento com Peleu, ela o deixou e voltou para o mar, mas, mais tarde, os dois se reconciliaram e passaram a viver nos domínios dela, no fundo do mar.

Tétis (Titânide) *Grega*
Uma deusa do mar; uma titânide. Dizia-se que ela era mãe de cerca de 3 mil Oceânidas. Em alguns relatos, ela é equiparada à ninfa Tétis.

Teucro *Grega*
Um arqueiro festejado. Ele lutou em Troia e foi um dos soldados escondidos no Cavalo de Madeira, mas, por não ter vingado a morte de seu meio-irmão Ájax, seu pai, Télamon, recusou-se a recebê-lo na sua volta de Troia então ele partiu para o Chipre e fundou Salamina.

Teutates *Celta*
também Totates, Toutates
= *Romana* Marte
Um deus da guerra britânico e gaulês; também um rei da abundância e fertilidade. As vítimas sacrificadas a ele eram mergulhadas de cabeça em uma cuba com algum líquido (a cerveja foi sugerida como uma possibilidade).

Tevennec *Europeia*
Na tradição bretã, a terra dos mortos. Este reino é uma ilha para a qual as almas dos mortos são transferidas de barcos todas as noites.

Tevne *Mongolesa*
Um homem que se casou com uma princesa. Tevne prendeu uma criada da princesa em um poço profundo e forçou-a a revelar a identidade de sua patroa. O rei tentou frustrar Tevne desfilando com várias moças vestidas de forma idêntica, mas ele escolheu a verdadeira princesa e se casou com ela. O rei então usou seu livro de adivinhações para identificar a pessoa que o traiu e, quando ele falhou, queimou o livro. Posteriormente, algumas ovelhas comeram as cinzas do livro. É por isso que as ovelhas, diz-se, têm uma visão divina.

tevoda *Cambojana*
= *Hindu* devata
Um dos seres abençoados vivendo no paraíso de Indra ou vivendo na floresta para registrar os pecados dos humanos. Alguns desses seres agem como os guardiões do mundo.

Texugo Prey-god *Norte-americana*
Um dos seis prey-gods, guardiões da casa de Poshaiyangkyo, o primeiro homem. Ele é responsável pelo Sul.

Teyu-Yagua *Sul-americana*
Um monstro sob a forma de uma lagarto-onça. Na tradição do povo Guarani, do Paraguai, diz-se que este monstro guarda Paititi, a terra do ouro.

Tezcatlipoca *Centro-americana*
= *Maia* Chac; *Mixteca* Tzahui
Um deus do sol asteca, doador da vida e deus do espelho fumegante ou

espelho de fumaça. Ele foi pai de 400 filhos e das estrelas da Via-Láctea, e foi adversário de Quetzalcoatl.

Seu pé esquerdo foi substituído por um espelho quando ele foi mordido pelo monstro Cipactli. Ele arrancou a mandíbula desse monstro crocodilo e utilizou-a para fazer a Terra. O espelho permitiu que ele pudesse prever o futuro. Alguns relatos dizem que ele perdeu o pé quando ficou preso na porta do mundo inferior.

Ele se apaixonou por Xochiquetzal, esposa do deus Tlaloc, e a raptou. Sua história é de conflito contínuo com Quetzalcoatl, representando a eterna luta entre o bem e o mal.

Em algumas versões, ele morria todo ano e era restaurado quando um coração humano, arrancado de um homem vivo, era oferecido em sacrifício.

Nas histórias da criação asteca, ele foi o governante do Primeiro Sol durante 676 anos até ser morto por Quetzalcoatl, que governou durante o período do Segundo Sol. Quando ele foi morto, tornou-se uma onça.

Geralmente ele é representado com um dardo e um propulsor de lanças na mão direita e um escudo e um dardo de reserva na mão esquerda, mas, às vezes, ele aparece sob a forma de um peru.

Tezcatlipoca apareceu também em quatro aspectos, citado como Tezcatlipoca Azul, quando era Tlaloc, guardião do sul; Tezcatlipoca Vermelho, quando era Xipetotec, guardião do leste; e Quetzalcoatl, guardião do oeste. A região norte (negra) ele manteve para si mesmo como Titlacuhan.

Como um deus guerreiro, ele era Huitzilopochtli e, e, algumas histórias, foi transformado em tigre por Quetzalcoatl, que o derrubou dos céus.

thabet *Birmanesa*
Monstros, espíritos de mulheres que morreram no parto; uma forma de tasé. Esses seres assumem a forma de gigantes com línguas muito compridas e viscosas. (*Veja também* **thaye**.)

Thalia[1] *Grega*
Uma das três Graças – o esplendor, a alegria e o desabrochar.

Thalia[2] *Grega*
Uma das nove Musas – a Musa da Comédia.

Thanai *veja* **E-u**

Thanatos *Grega*
também Morte
Deus da noite; a morte personificada. O deus Plutão como Rei dos Mortos. Ele recolhia aqueles cujo tempo na Terra havia expirado, cortava uma mecha do pelo de suas barbas e as levava para o Hades.

Thardid Jimbo *Australiana*
Um gigante que também era um canibal, caçando e matando homens das tribos por sua carne. Quando ele matou um jovem recém-casado, as duas esposas do morto atraíram o gigante para uma caverna e ergueram uma grande fogueira na entrada para que ele fosse queimado até a morte quando tentasse escapar.

thaye *Birmanesa*
Monstros, espíritos de homens que morreram violentamente, uma forma de tasé. Esses seres assumem a forma de gigantes com línguas muito compridas e viscosas. (*Veja mais em* **tasé** *e veja também* **thabet**.)

thein *Birmanesa*
Diz-se que aquela chuva é causada por batalhas entre recrutas.

Thens *Tailandesa*
Senhor do céu. Esses seres enviaram uma enchente quando o povo recusou o tributo aos deuses. Os Três Grandes

Homens (governantes da Terra) foram ver o rei dos Thens que os enviou ao seu avô, Then Lo. Quando as águas baixaram, os três governantes voltaram à Terra e a repovoaram com pessoas das cabaças. Alguns dos senhores dos Thens vieram à Terra e ensinaram ao povo várias habilidades antes de voltarem ao céu.

Thiassi *Nórdica*

Um Gigante de Gelo, deus das tempestades.

Ele cobiçava Iduna, deusa da juventude, e suas maçãs da eterna juventude. Sob a forma de uma águia, ele carregou o deus Loki e o manteve pendurado em um cajado com o qual tinha atingido o pássaro até que prometeu levar a Thiassi as duas coisas que ela mais queria. Loki enganou Iduna para sair das fronteiras de Asgard com um cesto de maçãs e ela foi imediatamente raptada por Thiassi. Ela se recusou a deixá-lo comer qualquer das maçãs e, quando os deuses descobriram o que tinha acontecido, ordenaram a Loki que recuperasse Iduna. Ele pegou emprestado o traje de falcão da deusa Freya e voou para Thrymheim, onde estava Iduna, transformou-a em uma noz – ou, dizem alguns, em uma andorinha – e a levou de volta a Asgard, perseguida por Thiassi. Quando os deuses os viram chegando, acenderam o fogo que queimou as penas de Thiassi. Ele caiu no chão e foi morto pelos deuses enfurecidos. Seus olhos foram colocados nos céus como uma constelação, as duas estrelas conhecidas como Gêmeos.

Thisbe *Grega*

Uma donzela babilônica. Ela amava Píramo, mas foi proibida de se casar com ele. Eles planejavam fugir e combinaram um encontro em uma determinada amoreira perto do túmulo de Ninus. Ela chegou primeiro, mas se assustou com um leão e fugiu, deixando seu manto cair. Quando Píramo chegou, ele tirou conclusões erradas das pegadas e do manto abandonado na areia e se matou de desgosto. Thisbe o encontrou agonizando e se matou com a mesma espada.

Thomas, o Versejador *Britânica*

Thomas de Ercildoune, um nobre escocês do século XIII, poeta e vidente. Consequentemente, ele podia ver o futuro e predisse a Batalha de Bannockburn.

Dizem alguns que ele está dormindo em uma caverna com seus cavaleiros, esperando um chamado às armas.

Thor *Nórdica*

também Trovejante

=*Anglo-saxã* Thunor; *Germânica* Donar; *Lapã* Horagalles; *Eslava* Perenu

Um deus do trovão empunhando um martelo e deus da fertilidade; filho de Odin.

Quando criança, ele era tão forte e imprevisível que sua mãe não conseguia controlá-lo. Na maturidade, ele recebeu o reino de Thrudheim, onde construiu um palácio enorme, Bilskirnir. Dizia-se que, quando ele estava zangado, faíscas saíam de seus cabelos e barba ruivos e ele gerava tanto calor corporal que não lhe era permitido usar a ponte Bifrost, tinha que passar pelo rio. Sua carruagem era puxada por dois bodes, Tanngrisnr e Tanngniostr. Ele ganhou um cinto mágico, Megingiord, que dobrava sua força quando o usava, e um martelo mágico, Miolnir, que voltava à sua mão quando atirado. O martelo, que era um relâmpago quando ele o lançava, e que produzia raios quando batia contra uma rocha, era tão quente que ele usava um artefato especial chamado luva de ferro.

Sua primeira mulher, a giganta Jarnsaxa, teve dois filhos, Magni e Modi; a segunda, Sif, que já tinha um filho, Uller, deu a Thor duas filhas, Lorride e Thrud. Quando o trapaceiro deus Loki roubou os longos cabelos dourados de Sif, Thor quase o estrangulou, forçando-o a obter um substituto.

Em certa ocasião, ele e Loki viajaram para Jotunheim com o objetivo de forçar os gigantes a se absterem de mandar os ventos gelados que arruinavam as flores. Eles passaram a noite no que imaginavam ser uma casa, mas que, à luz do dia, acabou sendo apenas a luva do gigante Skrymir que depois os levou para o palácio de Utgard-Loki, rei dos gigantes. Para testar os poderes dos deuses, o rei organizou várias disputas. Loki tentou comer o cozinheiro do rei; Thor tentou beber todo o conteúdo do chifre do gigante; tudo em vão. Quando tentou erguer a pata do gato do gigante, Thor não conseguiu sequer movê-la e foi espancado em uma luta por Elli, o velho enfermeiro de Utgard-Loki. Quando deixaram Jotunheim, Skrymir admitiu que venceu todos esses eventos com o uso de magia.

Uma vez, Thor travou um duelo com o gigante Hrungnir, que se gabou de ter assumido Asgard e, com ele, a esposa de Thor, Sif. Thor matou o gigante com seu martelo, mas ele mesmo foi ferido por um fragmento de pedra do porrete despedaçado do gigante. Quando Thor foi ao chão, a perna do gigante morto caiu sobre seu corpo e ele não conseguiu se mover até seu filho Magni levantar a perna e libertar seu pai.

Em uma ocasião, o martelo de Thor foi roubado pelo gigante Thrym, que só o devolveria se lhe fosse dada a deusa Freya como esposa. Freya recusou-se a deixar o marido. Thor então, vestido com as roupas de noiva da deusa, e Loki igualmente vestido como dama de honra, apresentaram-se a Thrym em Jotunheim. Quando Thrym entregou o martelo, Thor o agarrou e matou todos os gigantes presentes.

Quando os deuses foram convidados por Aegir, deus das profundezas do mar, para uma festa em seu reino submarino, Thor e o rei da guerra, Tyr, pediram ao gigante Hymir uma chaleira grande o bastante para conter a bebida de todos os deuses. Ele e Hymir foram pescar para o café da manhã. Hymir pescou duas baleias, o suficiente para a refeição deles, e Thor pescou para a serpente Midgard, trazendo em seu anzol a cabeça do boi de Hymir, Himinbrioter. Ele o pegou e puxou para a superfície e o teria matado se Hymir, com medo, não tivesse cortado a linha. Quando os dois deuses partiram com a imensa chaleira, os gigantes os atacaram, mas Thor matou todos eles com seu martelo.

Na batalha final, Ragnarok, Thor matou a serpente Midgard, mas morreu na enchente do veneno derramado de suas mandíbulas. Alguns dizem que ele também matou Garm, o cão de guarda do inferno.

Thoth *Egípcia*
também Olho de Hórus, Senhor do Tempo, Língua de Ptah
= *Grega* Hermes

Deus da arte, da lei, da magia, da lua, da ciência, do tempo, da escrita e da sabedoria; deus de Khnum. Às vezes ele é considerado como filho de Rá, mas outros dizem que ele era filho de Seth, nascido da cabeça de seu pai ou de um lótus.

Originalmente, um deus criador que trouxe à existência os quatro pares de divindades das águas primitivas, ele se tornou o escriba e guardião dos registros, creditando-se a ele a invenção dos hieróglifos.

Sob a forma de um babuíno, agia como juiz no mundo inferior, documentando o peso das almas na balança.

Ele ajudou Ísis na ressurreição de Osíris depois de ter sido morto por Set, o deus da escuridão.

Ele assumiu quando Rá se afastou e foi elevado aos céus, embora outros digam que Shu assumiu como governante supremo. Um de seus deveres era ficar à espreita do barquinho de Rá, Manjet, para afastar os inimigos.

Foi ele quem apostou com a lua e ganhou cinco dias intercalares que permitiram à deusa Nut, que havia sido amaldiçoada por Rá para que ela não pudesse ter filhos em nenhum mês normal, desse à luz seus cinco filhos.

Ele é representado com a cabeça de um íbis ou babuíno.

Thrym *Nórdica*

Um Gigante Gelado; deus do gelo; rei de Jotunheim.

Ele roubou o martelo de Thor e disse que só devolveria se recebesse a deusa Freya como esposa. Como ela se recusou a deixar Odin, Thor se vestiu como uma noiva e, acompanhado de Loki vestido de dama de honra, foi a Jotunheim no lugar de Freya. Quando Thrym apresentou o martelo, Thor o pegou e matou todos os gigantes presentes.

Tiamat *Mesopotâmica*

também Mãe do Caos, Grande Mãe

Um monstro babilônico sob a forma de uma dragoa; deidade da água salgada; o princípio feminino.

Quando o deus do mar Ea matou Abzu, consorte de Tiamat, ela o atacou com uma horda de demônios aos quais ela deu à luz. Ea e outros deuses escolheram Marduk para liderá-los. Tiamat foi morta por Marduk e seu corpo foi usado para construir o mundo. Seu segundo marido (ou filho), Kingu, foi morto ao mesmo tempo e o sangue dele foi usado para fazer a humanidade.

Ti Chün *Chinesa*

também Senhor do Céu

Deus do céu oriental. Ele foi o pai, com Hsi Ho, dos dez sóis que, um dia, apareceram todos juntos no céu, em vez de um por dia. O calor foi tão insuportável que o arqueiro I abateu nove deles, que caíram na terra em forma de um corvo de três pernas.

Ele também teve dez filhos com Heng Hsi, que foram luas.

T'ien Hou *Chinesa*

também Deusa do Mar, Rainha do Céu

Uma deusa do mar, guardiã dos marinheiros. Originalmente, ela era a donzela Lin, que morreu quando tinha apenas 28 anos e foi deificada. Ela tinha fama de ser capaz de controlar as forças da natureza e salvou sua família diminuindo uma tempestade no mar apenas apontando o dedo para ele.

Figuras da deusa são transportadas nos navios chineses e, quando retratada, frequentemente aparece rodeada por seus dois acompanhantes, conhecidos como *Thousand Mile Eyes* (literalmente Olhos de Mil Milhas) e *Fair Wind Ears* (literalmente Orelhas de Vento Leais).

T'ien-kuan *Chinesa*

também Agente do Céu

Um dos San-kuan. Ele tinha poder de conceder a felicidade. As confissões feitas a ele eram escritas em papel e depois queimadas. Ele é retratado com vestes de um mandarim, segurando um pergaminho.

T'ien-li *Chinesa*
também Princípio Celestial
A alma do universo que emergiu do caos primordial. T'ien-li combinada com Ch'i para formar matéria, Chih.

t'ien-wu *Chinesa*
também wu
Um monstro em forma de espírito celestial com o corpo de um tigre com oito patas e oito cabeças humanas.

Tífon *Grega*
= *Egípcia* Set
Um monstro com cabeça de burro ou com cem cabeças, um furacão personificado. Tífon era um gigante com braços e pernas em forma de serpente, e asas enormes, e lançava pedras incandescentes de sua boca. Ele assustava os deuses de tal forma que eles se escondiam, sob a forma de animais, no Egito.

Em uma luta com Zeus, Tífon cortou os tendões dos membros do deus, deixando-o indefeso. Ele escondeu os tendões na caverna de Corycian onde foram guardados pelo dragão Delphyne até que o monstro Egipã (ou Cadmo ou Pã) e Hermes os recuperaram, deixando Zeus recuperado. O deus então perseguiu Tífon até a Sicília, onde o enterrou sob o monte Etna. Em outra história, Tífon foi jogado no Tártaro.

tigre
(1) Na tradição chinesa, o tigre é o terceiro dos Doze Ramos Terrestres (o zodíaco).

O norte e o inverno são representados pelo tigre Negro; o sul e o fogo, pelo Tigre Vermelho; o leste e a vegetação, pelo Tigre Azul; o centro e o sol pelo Tigre Amarelo.

O tigre também é retratado como o transporte favorito de várias divindades.
(2) Nas Índias Orientais, diz-se que há uma raça de pessoas que podem aparecer como tigres,

Na tradição de Sumatra, o pecador que reza pela reencarnação pode deixar seu túmulo sob a forma de um tigre.
(3) Na tradição hindu, o tigre é o monte de Shiva.

Os rajputs afirmam ser descendentes de tigres.
(4) No Japão, diz-se que o tigre vive por 1.000 anos, e sua imagem é usada como emblema dos guerreiros.
(5) Na Malásia, diz-se que esses animais são a encarnação dos mortos ou das almas dos feiticeiros.

Diz-se que o homem pode comprar um modo mágico de se transformar em um tigre, tanto em vida quanto depois da morte.

Tigre Branco
veja **Quatro Animais Auspiciosos**

Tiki *Neozelandesa*
O primeiro homem ou o deus criador; o poder procriador de Tane.

Em uma versão, ele foi o primeiro homem, feito de barro por Tane ou foi pai de Tane com Hine-ahu-one, a mulher que ele fez de areia. Por outro lado, ele era filho do deus criador Rangi e sua consorte Papa. Nessa versão, a primeira mulher foi Iowahine.

Já uma outra versão diz que tanto Tiki quanto Hina-ahu-one foram feitos de areia por Tane e eles se acasalaram para produzir a raça humana.

E há ainda um versão diferente que diz que Tiki criou uma criança de areia que, quando ele voltou posteriormente, tinha se tornado uma mulher encantadora, Hina. Eles se casaram e tiveram filhos que povoaram as ilhas. Tiki criou novas ilhas à medida que a população aumentou.

Tikoloshe *Africana*
também Tokoloshe
Um monstro Xhosa. Este anão repulsivo, de pelos escuros, vive no rio e sufoca as mulheres que rejeitam seus avanços sexuais. Dizem que, de tempos em tempos, ele é capaz de se tornar invisível.

Ti-kuan *Chinesa*
também Agente da Terra
Um dos San-kuan. Ele tinha poder de conceder a absolvição aos pecadores cujas confissões, escritas em papel, eram enterradas.

Ti Malice *veja* **Annency**

tindalo *Ilhas do Pacífico*
Um fantasma das ilhas Salomão; o espírito de alguém que foi deificado postumamente; um oráculo.

Tíndaro *Grega*
Um rei de Esparta; marido de Leda
    Ele foi banido de Esparta pelo rei Hipocoonte e fugiu para Aetólia, onde se casou com Leda. Hércules matou Hipocoonte e seus filhos e devolveu o trono a Tíndaro e seu irmão Icarius. Tíndaro abrigou Agamenon e Menelau que fugiram para Esparta quando Egisto matou o pai deles, Atreu, e mais tarde os ajudou a recuperar o trono do pai. Tíndaro finalmente abdicou em favor de Menelau.
    Dos quatro filhos nascidos de sua esposa Leda, há histórias conflitantes. Em algumas, eles são pais naturais só de Clitemnestra; em outras, tanto de Clitemnestra como de Castor, e em outras ainda desses dois e de Polideuces (Pólux), sendo a bela Helena filha de Zeus e Leda. Parece mais provável que Clitemnestra e Castor fossem filhos de Tíndaro e que Zeus fosse pai de Helena e Polídedes. Tíndaro adotou Polídedes como seu próprio filho.
    Havia muitos príncipes querendo se casar com Helena e Tíndaro os colocou de pé sobre a pele de um animal sacrificado e fez com que jurassem apoiar aquele que ela escolhesse. Ela se casou com Menelau e, quando mais tarde foi raptada por Páris, eles foram lembrados de seu juramento e se uniram à causa grega contra os troianos.

Tintagel *Celta*
Local de nascimento do rei Artur. Em histórias posteriores, é a casa de Marcos, rei da Cornualha.

Tir nam Beo *Irlandesa*
também Terra da Vida, Terra dos Vivos
A terra da vida eterna e da boa saúde; paraíso; uma terra de fadas a oeste.

Tir nan Og *Irlandesa*
também Terra da Juventude
O lar dos mortos abençoados; Campos Elísios; parte do Paraíso Ocidental.

Tisífone *Grega*
Uma das três Fúrias (*veja* **Fúrias**).

Titania *veja* **Mab**

Titãs *Grega*
também Deuses Anciões
Os seis gigantes filhos de Urano com a deusa da terra Gaia. São eles: Céos, Crio, Cronos, Hyperion, Jápeto e Oceano. Outras versões incluem Atlas, Epimeteu e Prometeu. Eles tiveram seis irmãs, as Titânicas.
    Urano encarcerou seus outros descendentes, os Ciclopes, no Tártaro, e Gaia incitou os Titãs a atacar o pai e libertar os prisioneiros. Em outra versão, todos os Titãs, Ciclopes e os Hecatônquiros, outra descendência de Urano, foram acorrentados no Tártaro. O líder dos Titãs,

Cronos, castrou o pai com uma foice de pedra e assumiu o trono, casando-se com sua irmã Reia, e colocando os Ciclopes de volta no Tártaro. Quando os filhos de Cronos, liderados por Zeus, se rebelaram, desencadeou-se uma guerra de dez anos entre os Titãs e os deuses mais jovens, ao final da qual os Titãs foram derrotados e Zeus assumiu o lugar de Cronos como governante do universo. Os derrotados Titãs (exceto Atlas, que foi condenado a suportar o céu sobre os ombros) também foram encarcerados no Tártaro.

Alguns dizem que Zeus destruiu e queimou os Titãs, fazendo a humanidade com suas cinzas.

Titurel *Britânica*

Ele construiu o Templo do Graal no topo do Monte Salvat (Monsalvat) para abrigar o Santo Graal, que ele guardou com a ajuda dos Templários.

Ele se casou com Richaude, uma princesa espanhola, quando tinha mais de 400 anos de idade. Com a morte da mulher, ele entregou a responsabilidade da guarda do Graal a seu filho Frimutel ou, segundo alguns relatos, a outro filho, Amfortas.

Tlacahuepan *Centro-americana*

Um deus asteca da guerra.

Em certa ocasião, ele foi a Tollan (Toltec Tonatlan) com Tezcatlipoca, que fascinou os habitantes ao exibir uma criança pequenina (na realidade, o deus Huitzilopochtli) dançando na palma de sua mão. Muitos morreram na aglomeração que se formou para vê-la e os remanescentes, furiosos com a perda de seus amigos, mataram Tezcatlipoca e a criança. Os corpos emitiram um cheiro fétido, que matou muitos milhares de toltecas e outros mais morreram quando tentaram remover os corpos.

Tlaloc *Centro-americana*

também Tlaloctecuhtli

= *Maia* (Xib) Chac; *Mixteca* Tzahui

Um deus da chuva dos astecas e toltecas; um aspecto (sul) de Tezcatlipoca; pai dos Tlalocs. Nas histórias da criação asteca, ele se tornou governante do Terceiro Sol. Quetzalcoatl havia governado pelos 676 anos do Segundo Sol e tinha criado uma nova raça de pessoas. Tlaloc provocou uma ventania que soprou todas essas pessoas (com exceção de alguns que se tornaram macacos) e assumiu o período do Terceiro Sol, que durou 364 anos, depois do qual Chalchiutlicue se tornou o governante do Quarto Sol.

Ele é considerado o governante do Ilhuicatl Xoxouhcan, o oitavo dos treze céus astecas, ou do Tlalocan, o mais baixo dos três céus, em outros relatos.

Em outra versão, é o pai de Tecciztecatl, que ele queimou para fazer a lua. Ele possui quatro jarras com as quais pode derramar chuva, nem sempre benéfica.

Há ainda uma versão que faz dele um aspecto de Tezcatlipoca como guardião do sul.

Ele é retratado como preto, azul, vermelho ou branco, com presas no lugar dos dentes, ou como sapo que usa uma serpente na cabeça ou uma serpente emplumada.

Tlalocan *Centro-americana*

Um céu asteca, o mais baixo dos três, o lar de Tlaloc e reservado para os afogados ou mortos pelas tempestades. Este reino proporcionou felicidade para as almas dos mortos, que passavam o tempo comendo, brincando e cantando. Quatro anos depois elas renasciam, com a possibilidade de melhorar o status, com acesso a um céu mais alto posteriormente.

Tlalocs *Centro-americana*
= *Maia* Bacabs
Um deus menor da chuva para os astecas.

Tobadzistsini *Norte-americana*
Um deus da guerra navajo e deus da escuridão.
Veja mais em **Nayenezgani**.

Tokoloshe *veja* **Tikoloshe**

To-Kwatsu *Budista*
Na tradição japonesa, os oito infernos quentes.

Tomam *Siberiana*
Uma deusa mãe e deusa das aves dos Ostyaks. Diz-se que, na primavera, ela sacode as penas das mangas, e essas penas se transformam em gansos.

Tomartind *Ilhas do Pacífico*
Um herói de Luzon. Ele fez amizade com uma bruxa que lhe deu uma vara que tornava os monstros inofensivos e mandou cavar um túnel para que ele pudesse viajar para a terra dos mortos sempre que quisesse.

Tor *Britânica*
Um Cavaleiro da Távola Redonda. Ainda jovem, foi levado para a corte do rei Artur pelo pai, o vaqueiro Ars, e Merlin revelou que ele era, de fato, um filho de Pellimore, rei das Ilhas. Na festa de casamento de Artur, mandaram que ele fosse encontrar o cavaleiro que havia prendido e fugido com a cadela branca que perseguira o veado branco no salão, interrompendo os procedimentos.

Ele cavalgou e encontrou um anão que o obrigou a disputar uma competição com dois cavaleiros. Ele derrotou os dois e os mandou para a corte de Artur. O anão então colocou-se como servo de Tor e o levou ao cavaleiro que ele procurava. Tor recuperou a cadela branca e partiu de volta para Camelot. O cavaleiro, Arbellus, cavalgou atrás dele e eles lutaram. Tor derrubou o oponente. Ele poderia tê-lo poupado, mas uma donzela subiu e exigiu sua cabeça, alegando que Arbellus tinha matado seu irmão. O cavaleiro fugiu, mas Tor o derrubou e o matou. Quando voltou a Camelot com a cadela branca e o morto Arbellus, ele foi recompensado pelo rei, que o condecorou.

Ele foi um dos que mataram Lancelot quando ele resgatou Guinevere da fogueira.

tordo *Norte-americana*
Na tradição dos hopis, a ave que alocou as pessoas, quando elas surgiram do mundo inferior, para uma determinada tribo. Diz-se que, quando o tordo esgotou seu canto, aqueles que ainda não tinham sido alocados, voltaram para o mundo inferior.

Torneio do Diamante *Britânica*
Uma série de torneios organizados pelo rei Artur.

Dizia-se que Artur, um jovem do reino de Lyonesse, encontrou os cadáveres de dois reis que tinham matado um ao outro e pegou a coroa de joias que jazia ao seu lado. As joias dessa coroa eram usadas como prêmios para os campeões de seus torneios. Lancelot ganhou todos os diamantes e os deu a Guinevere que, naquela época, tinha ciúmes de Elaine, jogou todos no rio.

Totates, Toutates *veja* **Teutates**

Totoima *Índias Orientais*
Um monstro em Papua Nova Guiné. Totoima se casou com uma mulher mortal e eles se acasalaram, ambos sob a forma humana, gerando filhos que foram prontamente comidos pelo pai que se reverteu à forma original de javali quando eles nasceram. No entanto, quando nasceram os gêmeos, ele comeu a menina, porque um xamã

salvou o menino e o introduziu no corpo de Totoima, onde ele cresceu até a idade adulta e, quando irrompeu para o mundo, matou Totoima.

toucan *Malaia*
Dizem que os botões feitos a partir do bico desta ave detectam veneno quando ficam pretos.

Toupeira Prey-god *Norte-americana*
Uma das seis divindades guardiãs da casa de Poshaiyangkyo. Ele é responsável pelo subsolo. (*Veja também* **Prey-gods**.)

touro
Ou touros tipificam força, fecundidade, estupidez etc. e desempenham um papel como tal em muitas mitologias:
(1) Em algumas histórias asiáticas, o touro teria cavado a terra primordial e trazido água.
(2) Os assírios reverenciavam o touro como um protetor alado benevolente.
(3) No budismo, diz-se que Yama está de pé sobre um touro.
(4) Os cananeus deram o nome de "touro" aos deuses El e Latipan.
(5) Na China, o boi é tido como um dos animais que levam o sol pelas doze casas do zodíaco e como o símbolo da primavera.
(6) No Egito, os touros Apis, Buchis e Mnevis foram reverenciados como deuses e o vento norte foi representado na forma de um touro.
(7) Nas histórias gregas, Zeus aparecia com a forma de um touro para carregar Europa e mandou o touro branco de Creta para dar aos ilhéus um sinal de que Minos seria seu rei. Depois, este animal apareceu como o Touro Maratoriano capturado por Hércules e posteriormente morto por Teseu. O touro também era visto como uma encarnação de Dioniso.
(8) A tradição hebraica retrata o touro como fonte de fecundidade e também e o imagina como o deus sol na forma bovina. Ele era usado como um animal de sacrifício.
(9) A mitologia irlandesa vê os touros como deidades reencarnadas e uma das melhores histórias diz respeito ao Touro Castanho de Cooley e ao touro Whitehorn.
(10) A tradição japonesa diz que o touro quebrou o ovo primordial do qual veio tudo. Ele é um símbolo do Zen Budismo.
(11) A lenda muçulmana diz que o touro Kujata sustenta a Terra.
(12) Os nórdicos consideravam o touro como sagrado para o deus supremo Odin.
(13) Na Pérsia, o touro representava o deus da chuva. O touro primitivo, Geush-Urvan, foi morto por Mainya ou Mithra enquanto o touro Hadhayosh transportava as pessoas pelas águas primordiais.
(14) Os romanos consagravam o touro a Netuno.
(15) A versão siberiana das coisas tem o touro em pé sobre uma pedra (peixe ou caranguejo) no oceano e segurando o mundo em seus chifres. Se os chifres quebrarem, o mundo chegará ao fim.
(16) No Zodíaco, o touro aparece como o segundo signo.

touro de água
= *Manesa* tarroo ushtey; *Escocesa* tarbh uisge
Um monstro anfíbio sob a forma de um touro.

Touro de Creta *Grega*
também Touro Maratoniano
Um touro branco enviado por Poseidon. Esse animal saiu do mar para Creta em resposta a um apelo de Minos a Poseidon, pedindo um sinal que confirmasse seu direito ao trono

cretense. Minos deveria ter sacrificado o touro ao deus do mar, mas era tão bonito que ele o guardou para si mesmo e sacrificou um animal menor. Com raiva, Poseidon fez com que o touro se acasalasse com Pasífae, a esposa de Minos, gerando o monstro conhecido como Minotauro. Depois, o touro vagou por Creta e provocou muitos danos até ser capturado por Hércules em seu sétimo trabalho e trazido para a Grécia. Ele foi solto no continente e causou mais estragos, até que finalmente foi morto por Teseu.

Em alguns relatos, é o mesmo touro em que Zeus se transformou para raptar Europa.

Touro do Céu *Mesopotâmica*

A manifestação do poder destrutivo de Nergal ou Gugulanna, deuses do mundo inferior. Este animal assustador foi morto pelo herói Gilgamesh com a ajuda do homem selvagem Enkidu.

Touro Maratoniano *veja* Touro de Creta

Trabalhos de Hércules, Os *Grega*

As tarefas dadas a Hércules como penitência depois de ter matado seus filhos.

As histórias geralmente são chamadas de Trabalhos de Hércules, o nome que os romanos usavam para Héracles, apesar de ocorrerem em cenário grego e com personagens gregos. Por isso, talvez fosse mais apropriado manter o nome Héracles. Nem todos os autores concordam com as ordens, ou mesmo com o conteúdo das várias tarefas. Outras versões incluem a eliminação dos piratas dos mares e a morte de Cicno.

Todos os trabalhos foram realizados sob as instruções de Euristeu, rei de Micenas (ou Tirinto, em algumas versões), que tinha tanto medo de Hércules que se escondeu em um grande jarro de bronze enterrado no chão, e mandava as ordens através de seu arauto Copreus.

No primeiro Trabalho, Hércules matou o Leão de Nemeia, cuja pele era resistente a todas as armas, sufocando-o até a morte com as próprias mãos. Depois de esfolá-lo com as garras, ele usou a pele como armadura, como, em outros relatos, ele havia feito com a pele do Leão de Citerão.

Em seguida, ele matou a Hidra, um monstro com o corpo parecido com o de um cachorro e muitas cabeças, uma das quais era imortal. Nessa tarefa ele contou com a ajuda de seu sobrinho, Iolau, que queimou o pescoço da Hidra enquanto Hércules cortou cada cabeça para que a cabeça não pudesse crescer outra vez. A cabeça mortal ele cortou e enterrou. Hércules mergulhou suas flechas no veneno da carcaça, de modo que a menor ferida feita por uma delas seria sempre fatal. Mas, ao final, isso custou a Hércules a própria vida.

Ele recebeu então a ordem para capturar a Corça de Cerineia, que tinha chifres de ouro, o que fez depois de persegui-la por um ano, até ela se esgotar. Ele a colocou sobre os ombros e a carregou para Micenas.

Sua quarta tarefa foi capturar vivo o Javali de Erimanto, que estava devastando a área ao redor do monte Erimanto. No caminho, ele matou vários centauros e derrotou os outros quando eles ao atacaram e Pholus, outro centauro que tentava entretê-lo. Um dos que escaparam foi Néssus, que mais tarde seria fundamental para provocar a morte de Hércules. Nesse encontro, acidentalmente Hércules feriu Quíron, rei dos centauros e sábio conselheiro de muitos heróis, e Pholus morreu quando lançou uma das flechas envenenadas de Hércules em seu pé. Hércules capturou o javali vivo e o carregou até Micenas. Ele então se juntou aos Argonautas, só retornando aos seus Trabalhos quando foi deixado para trás em Mysia.

A tarefa seguinte foi limpar os estábulos de Áugias, rei da Élida. A área estava toda mergulhada no esterco de seus enormes rebanhos e Hércules limpou tudo, desviando os rios Alfeus e Peneus para que a sujeira fluísse por eles. E pediu um décimo dos rebanhos como recompensa por seu esforço, mas Áugias renegou o acordo. Na volta para casa, ele salvou a donzela Mnesimache de um centauro que queria violentá-la, matando o agressor.

O sexto Trabalho envolveu a expulsão de um imenso bando de aves que atacavam humanos, em grande parte feitas de latão, dos pântanos de Estínfale. Para isso, ele usou um címbalo (um antigo instrumento de cordas) para atraí-las e depois as abateu com suas flechas envenenadas.

O touro branco dado por Poseidon a Minos, que era pai do Minotauro com sua esposa Pasífae, continuava devastando Creta e a tarefa de Hércules foi capturá-lo e levá-lo para Micenas. Lá, Euristeu libertou o novamente touro e ele foi capturado e morto por Teseu.

Diomedes, rei dos bistones, da Trácia, tinha quatro éguas selvagens que se alimentavam de carne humana. Hércules recebeu a incumbência de capturar esses animais em seu oitavo Trabalho. No caminho até lá, ele esteve com seu amigo, o rei Admeto, que estava de luto pela morte de sua esposa, Alcestis, que havia sacrificado a própria vida para salvar a dele. Hércules, arrependido por ter se embriagado e feito barulho em uma casa em luto, lutou com a própria Morte e a forçou a entregar Alcestis ainda viva. Depois de recolher as éguas, ele as levou para costa, pronto para enviá-las de volta para a Grécia e desviou o mar para um canal para enganar seu perseguidor. Enquanto ele estava ocupado, as éguas comeram seu escudeiro Abdero, que fora encarregado delas. Ele nocauteou Diomedes e o deu como alimento para as éguas que, depois de satisfeitas, ficaram mansas o suficiente para serem levadas a bordo de seu navio. Ele deixou as éguas sob a responsabilidade de Laomedonte, rei de Troia.

O nono Trabalho de Hércules foi obter o cinto do amor dado pelo deus da guerra Ares a Hipólita, uma rainha amazona, para entregá-lo a Admete, filha de Euristeu. A rainha o ofereceu como presente, mas seu povo, incitado por Hera a acreditar que Hércules pretendia raptar a rainha, atacou seu navio. Ele matou Hipólita, pegou o cinto de ouro e derrotou seu exército. Outros relatos dizem que ele pegou a amazona Melanippe (que podia ser irmã de Hipólita) como refém e a devolveu em troca do cinto, enquanto Teseu, que havia se juntado à expedição, pegou Antíope, que estava apaixonada por ele. No caminho de volta a Micenas, ele derrotou o campeão de boxe, Titias, e inadvertidamente o matou e resgatou Hesione, que tinha sido acorrentado a uma pedra por seu pai, Laomedonte, rei de Troia, como sacrifício a um monstro marinho enviado pelo deus do mar Poseidon. Quando Laomedonte se recusou a entregar as éguas de Diomedes, que Hércules havia deixado sob sua responsabilidade, ou, em algumas versões, renegou uma promessa de dar a Hércules dois cavalos imortais se ele livrasse Troia do monstro, Hércules matou Laomedonte e todos os seus filhos, exceto Podarces, que ele colocou – como Príamo – no trono de Troia. Ele também atirou e matou Sarpedon, o filho de Poseidon, e matou Polígono e Telegônio, filhos do deus do mar, Proteu, em um embate corpo a corpo.

A tarefa seguinte foi buscar os bois de Gerião, o rei alado e com três corpos de Tartessus. Ele viajou pela Líbia e o deus sol, Helius, lhe deu uma tigela de ouro na qual ele navegou para a Ilha de Eritreia, que era governada por Gerião. A caminho da Espanha, Hércules ergueu as Colunas de Hércules, na entrada do Mar Mediterrâneo. Nos Pirineus, o gigante Albion montou uma emboscada, na esperança de matar Hércules para vingar a morte dos outros gigantes mortos pelo herói quando tentaram derrubar os deuses olímpicos, mas Hércules partiu para cima dele, por trás, e o matou. Chegando ao reino de Gerião, ele matou tanto Orthrus, o cão de guarda de duas cabeças, como Eurytion, o pastor, com seu porrete e Gerião, com uma flecha que atravessou os três corpos. Depois ele levou o gado para Micenas. Ele se acasalou com Galata, a princesa de Gália, teve um filho, Corin, para fundar a nação dos gauleses, e matou os irmãos Ialebion e Dercynus e também Cacus, quando eles tentaram roubar o gado. Em algumas histórias, Hércules matou o monstro de Scylla por ter levado parte do gado e, em Croton, onde foi distraído por um velho herói com o mesmo nome, um ladrão italiano Lacinius tentou roubar parte do gado e seguiu-se uma luta na qual Hércules acidentalmente matou Croton. Ele também matou o rei Fauno, que tinha o hábito de matar e sacrificar todos os estranhos. Nessa aventura ele também matou Eryx, um rei da Sicília, que desafiou todos os recém-chegados para uma luta e foi derrotado por Hércules, e o gigante Alcioneu, que morreu quando a pedra que ele jogou em Hércules ricocheteou, atingindo-o e matando-o. Os cavalos de Hércules foram roubados por uma mulher-cobra que só os devolveu quando Hércules concordou em dormir com ela. Eles ficaram juntos por algum tempo e tiveram três filhos, Agathyrsus, Gelonus e Scythes. Alguns dizem que essa mulher-cobra era Équidna, mulher de Gerião.

A árvore que Gaia tinha dado a Hera como presente de casamento e que produzia maçãs de ouro foi o Trabalho seguinte, o décimo primeiro. Hércules teria que coletar algumas dessas frutas no jardim do monte Atlas, que era guardado pelas Hespérides, filhas de Atlas, e pelo dragão Ladon. Ele teve uma grande luta com Nereu, através de muitas mudanças de forma, antes do deus do mar revelar a localização desse jardim secreto. Hércules matou o dragão com uma flecha e persuadiu Atlas a conseguir algumas das maçãs de suas filhas, enquanto ele assumiu temporariamente a tarefa de Atlas, de segurar os céus, embora outros digam que Hércules entrou no jardim e colheu as maçãs ele mesmo.

Em alguns relatos, ele matou Emathion, que tentou impedi-lo de pegar as maçãs. Quando estava voltando para casa com as maçãs, (que mais tarde foram devolvidas a Hera), ele matou o gigante rei Anteu, da Líbia, em mais uma luta, e também Busíris, rei do Egito, e seu filho,

Amphidamas, quando o rei tentou matar Hércules, sacrificando-o em um altar par evitar a seca. Ele também encontrou Prometeu acorrentado a uma rocha, matou o abutre que atacava o fígado do homem, e o libertou. Prometeu então assumiu a imortalidade de Quíron, que ainda sofria com o ferimento causado pela flecha envenenada de Hércules, mas não podia morrer.

A última tarefa era trazer o cão de três cabeças, Cérbero, guardião do Tártaro, para Micenas. Ele libertou Teseu da Cadeira do Esquecimento, mas não conseguiu soltar Pirítoo. Lutando com Menotes, pastor de Hades (ou, em alguns relatos, com o próprio Hades), Hércules ameaçou matá-lo, a menos que Hades lhe entregasse Cérbero. Ele sufocou o cão até a submissão e o arrastou para Micenas. Enquanto estava no Tártaro, Hércules foi informado pela sombra de Meleagro da beleza de sua irmã, e Hércules prometeu se casar com ela. Mais tarde, ela se tornou sua segunda esposa, Dejanira. Quando Euristeu o insultou, oferecendo a ele uma parte do sacrifício de um escravo, Hércules matou os três filhos do rei, Euríbio, Erípilo e Perimedes. Posteriormente, Cérbero foi devolvido a Hades.

traje de falcão *veja* **Valharm**

Transformador *Norte-americana*
Um trapaceiro ou herói da cultura de algumas tribos americanas nativas. Diz-se que este ser, conhecido como Kivati, Vison, Gaio Azul, Corvo e Chefe da Raiz viaja pelo país mudando o cenário e trocando a forma dos animais.

transvection
O conceituado voo das bruxas pelo ar. Dizia-se que tal voo era feito em uma vassoura, um atiçador ou uma pá. Mais tarde, diziam que animais como o cachorro, a cabra, o carneiro ou o lobo carregavam as bruxas em suas jornadas noturnas.

Trapaceiro (Trickster)
Uma divindade, semideus ou herói na cultura de vários países.
(1) Na África, a aranha é a trapaceira; na África Ocidental e no Daomé é Legba.
(2) Na América do Norte, Trickster é um dos cinco (ou oito) grandes espíritos criados pelo criador da Terra.
   O trapaceiro mais conhecido é Coiote, mas existem outros, como Inkotomi (Sioux), Manabozho (Chippewa), Nanabozho (ojibwa), Nihansan (arapaho), Old Man (pés pretos), Coelho (tribos do sudeste), Sen'dah (kiowa), Sitkonski (assiniboine) e Wisagatcak (cree).
(3) Na América do Sul, Trickster é uma divindade nas Guianas onde diz-se que, nos primórdios, os peixes nadavam dentro de uma grande árvore e os humanos tinham permissão para atirar em todos, menos nos peixes grandes. Trickster ignorou essa regra e atirou em um dourado. Com isso, a Terra foi inundada. Trickster salvou o dia usando sua lança para abrir um canal que drenou as águas para o mar.
   Em outras histórias, a raposa faz o papel do trapaceiro na tradição dos chaco, e a lua, na tradição apinajé.

Trebuchet *Britânica*
Um ferreiro que, dizem, fez a espada do Graal e a consertou depois que ela foi quebrada quando Partinal a utilizou para matar Goon, o irmão do Rei Pescador.

Trébuerden *Britânica*
Um local na Bretanha onde se diz que um dólmen é o túmulo do rei Artur.

Três Agentes *veja* **San-kuan**

Três Macacos Místicos *Japonesa*
Os três macacos são Mizaru, Kikazaru e Iwazaru. Eles são representados com as mãos cobrindo respectivamente os olhos, as orelhas e a boca – não veja o mal, não ouça o mal e não fale o mal. Também são conhecidos como Três Macacos Sábios.

Três Puros, Os *veja* **San Ch'ing**

Três Soberanos *Chinesa*
Deuses criadores. Esses três eram Fu-hsi, Shen Nung e YenTi e, junto com os Cinco Imperadores, eles criaram o universo.

Treta-yuga *Hindu*
Uma era do mundo – a segunda – na qual começam as mudanças e as pessoas se tornam menos vinculadas ao dever.

Tri De Dana *Irlandesa*
Os três deuses artesãos do danaans. Credne, o bronzeiro; Goibhniu, o ferreiro; e Luchta, o carpinteiro, fizeram as armas utilizadas na segunda batalha de Moytura. As armas não foram feitas só com muita velocidade, elas sempre foram fatais para aqueles que foram atingidos por elas.

Em alguns relatos, o título se refere aos três irmãos de Turenn.

---

tridente
(1) Na mitologia grega, o tridente se refere à lança de Poseidon, com três pontas.
(2) Na mitologia hindu, um tridente, também conhecido como trisul, trisula ou trishula, é o símbolo de Shiva, em sua manifestação irada Bhairava.

Tri-loka *Hindu*
Os três reinos do universo. Em alguns relatos, o universo é dividido em três reinos, o mundo inferior, terra e céu, ou Aruoa-loka (o mundo sem forma), Kama-loka (o mundo dos cinco sentidos) e Rupa-loka (o mundo formado, mas invisível). Um versão alternativa tem sete reinos ou mais (Sapta-Loka).

Trismegisto *Egípcia*
"três vezes grande"
Um nome e atributo de Thoth.
(*Veja também* **Hermes Trismegisto**.)

Trimurti *Hindu*
A trindade de deuses: Brahma, Shiva e Vishnu. Às vezes, ele é representado como uma divindade com três cabeças.

Trindade do Destino *Irlandesa*
O trio Ana, Badb e Macha como as deusas Morrigan.

Tripitaka *Chinesa*
O nome adotado por Ch'en Kuang-jui (602-664) quando ele se tornou um monge. Ele viajou da China para a Índia para obter as escrituras budistas.

Em uma versão, o imperador lhe deu um cavalo branco para a jornada, mas esse animal foi engolido por um dragão. Então, em seu lugar, Tripitaka montou o dragão. Seu companheiro mortal na viagem foi o padre Sha Ho Shang, e eles foram guiados e aconselhados pelo deus macaco, Hanuman, na forma de Sun Hou tzu, e ajudados por Chu Pa-chieh, um deus parecido com um porco. Buda tinha organizado 81 testes para o peregrino que venceu todos eles com a ajuda de seus companheiros.

Um história alternativa diz que Ch'en se casou com Wen-chiao. Ela pegou a fantasia de um barqueiro, Liu Hung, que matou Ch'en e assumiu sua identidade. Quando seu filho com Ch'en nasceu, Wen-chiao deixou o menino à deriva no rio Yang-Tse, do qual ele foi resgatado pelo monge Chang Lao. Quando cresceu, o menino adotou o nome de Hsüan Tsang, e foi em busca de sua família. Ele encontrou a avó e a mãe que entregaram a ele uma carta para o pai dela, Yin K'ai Shan, que veio ajudá-la e matou Liu Hung. Então, o corpo de Ch'en saiu do rio e ele voltou à vida, tendo sido preservado pelo rei Dragão, Ling Wang, que uma vez, em forma de carpa, foi tratado gentilmente por Ch'en. Mais tarde, Hsüan Tsang foi escolhido para viajar para a Índia para receber as escrituras budistas.

Triptólemo *Grega*

Um príncipe de Elêusis. Em algumas histórias, foi ele que, quando bebê, foi colocado por Deméter, sua ama de leite, no fogo para alcançar a imortalidade. Em outras versões, o bebê era seu irmão Demofoonte. Em ambos os casos, o bebê foi resgatado pela mãe e, apesar de ileso, não alcançou a imortalidade. Algumas versões dizem que Demofoonte foi queimado até a morte.

Outras histórias dizem que foi ele quem contou a Deméter onde encontrar a filha dela que fora raptada por Hades. Depois de recuperar a filha e já em segurança, Deméter voltou para ensinar a Triptólemo a ciência da agricultura, que ele espalhou por toda a terra. Quando Linco, rei da Cítia, tentou matar o protegido dela, Deméter o transformou em um lince.

Algumas versões o descrevem como um deus retratado sobre uma carruagem puxada pelas serpentes aladas que Deméter lhe deu para compensar a perda de seu irmão. Outras dizem que ele se tornou juiz no mundo inferior com Radamanto e Minos.

Dizia-se que ele promulgou a lei de Triptólemo, que exige que um homem honre seus pais, ofereça sacrifícios aos deuses e não faça nada para prejudicar qualquer pessoa ou animal. Credita-se a ele também o estabelecimento dos Mistérios de Elêusis.

Tristão *Britânica*

Príncipe de Lyonesse e Cavaleiro da Távola Redonda; marido de Isolda.

Em algumas histórias, seu pai foi preso por uma feiticeira, em outras, capturado por salteadores. Sua mãe, grávida nessa época, procurou por ele na floresta e morreu ao dar à luz Tristão. O pai de Tristão, Meliad, casou-se depois com a filha de Hoel, rei da Bretanha, e eles tiveram muitos filhos. Ela tentou envenenar Tristão para garantir que seu próprio filho herdasse o reino do pai, mas quem tomou a bebida, por engano, e morreu, foi seu filho. Quando o rei ordenou que ela fosse queimada em uma fogueira, Tristão intercedeu por ela, que foi perdoada. Por segurança, Meliad mandou seu filho para a corte do rei Hoel e aqui Belinda, a irmã mais nova de sua madrasta, apaixonou-se por ele. Ao ser rejeitada, ela também tentou envenená-lo.

Em um relato, ele foi levado pelos noruegueses que o desembarcaram na Grã-Bretanha, quando foram atingidos por uma tempestade que, acreditavam, tinha a ver com seu crime. Ele encontrou o caminho até a corte do Rei Marcos, da Cornualha, onde foi acolhido.

Em outras versões, seu pai o mandou para viver com o tio, Marcos, rei da Cornualha, onde ele soube que seu pai tinha sido morto por um cavaleiro, Morgan. Ele foi direto ao castelo de Morgan e o matou. O rei irlandês, Anguish, enviou seu enorme cunhado, Morholt, para cobrar tributos de Marcos, mas Tristão, mesmo ferido pela lança de Morholt, o matou em um combate, deixando um pedaço de sua espada enterrado na cabeça de Morholt. Em outras histórias, ele matou Morholt e mandou sua cabeça de volta para a Irlanda. Outro relato diz que Morholt foi apenas ferido e retornou à Irlanda, onde morreu. Em ambos os casos, sua irmã, a rainha, descobriu o pedaço da lâmina da espada e o guardou.

A ferida do próprio Tristão não se fechou e, em uma versão, ele navegou para Camelot, para buscar a ajuda de Merlin, mas uma tempestade o fez parar na Irlanda. Desde cedo ele tinha aprendido música e era um bom harpista e, em outra versão, ele foi para a Irlanda para se recuperar sob o disfarce de Tantris, um trovador. Ele foi tratado pela filha do rei, Isolda, por quem se apaixonou. Quando Palamedes, um príncipe sírio, apareceu para pedir a mão de Isolda, Tristão o enfrentou e o derrotou, fazendo com ele partisse em desgraça.

A rainha percebeu que sua espada estava quebrada e, comparando as peças, concluiu que fora ele quem matou Morholt. Ela tentou matar Tristão com sua própria espada, mas fracassou. Deixando a corte, Tristão voltou para a Cornualha onde ambos, ele e o rei Marcos, foram atraídos pela mulher do cavaleiro Segwarides. Ela convidou Tristão para encontrá-la e, quando Marcos e dois cavaleiros o atacaram, ele derrotou o rei e matou seus dois cavaleiros. Posteriormente, derrotou Segwarides, que o desafiou a dormir com sua esposa.

Marcos e Tristão agora eram inimigos e o rei mandou Tristão para a Irlanda para pedir a mão de Isolda, esperando que ele fosse morto. Em uma história, o navio de Tristão foi jogado de volta pelos fortes ventos e ele foi parar em Camelot, ao mesmo tempo que o rei Anguish, que tinha sido chamado para ir à corte de Artur para responder a uma acusação de traição. Tristão retribuiu a gentileza anterior do rei, assumindo o cargo e lutando contra Blamor de Ganis, um dos acusadores do rei. Ele derrotou Blamor, mas recusou-se a matá-lo e eles se tornaram amigos. Ele foi para a Irlanda com Anguish, e pediu a mão de Isolda em nome de Marcos. Em outra versão, ele salvou o rei irlandês que estava sendo atacado por um ogro ou, dizem alguns, ele matou um dragão assustador que estava assolando o campo.

A mãe de Isolda preparou uma poção de amor para garantir que a filha viesse a amar o marido, Marcos, que ela nunca tinha visto, e a confiou a Branwen, uma criada de Isolda, que iria com eles na viagem à Cornualha. A poção foi bebida pelo jovem casal que se apaixonou irremediavelmente. Apesar disso, Isolda foi adiante com o casamento com Marcos, mas continuou encontrando Tristão em todas as oportunidades. Andred, um cavaleiro, espionou Tristão e o pegou na cama com Isolda. Tristão foi preso, mas escapou depois de agarrar a espada de Andred e matar dez cavaleiros. Ele resgatou Isolda, que havia sido aprisionada por Marcos, e a levou para uma casa na floresta. Ele foi ferido por uma flecha disparada por um homem cujo irmão Tristão tinha matado e mais uma vez a ferida não se fechou. Foi-lhe dito que ele só poderia ser curado por Isolda das Mãos Brancas, outra filha do rei Hoel. Ele foi para a França, onde essa Isolda o curou e eles se casaram. Lá, ele derrotou o gigante Beliagog e o obrigou a construir um palácio decorado com cenas da Cornualha.

Outras variações da história dizem que quando Marcos soube do adultério de sua mulher, ele condenou os amantes a serem queimados na fogueira. Tristão pediu permissão para ir rezar em uma pequena capela e fugiu por uma janela, descendo o penhasco até a costa, onde seu escudeiro Gouvernail o esperava com cavalos e armaduras. Marcos entregou Isolda a Ivan, líder de um bando de leprosos sujos, em vez de queimá-la e Tristão chegou a tempo de resgatá-la de um destino considerado ainda pior que a fogueira. Isolda se reconciliou com Marcos, que mais uma vez foi persuadido pelo espião de que ela era realmente infiel. Então, foi organizado um julgamento, na frente do rei Artur e seus cavaleiros, onde Isolda foi declarada inocente. Os amantes retomaram então os seus encontros. Marcos finalmente os encontrou juntos e matou Tristão com uma lança envenenada.

Outras histórias dizem que Tristão foi banido pelo rei Marcos. Durante seu desterro, ele perambulou em busca de aventuras e salvou a vida do rei Artur, que havia sido preso pela feiticeira Vivien, que lhe dera um anel mágico que o mantinha sob o poder dela. Tristão matou os três ladrões que estavam atacando o rei e, com a serva de Vivien, que o levara até Artur, voltou a Camelot com o rei, que o tornou um Cavaleiro da Távola Redonda. Marcos foi a Camelot com a intenção de matar Tristão e, quando Isolda foi raptada por Bruce, o Impiedoso, foi Tristão que a resgatou, matando o raptor. Em outra história, Tristão levou Isolda, que estava sendo maltratada pelo rei Marcos, e a levou para Garde Joyeuse onde ela viveu por algum tempo com Guinevere. Para evitar mais conflitos com Marcos por seu amor a Isolda, Tristão foi para Bretanha, onde se casou com Isolda das Mãos Brancas. Por abandonar a primeira Isolda, foi condenado por Lancelot e eles lutaram até chegar a um impasse e Tristão voltou para a Grã-Bretanha.

Há uma versão que diz que Lancelot e Tristão puseram fim à desavença e Artur colocou Tristão como um Cavaleiro da Távola Redonda. Marcos estendeu uma falsa mão de amizade a Tristão, que voltou para a Cornualha com o rei. A pedido de Marcos, que esperava ver Tristão morto, ele participou de um torneio sob o disfarce de Lancelot e frustrou o esquema de Marcos, derrotando os inimigos de Lancelot. Ele permitiu que Marcos cuidasse de suas feridas e foi colocado na prisão. Mas foi resgatado por Percival, com a ajuda de Dinas, que prendeu Marcos temporariamente.

Há muitas versões de como Tristão recebeu a ferida que causou sua morte. Alguns dizem que foi durante um conflito com Melot, um anão da corte do rei Marcos; outros, que Marcos o feriu com uma lança envenenada; também que ele foi ferido em um duelo com uma cavaleiro bretão em defesa do irmão de Isolda; e outro relato de que a causa foi uma pedra que caiu sobre sua cabeça enquanto ele escalava uma parede do castelo ao lutar contra os inimigos do rei Hoel. Quando foi ferido, Tristão enviou Kaherdin, seu cunhado, ou Gesnes, um marinheiro, à Inglaterra para buscar seu verdadeiro amor, a primeira Isolda, que veio sob seu comando em um navio com velas brancas. Um sinal preestabelecido (compare com a história de Egeu). A esposa de Tristão mentiu para ele, dizendo que o navio transportava velas negras, e ele morreu em desespero. A amada Isolda morreu ao ver seu amante estendido, e ambos foram levados de volta para a Cornualha e enterrados lado a lado. Duas árvores de teixo (em alguns relatos, uma rosa e uma videira) plantadas em seus túmulos entrelaçaram seus ramos e não puderam ser separadas.

Na versão de Wagner, Isolda tinha sido noiva de Morholt e queria vingar sua morte. Ela encontrou um pedaço de lâmina de espada enterrada na cabeça decepada de Morholt e a manteve escondida. Tristão havia sido ferido por uma lança envenenada lançada por Morholt durante o encontro e a ferida não quis se fechar. Ele foi para a Irlanda disfarçado de Tantris, um trovador, e Isolda cuidou de sua ferida envenenada. Ao ver sua espada quebrada, Isolda percebeu que ele havia matado Morholt. Eles se apaixonaram, mas Tristão voltou para a Cornualha sem ela. Marcos ficou tão impressionado com sua descrição de Isolda que mandou Tristão de volta para a Irlanda para pedir sua mão como sua rainha. Isolda, profundamente infeliz por ser a esposa de Marcos, e não de Tristão, preparou uma bebida venenosa, com a intenção de matar tanto ela mesma quanto Tristão, mas Branwen, sua criada, deu a eles uma poção do amor, confiada a ela pela mãe de Isolda. Eles continuaram a se encontrar depois de seu casamento com Marcos, mas foram traídos por Melot. Tristão foi mandado para a França e, quando Isolda escolheu ir com ele, Melot tentou impedir a partida, ferindo Tristão, que saiu com Kurneval, que havia matado Melot no encontro, deixando Isolda na Cornualha. Ele estava morrendo, devido aos ferimentos, e queria vê-la. Mas ela chegou tarde demais e morreu de desgosto.

Tritão *Grega*
Um deus do mar; um tritão; filho de Poseidon ou Hermes e a deusa do mar Anfitrite.

Esse deus podia provocar tempestades ou acalmar os mares soprando sua concha. Em alguns relatos, ele foi rei da Líbia e, quando os Argonautas ficaram encalhados, ele apareceu como Eurípilo e arrastou o Argo por terra até o mar. Ele também deu a Eufemo um torrão de terra que, quando mais tarde caiu no mar, ali se desenvolveu a ilha de Calliste.

Como deus do mar, ele é representado metade homem, metade peixe.

Alguns relatos falam de Tritões no plural, assistentes de Poseidon, filhos de Fórcis e Ceto.

trocador de forma
Um ser feito a partir do fogo e do ar, capaz de assumir qualquer forma, inclusive a humana, acasalando-se com os mortais.

Troilo *Grega*
Filho de Príamo ou Apolo com a rainha Hécuba de Troia, esposa de Príamo.

Ele estava apaixonado pela garota troiana Créssida e ficou com o coração partido quando ela foi entregue aos gregos em troca de um prisioneiro de guerra durante o cerco a Troia. Ela tinha prometido permanecer fiel, mas se apaixonou pelo herói grego Diomedes. Troilo então correu diretamente para a batalha e foi morto por Aquiles.

Em alguns relatos, Troilo foi emboscado por Aquiles, que o matou quando ele se recusou a se tornar seu amante; em outros, ele morreu quando seus cavalos fugiram.

troll　　　　　　　　　　*Escandinava*
= *Dialeto orcadiano* trow
Uma criatura sobrenatural, um goblin anão, originalmente um gigante. Dizia-se que um troll explodiria se o sol atingisse seu rosto.

trollkona　　　　　　　　*Escandinava*
Bruxas que cavalgavam à noite. Às vezes, montavam lobos, com serpentes como bridas. Elas podiam adotar várias formas e provocar tempestades, doenças e até a morte.

Trovão　　　　　　　*Norte-americana*
Um deus de várias tribos americanas nativas.

O povo Coeur d'Alene de Idaho tem uma história que conta como Trovão raptou a mulher de um caçador que, depois, acompanhou o casal até a casa do deus. Quando Trovão foi dormir, o caçador roubou as camisas do deus. Essas vestes permitiam que o deus voasse e, sem elas, ele ficou completamente indefeso.

A tribo Huchnom, da Califórnia, diz que Trovão desafiou o deus supremo, Taikomol, mas perdeu e foi banido para os reinos do norte durante os meses de inverno.

Entre os Kato, da Califórnia, ele era considerado como o deus criador da humanidade e da Terra.

No Oregon, Trovão é considerado como um homem velho casado com uma mulher velha ou, dizem alguns, com uma árvore.

Na tradição dos Apaches da Montanha Branca, havia uma disputa entre Trovão e o Sol.

Trovejante *veja* **Odin, Thor, Pássaro do Trovão[1], Zeus**

Trovões　　　　　　　*Norte-americana*
Dois Filhotes de cervo colocados no céu como Trovões.

Um urso matou um cervo e teria matado seus filhotes, mas eles fugiram. Quando o urso os seguiu, um lagarto lhes deu abrigo e matou o urso, induzindo-o a engolir algumas pedras incandescentes. Para salvar os filhotes de mais problemas com ursos, ele os mandou para o céu onde os dois fazem o barulho dos trovões quando se movem usando a pele seca e quebradiça do urso que o lagarto deu para eles.

trow　　　　　　　　　　*Escocesa*
= *Escandinava* troll
Um goblin anão das montanhas e do mar.

Ts'ao Kuo-chiu　　　　　　*Chinesa*
Um guerreiro do século X, um dos Oito Imortais

Seu irmão mais novo, Ching-chih, matou um homem para ficar com sua esposa, que o rejeitou, e ele a jogou em um poço. Ela foi salva e reclamou com o Censor Imperial, que mandou executar Ching-chih e prender seu irmão. Mais tarde, ele foi libertado sob anistia e tornou-se o eremita Ts'ao Kuo-chiu.

Ele se tornou santo padroeiro do teatro e muitas vezes é retratado com castanholas na mão.

Tsenagahi　　　　　　*Norte-americana*
Um espírito rochoso morto pelo deus navajo Nayenezgani. O passatempo favorito desse monstro era chutar as pessoas de um caminho rochoso próximo ao seu covil. Suas vítimas caíam sobre as rochas abaixo, onde a esposa e a família do monstro as cortavam e as comiam. Ele estava a salvo de cair porque seus longos cabelos cresceram até as rochas, mas Nayenezgani cortou seu cabelo e ele caiu, sofrendo o mesmo destino de suas vítimas.

Tsenahale *Norte-americana*
Águias do povo navajo, mortas por Nayenezgani com raios.

Tsohanoai *Norte-americana*
também Portador do Sol
O deus sol do povo navajo; pai de Nayenezgani, Tobadzistsini e Yeitso.

Ele e a deusa lua Tlehanoai encontraram solo fértil e cultivaram junco, o que permitiu que os navajos, em sua jornada do mundo inferior, escapassem da enchente. Como recompensa, ele foi nomeado Portador do Sol. Dizia-se que ele carregava o sol nas costas durante o dia, pendurando-o em uma estaca em sua casa à noite. Ele podia andar sobre o arco-íris e cavalgar um cavalo azul.

Tsonqua *Norte-americana*
Uma mulher canibal na tradição da tribo Kwakiutl. Diz-se que ela comia cadáveres, assim como crianças pequenas. Quando ela se apaixonou por Sky Youth, ele falhou ao não retribuir o afeto que recebia e a matou.

Dizia-se que seus descendentes eram lobos.

Tsuki-gumo *Japonesa*
Uma aranha monstruosa. Essa fera era invulnerável a armas e causou muitos problemas. Só morreu quando foi presa e asfixiada pela fumaça.

tua *Índias Orientais*
Um espírito guardião do povo Iban, de Bornéu. Esses espíritos se manifestavam frequentemente como cervos, cobras ou gatos selvagens.

Tuatha De Danann *veja* **Danaans**

Tule[1] *Africana*
Uma aranha deusa do povo Zande. Ela desceu do céu com uma bolsa de sementes com as quais produziu toda a vida vegetal. Diz-se que ela roubou fogo de seus tios e o deu à sua tribo.

Tule[2] *Norte-americana*
Um lago fundo do qual os Modoc dizem que o solo foi trazido pelo deus criador Qumoqums e usado para criar a Terra.

Túlio Hostílio *Romana*
O terceiro rei de Roma. Por destruir Alba Longa e seu habitantes, ele e toda sua família foram mortos pelo deus do mar Poseidon.

Tulkan-Zuiva *Centro-americana*
também as Sete Cavernas;
= *Asteca* Chicomoztoc
As cavernas de onde os antepassados do povo Quiche surgiu após uma raça anterior ter sido destruída pelo fogo e pela enchente.

Tulsi *Hindu*
Uma manifestação da deusa Lakshmi ou Sita. Ciente de que seu marido Jalandhara era invulnerável enquanto fosse fiel, ela rejeitou todos os avanços, até mesmo o de Shiva sob a forma de um belo jovem. Vishnu apareceu então com o disfarce de Jalandhara. Quando ela se deixou seduzir, seu verdadeiro marido perdeu a invulnerabilidade. Sua maldição sobre Vishnu o transformou na pedra, Salagrama. Ela foi transformada por Vishnu em manjericão.

Tuma *Ilhas do Pacífico*
também Ilhas Afortunadas
O lar dos espíritos da morte, na tradição das ilhas Trobriand. Esse reino era visto como um paraíso onde todo mundo era feliz e cada homem tinha várias esposas que faziam todo o trabalho.

Tumo-pas *Báltica*
Um deus do trovão finlandês venerado sob a forma de um carvalho.

Túmulo de Artur *Britânica*
Uma câmara funerária no País de Gales, considerada a sepultura do rei Artur.

Tungk-Pok *Siberiana*
Uma divindade Yakut. Ele perseguiu em enorme cervo de seis patas pelos céus e o capturou, mas o deus do céu o transformou em uma pedra. A Via-Láctea representa a pista de esqui do caçador.

Tung Wang Kung *Chinesa*
Um deus taoísta, marido de Hsi Wang Mu. Ele foi a personificação do princípio yang se uniu a Hsi Wang Mu para produzir o mundo e tudo o que existe nele.
Dizia-se que ele tinha a cara de uma ave e a cauda de um tigre.

Tuonela *Báltica*
O mundo inferior finlandês, governado por Tuoni.
Este reino é descrito como uma ilha que só pode ser alcançada depois de cruzar um rio negro que é totalmente desprovido de luz.

Turenn *Irlandesa*
Um deus da noite, marido de Brigit. Sua família brigou com a família de Cian, que foi morta pelos irmãos de Turenn. Quando seus três filhos foram mortos e o deus do sol Lugh se recusou a trazê-los de volta à vida, Turenn caiu morto e foi enterrado ao lado deles.
Em algumas versões, Dana foi a mãe de suas crianças.

Turi-a-faumea *Ilhas do Pacífico*
Filha de Tangaroa. *Veja mais em* **Tangaroa**.

Turkey Girl *Norte-americana*
Uma personagem dos mitos dos índios Pueblo. Como Cinderela, ela era uma menina pobre e muito amiga de perus, que lhe deram roupas finas e uma carruagem e a mandaram para um baile onde ela conheceu um namorado.

Turkin *Britânica*
também Tarquínio
Um gigante guardião do reino das fadas. Nas lendas arturianas, seu irmão Caradoc foi morto por Lancelot e Turkin passou a odiar todos os cavaleiros do rei Artur. Ele capturou Lionel enquanto Lancelot dormia sob uma árvore e o colocou em uma masmorra com cerca de outros trinta. Lancelot foi colocado sob um feitiço pela feiticeira Morgan le Fay, mas escapou de seu castelo de fadas com a ajuda de uma empregada. Ele então matou o gigante, cortou sua cabeça e libertou os prisioneiros.

Twrch Trwyth *Galesa*
Um rei transformado em um imenso javali por seus pecados. Uma das tarefas impostas e Culhwch pelo gigante Ysbaddaden, como condição do casamento com sua filha Olwen, foi levar para ele o pente e a tesoura, que, junto com uma navalha, esse animal carregava entre suas orelhas. O rei Artur e seus homens ajudaram Culhwch nessa tarefa e caçaram o javali pelo País de Gales até a Cornualha. Ele matou vários homens do rei nas lutas que surgiram no caminho e perdeu a maioria de seus próprios filhos que estavam sob a forma de jovens javalis. O pente e a tesoura foram apreendidos pelos homens de Artur e dados a Culhwch e Twrch Trwyth foi finalmente perseguido até o mar fora da Cornualha e nunca mais foi visto.

Tyll Eulenspiegel *Germânica*
também Coruja de Vidro
Um lendário palhaço trapaceiro que prega peças e expõe os vícios das pessoas.

Tylwith Teg *Galesa*
Brownies e fadas governados por Gwynn Ap Nudd, rei das fadas e senhor do mundo inferior. Dizem que esses seres desaparecem se tocarem em ferro.

Tyr *Nórdica*
também Tyw
= *Romana* Marte
Um deus do céu e deus da guerra. Sua mão foi mordida pelo lobo Fenris quando Tyr a colocou dentro da boca do animal como garantia de boa fé quando Fenris se deixou amarrar a uma rocha e depois descobriu que não podia se libertar.

Na batalha de Ragnarok, ele matou Garm, o cão de guarda do inferno, mas ele mesmo foi morto por Garm.

tzité *Centro-americana*
Uma planta cujas bagas eram usadas, segundo a tradição asteca, pelos deuses Gucumatz e Tepeu como uma ferramenta de adivinhação, ajudando-os a decidir a forma a ser usada para criar seres humanos. As figuras de madeira que eles esculpiram como resultado se mostraram insatisfatórias e foram destruídas por enormes aves predadoras.

Tzitzimime *Centro-americana*
Um espírito estelar asteca. Diz-se que esses espíritos malévolos, sob a forma de uma águia ou abutre, atacavam os humanos e causavam ataques em crianças e luxúria nos homens. No fim do mundo eles devorarão toda a humanidade.

U

Uaithne *Irlandesa*
A harpa mágica do deus Dagda. Certa vez, os fomorianos roubaram o instrumento, mas o Dagda descobriu onde tinha sido colocado e, quando o chamou, ele saltou da parede em que ficara pendurado. Depois, matou os ladrões e colocou os outros para dormir com sua música.

Uayayab *Centro-americana*
O deus ou demônio do nemontemi, o período de cinco dias de jejum e má sorte no final do ano maia.

Ubastet, Ubasti *veja* **Bast**

Uchdryd *Galesa*
Um guerreiro da corte do rei Artur. Dizia-se que a sua barba podia abrigar muitos de seus companheiros quando o tempo estava ruim. Ele foi um dos que acompanhou Culhwch em sua busca pela mão de Olwen.

udjat, olho de udjat *Egípcia*
também wedjat, olho de wedjat
Um terceiro olho, no meio da testa de um deus, símbolo da eternidade. Esses olhos costumam ser chamados de Olho de Atum, o Olho de Hórus, o Olho de Rá. (*Veja também* **Edjo**.)

Ulay *Ilhas do Pacífico*
Um príncipe filipino. Ele se apaixonou por uma bela moça que, na realidade, era uma bruxa, mas ele a deixou e se casou com uma outra garota. A bruxa ficou tão zangada que transformou a cidade de seu pai em uma floresta, o povo em animais e o próprio Ulay em um macaco, uma forma que ele deveria manter por quinhentos anos.

Uldra *Báltica*
Uma raça de fadas na Lapônia que viviam sob a terra. (*Veja também* **Huldrafolk**.)

Ulgan *Siberiana*
O deus criador dos Buriates. Ulgan costumava pescar nadando nas águas primitivas para sustentar a terra que ele recém criara com a forma de um prato enorme e plano. Partes do prato que se quebrou tornaram-se ilhas e massas de terra, e o deus usou uma pequena parte

para formar o primeiro humano, que recebeu o nome de Erlik.

Ele avisou Nama, o deus do submundo, do dilúvio iminente, dando-lhe tempo para construir uma arca na qual ele sobreviveu.

Uller *Nórdica*

O deus do arco e flecha, da morte, da justiça, dos juramentos e do inverno. Ele substituiu Odin e governou durante os meses de inverno e também por dez anos quando Odin foi banido de Asgard, mas depois ele mesmo foi banido para a Suécia quando Odin retornou. Ele era cavaleiro e às vezes líder da caça selvagem. Sua casa era conhecida como Ydalir.

Ulu-tojon *Siberiana*

Um deus do trovão dos iacutos. Dizem que ele trouxe o fogo dos céus para o uso da humanidade.

Uma *Hindu*

Em alguns relatos, Sati, a esposa de Shiva, se imolou quando Shiva foi excluído de uma festa dos deuses e ele, tendo realizado uma dança funerária frenética, devolveu a vida a sua esposa como Uma. Em outros, Uma era uma deusa sem forma que, de tempos em tempos, assumia os corpos de outras deusas. Por isso, muitas delas são conhecidas como Uma. Nessa versão, ela poderia ser Ambika, Devi, Durga, Parvati ou Rudrani.

Umai-hulhlya-wit *Norte-americana*

Um monstro aquático da tradição das tribos da Califórnia. Seu corpo enorme foi queimado e dele surgiram todas as coisas, como rituais e leis, canções e linguagem.

Umashiashikabihikoji *Japonesa*

Um deus criador xintoísta, um dos cinco deuses primitivos, conhecidos como Deuses Celestiais Distintos. Ele foi criado a partir de juncos das águas primitivas e cultivou seis ramos –cada um produziu uma divindade masculina e uma feminina. Do último par, Izanagi e Izanami, descenderam muitos outros deuses.

umiarissat *Inuíte*

Barcos fantasmas. Dizem que esses barcos, tripulados por mulheres, causam tempestades.

Unci *veja* **Avó Terra**

Underland *Galesa*

= *Irlandesa* Tír na nÓg

Terra da eterna juventude; um reino de fadas sob a terra; o submundo.

Undry *Irlandesa*

Um caldeirão mágico de propriedade do deus, o Dagda. Esse caldeirão, que nunca estava vazio, fornecia comida para todos de acordo com seu mérito. Tinha também o poder de devolver a vida aos mortos.

Ungud *Australiana*

Um ser criador, que vive no subsolo sob a forma de uma serpente. Diz-se que ele (ou às vezes ela) ajudou o deus do céu Wallanganda na criação do mundo, fazendo a chuva cair.

unicórnio

= *Chinesa* ch'i-lin; *Grega* monoceros; *Japonesa* kirin; *Tibetana* serou, tso'po

Um monstro sob a forma de um cavalo com um único chifre. Outras descrições do unicórnio incluem:

• um cavalo com a cabeça de um dragão e pernas de um veado, que emite chamas em sua cauda e em suas articulações;

• um cavalo com a cabeça de um veado, pés de elefante e um chifre com quase um metro de comprimento;

• um cavalo branco com cascos fendidos e chifres em espiral, barba como a de uma cabra e cauda de leão;

• um cavalo branco com a cabeça vermelha e olhos azuis, pernas de um cervo e o chifre vermelho, preto e branco. Esse animal foi descrito de várias formas como sendo tão grande quanto uma cabra, um cavalo ou um elefante e com chifres tendo de 10 centímetros a 1,2 metro de comprimento.

Alguns dizem que o unicórnio era muito grande para entrar na Arca durante o Dilúvio; outros, que ele entrou, mas foi jogado ao mar e deixado para se afogar. Ele poderia ter sido capturado ou morto se uma donzela se sentasse sob uma árvore e esperasse que ele saísse da toca. O animal então colocaria sua cabeça no colo dela, admirando sua beleza e poderia ser levado facilmente por um caçador. Algumas versões dizem que o unicórnio morreu no colo da virgem, mas, antes, mamou em seu peito.

Ele foi considerado como símbolo da pureza e do casamento e foi dito que ele teria o poder de purificar a água poluída, enquanto outros diziam que qualquer pessoa que bebesse no chifre de um unicórnio nunca ficaria doente. Em alguns relatos, afirmava-se que o unicórnio seria capaz de dizer se a água estava envenenada apenas mergulhando seu casco nela. Uma pomada feita com o fígado do unicórnio poderia curar a lepra, e um cinto feito de seu couro afastaria a doença. As histórias sobre as propriedades medicinais de seu chifre o levaram a ser adotado como símbolo dos boticários.

Unktahe *Norte-americana*
Um espírito dos índios sioux na forma de uma enorme cobra d'água.

Na primeira era, Wakan Tanka criou seres humanos e a monstruosa Unktahe e sua raça, pensando que fossem formigas, os afogaram com um jato de água que jorrou de seus chifres. Wakan Tanka e os outros Pássaros-trovão mataram todos os monstros com seus raios.

Em uma outra versão, Unktahe vivia no mar, mas, de vez em quando, subia o Rio Missouri, e provocava enchentes. A fera tinha apenas um ponto vulnerável, mas esse era conhecido pelos gêmeos que mataram o monstro com uma flecha certeira. Depois, arrancaram-lhe o coração e o enterraram, descobrindo então que ele lhes deu poderes de profecia até permitirem que outros o vissem, e ele explodiu.

Unkulunkulu *Africana*
Um deus criador e deus do céu dos Zulus. Era uma divindade andrógina, cresceu de um junco e criou a humanidade a partir de grama e juncos.

upas *Índias Orientais*
Uma fabulosa árvore de Java que, diziam, envenenava tudo a quilômetros de distância.

Urânia *Grega*
também Ourânia
Uma das nove Musas – a Musa da astronomia.

Urano *Grega*
também Ouranos
= *Romana* Caelus ou Coelus (equivalente a céu)
Um dos deuses mais velhos; filho e marido de Gaia; pai dos Ciclopes, dos Hecatônquiros e dos Titãs; pai de Afrodite com Hemera, dizem alguns.

Quando ele confinou os indisciplinados Ciclopes no Tártaro, seus filhos, os Titãs, liderados por Cronos, se levantaram contra eles. Cronos castrou o pai e assumiu o trono dos deuses. O sangue da ferida fertilizou Gaia e nasceram as Fúrias e os Gigantes.

Urashima *Japonesa*
Um jovem pescador. Ele se casou com uma donzela do mar, Otohime, filha do rei

Dragão, que ele tinha capturado sob a forma de uma tartaruga, e vivia no mar, nunca envelhecendo. Quando ele voltou para visitar os pais, Otohime lhe deu uma caixa para garantir seu regresso em segurança ao seu palácio subaquático. Em terra, ele encontrou tudo mudado e descobriu que estava ausente há 300 anos. Embora parecesse alguns dias. Urashima abriu a caixa, de onde saiu uma pequena nuvem que flutuou e ele imediatamente ficou velho e morreu.

Urda *Nórdica*

Uma das três Nornas – o passado, o destino. Ela era considerada a chefe das Nornas e é descrita como uma velha olhando para trás.

Urdarbrunn *Nórdica*
também o poço de Urda

Um poço sagrado em Midgard. Esse poço ou fonte, situado ao lado da raiz da árvore Yggdrasil que leva a Asgard e é guardado pelas três Nornas, era tão sagrado que ninguém podia beber sua água.

urisk *Escocesa*

Um ser sobrenatural; um duende.

urna *Budista*

Um tufo de cabelo lanosos, um terceiro olho ou uma pequena joia entre as sobrancelhas de Shiva ou o Buda.

Ursanapi *Mesopotâmica*

Um barqueiro no mundo inferior. Ele foi barqueiro de Utnapishtim durante o Dilúvio e levou Gilgamesh pelas águas da morte para encontrar Utanapishtim.

urso[1] *Grega*

O animal de Ártemis na mitologia grega e de Thor na mitologia nórdica.

urso[2] *Japonesa*

Um deus da montanha dos Ainu.

Urso[3] *Norte-americana*

Na tradição dos tlingit, ele foi morto por Yetl, o corvo.

Urso[4] *Norte-americana*

Um espírito urso navajo. Ele estava envolvido com Sapo, Cobra e Tartaruga em um plano para capturar duas donzelas de uma aldeia subaquática. O plano deu errado; as duas moças foram mortas e Sapo e Tartaruga tiveram sorte de escapar com vida, mas Urso e Cobra se saíram melhor. A dupla capturou as duas donzelas que foram dominadas pela fumaça dos cachimbos dos raptores que fizeram Urso e Cobra aparecer como bravos guerreiros com quem elas acasalaram.

Urso[5] *veja* **Artos**

Urso[6] *veja* **Ya-o-ga**

Urso Nandi *Africana*
também *Chemosit*

Um monstro sob a forma de um urso devorador de homens. Em alguns relatos, esse ser é descrito como meio homem, meio ave, com uma perna só e uma boca que brilha no escuro.

Urso Negro[1] *Norte-americana*

Um espírito do céu da tribo slavey, do Canadá.

Quando os animais mandaram um representante de cada espécie para perguntar por que o mundo era escuro e coberto de neve, o Urso Negro disse a eles que os sacos pendurados em sua toca continham o frio, a chuva e o vento, mas ele não podia contar o que havia no quarto saco. Quando ele saiu, os animais jogaram o quarto saco de volta à Terra, que se abriu e dele saíram o sol, a lua e as estrelas. O sol iluminou o mundo e seu calor logo derreteu a neve. Os animais então retornaram à Terra. No caminho, muitos sofreram acidentes que os deixaram permanentemente na forma em que hoje os encontramos – o bisão com a corcunda, o alce com o nariz achatado e assim por diante.

Urso Negro[2] *Norte-americana*
também Wacabe
Um espírito guardião da tribo osage.

Urso Prey-god *Norte-americana*
Uma das seis divindades guardiãs da casa de Poshaiyangkyo, o primeiro homem. Ele é responsável pelo Oeste.

ushabti *veja* shabti

ushi-oni *Japonesa*
Um monstro marinho em forma de dragão, parecido com uma baleia.

Usiququmadevu *Africana*
Um monstro do Rio Zulu. Esse monstro enorme engoliu a donzela Untombinde, todos os soldados que vieram resgatá-la e toda a sua tribo, exceto um homem, que conseguiu matar o monstro e libertar todas as pessoas que tinha engolido.

Utgard *Nórdica*
A principal cidade dos gigantes em Jotunheim; uma cidade ilusória invocada pelos Gigantes de Gelo para confundir Thor e Loki.

Uther Pendragon *Britânica*
O rei da Grã-Bretanha; pai do rei Artur.

Quando seu irmão, rei Constans, foi morto por Vortigern, Uther e seu irmão Aurelius Ambrosius foram mandados para a corte do rei Budício, na Bretanha, para escapar de Vortigern, mas voltaram mais tarde para matá-lo, queimando-o em seu castelo.

Em uma das versões, eles reapareceram como os dragões enterrados no Monte Erith (Snowdon) pelo deus do céu Llud e liberados quando Vortigern, ao construir seu castelo ali, descobre a caverna onde estavam. Eles então voaram para a Bretanha, retornando mais tarde em forma humana à frente de um exército, incendiando o castelo de Vortigern e retomando o reino. Outro relato diz que Uther conheceu e derrotou as forças invasoras do filho de Vortigern, Paschent, matando Paschent e Gillomar, seu ajudante.

Com a morte de Aurelius, Uther se tornou rei e, do dragão que apareceu no céu como presságio da morte do irmão, ele assumiu o nome Pendragon.

Ele se apaixonou por Igraine quando ela foi à sua corte com o marido, Gorlois, que a levou para a Cornualha e a trancou em um torre. Uther invadiu a Cornualha e o mago Merlin o transformou em Gorlois para que ele tivesse acesso a Igraine, sendo pai do futuro rei, Artur. Com a morte de Gorlois, Igraine e Uther se casaram e, em alguns relatos, eles tiveram uma filha, Anna.

Ele foi envenenado por um saxão, deixando o trono para um muito jovem Artur.

Há uma outra história que diz que Uther prometeu seus descendentes a Merlin em troca do acesso a Igraine. Quando Uther se opôs à entrega do bebê Artur, Merlin cegou o rei e levou a criança. E há ainda um relato de que Uther morreu sem filhos e que Artur foi trazido pelo mar e encontrado por Merlin.

Utiu *Centro-americana*
Um coiote. Na tradição maia, um dos quatro animais que trouxeram o milho de onde os deuses criaram seres humanos.

Utnapishtim *Mesopotâmica*
= *Babilônica* Atrahasis; *Suméria* Ziusudra
Um rei assírio. Ele e a mulher sobreviveram ao Dilúvio, como conta a lenda assíria. Eles desembarcaram no Monte Nisu quando as águas baixaram e, como o sumério Ziusudra, eles se tornaram imortais e ancestrais de uma nova raça de seres humanos.

Utset *Norte-americana*
também Mãe do Povo
Uma das duas irmãs, ancestrais da raça humana. Ela foi ancestral de todas as

tribos nativas; sua irmã, Nowutset, gerou todas as outras raças. Quando veio o Dilúvio, Utset levou seu povo para o mundo superior, onde ele vive agora. Levou também as estrelas em um saco, mas elas foram derramadas e espalhadas pelos céus.

Alguns dizem que ela deu o saco de estrelas a Ishits e lhe pediu para levá-las para o submundo, mas ele abriu um buraco no saco e muitas estrelas escaparam. As restantes, ela mesma colocou no céu como a Ursa Maior, Órion e as Plêiades. Utset plantou o próprio coração, a partir do qual cultivava milho e outras culturas para alimentar as tribos.

Uttuku *Mesopotâmica*
Monstros acadianos com corpo de um homem e a cabeça e membros de um animal. Esses monstros se tornam o maligno Sebettu, que causa eclipses e outros desastres.

Uzume *Japonesa*
Deusa xintoísta da dança e da diversão. Ela veio à Terra com o deus Ninigi e, dizem, tornou-se sua esposa, embora a história de sua vinda conte que ele a entregou à enorme Divindade dos Caminhos do Campo, que o ajudou a restaurar a ordem na Terra.

Uzume dançou em frente à caverna onde a deusa Amaterasu tinha se escondido depois de ter sido afrontada pelo deus de cabeça de boi Susanowa, seduzindo-a para sair.

Em alguns relatos, ela era a deusa do amanhecer, embora outros digam que esse cargo foi ocupado por sua irmã, Wakahime.

V

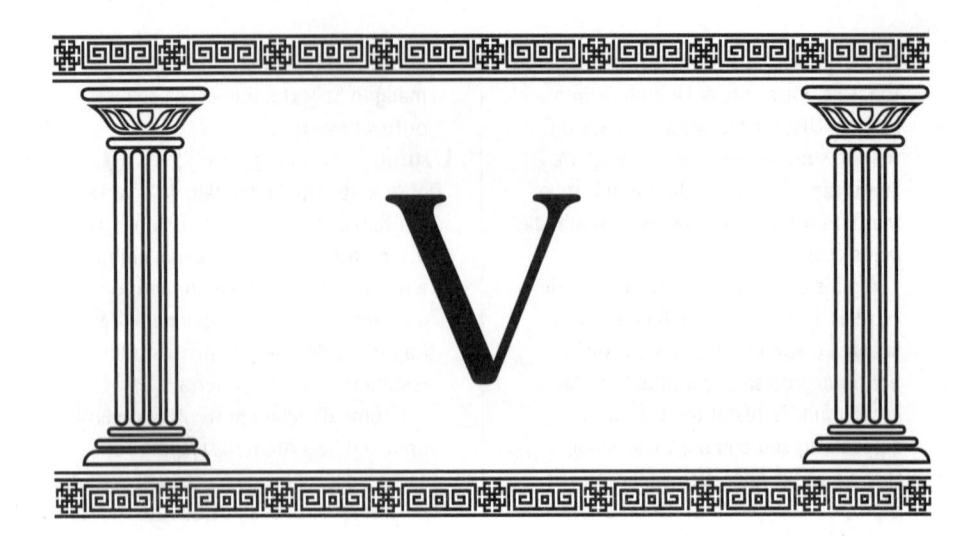

vaca
(1) Na mitologia egípcia, o animal sagrado para Hathor, Nut e Ísis.
(2) Na mitologia grega, a vaca é sagrada para Hera.
(3) A vaca é um animal sagrado no Hinduísmo.
(4) Na mitologia irlandesa, a vaca era sagrada para Brigit.

Vaca Cinza *veja* **Glas Gabnach**

Vafthruthnir *Nórdica*
O mais sábio dos gigantes. Adotou a prática de matar os que, em uma competição de conhecimento, não lhe diziam algo que ele já não soubesse. Ele participou desse concurso com Odin, que estava disfarçado de Gangrad e desejava testar sua própria sabedoria recém-adquirida, resultante da Fonte da Sabedoria – o perdedor perderia a vida. Ao final da disputa quase igualitária, o gigante reconheceu seu oponente e declarou-se perdedor. E foi morto por Odin.

vaga-lume
(1) No Japão, esses insetos são considerados as almas dos mortos.
(2) No Pacífico, os balineses acreditam que certas pessoas conhecidas como leyaks podem se transformar em vaga-lumes (ou tigres).

Vaikuntha *Hindu*
Céu, o lar de Vishnu no Monte Meru.

Vaimanika *Jainista*
Os deuses que habitam o vaimana, o palácio voador dos deuses.

Vainamoinen *Báltica*
Um herói mágico finlandês, a quem se credita a invenção da música e da cítara. Ilmatar, sua mãe, flutuou no oceano primordial por 700 anos e engravidou de Ahti, o deus das águas. Dizia-se que Vainamoinen ficou tanto tempo no ventre da mãe que já era um homem velho quando nasceu. Em alguns relatos, ele também flutuou nas águas primordiais por muitos anos. Uma águia

pôs o ovo no joelho dele e, quando caiu e quebrou, a casca se tornou a Terra e o céu. Uma história similar é contada sobre sua mãe, Ilmatar.

Quando o deus do céu Ukko enviou fogo para a Terra sob a forma de um raio, foi engolido por um peixe. Vainamoinen capturou o peixe e recuperou o fogo do seu estômago.

Ele enfrentou o gigante Joukahainen e o enterrou em um pântano. Como pagamento pela libertação, Joukahainen lhe deu sua irmã, Aino, mas ela pulou no mar em vez de se casar com um homem velho. Ele então procurou uma esposa em Pohjola, o reino dos Gigantes do Gelo, e a giganta Louhi prometeu sua filha se ele lhe fizesse uma sampo (um objeto que concede desejos). A filha também impôs uma série de tarefas quase impossíveis, como dar nó em um ovo, que ele só não conseguiu finalizar porque três espíritos malignos o fizeram se cortar com um machado.

Ao construir um barco, ele recitava alguns feitiços que uniam as várias partes com segurança, mas durante a construção do barco como uma das tarefas definidas pela filha de Louhi, ele esqueceu as palavras apropriadas e não as encontrou em lugar nenhum da Terra; então ele foi para Tuonela, o mundo inferior. Vainamoinen escapou das garras de Tuonetar transformando-se em uma serpente de aço e voltou para casa de mãos vazias. Ele então foi ao gigante Antero Vipunen que o engoliu, mas Vainamoinen martelou seu coração até ser libertado pelo gigante que lhe disse as palavras mágicas necessárias para concluir a construção do barco. Quando conseguiu terminar, voltou a Pohjola com seus irmãos Ilmarinen e Lemminkainen e roubou o sampo, mas ele foi quebrado quando Louhi provocou uma tempestade que destruiu seu barco. Vainamoinen salvou alguns dos fragmentos do sampo, que por si só trouxeram prosperidade a terra.

Em uma história, Vainamoinen fez crescer um abeto até atingir o céu e Ilmarinen escalou a árvore numa tentativa, em vão, de capturar a lua.

Outra versão conta que Vainamoinen tocava uma música tão bela em seu kantele (um instrumento parecido com uma cítara) que até o sol e a lua desciam para ouvir e eram capturados pela amante de Pohjola. Vainamoinen os encontrou e os libertou.

Ele finalmente deixou a Terra, navegando em um barco de cobre.

vainnan tytto *Báltica*
também vainnan tytar
Donzelas finlandesas das águas.

vajra *Hindu*
= *Tibetana* dorje
A arma de Indra.

Valac *Europeia*
Um demônio, um dos 72 Espíritos de Salomão. Dizem que ele é o governante dos répteis e pode indicar o local do tesouro escondido. Ele aparece como um garotinho alado, montado em um dragão de duas cabeças.

Valhala *Nórdica*
O salão dos mortos escolhidos ou palácio dos mortos em Asgard; céu.

Este palácio de Odin estava situado no bosque de Glasir e consta que tinha 540 portas enormes. As paredes eram compostas por lanças brilhantes e o telhado, escudos dourados. Os 800 ocupantes lutavam e morriam todos os dias e eram reavivados todas as noites, treinando para lutar do lado dos deuses na batalha final, Ragnarok.

A edificação foi destruída depois de Ragnarok.

Valhamr *Nórdica*
também traje de falcão, Manto de Penas
Uma roupa de voo que pertencia à deusa Freya. Essa peça de vestuário permitia que o usuário voasse. Freya ocasionalmente a emprestava para os outros.

Valquírias *Nórdica*
também Donzelas Escudeiras
Deusas menores que agiam como servas de Freya e dos escolhidos dos mortos. Foi trabalho delas decidir quem deveria cair em batalha e trazer os corpos de alguns dos atingidos para Valhala; os outros eram levados por Freya. Os escolhidos para Valhala estavam destinados a lutar ao lado dos deuses no Ragnarok e, tendo conduzido os guerreiros até Valhala, as Valquírias então esperaram por suas necessidades.

Alguns as descrevem como gigantes sanguinárias, em vez de donzelas e vários relatos apresentam números diferentes para quantas elas eram: três, seis, nove ou vinte e sete. Elas tinham a capacidade de colocar uma plumagem de cisne e descer à Terra e, em uma ocasião, três delas (Alvit, Olrun e Svanhvit) deixaram suas asas na praia enquanto se banhavam. Os irmãos Egil, Slagfinn e Volund pegaram as asas e mantiveram as donzelas como esposas por nove anos.

Há quem diga que as Valquírias podiam se transformar em lobos ou corvos.

Vamana *Hindu*
A quinta encarnação de Vishnu, como um anão.

O rei Bali tentou assumir os poderes de Indra. O anão pediu a ele apenas três passos de terra e depois se tornou um ser enorme cujos três passos teriam coberto o mundo inteiro. Ele deu apenas dois passos, cobrindo o céu e a Terra, deixando o terceiro passo, o mundo inferior Patala, para Bali.

Outros dizem que ele manteve o universo inteiro quando o cobriu em três passos e forçou Bali a descer ao mundo inferior.

vampiro
Um monstro que deixa a sepultura para sugar o sangue dos vivos; o espírito de um excomungado; um herege etc. Diz-se que um vampiro só morre quando uma estaca é cravada em seu coração ou por levar um tiro de bala de prata.

Vanaheim *Nórdica*
O lar dos Vanir sob a terra ou, como dizem alguns, no ar e no mar.

Vanavasa *Budista*
Um dos Dezoito Lohan, retratado em postura contemplativa, sentado no interior de uma caverna.

Vanir *Nórdica*
singular Van
As divindades posteriores do panteão nórdico, deuses da Terra, divindades da fertilidade, do mar e do vento.

Alguns relatos dizem que eles precederam os Aesir, outros, que eles chegaram do leste mais tarde. Eles entraram em guerra com os Aesir por muitos anos, mas acabaram fazendo as pazes, trocando reféns como uma salvaguarda contra futuros conflitos.

Vapula *Europeia*
Um demônio, um dos 72 Espíritos de Salomão. Diz-se que ele transmite conhecimentos de ciência e filosofia, e aparece como um leão alado.

Var *Persa*
Uma caverna ou um local erguida pelo semideus Yima e onde ele e espécies selecionadas sobreviveram ao Dilúvio.

Varaha[1] *Hindu*
Na mitologia védica, uma manifestação de Brahma. Nessa versão, Brahma

mergulhou ao fundo do oceano primordial, buscando a raiz do lótus que flutuava na superfície, e descobriu a terra. Ele se transformou em um enorme javali e levantou terra acima da superfície do mar em suas costas.

Outra história diz que a Terra estava tão povoada que o peso das pessoas fez com que a Terra afundasse. O javali a trouxe de volta à posição em uma presa. Quando ele move a Terra de uma presa para outra, ocorre um terremoto.

Varaha[2] *Hindu*
A terceira encarnação de Vishnu, como um javali. Nesta encarnação ele lutou, por centenas de anos, e finalmente matou o gigante Hiranyaksha que tinha arrastado a Terra para o fundo do mar.

varejeira-azul *Índias Orientais*
Na tradição de Java, um inseto que pode ser um ancestral. Diz-se que essas moscas levam os espíritos dos mortos para o mundo inferior.

Varredor de Ondas
veja **Varredor do Oceano**

Varredor do Oceano *Irlandesa*
também Varredor de Ondas
Um navio mágico, o barco do deus do mar, Manannan. Esse navio podia ler os pensamentos do marinheiro e navegar sem remos ou velas para onde ele quisesse ir. Ele foi trazido do Outro Mundo pelo deus sol Lugh e dado a Manannan.

Varuna *Hindu*
também Senhor do Oceano
= *Grega* Poseidon; *Japonesa* Ryujin
Um deus criador, governante dos céus, o céu noturno, mares e rios. Ele abdicou em favor de Indra e se tornou um deus do mar com seu próprio céu, Pushpagiri, no mar.

Ele é representado com quatro cabeças, mil braços e um estômago gordo e pode andar em um peixe, em uma carruagem com sete cavalos ou no monstro aquático Makara.

Vasilisa *Russa*
Uma camponesa. Em seu leito de morte, ela deu à filha Vassilisa uma pequena boneca de madeira que a protegeria. O pai se casou outra vez. A nova esposa e suas duas filhas ficaram com inveja de Vasilisa e mandaram que ela levasse um recado para a bruxa Baba-Yaga, esperando que a menina morresse. A bruxa lhe deu várias tarefas, quase impossíveis, e ela, com a ajuda da boneca, foi capaz de realizar. Ela esperou a bruxa adormecer e depois correu para casa, levando um dos muitos crânios da casa da bruxa. Esse crânio tinha olhos brilhantes e queimou a madrasta e suas filhas. Depois disso, Vasilisa viveu muito feliz com o velho pai.

Vassago *Europeia*
Um demônio, um dos 72 Espíritos de Salomão. Diz-se que ele é capaz de transmitir conhecimento do passado e do futuro.

Vedfolnir *Nórdica*
Um falcão que se sentou sobre uma águia empoleirada no galho mais alto da árvore do mundo, Yggdrasil, de onde observava e relatava, de lá, tudo o que acontecia nos reinos abaixo.

Velha Senhora[1] *Índias Orientais*
Na Nova Guiné, uma divindade que mantinha a lua em uma garrafa. Diz-se que alguns garotos malandros abriram o frasco e libertaram a lua. As manchas escuras que vemos no nosso satélite foram provocadas pelos dedos dos meninos quando eles tentaram pegá-la enquanto ela escapava.

Velha Senhora[2] *veja* **Kunapipi**
Velho Cego *veja* **Yokomatis**
Velho do Mar[1] *Árabe*
Um gênio malvado em *As Mil e Uma Noites*. Esse ser assumiu a forma de

um velho e se recusou a descer das costas de Sinbad, o Marujo, depois que foi carregado por um riacho. Sinbad o embebedou e depois o matou.

Velho do Mar² *veja* **Nereu, Proteu**

Velho do Polo Sul *veja* **Shou Shen**

Velho Homem *Norte-americana*
também O Velho
Um espírito criador de várias tribos. Os aleútes dizem que ele fez os humanos jogando pedras sobre seus ombros. Na tradição do pés pretos e dos modoc, ele era um herói cultural assim coo um criador. A nação kainai diz que ele fez homens e mulheres separadamente, e os colocou longe um do outro, mas logo percebeu que havia cometido um erro e os reuniu para que pudessem se acasalar. Outras tribos dizem que o Velho usava bolas de lama para fazer humanos.

Velho Homem Acima
veja **Gudratrigakwitl**

(Velho) Rei Cole *veja* **Coel**

Velo de Ouro *Grega*
O velo de cor dourada de Chrysomallon, o carneiro que levou Phrixus para um local seguro quando seu pai pretendia sacrificá-lo a Apolo. Quando ele sacrificou o carneiro para os deuses, Phrixus deu o velo para o rei da Cólquida, que o pendurou em uma árvore guardada por uma serpente. Mais tarde, foi o objeto da busca empreendida por Jasão e os Argonautas que o apreenderam e o devolveram a Iolcos.

Vênus *Romana*
= *Grega* Afrodite
Deusa da beleza, dos jardins, do amor e das fontes; uma das cinco Appiades; esposa de Vulcano. Originalmente, uma deusa itálica da vegetação, Vênus foi adotada no panteão romano e recebeu os atributos da Afrodite grega. Para os romanos, ela era a mãe de Eneias. Em alguns relatos, ela foi levada nas costas, ou transformada, em um peixe para escapar do monstro Typhon. O par aparece no céu como Peixes.

Vepar *Europeia*
Um demônio, um dos 72 Espíritos de Salomão. Diz-se que ele controla os mares e pode provocar tempestades que destroem navios, aparecendo como uma sereia.

Veralden-olmai *Báltica*
= *Nórdica* Frey
Supremo deus lapão, tido como um pilar do céu.

Veralden-shuold *Báltica*
Árvores que ajudam Veralden-olmai a apoiar o mundo. Essas árvores, erguidas em altares, são cobertas com o sangue de animais sacrificados.

Verdandi *Nórdica*
Uma das três Nornas – o presente. Ela é retratada como jovem e ativa.

Verethragna *Persa*
= *Grega* Hércules; *Hindu* Indra
Deus da vitória, um dos Yazatas. Esse deus irresistível de quatro faces teve dez encarnações – um vento, um touro com chifres dourados, um cavalo branco, um camelo, um javali, um jovem com 15 anos, uma ave (Varagna), um carneiro, um cervo e um homem com uma espada dourada. Como javali, ele foi usado por Mithra para matar seus inimigos.

Ele nasceu no oceano primordial e, segundo alguns relatos, superou o demônio Azhi Dahak, acorrentando-o ao Monte Damavand.

verme *Britânica*
Um antigo nome para um dragão ou serpente.

Verme de Lambton *veja* **Verme Laidly**

Verme Laidly *Britânica*
também Verme de Lambton
Um monstro em formas de um imenso verme. Esse monstro cresceu de uma minhoca atirada no rio por um menino que pescava. Se fosse partido ao meio, ele mesmo se uniria outra vez. O monstro foi morto quando o filho do Senhor Lambton vestiu uma armadura com lâminas afiadas para que, quando se enrolasse à sua volta, ele o cortasse em centenas de pedaços pequenos. A bruxa que o aconselhara a usar esse método para matar o monstro exigiu que ele matasse o primeiro ser vivo que visse saindo da água. E acabou sendo seu próprio pai. Quando o menino se recusou a fazê-lo, a bruxa lançou uma maldição sobre sua família.

Verme Negro de Barrow (literalmente) *Galesa*
Um verme enorme ou uma serpente que vive no Monte do Luto. Ele tinha uma pedra em sua cauda que podia produzir ouro para quem a possuísse. O monte era protegido por 300 cavaleiros e cada um queria a pedra. Quando o Opressor Negro tentou roubar a pedra, a serpente cegou um de seus olhos, Peredur, Cavaleiro da Távola Redonda, matou a serpente e deu a pedra a seu ajudante, Edlym.

Vesta *Romana*
= *Grega* Héstia
A deusa do fogo, a lareira, o lar; uma das cinco Appiades. É retratada com uma tigela e uma tocha.

O fogo sagrado em seu templo, que se diz ter sido trazido de Troia por Eneias, nunca teve a permissão para sair e foi atendido por seis virgens vestais. Cada uma delas tinha que servir, cuidando do fogo no templo e mantendo sua virgindade, durante trinta anos. As que quebravam os votos eram enterradas vivas. Dizem que só dezoito falharam em mil anos.

Vestri *veja* **Westri**

Véu da Invisibilidade *Irlandesa*
Um manto protetor que tornava os danaans invisíveis aos mortais e lhes dava imortalidade. Dizem que esse manto foi um dos três presentes que o deus Manannan deu para os danaans. Os outros foram a Festa de Giobhniu e os Porcos de Manannan.

Via Láctea
(1) Na tradição asteca, essa galáxia era personificada na deusa Citlanlinicue ou como Chicomexochtli.
(2) Na mitologia grega, Hera foi induzida a amamentar o bebê Hércules, que tinha sido abandonado, e dizia-se que um jato de leite de seu peito formou a Via Láctea.
Outra história diz que ela é a trilha que Faetonte percorreu em sua cavalgada selvagem pelos céus na carruagem de seu pai, o deus sol Hélio.
(3) Os cheyenne veem esse grupo de estrelas como uma "estrada suspensa", Ekutsihimmiyo, entre o céu e a terra.
(*Veja também* **Bifrost, Caminho de Irmin**.)

Videira do povoamento (literalmente) *Ilhas do Pacífico*
A videira plantada por Tangaroa na criação e a partir da qual brotou a raça humana.

vila *Europeia*
também veela
Uma fada de água sérvia. Esses seres são vistos como belas garotas com cabelos louros e esvoaçantes, que são espíritos de mortos não batizados.
Outras histórias dizem que elas são os espíritos de moças comprometidas,

que morreram antes de se casar. E, nessa forma, perambulam à noite, forçando jovens a dançar com elas até caírem mortos de cansaço.

Dizia-se também que, às vezes, elas apareciam sob a forma de cisnes.

Ville au Camp *Caribenha*
Um cidade subaquática, lar dos espíritos vodus haitianos.

Vilmund *Nórdica*
Um herói. Ele viveu com os pais em uma área remota e não conhecia outras pessoas. Um dia, ele ouviu uma voz que vinha de trás de uma pedra dizendo que a dona do sapato, que Vilmund tinha acabado de encontrar, só se casaria com o homem que o devolvesse a ela.

Vilmund começou a explorar o mundo maior e chegou a um reino governado pelo rei Visivald e, depois de derrotar o filho do rei Hjarandi em uma luta, tornou-se seu amigo. Ele uniu forças com Hjarandi para destruir o exército de Gullbra, um pretendente à mão da meia-irmã de Hjarandi. E então eles mataram Kolr, que tinha se casado com Soley, irmã de Gullbra.

Na verdade, a menina com quem Kolr tinha se casado era uma serviçal que substituiu Soley, que havia desparecido. Seu pai acreditava que Vilmund a tinha matado e o baniu. Para provar que era inocente, Vilmund voltou à rocha, entregou o sapato a Soley, que morava lá, e a levou de volta para o palácio de seu pai.

Vimana *Hindu*
A carruagem dos deuses.

Vindhya *Hindu*
Uma montanha que, em seus esforços para ficar mais alta que o Monte Meru, ameaçou bloquear a luz do sol. O sábio Agastya, a pedido dos deuses, interrompeu seu crescimento. Ele simplesmente pediu que a montanha fizesse uma pausa até sua volta – o que ele nunca fez.

Viné *Europeia*
Um demônio, um dos 72 Espíritos de Salomão. Diz-se que ele era capaz de construir torres inexpugnáveis e podia transmitir conhecimento do passado e do futuro. Ele aparece como um leão sobre um cavalo preto.

vingança
Um fantasma; o espírito de alguém que voltou dos mortos. Tais espíritos podem ser humanos, partes de humanos (como cabeça, mãos etc.), animais de vários tipos, luzes se movendo sobre sepulturas, veículos... Eles são considerados incapazes de descansarem até voltarem para completar alguma tarefa inacabada ou para passar adiante alguma informação importante, ou porque foram assassinados ou vítimas de alguma violência acidental. Eles têm a reputação de fazerem quase todas as coisas que os mortais fazem, como tossir, tocar algum instrumento, mover os móveis etc.

Vinte e Quatro Cavaleiros *Britânica*
Uma lista inicial dos cavaleiros da corte do rei Artur. Entre os nomes mais famosos que fazem parte dessa lista estão Bors, Galahad, Gawain, Lancelot, Mordred, Owain, Percival e Tristão. Outros mencionados foram Aron, Blaes, Cadog, Cyon, Drudwas, Eiddilig, Eliwlod, Glewlwyd, Hoel, Llywarch, Menw, Morfran, Nascien, Petroc e Sandda.

Viracocha *Sul-americana*
também Kon-tiki
Um antigo deus criador peruano, deus da tempestade e deus do sol, reconhecido pelos incas. Dizem que ele emergiu do Lago Titicaca ou da caverna Pacari. Em

uma enchente, ele destruiu os humanos criados por um deus anterior, ou por seus próprios esforços malsucedidos, e fez novas raças apropriadas ao seu ambiente, viajando entre elas, e ensinando-lhes as habilidades básicas. Ele finalmente desapareceu no Pacífico, caminhando sobre as águas. Ele é representado com o sol como coroa e segurando raios.

Virava *Báltica*
Uma deusa finlandesa da floresta. Ela pode aparecer como um animal, uma chama ou um rodamoinho.
(*Veja também* **Tapio**.)

Vishnu *Hindu*
também Senhor da Sabedoria Sagrada, Senhor do Universo
Como preservador da vida. O deus Vishnu interfere como um avatar sempre que o mal se torna dominante, fazendo com que o progresso dos homens seja difícil. Nessa capacidade, ele tem dez encarnações:

1. Matsya, um peixe
2. Kurma, uma tartaruga
3. Varaha ou Keseva, um javali
4. Narasinha, um homem/leão
5. Vamana, um anão
6. Parashurama, filho de um ermitão
7. Rama (Ramachandra), um mortal
8. Krishna (ou Balarama)
9. Buda

com a décima, como Kalki, um cavalo branco, ainda por vir.

Algumas versões dizem que Krishna é um deus em seu próprio direito e que a oitava encarnação foi como Balarama. Lakshmi apareceu em cada uma de suas encarnações e se casou com ele. Além disso, diz-se que existem entre 16 e 39 avatares menores.

Ele deu sua esposa Ganga a Shiva e Sarasvati a Brahma quando percebeu que lidar com três esposas seria demais para ele. Suas armas são a espada Handaka, o arco Sarnga e o disco, e ele é transportado pelo pássaro solar Garuda.

Geralmente, ele é descrito como um belo jovem azul-escuro, com quatro mãos, nas quais segura um taco, um disco, uma flor de lótus e uma concha, mas, às vezes, é mostrado de forma combinada com Shiva à direita e Vishnu, à esquerda. Eles se associaram dessa maneira para derrotar o demônio Guha, já que nenhum deles o derrotaria sozinho.
(*Veja também* **Jagannath**.)

Vishvakarma *Hindu*
Um deus criador e deus dos artesãos; um aspecto de Brahma, Indra ou Prajapani.

O esplendor de Surya, o deus sol, era poderoso demais para sua esposa, Sanjna, então seu pai, Vishvakarma raspou parte de seu poder em um torno. E usou as raspas para fazer o disco de Vishnu, o tridente de Shiva e, dizem alguns, o elefante Airavata. Dizem que ele provou a arte e a ciência da arquitetura, construiu carros para os deuses, um salão para Yudhishthira (irmão de Arjuna) e a cidade de Chandrapura, e o rei macaco Nala. A ele se credita também a criação de Jagannath ao tentar colocar carne nova nos ossos do Vishnu morto e foi interrompido por Krishna para que o trabalho nunca fosse concluído, deixando a versão deformada.

Vison *Norte-americana*
Um animal que tentou achar terra seca para que Manabush pudesse recriar o mundo após o Dilúvio. Vison morreu na tentativa assim como dois outros animais, Castor e Lontra. O único a ter sucesso foi o Rato-almiscarado.

vodyanik *Russa*
Um espírito da água masculino, um tipo de karliki. Esses seres podem assumir formas

diferentes, virando barcos de pescadores e afogando nadadores. Eles costumam viver em águas represadas. No fundo, usam as almas dos afogados como servos e permitem que os cadáveres flutuem até a superfície. Eles podem ser propiciados pelo sacrifício de um porco preto.

Em alguns relatos, sua juventude é restaurada com as fases da lua; em outros eles podem ser representados como velhos gordos usando um chapéu de junco.

(*Veja também* **rusalka**.)

Volsung *Nórdica*

Neto de Odin; pai de uma filha, Signy, e de Sigmund e outros nove filhos.

Quando seu pai, Rerir, lamentou não ter filhos, a deusa Frigga enviou seu mensageiro Gna para que ele deixasse uma maçã cair do céu. Quando comeu a maçã, a esposa de Rerir deu à luz Volsung, depois de uma gravidez de sete anos. Os pais do menino morreram logo após seu nascimento e ele se tornou governante de Hunaland ainda criança. Seu palácio tinha um carvalho enorme, Branstock, no qual Odin empurrou a espada Gram, que cresceu pelo telhado.

Sua filha, Signy, casou-se com Siggeir, rei dos godos, e, pouco depois do casamento, Volsung foi morto. Os filhos fizeram uma visita ao país de Siggeir, caíram em uma emboscada dos godos e Volsung foi morto.

Volund *Nórdica*

= *Britânica* Wayland

Rei dos Elfos; um ferreiro.

Em uma história, irritado com as infidelidades de Vênus, ele fez uma capa especial. Todos que a usassem tornavam-se maus.

Quando as donzelas Alvit, Olrun e Svanhvit voaram para a terra para se banhar, deixaram suas asas de cisne na praia. Volund e seus irmãos pegaram as asas e mantiveram as três donzelas como suas esposas por nove anos, até elas recuperarem as asas e voarem para longe. Alvit tinha dado um anel a Volund e, em vez de ir atrás dela em uma busca infrutífera, ele se ocupou em fazer 700 cópias do anel.

Ele foi capturado por Nidud, rei da Suécia, e, além de ser acusado de roubo e ter os nervos de suas pernas cortados, Volund foi forçado a trabalhar incessantemente na confecção de ornamentos e armas. Volund então matou os dois filhos de Nidud e mandou suas cabeças, decoradas com pedras e metais preciosos, para seu pai. Ele também prendeu e violentou Bodwild, a filha de Nidud, e, usando as asas que ele próprio criara, voou para Alfheim, onde reencontrou Alvit. Lá, continuou trabalhando como ferreiro, forjando armas maravilhosas, incluindo as espadas Miming, para o filho Heime; Balmung para Sigmund; Joyeuse para Carlos Magno, e, dizem alguns, Excalibur para o rei Artur.

Vorys-mort *Russa*

Um espírito da floresta. Este ser assume a forma de uma rodamoinho para levar animais e homens. Aqueles que temem usar seu verdadeiro nome devem chamá-lo de Dyadya, "Tio".

Votan *Centro-americana*

também Mestre do Tambor Sagrado

Um misterioso deus maia. Sua divindade, que dizia ser uma serpente, afirmou que tinha sido enviado à Terra pelos deuses do céu para dar início a uma nova cultura baseada em seus ensinamentos. Como guardião, tinha por função olhar pelo instrumento sagrado, o Tepanaguaste.

Em alguns relatos, ele é identificado com Quetzalcoatl ou Tepeyollotl.

Vu-murt *Russa*
Um deus do Rio Votyak. Geralmente, ele é considerado um ser maligno, mas, às vezes, é útil aos pescadores. Dizem que ele aparece na margem de um rio, seja como homem ou como mulher, totalmente nu, penteando os longos cabelos negros, desaparecendo se algum ser humano se aproxima.

Vual *Europeia*
Um demônio, um dos 72 Espíritos de Salomão. Ele pode transmitir conhecimento do passado e do futuro, e pode fazer uma mulher se apaixonar. Ele aparece como um camelo ou, às vezes, como homem.

Vulcano *Romana*
= *Grega* Hefesto
Deus do fogo e dos trabalhos em metal; filho de Júpiter e Juno; marido de Vênus. Ele mancava por ter sido lançado do céu e montou sua forja no Monte Etna, onde fez um trono dourado para Juno, os raios lançados por Júpiter e as flechas para o arco de Cupido.

Ele era dono de um espelho que podia contar o passado, o presente e o futuro.

Em uma história, desgostoso com as infidelidades de Vênus, fez uma manto especial. Todos os que o vestissem tornavam-se cruéis.

Vyasa *Hindu*
Um deus da sabedoria: uma encarnação de Vishnu para alguns. Dizem que ele escreveu os *Vedas* e os *Puranas* junto com Mahabharata, o qual, diz-se, ele ditou ao deus Ganesha. É tido como alguém extremamente feio.

W

Wabun *Norte-americana*
Um deus do sol e um herói algonquino. Ele foi um dos quádruplos nascidos do ser primordial, que morreu ao dar à luz. Ele representava o leste; os outros três eram Kabibonokka (norte), Kabun (oeste) e Shawano (sul). Ele afugentou a escuridão, anunciando o dia.

A esposa de Wabun era Wabund Annung, a estrela da manhã.

Wacabe *veja* **Black Bear²**

Wadjet *Egípcia*
também Edjo, Senhora do Céu, Rainha dos Deuses, Udjat
Uma deusa cobra do Baixo Egito. Ela é descrita como uma cobra que respira fogo e representa a soberania do faraó. Dizem que ela criou os pântanos de papiros e que amamentou o bebê Hórus.

Wagu *Australiana*
Um herói da cultura dos aborígenes. Ele e Biljata estabeleceram as regras dos casamentos para evitar o incesto. Ambos se transformaram em aves como resultado de truques jogados um no outro. Wagu se tornou um corvo.

Wai-ora-a-Tane *Neozelandesa*
Um rio em que os maori dizem que a lua se banha para restabelecer sua saúde.

Wainadula *Ilhas do Pacífico*
O poço do esquecimento. Em Fiji, acredita-se que os mortos bebem a água desse poço para esquecer as tristezas deste mundo.

Wakan Tanka *Norte-americana*
também Grande Mistério, Pássaro do Trovão, Grande Espírito
Um deus criador dos sioux. São criação sua os quatro grupos de deuses conhecidos como Superiores, Associados, Bondosos e Divinos, todos eles considerados como aspectos de si mesmo. Ele também criou os seres humanos, mas o monstro da água, Unktahe, causou uma inundação para afogá-los. Wakan Tanka e os seguidores do Pássaro do Trovão lutaram contra o monstro e seus descendentes, matando-

os com raios. Ele se dividiu em quatro para fazer Inyan, Maka, Skan e Wi.

Wakea *Ilhas do Pacífico*
Chefe ancestral do Havaí. Apesar de mortal, ele era marido de Papa, a deusa da Terra, com quem tinha uma filha, Ho'ohoku-ka-lani. Sua mulher o deixou quando ele foi pai de crianças com a própria filha: a primeira foi uma raiz que se transformou em uma planta; a segunda foi o humano Ha-loa. Em uma história, ele fez o mundo a partir de uma cabaça suportada por Papa.

Wakiash *Norte-americana*
também Pássaro do Trovão
Um chefe kwakiutl. Buscando uma dança própria, ele foi levado nas costas de corvo, pousou em uma casa cheia de animais que adotaram a forma humana e foi autorizado a usar algumas de suas danças e canções. Na volta para casa, ele descobriu que tinha estado fora não quatro dias, mas quatro anos. Ele ensinou ao povo as músicas e sua nova dança e fez um totem, Kalakuy.

Wakinyan *Norte-americana*
também Pássaro do Trovão
Um deus do trovão, uma manifestação de Wakan Tanka. Na tradição do povo de Dakota, eles são os Voadores, as divindades que trazem ventos tempestuosos.

Wakonda *veja* **Wakan Tanka**

Wakonyingo *Africana*
Os anões que vivem no Monte Kilimanjaro. Diz-se que essas pessoas têm a cabeça muito grande e dormem sentadas, porque, se se deitam, não conseguem se levantar outra vez sem ajuda. Eles têm escadas com as quais podem alcançar os céus.

wallaby *Índias Orientais*
O progenitor da raça humana. Em Papua, dizem que as larvas criadas no corpo de uma canguru morta se transformaram nos primeiros seres humanos.

Walleyneup *Australiana*
Deus supremo. Seu filho Bindinoor foi ferido e Walleyneup, embora um deus, não pôde curar as feridas e Bindinoor morreu. O resultado foi que Walleyneup decidiu que a humanidade não deveria mais ser imortal.

Wandjina *Australiana*
Espíritos da chuva dos aborígenes. Indignados com o comportamento dos primeiros humanos, estes seres causaram o dilúvio que destruiu todos eles e depois criaram uma outra raça mais civilizada. Satisfeitos com sua obra, tornaram-se invisíveis e se retiraram para viver em poças de água.

Esses seres são descritos como semi-humanos com o rosto cheio de ossos e sem boca. Às vezes, faltam os membros. Os aborígenes diziam que, se o espírito tivesse boca, choveria o tempo todo.

Dizem que eles controlam o clima e podem aparecer sob várias formas, como aves e seres humanos.

Waq-Waq *Árabe*
Uma árvore mitológica, que dá frutos em forma de cabeças de animais ou humanos, as últimas com capacidade de fala.

Quando Alexandre, o Grande, finalmente chegou às ilhas em que essas árvores cresciam (as ilhas Waq-Waq, situadas no fim da Terra), ele foi aconselhado por essas cabeças falantes a desistir de novas tentativas de conquistas.

Wati-kutjara *Australiana*
Dois homens-lagartos, Kurukadi e Mumba, ancestrais criadores dos aborígenes. Eles mataram Kidilli que havia tentado violentar uma das primeiras mulheres. Kidilli tornou-se a lua; as mulheres, as Plêiades; e os dois homens-lagartos a constelação de Gêmeos

Wayland *Britânica*
também Wayland Smithy
= *Germânica* Wieland; *Nórdica* Volund
O deus ferreiro, deus dos artesãos.

Wayland's Smithy *Britânica*
Um círculo megalítico em Berkshire, Inglaterra. Um cavalo deixado aqui com algum dinheiro (6d na antiga moeda britânica) será esquartejado por um ferreiro invisível.

wedjat *veja* **udjat**

Westri *Nórdica*
também Vestri
Um dos quatro anões que sustentam o céu (oeste). (*Veja também* **Austri, Nordri, Sudri**.)

Whiskey Jack *veja* **Wisagatcak**

Wigan *Ilhas do Pacífico*
Irmão e marido de Bugan. Este casal foi o único sobrevivente do Dilúvio segundo a tradição das Filipinas.

Wild Reindeer Buck *veja* **Elwe'kyen**

wirricow *Escocesa*
também worricow, worrycow
Um hobgoblin.

Wisagatcak *Norte-americana*
também Whiskey Jack, Wolverine;
= *Fox* Wisaka
Um deus trapaceiro do povo cree. Por provocar problemas entre homens e animais, ele irritou o grande deus Gitchi Manitou que enviou uma inundação da qual apenas alguns (incluindo Wisagatcak) sobreviveram para repovoar o mundo.
   Outra versão diz que quando ele não conseguiu capturar um castor, pôs abaixo a represa do animal. Os castores usaram sua magia para manter as águas fluindo até cobrir o mundo todo. Wisagatcak fez uma jangada e salvou o maior número de animais que pôde. Muitos morreram tentando encontrar terra sob as águas até que o lobo espalhou musgo sobre a jangada. A terra cresceu no musgo e continuou crescendo até cobrir a jangada e, finalmente, o mundo inteiro.

Wishpoosh *Norte-americana*
Um monstro em forma de castor. O povo nez perce, em cuja tradição esse monstro aparece, é seu descendente. Coyote, o deus trapaceiro, travou uma batalha titânica com Wishpoosh e ganhou quando se transformou, primeiro, em um galho que o monstro engoliu, e depois voltou à sua forma normal, apunhalando o coração do animal. Coyote então criou novas tribos a partir da imensa carcaça de Wishpoosh.

wivern *Britânica*
também wyvern
Um monstro alado em forma de um dragão com duas pernas. A versão sem asas dessa criatura é conhecida como lindworm.

Wo *Africana*
Zamba, o supremo deus do povo yaunde, permitiu que seus quatro filhos fizessem os seres humanos e Wo, o chimpanzé, fez os curiosos.

Wodan *Germânica*
= *Anglo-Saxã* Woden; *Nórdica* Odin
Deus da guerra; a forma alemã de Odin.

Woden *Anglo-Saxã*
= *Germânica* Wodan; *Nórdica* Odin
Deus da guerra; a forma anglo-saxã de Odin (*Veja* **Odin**).

Wolverine *veja* **Wisagatcak**

Wonomi *Norte-americana*
O deus criador do povo maidu. Ele e Coyote criaram o primeiro homem e mulher a partir de imagens de madeira e mostraram a eles como reviver os mortos, imergindo-os em um lago. Ele foi destituído por Coyote e se retirou para o céu.

woodhouse *Britânica*
também woodwose
Um sátiro ou fauno; um deus menor da floresta; um deus dos pastores.

Woodtick *Norte-americana*
Uma personagem em uma das histórias sobre Coyote. Depois de dar carne ao faminto Coyote, ele foi morar em sua casa. Ela os manteve bem abastecidos de carne, chamando os cervos para sua tenda onde furou as orelhas de dois deles e deixou livres todos os outros. Coyote achou que podia fazer a mesma coisa e matou Woodtick. Quando ele tentou repetir o que ela tinha feito, toda a carne que havia na tenda se transformou em cervos e fugiu. Coyote logo ficou faminto outra vez.

worricow, worrycow *veja* **wirricow**

wu *veja* **t'ien-wu**

Wu Chi *Chinesa*
O estado que surgiu quando o Tao, base onipresente do ser, passou a existir. Diz-se que desse estado nasceu o Hun-tun, o estado do caos, do qual evoluíram o tempo e o espaço.

Wu Kang *Chinesa*
Um homem na lua. Ele foi banido para a lua quando perturbou os espíritos. Seu castigo o condenou eternamente a cortar uma cássia, mas todos os cortes feitos pelo machado se fechavam imediatamente para que ele nunca completasse o trabalho.

Em outras versões, ele estava pronto para cortar árvores de canela, mas, como fez a tarefa muito depressa, elas cresceram outra vez.

Wu-k'o *Chinesa*
Um dos Dezoito Lohan em alguns relatos. Dizem que ele viveu em uma árvore e é retratado nessa situação.

Wu Yüeh *Chinesa*
também Cinco Montanhas Sagradas
Cinco montanhas vistas como o lar dos deuses. Seus nomes são: Heng Shan (em Hunan), Heng Shan (em Shanxi), Hua Shan, Sung Shan e Tai Shan. O Ministério Celestial das Cinco Montanhas Sagradas (também conhecido como Wu Yüeh) é dirigido por Tung Yüeh Ta ti.

Wurruri *Australiana*
Um velha senhora na tradição dos aborígenes. Dizem que ela era responsável pelo fato de as tribos falarem línguas diferentes. Em vida, tinha o hábito de espalhar fogos com o cajado que carregava e, quando morreu, as pessoas celebraram e comeram seu corpo. Aqueles que comeram partes diferentes do corpo depois falaram línguas diferentes.

Wyrd *Nórdica*
Uma deusa do destino. Segundo alguns relatos, ela é como Urda; em outros, ela é todas as Nornas em uma; e ainda dizem que ela é a mãe deles.

Wyungare *Australiana*
Um caçador lendário. Ele foi criado a partir de excrementos e cresceu para ser um grande caçador. Ele amarrou uma corda à sua lança e a jogou no céu, e então ele e suas duas esposas subiram pela corda até o céu, onde agora são vistos como estrelas.

wywern *veja* **wivern**

X

Xangô *Africana*
Um deus do trovão, deus da guerra e deus da justiça do povo Iorubá. Ele era rei na cidade de Oyo que vivia em um palácio de bronze e tinha uma grande quantidade de cavalos. Dizia-se que ele respirava chamas. Ele se enforcou para escapar de seus inimigos e foi deificado. Em algumas histórias, ele escalou uma corrente de ouro para chegar ao céu e se tornou o deus do trovão. Ele é descrito com a cabeça de um carneiro.

Xelhua *Centro-americana*
Um herói da cultura asteca. Ele foi um gigante que sobreviveu ao Dilúvio subindo ao topo de uma montanha.

Uma outra versão diz que ele construiu uma torre de tijolos para escapar do Dilúvio, mas o edifício, atingido por um raio, foi destruído.

Xhindi *Balcânica*
Espíritos albaneses. Esses seres costumam ser bondosos, mas traem sua presença na casa, fazendo as escadas ranger e as luzes piscarem.

Xibalba *Centro-americana*
O mundo inferior maia ou, em algumas versões, seus habitantes ou seu governante Vucub-Caquix.

Xipetotec *Centro-americana*
Um esfolado deus asteca da agricultura, da fortuna, dos metalúrgicos e da primavera. Ele é Tezcatlipoca, Nanahuatl ou Quetzalcoatl.

Sob um aspecto, ele trouxe alimento ao homem, deixando-se esfolar vivo; em outro, ele é responsável por muitas das doenças que afligem a humanidade.

Ele aparece retratado de três formas diferentes: um colhereiro, uma cotinga-azul (uma espécie de ave) ou um tigre, representando céu, terra e inferno ou fogo, terra e água, mas era frequentemente descrito como um deus vermelho carregando um escudo redondo.

Xithuthros *Mesopotâmica*
Um sobrevivente do Dilúvio. Ele é descrito de várias maneiras, como armênio, babilônio ou caldeu. Na versão babilônica, ele era um rei e construiu uma arca onde ele, sua família e alguns outros sobreviveram ao Dilúvio. Quando a arca pousou na montanha sagrada de Ravandiz, Xithuthros tornou-se imortal.

Em alguns relatos, este é o nome grego para Ziusudra.

Xiuhtecuhtli *Centro-americana*
Um deus asteca do fogo e dos vulcões. Ele atuou como guia das almas dos mortos e é o governante de Tlalticpac, o mais baixo dos treze céus.

Dizem que ele apoia o universo sobre um pilar de fogo e age como o guardião do centro e é representado como um homem velho que carrega um braseiro ou espelho e uma serpente amarela.

Xochitonal *Centro-americana*
Um crocodilo feroz na sabedoria dos astecas. Essa fera foi um dos muitos perigos enfrentados pelas almas dos mortos em sua jornada pelas várias camadas do submundo.

Xolotl *Centro-americana*
Um deus do sol asteca ou deus do infortúnio, um deus do mundo inferior com cabeça de cachorro; irmão gêmeo de Quetzalcoatl.

Ele assumiu a forma de um cachorro em alguns aspectos, mas seus pés eram voltados para trás. Em seu papel de senhor da estrela da noite, ele fazia o sol afundar a cada noite.

Ele foi ao submundo e trouxe os ossos dos quais a humanidade foi criada. Na história que conta como os deuses se sacrificaram para criar o homem, ele agiu como seu carrasco e depois se matou. Outra versão diz que os deuses morreram para persuadir o sol a retomar sua jornada pelo céu e, nessa versão, Xolotl executou os outros deuses, mas recusou-se a se matar. Para escapar, ele se transformou primeiro em um pé de milho, depois em uma agave e, por fim, em uma salamandra larval, o axolotle. Ele acabou sendo sacrificado e o sol começou a se mover novamente. Há relatos que dizem que ele foi morto ao ser fervido em uma chaleira.

Ele é descrito como um bobo da corte anão, que tem as órbitas dos olhos vazias porque, diz-se, seus olhos caíram quando ele chorou pela morte dos outros deuses.

Y

Yabuling *Índias Orientais*
Um deus papuano.
Dizem que ele criou porcos.

Yaégiri *Japonesa*
Um espírito da montanha, uma das musas de Yama-uba.

Ela se apaixonou por Sakata Kurando, um soldado. Quando foi dispensado da guarda do imperador, ele se suicidou e ela foi para as montanhas onde nasceu seu filho, Kintaro.

Ela era um espírito do mal, que se transformou em uma bela mulher para atrair homens para as montanhas, onde se tornou um demônio terrível e matou suas vítimas.

Yaguarogin *Sul-americana*
Um tigre verde. Algumas tribos na Bolívia dizem que esse animal vive no céu e causa eclipses do sol quando primeiro o engole e depois regurgita.

Ya-hsek-khi *Birmanesa*
A primeira mulher, criada por Hkun Hsang Long.

Ela e Ta-hsek-khi nasceram em forma de girino. Depois de comer uma cabaça, eles se uniram e receberam novos nomes. Ela se tornou Ya-hsang-kahsi (Yatai). Eles tiveram uma filha: Nang-pyek-kha Yek-ki.

Yajna *Hindu*
Um deus, a personificação do ritual; um avatar de Vishnu. Ele mora nos céus como uma constelação menor e é descrito como tendo a cabeça de um cervo.

yaksha *Hindu*
feminino yakshi(ni)
Um demônio da floresta ou da montanha. Esses seres mudam de forma e podem aparecer como belos jovens ou anãs negras e gordas, ou mesmo como árvores. Em seu lado amigável, são punyajana.

Yakshini aparecem frequentemente disfarçadas como mulheres atraentes, que enfeitiçam os viajantes. Algumas, conhecidas como ashramukhi, têm a forma de mulher com cara de cavalo.

(*Veja também* **rakshasa**).

Yaksha-Loka *Hindu*
A casa dos yakshas.

yakshagraha *Hindu*
Uma versão de um yaksha que pode se apossar de mortais, deixando-os loucos.

yale *Britânica*
Um monstro em forma de um antílope; ou um animal com corpo de cavalo, chifres curvos, presas e cauda de elefante; ou uma combinação de javali, elefante, cervo e unicórnio.

Yalungur *Australiana*
Um espírito criador de algumas tribos do norte. Originalmente, Yalungur era homem, mas Gidja, outra criadora do Tempo do Sonho, cortou seu pênis e inseriu uma boneca na ferida (que se tornou a vagina), de onde ela foi trazida à vida e nasceu como o primeiro ser humano.

Yama¹ *Budista*
O deus dos mortos, governante de uma das cortes do mundo inferior. Originalmente, ele era um dos primeiros pares de seres humanos e depois passou a ser considerado uma divindade do mal, que um dia renascerá como um Buda conhecido como Rei Universal.

Em uma das histórias de sua origem, ele era um santo tibetano que morreu e foi decapitado por ladrões que tinham roubado e matado um touro. O santo ressuscitou imediatamente, colocou a cabeça do touro no lugar da sua e se tornou um demônio agressivo que finalmente foi subjugado e convertido ao budismo por Manjushri, que tinha assumido a forma de um demônio ainda mais amedrontador, Yamantaka, e dominou Yama, convertendo-o ao budismo, fé na qual ele se tornou deus dos mortos, senhor do submundo. (*Veja também* **Dez Reis Yama**.)

Yama² *Hindu*
= *Chinesa* Yen Wang; *Grega* Hades; *Japonesa* Emma-O
O primeiro homem; também deus dos mortos; um dos Dikpalas.

Yama foi escolhido como deus dos mortos, senhor do submundo, e tinha dois cães com quatro olhos, Sabala e Syama, que guardavam seu palácio, Kalichi, em Yamapura, a capital de seu reino, e juntavam as almas dos mortos. Alguns dizem que seus mensageiros, a coruja e o pombo, amarravam os espíritos dos mortos em um laço e os transportavam através do Rio Vaitarani para Yamapura. Quando as almas chegavam a Yamapura, ele as saudava como Pitripati, Senhor dos Ancestrais, agia como seu juiz, Samavurti, e como Dandadhara, punha em prática a sentença do juiz. Seu veredicto sobre uma alma determinava se ela seria devolvida para renascer, enviada para o céu ou para um dos 21 infernos.

Como Dikpala, ele era responsável, com seu elefante Vamana, pela região sul.

Ele é descrito como um ser verde, vestido de vermelho, carregando uma maça e um laço, e montando um búfalo.

Yama³ *Persa*
Um deus do mundo inferior, controlador da Ponte Chinvat, a ponte que as almas dos mortos têm que atravessar.

Yama⁴ *Tibetana*
Um deus-guia budista; um dos Dharmapalas. Ele é um dos guardiões do Dalai Lama.

Yama Enda *Índias Orientais*
também Mulher Doente
Um demônio feminino em Papua. Ela assume a forma de uma bela donzela que atrai homens e depois os come.

Yama-uba *Japonesa*
Um espírito feminino da montanha. Dizem que os cabelos desses espíritos são cobras e eles têm uma boca no topo da cabeça.

Yamadi *Birmanesa*
Um senhor que resgatou um jovem afogado. A mãe do rapaz deu ao homem um pássaro morto que, apesar de muito velho, não tinha se deteriorado. Yamadi encontrou uma semente alojada na garganta do pássaro e a tirou. Imediatamente o corpo começou a apodrecer. A semente, plantada em solo sagrado, tornou-se a primeira árvore de chá.

Yamantaka *veja* **Yama**[1]

Yamato-no-Orochi *Japonesa*
Um dragão com oito cabeças. Essa fera, que era grande o suficiente para cobrir oito montanhas e vales, e tinha até árvores crescendo em suas costas, estava atacando a donzela Inada-hime quando Susanowa, deus do mar com cabeça de boi, chegou ao local. Ele matou o dragão e se casou com a moça.

Em uma das caudas do dragão, Susanowa encontrou Kusangi, a espada mágica.

Yami *Hindu*
A primeira mulher, filha de Vivasvat ou Surya com Sanjina; irmã gêmea e mulher de Yama[2]. Ela se tornou a deusa Yamuna, deusa do Rio Jumna.

Yanauluha *Norte-americana*
Um curandeiro do povo zuni, que ensinou à humanidade as artes da agricultura. Quando ele bateu no chão com seu cajado, apareceram quatro ovos: dois brancos e dois azuis. Algumas pessoas escolheram os brancos. Deles saíram araras coloridas que voaram para o sul. Os que escolheram os ovos azuis alimentaram os pássaros esbranquiçados que surgiram, apenas para descobrir que estes se transformaram em corvos. Os dois grupos evoluíram e, por um lado, tornaram-se ativos e fortes e, por outro, suaves e sábios.

Yao *Chinesa*
Um sábio que se tornou um dos Cinco Imperadores. Ele governou por setenta anos e, depois, deu o trono a Shun, que se casou com sua filha.

A ele é creditada a invenção do calendário e a construção do primeiro observatório.

Yao Wang *Chinesa*
Um médico ermitão, mais tarde deificado. Dizia-se que ele vivia do ar e do vinho e uma vez salvou a vida de uma cobra e tirou um osso alojado na garganta de um tigre. Grato, o felino passou a guardar a casa do médico. Quando ele foi levado para a casa do dragão-rei Ching Yang, a filha do rei agradeceu a ele por ter salvado a vida de seu filho – essa criança tinha sido a cobra.

Como divindade, ele se tornou o chefe do Ministério da Medicina.

Ya-o-ga *Norte-americana*
também Urso
O vento do norte na tradução dos seneca. Ele assumiu a forma de um urso amarrado na entrada da caverna de Ga-oh (*veja também* **Ga-oh**).

Yasigi *Africana*
Na tradição do povo dogon, a irmã do maligno deus Ogo. Ela e Ogo nasceram de uma das duas gemas do ovo primordial criado pelo deus supremo Amma. Ela se uniu a Amma para povoar o mundo.

Yaun-Goicoa *Basca*
Um deus supremo. Dizem que ele criou três princípios: Begia, a luz do corpo que está no olho; Egia, a luz do espírito; e Ekhia, a luz do mundo, que é o sol.

Yaxche *Centro-americana*
Uma árvore no paraíso dos maias. As almas dos guerreiros mortos em batalha foram transportadas para Yaxche pela deusa Ixtab.

Yaya *Caribenha*
Um espírito supremo. Seu filho era rebelde, por isso Yaya o matou, colocando seus ossos em uma cabaça pendurada no telhado. Esses ossos se transformaram em peixes, dos quais Yaya e sua esposa viveram.

Outra versão diz que quatro irmãos pegaram a cabaça e comeram alguns peixes, mas a cabaça se quebrou e a água que saiu dali se transformou nos mares, cheios de peixe.

Ya'yai *Siberiana*
Um guardião da casa. Este ser assume a forma de um tambor e fala através da baqueta feita de osso de baleia.

Yayoi *Japonesa*
também Alma do Espelho
Uma donzela que caiu nas garras do Dragão Venenoso. (*Veja também* **Matsumura**.)

Yazata *Persa*
Um dos antigos deuses do panteão zoroastrista, atendente em Ahura Mazda; espíritos guardiães; a personificação de ideias abstratas.

Yder *Britânica*
Um dos Cavaleiros da Távola Redonda. O pai de Yder, Nuc, abandonou a mulher quando o menino nasceu e ele cresceu sem saber quem era seu pai. Quando jovem, partiu para encontrá-lo. E se apaixonou por uma rainha, Gwenloie, mas teve que provar a si mesmo que era digno. Depois de matar dois cavaleiros que estavam atacando o rei Artur, esperava ser escolhido pelo rei, mas ficou desapontado. Tempos depois foi nomeado cavaleiro por um outro rei, Ivenant, como recompensa por ter resistido aos esforços da esposa do rei para seduzi-lo.

Quando chegou ao Castelo Rougemont, casa de Talac, um vassalo do rei Artur, ele o encontrou sitiado pelas forças de Artur, decidiu ajudar Talac e derrotou todos os melhores cavaleiros de Artur. Quando Kay, traiçoeiramente, cravou a espada nas costas de Yder, os outros ficaram tão chocados que foi declarada uma trégua - Talac e o rei se reconciliaram. Luguain, escudeiro de Yder, levou o mestre a um mosteiro, onde suas feridas foram curadas. Mais tarde, foi recebido na corte, onde Yder salvou a rainha Guinevere de um urso.

O castelo de Talac foi cercado novamente e Yder cavalgou para ajudá-lo. Lá ele encontrou uma donzela que lhe pediu para descobrir a identidade de um cavaleiro que a visitava em sua tenda todos os dias. Yder encontrou o homem e uma grande luta se seguiu, terminando só quando o cavaleiro reconheceu Yder como seu próprio filho.

Com ciúmes de Yder, Artur decidiu se livrar dele. Quando Gwenloie pediu sua ajuda para encontrar um marido, Artur sugeriu que ela se casasse com um homem que matasse dois gigantes e lhe trouxesse a faca. Yder cumpriu a tarefa e reclamou a mão da rainha. Kay deu água envenenada a Yder e ele foi deixado para morrer, mas conseguiu se recuperar e voltou à corte. Artur então fez de Yder um rei e ele se casou com Gwenloie.

Há uma história que conta que ele acompanhou o rei Artur em um ataque a três gigantes e foi à frente do grupo. Quando chegaram à montanha onde os gigantes viviam, os outros encontraram os três mortos. Yder também morreu na luta.

Yeak *Cambojana*
= *Hindu* Yaksha
Um ogro voador. Esses seres alteram as formas, podem disparar flechas que se tornam serpentes.
E também uma das raças de seres ocultos, guardiões de tesouros enterrados.

yek *Norte-americana*
Os espíritos inerentes a todas as coisas, na tradição dos tlingit.

yekeela *Siberiana*
O familiar do xamã siberiano. Se o yekeela deve morrer, o xamã também morre.

Yeman'gnyem *Siberiana*
Deus peixe dos ostyak. Dizem que a aurora boreal é um fogo que esse deus acende para guiar os viajantes.

Yen Ti *Chinesa*
Um dos Três Soberanos. Há relatos em que ele é considerado o mesmo que Shen Nung; em outros, os dois são personagens distintos.

Yen Wang *Chinesa*
= *Hindu* Yama; *Japonesa* Emma-O
O deus da morte budista de corpo duplo, o chefe e quinto dos Dez Reis Yama. Ele era a figura onipresente das dez cortes do submundo, onde as almas eram julgadas e ele próprio presidia a primeira corte.

Yerunthully *Australiana*
Uma corda que, na hora da morte de uma pessoa, baixa do céu para que o espírito possa subir. Quando o espírito chega ao topo, a corda cai como um meteoro.

Yggdrasil *Nórdica*
também Árvore do Mundo
Um enorme freixo sempre verde que, dizem, sustenta o universo. Ele tinha três raízes principais: uma protegendo o submundo, os Gigantes Gelados e a humanidade. Em alguns relatos, uma outra raiz chegou a Asgard, a casa dos deuses. Os brotos foram comidos pelos cervos Dain, Dvalin, Duneyr e Durathor, enquanto a raiz em Niflheim era constantemente roída pela serpente Nidhogg e sua ninhada, ameaçando, um dia, derrubar todo o universo.
Dizem que Odin ficou pendurado nessa árvore por nove dias em um de seus esforços para adquirir sabedoria.

Yhi *Australiana*
A deusa do sol. Ela acordou de um sono prolongado quando Baime, o deus do céu, sussurrou algo e ela desceu à Terra sob a forma de uma deusa radiante que, com seu calor e luz, despertou para a vida todas as plantas, aves e animais. Ela então foi para o céu como uma bola brilhante e se tornou o sol.

Yima *Persa*
= *Budista* Yen Wang; *Hindu* Yama; *Nórdica* Ymir
Filho de um dos quatro primeiros homens a produzir a bebida divina, haoma, com o fruto da árvore Gaokerena. Alguns relatos o descrevem o próprio Yima como o primeiro homem, filho de Vivahvant, o deus sol.
Ele era um ser semidivino que, supostamente, governou por 700 anos e que, ao tentar tornar as pessoas imortais, sacrificou um touro, o que desagradou imensamente aos deuses cuja prerrogativa era essa. Segundo um relato, por sua presunção, ele foi morto. Uma outra versão diz que ele não foi morto, mas perdeu a própria imortalidade e que, quando o grande deus Ahura Mazda se propôs a destruir a humanidade, ele foi avisado com antecedência e construiu Var, uma grande caverna, onde abrigou o melhor de todas as espécies com as quais iria repovoar o mundo.

Yimantuwinyai *Norte-americana*
Um deus criador da região costeira do sudoeste. Um herói da cultura da tribo

hupa. Dizem que ele estabeleceu a ordem no mundo e era o líder de um grupo de kihunai, o povo que habitava a área dos hupa, quando partiu para uma nova casa do outro lado do mar, ao norte.

Ymir *Nórdica*
O primeiro gigante. Ele foi criado a partir da geada resultante da condensação das névoas quentes de Muspelheim ao encontrar o frio dos rios gelados de Niflheim. A vaca Audhumbla foi formada ao mesmo tempo e Ymir sobreviveu tomando o seu leite. Do suor de suas axilas, produziu um filho e uma filha, e de seus pés veio o gigante de seis cabeças Thrudgelmir.

O deus Odin e seus irmãos Ve e Vili mataram Ymir e fizeram a Terra a partir de seu corpo. A corrente de sangue do corpo do gigante matou todos os outros gigantes, exceto Bergelmir e sua esposa, que sobreviveram para gerar mais gigantes. Anões cresceram do corpo morto de Ymir. Seu crânio se tornou o céu, e seu cérebro, as nuvens.

Yo-shin-shi *Japonesa*
A grama que cresce no paraíso e pode conferir juventude eterna a quem a come.

Yokomatis *Norte-americana*
também Velho Cego
Um espírito criador do grupo diegueño ou kumayaay, povo da Califórnia e do México.

Ele e seu irmão Tuchaipai nasceram no fundo do mar e Yokomatis ficou cego pelo efeito da água salgada em seus olhos. Eles empurraram o céu para cima, para poder ter espaço para se mover, e então criaram todas as coisas do mundo, incluindo homens e mulheres. Ele é considerado como aquele que causou a morte, enquanto seu irmão é o doador da vida.

Yolkai Estsan *Norte-americana*
também Mulher Pintada de Branco, Mulher Cocha Branca
Deusa do mar e deusa da fertilidade do povo navajo. Ela foi criada pelos deuses Hasteyalti e Hastehogan a partir de uma concha branca, embora há quem diga que tanto ela quanto a irmã Estanatlehi foram criadas pela Mulher Mutante, a partir de flocos da pele por baixo dos seios.

Em algumas versões, ela, e não Estanatlehi criou o homem a partir da farinha de milho.

Yomi-tsu-kuni *Japonesa*
O mundo inferior no xintoísmo, governado por Emma-O. Dizem que este reino tem dezesseis regiões, oito quentes e oito geladas, com dezesseis subdivisões.

Yryn-ai-tojon *Siberiana*
O deus supremo dos yakuts. Ele desafiou Satanás a trazer a terra do fundo das águas primordiais e quando Satanás, sob a forma de uma andorinha, cumpriu a tarefa, Yryn flutuou até a Terra e se sentou sobre ela. Ela cresceu, cresceu, até formar o mundo.

Yü[1] *Chinesa*
Jade, ou uma bebida feita com ele. Dizem que tomar esse líquido não só transmite qualidades desejáveis a quem toma, mas permite que ele ou ela supere a gravidade.

Yü[2] *Chinesa*
também Imperador Amarelo
Um dragão alado com chifres. Esse monstro emergiu do corpo de Kun, um descendente de Huang Ti, três anos depois de ter sido morto por roubar a substância mágica Terra Inchada de Huang Ti. Yü teve a permissão de Huang Ti para usar a Terra Inchada e se tornou um famoso construtor de barragens e engenheiro de irrigação, controlando as águas das enchentes. Depois ele se tornou um mestre ferreiro, fazendo nove caldeirões nos quais

ele inscreveu todos os detalhes de suas obras (outros dizem que as inscrições foram feitas em uma placa de pedra que ele ergueu no pico de uma montanha).

Ele se tornou imperador no ano 2205 a.C. e é visto como o fundador da primeira dinastia.

Yü às vezes assumia a forma de um urso e, quando sua esposa o viu com esse disfarce, ela virou pedra.

Yü Ch'iang *Chinesa*
também Yü Hu

Deus dos ventos no Mar do Norte.

Ele guarda as ilhas de P'eng-lai sob a forma de um ser com cabeça humana, corpo de ave e serpentes penduradas em suas orelhas.

Yü Huang *Chinesa*
também Imperador de Jade
= *Budista* Yü Ti

Supremo deus taoísta, um dos San Ch'ing, Os Três Puros; consorte de Hsi Wang Mu.

Diz-se que, quando ele nasceu, uma luz brilhante foi emitida por seu corpo. Ele foi criado por pais adotivos mortais, o imperador Ching Te e sua esposa Pao Yüeh. Ele poderia ter tido sucesso no trono do pai adotivo, mas desistiu, por uma vida de meditação, e finalmente foi levado para o céu. Ele veio à Terra 800 vezes para ajudar os doentes e os pobres, seguido de mais 800 pessoas, quando espalhou bondade pelo mundo, e mais uma série dessas quando se permitiu muito sofrimento.

Seu palácio de Jade está situado na constelação de Ta Wei (o Grande Urso.

Em alguns relatos, ele é equiparado a Shang Ti ou Yüan Shih.

Yüan Shih *Chinesa*
também Yü Shih

Supremo deus taoísta e deus da chuva.

Quando terminou de criar o universo, o ser primitivo Pan-ku entrou pela boca de um hermafrodita ascético na forma de um raio de luz. Doze anos depois, o ermitão deu à luz Yüan Shih, supostamente através de sua coluna vertebral. (Em outro relato, o eremita ascético é substituído pela virgem sagrada T'ai Yüan).

Yüan Shih vive em um palácio na Montanha de Jade e se informa sobre o povo da Terra com o deus da cozinha, Tsao Chün.

Em algumas versões, ele é equiparado a Tü Huang.

Yüan Tan *Chinesa*

Deus da prosperidade. Ele era dono de uma tigela mágica, Chu-pao P'en, que produziu todo o ouro que ele poderia querer. Ele é retratado sobre um tigre, segurando uma maça.

yuga *Hindu*
também yug

Uma das quatro eras do mundo. Elas são divididas assim:

1. krita-yuga, com uma duração de 4.000 anos
2. treta-yuga, com uma duração de 3.000 anos
3. dvapara-yuga, com uma duração de 2.000 anos
4. kali-yuga, a idade atual, com uma duração de 1.000 anos.

Em alguns relatos, as quatro eras somam 12.000 anos, assim detalhados:

1. krita-yuga, 4.800
2. treta-yuga, 3.600
3. dvapara-yuga, 2.400
4. kali-yuga, 1.200

Incluindo os períodos da madrugada e do crepúsculo.

Os referidos "anos" são anos divinos e, como cada ano divino é igual a 360 anos humanos, o ciclo completo das quatro eras, uma mahayuga, equivale a 4.320.000 anos humanos.

Yum Caax *Centro-americana*
também Senhor da Colheita
O deus maia do milho, um aspecto de Kukulcan.

Yurlungur *Australiana*
também Píton de Cobre, Serpente Arco-íris, Cobra Arco-íris.
Uma cobra, espírito dos aborígenes. Um símbolo de fertilidade bissexual, ele era considerado o ancestral de algumas tribos e vivia em um poço, Mirrimina. Ele engoliu e regurgitou as irmãs Wawalag e, depois, regurgitou todas as plantas e animais que havia engolido anteriormente, antes de desaparecer no céu, onde ele aparece como o arco-íris.

Yusup *Ilhas do Pacífico*
Um pescador polinésio. Ele pegou a tartaruga mágica branca, Notu, que depois carregou na frente de seu barco. A tartaruga podia levá-lo a locais onde ele tinha certeza de uma boa pesca. Quando eles encontraram um monstro marinho, Notu encontrou o anel perdido no oceano, que restaurou o monstro à sua forma característica, um príncipe, um feito pelo qual Yusup foi bem recompensado.

Yetl *veja* **Corvo**[1]

Z

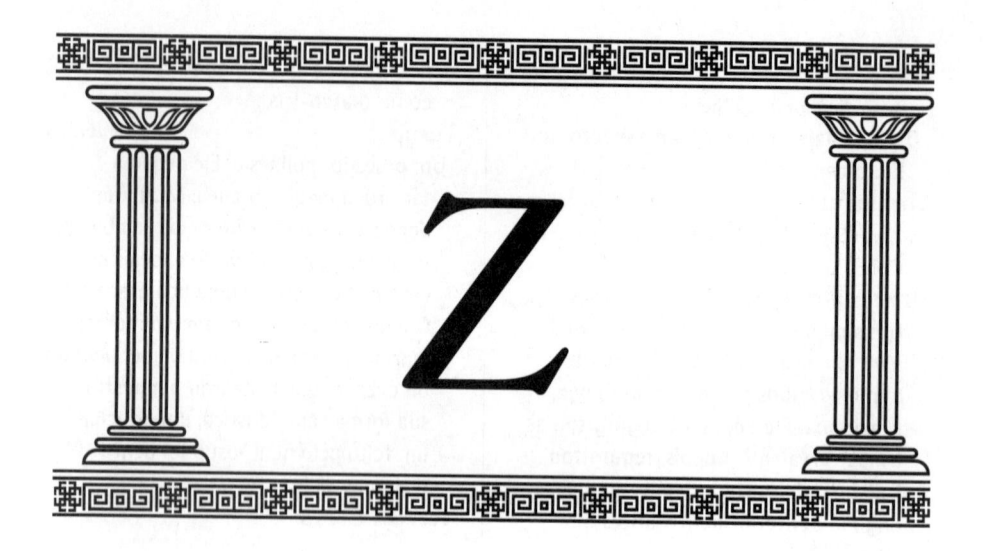

Zagan *Europeia*
Um demônio dos falsificadores e um dos 72 Espíritos de Salomão. Dizem que ele é capaz de fazer milagres, como transformar água em vinho e aparece sob a forma de um touro alado.

Zaleos *Europeia*
Um demônio, um dos 72 Espíritos de Salomão. Ele é retratado como com um soldado montando um crocodilo.

Zarathustra *veja* **Zoroastro**

Zéfiro *Grega*
também Zefir
= *Romana* Favônio
Deus do vento do Oeste.

Quando Psiquê se jogou do alto do penhasco para escapar da perseguição da deusa Afrodite, que tinha inveja de sua beleza, Zéfiro a pegou no ar e a levou para um palácio grandioso, onde morava com Eros, o deus do amor, que a visitava todas as noites.

Em um relato, ele matou Jacinto, quando o jovem o rejeitou como amante. Arrependido, ele mudou seu modo turbulento e se tornou uma brisa suave.

Zepar *Europeia*
Um demônio, um dos 72 Espíritos de Salomão. Diz-se que ele é capaz de fazer com que as mulheres se apaixonem e aparece como um soldado. Mas há quem diga que ele é um duque no inferno e que incita os homens a se entregarem a práticas sexuais não naturais.

Zeus *Grega*
também Trivejante
= *Egípcia* Amon; *Etrusco* Tinia; *Hindu* Dyaus; *Persa* Ahura Mazda; *Romana* Júpiter

Um deus supremo, deus da chuva e deus do céu; filho de Cronos e Reia; irmão de Deméter, Hera, Héstia, Plutão e Poseidon; marido de Métis, Têmis e finalmente Hera; pai de Ares, Hebe, Hefesto e Ilithyia com Hera.

Seu pai, Cronos, costumava engolir os descendentes para evitar que eles se tornassem uma ameaça à sua posição, por isso Reia, a esposa de Cronos, escondeu o bebê em uma caverna em Creta, onde ele foi criado pelas ninfas Io e Adrasteia e a ninfa-cabra Amaltheia, cuja pele ele usava.

Ele se tornou copeiro de Cronos e ofereceu ao pai um néctar, que o fez regurgitar todas as crianças que ele havia engolido.

Zeus liderou os deuses na guerra contra os Titãs e matou Campe, a mulher guardiã do Tártaro, liberando os Ciclopes e os gigantes Hecatônquiros, que o ajudaram na luta contra os Titãs. Depois de dez anos de combate, os deuses venceram e os três irmãos dividiram o mundo entre si. Plutão ficou com o submundo, Poseidon com o mar e Zeus com a terra e os céus.

Ele foi derrotado em uma luta com o monstro Typhon, que lhe cortou todos os tendões. Pã e Hermes os restauraram e Zeus continuou com a luta com Typhon, enterrando-o para sempre quando atirou o Monte Etna contra ele.

Indignado com a impiedade dos filhos de Licaonte, ele provocou uma enchente universal da qual apenas Deucalião e sua mulher Pirra e alguns outros conseguiram escapar.

Dizem que ele criou Pandora, a mais bela de todas as mulheres, como um presente para Epimeteu, que a rejeitou, e que colocou as Plêiades no céu como estrelas para escapar das atenções de Órion, que as perseguira incansavelmente.

Sob a forma de uma águia, ele raptou o belo jovem Ganímedes e fez dele um copeiro para os deuses depois de Hebe.

Zeus se casou com sua irmã Hera e eles tiveram três filhos: Ares, Hebe e Hefesto (e, para alguns, Ilithyia), mas dizem que ele violentou a mãe, Reia, ambos com a forma de serpentes, e teve muitos outros filhos com várias deusas, ninfas e mortais.

Uma dessas crianças era Atena. Zeus tinha seduzido Métis, uma das Oceânidas, e ela estava esperando um filho dele. Ao saber que a criança seria uma menina, mas qualquer segundo filho seria um menino que o destronaria, Zeus engoliu Métis e seu bebê que ainda não tinha nascido. Mais tarde, ele desenvolveu uma forte dor de cabeça e pediu que Hefesto abrisse seu crânio. Dele saiu Atena, já adulta e vestida para a batalha.

Outro filho foi Hércules. Ao decidir que havia a necessidade de um protetor tanto dos deuses quanto dos homens, ele decidiu gerar tal campeão, escolhendo Alcmena, esposa de Anfitrião, rei de Tirinto, como sua parceira. Ele fez com que os movimentos da Terra ficassem lentos, de modo que uma noite durou três, enquanto se deitou com Alcmena sob o disfarce do marido dela. O filho dessa união foi o herói Hércules.

Sob a forma de um touro branco, conquistou Europa e então, metamorfoseou-se em uma águia, gerou Minos, Radamanto e Sarpedon com ela. Depois, raptou Egina e, com ela, teve Éaco. Para escapar da vingança do pai dela, Asopo, transformou-se em uma enorme rocha.

No caso de Castor, Pólux, Helena e Clitemnestra, há uma disputa, mas não há dúvida de que Zeus, de alguma forma, estava envolvido com sua mãe, Leda. Em algumas versões, ele seduziu Leda assumindo a forma de um cisne em uma noite em que ela também tinha de deitado com o marido,

Tíndaro. Quatro filhos nasceram e estes são atribuídos, de forma variada, aos dois pais. Em outra versão, Helena nasceu da união de Nêmesis (que se transformara em uma gansa) com Zeus (desta vez como um cisne).

Entre outros, ele foi pai de
Afrodite com Dione, dizem alguns
Apolo e Ártemis com Letó (como codorna)
Ares com Hera
Argos com Níobe
as Graças com Eurínome
as Horas com Têmis
as Moiras com Têmis
as Musas com Mnemósine
Atena com Métis (de sua cabeça)
Castor com Leda (como cisne)
Clitemnestra com Pirra
Coré (Perséfone) com Deméter
Dioniso com Sêmele ou com Deméter
Eros com Afrodite, dizem alguns
Hefesto com Hera
Helena com Pirra
Hermes com Maia
Minos com Europa (como touro ou águia)
Pã com Afrodite, dizem alguns
Perseu com Dânae
Pólux (Polideuces) com Leda (como cisne)
Radamanto com Europa (como touro ou águia)
Scylla com Lamia, dizem alguns
Tântalo com Plota, dizem alguns

Ele matou Tântalo quando colocou pedaços de seu filho Pélope em um cozido servido aos deuses e matou Asclépio quando o médico tentou trazer Hipólito de volta à vida.

Sua ave era a águia; sua árvore, o carvalho; sua arma o raio e seu oráculo estava em Dodona.

Zeus-Ammon *Grega*
= *Romana* Júpiter-Ammon
Uma divindade combinada, representada por um touro e um carneiro. Diz-se que esta versão de Zeus foi o pai de Alexandre, o Grande.

Zimbabwe *Africana*
Deus do sol do povo shona.

Zipacna *Centro-americana*
Deus maia do amanhecer e deus dos terremotos. Ele e seu irmão Cabracan eram gigantes cujo poder ameaçava o dos deuses. Os gêmeos Hunapu e Ixbalanqué o prenderam em um poço, empilharam árvores no topo e depois construíram uma casa sobre ele. O gigante surgiu de repente, matando os 400 jovens que tinham ajudado os gêmeos, mas, mais tarde, eles o prenderam em um barranco e o mataram, jogando pedras enormes sobre ele. Depois, usando seus poderes mágicos, eles o transformaram em pedra.

Ziusudra *Suméria*
Mesopotâmica Utnapishtim; *Babilônica* Atrahasis
Rei sumério dos sippar. Um nome para Atrahasis em algumas versões na história do Dilúvio. (*Veja também* **Xithuthros**.)

Zoroastro *Persa*
também Zarathustra
A forma grega de Zarathustra (628-551 a.C.), um profeta ou sacerdote. Ele era filho de um dos quatro primeiros homens a produzir a bebida divina, haoma, com o fruto da árvore Gaokerena e foi o fundador ou reformador da antiga religião persa, com base nos escritos de Zend-Avesta.

Em alguns relatos, quando era criança, ele foi jogado ao fogo para morrer, mas os troncos em chamas se transformaram em um canteiro de rosas. Aos 20 anos, ele deixou sua casa e passou a levar uma vida de solidão, protegida por Ahura Mazda quando ele entrou em confronto com Ahriman, o princípio do mal, e resistiu às tentações que ele oferecia. Ele profetizou que na batalha contra o final entre o bem e o mal, Ahriman seria derrotado por Saoshyant.

Seu esperma foi preservado no lago Kasavya (atualmente Hamoun) e engravidaria qualquer virgem que nadasse em suas águas. O resultado é que, a cada 1000 anos, nasce um Saoshyant.

Zosim *Eslava*
Um deus abelha e deus do hidromel.

Zu *Mesopotâmica*
Um pássaro babilônio com cabeça de leão. Zu (ou o deus Imdugud) roubou as Tábuas do Destino, que pertenciam originalmente a Tiamat, de Enlil, o deus do ar e da terra, ameaçando tornar-se o governante supremo do mundo. Mas Lugalbanda (o pai de Gilgamesh) encontrou o ninho de Zu e recuperou as tábuas. Em alguns relatos, as tábuas foram recuperadas pelo deus Marduk, e, outros.

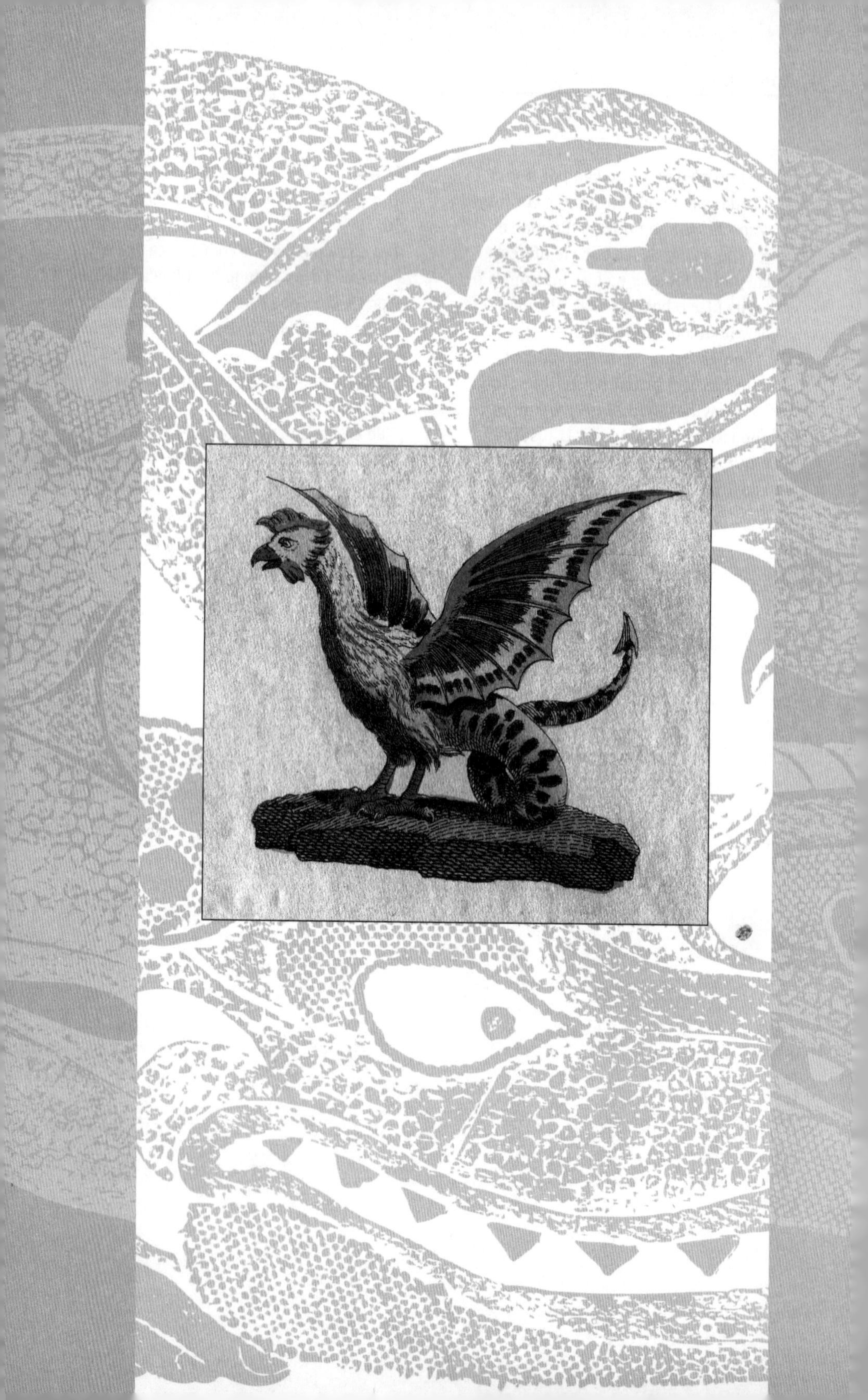